Wirtschafts- und Steuerrecht

Band 12

Daniel Mohr

Inkongruenzen bei der gewerbesteuerlichen Hinzurechnung

Kritische Analyse des § 8 Nr. 1 lit. e GewStG am Beispiel der Besteuerung von Veranstaltungsunternehmen

Nomos

HLB DR. SCHUMACHER & PARTNER GMBH
Wirtschaftsprüfung · Steuerberatung · Rechtsberatung

Die Deutsche Nationalbibliothek verzeichnet diese Publikation in der Deutschen Nationalbibliografie; detaillierte bibliografische Daten sind im Internet über http://dnb.d-nb.de abrufbar.

Zugl.: Hamburg, Univ., Diss., 2015

ISBN 978-3-8487-2950-0 (Print)
ISBN 978-3-8452-7342-6 (ePDF)

1. Auflage 2016

Meiner Mutter und Emilia

in Dankbarkeit und von Herzen zugeeignet

Danksagung

„Es ist bequemer an das zu glauben, was einen tröstet. Schwieriger ist es, der Wahrheit nachzustellen ...“
(Friedrich Nietzsche)

Die gewerbesteuerliche Hinzurechnung wird oft als Fremdkörper im System der Ertragsbesteuerung von Unternehmen gesehen. Seit jeher dient sie verschiedenen Lagern als Argumentationsstütze für das jeweils Gewollte. Soll die Gewerbesteuer als eigenständiger Finanzierungsbeitrag indes bestehen, erscheint weder die Abschaffung der Hinzurechnungselemente noch deren überstrapazierte Anwendung sinnvoll.

Den Impuls zur vorliegenden Arbeit, die im April 2015 von der Fakultät für Rechtswissenschaften der Universität Hamburg als Dissertation angenommen wurde, gab mir bereits im Jahre 2011 Herr Dr. Volker Jorczyk, der mir in einem Fachgespräch die Frage offenbarte, wie es denn um die Hinzurechnung sogenannter Reisevorleistungen bestellt sei. Erst ab Mitte 2013, während meiner Zeit als wissenschaftlicher Mitarbeiter am IIFS der Universität Hamburg, fand sich die Zeit, das Thema tiefgründiger zu durchdringen. Ihm sei für den Denkanstoß und das legendäre THH gedankt. Für die Aufnahme der Arbeit in die Schriftenreihe „Wirtschaft und Steuern“ und die damit verbundene Förderung der Veröffentlichung schulde ich besonderen Dank den Herausgebern, vor allem Herrn Prof. Dr. Marc Desens und seiner diesbezüglich schnellen Entscheidungsfindung.

Mein ganz herzlicher und zugleich tiefempfundener Dank gilt meinem verehrten Doktorvater, Herrn Jun.-Prof. Dr. Lars Hummel, der die Betreuung meines Dissertationsvorhabens und das Erstgutachten, auch unter Zurückstellung eigner Belange, übernahm. Unsere unzähligen wissenschaftlichen und persönlichen Gespräche waren ein steter Quell der Wissenserweiterung und Freude und Antrieb zu gleich. Sie werden mir in ewiger Erinnerung bleiben. Nicht zuletzt trug die rasche Erstellung der Gutachten maßgeblich zum zügigen Abschluss der Dissertation bei. Insofern sei auch Herrn Prof. Dr. Gerrit Frotscher gedankt, der das Zweitgutachten übernahm. Nicht ungenannt bleiben darf die immerwährende gute Laune, die Anna Meyer am IIFS verbreitete sowie das offene Ohr, welches mir Katharina Hubert in manch trüber Stimmung gewährte. Ebenso sei Sonja Warnke mein Dank gewiss. In tiefer Schuld stehe ich - für vieles - nicht zuletzt gegenüber Frau Steuerberaterin Susanne Winter. Sie nahm sich mit schier unendlicher Geduld nicht nur der zum Teil mühsamen Korrektur meiner Arbeit an, sondern führte mit stets kritischem und wachem Blick meine Gedankenwelt durch manch deutlichen Kommentar auf den richtigen Pfad zurück. Ihr Ansporn in der Endphase gab mir Kraft.

Die Arbeit sei meiner zu früh verstorbenen Mutter zugedacht und meiner Tochter, die sich mit ihrer Ankunft wohl deshalb mehr Zeit ließ, damit ich ihre Gegenwart sorgloser genießen kann.

Für die Veröffentlichung sind Rechtsprechung und Schrifttum bis November 2015 berücksichtigt.

Inhaltsverzeichnis

Abkürzungsverzeichnis

A	Abschnitt
a.A.	anderer Ansicht
ABl.	Amtsblatt der Europäischen Gemeinschaften
Abs.	Absatz, Absätze
AcP	Archiv für die civilistische Praxis
a.F.	alte Fassung
AG	Amtsgericht/Aktiengesellschaft
AGB	Allgemeine Geschäftsbedingungen
allg.	allgemein
ÄndRL	Änderungsrichtlinie
anh.	anhängig
Anh.	Anhang
Anm.	Anmerkung
AO	Abgabenordnung
Art.	Artikel
AStG	Gesetz über die Besteuerung bei Auslandsbeziehungen (Außensteuergesetz)
AT	Allgemeiner Teil
Aufl.	Auflage
Ausschuss-Drs.	Ausschuss des Deutschen Bundestages Drucksache
Az.	Aktenzeichen
BauMK	Bauministerkonferenz
BayGewStG	Bayerisches Gewerbesteuergesetz
BayGVOBl.	Bayerisches Gesetz- und Verordnungsblatt
BB	Betriebs-Berater
Bd.	Band
BDI	Bundesverband der Deutschen Industrie e.V.
BeckOK	Beck'scher Online-Kommentar
BeckRS	Beck Rechtsprechung
BeckVerw	Beck Verwaltungsanweisungen
Begr.	Begründer, Begründung

Beih.	Beihefter
Beil.	Beilage
betr.	betreffend
BeVO	Beherbergungsstättenverordnung
BewG	Bewertungsgesetz
BFH	Bundesfinanzhof
BFHE	Sammlung der Entscheidungen des Bundesfinanzhofs
BFH/NV	Sammlung der Entscheidungen des Bundesfinanzhofs
BGB	Bürgerliches Gesetzbuch
BGBl.	Bundesgesetzblatt
BGH	Bundesgerichtshof
BGHZ	Entscheidungen des Bundesgerichtshofs in Zivilsachen
BImschG	Bundesimmissionsschutzgesetz
BMF	Bundesministerium der Finanzen; Bundesminister der Finanzen
BMWi	Bundesministerium der Wirtschaft; Bundesminister der Wirtschaft
Brdbg.	Brandenburgisches
BR-Drs.	Deutscher Bundesrat Drucksache
BReg.	Bundesregierung
Brüssel I-VO	Verordnung (EG) Nr 44/2001 vom 22.12.2000 des Rates über die gerichtliche Zuständigkeit und die Anerkennung und Vollstreckung von Entscheidungen in Zivil- und Handelssachen
Bsp.	Beispiel(e)
bspw.	beispielsweise
BStBl.	Bundessteuerblatt
BT	Deutscher Bundestag
BT-Drs.	Deutscher Bundestag Drucksache
Buchst.	Buchstabe
BVerfG	Bundesverfassungsgericht
BVerfGE	Entscheidungen des Bundesverfassungsgerichts
BVerfGG	Gesetz über das Bundesverfassungsgericht
BVerwG	Bundesverwaltungsgericht
BVerwGE	Entscheidungen des Bundesverwaltungsgerichts
bzgl.	bezüglich
bzw.	beziehungsweise

B2B	Business-to-Business
B2C	Business-to-Consumer
DB	Der Betrieb
DBA	Abkommen zur Vermeidung der Doppelbesteuerung
DEGOHA	Deutscher Hotel- und Gaststättenverband e.V.
ders.	derselbe
DGfR	Deutsche Gesellschaft für Reiserecht e.V.
dies.	dieselbe
DJZ	Deutsche Juristenzeitung
DRV	Deutscher ReiseVerband e.V.
DStJG	Deutsche Steuerjuristische Gesellschaft e.V.
DStR	Deutsches Steuerrecht
DStRE	DStR-Entscheidungsdienst
DStZ	Deutsche Steuer-Zeitung
Ed.	Edition
EDV	Elektronische Datenverarbeitung
EFG	Entscheidungen der Finanzgerichte
EG	Europäische Gemeinschaft
EGBGB	Einführungsgesetz zum Bürgerlichen Gesetzbuche
Einf.	Einführung
EL	Ergänzungslieferung
Ent.	Entscheidung
Erg.	Ergänzung
Erg.-Lfg.	Ergänzungslieferung
EStÄR	Einkommensteuer-Änderungsrichtlinie
EStG	Einkommensteuergesetz
EStH	Einkommensteuer-Hinweise
EStR	Einkommensteuer-Richtlinien
etc.	et cetera
EU	Europäische Union
EuGH	Gerichtshof der Europäischen Union
EuGVVO	Verordnung (EG) Nr 44/2001 vom 22.12.2000 des Rates über die gerichtliche Zuständigkeit und die Anerkennung und Vollstreckung von Entscheidungen in Zivil- und Handelssachen
e.V.	eingetragener Verein
EWG	Europäische Wirtschaftsgemeinschaft

EZ	Erhebungszeitraum
f.	folgende [Seite]
FAQ	frequently asked questions
ff.	folgende [Seiten]
FG	Finanzgericht(e)
FGO	Finanzgerichtsordnung
FinVerw.	Finanzverwaltung
Fn.	Fußnote
FR	Finanzrundschau
FS	Festschrift
fvw	fvw Touristik & Business Travel
G	Gesetz
GBl.	Gesetzblatt
gem.	gemäß
GEMA	Gesellschaft für musikalische Aufführungs- und mechanische Vervielfältigungsrechte
GewO	Gewerbeordnung
GewSt	Gewerbesteuer
GewStG	Gewerbesteuergesetz
GewStH	Gewerbesteuer-Hinweise
GewStR	Gewerbesteuer-Richtlinien
GewStRG	Gewerbesteuerrahmengesetz
GG	Grundgesetz
ggf.	gegebenenfalls
Ggs.	Gegensatz
Gl.	gleichlautend(er)
GmbH	Gesellschaft mit beschränkter Haftung
grds.	grundsätzlich
GStG	Gewerbesteuergesetz (Preußen)
H	Hinweis; Hinweise
h.A.	herrschende Ansicht
HB	Handbuch
HGB	Handelsgesetzbuch
HmbBeVo	Verordnung über den Bau und Betrieb von Beherbergungsstätten (Beherbergungsstättenverordnung Freie und Hansestadt Hamburg)

HmbGVBl.	Gesetz- und Verordnungsblatt der Freien und Hansestadt Hamburg
HmbVStättVO	Verordnung über den Bau und Betrieb von Versammlungsstätten (Versammlungsstättenverordnung Freie und Hansestadt Hamburg)
HFR	Höchstrichterliche Finanzrechtsprechung
h.M.	herrschende Meinung
Hrsg.	Herausgeber
Hs.	Halbsatz
i.d.F.	in der Fassung
i.d.R.	in der Regel
i.d.S.	in diesem Sinne; in dem Sinn
i.E.	im Ergebnis
i.e.S.	im engeren Sinn
ifst-Schrift	Institut Finanzen und Steuern e.V. – Schriftenreihe
IPrax	Praxis des internationalen Privat- und Verfahrensrechts
i.S.d.	im Sinne des; im Sinne der
i.S.e.	im Sinne einer/eines
IStR	Internationales Steuerrecht
i.V.m.	in Verbindung mit
i.w.S.	im weiteren Sinne
JStG	Jahressteuergesetz
JW	Juristische Wochenschrift
Kap.	Kapitel
KSt	Körperschaftsteuer
KStG	Körperschaftsteuergesetz
LBauO	Landesbauordnung(en)
LBeVo	Landes-Beherbergungsstättenverordnung
Lfg.	Lieferung
LG	Landgericht
lit.	littera(e)
LKV	Zeitschrift für Landes- und Kommunalverwaltung
Ls.	Leitsatz
LVStättVO	Landes-Versammlungsstättenverordnung
MarkenG	Gesetz über den Schutz von Marken und sonstigen Kennzeichen (Markengesetz)

MBeVO	Muster-Verordnung über den Bau und Betrieb von Beherbergungsstätten
MdB	Mitglied des Bundestages
MdF	Ministerium der Finanzen
MDR	Monatszeitschrift für Deutsches Recht
m.E.	meines Erachtens
Mio.	Millionen
m.N.	mit Nachweisen
Mrd.	Milliarden
MüKo	Münchner Kommentar zum Bürgerlichen Gesetzbuch
MVStättVO	Muster-Verordnung über den Bau und Betrieb von Versammlungsstätten
m.w.N.	mit weiteren Nachweisen
m.W.v.	mit Wirkung vom
MwStSystRL	Richtlinie 2006/112/EG des Rates vom 28.11.2006 über das gemeinsame Mehrwertsteuersystem
Nds.	Niedersächsisch(es)
NJOZ	Neue Juristische Online-Zeitschrift
NJW	Neue Juristische Wochenschrift
NJWE-WettbR	NJW-Entscheidungsdienst Wettbewerbsrecht
NJW-RR	NJW-Rechtsprechungs-Report Zivilrecht
Nr.	Nummer(n)
NRW	Nordrhein-Westfalen
n.v.	nicht veröffentlicht
NVwZ	Neue Zeitschrift für Verwaltungsrecht
NWB	Neue Wirtschaftsbriefe
NZM	Neue Zeitschrift für Miet- und Wohnungsrecht
o.Ä.	oder Ähnliche(s)
OECD-MA	OECD-Musterabkommen zur Vermeidung der Doppelbesteuerung auf dem Gebiet der Steuern vom Einkommen und vom Vermögen
OFD	Oberfinanzdirektion
OLG	Oberlandesgericht
OLGE	Entscheidungen der Oberlandesgerichte
OVG	Oberverwaltungsgericht
PrGBl.	Preußisches Gesetzblatt

PrGewStVO	Gewerbesteuerverordnung Preußen
PrOVG	Preußisches Oberverwaltungsgericht
RBewG	Reichsbewertungsgesetz
Rdn.	Randnummer
Rdnr.	Randnummer
Rdvfg.	Rundverfügung
Rev.	Revision
RFH	Reichsfinanzhof
RG	Reichsgericht
RGBl.	Reichsgesetzblatt
RGZ	Entscheidungen des Reichsgerichts in Zivilsachen
rk.	rechtskräftig
Rn.	Randnummer
Rom I-VO	Verordnung (EG) Nr. 593/2008 des Europäischen Parlaments und des Rates vom 17. Juni 2008 über das auf vertragliche Schuldverhältnisse anzuwendende Recht (Rom I)
RRa	Reiserecht aktuell
Rspr.	Rechtsprechung
RStBl.	Reichssteuerblatt
RT-Drs.	Reichstag Drucksachen
RuPrVBl	Reichs- und Preußisches Verwaltungsblatt
RVBl.	Reichsverwaltungsblatt
Rz.	Randziffer(n); Randzeichen
S.	Seite(n); Satz; Sätze
s.a.	siehe auch
Sächs.	Sächsisch(es)
sog.	sogenannte(n/r/s)
SRTour	Steuern Recht Touristik
StBW	Steuerberater-Woche
SteuK	Steuerrecht kurzgefasst
StGB	Strafgesetzbuch
st. Rspr.	ständige Rechtsprechung
StuW	Steuern und Wirtschaft, Zeitschrift für die gesamten Steuerwissenschaften
transpR	Transportrecht
Tz.	Textziffer(n); Teilziffer(n)

u.a.	und andere; unter anderem
Überbl.	Überblick
Übg	Die Unternehmensbesteuerung
UntStRefG	Unternehmensteuerreformgesetz
UR	Umsatzsteuer-Rundschau
UrhG	Gesetz über Urheberrecht und verwandte Schutzrechte (Urheberrechtsgesetz)
UStAE	Umsatzsteuer-Anwendungserlass
UStG	Umsatzsteuergesetz
usw.	und so weiter
u.U.	unter Umständen
v.	vor; vom
VerlG	Gesetz über das Verlagsrecht
Verw.anw.	Verwaltungsanweisung
Vfg.	Verfügung
VG	Verwaltungsgericht
vgl.	vergleiche
VjfW	Vierteljahreshefte für Wirtschaftsforschung
VO	Verordnung
Vor; Vorbem	Vorbemerkung
VStättVO	Versammlungsstättenverordnung
VVG	Gesetz über den Versicherungsvertrag
VwGO	Verwaltungsgerichtsordnung
VwVfG	Verwaltungsverfahrensgesetz
z.B.	zum Beispiel
Ziff.	Ziffer(n)
ZMR	Zeitschrift für Miet- und Raumrecht
ZPO	Zivilprozessordnung
z.T.	zum Teil
Zushg.	Zusammenhang

Teil 1 Thematische Einführung

A. Einleitung

Seit mehr als 90 Jahren stehen die Korrekturen der gewerbesteuerlichen Bemessungsgrundlagen, insbesondere die Hinzurechnung von Miet- und Pachtzinsen, im Streit.[1] Schon im Bemühen um eine Reichsvereinheitlichung der Gewerbesteuer[2] konnte über den Grund und den Umfang der Hinzurechnung von Miet- und Pachtzinsen keine Einigkeit gefunden werden. Dabei trat stets zu Tage, dass Diskussionen über Korrektive der gewerbesteuerlichen Bemessungsgrundlage und deren Rechtfertigung immer auch finanzpolitische Diskussionen waren.[3] Auch in den heutigen Debatten, die zum Teil aus dem verengten Blickwinkel der Leistungsfähigkeitsprämisse geführt werden und verfassungsrechtlich geschützte Finanzierungsbelange der Gemeinden eher ausblenden als beleuchten, werden diese Hinzurechnungskorrektive wieder massiv kritisiert. Die durch das Unternehmensteuerreformgesetz 2008[4] erfolgte Neukonzeptionierung verlieh dieser Debatte um das Ob der Hinzurechnungstatbestände in § 8 Nr. 1 GewStG neuen Schwung.[5] Der Vorlagebeschluss des Finanzgerichts Ham-

---

1 Siehe *Haußmann*, Gewerbesteuer und Finanzausgleich, StuW 1926, S. 1170 ff.

2 Vgl. bereits die Gutachten von *Enno Becker* und *Albert Hensel*, Gewerbesteuer und Finanzausgleich, Leitsätze der Spitzenverbände der Wirtschaft, 1927.

3 Vor dem Problem, den Finanzbedarf der Kommunen decken zu müssen und die Bemessungsgrundlagen gerecht auszugestalten, stand bereits der Gesetzgeber der Weimarer Republik. Nach dem Zusammenbruch des deutschen Kaiserreiches 1918 waren die staatlichen Finanzen vordringlich neu zu ordnen und zu strukturieren; siehe dazu die Diskussion im Gesetzentwurf zum GewStRG, RT-Drs. IV/1928, Bd. 423, Anlage Nr. 568, S. 113. An der Finanznot der Gemeinden und der Notwendigkeit eines stabilen Steueraufkommens hat sich nichts geändert; vgl. dazu auch den Zwischenbericht der Arbeitsgruppe Kommunalsteuern an die Gemeindefinanzkommission, Stand 1.7.2010, 2010/0477346, 2010, 11; ebenso *Neugebauer/Schneider*, Kommunalmodell bei der GewSt: keine gute Idee, FR 2012, 1144.

4 Unternehmensteuerreformgesetz 2008 vom 17.8.2007, BGBl. I 2007, S. 1912.

5 Vgl. auch die *Beschlüsse* des BFH vom 16.10.2012, I B 128/12, BStBl. II 2013, 30, BFHE 238, 452 (Vorinstanz FG Köln, *Beschluss* vom 4.7.2012, 13 V 1292/12, DStRE 2012, 1142, und vom 1.8.2012, IV R 55/11, BFH/NV 2012, 1826 (Vorinstanz Sächsisches FG, *Urteil* vom 28.9.2011, 8 K 239/11, DStRE 2012, 1526, zur

burg vom 29.2.2012[6] an das Bundesverfassungsgericht[7] zeigt dies deutlich.

Selbst wenn mit diesem neuerlichen richterlichen Vorstoß[8] das System der gewerbesteuerlichen Hinzurechnungen und damit die Gewerbesteuer als solche auf dem verfassungsrechtlichen Prüfstand steht[9], zeigen die jüngeren Entscheidungen des Bundesfinanzhofes, dass sich die Diskussion um die Norm nicht in verfassungsrechtlichen Fragestellungen erschöpft.[10] Auch jenseits der im Zusammenhang mit den Hinzurechnungsvorschriften geführten Leistungsfähigkeits- und Steuergerechtigkeitsdebatte[11] stellen sich Fragen, die einer Erörterung bedürfen. Zwar bietet der gesamte Bereich der gewerbesteuerlichen Hinzurechnung von Aufwendungen aus Nutzungsüberlassungsverhältnissen, der durch das Unternehmensteuerreformgesetz 2008 neugefasst wurde, aus wissenschaftlicher Sicht viel Zündstoff. Vor allem aber die neu eingeführte Regelung des § 8 Nr. 1 lit. e GewStG gibt nicht zuletzt aus ihrer praktischen Bedeutung heraus hinreichenden Anlass, einen tiefgreifenderen Blick auf sie zu werfen. So unternahm der Gesetzgeber im Unternehmensteuerreformgesetz 2008 den Versuch, einen Gleichklang der verschiedenen Eigenkapitalsubstitutionen, die

---

Frage der Aussetzung der Vollziehung wegen des anhängigen BVerfG-Verfahrens 1 BvL 8/12.

6 FG Hamburg, *Beschluss* vom 29.2.2012, 1 K 138/10, DStRE 2012, 478.

7 BVerfG, 1 BvL 8/12 (anh.), Verfahren zur konkreten Normenkontrolle.

8 Vgl. zuletzt Nds. FG, *Vorlagebeschluss* vom 21.4.2004, 3 K 317/91, FR 2004, 907 und die ablehnende Entscheidung des BVerfG, *Beschluss* vom 15.1.2008, 1 BvL 2/04, BVerfGE 120, 1.

9 Ebenso ist eine Verfassungsbeschwerde beim BVerfG unter dem Az. 1 BvR 2836/14 anhängig, die sich gegen die Entscheidung des BFH, *Urteil* vom 4.6.2014, I R 70/12, BFH/NV 2014, 1850, BFHE 246, 67 richtet.

10 Zuletzt verfassungsrechtliche Zweifel verneinend BFH, *Urteil* vom 4.6.2014, I R 70/12, BFH/NV 2014, 1850, BFHE 246, 67 (71).

11 So haben sich sowohl das BVerfG als auch der BFH mehrfach zur Verfassungsmäßigkeit der Gewerbesteuer und auch der substanzorientierten Hinzurechnungselemente bekannt; vgl. BVerfG, *Beschluss* vom 15.1.2008, 1 BvL 2/04, BVerfGE 120, 1 (27); *Beschluss* vom 25.10.1977, 1 BvR 15/75, BVerfGE 46, 224 (237); *Beschluss* vom 13.5.1969, 1 BvR 25/65, BVerfGE 26, 1 (9, 10); BFH, *Beschluss* vom 16.10.2012, I B 128/12, BStBl. II 2013, 30, BFHE 238, 452 (454); zuletzt BFH, *Urteil* vom 4.6.2014, I R 70/12, BFH/NV 2014, 1850, BFHE 246, 67 (72). Auch die Verwaltungsgerichtsbarkeit sieht in der Ausgestaltung der Gewerbesteuer keinen Verfassungsverstoß, vgl. VG München, *Urteil* vom 30.1.2014, 10 K 13.3380, BeckRS 2014, 50258, bestätigt durch BVerwG, *Urteil* vom 19.2.2015, 9 C 10.14, NVwZ 2015, 1467 mit Anm. *Steinhauff*.

in einem Gewerbebetrieb vorkommen können, herzustellen, in dem er die Überlassung von Sachkapital neu regelte.[12] Folgt man dem Ansatz, eine befristete Nutzungsüberlassung eines Wirtschaftsgutes beinhalte stets eine temporäre Eigenkapitalsubstitution, scheint es einzuleuchten, im Grundsatz keine Unterscheidung danach zu treffen, welche Arten von Wirtschaftsgütern dem Gewerbebetrieb zur Nutzung überlassen werden. Ebenso mag es in diesem Kontext auch folgerichtig erscheinen, dass die traditionelle Trennung der Realsteuerobjekte aufgegeben wurde.[13]

Obgleich die Norm des § 8 Nr. 1 lit. e GewStG im Gefüge des § 8 Nr. 1 GewStG für sich gesehen einer gewissen Logik und inneren Systematik zu folgen scheint, sind die mit ihrer Anwendung verbundenen Probleme und Fragen weit vielschichtiger und komplexer, als man es zunächst vermutet.[14] Die schematischen Grundüberlegungen, die der Gesetzgeber in § 8 Nr. 1 lit. d bis f GewStG allgemein zum Ausdruck bringen wollte, führen bei Gewerbetreibenden zu Anwendungsschwierigkeiten, wenn diese, egal ob regel- oder unregelmäßig oder nur für eine kurze Zeit, unbewegliche Wirtschaftsgüter in ihrem oder für ihren Betrieb nutzen. Es stellen sich hier vor allem Fragen zur materiellen Reichweite des § 8 Nr. 1 lit. e GewStG, denn im Vergleich zu beweglichen Wirtschaftsgütern lassen sich unbewegliche Wirtschaftsgüter nicht so schnell und leicht substituieren. Allein das berechtigt zu grundsätzlichen Zweifeln, ob die in § 8 Nr. 1 lit. e GewStG geregelten Nutzungsüberlassungen denselben Kriterien zu unter-

---

12 BT-Drs. 16/4841, S. 78.

13 Vor Inkrafttreten des UntStRefG 2008 war gemäß § 8 Nr. 7 GewStG a.F. zwischen „nicht im Grundbesitz bestehenden Wirtschaftsgütern“ und dem „Grundbesitz“ zu unterscheiden. Letzterer sollte in Rahmen der GewSt keine Berücksichtigung finden, da er bereits der Grundsteuer als weiterer Objektsteuer unterlag. Das nimmt *Hübner* zum Ausgangspunkt seiner These, die nunmehrige Erfassung der Hinzurechnung von Aufwendungen für die Anmietung unbeweglicher Wirtschaftsgüter verstoße - auch im Vergleich zu § 9 Nr. 1 GewStG - gegen das Folgerichtigkeitsgebot, vgl. *Hübner*, Die Hinzurechnung von Miet- und Pachtzinsen für Grundbesitz gem. § 8 Nr. 1 lit. e GewStG und Art. 3 Abs. 1 GG, FR 2015, 341 ff. Zweifel an der Tragfähigkeit dieser These begegnen in mehrfacher Hinsicht. Zum einen sind die Begrifflichkeiten „Grundbesitz“ und „unbewegliche Wirtschaftsgüter“ nicht identisch; zum anderen müssen Hinzurechnungstatbestände nicht mit Kürzungstatbeständen korrespondieren.

14 Siehe dazu auch die Darstellung von *Roser*, Gewerbesteuerliche Hinzurechnungen von Nutzungsentgelten nach § 8 Nr. 1d bis f GewStG, ifst-Schrift Nr. 497.

werfen sind, wie sie für bewegliche Wirtschaftsgüter gelten.[15] Dass sich der Gesetzgeber dieser und anderer mit § 8 Nr. 1 lit. e GewStG verbundenen Probleme nur teilweise bewusst war, zeigen seine marginalen Ausführungen in der Gesetzbegründung.[16] Zwar befasste sich die Finanzverwaltung vor dem Hintergrund bestehender Zweifelsfragen frühzeitig mit der Interpretation des § 8 Nr. 1 GewStG insgesamt und mit § 8 Nr. 1 lit. e GewStG im Besonderen[17], nichtsdestoweniger werden zahlreiche Fragestellungen nicht thematisiert oder entbehren erwünschter Begründungen.[18] Damit bleiben viele Fragen weiterhin offen. Ferner treten Zweifel ob der Richtigkeit der Interpretationen der Finanzverwaltung hinzu.[19]

---

15 So bspw. *Güroff* in: Glanegger/Güroff, GewStG, 8. Aufl., § 8 Nr. 1e, Rn. 1 mit Verweis auf § 8 Nr 1d, Rn. 16.

16 BT-Drs. 16/4841, S. 78.

17 Gl. Ländererlass vom 4.7.2008, BStBl. I 2008, 630. Der BMF veröffentlichte innerhalb von vier Jahren seine neu gewonnenen Erkenntnisse und Erfahrungen, siehe Gl. Ländererlass vom 2.7.2012, BStBl. I 2012, 654. Einzelne Oberfinanzdirektionen geben weitergehende Anweisungen und Interpretationshilfen, siehe z.B. OFD Magdeburg, Vfg. vom 7.5.2012, G1422-67-St212, DStR 2012, 1032; OFD NRW, Vfg. vom 3.2.2014, G1422-2014/0008, DB 2014, 393 jeweils zum Lagervertrag nach § 467 ff. HGB; OFD NRW, Vfg. vom 25.9.2013, G1422-2013/0023-St161, DB 2013, 2363; dies., Verw.anw. vom 4.11.2013, G1422-2013/0023-St161, DB 2013, 2711 jeweils zu Hotelleistungen bei Reiseveranstaltern.

18 Die fehlende Begründung der Ansichten der Finanzverwaltung wird oft gerügt, siehe z.B. *Jorczyk*, Hoteleinkauf bei Reiseveranstaltern: Neuer Ländererlass beharrt auf Hinzurechnung!, SRTour 8/2012, 14; *ders.*, Gewerbesteuerliche Hinzurechnung: Die Finanzverwaltung bleibt dabei", SRTour 12/2013, 5, ohne dass näher begründet wird, woraus ein solcher Anspruch abzuleiten wäre. Grundsätzlich sind Verlautbarungen aus der Finanzverwaltung außerhalb ihrer selbst nicht bindend. Sie sind insoweit allenfalls verwaltungsinterne Interpretationshilfen. Ein entsprechendes Begründungserfordernis wird man indes dann annehmen müssen, wenn derartige Verlautbarungen Außenwirkungen auf der Grundlage einer konkreten Rechtsanwendung (Art. 3 Abs. 1 GG i.V.m. den Grundsätzen der Selbstbindung der Verwaltung) entfalten. Hier erscheint es bereits aus Gründen eines effektiven Rechtsschutzes (Art. 19 Abs. 4 Satz 1 GG) und vor dem Hintergrund des Rechtsstaatsprinzips (Art. 20 Abs. 3 GG) geboten, dass die Finanzverwaltung, zumal als Eingriffsverwaltung fungierend, entsprechende Rechtsansichten begründet.

19 Vgl. z.B. *Haupt*, Gewerbesteuerliche Hinzurechnung von Finanzierungsanteilen – aktuelle Entwicklung und Streitfragen im Lichte des Ländererlasses vom 2.7.2012, SteuK 2012, 429; *Schraut/Sillich*, Entgelte für Taxi- oder Busflächen zu Werbezwecken im Rahmen der Gewerbesteuer hinzuzurechnen?, BB 2013, 217; *Gerritzen/Matheis*, Zur gewerbesteuerlichen Hinzurechnung von Messekosten, DStR 2013, 236.

Ziel dieser Arbeit ist es, die notwendigen sachverhaltlichen und auch rechtlichen Differenzierungen aufzuzeigen, die bei der Anwendung des § 8 Nr. 1 lit. e GewStG vorzunehmen sind. Dabei werden auch zivilrechtliche Vorfragen zu klären sein, was wiederum zeigt, dass insbesondere im Bereich der gewerbesteuerlichen Hinzurechnungen das Steuerrecht nicht losgelöst vom Zivilrecht betrachtet werden kann.

B. Hintergründe, Motive und Funktionsweise der gewerbesteuerlichen Hinzurechnung

Zur korrekten Einordnung der hier zu bearbeitenden Probleme im Zusammenhang mit den Sachkapitalüberlassungen soll zunächst kurz aufgezeigt werden, warum Gebrauchsüberlassungen gewerbesteuerlich erfasst werden (I.) und wie dies funktional umgesetzt wird (II.).

I. Hintergründe und Motive der Hinzurechnungsregelungen

Dem Charakter der Gewerbesteuer als Objektsteuer folgend soll der Gewerbetrieb als solcher besteuert werden.[20] Anknüpfungspunkt der Besteuerung ist eine vom Inhaber unabhängige, objektive bzw. objektivierte Leistungsfähigkeit.[21] Um eine für alle Gewerbebetriebe im Wesentlichen einheitliche Besteuerung zu sichern, sollen Betriebe, welche mit Fremdkapital ausgestattet werden, bei der Bestimmung der gewerbesteuerlichen Bemessungsgrundlagen nicht besser gestellt werden, als diejenigen, die Eigenkapital einsetzen.[22] Die Gewerbesteuer ist zudem eine Gemeinde-

---

20 So seit jeher die Begründungen des Gesetzgebers, siehe Begründung zum GewStG 1936, RStBl. 1937, 693 (695); ebenso die Rechtsprechung, vgl. BVerfG, *Beschluss* vom 15.1.2008, 1 BvL 2/04, BVerfGE 120, 1 (27); *Beschluss* vom 21.6.2006, 2 BvL 2/99, BVerfGE 116, 164 (186); s.a. BFH, *Urteil* vom 18.9.2003, X R 2/00, BStBl. II 2004, 17, BFHE 203, 263 (267) m.w.N. Zur Kritik siehe *Tipke*, Steuerrechtsordnung, Bd. II, 2. Aufl., § 19, 3.1.2, S. 1142.

21 Vgl. zu den Rechtfertigungsansätzen und der daran geübten Kritik *Montag* in: Tipke/Lang, Steuerrecht, 21. Aufl., § 12, Rn. 1, 22; ebenso *Roser*, Kritische Bestandsaufnahme der Gewerbesteuer, DStJG 35 (2012), 187 (196); so auch *Gosch*, Einige aktuelle und zugleich grundsätzliche Probleme zur Gewerbesteuer, DStZ 1998, 327 (328).

22 So bereits Begründung zum GewStG 1936, RStBl. 1937, 693 (696).

steuer, weshalb sie (auch) der Finanzierung gemeindlicher Aufgaben dient. Die Hinzurechnungsregelungen entspringen daher verschiedenen Motivlagen.

1. Element zur Bestimmung einer objektivierten Leistungsfähigkeit

Die allgemeine Begründung bzw. Rechtfertigung der Hinzurechnungsregelungen des § 8 GewStG im Allgemeinen und betreffend die Nutzungsüberlassungsverhältnisse im Besonderen ist seit Jahrzehnten nahezu dieselbe. Die (partielle) Hinzurechnung bestimmter Aufwendungen zum Gewerbeertrag soll eine objektivierte Besteuerungsgrundlage schaffen. Die Anknüpfung an eine von der persönlichen Leistungsfähigkeit des Inhabers unabhängige (objektivierte) Leistungsfähigkeit des Gewerbebetriebs[23] soll im „Objektsteuercharakter" der Gewerbesteuer begründet sein. Im Aufwand enthaltene Finanzierungsanteile sollen daher die Bemessungsgrundlage nicht schmälern dürfen.

Von den wiederholt vorgetragenen und zum Teil massiven Kritiken[24], die sich gegen diese Prämissen einer objektivierten Leistungsfähigkeit wenden, auf die aus einer Hinzurechnung resultierenden Substanzsteuereffekte hinweisen sowie die Transformation der Gewerbesteuer von einer Realsteuer hin zu einer „objektivierten" Ertragsteuer betonen und einen verfassungsrechtlichen Ansatz wählen[25], zeigt sich die Rechtsprechung

---

23 Vgl. BVerfG, *Beschluss* vom 15.1.2008, 1 BvL 2/04, BVerfGE 120, 1 (27); *Beschluss* vom 21.6.2006, 2 BvL 2/99, BVerfGE 116, 164 (186); BFH, *Urteil* vom 18.9.2003, X R 2/00, BStBl. II 2004, 17, BFHE 203, 263; siehe auch statt vieler *Köster* in: Lenski/Steinberg, GewStG, § 8 Nr. 1 Buchst. a, Rz. 1 (Lfg. 106, März 2013).

24 Vgl. z.B. *Hey*, Körperschaftsteuer und Gewerbesteuer und objektives Nettoprinzip, DStR 2009, Beih. zu Nr. 34, 109 (116); *Montag* in: Tipke/Lang, Steuerrecht, 21. Aufl., § 12, Rn. 1 f.; *Tipke*, Steuerrechtsordnung, Bd. I, 2. Aufl., § 9, 2.34, S. 497 ff.; *Sarrazin* in: Lenski/Steinberg, GewStG, § 8 Nr. 1 Buchst. d, Rz. 5, § 8 Nr. 1 Buchst. e, Rz. 5 (jeweils Lfg. 106, März 2013); *Keß* in: Lenski/Steinberg, GewStG, § 8 Nr. 1 Buchst. f, Rz. 5 (Lfg. 107, Juli 2013). Kritisiert wird auch das in § 4 Abs. 5b EStG statuierte Abzugsverbot, welches der BFH ebenso als mit der Verfassung im Einklang stehend beurteilt, siehe BFH, *Urteil* vom 16.1.2014, I R 21/12, BStBl. II 2014, 531, BFHE 244, 347.

25 Z.B. *Boller/Franke*, Praxisprobleme bei der gewerbesteuerlichen Hinzurechnung von Miet- und Pachtzinsen, BB 2012, 2920; *Ritzer*, Hinzurechnung von Finanzierungsanteilen nach § 8 Nr. 1 GewStG, DStR 2013, 558; *Petrak/Karrenbrock*, Ge-

(bislang) unbeeindruckt.[26] Es besteht dort vielmehr weitgehend Einigkeit darin, dass die Gewerbeertragskorrekturen unter verfassungsrechtlichen Gesichtspunkten nicht angreifbar sind. Der Bundesfinanzhof[27] und die Finanzgerichte[28] weisen insbesondere die der Basis der Einkommen- bzw. Körperschaftsteuer entlehnten Leistungsfähigkeitsargumente zurück. Das Bundesverfassungsgericht[29] betont die ausdrückliche Benennung der Gewerbesteuer in Art. 106 Abs. 6 GG, woraus sich die verfassungsrechtliche Anerkennung der Gewerbesteuer als solche ergebe.[30] Einer steuerhistorischen Anknüpfung zur Gewerbesteuer und deren verfassungsrechtlicher Rechtfertigung, wie sie das BVerfG an anderer Stelle auch bemühte[31], bedarf es mit Blick auf die Hinzurechnungen nicht. Denn diese bilden die strukturellen und prägenden Merkmale der Gewerbesteuer selbst.[32] Nach

---

werbesteuerliche Hinzurechnung von Finanzierungsanteilen, DStR 2012, 2046; *Hamsch/Karrenbrock*, Gewerbesteuerliche Hinzurechnungen von Finanzierungsaufwendungen (erneut) auf dem verfassungsrechtlichen Prüfstand, Ubg 2012, 624; *Malzkorn/Rossa*, Kernvorschriften des Unternehmensteuerreformgesetzes 2008 auf dem Prüfstand, DB 2012, 1169.

26 Vgl. jeweils m.w.N. BFH, *Urteil* vom 4.6.2014, I R 70/12, BFH/NV 2014, 1850, BFHE 246, 67 (71, 72); in der Sache auch BFH, *Urteil* vom 4.6.2014, I R 21/13, BFH/NV 2014, 1853, BFHE 246, 130 (132); vgl. ebenso FG Baden-Württemberg, *Urteil* vom 5.5.2014, 6 K 3420/11, juris; FG Münster, *Urteil* vom 22.8.2012, 10 K 4664/10 G, EFG 2012, 2231; FG Berlin-Brandenburg, *Urteil* vom 30.1.2013, 12 K 12197/10, DStRE 2013, 1302 (1303).

27 Vgl. zuletzt BFH, *Beschluss* vom 16.10.2012, I B 128/12, BStBl. II 2013, 30, BFHE 238, 452; ebenso in BB 2013, 164 mit Anm. von *Möbus/Krüger*.

28 FG Münster, *Urteil* vom 22.8.2012, 10 K 4664/10, EFG 2012, 2231; FG Köln, *Urteil* vom 27.10.2010, 9 K 1022/10, EFG 2011, 561 (Rev. anh. BFH, Az. IV R 55/10; das Verfahren ist bis zur Entscheidung des Normenkontrollverfahrens beim BVerfG, 1 BvL 8/12, ausgesetzt, *Beschluss* vom 12.7.2012).

29 BVerfG, *Beschluss* vom 15.1.2008, 1 BvL 2/04, BVerfGE 120, 1 (25 ff.).

30 BVerfG, *Beschluss* vom 15.1.2008, 1 BvL 2/04, BVerfGE 120, 1 (25). Daraus lässt sich nicht schlussfolgern, dass die Ausgestaltung der Gewerbesteuer keine Realsteuerelemente mehr besitzen bräuchte; so aber *Klotz,* Zur Reform der Gewerbesteuer, in: FS für Flick, S. 15 (20).

31 So mit Blick auf die Rechtfertigung einer Differenzierung zwischen Gewerbetreibenden und Selbständigen BVerfG, *Beschluss* vom 15.1.2008 1 BvL 2/04, BVerfGE 120, 1 (33).

32 So BFH, *Urteil* vom 4.6.2014, I R 70/12, BFH/NV 2014, 1850, BFHE 246, 67 (72); *Beschluss* vom 16.10.2012, I B 128/12, BStBl. II 2013, 30, BFHE 238, 452 (456). Ohnehin würde eine solche Argumentation außer Acht lassen, dass diese „Tradition" und die Rechtfertigung der Hinzurechnungen seit jeher im Streit sind. Vgl. dazu eindrucksvoll *Haußmann*, Gewerbesteuer und Finanzausgleich, StuW

der Rechtsprechung des BVerfG ist der Gesetzgeber zu einer reinen Verwirklichung eines Objektsteuerprinzips nicht verpflichtet.[33] Innerhalb des verfassungsrechtlichen Prüfungsmaßstabs[34] vermag die Rechtsprechung eine willkürliche oder nicht folgerichtige Ausgestaltung des Besteuerungsgegenstands bei der Gewerbesteuer nicht erkennen.[35] Vielmehr ergebe sich unter Berücksichtigung des Folgerichtigkeitsgebots, dass der Rahmen einer prinzipiell weitreichenden Gestaltungsfreiheit hinsichtlich zu treffender Belastungsentscheidungen eingehalten ist.[36] Die den Steuertypus prägenden Merkmale, die Hinzurechnungen, seien somit Ausdruck der folgerichtigen Belastungsentscheidung.[37]

2. Element zum Zwecke der Gleichbehandlung

Mit Blick auf die Unternehmerebene lässt sich ohne Weiteres eine andere Leistungsfähigkeit derjenigen Unternehmer, die ihren Gewerbebetrieb ohne Fremdkapital betreiben, im Vergleich zu denjenigen feststellen, die dies nur mit Hilfe einer Fremdkapitalausstattung können.[38] Aus diesem Fokus heraus wird gefordert, die Gewerbesteuer am Leistungsfähigkeitsprinzip

---

1926, 1170; siehe auch Begründung zum Gesetzentwurf zum GewStRG 1928, RT-Drs. IV/1928, Bd. 423, Anlage Nr. 568, S. 113. Zur Reformbedürftigkeit der Gewerbesteuer siehe *Jonas*, Reformnotwendigkeit der Gewerbesteuer, in: FS für Herzig, S. 335 ff.

33 BVerfG, *Beschluss* vom 25.10.1977, 1 BvR 15/75, BVerfGE 46, 224 (237); so auch BFH, *Urteil* vom 4.6.2014, I R 70/12, BFH/NV 2014, 1850, BFHE 246, 67 (72).

34 Dieser reicht in Abhängigkeit vom Regelungsgegenstand und Differenzierungsmerkmalen nach der ständigen Rechtsprechung des BVerfG vom bloßen Willkürverbot bis zu einer strengen Bindung an Verhältnismäßigkeitserfordernisse. Vgl. dazu statt vieler BVerfG, *Urteil* vom 20.4.2004, 1 BvR 1748/99, 905/00, BVerfGE 110, 274 (291).

35 Zuletzt BFH, *Urteil* vom 4.6.2014, I R 70/12, BFH/NV 2014, 1850, BFHE 246, 67 (72).

36 BFH, *Beschluss* vom 16.10.2012, I B 128/12, BStBl. II 2013, 30, BFHE 238, 452 (457).

37 Zuletzt BFH, *Urteil* vom 4.6.2014, I R 70/12, BFH/NV 2014, 1850, BFHE 246, 67 (72).

38 So *Hey*, Körperschaftsteuer und Gewerbesteuer und objektives Nettoprinzip, DStR 2009, Beih. zu Nr. 34, 109 (116).

zu orientieren.[39] Das ist an sich auch richtig, trifft aber auf alle Steuerarten zu. Die dem Einkommen- bzw. Körperschaftsteuerrecht immanente und unternehmerzentrierte Betrachtung, an deren Ende eine Verwirklichung des Leistungsfähigkeitsprinzips durch das objektive Nettoprinzip steht, findet in der Gewerbesteuer indes keine Anwendung.[40] Dem aus Sicht des Unternehmers durchaus plausiblem Argument, die Besteuerung müsse nach der persönlichen Leistungsfähigkeit erfolgen, ist bei der Gewerbesteuer der Weg versperrt.[41] Die Leistungsfähigkeit ist für Zwecke der Gewerbesteuer aus der Perspektive des Gewerbebetriebs als eigenständige Funktionseinheit und damit auf eine andere Art zu bestimmen, will man sich nicht – unter Negierung der Gewerbesteuer als solcher[42] – von dem Gedanken einer objektivierten wirtschaftskraftbezogenen Steuerquelle lösen.[43]

---

39 Z.B. *Montag* in: Tipke/Lang, Steuerrecht, 21. Aufl., § 12, Rn. 1 m.w.N.; ebenso *Hey*, Körperschaftsteuer und Gewerbesteuer und objektives Nettoprinzip, DStR 2009, Beih. zu Nr. 34, 109 (116). Die Kritik resultiert aus einem allein den Unternehmer betreffenden Leistungsfähigkeitsverständnis. Die Inbezugnahme des BVerfG, *Beschluss* vom 15.1.2008, 2 BvL 2/04, BVerfGE 120, 1 (24 f.), wonach allein die finanzverfassungsrechtliche Rechtfertigung der GewSt in Art. 106 Abs. 6 und Art. 28 Abs. 2 GG nicht den Prüfungsmaßstab gemäß Art. 3 Abs. 1 GG tangiere, berücksichtigt nicht, dass die Steuerart selbst, nicht aber deren Ausgestaltung auf dem Prüfstand standen. Soweit das BVerfG äußerte, die inhaltliche Ausgestaltung der GewSt sei an Art. 3 Abs. 1 GG zu messen, und alsdann die Ungleichbehandlung von Gewerbetreibenden und Selbständigen als Steuersubjekte rechtfertigte, hat es sich zum Maßstab der Bemessung der Leistungsfähigkeit bei der GewSt nicht geäußert.

40 Vgl. z.B. BFH, *Urteile* vom 4.6.2014, I R 21/13, BFH/NV 2014, 1853, BFHE 246, 130 (132); I R 70/12, BFH/NV 2014, 1850, BFHE 246, 67 (72). I.d.S. wohl auch *Gosch*, Einige aktuelle und zugleich grundsätzliche Bemerkungen zur Gewerbesteuer, DStZ 1998, 327 (329), der m.E. zwar die Frage einer Besteuerung nach der Leistungsfähigkeit in den Raum stellt, die Hinzurechnungen als Rudiment einer Objektsteuer wiederum als eine Ausgestaltung der Gewerbesteuer selbst und damit als einen Indikator der Gewerbesteuer ansieht.

41 *Tipke*, Steuerrechtsordnung, Bd. II, 2. Aufl., § 19, 3.1., S. 1141 weist in diesem Zusammenhang darauf hin, dass die Gewerbesteuer als Unternehmens-Objektsteuer ein Aliud im Vergleich zu einer Personensteuer ist, die nach der subjektiven Leistungsfähigkeit zu bemessen ist. Eine andere Frage ist, welchem Rechtfertigungsansatz man mit Blick auf die Gewerbesteuer folgen kann.

42 So auch BFH, *Urteil* vom 4.6.2014, I R 21/13, BFH/NV 2014, 1853, BFHE 246, 130 (132).

43 Diese ist, nicht zuletzt auch durch Ersetzung des Begriffs „Realsteuer“ durch „Gewerbesteuer“ und einer damit verbundenen Grundentscheidung des Verfassungs-

Dies belegt nicht zuletzt ein Blick in die Historie. Bereits bei Einführung der Hinzurechnungsregelungen der reichsvereinheitlichten Gewerbesteuer von 1936 wurde diese Art der Gleichbehandlung[44] in den Vordergrund gerückt. So wurde denn auch in der Gesetzesbegründung zum GewStG 1936[45] ausgeführt, dass Gewerbetreibende mit eigenen Maschinen den Reinertrag aus der Nutzung der Maschinen zu versteuern hätten, während dies im Falle einer Anmietung nicht der Fall sei. Die Hälfte der zu zahlenden Miet- und Pachtzinsen würde daher als Reinertrag aus den gemieteten Maschinen behandelt werden, der zu versteuern sei. Diesen mit dem Ansatz einer objektivierten Leistungsfähigkeit begründeten Gedanken nahm der BFH in seiner Entscheidung vom 29.11.1972[46] auf und wies unter Bezugnahme auf das Judikat des BVerfG vom 13.5.1969[47], welches im Zusammenhang mit der Hinzurechnung von Dauerschulden die Gleichbehandlung der Gewerbebetriebe betonte, darauf hin, dass jenes Gleichstellungsargument in alle Hinzurechnungstatbestände einstrahle.[48] Auch

---

gesetzgebers, in der Finanzverfassung und den grundgesetzlichen Bestandsgarantien der Gemeinden verankert, wonach den Gemeinden eine eigene wirtschaftskraftbezogene mit Hebesatzrecht ausgestattete Steuerquelle zusteht; siehe dazu auch *Nierhaus* in: Sachs, Grundgesetz, 7. Aufl., Art. 28 Rn. 87, 87a.

44 Wohl besser: annähernde Gleichstellung. Denn dass diese nicht vollständig gelingt, darauf weisen bereits *Lohmann* und *Klein* hin; siehe *Lohmann*, Fremde Wirtschaftsgüter im Gewerbesteuerrecht, DB 1960, 677; *Klein*, Hinzurechnung von Miet- und Pachtzinsen bei der Ermittlung des Gewerbeertrags, BB 1965, 118. Die Gleichbehandlung verneinend *Hey*, Körperschaftsteuer und Gewerbesteuer und objektives Nettoprinzip, DStR 2009, Beih. zu Nr. 34, 109 (116).

45 Vgl. Begr. zum GewStG 1936, RStBl. 1937, 693 (696).

46 BFH, *Urteil* vom 29.11.1972, I R 178/70, BStBl. II 1973, 148, BFHE 107, 468 (472).

47 So führte das BVerfG aus, dass ein mit Eigenkapital arbeitender Unternehmer eine angemessene Verzinsung dieses Kapitals erwirtschaften müsse, die in den kalkulatorischen Zinsen ihren Ausdruck finde. Würde demgegenüber ein dem Betrag der Dauerschuldzinsen entsprechender Teil des Betriebsergebnisses nicht der Gewerbesteuer unterworfen, während der der kalkulatorischen Verzinsung entsprechende Teil des Gewinns wie bislang der Gewerbesteuer unterläge, würde der Eigenkapital einsetzende Gewerbetreibende gegenüber dem mit Fremdkapital arbeitenden Gewerbetreibenden benachteiligt, BVerfG, *Urteil* vom 13.5.1969, 1 BvR 25/65, BVerfGE 26, 1 (11); siehe hierzu auch die Ausführungen zum „Kapitalbindungsmodell und der Barwertbetrachtung“ betreffend die Finanzierungsanteile von *Roser*, Gewerbesteuerliche Hinzurechnungen von Nutzungsentgelten nach § 8 Nr. 1d bis f GewStG, ifst-Schrift Nr. 497, S. 26-30.

48 BFH, *Urteil* vom 29.11.1972, I R 178/70, BStBl. II 1973, 148, BFHE 107, 468 (472).

wenn vereinzelt die fehlende Symmetrie innerhalb der Hinzurechnungstatbestände kritisiert wurde[49], teilte die Literatur in Bezug zu den Vorgängerregelungen diesen Gleichbehandlungsgedanken weitgehend.[50]

An diesem Grundgedanken hat sich mit der Neufassung der Hinzurechnungsvorschrift durch das Unternehmensteuerreformgesetz 2008[51] nichts geändert. Betrachtet man nämlich die Regelungen zu § 8 Nr. 1 lit. d und e GewStG, so stellt man fest, dass die Vorgängernorm, der § 8 Nr. 7 GewStG a.F., nahezu wortwörtlich entlehnt wurde und die Neuregelungen lediglich zwischen der Art der Wirtschaftsgüter einerseits und der unterschiedlich typisierten Hinzurechnungsanteile andererseits differenzieren.[52] Zudem liegt jedem Tatbestand des § 8 Nr. 1 GewStG selbst, bezogen auf

---

49 So moniert bspw. *Zitzelsberger*, dass dann, wenn der Gesetzgeber zu Recht Erträge aus Gebrauchsüberlassungen dem Ertrag des nutzenden Betriebs zurechnet, er diese Entscheidung auch dann durchhalten sollte, wenn diese Erträge einem anderen Gewerbebetrieb zufließen. Sie sind und bleiben Ertrag des nutzenden Betriebs. Er befürwortete damit die durch das UntStRefG 2008 erfolgte Abschaffung der Vergünstigung des § 8 Nr. 7 Satz 2 GewStG, der von einer Hinzurechnung dann absah, wenn der Vermieter seinerseits einen Gewerbebetrieb unterhielt, sodass die Mieterträge dort der Gewerbesteuer unterworfen waren, siehe *Zitzelsberger*, Die Grundlagen der Gewerbesteuer, S. 273.

50 *Blümich*, Die neue Gewerbesteuer, DStZ 1937, 245 (251); *Blümich/Boyens/Steinbring*, GewStG 1936, 4. Aufl., § 8, Anm. 33. Ebenso führte *Güroff* in seiner ersten Auflage von 1988 unter Rückgriff auf die Gesetzesbegründung zum GewStG 1936 aus, dass dem Eigentümer nach Abzug der Unkosten nur ein Teil der Zinsen als Reinertrag verbleibe; *Güroff* in: Glanegger/Güroff, GewStG, 1. Aufl., § 8, Anm. 1 mit Verweis auf RStBl. 1937, 699 (gemeint ist S. 696; es handelt sich insoweit um einen Druckfehler). Auch in späteren Auflagen folgt er dieser Argumentation, vgl. *Güroff* in: Glanegger/Güroff, GewStG, 5. Aufl., § 8 Nr. 7, Anm. 1; *ders.* 8. Aufl., § 8, Rn. 1 und § 8 Nr. 1d, Rn. 1, und sieht in der Hinzurechnung nach § 8 GewStG eine Umsetzung des Gleichbehandlungsgrundsatzes, und zwar insofern als derjenige, der fremde Vermögensgegenstände in seinem Betrieb nutzt, dem selbstnutzenden Eigentümer entsprechender Wirtschaftsgüter gleichgestellt werden soll.

51 UntStRefG 2008 vom 14.8.2007, BGBl. I 2007, S. 1912.

52 Zur Kritik an den Typisierungen der Hinzurechnungsanteile *Sarrazin* in: Lenski/Steinberg, GewStG, § 8 Nr. 1 Buchst. e, Rz. 5 (Lfg. 106, März 2013), der u.a. auf die sukzessiven Anpassungen der Hinzurechnungsanteile verweist, die von ursprünglich 75 % noch vor dem Inkrafttreten des UntStRefG zum 1.1.2008 durch das JStG 2008 vom 20.12.2007 (BGBl. I 2007, S. 3150) auf 65 % ermäßigt wurden und abermals durch das WachstumsbeschleunigungsG vom 22.9.2009 (BGBl. I 2009, S. 3950) zu Beginn des EZ 2010 auf 50 % reduziert wurden. Die Kritik zurückweisend BFH, *Beschluss* vom 16.10.2012, I B 128/12, BStBl. II 2013, 30, BFHE 238, 452 (457).

die konkrete Fremdfinanzierung, ein Gleichbehandlungsargument zugrunde. Darauf weist die Gesetzesbegründung explizit hin.[53] Unabhängig von der Art der Fremdfinanzierung sollen unterschiedliche Finanzierungsalternativen, die innerhalb eines Gewerbebetriebes möglich sind, im gewissen Sinne gleichermaßen der Hinzurechnung unterworfen werden.[54,55]

Betrachtet man die Gewerbesteuer als ein in sich geschlossenes System[56], dienen die Hinzurechnungsvorschriften unter Berücksichtigung des gewerbesteuerspezifischen Leistungsfähigkeitsverständnisses der Gleichstellung und Gleichbehandlung der jeweiligen Gewerbebetriebe als Steuerobjekte.[57] Es sollen unter diesem unternehmensbezogenen Blickwinkel

---

53 Zwar erklärt die Gesetzesbegründung mit Blick auf die Modifikationen der Hinzurechnung die Erschwerung der Verlagerung von Steuersubstrat zum Hauptziel, vgl. BT-Drs. 16/4841, S. 1, und führt weiter aus, dass der fiskalische Vorteil von Gewinnverlagerungen ins Ausland vermindert werde, BT-Drs. 16/4841, S. 31. Darauf und auf weitere Ziele weist auch *Roser*, Gewerbesteuerliche Hinzurechnungen von Nutzungsentgelten nach § 8 Nr. 1d bis f GewStG, ifst-Schrift Nr. 497, S. 19, hin. Nicht zu übersehen ist jedoch, dass die Hinzurechnungstatbestände dieselbe Zielrichtung verfolgen und Geld- und Sachkapitalüberlassungen zusammengefasst werden sollten, vgl. auch BT-Drs. 16/4841, S. 79, wonach zwischen Gewerbebetreibenden, die sich mit Fremdkapital finanzieren und denjenigen, die ihren Gewerbetrieb mit Eigenmitteln ausstatten, weiterhin nicht unterschieden werden sollte.

54 Nicht geleugnet werden kann allerdings auch, dass die unterschiedlichen Hinzurechnungsanteile innerhalb der Regelung des § 8 Nr. 1 GewStG eine Ungleichbehandlung zwischen Fremd- und Sachkapitalausstattungen bewirken, auch wenn diese Diskrepanzen, die bei der Vorgängernorm des § 8 Nr. 1 und Nr. 7 GewStG a.F. noch größer waren, mit der Neuregelung teilweise abgebaut wurden, vgl. dazu auch *Güroff* in: Glanegger/Güroff, GewStG, 8. Aufl., § 8 Nr. 1a, Rn. 2. Zur Kritik an der alten Rechtslage und der Ungleichbehandung von Miete und fremdfinanzierter Anschaffung siehe *Lohmann,* Fremde Wirtschaftsgüter im Gewerbesteuerrecht, DB 1960, 677 (679).

55 Entsprechend wurde aus steuerpolitischer Perspektive die Abschaffung des Anachronismus der unterschiedlichen Behandlung lang- und kurzfristiger Kredite auch als Schritt in Richtung Finanzierungsneutralität gelobt; vgl. *Becker/Fuest*, Steuerpolitische Perspektiven der Unternehmensteuerreform 2008, VjfW 76 (2007), 39 (44).

56 Dass eine solche auf die einzelne Steuerart bezogene Betrachtungsebene kritisch gesehen werden kann, zeigen bspw. die Ausführungen von *Klotz*, Zur Reform der Gewerbesteuer, in: FS für Flick, S. 15 (16 f.); *Roser*, Kritische Bestandsaufnahme zur Gewerbesteuer, DStJG 35 (2012), S. 187 ff., der zahlreiche Durchbrechungen innerhalb des GewStG selbst und Verquickungen mit dem EStG aufzeigt.

57 Die gegen die gewerbesteuerlichen Hinzurechnungen gerichteten Kritiken wenden sich i.E. gegen die Gewerbesteuer als solche. Das meint auch der BFH, *Urteil* vom

alle Arten einer Kapitalüberlassung für Zwecke der Gewerbesteuer gleichartig behandelt werden. Grob ausgedrückt darf es folglich keinen Unterschied machen, ob dem Gewerbebetrieb anstelle von Eigenkapital Fremdkapital, und dieses sowohl in Form von Geld- als auch als Sachkapital, zur Verfügung gestellt wird.[58] Diesen Gleichheitsgedanken umsetzend wurden die Hinzurechnungstatbestände für Geld- und Sachkapitalüberlassungen innerhalb der Korrekturnorm des § 8 GewStG zusammengefasst und vereinheitlicht.[59] Folgt man diesem Ansatz als solchen, erklärt sich die Ausweitung der Gewerbeertragskorrekturen auf Nutzungsüberlassungen, die neben den beweglichen Wirtschaftsgütern auch unbewegliche Wirtschaftsgüter einbezieht. Die Neukonzeptionierung der Regelungen in § 8 Nr. 1 GewStG[60] zum 1.1.2008 bewirkt somit eine Gleichbehandlung unter-

---

4.6.2014, I R 70/12, BFH/NV 2014, 1850, BFHE 246, 67 (72); *Urteil* vom 4.6.2014, I R 21/13, BFH/NV 2014, 1853, BFHE 246, 130 (132).

58 Kritisch dazu z.B. *Hey*, Verletzung fundamentaler Prinzipen durch die Gegenfinanzierungsmaßnahmen des Unternehmensteuerreformgesetzes 2008, BB 2007, 1303 (1307); die Kritik zurückweisend u.a. BFH, *Urteil* vom 4.6.2014, I R 70/12, BFH/NV 2014, 1850, BFHE 246, 67 (73).

59 BT-Drs. 16/4841 vom 27.3.2007, S. 79; dies bestätigend BFH, *Urteil* vom 4.6.2014, I R 70/12, BFH/NV 2014, 1850, BFHE 246, 67 (73). Nicht weiter nachgegangen werden soll dem Punkt, dass bis zum Erhebungszeitraum 2007 bei Nutzungsüberlassungsverhältnissen nur danach geschaut wurde, ob sich diese auf „nicht in Grundbesitz bestehende Wirtschaftsgüter" bezogen (vgl. § 8 Nr. 7 GewStG a.F.) und nun seit der Neufassung des § 8 Nr. 1 GewStG durch das UntSt-RefG 2008 der Blick darauf zu richten ist, welches konkrete Wirtschaftsgut (beweglich/unbeweglich oder immateriell) als Eigenkapitalsubstitut im Gewerbebetrieb genutzt wird. Mit dieser Änderung wurde die klassische Unterteilung der Realsteuerobjekte „Gewerbebetrieb" und „Grundbesitz" nivelliert, was zur Kritik an der Gewerbesteuer also solcher beiträgt. Denn wurde durch die frühere Beschränkung der Hinzurechnung auf „nicht in Grundbesitz bestehende Wirtschaftsgüter" gemäß § 8 Nr. 7 GewStG a.F. im Zusammenspiel mit der Kürzungsvorschrift des § 9 Nr. 1 GewStG noch eine doppelte Realsteuerbelastung beim Grundbesitz dadurch vermieden, dass dieser nicht der Gewerbesteuer unterworfen wurde, ist das durch die Änderung der Hinzurechnungskorrektive in § 8 Nr. 1 GewStG nicht mehr sichergestellt.

60 Auch die Norm des § 8 Nr. 1 lit. f GewStG ist auf eine derartige Gleichbehandlung des in Form von überlassenen Rechten genutzten Fremdkapitals und einer damit zusammenhängenden Neutralisierung der diesbezüglichen Betriebsausgaben gerichtet.

schiedlicher Finanzierungsaufwendungen bei der Ermittlung der steuerlichen Bemessungsgrundlage.[61]

3. Element zur Sicherung des Steueraufkommens

Die Hinzurechnungsregelungen stehen – damals wie heute – nicht nur wegen ihrer die Gewerbesteuer prägenden, objektivierenden Elemente zur Debatte. Sie haben auch aus fiskalpolitischer Sicht Bedeutung. So führte bereits die Begründung zum Gewerbesteuerrahmengesetz von 1930[62] zum finanzpolitischen Problem aus:

> „Wenn die Gewerbesteuer in der nach dem Finanzbedarf erforderlichen Höhe erhoben werden soll, so muss der Steuersatz höher sein, je mehr Posten bei der Feststellung des […] Gewerbeertrags abgesetzt werden sollen, und der Steuersatz kann umso niedriger sein, je weniger Posten abgesetzt werden."

Auch wenn die Gewerbesteuer seit mehr als 70 Jahren den Gemeinden zusteht[63], haben sich die aufkommenspolitischen Diskussionen nicht verändert. Betrachtet man allein die Begründung zur Unternehmensteuerreform 2008[64], wird dies deutlich:

> „Die Ausweitung der Hinzurechnungen bei der Gewerbesteuer auf alle Fälle der Fremdkapitalzinsen und deren Substitute mindert […] den fiskalischen Vorteil von Gewinnverlagerungen ins Ausland. Im Ergebnis wird die Abwanderung von Steuersubstrat erschwert."

---

61 So auch BFH, *Urteile* vom 4.6.2014, I R 21/13, BFH/NV 2014, 1853, BFHE 246, 130 (133); I R 70/12, BFH/NV 2014, 1850, BFHE 246, 67 (73); ebenso schon *Mohr* in: Bergemann/Wingler, GewStG, § 8, Rz. 207; zur Gleichstellung im Zusammenhang mit Miet-und Pachtzinsen siehe bereits die Begr. zum GewStG 1936, RStBl. 1937, 693 (696).

62 GewStRG vom 1.12.1930, RGBl. I 1930, S. 517; siehe Begr. zum Gesetzentwurf des GewStRG, RT-Drs. IV/1928, Bd. 423, Anlage Nr. 568, S. 113.

63 Vgl. Art. 106 Abs. 6 Satz 1 i.V.m. Art. 28 Abs. 2 Satz 3 GG. Vor der Reichsvereinheitlichung der Gewerbesteuer zum 1.12.1936 stand diese den Ländern zu.

64 BT-Drs. 16/4841, S. 31.

In die gleiche Richtung weisen auch Pläne zur Gemeindefinanzreform nach dem sog. Kommunalmodell.[65] Dort wird u.a. die Bemessungsgrundlage durch eine Erhöhung der Hinzurechnungsanteile unter gleichzeitiger Senkung der Steuermesszahl diskutiert. In tatsächlicher Hinsicht wird die Gewerbesteuer mitunter auch genutzt, um das Steueraufkommen auf „kaltem Wege" zugunsten der Kommunen zu verschieben.[66]

Dies zeigt, dass vordergründig eher mit der Stabilität des Steueraufkommens denn aus dem Wesen der Gewerbesteuer als solcher heraus argumentiert wird.[67] Auch die Rechtsprechung folgt diesem Ansatz, wenn sie betont, dem Gesetz selbst liege durch die Aufnahme substanzorientierter Elemente der Gedanke einer Verstetigung des Steueraufkommens zugrunde.[68]

II. Funktions- und Wirkungsweise der gewerbesteuerlichen Hinzurechnung

Für Zwecke der Gewerbesteuer hat der Inhaber eines Gewerbebetriebs (§ 2 Abs. 1 GewStG) den der Gewerbesteuer unterliegenden maßgebenden

---

65 Schreiben der Bundesvereinigung der kommunalen Spitzenverbände, Mai 2010, Anlage 3 des Zwischenberichts der 4. Arbeitsgruppe Kommunalsteuern an die Gemeindefinanzkommission vom 1.7.2010, 2010/0477346 (n.v.). Zur Kritik am sog. Kommunalmodell siehe bspw. *Geberth*, Die Hinzurechnungen bei der Gewerbesteuer – steuerunsystematisch und verzichtbar – Anmerkungen zum Kommunalmodell zur „Reform" der Gewerbesteuer, DStR 2011, 151; siehe auch die neuere Diskussion zur Weiterentwicklung der Gewerbesteuer zu einer Gemeindewirtschaftsteuer, BT-Drs. 18/3838 sowie Plenarprotokoll zur 137. BT-Sitzung vom 13.11.2015, 18/137, S. 13485 ff.

66 Nach § 35 EStG ist die Einkommensteuer um einen Ermäßigungsbetrag bezogen auf die Gewerbesteuerbelastung für gewerbliche Einkünfte zu ermäßigen. In Betriebsprüfungen wird dem Vernehmen nach diese Tarifermäßigung des Öfteren als Argument und Hebel genutzt, um bei Streitigkeiten mit dem Steuerpflichtigen über Rechtsansichten betreffend die Ermittlung der gewerbesteuerlichen Bemessungsgrundlage Kompromisse zu erzielen, denn wegen des Ermäßigungsbetrags wirkt sich ein Mehr an Gewerbesteuer beim Steuerpflichtigen nur begrenzt aus. Dass damit finanzverfassungsrechtliche Probleme einhergehen, scheint hierbei nicht ins Bewusstsein zu dringen.

67 So bereits auch schon die Begründung zum Einführungsgesetz zu den Realsteuergesetzen vom 1.12.1936, RStBl. 1937, 689.

68 Zuletzt BFH, *Beschluss* vom 16.10.2012, I B 128/12, BStBl. II 2013, 30, BFHE 238, 452 (457) m.w.N.

Gewerbeertrag zu ermitteln. Dabei ist zweistufig vorzugehen. Zunächst ist der Gewinn des Gewerbebetriebs nach den einkommen- bzw. körperschaftsteuerlichen Gewinnermittlungsvorschriften zu ermitteln (§ 7 Abs. 1 Satz 1 GewStG).[69] Alsdann sind entsprechende gewerbesteuerliche Korrekturen vorzunehmen (§§ 8, 9 GewStG). Der Gewerbetreibende, der Aufwendungen aus der Überlassung für im Gewerbebetrieb genutztes Fremdkapital tätigt und diese bei der ertragsteuerlichen Gewinnermittlung (§ 4 Abs. 1, 3 EStG) gewinnmindernd abzieht, hat jene anteilig dem Gewerbeertrag hinzuzurechnen (Korrekturbetrag). Der Korrekturbetrag, der insgesamt zu ermitteln ist, beträgt 25 Prozent der einzelnen Hinzurechnungsbeträge. Bei Letzteren unterscheidet das Gesetz u.a. zwischen Miet- und Pachtzinsen für die Überlassung von Wirtschaftsgütern (§ 8 Nr. 1 lit. d, e GewStG) und Aufwendungen für die zeitlich befristete Überlassung von Rechten (§ 8 Nr. 1 lit. f GewStG). Während der Hinzurechnungssatz bei der Überlassung von Wirtschaftsgütern weiter zwischen beweglichen und unbeweglichen Wirtschaftsgütern differenziert und für erstere 20 Prozent und für letztere 50 Prozent beträgt, sind Aufwendungen für die Überlassung von Rechten in Höhe von 25 Prozent zu berücksichtigen, was zu Hinzurechnungen zum Gewerbeertrag in Höhe von insgesamt 5 bzw. 12,5 sowie 6,25 Prozent führt.[70]

Im Ergebnis wirken die Hinzurechnungen im Rahmen der Ermittlung der gewerbesteuerlichen Bemessungsgrundlage als partielle Ausgabenabzugsverbote.[71] Die auf diesem Wege korrigierte Bemessungsgrundlage kann trotz eines Verlustes gemäß § 10d EStG zu einem positiven Gewerbeertrag und damit zu einer Besteuerung des Gewerbebetriebs führen,

69 Die Gewinnermittlung erfolgt unabhängig von der ertragsteuerlichen; vgl. statt vieler *Roser* in: Lenski/Steinberg, GewStG, § 7, Rz. 2 (Lfg. 104, Juli 2012). Eine verfahrensrechtliche Bindungswirkung für die Gewerbesteuer gibt es nicht.

70 Die in diesem Zusammenhang geführten Diskussionen um die Rechtfertigung einer solchen Pauschalierung der Finanzierungsanteile sollen hier nicht näher verfolgt werden, vgl. dazu z.B. *Montag* in: Tipke/Lang, Steuerrecht, 21. Aufl., § 12 Rn. 27, 28; kritisch schon *Rödder*, Unternehmensteuerreform 2008, DStR 2007, Beih. zu Nr. 40, 2 (12).

71 BFH, *Urteil* vom 7.7.2004, XI R 65/03, BStBl. II 2005, 102, BFHE 207, 340 (342); siehe auch statt vieler *Köster* in: Lenski/Steinberg, GewStG, § 8 Nr. 1 Buchst. a, Rz. 1 (Lfg. 106, März 2013).

weshalb auch die Möglichkeit einer Substanzbesteuerung nicht ausgeschlossen werden kann.[72]

72 Vgl. dazu *Hey*, Verletzung fundamentaler Prinzipien durch die Gegenfinanzierungsmaßnahmen des Unternehmensteuerreformgesetzes 2008, BB 2007, 1303 (1307); *dies.*, Körperschaftsteuer und Gewerbesteuer und objektives Nettoprinzip, DStR 2009, Beih. zu 34, 109 (116); zur Kritik an der derzeitigen Ausgestaltung der Gewerbesteuer und der möglichen konfiskatorischen Wirkung siehe auch *Jachmann*, Besteuerung von Unternehmen als Gleichheitsproblem, DStJG 23 (2000), S. 9 (44, 46); ebenso darauf hinweisend *Hamsch/Karrenbrock*, Gewerbesteuerliche Hinzurechnungen von Finanzierungsaufwendungen (erneut) auf dem verfassungsrechtlichen Prüfstand, Ubg 2012, 624. Auch die Rspr. erkennt das Entstehen von Substanzsteuereffekten an, vgl. bspw. FG Köln, *Urteil* vom 27.10.2010, 9 K 1022/10, EFG 2011, 561 (563). Diese sind in der Konzeption der Steuer an sich angelegt und daher, soweit keine unbilligen Härten erkennbar sind, hinzunehmen, vgl. sehr deutlich i.d.S. BFH, *Urteil* vom 4.6.2014, I R 21/13, BFH/NV 2014, 1853, BFHE 246, 130 (135).

Teil 2 Die gewerbesteuerliche Behandlung der Aufwendungen für die Beschaffung von „Veranstaltungsimmobilien“

A. Problembeschreibung der Arbeit und Gang der Darstellung

I. Ausgangssituation der Überlegungen

Die Anwendung des § 8 Nr. 1 lit. e GewStG wirft im Zusammenhang mit Veranstaltungsunternehmen mehrere Rechtsfragen auf. Während bei Nutzungsüberlassungen unbeweglicher Wirtschaftsgüter innerhalb einer Unternehmensgruppe den ggf. damit verbundenen Kaskadeneffekten bei Kettenvermietungen[73] u.U. noch mittels vertraglicher oder organisationsrechtlicher Maßnahmen Abhilfe geschaffen werden kann, um gewerbesteuerliche Mehrbelastungen zu vermeiden[74], bestehen bei einer Vielzahl unternehmerischer Betätigungen derartige Gestaltungsmöglichkeiten nicht oder kommen aus anderen Gründen nicht in Frage. Dies mag zum einen rechtstatsächliche Ursachen haben, nämlich dann, wenn es mangels entsprechenden Angebots nicht möglich ist, Eigentum an dem benötigten unbeweglichen Wirtschaftsgut zu erwerben und folglich nur zeitlich begrenzte Nutzungsüberlassungen in Frage kommen. Zum anderen können dem auch

---

73 Siehe dazu FG Köln, *Urteil* vom 27.10.2010, 9 K 1022/10, EFG 2011, 561; FG Münster, *Urteil* vom 22.8.2012, 10 K 4664/10, EFG 2012, 2231; BFH, *Urteil* vom 4.6.2014, I R 70/12, BFH/NV 2014, 1850, BFHE 246, 67. Mit der durch das UntStRefG 2008 ebenso erfolgten Abschaffung des § 9 Nr. 4 GewStG, wonach die gemäß § 8 Nr. 7 GewStG a.F. hinzuzurechnenden Mietaufwendungen dann wieder zu kürzen waren, wenn die Mieterträge beim Vermieter der Gewerbesteuer unterlagen, soweit der Miet- oder Pachtzins € 125.000 überstieg, kommt es nunmehr bei einer Kettenvermietung desselben Gegenstandes zur gewerbesteuerlichen Belastung auf jeder Nutzerebene. Damit wird ein auf einem einheitlichen Vorgang beruhender wirtschaftlicher Erfolg in mehrfacher Weise, nämlich beim Mieter im Wege der Hinzurechnung des Mietaufwandes und beim Vermieter als Bestandteil des Gewerbeertrags, einer Gewerbebesteuerung zugeführt.

74 Bei Kettenvermietungen innerhalb einer Unternehmensgruppe bieten sich, soweit das vertraglich durchsetzbar ist, Direktvermietungen an. Auch die Begründung einer gewerbesteuerlichen Organschaft ist innerhalb bestimmter Unternehmensgruppen zur Vermeidung der Hinzurechnung zu empfehlen, siehe dazu BFH, *Urteil* vom 27.9.2006, IV R 50/98, BFH/NV 2007, 239 m.w.N.

betriebswirtschaftliche Erwägungen zugrundeliegen. So kann es beispielsweise dem Geschäftsmodell und damit den betriebswirtschaftlichen Erwägungen des Unternehmers widersprechen, sich – im Wege eines Eigentumserwerbs – längerfristig an ein Grundstück oder sonstiges unbewegliches Wirtschaftsgut zu binden. Dennoch können Notwendigkeiten bestehen, derartige Wirtschaftsgüter jeweils nur vorübergehend zu nutzen.

Zu solchen Unternehmen, die Grundstücke oder sonstige unbewegliche Wirtschaftsgüter nur kurzzeitig nutzen und deshalb lediglich anmieten statt zu erwerben, gehören u.a. sogenannte Veranstaltungsunternehmen. Darunter fallen vornehmlich, um nur einige zur nennen, Konzertveranstalter, sog. Eventgesellschaften und auch Messeveranstalter. Ihr Geschäftsmodell beruht auf der Planung, Organisation und Durchführung von Veranstaltungen. Ihnen ist gemeinsam, dass sie gegenüber ihren Kunden ein (Dienst-) Leistungspaket erbringen, also eine Gesamtheit von Leistungen schulden, die sich aus mehreren einzelnen Leistungsteilen zusammensetzt und hierfür in der Regel zur Erfüllung ihrer Leistungen auch auf die Nutzung von Grundstücken bzw. Teilen derselben angewiesen sind. Da in den einzelnen Leistungen der Veranstaltungsunternehmen auch Grundstücksüberlassungen oder Bestandteile von solchen enthalten sind, hatte das Niedersächsische Finanzgericht[75] für den Fall eines Konzertveranstalters entschieden, dass dessen Mietaufwendungen, die aus der Beschaffung von Grundstücken oder Gebäuden, welche er für Zwecke der Durchführung von Konzerten benötigte, herrühren, auch dann der Hinzurechnung gemäß § 8 Nr. 1 lit. e GewStG unterfallen, wenn deren Anmietungen nur kurzzeitig, nämlich für wenige Tage, erfolgen.

Zu solchen Veranstaltungsunternehmen wird man auch Reiseveranstalter zählen können, zu denen sich die Finanzverwaltung geäußert hat[76] und der Ansicht ist, die Inanspruchnahme sog. Reisevorleistungen unterläge der gewerbesteuerlichen Hinzurechnung, wenn jene die Anmietung von Unterkünften betreffen.[77] Hier geht man augenscheinlich von zwei Prämissen aus, nämlich dass erstens die Aufwendungen eines Reiseveranstalters für die Beschaffung von Unterkünften Mietaufwendungen seien und zweitens es sich bei den insofern gemieteten Wirtschaftsgütern, den Hotel-

75 Nds. FG, *Urteil* vom 26.5.2011, 10 K 290/10, EFG 2011, 2101.

76 Erstmals im Gl. Ländererlass vom 2.7.2012, BStBl. I 2012, 730, Tz. 29b; siehe auch OFD NRW, Vfg. vom 25.9.2009, G1422-2013/0023-St161, DB 2013, 2363; dies., Verw.anw. vom 4.11.2013, G1422-2013/0023-St161, DB 2013, 2711.

77 Siehe Gl. Ländererlass vom 2.7.2012, BStBl. I 2012, 730, Tz. 29b.

unterkünften, um solche des Anlagevermögens des Reiseveranstalters handele. Dies mag bei flüchtigem Blick vor dem Hintergrund des Geschäftsmodells eines Reiseveranstalters erstaunen, ist dieses in erster Linie auf die Erbringung eines Leistungspakets, der Reise, gerichtet und nicht auf die An- und Vermietung unbeweglicher Wirtschaftsgüter.

Das gegen den Konzertveranstalter ergangene Urteil des Niedersächsischen Finanzgerichts[78] stieß ebenso auf geteilte Meinungen[79], wie auch die Ansicht der Finanzverwaltung, welche sie in Bezug auf Reiseveranstalter äußerte und nicht nur von betroffenen Fachkreisen[80] heftig kritisiert wird, sondern auch in der Literatur umstritten ist.[81] Auch diese Kontrover-

---

78 Die Revisionsentscheidung I R 24 /11 ist vom Ausgang des vor dem BVerfG anhängigen Normenkontrollverfahrens, 1 BvL 8/12, Vorlagebeschluss des FG Hamburg, *Beschluss* vom 29.2.2012, 1 K 138/10, DStRE 2012, 478, abhängig. Der BFH hat in der Revisionssache I R 24/11 das Verfahren mit *Beschluss* vom 26.8.2013 (n.v.) ausgesetzt.

79 Ablehnend bspw. *Kohlhaas*, Hinzurechnung von Miet- und Pachtzinsen gem. § 8 Nr. 1 e) GewStG bei kurzfristiger Anmietung?, FR 2011, 800; *ders.*, Das fiktive Anlagevermögen i.S. des § 8 Nr. 1 Buchst. e GewStG, DStR 2014, 296; *Ritzer*, Hinzurechnung von Finanzierungsanteilen nach § 8 Nr. 1 GewStG, DStR 2013, 558; *Boller/Franke*, Praxisprobleme bei der gewerbesteuerlichen Hinzurechnung von Miet- und Pachtzinsen, BB 2012, 2920 jeweils m.w.N. Siehe dazu auch *Gerritzen/Matheis*, Zur gewerbesteuerlichen Hinzurechnung von Messekosten, DStR 2013, 236 aus der Perspektive des Messeleistungen in Anspruch nehmenden Ausstellers. Im Ergebnis dem Urteil zustimmend *Güroff* in: Glanegger/Güroff, GewStG, 8. Aufl., § 8 Nr. 1e, Rn. 1 mit Verweis auf § 8 Nr 1d, Rn. 16; *Schnitter* in: Frotscher/Maas, GewStG, § 8, Rn. 102, 131 (116. Lfg. 1/2013); *Fuchs/Lieber* in: Deloitte, GewStG, § 8 Nr 1e, Rdn. 11; *Mohr* in: Bergemann/Wingler, GewStG, § 8, Rz. 360; differenzierend *Sarrazin* in: Lenski/Steinberg, GewStG, § 8 Nr. 1 Buchst. e, Rz. 17 (Lfg. 106, März 2013).

80 Gegen die Ansicht der Finanzverwaltung wehrt sich u.a. der Deutsche ReiseVerband, vgl. z.B. *Rogl*, Steuerärger – Veranstaltern droht ein Millionenschaden, fvw, online-Ausgabe vom 19.7.2010; *ders.*, Auf Beutezug, fvw vom 14.11.2013, S. 16 ff.; *DRV*, Schreiben vom 7.9.2012 an das BMF betreffend die Fragen der gewerbesteuerlichen Hinzurechnung von Finanzanteilen, Anmerkungen zu den Änderungen im Gl. Ländererlass vom 2.7.2012, BStBl. I 2012, 654 zu Tz. 29b (n.v.).; *ders.*, Mitgliederrundschreiben vom 8.8.2013.

81 Siehe z.B. *Roser*, Gewerbesteuerliche Hinzurechnungen von Nutzungsentgelten nach § 8 Nr. 1d bis f GewStG, ifst-Schrift Nr. 497, S. 64; *Klein*, Gewerbesteuerliche Hinzurechnung von Hotelleistungen bei Reiseveranstaltern, DStR 2014, 1321; *Breinersdorfer*, Einzelfragen der gewerbesteuerlichen Hinzurechnung von Finanzierungsanteilen aus Sicht der Steuerverwaltung, DB 2014, 1762.

se führte zu einer finanzgerichtlichen Auseinandersetzung.[82] Von den Kritikern wird vor allem hervorgehoben, dass bei Anwendung des § 8 Nr. 1 lit. e GewStG das jeweilige Geschäftsmodell berücksichtigt werden und man sich an den betrieblichen Verhältnissen orientieren müsse.[83] Die Befürworter stellen dagegen vor allem den Gleichbehandlungscharakter der Hinzurechnungsvorschriften in den Vordergrund.[84]

All dies rechtfertigt es, sich eingehend mit den zugrundeliegenden Fragen auseinanderzusetzen, will man sich nicht dem Vorwurf einer simplifizierenden oder ergebnisorientierten Anwendung des § 8 Nr. 1 lit. e GewStG aussetzen. Es ist daher zu untersuchen, ob und inwieweit sich die Neuregelung der gewerbesteuerlichen Hinzurechnung in Gestalt der Norm des § 8 Nr. 1 lit. e GewStG für Veranstaltungsunternehmen auswirkt.

II. Gang der Darstellung – Methodisches Vorgehen

Ziel der Ausarbeitung ist es, zu analysieren, ob bzw. unter welchen Voraussetzungen Aufwendungen von Veranstaltungsunternehmen, die fremde unbewegliche Wirtschaftsgüter innerhalb ihres Unternehmens nutzen, nach Maßgabe des § 8 Nr. 1 lit. e GewStG hinzuzurechnen sind. Es sollen Abgrenzungskriterien herausgearbeitet werden, anhand derer festgestellt werden kann, unter welchen Umständen ggf. eine Hinzurechnung aus-

---

82 Es ist ein Rechtsstreit vor dem FG Münster unter dem Az. 9 K 1472/11 anhängig. Dieses wird nach dem Verständnis der OFD NRW als „Musterverfahren" geführt; vgl. OFD NRW, Vfg. vom 25.9.2013, G1422-2013/0023-St161, DB 2013, 2363; dies., Verw.anw. vom 4.11.2013, G1422-2013/0023-St161, DB 2013, 2711.

83 Z.B. *Kohlhaas*, Hinzurechnung von Miet- und Pachtzinsen gem. § 8 Nr. 1 e) GewStG bei kurzfristiger Anmietung?, FR 2011, 800; *ders.*, Das fiktive Anlagevermögen i.S. des § 8 Nr. 1 Buchst. e GewStG, DStR 2014, 296; *Ritzer*, Hinzurechnung von Finanzierungsanteilen nach § 8 Nr. 1 GewStG, DStR 2013, 558; *Boller/Franke*, Praxisprobleme bei der gewerbesteuerlichen Hinzurechnung von Miet- und Pachtzinsen, BB 2012, 2920 jeweils m.w.N.; *Gerritzen/Matheis*, Zur gewerbesteuerlichen Hinzurechnung von Messekosten, DStR 2013, 236.

84 Siehe oben, Teil 1, Kap. B.I.2, 38 f. Vgl. dazu auch z.B. *Breinersdorfer*, Einzelfragen der gewerbesteuerlichen Hinzurechnung von Finanzierungsanteilen aus Sicht der Steuerverwaltung, DB 2014, 1762 (1764); *ders.*, Stellungnahme für die nicht öffentliche Anhörung vor dem Tourismusausschuss des Deutschen Bundestages zum Thema: Gewerbesteuerhinzurechnung für den Einkauf von Unterbringungsleistungen durch Reiseveranstalter, in: BT, Ausschuss für Tourismus, Ausschuss-Drs. 18-20-11 vom 15.5.2014 (n.v.).

scheidet bzw. falls sie in Betracht kommt, ob es Maßstäbe gibt, nach denen die hinzuzurechnenden Teile der Aufwendungen bestimmt werden können.

Die Norm des § 8 Nr. 1 lit. e GewStG sieht vor, dass die Hälfte der Miet- und Pachtzinsen für die Benutzung unbeweglicher Wirtschaftsgüter des Anlagevermögens, die im Eigentum eines anderen stehen, dem Gewerbeertrag hinzurechnen sind. Damit Veranstaltungsunternehmen vom sachlichen Anwendungsbereich des § 8 Nr. 1 lit. e GewStG erfasst werden, ist zunächst Voraussetzung, dass deren Aufwendungen für die Beschaffung von Immobilien Mietzinsen i.S.d. Norm darstellen. So können auf den ersten Blick in Bezug auf Reiseveranstalter bereits Zweifel daran bestehen, ob diese für die Beschaffung ihrer Unterkünfte für die Reisenden überhaupt Mietzinsen zahlen. Jedenfalls wird man sich dem Gedanken, der Reiseveranstalter miete Unterkünfte für Reisende an, nur bei grober Vereinfachung der Tatsachen nähern können. Denn auch wenn die Beschaffung einer Unterkunft durch den Reiseveranstalter zum Zwecke der Erfüllung der dem Reisenden geschuldeten Leistung eine wesentliche Voraussetzung ist, stellt sie doch nur einen Bruchteil der Gesamtleistung dar, die ein Reiseveranstalter schuldet und der Reisende erwartet und letztlich auch erhält.[85] Dass die Finanzverwaltung[86] hierzu eine andere Ansicht hat, wurde bereits kurz erwähnt.

Ähnlich wie Reiseveranstalter zeichnen sich auch Konzert- und Messeveranstalter dadurch aus, dass sie verschiedene Teilleistungen bündeln und diesen durch die Bündelung ein neues Gewand geben. Die sich daraus ergebende Gesamtleistung stellt ein neues inhaltliches Ganzes dar und beinhaltet auch aus Sicht des Kunden eine qualitativ andersartige Leistung als die bloße Summe aller Teilleistungen.[87] Steht nun, wie beim Reiseveranstalter eine der seitens des Veranstalters zu bündelnden Leistungen in Bezug zu einem Grundstück (oder einem Teil desselben) und hat dieser Veranstalter bezüglich dieses Grundstücks(teils) entsprechende Aufwendungen gegenüber einem Dritten zu leisten, lässt sich die Problematik allgemeiner durch die folgenden Fragen fassen:

---

85 Siehe dazu z.B. *TUI Deutschland GmbH*, TUI Quality Support – Individuelle Hotelberatung für Ihren Erfolg, S. 4.

86 OFD NRW, Vfg. vom 25.9.2009, G1422-2013/0023-St161, DB 2013, 2363; dies., Verw.anw. vom 4.11.2013, G1422-2013/0023-St161, DB 2013, 2711.

87 Siehe *Sprau* in: Palandt, BGB, 73. Aufl., Einf v § 651a Rn. 1.

1. Stellen Aufwendungen der Veranstaltungsunternehmen, die im Zusammenhang mit der Überlassung von Veranstaltungsimmobilien, stehen, Miet- oder Pachtzinsen i.S.d. § 8 Nr. 1 lit. e GewStG dar?
2. Stellen Veranstaltungsimmobilien Wirtschaftsgüter des Anlagevermögens i.S.d. § 8 Nr. 1 lit. e GewStG dar, auch wenn diese dem Veranstaltungsunternehmen nur für eine kurze Zeit und nur zum Zwecke der Durchführung der Veranstaltung zur Verfügung gestellt werden?
3. Lassen sich Parameter oder Maßstäbe bestimmen, anhand derer der Umfang der hinzuzurechnenden Aufwendungen ermittelt werden kann, wenn derartige Aufwendungen im Rahmen eines gegenüber einem Dritten geschuldeten Leistungsbündels getätigt werden?

Man wird bei Beantwortung dieser Fragen verschiedene Sachverhaltskonstellationen im Blick haben müssen, um u.U. notwendige Differenzierungen bei der Erarbeitung und Lösung der Problemstellungen vornehmen zu können. Schließlich können, auch wenn sich die zugrundeliegenden Probleme der Veranstalter bis zu einem gewissen Grade ähneln, in Abhängigkeit vom Ausmaß der jeweiligen Unterschiede auch andere Ergebnisse zutage treten. Eben diese Unterscheidungen gilt es herauszuarbeiten. Dabei gilt es ebenfalls zu bedenken, dass detaillierte Betrachtungen des Einzelfalls stets noch geeignet sein müssen, dem Rechtsanwender eine Orientierung zu bieten. Eine Maßstabsbildung ist essentiell und je größer die Details sind, desto weniger taugen diese als Maßstab. Daher ist es selbstverständlich, dass nicht jede im Tatsächlichen auftretende Variation erörtert und besprochen werden kann. Es wird daher der Versuch unternommen, sich auf solche Sachverhaltsgestaltungen zu beschränken, die überwiegend am Markt auftreten und nach Analyse der dieser Untersuchung zugrundegelegten Verträge und Vertragsgestaltungen am häufigsten auftreten.

B. Begriffserläuterungen

Bevor man sich der Beantwortung der obigen Fragen zuwendet, ob also der Hinzurechnungstatbestand dem Grunde nach erfüllt ist, wenn ein Veranstalter für Zwecke seines Unternehmens eine Immobilie anmietet und, falls das so sein sollte, in welchem Umfang die dafür aufgewendeten Leistungen der Hinzurechnung unterworfen sind, erscheint es notwendig, sich zunächst mit verschiedenen Begrifflichkeiten zu beschäftigen. Die Manifestierung bestimmter Begriffe in diesem Zusammenhang soll dazu dienen, Klarheit bezüglich ihrer Verwendung zu schaffen.

I. Die „Veranstaltungsimmobilie“

Der Begriff der „Veranstaltungsimmobilie“ ist kein rechtlicher Begriff. Er ist lediglich be- und umschreibender Natur und soll den Verwendungszweck der Immobilie oder ihrer Bestandteile verdeutlichen. Im steuerrechtlichen Zusammenhang wurde er im Urteil des Niedersächsischen Finanzgerichts vom 26.5.2011 mit Bezug zu einem Konzertveranstalter erwähnt.[88] Er wird auch außerhalb der steuerrechtlichen Rechtsprechung, vor allem im bauordnungsrechtlichen Bereich benutzt[89], wo zudem der Begriff „Versammlungsstätte“ existiert.[90] Wegen seiner beschreibenden Funktion soll jedoch nicht allein die Veranstaltungsstätte, sondern weitergehend die „Veranstaltungsimmobilie“ betrachtet und in dem Sinne verwendet werden, dass darunter Immobilien oder deren Bestandteile[91] erfasst sind, die ein Veranstalter im Rahmen der Ausübung seines Gewerbebetriebs nutzt. Denn der Begriff der Veranstaltungsimmobilie trifft in seinem Kern genau das, was die Immobilie aus Sicht des Veranstalters letztlich auszeichnet. Sie ist in einem gewissen Umfang entweder Teil einer seitens des Veranstalters zu erbringenden Leistung oder wird von ihm zur Erbringung der Leistung genutzt. Daher ist der Begriff „Veranstaltungsim-

---

88 Nds. FG, *Urteil* vom 26.5.2011, 10 K 290/10, EFG 2011, 2101.

89 Siehe LG Oldenburg, *Urteil* vom 29. 4. 2010, 12 A 879/09, NJOZ 2010, 1596.

90 Bauordnungsrechtlich ist auf sog. Versammlungsstätten die VStättVO des jeweiligen Bundeslandes anzuwenden (für Hamburg siehe VStättVO vom 5.8.2003, HmbGVBl. 2003, S. 240, neu gefasst durch VO vom 1.3.2011, HmbGVBl. 2011, S. 91). In sachlicher Hinsicht erfassen die VStättVO der Länder Räume, die einzeln oder insgesamt mehr als 200 Besucher aufnehmen, sowie Versammlungsstätten im Freien mit einem Besucherbereich für mehr als 1000 Personen oder Sportstadien mit Tribünen, die mehr als 5000 Besucher fassen. Allgemein sind dies bauliche Anlagen oder Teile davon, die für die gleichzeitige Anwesenheit vieler Menschen bei Veranstaltungen bestimmt sind, wobei als Veranstaltung Ereignisse verschiedenster Art angesehen werden (im Einzelnen siehe § 2 MVStättVO i.d.F. der Fachkommission Bauaufsicht der BauMK vom Juli 2014). Gemeinsames Merkmal einer Veranstaltung i.d.S. ist, dass innerhalb eines baurechtlich erfassten Raumes sich eine Vielzahl von Menschen zu einem gemeinsamen Zweck, der erzieherischer, wirtschaftlicher, geselliger, kultureller, künstlerischer, politischer, sportlicher oder unterhaltender Art sein kann, aufhält.

91 Gemeint sind Bestandteile i.d.S., dass sie als unbewegliche Wirtschaftsgüter i.S.d. § 8 Nr. 1 lit. e GewstG einzuordnen sind. Zur Abgrenzung beweglicher und unbeweglicher Wirtschaftsgüter siehe statt vieler *Güroff* in: Glanegger/Güroff, GewStG, 8. Aufl., § 8 Nr. 1d, Rn. 14 m.w.N.; *Mohr* in: Bergemann/Wingler, GewStG, § 8, Rz. 293, 353.

mobilie“ nicht nur in Bezug zu Konzert- oder ähnlichen Veranstaltern zu sehen, sondern soll auch Hotels, Hotelanlagen und dergleichen einbeziehen.

II. Der „Veranstalter“ bzw. das „Veranstaltungsunternehmen“

Bei den hier behandelten und nachfolgend im Näheren betrachteten Veranstaltungsunternehmen wird davon ausgegangen, dass diese einen stehenden Gewerbebetrieb im Inland gemäß § 2 Abs. 1 GewStG ausüben, also selbständig, auf Dauer sowie nachhaltig mit der Absicht Gewinn zu erzielen, am allgemeinen Wirtschaftsverkehr teilnehmen[92], und damit sowohl der persönliche als auch der sachliche Anwendungsbereich des Gewerbesteuergesetzes eröffnet ist. Insoweit sollen Grenzbereiche, die sich aus der Art und dem Umfang der Ausübung einer bestimmten Tätigkeit ergeben können, hier außen vor bleiben.[93]

1. Konzert- und Eventveranstalter, Agenturen und Direktionen

Abstrakt gefasst handelt es sich bei einem Konzertveranstalter um eine Person, die für die Aufführung, Vorführung oder Wiedergabe einer künstlerischen Darbietung in organisatorischer Hinsicht verantwortlich ist.[94] Der Begriff des Konzertveranstalters in dem hier behandelten Sinne soll weiter verstanden werden. Angeknüpft wird insoweit an die planerische,

---

92 Zur Definition und zu den Voraussetzungen eines Gewerbebetriebs i.S.d. § 2 Abs. 1 GewStG siehe statt vieler *Drüen* in: Blümich, GewStG, § 2, Rz. 76 - 84 (EL 118, April 2013).

93 Es folgen daher keine Betrachtungen in Bezug auf solche Steuersubjekte, die bspw. bestimmte Veranstaltungen nur einmalig, vereinzelt oder in sonstiger Unregelmäßigkeit ausrichten. Gedacht sei hier an Arbeitgeber, die für ihre Mitarbeiter bestimmte Veranstaltungen planen, organisieren und durchführen.

94 Siehe zum Begriff des Veranstalters BGH, *Urteil* vom 16. 6. 1971, I ZR 120/69, NJW 1971, 2173 (2174); *Funke/Müller*, Eventrecht, 3. Aufl., Rz. 730a stellen zusätzlich auf eine finanzielle Verantwortung ab. So auch *Michow/Ulbricht*, Veranstaltungsrecht, § 2 Rn. 46. Den Begriff allgemeiner fassend *Güllemann*, Veranstaltungsmanagement, S. 2, der den Veranstalter als denjenigen beschreibt, der eigenverantwortlich im eigenen Namen und auf eigene Rechnung eine Veranstaltung durchführt.

organisatorische und ausrichtende Betätigung.[95] Daher sind auch sog. Eventveranstalter, Agenturen und Direktionen darunter zu fassen.[96]

Konzertveranstalter stehen als Mittler zwischen dem Künstler und dem Besucher der Veranstaltung. Da ihr Leistungsspektrum eine Vielzahl von Aufgaben und Maßnahmen erfasst, damit ein Konzert oder das Event stattfinden kann, stehen diese in einer Vielzahl von geschäftlichen und rechtlichen Beziehungen, die sich nicht nur auf den darbietenden Künstler und die Besucher beschränken. Es können sich auch unterschiedliche Formen der Zusammenarbeit von mehreren Konzertveranstaltern ergeben. Diese können jeweils Alleinveranstalter sein oder auch Mitveranstalter eines anderen Konzertveranstalters. Welche konkrete Art der Zusammenarbeit besteht und welche Rolle und Funktion ein Veranstalter bei Kooperationen übernimmt, hängt nicht zuletzt davon ab, welches Produkt betroffen ist. Wird beispielsweise nicht nur eine einzelne Aufführung eines Künstlers, sondern eine Serie an Auftritten geplant (Tournee) oder geht es um regelmäßig wiederkehrende Ereignisse mit verschiedenen Künstlern[97], sind unterschiedliche Kooperationsformen denkbar. So ist es beispielsweise bei Tourneen üblich, dass der Tourneeveranstalter sich am jeweiligen Veranstaltungsort dort tätiger lokaler Veranstalter bedient und diese einbindet[98], wenn und soweit er sich nicht als Alleinveranstalter betätigt.[99] Die jeweiligen Aufgaben und Pflichten sowie die Aufteilung der Kosten der Mitveranstalter werden individuell vereinbart.[100] In der Regel wird ein Tournee-

95 Der BGH hatte einen Veranstalter als Person beschrieben, deren Tätigkeit im Wesentlichen im Zustandekommen des Ereignisses und der Abwicklung der erforderlichen organisatorischen Arbeit besteht, also im Abschluss von Verträgen mit beteiligten Personen, in der Miete geeigneter Räume, in der Werbung für die einzelnen Veranstaltungen und in der die vorhandenen wirtschaftlichen Möglichkeiten erschöpfenden Auswertung der einzelnen Veranstaltungen; siehe BGH, *Urteil* vom 29.4.1970, I ZR 30/68, NJW 1970, 2060 (2060).

96 Zu den unterschiedlichen Begriffen, die sich letztlich aus der Intensität und Qualität der Rechtsbeziehung zum Darbietenden definieren lassen, siehe z.B. *Güllemann*, Veranstaltungsmanagement, S. 15 ff.

97 Z.B. Rock am Ring, Rock im Park, Wacken-Open Air.

98 Vgl. dazu bspw. sehr anschaulich BFH, *Urteil* vom 16.11.2011, I R 65/10, BFH/NV 2012, 924; vgl. auch *Funke/Müller*, Eventrecht, 3. Aufl., Rz. 221.

99 *Michow/Ulbricht*, Veranstaltungsrecht, § 2 Rn. 70, 74

100 Die Zusammenarbeit mehrerer Veranstalter betreffend ein Konzert oder eine Konzertserie kann sich je nach Verantwortungs-, Kosten- und Risikosphären unterscheiden, siehe zu den Abgrenzungen *Michow/Ulbricht*, Veranstaltungsrecht, § 2 Rn. 67 ff.

veranstalter mit dem Künstler in unmittelbarer Vertragsbeziehung stehen und daher den Auftritt des Künstlers, das zu präsentierende Werk, schulden.[101] In den Verantwortungsbereich des lokalen Veranstalters fallen z.B. die Auswahl des Aufführungsorts, der Location, in der die konkrete Veranstaltung dann stattfinden soll[102] und alle übrigen am Veranstaltungsort anfallenden organisatorischen Maßnahmen.[103] Meist wird zwischen den Produktionskosten, also den künstlerbezogenen Kosten[104], und den Durchführungskosten der Veranstaltung, d.h. den vor Ort entstehenden Kosten der Organisation[105], unterschieden. Diese Kosten werden zumeist nach dem vereinbarten Verantwortungsbereich im Innenverhältnis der jeweiligen Veranstalter aufgeteilt.[106]

2. Messeveranstalter, Messedurchführungsgesellschaften, Ausstellungsveranstalter

Zu den Veranstaltungsunternehmen zählt auch der Messeveranstalter. Dieser wird beispielsweise in § 64 Abs. 2 GewO erwähnt, wobei Anknüpfungspunkt der Begriff der Messe in § 64 Abs. 1 GewO ist. Als Messe wird eine zeitlich begrenzte, im Allgemeinen regelmäßig wiederkehrende Veranstaltung beschrieben, auf der eine Vielzahl von Ausstellern das wesentliche Angebot eines oder mehrerer Wirtschaftszweige ausstellt und überwiegend nach Muster an gewerbliche Wiederverkäufer, gewerbliche Verbraucher oder Großabnehmer vertreibt.[107] Folglich ist Veranstalter einer Messe i.S.d. § 64 Abs. 1 GewO derjenige, der Messen organisiert und in eigener Verantwortung gegenüber den Ausstellern und Besuchern

---

101 Vgl. *Michow/Ulbricht*, Veranstaltungsrecht, § 2 Rn. 77.

102 Siehe auch *Funke/Müller*, Eventrecht, 3. Aufl., Rz. 222, 223.

103 Dazu können auch Vereinbarungen in Bezug zur Müllentsorgung, Ausstattung mit sanitären Anlagen, Bereitstellung und zum Einsatz von Sicherheits- und Rettungsdiensten etc. gehören.

104 Das sind z.B. die Gage, Unterbringungs- und Bewirtungskosten, Bühnenausstattung, siehe *Funke/Müller*, Eventrecht, 3. Aufl., Rz. 222; zu den Leistungspflichten gegenüber dem Künstler *Michow/Ulbricht*, Veranstaltungsrecht, § 3 Rn. 160.

105 Siehe *Funke/Müller*, Eventrecht, 3. Aufl., Rz. 223.

106 Vgl. auch *Funke/Müller*, Eventrecht, 3. Aufl., Rz. 222, 223; *Güllemann*, Veranstaltungsmanagement, S. 29 ff., 32.

107 § 64 Abs. 1 GewO.

durchführt.[108] Aus der Umschreibung dieses Begriffes folgt bereits, dass der Messeveranstalter, ähnlich wie der Konzertveranstalter, als Mittler zwischen zwei Akteuren auftritt, dem Aussteller der Ware oder des Produkts zum einem und dem Besucher der Veranstaltung zum anderen.

Da hinsichtlich der Planung, Organisation und Durchführung einer Messe unterschiedliche Produktstufen denkbar sind, treten am Markt Messeveranstalter entweder als Messegesellschaften[109] oder als Messedurchführungsgesellschaften auf. Messegesellschaften können dabei wiederum in der Form einer reinen Betriebsgesellschaft, also als die Messe ausführende Gesellschaft oder als bloße Besitzgesellschaft fungieren. Im letzteren Fall stellen sie einer Messedurchführungsgesellschaft das ihr gehörende Messegelände oder die Ausstellungshallen zur Durchführung der Messe zur Verfügung.[110] Messedurchführungsgesellschaften sind Unternehmen, die an der Stelle des eigentlichen Messeveranstalters die Messen durchführen und während der Veranstaltung mindestens die technisch-organisatorische Betreuung der Aussteller übernehmen.[111]

Von Messen sind nicht nur unter betriebswirtschaftlichen[112], sondern auch unter rechtlichen Gesichtspunkten Ausstellungen zu unterscheiden. Der Begriff der Ausstellung ist in § 65 GewO als eine zeitlich begrenzte Veranstaltung beschrieben, auf der eine Vielzahl von Ausstellern ein repräsentatives Angebot eines oder mehrerer Wirtschaftszweige oder Wirtschaftsgebiete ausstellt und vertreibt oder über dieses Angebot zum Zweck der Absatzförderung informiert. Die konkreten Abgrenzungen zwischen einer Messe und einer Ausstellung, die anhand des Zweckes der Veranstal-

---

108 So auch das Verständnis von *Zygojannis*, Akteure der Messewirtschaft, in: Delfmann/Köhler/Müller-Hagedorn, Kölner Kompendium der Messewirtschaft, Das Management von Messegesellschaften, S. 29 (32).

109 *Güllemann*, Veranstaltungsmanagement, S. 132 spricht von den großen Sieben der Messebranche, nämlich den Messegesellschaften in Frankfurt, Hannover, München, Köln, Düsseldorf, Stuttgart und Nürnberg.

110 Vgl. auch *Güllemann*, Veranstaltungsmanagement, S. 128; anders im Fall des FG München, *Urteil* vom 8.6.2015, 7 K 3250/12, EFG 2015, 1835, wo die Messedurchführungsgesellschaft sich als Aussteller, aber nicht als Veranstalter bestätigte.

111 Zu solchen Leistungen siehe bspw. Abschnitt 3a.4 Abs. 2 UStAE 2010; vgl. auch *Mößlang* in: Sölch/Ringleb, UStG, § 13b, Rn. 17 (72. Erg.-Lfg., April 2014).

112 Siehe dazu *Zygojannis*, Akteure der Messewirtschaft, in: Delfmann/Köhler/Müller-Hagedorn, Kölner Kompendium der Messewirtschaft, Das Management von Messegesellschaften, S. 29 (33).

tung und der Art der Besucher vorgenommen werden können[113], sollen hier indessen nicht weiter interessieren. Sie spielen vor dem Hintergrund der zu untersuchenden Fragestellungen keine Rolle. Maßgeblich sind insoweit die den Veranstalter als solchen betreffenden Rechtsbeziehungen. Daher soll, da die Problembereiche auch den Ausstellungsveranstalter betreffen, nachfolgend, soweit von Messeveranstaltern gesprochen wird, auch der Ausstellungsveranstalter erfasst sein.

3. Reiseveranstalter

Als weitere Gruppe der Veranstaltungsunternehmen soll der Reiseveranstalter betrachtet werden. Dieser ist eine der Parteien des Reisevertrags i.S.d. § 651a BGB und auch er zeichnet sich in erster Linie durch planerische, organisatorische und ausrichtende Tätigkeiten aus. Entsprechend wird ein Reiseveranstalter nach allgemeinem Verständnis als ein Unternehmen verstanden, das eigene, aber auch Leistungen Dritter, sog. Leistungsträger, zu touristischen Angeboten kombiniert, um diese am Markt gegenüber Kunden, den Reisenden, anzubieten. Er erbringt aus Sicht des Reisenden ein Leistungsbündel, die sog. Reise und zeichnet sich dadurch aus, dass er, um diese Leistung erbringen zu können, in einer Vielzahl von Leistungs- und Rechtsbeziehungen zu Dritten steht. Im Steuerrecht findet der Reiseveranstalter zwar keine ausdrückliche, aber in § 25 Abs. 1 Satz 3 UStG eine umschreibende Erwähnung im Rahmen der Besteuerung sog. Reiseleistungen. Der insoweit tätigkeitsbezogene Unternehmerbegriff des § 25 UStG knüpft seinem Inhalte nach an das zivilrechtliche Verständnis an.[114]

---

113 Siehe dazu *Zygojannis*, Akteure der Messewirtschaft, in: Delfmann/Köhler/Müller-Hagedorn, Kölner Kompendium der Messewirtschaft, Das Management von Messegesellschaften, S. 29 (33).

114 So in BFH, *Urteil* vom 20.11.1975, V R 138/73, BStBl. II 1976, 307, BFHE 118, 99 (102); vgl. auch statt vieler *Schüler-Täsch* in: Sölch/Ringleb, UStG, § 25, Rn. 103 (73. Erg.-Lfg., September 2014).

4. Vergleichbarkeit der Veranstaltungsunternehmen und Folgerungen für die weitere Untersuchung

Die Tätig- und Verantwortlichkeiten der Veranstaltungsunternehmen lassen sich so weit zusammenfassen, dass sie im Rahmen eines gegenüber ihren Kunden geschuldeten Leistungspakets planerische, organisatorische und ausführende Leistungen in eigener Verantwortung erbringen. Ausgehend von einer solchen modellhaften auf den Kernbereich der Betätigung reduzierten Beschreibung spräche einiges dafür, die oben aufgeworfenen Fragen[115] in einem einheitlichen Vorgehen zu untersuchen und gemeinsam für alle Veranstaltungsunternehmen zu behandeln. Unterdessen sind Differenzierungen wegen der verschiedenen zu betrachtenden Rechtsbeziehungen einerseits und der verwirklichten Geschäftsmodelle andererseits angebracht.

a. Konzert- und Messeveranstalter

Ausgehend von den Rechtsbeziehungen, die Konzert- und Messeveranstalter unterhalten, ist festzustellen, dass diese in ihren jeweiligen Grundstrukturen nahezu identisch sind. Beide stehen in einer Vielzahl einzelner rechtlicher Verbindungen, deren Ausgangspunkt der sog. Veranstaltungsvertrag ist, welcher die verschiedenen Rechtsbeziehungen bündelt und widerspiegelt.[116] So bestehen einerseits Rechtsbeziehungen der Konzert- bzw. Messeveranstalter zu Personen, die ihrerseits Leistungen einem Besucher präsentieren wollen, also zu darbietenden Künstlern bzw. Ausstellern. Andererseits bestehen unmittelbare Beziehungen zum Besucher[117],

---

115 Siehe Teil 2, Kap. A.II., 53.

116 Die Terminologie ist nicht einheitlich. *Michow/Ulbricht* verstehen unter einem Veranstaltungsvertrag die Vertragsbeziehung zum Darbietenden, siehe *Michow/Ulbricht*, Veranstaltungsrecht, § 3 Rn. 100, 170. *Funke/Müller* sprechen insoweit vom Konzert- oder Aufführungsvertrag, *Funke/Müller*, Eventrecht, 3. Aufl., Rz. 203a. Jedenfalls ergibt sich aus diesem Vertrag i.d.R. die Verpflichtung des Veranstalters gegenüber dem Darbietenden, dafür Sorge zu tragen, den Aufführungsort zu organisieren, um den Auftritt sicherzustellen; vgl. z.B. *Michow/Ulbricht*, Veranstaltungsrecht, § 3 Rn. 170.

117 Zwischen Konzertveranstalter und Besucher besteht nach überwiegender Ansicht ein Werkvertrag mit mietvertraglichen Elementen, AG Hannover, *Urteil* vom 28.11.1981, 28 C 525/80, NJW 1981, 1219, AG Herne-Werne, *Urteil* vom

der in den Genuss einer künstlerischen oder sportlichen Darbietung bzw. der Präsentation eines Ausstellers kommen will (sog. Primärakteure). Weiterhin bestehen Rechtsbeziehungen zu dritten, nicht unmittelbar an der Veranstaltung beteiligten Personen bzw. Unternehmen (sog. Sekundärakteure), derer sowohl der Konzert- als auch der Messeveranstalter zur Erbringung der letztlich gegenüber dem Aussteller oder Besucher geschuldeten Leistungen bedarf, soweit er derartige Leistungen nicht aus eigner Hand erbringt.

Diese grundsätzlichen Strukturen der einzelnen Rechtsbeziehungen ändern sich nicht dadurch, dass eine Veranstaltung verschiedene „Produktionsstufen“ durchläuft und sich der Konzert- oder Messeveranstalter verschiedener Dienstleister zur „Herstellung“, also der Erbringung seiner eigentlichen Leistung, der Veranstaltung, bedient. Diese „Produktionsstufen“ können auf der Grundlage unterschiedlicher Verantwortungsstufen oder Kooperationen entstehen, nämlich z.B., wenn mehrere Veranstalter für ein Ereignis/Konzert verantwortlich zeichnen, sei es als Mitveranstalter oder im Verhältnis eines Tournee- und örtlichen Veranstalters. Ebenso kommt es im Bereich der Messewirtschaft nicht darauf an, ob die Messe-

27.3.1998, 3 C 5/98, NJW 1998, 3651; siehe auch *Güllemann*, Veranstaltungsmanagement, S. 4; zum Veranstaltungsbesuchsvertrag; vgl. auch *Michow/Ulbricht*, Veranstaltungsrecht, § 4 Rn. 233; *Müller/Glöge* in: MüKo, BGB, 6. Aufl., § 611, Rn. 136; *Soergel* in: MüKo, BGB, 6. Aufl., § 631, Rn. 245. Das gilt ungeachtet dessen, ob dem Besucher ein Steh- oder Sitzplatz zusteht oder nicht, vgl. *Funke/Müller*, Eventrecht, 3. Aufl., Rz. 247. Eine nähere Betrachtung und Untersuchung der zwischen Veranstalter und Besucher sowie Veranstalter und Darbietendem bzw. Aussteller bestehenden Rechtsverhältnisse bleibt hier außen vor. Es wird auch nicht untersucht, ob die für das Verhältnis Konzertveranstalter und Besucher vorgenommene typologische Einordnung auf das Rechtsverhältnis zwischen Messeveranstalter und Aussteller zutrifft. Zu dieser Problematik der gewerbesteuerlichen Hinzurechnung von Mietaufwendungen bei Ausstellern siehe *Gerritzen/Matheis*, Zur gewerbesteuerlichen Hinzurechnung von Messekosten, DStR 2013, 236; dazu auch *Cech/Püschel*, Die gewerbesteuerliche Hinzurechnung von Aufwendungen im Zusammenhang mit Messen und Ausstellungen, Ubg 2015, 645.

gesellschaft selbst[118] oder eine Messedurchführungsgesellschaft[119] als Veranstalter auftritt, wenn die Veranstaltung jeweils in eigener Verantwortung gegenüber dem Kunden erbracht wird.

Zusammengefasst stehen also Konzert- und Messeveranstalter in Leistungsbeziehungen zu sog. Primär- und Sekundärakteuren[120]. Zu Letzteren zählen vor allem auch diejenigen Personen, die die konkrete Veranstaltungsimmobilie bereitstellen, in bzw. auf der die Veranstaltung stattfindet.[121] Reduziert man also die Rechtsbeziehungen auf diese grundsätzliche Struktur, spricht vieles dafür, die sich für Konzert- und Messeveranstalter aus diesen zu Sekundärakteuren bestehenden Rechtsbeziehungen ergebenden gewerbesteuerlichen Fragen gemeinsam zu behandeln. Soweit in tatsächlicher Hinsicht Unterschiede zwischen Konzert- und Messeveranstaltern auftreten, die sich aus den unterschiedlichen Betätigungsfeldern ergeben und sich vor dem Hintergrund der hier behandelten Problematik auswirken, werden diese an geeigneter Stelle gesondert dargestellt. Derartige Unterschiede können darin bestehen, dass Konzert- oder Messeveranstalter je nach ausgerichtetem Event unterschiedliche Objekte oder wiederkehrend ein und dasselbe Objekt, z.B. das Messegelände, benutzen.[122]

---

118 *Güllemann*, Veranstaltungsmanagement, S. 128. Messegesellschaften können auch als bloße Besitzgesellschaft fungieren und das ihr gehörende Messe- oder Ausstellungsgelände einem Veranstalter zur Verfügung stellen, siehe auch *Zygojannis*, Akteure der Messewirtschaft, in: Delfmann/Köhler/Müller-Hagedorn, Kölner Kompendium der Messewirtschaft, Das Management von Messegesellschaften, S. 29 (34).

119 Messedurchführungsgesellschaften sind Unternehmen, die an der Stelle des eigentlichen Messeveranstalters die Messen durchführen. Sie übernehmen während der Veranstaltung mindestens die technisch-organisatorische Betreuung der Aussteller, zum Umfang der Leistungen siehe bspw. A 3a.4 Abs. 2 UStAE 2010; vgl. zur umsatzsteuerlichen Einordnung *Mößlang* in: Sölch/Ringleb, UStG, § 13b, Rn. 17 (72. Erg.-Lfg., April 2014).

120 Zu den einzelnen Akteuren bei Messeveranstaltungen *Zygojannis*, Akteure der Messewirtschaft, in: Delfmann/Köhler/Müller-Hagedorn, Kölner Kompendium der Messewirtschaft, Das Management von Messegesellschaften, S. 29 (31 ff.).

121 Daher werden diejenigen Fälle, in denen der Betreiber oder Inhaber der Veranstaltungsimmobilie selber als Veranstalter auftritt und tätig wird, hier nicht betrachtet.

122 Siehe dazu die Ausführungen in Teil 2, Kap. F.II.3.b., 239 ff.

b. Reiseveranstalter

Die Reduktion der Betrachtungen auf die planerische, organisatorische und ausrichtende Betätigung der Veranstaltungsunternehmen, welche bei Konzert- und Messeveranstaltern eine gemeinsame Behandlung der Rechtsfragen rechtfertigt, erscheint bei Reiseveranstaltern wiederum nicht angemessen. Tatsächlich ist bei genauerer Beobachtung der Reisebranche und einzelner Reiseunternehmen festzustellen, dass sich diese zum Teil erheblich in ihren Geschäftsmodellen unterscheiden. Es entwickelten sich, nicht zuletzt durch den EDV-technischen Fortschritt, unterschiedlichste Betätigungsarten, denen zum Teil auch sehr unterschiedliche Rechtsbeziehungen im Vorfeld der Erstellung einer Reise zugrundeliegen. Diese reichen von der klassischen Zusammenstellung einer Reiseleistung bis hin zum „Dynamic Packaging" eines sog. X-Veranstalters.[123] Es werden bereits vor diesem Hintergrund differenziertere Betrachtungen bei Reiseveranstaltungsunternehmen erforderlich sein, weshalb sich eine gemeinsame Behandlung der oben aufgeworfenen Rechtsfragen mit den Konzert- und Messeveranstaltern verbietet.

C. Generelle Voraussetzungen der gewerbesteuerlichen Hinzurechnung nach § 8 Nr. 1 lit. e GewStG

Bevor auf die oben aufgeworfenen Fragestellungen[124] eingegangen wird, sollen zunächst die inhaltlichen Voraussetzungen der Hinzurechnung allgemein dargestellt werden. So setzt die Hinzurechnung nach § 8 Nr. 1 lit. e GewStG voraus, dass der Gewerbebetrieb Miet- und Pachtzinsen (I.) für die Benutzung eines unbeweglichen Wirtschaftsgutes des Anlagevermögens, das im Eigentum eines anderen steht (II.), aufwendet.

123 Siehe die Ausführungen in Teil 2, Kap. E.II.2.c., 141.
124 Siehe Teil 2, Kap. A.II., 53.

I. Das Wesen der Miet- und Pachtzinsen im Gewerbesteuerrecht

1. Der Begriff der Miet- und Pachtzinsen

Der gewerbesteuerlichen Hinzurechnung unterliegen diejenigen Miet- und Pachtzinsen einschließlich Leasingraten, die den nach Maßgabe des § 7 GewStG ermittelten Betrag als Betriebsausgabe gemindert haben. Der Begriff der Miet- und Pachtzinsen ist von den Begriffen „Entgelt" (siehe § 8 Nr. 1 lit. a GewStG) und „Aufwendungen" (§ 8 Nr. 1 lit. f GewStG) zu unterscheiden und abzugrenzen. Dies ergibt sich schon daraus, dass der Gesetzgeber auch in der Neufassung der Hinzurechnungsvorschriften durch das Unternehmensteuerreformgesetz 2008[125] selbst zwischen diesen Begriffen differenziert. Die Bedeutung dieser Unterscheidungen hob zudem der BFH zuletzt im Zusammenhang mit der Frage der Hinzurechnung von Konzessionsabgaben für eine Glückspielkonzession hervor.[126]

Es besteht hinsichtlich des Inhalts des Begriffs der Miet- und Pachtzinsen i.S.d. § 8 Nr. 1 lit. d und e GewStG dahingehend Einvernehmen, dass dieser nicht deckungsgleich ist mit den bürgerlich-rechtlichen Begriffen i.S.d. §§ 535 Abs. 2, 581 Abs. 1 BGB.[127] Vielmehr ist nach ständiger Rechtsprechung des BFH der Inhalt dessen auf der Grundlage einer wirtschaftlichen Betrachtung zu ermitteln.[128] Dies hatte bereits das Preußische Oberverwaltungsgericht entschieden und auch Erbbauzinsen, die für eine dingliche Überlassung geleistet wurden, wie Miet- und Pachtzinsen behan-

125 UntStRefG vom 14.8.2007, BGBl. I 2007, S. 1912.

126 Siehe BFH, *Beschluss* vom 31.1.2012, I R 105/10, BFH/NV 2012, 996. Der BFH nahm dort u.a. den in § 8 Nr. 1 lit. f GewStG enthaltenen Begriff der Aufwendungen zum Anlass, zu konstatieren, dass mit Blick auf die unterschiedlichen Formulierungen in § 8 Nr. 1 GewStG ein eng verstandener Gegenleistungsbegriff nicht allen Tatbeständen des § 8 Nr. 1 GewStG als systematische Gemeinsamkeit unterlegt werden kann.

127 So bereits RFH, *Urteil* vom 17.7.1940, VI 629/39, RStBl. 1940, 914 (915).

128 St. Rspr; vgl. BFH, *Beschluss* vom 23.1.2008, I B 136/07, BFH/NV 2008, 1197; *Urteil* vom 27.11.1975, IV R 192/71, BStBl. II 1976, 220, BFHE 117, 474 (478) m.w.N.; siehe schon *Urteil* vom 23.7.1957, I R 50/55 U, BStBl. III 1957, 306, BFHE 65, 189 (190).

delt.[129] Es kommt daher nicht darauf an, wie die Parteien das vereinbarte Entgelt bezeichnet haben, sondern wofür die Zahlungen geleistet werden.

2. Die rechtlichen Grundlagen der als Miet- und Pachtzins einzuordnenden Aufwendungen

Ungeachtet einer wirtschaftlichen Interpretation des Begriffs der Miet- und Pachtzinsen ist seit der Entscheidung des BFH vom 23.7.1957[130] nach allgemeiner Ansicht[131] nur eine solche Leistung als Miet- und Pachtzins i.S.d. § 8 GewStG zu verstehen, die auf der Grundlage eines Rechtsverhältnisses erbracht wird, das seinem wesentlichen rechtlichen Gehalt nach ein Miet- oder Pachtvertrag i.S.d. bürgerlichen Rechts ist.[132] Dieses zivilrechtliche Verständnis[133] fußt auf dem allgemeinen Verständnis des Steuerrechts als Teil der Gesamtrechtsordnung. Verwendet das Steuerrecht Rechtsbegriffe anderer Teilrechtsordnungen, muss sich der Inhalt jener Rechtsbegriffe des Steuerrechts zwar nicht mit dem sonst üblichen Inhalt der Rechtsbegriffe decken. Vielmehr ist durch Auslegung zu ermitteln, ob das Steuerrecht dem jeweiligen Rechtsgebiet folgt oder ob es mithilfe der

---

129 Siehe PrOVG, *Ent.* vom 20.9.1929, VIII.G.St. 164/28, RuPrVBl. Bd. 51 (1930), S. 216 zum Begriff der Miet- und Pachtzinsen i.S.d. § 5 Abs. 2 GStG; dem folgend auch BFH, *Urteil* vom 7.3.2007, I R 60/06, BStBl. II 2007, 654, BFHE 217, 100 (101). Dies entspricht auch der Ansicht der Finanzverwaltung, vgl. Gl. Ländererlass vom 2.7.2012, BStBl I 2012, 654 Tz. 32; so auch bereits Gl. Ländererlass vom 4.7.2008, BStBl. I 2008, 630 Tz. 32

130 BFH, *Urteil* vom 23.7.1957, I 50/55 U, BStBl. III 1957, 306, BFHE 65, 189 (190).

131 St. Rspr., vgl. BFH, *Urteil* vom 13.11.1996, I R 134/94, BFH/NV 1997, 438; *Urteil* vom 15.6. 1983, I R 113/79, BStBl. II 1984, 17, BFHE 139, 286 m.w.N.; siehe statt vieler auch *Hofmeister* in: Blümich, GewStG, § 8, Rz. 210 (EL 123, Juni 2014); *Mohr* in: Bergemann/Wingler, GewStG, § 8, Rz. 220.

132 So hat der BFH schon in früheren Entscheidungen die Unterschiede der Begriffe „Entgelt“ und „Miet- und Pachtzinsen“ betont, siehe BFH, *Urteil* vom 12.7.1960, I 96/59 S, BStBl. III 1960, 387, BFHE 71, 368 (371); dies bestätigend siehe auch BFH, *Beschluss* vom 31.1.2012, I R 105/10, BFH/NV 2012, 996 (997).

133 Dass dieses keine Neuerung des BFH ist, zeigen die Ausführungen des PrOVG, das sich bewusst gegen ein solches, aus seiner Sicht einengendes, zivilrechtliches Verständnis aussprach, PrOVG, *Ent.* vom 15.11.1929, VIII.G.St. 333/29, RuPrVBl. Bd. 50 (1930), S. 230 (231).

entlehnten Begriffe eigene steuerliche Tatbestände bildet.[134] Das Steuerrecht steht damit nach einhelliger Ansicht als Teil der Gesamtrechtsordnung gleichrangig neben dem Zivilrecht.[135] Eine Prävalenz des Zivilrechts ist daher abzulehnen.[136] Dennoch darf das Steuerrecht ungeachtet seiner eigenen spezifischen Wertungen die Grundwertungen anderer Teile der Rechtsordnung nicht ohne gewichtigen Grund durchkreuzen oder unterlaufen.[137] Entsprechend hat der BFH in seinem Urteil vom 23.7.1957 zum damals geltenden § 8 Nr. 8 GewStG im Zusammenhang mit den Begriffen „Miete" und „Pacht" ausgeführt, dass der Gesetzgeber mit diesen an das bürgerliche Recht anknüpfen wollte.[138]

Damit hat sich der BFH von den früheren Ansichten, die der RFH[139] und das PrOVG[140] vertraten und auf der Grundlage der wirtschaftlichen Betrachtungsweise auch die den Miet- und Pachtzinsen zugrundeliegenden Rechtsverhältnisse in einem rein wirtschaftlichen Sinn interpretierten[141], gelöst. Allein eine wirtschaftliche Betrachtungsweise, die das Ertragsteuerrecht beherrscht, kann nicht dazu führen, den rechtlichen Inhalt dieser Begriffe völlig abweichend vom bürgerlichen Recht zu bestimmen. Soweit sich daher aus dem Gesetz nichts anderes ergibt, muss sich der Inhalt der im Steuerrecht verwendeten und aus anderen Teilrechtsordnungen stammenden Rechtsbegriffe, ausgehend von der Eingliederung des Steuerrechts als Bestandteil der allgemeinen Rechtsordnung, mit dem auch sonst üblichen Inhalt dieser Rechtsbegriffe decken.[142]

---

134 Vgl. BVerfG, *Beschluss* vom 27.12.1991, 2 BvR 72/90, BStBl. II, 1992, 212 (213).

135 Vgl. BVerfG, *Beschluss* vom 27.12.1991, 2 BvR 72/90, BStBl. II, 1992, 212.

136 So m.w.N. *Tipke*, Steuerrechtsordnung, Bd. I, 2. Aufl., § 3, S. 53.

137 *Tipke*, Steuerrechtsordnung, Bd. I, 2. Aufl., § 3, S. 58.

138 BFH, *Urteil* vom 23.7.1957, I 50/55 U, BStBl. III 1957, 306, BFHE 65, 189 (190).

139 Der RFH hatte im Einklang mit dem PrOVG den Begriff der Miet- und Pachtzinsen unter wirtschaftlichen Erwägungen beurteilt. Daher wurden auch Lizenzen als Pachtzinsen eingestuft, siehe RFH, *Urteil* vom 23.4.1940, I 117/39, RStBl. 1940, 724 (725).

140 Siehe PrOVG, *Ent.* vom 12.12.1939, VIII G St 53 54/39, RVBl. Bd. 61 (1940), S. 49; *Ent.* vom 17.12.1935, VIII.G.St. 434/33, RuPrVBl. Bd. 57 (1935), S. 189 (190); *Ent.* vom 15.11.1929, VIII.G.St. 333/29, RuPrVBl. Bd. 51 (1930), S. 230 (231); *Ent.* vom 17.6.1929, VIII.G.St. 464/29, RuPrVBl. Bd. 51 (1930), S. 232.

141 So auch *Blümich/Boyens/Steinbring*, GewStG 1936, 4. Aufl., § 8, Anm. 36.

142 Vgl. BFH, *Urteil* vom 23.7.1957, I 50/55 U, BStBl. III 1957, 306, BFHE 65, 189 (191).

a. Der Miet- und Pachtvertrag als Rechtsgrundlage

Damit die seitens der jeweiligen Veranstalter für die Beschaffung der Veranstaltungsimmobilie geleisteten Aufwendungen ihrem wesentlichen rechtlichen Gehalt nach Mietzahlungen, und damit Leistungen für eine Gebrauchs- bzw. Nutzungsüberlassung auf Zeit, darstellen, muss der Zahlung ein Rechtsverhältnis zugrundeliegen, was eine solche Einordnung auch erlaubt.[143] Dies führt zwangsläufig zur Bestimmung des Rechtsgrundes des zu leistenden bzw. geleisteten Entgelts.

Um den Rechtsgrund der Zahlung zu qualifizieren, kommt es auf eine zivilrechtliche Betrachtung an.[144] So ist auch ein im Ausland geschlossener Vertrag, dessen zivilrechtliche Beurteilung sich nach ausländischem Recht richtet, für die Zwecke der gewerbesteuerlichen Beurteilung auf der Grundlage deutschen Rechts und anhand bürgerlich-rechtlicher Wertungen zu untersuchen, welchem Vertragstypus er unterfällt.[145] Es ist also bei solchen Verträgen anhand eines Vertragstypenvergleichs zu prüfen, ob der Vertrag nach seinem Inhalt bzw. der nach seinem Inhalt anzuwendenden Vorschriften als Miet- bzw. Pachtvertrag i.S.d. § 8 Nr. 1 lit. e GewStG einzuordnen wäre.

Für die Klärung des „Ob" der Hinzurechnung von Miet- und Pachtzinsen ist es daher unabdingbar, zunächst anhand der konkreten Vertragsinhalte, welche die Parteien zugrundegelegt oder sich unter Bezugnahme auf gesetzliche Bestimmungen zu eigen gemacht haben, zu prüfen und zu würdigen, ob eine entgeltliche Benutzung eines Wirtschaftsguts vereinbart wurde. Folglich ändert die wirtschaftliche Interpretation des Begriffs der Miet- und Pachtzinsen nichts daran, dass die seitens des Nutzers geleisteten Vergütungen auf einem Rechtsverhältnis beruhen müssen, das seinem Wesen nach einem Miet- oder Pachtvertrag i.S.d. der §§ 535 ff. BGB bzw. §§ 581 ff. BGB entspricht. Wurde ein Miet- oder Pachtvertrag bzw. ein mit Leistungselementen eines Miet- oder Pachtvertrags ausgestattetes Rechtsverhältnis vereinbart, kommt es nicht darauf an, ob der Rechtsgrund der

---

143 *Mohr* in: Bergemann/Wingler, GewStG, § 8, Rz. 220; siehe auch BGH, *Urteil* vom 17.7.2002, XII ZR 86/01, NJW 2002, 3322 (3323) m.w.N. zur zeitlich und inhaltlich beschränkten Gebrauchsüberlassung einer Satellitenanlage.

144 BFH, *Urteil* vom 13.11.1996, I R 134/94, BFH/NV 1997, 438 (439).

145 Einhellige Ansicht, vgl. BFH, *Urteil* vom 27.11.1975, IV R 192/71, BStBl. II 1976, 220, BFHE 117, 474 (478); statt vieler *Güroff* in: Glanegger/Güroff, GewStG, 8. Aufl., § 8 Nr. 1d, Rn. 6.

Gebrauchs- und Nutzungsüberlassung rein schuldrechtlicher Natur ist oder auf eine dingliche Berechtigung (z.B. auf eine Dienstbarkeit i.S.d. §§ 1018 ff. BGB oder einen Nießbrauch i.S.d. §§ 1030 ff. BGB) zurückzuführen ist.[146]

aa. Inhalt des Miet- und Pachtvertrags und Abgrenzungen

Zivilrechtlich liegt ein Mietvertrag vor, wenn eine Gebrauchsgewährung bzw. -überlassung einer Sache auf Zeit gegen Entgelt vereinbart ist. Vom Kauf grenzt sich die Miete insofern ab, als diese sich in der Überlassung der Sache erschöpft und nicht die Verpflichtung zur Übereignung der Sache zum Gegenstand hat.[147] Auch wenn eine Verpflichtung darauf zielt, anstelle des rechtlichen das wirtschaftliche Eigentum zu übertragen, ist mit Blick auf die Gewerbesteuer der Vertrag nicht als Mietvertrag, sondern als ein auf die Anschaffung eines Wirtschaftsgutes gerichteter Vorgang zu werten.[148] Wann das gegeben ist, richtet sich nach den zu § 39 Abs. 2 AO entwickelten Grundsätzen. Im Unterschied zum Mietvertrag ist beim Pachtvertrag i.S.d. §§ 581 ff. BGB die gegen Entgelt gewährte Gebrauchsüberlassung nicht auf eine Sache i.S.d. § 90 BGB beschränkt. Die Pacht erfasst allgemein Gegenstände i.S.d. BGB, also auch Rechte. Zudem ist dem Pächter neben der Gebrauchsüberlassung des Gegenstandes das Recht auf den Bezug der Früchte gestattet (vgl. §§ 99, 100 BGB), wobei die Überlassung der Früchte selbständig neben der Gebrauchsüberlassung steht.

bb. Die Gebrauchsüberlassung als wesensbegründendes Merkmal

Die Überlassung des Gebrauchs der Mietsache ist wesensbestimmendes Merkmal eines Miet- oder Pachtvertrages.[149] Mit der in § 535 BGB be-

---

146 BFH, *Urteil* vom 7.3.2007, I R 60/06, BStBl. II 2007, 654, BFHE 217, 100 (101); Gl. Ländererlass vom 2.7.2012, BStBl. I 2012, 654 Tz. 32.

147 Zur Abgrenzung siehe auch *Güroff* in: Glanegger/Güroff, GewStG, 8. Aufl., § 8 Nr. 1d, Rn. 11 - 12a.

148 Gl. Ländererlass vom 2.7.2012, BStBl. I 2012, 654, Tz. 8; so bereits auch Gl. Ländererlass vom 4.7.2008, BStBl. I 2008, 630, Tz. 8.

149 *Weidenkaff* in: Palandt, BGB, 73. Aufl., § 535 Rn. 14; siehe auch *Schraut/Sillich*, Entgelte für Taxi- oder Busflächen zu Werbezwecken im Rahmen der Gewerbe-

zeichneten Verpflichtung, dem Mieter den Gebrauch der vermieteten Sache während der Mietzeit zu gewähren, bringt das Gesetz zum Ausdruck, dass der Vermieter nicht nur zu einer bloßen Duldung, sondern darüber hinausgehend zu einer positiven Tätigkeit verpflichtet ist.[150] Dem Mieter muss die Sache dergestalt überantwortet werden, wie dies zur Durchführung des vertragsgemäßen Gebrauchs erforderlich ist. Der Vermieter muss alles tun, damit der Mieter den vertragsgemäßen Gebrauch ausüben kann.[151] Eine Besitzeinräumung und Verschaffung der (unmittelbaren) Sachherrschaft ist hierfür nicht immer erforderlich.[152] Der vertragsgemäße Gebrauch kann darin bestehen, dass die Sache einem Dritten zur Nutzung überlassen wird, also die Mietsache an Dritte weitervermietet wird.[153] Insbesondere ist der Argumentation, in Fällen, in denen von vornherein eine Weitervermietung der Mietsache beabsichtigt ist, werde lediglich eine Nutzungsberechtigung i.S.e. immateriellen Wirtschaftsgutes erlangt, nicht zuzustimmen. Die Anmietung eines beweglichen oder unbeweglichen, also materiellen Wirtschaftsguts führt immer dazu, dass auch ein Nutzungsrecht in dem von der Nutzungsvereinbarung bestimmten Umfang erworben wird.[154] Das auf diese Weise erlangte Nutzungsrecht ist der Miete immanent.[155]

---

steuer hinzuzurechnen?, BB 2013, 217 (220); *Mohr* in: Bergemann/Wingler, GewStG, § 8, Rz. 281, 282 m.w.N.

150 Vgl. *Weidenkaff* in: Palandt, BGB, 73. Aufl., § 535 Rn. 14; so auch FG München, *Beschluss* vom 25.11.1994, 10 V 43/94, Lexinform 0126742.

151 *Sarrazin* in: Lenski/Steinberg, GewStG, § 8 Nr. 1 Buchst. e, Rz. 23 (Lfg. 106, März 2013); BFH, *Urteil* vom 9.11.1983, I R 188/79, BStBl. II 1984, 149, BFHE 139, 408 (410). Der Mieter muss also lediglich rechtlich in die Lage versetzt werden, die Mietsache vertragsgemäß zu gebrauchen. Hierzu genügt die Bereitstellung der Mietsache durch den Vermieter.

152 BFH, *Urteil* vom 31.7.1985, VIII R 261/81, BStBl. II 1986, 304, BFHE 145, 134 (136); vom 9.11.1983, I R 188/79, BStBl. II 1984, 149, BFHE 139, 408 (410).

153 FG Köln, *Urteil* vom 27.10.2010, 9 K 1022/10, EFG 2011, 561; siehe auch FG Berlin-Brandenburg, *Urteil* vom 30.1.2013, 12 K 12197/10, DStRE 2013, 1302; BFH, *Urteil* vom 4.6.2014, I R 21/13, BFH/NV 2014, 1853, BFHE 246, 130.

154 Vgl. FG Köln, *Urteil* vom 27.10.2010, 9 K 1022/10, EFG 2011, 561.

155 So auch die Finanzverwaltung in den Fällen einer Weitervermietung, vgl. Gl. Ländererlass vom 2.7.2012, BStBl. I 2012, 630, Tz. 29a.

b. Gebrauchsüberlassung durch Hoheitsträger

Die eine Gebrauchsüberlassung begründende Rechtsbeziehung ist nicht auf Personen des Privatrechts beschränkt. Daher kann eine Hinzurechnung nach Maßgabe des § 8 Nr. 1 lit. e GewStG auch dann relevant werden, wenn der Überlassende eine Behörde oder ein sonstiger, der öffentlichen Hand zuzurechnender Rechtsträger ist, an den für die Gewährung des Gebrauchs einer Sache Zahlungen geleistet werden. Die Frage steht meist im Zusammenhang mit der Benutzung öffentlicher Anstalten, Einrichtungen oder Sachen.[156] Da die Ausgestaltung der konkreten Rechtsverhältnisse sowohl öffentlich-rechtlich als auch privatrechtlich erfolgen kann, ist ungeachtet der Tatsache, dass ein Träger öffentlicher Gewalt eine Gebrauchs- oder Nutzungsüberlassung gewähren kann, danach zu differenzieren, auf welcher Grundlage dieser handelt und welchen Inhalt die Nutzungsüberlassung hat.

Es besteht weitgehend Einigkeit, dass ein Rechtsverhältnis, dessen wesentlicher Inhalt durch öffentliches Recht geregelt werde, nicht als Miet- oder Pachtvertrag i.S.d. bürgerlichen Rechts verstanden werden könne.[157] Erfolgt die Nutzung auf der Grundlage eines Verwaltungsakts (§ 35 S. 1 VwVfG) oder eines öffentlich-rechtlichen Vertrags (§§ 54 ff. VwVfG), liegen spezifische öffentlich-rechtliche Rechtsbeziehungen vor.[158] Ein darauf beruhendes öffentlich-rechtliches Nutzungsverhältnis, wie beispielsweise die Einräumung eines Sondernutzungsrechts oder eines sonstigen subjek-

---

156 Der Begriff der öffentlichen Sache soll an dieser Stelle nicht vertieft werden.

157 Z.B. *Sarrazin* in: Lenski/Steinberg, GewStG, § 8 Nr. 1 Buchst. d, Rz. 22, § 8 Nr. 1 Buchst. e., Rz. 22 (jeweils Lfg. 106, März 2013); *Güroff* in: Glanegger/Güroff, GewStG, 8. Aufl., § 8 Nr. 1d, Rn. 5; *Bestgen*, Die gewerbesteuerlichen Hinzurechnungs- und Kürzungsvorschriften wegen betrieblicher Nutzungen fremder Wirtschaftsgüter, StuW 1981, 106 (109); nicht differenzierend *Brokamp* in: Deloitte, § 8 Nr 1d, Rdn. 17; vgl. auch die Rspr., z.B. BFH, *Urteil* vom 5.3.1969, I R 11/67, BStBl. II 1969, 417, BFHE 95, 325 (328 f.).

158 Wurde ein öffentlich-rechtlicher Vertrag geschlossen, stehen die handelnden Rechtssubjekte zwar auf einer Gleichordnungsebene. Dennoch ist das Verwaltungshandeln durch öffentlich-rechtlichen Vertrag Ausübung öffentlicher Gewalt i.S.v. Art 19 Abs. 4 GG. Die Entscheidung, ob sich die Verwaltung der Handlungsform eines öffentlich-rechtlichen Vertrags bedient, steht im Regelfall im Ermessen der jeweiligen Behörde. Wie jedes Verwaltungshandeln unterliegt er aber dem Grundsatz der Gesetzmäßigkeit der Verwaltung als Ausformung des Rechtsstaatsprinzips; vgl. allg. dazu *Bonk/Neumann* in: Stelkens/Bonk/Sachs, VwVfG, 8. Aufl., § 54 Rn. 10a.

tiv-öffentlichen Rechts[159] unterliegt nicht dem Mietrecht.[160] Dies gilt auch dann, wenn der Verwaltungsträger auf der Basis eines privatrechtlichen Vertrags hätte handeln können.[161]

Unterdessen ist im Zusammenhang mit der Gewährung des Zugangs zu einer Immobilie, die eine öffentliche Einrichtung darstellt[162], nach Maßgabe der Zwei-Stufentheorie des Verwaltungsrechts[163] zu unterscheiden, ob es in erster Linie um einen Zulassungsanspruch oder um dessen Durchführung geht. Während die Frage der Zulassung, also des Ob der Benutzung, öffentlich-rechtlicher Natur ist[164], kann die Durchführung und Erfüllung des Anspruchs, also das Wie der Benutzung, auch auf privatrechtlicher Ebene erfolgen.[165] Das setzt voraus, dass die in der Vereinbarung enthaltenen Regelungsinhalte nicht-öffentlichen, also mit Gemeinwohlbezug versehenen, Aufgaben oder Zwecken dienen.[166,167]

Erfolgt die Überlassung einer Sache oder eines Rechts mittels privatrechtlicher Betätigung eines Hoheitsträgers, kann nach den allgemeinen

---

159 FG Münster, *Urteil* vom 23.1.1989, IX 774/84, EFG 1989, 474 (474), allerdings mit Blick auf ein öffentlich-rechtliches Wassernutzungsrecht.

160 FG Münster, *Urteil* vom 23.1.1989, IX 774/84, EFG 1989, 474 (474).

161 *Güroff* in: Glanegger/Güroff, GewStG, 7. Aufl., § 8 Nr. 1 d, Anm. 3.

162 Dies setzt eine Widmung als öffentliche Einrichtung voraus, vgl. insoweit bspw. BVerwG, *Urteil* vom 18.7.1969, VII C 56.68, BVerwGE 32, 333 (334).

163 Vgl. dazu statt vieler *Stelkens* in: Stelkens/Bonk/Sachs, VwVfG, 8. Aufl., § 35 Rn. 117 ff.

164 Vgl. dazu *Maurer*, Allgemeines Verwaltungsrecht, 18. Aufl., § 3 Rn. 26; siehe auch BVerwG, *Urteil* vom 18.7.1969, VII C 56.68, BVerwGE 32, 333 (336, 337).

165 *Maurer*, Allgemeines Verwaltungsrecht, 18. Aufl., § 3 Rn. 26; siehe auch BVerwG, *Urteil* vom 18.7.1969, VII C 56.68, BVerwGE 32, 333 (334); vgl. auch FG Schleswig-Holstein, *Urteil* vom 29.9.1987, II 157/83 (III), EFG 1988, 83.

166 Hier kommen z.B. auch Gründe der Daseinsvorsorge in Frage. Zu möglichen Differenzierungen bei Wassernutzungsrechten siehe bspw. FG München, *Urteil* vom 25.11.1994, 10 V 43/94, Lexinform 0126742; FG Schleswig-Holstein, *Urteil* vom 29.9.1987, II 157/83 (III), EFG 1988, 83.

167 Soweit einige Vertreter der Literatur, vgl. *Schnitter* in: Frotscher/Maas, GewStG, § 8, Rn. 115 (116. Lfg. 1/2013); *Hofmeister* in: Blümich, GewStG, § 8, Rz. 203 (EL 123, Juni 2014), die in diesem Zusammenhang auf die Entscheidung des BFH zur Kainutzung verweisen (BFH, *Urteil* vom 9.11.1983, I R 188/79, BStBl. II 1984, 149, BFHE 139, 408 (410)), sei angemerkt, dass diese Entscheidung sich der Frage, ob eine öffentlich-rechtliche Nutzung vorlag, nicht stellte, sondern lediglich bestätigte, was unstreitig ist, nämlich, dass eine bloße Duldungsverpflichtung ohne Übernahme der Verpflichtung, den Mietbesitz oder eine dem Mietgebrauch entsprechende Benutzungsmöglichkeit einzuräumen, nicht genüge, dem Vertrag das prägende Merkmal der Gebrauchsüberlassung zu verleihen.

Merkmalen wiederum ein Miet- bzw. Pachtverhältnis vorliegen.[168] Aus dem Verweis auf eine „Benutzungsordnung“ allein kann noch nicht abgeleitet werden, ob die Zugangsgewährung öffentlich-rechtlicher Natur ist oder nicht.[169] Während die Verwendung des Begriffs „Benutzungssatzung“ ein öffentlich-rechtliches Handeln indiziert, ist der Begriff „Benutzungsordnung“ wohl eher neutral zu verstehen.[170] Letztlich kann dies aber dahinstehen, da es auf den konkreten Regelungsinhalt und die Ausgestaltung des konkreten Rechtsverhältnisses ankommt.

3. Gemischte Verträge

Die Privatautonomie erlaubt es den Parteien, Inhalte und Leistungspflichten nach ihren jeweiligen Bedürfnissen zu bestimmen. Sie können also, losgelöst von den im BGB beschriebenen Vertragstypen, Vertragsverhältnisse nach ihren Vorstellungen und Bedürfnissen schaffen. Das hat auch Auswirkungen auf die hier gestellten Fragen nach der gewerbesteuerlichen Hinzurechnung. Denn bezogen auf Gebrauchsüberlassungsvereinbarungen kann es aufgrund der Vertragsfreiheit zu inhaltlichen Abweichungen vom reinen Typus eines Miet- oder Pachtvertrags kommen. Daraus können Zuordnungsschwierigkeiten im Hinblick auf die gewerbesteuerliche Behandlung derartiger Verträge resultieren. Es besteht hier die Notwendigkeit, zu prüfen, ob und inwieweit getätigte Aufwendungen vollständig oder ggf. nur teilweise der Hinzurechnung des § 8 Nr. 1 lit. e GewStG unterfallen. So unterscheidet auch die Finanzverwaltung zwischen den die Gebrauchs-

---

168 BFH, *Urteil* vom 23.4.1969, I R 159/66, BStBl. II 1969, 439, BFHE 95, 399 (401); *Sarrazin* in: Lenski/Steinberg, GewStG, § 8 Nr. 1 Buchst. d, Rz. 22 (Lfg. 106, März 2013).

169 So auch *Gurlit* in: Erichsen/Ehlers, Allgemeines Verwaltungsrecht, 14. Aufl., § 35 V, Rn. 33, S. 826 ff.

170 Jedenfalls *Maurer*, Allgemeines Verwaltungsrecht, 18. Aufl., § 3 Rn. 26 verwendet ihn im neutralen Sinne und sieht ihn als Oberbegriff, dem er die öffentlich-rechtliche Handlungsform der Satzung und die privatrechtliche Handlungsform der AGB zuordnet.

überlassung betreffenden Wirtschaftsgütern[171] und den davon getrennt zu betrachtenden Leistungsinhalten zur Gebrauchsüberlassung.[172]

a. Die Terminologie mit Blick auf die gemischten Verträge

Mit Blick auf den Terminus des gemischten Vertrags treten Begriffe wie „atypische Verträge", „zusammengesetzte Verträge", „Vertragsverbindungen", „Kopplungsverträge", „Vertrag besonderer Art" oder „Vertragsgebilde besonderer Art"[173] auf. Mal wird die Bezeichnung „gemischter Vertrag" als eine Art Oberbegriff[174], mal als Substitut für eine Untergruppe des gemischten Vertrags, also als „gemischter Vertrag im engeren Sinne", verwendet.[175] Um für die Zwecke dieser Arbeit Klarheit zwischen den einzelnen Begriffen zu schaffen, sollen kurz die Terminologien zu unterschiedlichen Mischtypen eines Vertrags dargestellt werden.

aa. Atypische Verträge

Von den hier zu behandelnden gemischten Verträgen sind zunächst die atypischen Verträge zu trennen. Diese zeichnen sich dadurch aus, dass sie sich keinem der im bürgerlichen Recht[176] geregelten Vertragstypen zuord-

---

171 Dieses wirtschaftsgutbezogene Aufteilungsproblem war bereits vor dem Inkrafttreten des UntStRefG 2008 von Bedeutung, vgl. BFH, *Urteil* vom 15.6.1983, I R 113/79, BStBl. II 1984, 17, BFHE 139, 286 (289); so auch Gl. Ländererlass vom 4.7.2008, BStBl. I 2008, 630, Tz. 6, 30; Gl. Ländererlass vom 2.7.2012, BStBl. I 2012, 654, Tz. 6.

172 Vgl. H 8.1 Abs. 4 GewStH 2009 unter Hinweis auf BFH, *Urteil* vom BFH vom 15.6.1983, I R 113/79, BStBl. II 1984, 17, BFHE 139, 286; siehe auch Gl. Ländererlass vom 2.7.2012, BStBl. I 2012, 654, Tz. 6, 30.

173 OFD NRW, Vfg. vom 3.2.2014, G 1422-2014/0008, DB 2014, 393 zur Hinzurechnung von Lagerentgelten i.S. der §§ 467 ff. HGB.

174 So Gl. Ländererlass vom 2.7.2012, BStBl. I 2012, 654; ebenso *Roser*, Gewerbesteuerliche Hinzurechnungen von Nutzungsentgelten nach § 8 Nr. 1d bis f GewStG, ifst-Schrift Nr. 497, S. 62 ff.

175 OFD NRW, Verw.anw. vom 4.11.2013, G 1422-2013/0023-St161, DB 2013, 2711; dies., Vfg. vom 25.9.2013, G1422-2013/0023-St161, DB 2013, 2363; OFD Frankfurt, Rdvfg. vom 17.6.2013, G1422-A-55-St55 (n.v.), alle zur Hinzurechnung von Hotelleistungen.

176 Der Begriff des bürgerlichen Rechts ist weit zu verstehen und erfasst das gesamte Privatrecht, insofern also neben dem BGB und HGB auch angrenzende Gesetze,

nen lassen.[177] Ihre rechtliche Behandlung bestimmt sich nach den vereinbarten Hauptleistungspflichten. Ausgangspunkt sind die vertraglichen Vereinbarungen, sodass eine Unterwerfung derartiger Verträge unter einen der im bürgerlichen Recht gesetzlich geregelten Vertragstypen nicht zwingend ist, sondern nur dann zum Tragen kommt, wenn und soweit die Einordnung solcher Verträge unter einen gesetzlichen Vertragstypus möglich ist.[178] Die im Vertrag geregelten Verpflichtungen der Parteien können unterschiedlichen rechtlichen Schicksalen folgen. Kann ein atypischer Vertrag keinem der Vertragstypen des BGB zugeordnet werden, ist er als ein Vertrag eigener Art (Vertrag sui generis) zu qualifizieren.[179]

bb. Zusammengesetzte Verträge und einheitliches Vertragswerk – der gemischte Vertrag im weiteren Sinne

Zusammengesetzte Verträge, auch „Kopplungsverträge“ oder „Vertragsverbindungen“ genannt, fassen nach dem Willen der Parteien mehrere Vertragstypen unter einem Dach zu einer Einheit zusammen, ohne damit eine weitergehende rechtliche Verbindung herzustellen. Jeder unter dem gemeinsamen Dach vereinte Vertragstypus folgt seinem eigenen rechtlichen Schicksal. Die bloße äußere Verbindung verschiedener Verträge führt daher noch nicht dazu, dass der einzelne Vertrag von dem anderen eine rechtliche Abhängigkeit erfahren soll.[180]

Der zusammengesetzte Vertrag wiederum ist von dem einheitlichen Vertragswerk im Sinne des § 139 BGB abzugrenzen. Liegt ein einheitliches Vertragswerk vor, handelt es sich um einen gemischten Vertrag im weiteren Sinne. Der gemischte Vertrag i.w.S. zeichnet sich in der Regel dadurch aus, dass verschiedene Verträge dergestalt miteinander zusammenhängen, dass die Wirksamkeit oder Durchführung des einen Rechtsge-

---

wie das VVG, VerlG etc.; vgl. dazu auch *Emmerich* in: MüKo, BGB, 6. Aufl., § 311 Rn. 24.

177 Zu sog. atypischen Verträgen gehören beispielsweise Leasing-, Franchise-, Factoringverträge etc., die ihrerseits allerdings aufgrund ihrer Durchsetzung im Rechtsverkehr bereits als verkehrstypische Verträge angesehen werden; vgl. auch die Aufzählung bei *Emmerich* in: MüKo, BGB, 6. Aufl., § 311 Rn. 25.

178 So kann der Leasingvertrag je nach Ausgestaltung dem Mietrecht oder dem Kaufrecht zu unterwerfen sein.

179 Vgl. dazu *Häublein* in: MüKo, BGB, 6. Aufl., Vor § 535 Rn. 21.

180 Vgl. auch *Fikentscher*, Schuldrecht, 9. Aufl., § 65 I, S. 404, Rn. 649.

schäfts die Geschäftsgrundlage des anderen Rechtsgeschäfts bildet. Eine solche rechtliche Einheit kann auch bei bloßer wirtschaftlicher Abhängigkeit der verschiedenen Rechtsgeschäfte voneinander vorliegen.[181]

Ob ein einheitliches Vertragswerk vorliegt und dies zu einer rechtlichen Einheit i.S.d. § 139 BGB führt oder ob verschiedene Verträge lediglich zusammengesetzt wurden, berührt in erster Linie die Frage, ob das als äußerliche Einheit gestaltete Vertragswerk in seiner Form als Gesamtvertrag wirksam ist.[182] Es geht hierbei in der Regel um die Ausübung von Gestaltungsrechten. Folglich geht es bei einem einheitlichen Vertragswerks zunächst darum festzustellen, ob zwischen den aus verschiedenen Vertragstypen stammenden Leistungselementen ein derartiger rechtlicher Zusammenhang besteht, dass der eine Teil nur dann Geltung erlangen soll, wenn auch der andere Teil Geltung hat. Dies positiv zu beantworten, richtet sich nach dem Willen der Vertragsschließenden.[183] Sollen die verschiedenen Rechtsgeschäfte so eng miteinander verflochten werden, dass sie nicht getrennt werden können, ohne dass das Gesamtgefüge des Schuldverhältnisses zerstört werden würde, handelt es sich um einen als einheitliches Vertragswerk zu behandelnden Vertrag[184] und damit um einen gemischten Vertrag im weiteren Sinne.

cc. Typenkombinations- und Typenverschmelzungsvertrag – der gemischte Vertrag im engeren Sinne

Dieser einheitliche Vertrag, der gemischte Vertrag i.w.S. wiederum kann unterschiedliche Formen und Ausgestaltungen haben. Stehen in einem gemischten Vertrag mehrere Hauptleistungen einer Partei gleichberechtigt nebeneinander, wird auch von einem Typenkombinationsvertrag gesprochen.[185] Die vereinbarte Vertragsleistung umfasst – im Gegensatz zur bloßen Vertragsverbindung – eine im Verkehr als wirtschaftlich zusammengehörig betrachtete, meist auch als einheitlich benannte Summe von Einzel-

181 Siehe *Fikentscher*, Schuldrecht, 9. Aufl., § 65 I.2., S. 405, Rn. 649 m.w.N.

182 Also die Frage des Bestehens des einheitlichen Vertragswerkes gemessen an Nichtigkeitsgründen.

183 BGH, *Urteil* vom 16.3.1988, VIII ZR 12/87, NJW 1988, 1781 (1782).

184 *Kindl* in: Erman, BGB, 13. Aufl., vor § 311 Rn. 14.

185 *Grüneberg* in: Palandt, BGB, 73. Aufl., Überbl v § 311 Rn. 21; *Emmerich* in: MüKo, BGB, 6. Aufl., § 311 Rn. 34. *Fikentscher*, Schuldrecht, 9. Aufl., § 65 II, S. 406, Rn. 652 spricht von Typenverbindungsvertrag.

leistungen aus verschiedenen Vertragstypen.[186] Jedoch ist bei einer solchen Zusammenfügung verschiedener gleichrangiger, eine Partei betreffenden Hauptleistungspflichten die Schlussfolgerung, es handele sich um eine Typenkombination, nicht zwingend. Es kann auch ein sog. Typenverschmelzungsvertrag[187] vorliegen. Dieser trägt die Besonderheit in sich, dass die vertragliche Hauptleistung einer Partei gleichzeitig die Merkmale verschiedener Vertragstypen beinhaltet und diese Bestandteile untrennbar miteinander verbunden sind[188] und damit i.E. einen atypischen Vertrag in der Form eines Vertrags sui generis bilden kann. Wann eine Typenkombination oder eine Typenverschmelzung vorliegt, ist in der Praxis nicht leicht zu nachvollziehen. Die Grenzen sind fließend, so dass auch die Frage danach, welchen rechtlichen Normen diese gemischten Verträge zu unterwerfen sind, nicht leicht zu beantworten ist.

b. Die rechtliche Einordnung und die gewerbesteuerliche Behandlung gemischter Verträge

Mit Blick auf den gemischten Vertrag stellt sich die Frage nach dessen konkreter rechtlicher Einordnung, mithin nach welchen rechtlichen Normen dieses Vertragswerk zu behandeln ist. Das wirft insbesondere bei komplexen Vertragswerken erhebliche Schwierigkeiten auf. In der Zivilrechtsliteratur werden verschiedene Theorien bzw. Methoden diskutiert.[189] Meist wird auf zwei Methoden hingewiesen, nach denen versucht wird, allgemeingültige Lösungen zu finden. So soll nach der sog. Absorptionsmethode das Recht des im Vordergrund stehenden Vertragstyps die Regeln der anderen eventuell in Betracht kommenden Vertragstypen verdrän-

---

186 Als gängige Beispiele hierfür tauchen der Beherbergungsvertrag, der Heimvertrag oder der Pferdepensionsvertrag auf, siehe bspw. *Emmerich* in: MüKo, BGB, 6. Aufl., § 311 Rn. 25, 29; *Fikentscher*, Schuldrecht, 9. Aufl., § 65 II S. 406, Rn. 652.

187 Hier taucht auch der Begriff der Typenmischung oder Typenvermengung auf, siehe zu letzterem *Fikentscher*, Schuldrecht, 9. Aufl., § 65 IV, S. 407, Rn. 654.

188 Vgl. *Emmerich* in: MüKo, BGB, 6. Aufl., § 311 Rn. 34; auf die Untrennbarkeit der Leistungsbestandteile hinweisend *Fikentscher*, Schuldrecht, 9. Aufl., § 65 IV. S. 407, Rn. 654.

189 Siehe dazu im Überblick *Gitter*, HB Schuldrecht, Bd. 7, Gebrauchsüberlassungsverträge, § 6 B, S. 177; ebenso *Roser*, Gewerbesteuerliche Hinzurechnungen von Nutzungsentgelten nach § 8 Nr. 1d bis f GewStG, ifst-Schrift Nr. 497, S. 62 ff.

gen[190], während nach der sog. Kombinationsmethode die einzelnen Vertragsbestandteile grundsätzlich nach den jeweils für sie geltenden Normen behandelt werden.[191] Die überwiegende Ansicht geht jedoch davon aus, dass die rechtliche Würdigung sich nach dem Sinn und Zweck des konkreten Vertrags richtet und somit stets eine Einzelfallbetrachtung vorzunehmen ist.[192] Nur so kann sachgerecht danach unterschieden werden, ob eine Kombination von Hauptleistung und atypischer Gegenleistung vorliegt[193] oder eine Hauptleistung nebst andersartiger Nebenleistung[194] oder aber mehrere einheitlich miteinander verbundene und gleichberechtigt nebeneinanderstehende Hauptleistungen vereinbart werden.[195]

aa. Die gewerbesteuerliche Behandlung gemischter Verträge

Die Einordnung und rechtliche Behandlung gemischter Verträge i.w.S. ist auch für die Frage der gewerbesteuerlichen Hinzurechnung von Aufwendungen von Bedeutung. Nur dann, wenn diese Verträge in ihrem wesentlichen Kern als Mietverträge zu qualifizieren sind, kommt eine Hinzurechnung der insoweit vereinbarten Entgelte in Frage. Dem Grundsatz nach folgt die rechtliche Einordnung dieser gemischten Verträge auch für Zwe-

---

190 Vgl. dazu m.w.N. *Emmerich* in: MüKo, BGB, 6. Aufl., § 311 Rn. 29; *ders.*, *Emmerich* in: Staudinger, BGB (2014), vor § 535 Rn. 48 ff.

191 Vgl. dazu m.w.N. *Emmerich* in: MüKo, BGB, 6. Aufl., § 311 Rn. 29; ebenso *Emmerich* in: Staudinger, BGB (2014), vor § 535 Rn. 48 ff.; siehe auch den Überblick bei *Gitter*, HB Schuldrecht, Bd. 7, Gebrauchsüberlassungsverträge, § 6 B, S. 177.

192 *Emmerich* in: MüKo, BGB, 6. Aufl., § 311 Rn. 34.

193 Bspw. wenn eine Gebrauchsüberlassung gegen die Erbringung einer Dienstleistung geschuldet wird.

194 Bspw. wenn eine Gebrauchsüberlassung (Hauptleistung) und die Lieferung von Wärme und Energie gegen Zahlung eines Entgelts geschuldet ist.

195 Von im Wesentlichen vier Grundtypen des gemischten Vertrags ausgehend auch *Bestgen*, Die gewerbesteuerlichen Hinzurechnungs- und Kürzungsvorschriften wegen betrieblicher Nutzung fremder Wirtschaftsgüter, S. 83 f.; *ders.*, Die gewerbesteuerlichen Hinzurechnungs- und Kürzungsvorschriften wegen betrieblicher Nutzungen fremder Wirtschaftsgüter, StuW 1981, 106 (107 f.); zu Typenkombinations-, Typenverschmelzungs- und Verträgen mit atypischen Gegenleistungen siehe ebenso *Kindl* in: Erman, BGB, 13. Aufl., vor § 311 Rn. 17 - 19; siehe zuletzt auch die Darstellung bei *Roser*, Gewerbesteuerliche Hinzurechnungen von Nutzungsentgelten nach § 8 Nr. 1d bis f GewStG, ifst-Schrift Nr. 497, S. 62 ff.

cke der gewerbesteuerlichen Hinzurechnung den oben aufgezeigten Methoden.[196] Dennoch gibt es in der Herangehensweise Unterschiede.

(1) Die Auffassung der Rechtsprechung

Im Hinblick auf die gewerbesteuerliche Hinzurechnung stellt der BFH darauf ab, dass aus der das Ertragsteuerrecht beherrschenden wirtschaftlichen Betrachtungsweise folge, dass ein Vertrag prinzipiell in Gänze, als ein wirtschaftlicher Vorgang, zu betrachten sei.[197] Daher komme im Grundsatz eine Aufteilung oder Zerlegung eines Vertrags in seine unterschiedlichen Bestandteile nicht in Frage. Beinhaltet ein Vertrag neben mietrechtlichen Elementen noch andere Leistungsbestandteile und sind diese mietfremd, schade das einer Einordnung des gesamten Vertrags als Mietvertrag nicht, soweit es sich um Nebenleistungen[198] handele, auch wenn diese nicht dem Vertragstyp „Miete" oder „Pacht" entsprächen. Denn abgestellt auf den wesentlichen bürgerlich-rechtlichen Inhalt stünden derartige, der Hauptleistung untergeordnete Nebenabreden, die vom Miet- oder Pachtvertrag abweichen, einer Beurteilung des Vertrags als Miet- oder Pachtvertrag in Gänze nicht entgegen.[199] Handelt es sich dage-

---

196 Siehe Fn. 190, 191. *Roser* meint in diesem Zusammenhang, dass auch bei der gewerbesteuerlichen Betrachtung die Absorptionsmethode greift, da sich in ihr der Gedanke trennbarer Hauptleistungen widerspiegele, siehe dazu *Roser*, Gewerbesteuerliche Hinzurechnungen von Nutzungsentgelten nach § 8 Nr. 1d bis f GewStG, ifst-Schrift Nr. 497, S. 62. Der Gedanke der trennbaren Hauptleistungen ruht eher in der Kombinationstheorie, nach der gerade eine getrennte rechtliche Betrachtung jeder Hauptleistung vorgenommen werden soll, während die Absorptionstheorie darauf zielt, bestimmten Leistungen keine eigene Wertung zu unterziehen, sondern diese dem rechtlichen Schicksal der Hauptleistung zu unterwerfen; vgl. dazu den Überblick bei *Gitter*, HB Schuldrecht, Bd. 7, Gebrauchsüberlassungsverträge, § 6 B, S. 177.

197 BFH, *Urteil* vom 23.7.1957, I 50/55 U, BStBl. III 1957, 306, BFHE 65, 189 (191).

198 BFH, *Urteil* vom 23.7.1957, I 50/55 U, BStBl. III 1957, 306, BFHE 65, 189 (191); so auch *Urteil* vom 17.2.1965, I 174/60 S, BStBl. III 1965, 239, BFHE 81, 641 (644), das von untergeordneten Nebenabreden spricht.

199 BFH, *Urteil* vom 23.7.1957, I 50/55 U, BStBl. III 1957, 306, BFHE 65, 189 (191); *Urteil* vom 17.2.1965, I 174/60 S, BStBl. III 1965, 239, BFHE 81, 641 (644).

gen um wesentliche mietfremde Elemente, scheide eine Zuordnung des Vertrags als Miet- oder Pachtvertrag in Gänze aus.[200]

Dabei unterscheidet der BFH auch danach, ob ein Vertrag mehrere Leistungspflichten beinhaltet, die lediglich nebeneinander stehen und jeweils für sich getrennt betrachtet werden können. So hat er eine getrennte Betrachtung von Leistungspflichten, die er bei entsprechender Wertung jeweils als Hauptpflichten ansah, nicht allein deshalb ausgeschlossen, weil diese Leistungen auf eine einheitliche Zweckerreichung zielten und es dem Willen der Vertragsparteien entsprach, dass beide Leistungen in Abhängigkeit voneinander stehen sollten.[201] Im konkreten Fall war in einer als „Lizenzvereinbarung" bezeichneten Abrede die Überlassung einer Spezialmaschine mit gleichzeitiger Zurverfügungstellung von Know-how vereinbart. Neben einer produktionsabhängigen Mietzahlung für die Maschine vereinbarten die Parteien eine an den verkauften Produkten bemessene Lizenzgebühr. Während in der Überlassung der Maschine eine Mietvereinbarung gesehen wurde, wurde die Know-how-Überlassung als mietfremde Leistung eingestuft. Die Trennung beider in dem Vertrag miteinander verknüpften Leistungen stützte der BFH nicht zuletzt darauf, dass die Parteien mit Bezug auf die jeweiligen Leistungen unterschiedliche Regelungen trafen, und zwar bezogen auf die Vertragslaufzeit und die vereinbarte Vergütung.[202] Die Tatsache, dass nach dem Parteiwillen beide Leistungen voneinander abhingen und sich der Vertragszweck nur durch die Verbindung der beiden Leistungen erreichen ließ, genügte dem BFH nicht, dies als eine einheitliche Leistung zu behandeln. Wenn dagegen verschiedene Leistungspflichten derart miteinander verschmolzen sind, dass ein Vertragsgebilde eigner Art entsteht, welches nicht mehr nur als ein Nebeneinander von Leistungen verschiedener Vertragstypen charakterisiert werden könne, scheide eine getrennte Betrachtung aus.[203]

---

200 BFH, *Urteil* vom 23.7.1957, I 50/55 U, BStBl. III 1957, 306, BFHE 65, 189 (191), *Urteil* vom 17.2.1965, I 174/60 S, BStBl. III 1965, 239, BFHE 81, 641 (644); *Urteil* vom 14.2.1973, I R 85/71, BStBl. II 1973, 412, BFHE 108, 370 (372).

201 Siehe BFH, *Urteil* vom 17.2.1965, I 174/60 S, BStBl. III 1965, 239, BFHE 81, 641 (644); *Urteil* vom 15.6.1983, I R 113/79, BStBl. II 1984, 17, BFHE 139, 286 (289, 290).

202 BFH, *Urteil* vom 15.6.1983, I R 113/79, BStBl. II 1984, 17, BFHE 139, 286 (289).

203 BFH, *Urteil* vom 15.6.1983, I R 113/79, BStBl. II 1984, 17, BFHE 139, 286 (289, 290).

(2) Die Auffassung der Finanzverwaltung

Die Finanzverwaltung folgt im Grundsatz der Auffassung der Rechtsprechung. Ausweislich der Äußerungen im gleichlautenden Ländererlass[204] scheint sie von dem Grundsatz auszugehen, dass gemischte Verträge zunächst in Gänze zu betrachten sind. Sofern demnach ein gemischter Vertrag ein einheitliches und untrennbares Ganzes darstellt, scheide eine Aufteilung des Vertrags aus. Es komme dann für die Beurteilung auf die Prägung des Vertrags durch eine der darin enthaltenen Leistungen an.[205] Liegen aber verschiedene Leistungskomponenten vor und sind diese voneinander trennbar, sei von einer getrennten Betrachtung auszugehen, mit der Folge, dass jede Leistung gewerbesteuerlich ihrem eigenen Schicksal folgen müsse.[206] Die Finanzverwaltung geht somit davon aus, dass dann, wenn ein Typenkombinationsvertrag vorliegt, eine gewerbesteuerlich getrennte Behandlung der darin vereinten Leistungen erfolgt, während es bei einer Typenverschmelzung, ausgehend von den vereinbarten Leistungen, auf das Gepräge des Vertrags ankommt. Die Kriterien, wann eine Trennung der Leistungen vorzunehmen ist, werden nicht offenbart.

(3) Die Ansichten in der Literatur

In der Literatur stellt sich das Bild zur Einordnung gemischter Verträge i.w.S. und deren gewerbesteuerliche Behandlung als ein weitgehend einheitliches dar. Es wird in der Sache darauf abgestellt, dass als Voraussetzung für die Annahme eines gemischten Vertrags dieser verschiedene Hauptpflichten in sich vereinen müsse und eine Gesamtbetrachtung des gemischten Vertrags erforderlich sei.[207] Untergeordnete Nebenpflichten

---

204 Gl. Ländererlass vom 2.7.2012, BStBl. I 2012, 654, Tz. 6.

205 Siehe Gl. Ländererlass vom 2.7.2012, BStBl. I 2012, 654, Tz. 6.

206 Dies ebenso interpretierend *Roser*, Gewerbesteuerliche Hinzurechnungen von Nutzungsentgelten nach § 8 Nr. 1d bis f GewStG, ifst-Schrift Nr. 497, S. 66.

207 Siehe *Güroff* in: Glanegger/Güroff, GewStG, 8. Aufl., § 8 Nr. 1d, Rn. 8a, 8b; *Sarrazin* in: Lenski/Steinberg, GewStG, § 8 Nr. 1 Buchst. d, Rz. 24 (Lfg. 106, März 2013); *Schnitter* in: Frotscher/Maas, GewStG, § 8, Rn. 112 (116. Lfg. 1/2013); *Hofmeister* in: Blümich, GewStG, § 8, Rz. 201 (EL 123, Juni 2014); *Brokamp* in: Deloitte, GewStG, § 8 Nr. 1d, Rdn. 7; ebenso *Mohr* in: Bergemann/Wingler, GewStG, § 8, Rz. 232; so auch *Franke/Gageur*, Zweifelsfragen und Anmerkun-

seien bei der rechtlichen Würdigung des Vertrags nicht zu berücksichtigen[208], jedoch sind im Detail Nuancen erkennbar.

Der Großteil der Autoren folgt mit Blick auf die Behandlung eines gemischten Vertrags der Finanzverwaltung und meint, es komme insoweit auf die ihn *prägende* Leistung an.[209] So führt *Güroff* unter Verweis auf den BFH[210] aus, dass dann, wenn wesentliche miet- bzw. pachtfremde Elemente vorlägen[211], die Annahme eines Mietvertrags ausgeschlossen sei. Miet- und pachtfremde Elemente von geringem Gewicht seien aber unschädlich, wenn der Vertrag im Übrigen einem Miet- oder Pachtvertrag gleichgeartet sei.[212] Die Annahme einer Typenverschmelzung setze voraus, dass wesentliche, den Vertrag *prägende* miet- und pachtfremde Elemente vorhanden sein müssten, um die Behandlung als Mietvertrag auszuschließen.[213] Weise ein gemischter Vertrag aber eine mietvertragliche Prägung auf, bleibe es bei der Annahme eines Mietvertrags.[214] In ähnlicher Weise äußert sich *Sarrazin*.[215] Sind Hauptleistungen miteinander ver-

---

gen zu den gleich lautenden Ländererlässen zu § 8 Nr 1 GewStG, BB 2008, 1704 (1706).

208 Vgl. *Güroff* in: Glanegger/Güroff, GewStG, 8. Aufl., § 8 Nr. 1d, Rn. 8a, 8b; *Sarrazin* in: Lenski/Steinberg, GewStG, § 8 Nr. 1 Buchst. d, Rz. 24 (Lfg. 106, März 2013); *Schnitter* in: Frotscher/Maas, GewStG, § 8, Rn. 112 (116. Lfg. 1/2013); *Hofmeister* in: Blümich, GewStG, § 8, Rz. 201 (EL 123, Juni 2014); *Brokamp* in: Deloitte, GewStG, § 8 Nr. 1d, Rdn. 7; ebenso *Mohr* in: Bergemann/Wingler, GewStG, § 8, Rz. 232.

209 Vgl. dazu auch *Roser*, Gewerbesteuerliche Hinzurechnungen von Nutzungsentgelten nach § 8 Nr. 1d bis f GewStG, ifst-Schrift Nr. 497, S. 66, 68; ebenso *Franke/Gageur*, Zweifelsfragen und Anmerkungen zu den gleich lautenden Ländererlassen zu § 8 Nr. 1 GewStG, BB 2008, 1704 (1706); *Gerritzen/Matheis*, Zur gewerbesteuerlichen Hinzurechnung von Messekosten, DStR 2013, 236 (239); *Schraut/Sillich*, Entgelte für Taxi- oder Busflächen zu Werbezwecken im Rahmen der Gewerbesteuer hinzuzurechnen?, BB 2013, 217 (219); *Breinersdorfer*, Einzelfragen der gewerbesteuerlichen Hinzurechnung von Finanzierungsanteilen aus Sicht der Finanzverwaltung, DB 2014, 1762 (1765 f.).

210 Der Verweis auf BFH, *Urteil* vom 31.7.1985, VIII R 261/81, BStBl. II 1986, 304, BFHE 145, 135, (Kajenbenutzung) erschließt sich indessen nicht, da es zwar um die Einordnung eines Nutzungsverhältnisses als Mietvertrag, nicht aber um die Problematik eines gemischten Vertrags ging.

211 *Güroff* in: Glanegger/Güroff, GewStG, 8. Aufl., § 8 Nr. 1d, Rn. 8.

212 *Güroff* in: Glanegger/Güroff, GewStG, 8. Aufl., § 8 Nr. 1d, Rn. 8a.

213 *Güroff* in: Glanegger/Güroff, GewStG, 8. Aufl., § 8 Nr. 1d, Rn. 8b.

214 *Güroff* in: Glanegger/Güroff, GewStG, 8. Aufl., § 8 Nr. 1d, Rn. 8b.

215 *Sarrazin* in: Lenski/Steinberg, GewStG, § 8 Nr. 1 Buchst. d, Rz. 24 (Lfg. 106, März 2013).

schmolzen und überwiegen die miet- und pachtfremden Elemente, sei ein Vertrag anderer Art gegeben.[216] Wie *Güroff* betont *Sarrazin*, dass es bei einem Vertrag besonderer Art für dessen Einordnung darauf ankomme, welche Leistung dem Gesamtvertrag das Gepräge gebe.[217] Ebenso spricht *Roser* davon, dass bei der Gewerbesteuer nach dem prägenden Element des Vertrags geschaut wird und zieht in diesem Zusammenhang die Parallele, dass sich bei umsatzsteuerlichen Sachverhalten ähnliche Abgrenzungsfragen stellen, als es bei Leistungsbündeln festzustellen gilt, ob selbständige Hauptleistungen oder eine einheitliche Gesamtleistung vorliegt.[218] *Schnitters*[219] Äußerungen gehen mit Blick auf das Geprägemerkmal in eine ähnliche Richtung. Wenn eine Trennung der innerhalb eines Typenverschmelzungsvertrags vereinbarten Pflichten nicht möglich sei, weil hier ein Vertrag eigener Art entstanden sei, könne dieser insgesamt nicht der Hinzurechnung unterfallen.[220] *Schnitter* schränkt dies wiederum insoweit ein, als bei untrennbaren Leistungen die miet- und pachtfremden Elemente innerhalb dieses Vertrags überwiegen müssten. Anderenfalls könne ein Mietvertrag nicht abgelehnt werden.[221]

Die Literatur stimmt mit der Rechtsprechung und der Finanzverwaltung in der Grundaussage überein, dass dann, wenn ein Vertrag rechtlich trennbare Hauptleistungen beinhaltet, eine getrennte Bewertung als auch eine getrennte gewerbesteuerliche Behandlung derselben erfolgen müsse.[222] *Breinersdorfer* meint, sofern eine hinzurechnungsrelevante Leistungskomponente Bestandteil einer Hauptleistungspflicht ist, werde diese im Regel-

216 *Sarrazin* in: Lenski/Steinberg, GewStG, § 8 Nr. 1 Buchst. d, Rz. 24 (Lfg. 106, März 2013) mit Verweis auf BFH, *Urteil* vom 15.6.1983, I R 113/79, BStBl. II 1984, 17, BFHE 139, 286 (289).

217 *Sarrazin* in: Lenski/Steinberg, GewStG, § 8 Nr. 1 Buchst. d, Rz. 25 (Lfg. 106, März 2013).

218 *Roser*, Gewerbesteuerliche Hinzurechnungen von Nutzungsentgelten nach § 8 Nr. 1d bis f GewStG, ifst-Schrift Nr. 497, S. 64, 65.

219 *Schnitter* in: Frotscher/Maas, GewStG, § 8, Rn. 112, 113 (116. Lfg. 1/2013).

220 *Schnitter* in: Frotscher/Maas, GewStG, § 8, Rn. 113 (116. Lfg. 1/2013).

221 *Schnitter* in: Frotscher/Maas, GewStG, § 8, Rn. 112 (116. Lfg. 1/2013).

222 Vgl. *Güroff* in: Glanegger/Güroff, GewStG, 8. Aufl., § 8 Nr. 1d, Rn. 8b; *Sarrazin* in: Lenski/Steinberg, GewStG, § 8 Nr. 1 Buchst. d, Rz. 24 (Lfg. 106, März 2013); *Schnitter* in: Frotscher/Maas, GewStG, § 8, Rn. 113 (116. Lfg. 1/2013); *Hofmeister* in: Blümich, GewStG, § 8, Rz. 201 (EL 123, Juni 2014); *Brokamp* in: Deloitte, GewStG, § 8 Nr. 1d, Rdn. 7; ebenso *Mohr* in: Bergemann/Wingler, GewStG, § 8, Rz. 232.

fall abtrennbar sein.[223] Als Anknüpfung dafür, wann eine getrennte Betrachtung der Hauptpflichten in Frage komme, verweisen einige Autoren[224] auf die Entscheidung des BFH vom 15.6.1983[225], in der bezogen auf eine Lizenzvereinbarung sowohl die Überlassung einer Spezialmaschine als auch die gleichzeitige Zurverfügungstellung von Know-how vereinbart war.[226]

Hofmeister[227] stellt – dem BFH[228] und anderen Autoren[229] widersprechend – in Abrede, dass eine Trennung der Hauptpflichten voneinander möglich sei, wenn diese nach dem Willen der Vertragsparteien voneinander abhängen sollen und sich auch der Vertragszweck nur durch die Kombination dieser Hauptpflichten erreichen lasse. Er meint, es müsse die gedankliche von der rechtlichen Trennung unterschieden werden. Letztere sei nicht möglich, nicht zuletzt auch deshalb, weil die Grenzen zwischen einem Typenkombinationsvertrag und einem Typenverschmelzungsvertrag fließend seien. Daher könne wie beim Typenverschmelzungsvertrag keine Zerlegung der Vertragspflichten erfolgen.[230] Auf die Schwierigkeiten bei der Abgrenzung beider Vertragstypen weist auch *Bestgen*[231] hin. Zudem

---

223 *Breinersdorfer*, Einzelfragen der gewerbesteuerlichen Hinzurechnung von Finanzierungsanteilen aus Sicht der Steuerverwaltung, DB 2014, 1762 (1766).

224 Siehe statt vieler *Sarrazin* in: Lenski/Steinberg, GewStG, § 8 Nr. 1 Buchst. d, Rz. 24 (Lfg. 106, März 2013); *Güroff* in: Glanegger/Güroff, GewStG, 8. Aufl., § 8 Nr. 1d, Rn 8b; *Brokamp* in: Deloitte, GewStG § 8 Nr. 1d, Rdn. 7; ebenso *Schnitter* in: Frotscher/Maas, GewStG, § 8, Rn. 112 (116. Lfg. 1/2013).

225 BFH, *Urteil* vom 15.6.1983, I R 113/79, BStBl. II 1984, 17, BFHE 139, 286 (290).

226 Dem folgt im Kern auch *Breinersdorfer*, Einzelfragen der gewerbesteuerlichen Hinzurechnung von Finanzierungsanteilen aus Sicht der Steuerverwaltung, DB 2014, 1762 (1766).

227 *Hofmeister* in: Blümich, GewStG, § 8, Rz. 202 (EL 123, Juni 2014).

228 BFH, *Urteil* vom 15.6.1983, I R 113/79, BStBl. II 1984, 17, BFHE 139, 286 (290).

229 So *Sarrazin* in: Lenski/Steinberg, GewStG, § 8 Nr. 1 Buchst. d, Rz. 24 (Lfg. 106, März 2013); *Güroff* in: Glanegger/Güroff, GewStG, 8. Aufl., § 8 Nr. 1d, Rn. 8b; *Brokamp* in: Deloitte, GewStG § 8 Nr. 1d, Rn. 7; ebenso *Schnitter* in: Frotscher/Maas, GewStG, § 8, Rn. 112 (116. Lfg. 1/2013).

230 *Hofmeister* in: Blümich, GewStG, § 8, Rz. 202 (EL 123, Juni 2014).

231 *Bestgen*, Die gewerbesteuerlichen Hinzurechnungs- und Kürzungsvorschriften wegen betrieblicher Nutzung fremder Wirtschaftsgüter, S. 83 f.; *ders.*, Die gewerbesteuerlichen Hinzurechnungs- und Kürzungsvorschriften wegen betrieblicher Nutzungen fremder Wirtschaftsgüter, StuW 1981, 106 (108).

könne das Gepräge nicht maßgeblich sein, da nicht bestimmt werden könne, nach welchen Kriterien dieses zu bemessen sei.[232]

Andere Autoren kritisieren vor allem mit Blick auf die Praxis der Finanzverwaltung[233], dass die Aufspaltung eines gemischten Vertrags in unterschiedliche Leistungspflichten überspannt werde.[234] *Roser* merkt an, dass sich diese vom grundsätzlichen Einvernehmen, dass eine Gesamtbetrachtung vorzunehmen sei, faktisch verabschiede.[235]

Trotz der Kritiken werden positive Anhaltspunkte oder Kriterien, wann eine getrennte Behandlung nun vorzunehmen sei und wann nicht, nicht vorgetragen. *Roser* verweist aber darauf, dass die Finanzverwaltung eine entsprechende Feststellungslast habe, wenn sie eine Trennung der Hauptpflichten vornehmen will.[236] Als Indiz gegen eine Teilbarkeitsbetrachtung will *Roser* auf die fehlende „Feststellbarkeit eines Teilentgelts" abstellen.[237] Teilweise wird auch gefordert, dass gemischte Verträge im Lichte des Charakters und des Sinn und Zwecks der Norm des § 8 GewStG[238] bewertet werden müssten.[239]

---

232 *Hofmeister* in: Blümich, GewStG, § 8, Rz. 202a (EL 123, Juni 2014).

233 Vgl. Gl. Ländererlass vom 2.7.2012, BStBl. I 2012, 654, Tz. 29; anders noch Gl. Ländererlass vom 4.7.2008, BStBl. I 2008, 630; siehe auch OFD NRW, Vfg. vom 23.9.2013, G1422-2013/0023-St 161, DB 2013, 2363; dies., Verw.anw. vom 4.11.2013, G1422-2013/0023-St161, DB 2013, 2711.

234 So auch *Saller*, Gewerbesteuerpflicht bei der Anmietung von Fahrzeugkranen mit Bedienungspersonal, Hinzurechnung nach § 8 Nr. 1 Buchst. d GewStG, DStR 2013, 1158 (1159).

235 *Roser*, Gewerbesteuerliche Hinzurechnungen von Nutzungsentgelten nach § 8 Nr. 1d bis f GewStG, ifst-Schrift Nr. 497, S. 66. Dies erfolgt mit Blick auf die von der Finanzverwaltung vertretene Ansicht zur kurzfristigen Nutzung von Hotelzimmern, vgl. Gl. Ländererlass vom 2.7.2012, BStBl. I 2012, 654, Tz. 29; anders noch Gl. Ländererlass vom 4.7.2008, BStBl. I 2008, 630; siehe auch OFD NRW, Vfg. vom 23.9.2013, G1422-2013/0023-St 161, DB 2013, 2363; dies., Verw.anw. 4.11.2013, G1422-2013/0023-St161, DB 2013, 2711.

236 *Roser*, Gewerbesteuerliche Hinzurechnungen von Nutzungsentgelten nach § 8 Nr. 1d bis f GewStG, ifst-Schrift Nr. 497, S. 68.

237 *Roser*, Gewerbesteuerliche Hinzurechnungen von Nutzungsentgelten nach § 8 Nr. 1d bis f GewStG, ifst-Schrift Nr. 497, S. 69.

238 Zur Zielrichtung des § 8 GewStG siehe Teil 1, Kap. B.I., 35 ff.

239 Vgl. *Roser*, Gewerbesteuerliche Hinzurechnungen von Nutzungsentgelten nach § 8 Nr. 1d bis f GewStG, ifst-Schrift Nr. 497, S. 77; *Franke/Gageur*, Zweifelsfragen und Anmerkungen zu den gleich lautenden Ländererlassen zu § 8 Nr. 1 GewStG, BB 2008, 1704 (1705).

bb. Stellungnahme zur gewerbesteuerlichen Behandlung gemischter Verträge

Die vertragstypologische Einordnung eines gemischten Vertrags ist in erster Linie nach dem von den Parteien vereinbarten Leistungsinhalt und danach zu bestimmen, in welchem Verhältnis die vereinbarten Leistungen zueinander stehen. Hier stellt sich mit Blick auf das sowohl von der Finanzverwaltung als auch einem Großteil der jüngeren Kommentarliteratur herangezogene Element einer (mietvertraglichen) Prägung des Vertragswerkes[240] die Frage, ob und inwieweit dieses für die Einordnung des Vertrags maßgeblich ist. Dass dem Gepräge eines Vertrags durch einen oder mehrere Leistungsbestandteile eine entsprechende Bedeutung beigemessen wird, ist unübersehbar und zeigt sich vor allem in jüngeren Verlautbarungen der Finanzverwaltung, so mit Blick auf die Behandlung von Lagerverträgen[241] und nicht zuletzt hinsichtlich der auch hier noch zu erörternden Hotelverträge.[242] Zwar ist zu konzedieren, dass man unter Nutzung dieses Merkmals im Einzelfall zu vertretbaren Ergebnissen gelangen kann[243]; dennoch stellen sich Zweifel ein, ob der Rekurs auf dieses Element richtig ist. Denn zunächst ist festzustellen, dass der Tatbestand des § 8 GewStG weder den Begriff des Gepräges oder der Prägung eines Vertrages kennt oder implizit enthält. Es handelt sich hierbei um ein lediglich normatives Element, welches der einfacheren Vertragsinterpretation dienen soll. In Frage steht daher, ob es ein tauglicher Parameter bei der gewerbesteuerlichen Behandlung gemischter Verträge sein kann.

---

240 So verwendet *Güroff* dieses Merkmal erstmals in der 7. Aufl. seiner Kommentierung zu § 8 Nr. 1 lit. d GewStG, also nach Inkrafttreten des UntStRefG 2008, siehe *Güroff* in: Glanegger/Güroff, GewStG, 7. Aufl., § 8 Nr. 1d, Anm. 3. In den Vorauflagen taucht dieses Merkmal hingegen nicht auf, vgl. *ders.* in: Glanegger/Güroff, GewStG, 6. Aufl., § 8 Nr. 7, Anm. 3; *ders.* in: Glanegger/Güroff, GewStG, 5. Aufl., § 8 Nr. 7, Anm. 3. Soweit ersichtlich, hat es vor dem UntStRefG und dem Gl. Ländererlass zur gewerbesteuerlichen Hinzurechnung vom 4.7.2008 auch die Finanzverwaltung nicht verwendet.

241 Siehe OFD NRW, Vfg. vom 3.2.2014, G 1422-2014/0008, DB 2014, 393; nicht auf das Gepräge des Vertrags abstellend OFD Magdeburg, Vfg. vom 7.5.2012, G 1422 – 67 – St 216, DStR 2012, 1033.

242 Siehe auch *Breinersdorfer*, Einzelfragen der gewerbesteuerlichen Hinzurechnung von Finanzierungsanteilen aus Sicht der Steuerverwaltung, DB 2014, 1762 (1766).

243 So stimmt die Finanzverwaltung dem BFH hinsichtlich Einordung von Zeitcharterverträgen zu, siehe H 8.1. Abs. 4 GewStH 2009.

(1) Irrelevanz des umsatzsteuerlichen Maßstabs des Gepräges einer Leistung bei der Einordnung gemischter Verträge

Wendet man den Blick weg von der Gewerbesteuer und hin zur Umsatzsteuer, findet sich dort bei der Behandlung gemischter Verträge das Element der Prägung wieder.[244] Auf diese Parallelen weist *Roser* ausdrücklich hin.[245] Ebenso scheint die Finanzverwaltung auf diese hinzudeuten, vergleicht man ihre, wenn auch in der Sache sehr spezifischen, Äußerungen zur gewerbesteuerlichen Hinzurechnung von Reiseleistungen in Form von Hotelleistungen[246] mit jenen Aussagen zur umsatzsteuerlichen Behandlung von Verpflegungsleistungen eines Hotelbetriebs.[247]

Dass im Bereich der Umsatzsteuer die Begrifflichkeit des gemischten Vertrags auftaucht und insoweit zwischen gemischten Verträgen[248] und Verträgen besonderer Art[249] unterschieden wird, ist nicht von der Hand zu

---

244 Es wird vornehmlich im Zusammenhang mit gemischten Verträgen genutzt, soweit diese Vermietungsleistungen enthalten. So ist zur Beantwortung der Frage der Umsatzsteuerbefreiung bei Vermietungsumsätzen nach § 4 Nr. 12 Satz 1 lit. a UStG zu prüfen, ob bei einer einheitlichen Leistung das für die Steuerbefreiung maßgebliche Vermietungselement der Leistung ihr Gepräge gibt, denn nur dann wäre die Leistung insgesamt steuerfrei, vgl. A 4.12. Abs. 2 Satz 1 UStAE 2010; siehe ebenso BFH, *Urteil* vom 31.5.2001, V R 97/98, BStBl. II 2001, 658, BFHE 194, 555 (561); *Urteil* vom 24.1.2008, V R 12/05, BStBl. II 2009, 60, BFHE 221, 310 (313, 314).

245 *Roser*, Gewerbesteuerliche Hinzurechnungen von Nutzungsentgelten nach § 8 Nr. 1d bis f GewStG, ifst-Schrift Nr. 497, S. 65, 66 f.; so auch *Cech/Püschel*, Die gewerbesteuerliche Hinzurechnung von Aufwendungen im Zusammenhang mit Messen und Ausstellungen, Ubg 2015, 645 (648 f.).

246 OFD Frankfurt, Rdvfg. vom 17.6.2013, G 1422A-55-St55 (n.v.); OFD NRW, Vfg. vom 25.9.2013, G 1422-2013/0023-St161, DB 2013, 2363; dies., Verw.anw. vom 4.11.2013, G 1422-2013/0023-St161, DB 2013, 2711.

247 Siehe A 3.10 Abs. 6 Nr. 13 UStAE 2010 i.d.F bis zum 8.12.2014; so auch BMF, Nichtanwendungserlass vom 4.5.2010, IV D 2 – S 7100/08/10011:009, BStBl. I 2010, 490. A 3.10 Abs. 6 Nr. 13 wurde mit Schreiben vom 9.12.2014 (BStBl. I 2014, 1620) neugefasst. Nunmehr werden der Rspr. des BFH folgend, Verpflegungsleistungen nicht mehr als getrennte Leistungen angesehen. Die Änderung ist auf alle offenen Fälle anzuwenden.

248 So wird als ein gemischter Vertrag eine Vereinbarung verstanden, die sowohl Elemente einer Grundstücksüberlassung als auch Elemente anderer Leistungen umfasst, siehe A 4.12.5. Abs. 1 UStAE 2010.

249 Ein Vertrag besonderer Art liegt vor, wenn die Gebrauchsüberlassung des Grundstücks gegenüber anderen wesentlicheren Leistungen zurücktritt und das Vertragsverhältnis ein einheitliches, unteilbares Ganzes darstellt, vgl. A 4.12.6.

weisen. Beide Vertragsarten erfahren in Abhängigkeit der darin jeweils enthaltenen Leistungen eine differenzierte Betrachtung. Welche Art von Vertrag vorliegt, soll sich ausgehend von der Grundregel, dass jede Leistung für sich zu beurteilen ist[250], danach bestimmen, ob mehrere selbständige Leistungen oder eine einheitliche Leistung vorliegen. Bei dieser Abgrenzung ist darauf zu achten, dass wirtschaftlich einheitliche Vorgänge nicht künstlich aufgespalten werden.[251] Liegen mehrere Leistungen vor, ist zu prüfen, ob diese im Verhältnis einer Haupt- und Nebenleistung zueinanderstehen. Ist unter umsatzsteuerlichen Gesichtspunkten eine Leistung als Nebenleistung zu einer Hauptleistung anzusehen, soll erstere das Schicksal der letzteren teilen. Wenn eine einheitliche Leistung vorliegt, soll es darauf ankommen, welche Leistung dem Vertrag das Gepräge gibt.[252] Rechtsprechung und Literatur haben im Bereich der Umsatzsteuer eine Vielzahl von Parametern herausgearbeitet, um das Verhältnis der in einem gemischten Vertrag enthaltenen Leistungen zueinander zu bestimmen.[253]

UStAE 2010 mit Verweis auf BFH, *Urteil* vom 19.12.1952, V 4/51, BStBl. III 1953, 98, BFHE 57, 249; *Urteil* vom 31.5.2001 V R 97/98, BStBl. II 2001, S. 658, BFHE 194, 555.

250 A 3.10. Abs. 1 - 4 UStAE 2010.

251 BFH, *Urteil* vom 15.1.2009 V R 59/06, BStBl. II 2010, 433, BFHE 224, 166 (169) m.w.N aus der Rspr. des EuGH.

252 A 4.12.5. Abs. 2 UStAE 2010 mit Verweis auf BFH, *Urteil* vom 24.1.2008, V R 12/05, BStBl. II 2009, 60, BFHE 221, 310.

253 Darauf weist auch *Roser* hin, siehe *Roser*, Gewerbesteuerliche Hinzurechnungen von Nutzungsentgelten nach § 8 Nr. 1d bis f GewStG, ifst-Schrift Nr. 497, S. 64, 65. So werden das Geschäftsmodell und das Geschäftsbild des Unternehmens herangezogen, welches aus der Sicht des Leistungsempfängers die Erbringung der zu beurteilenden Leistungen aufgrund eines traditionellen Verständnisses oder einer sich insoweit herausgebildeten Erwartungshaltung voraussetzt, vgl. BFH, *Urteil* vom 21.11.2013, V R 33/10, BFH/NV 2014, 800, BFHE 244, 63 (69); ebenso BFH, *Urteil* vom 20.3.2014, V R 25/11, BFH/NV 2014, 1173, BFHE 245, 286 (289, 290), wo auf die gewöhnliche Verbindung von Leistungen abgestellt wird. Wie dem Fehlen einer gesonderten Vereinbarung bei mehreren Leistungen soll auch der Vereinbarung eines Gesamtentgelts für mehrere Leistungen Indizwirkung für das Vorliegen einer Gesamtleistung beigemessen werden, vgl. BFH, *Urteil* vom 31.5.2001, V R 97/98, BStBl. II 2001, 658, BFHE 194, 555 (560); siehe *Leonard* in: Bunjes, UStG, 13. Aufl., § 3 Rn. 20 m.w.N; *Martin* in: Sölch/Ringleb, UStG, § 3 Rn. 22, (72. Erg.-Lfg., April 2014). Ebenso kann eine einheitliche Leistung vorliegen, wenn ein nur geringer Anteil eines für mehrere in Anspruch genommene Leistungen vereinbarten Pauschalentgeltes auf einen Teil der Leistung entfällt, vgl. BFH, *Urteil* vom 20.3.2014, V R 25/11, BFH/NV 2014, 1173, BFHE 245, 286 (290); anders, wenn eine Leistung, die über die tra-

Es liegt daher, betrachtet man die neuerliche Betonung des Gepräges eines Vertrages, die Vermutung nahe, dass umsatzsteuerliche Betrachtungen auch für die Interpretation gemischter Verträge im Bereich der gewerbesteuerlichen Hinzurechnung fruchtbar gemacht werden sollen.[254] Damit stellt sich die Frage, ob eine Orientierung an den umsatzsteuerlichen Wertungen eines gemischten Vertrages für Zwecke der Hinzurechnung bei der Gewerbesteuer tauglich ist.

Dafür könnte sprechen, dass gleichartige Vertragsinterpretationen und -einordnungen nicht nur für die Rechtsanwendung hilfreich sind. Es könnte vor dem Hintergrund der Einheitlichkeit der Steuerrechtsordnung sogar geboten sein, diese Betrachtungen zu übernehmen, da sich auf den ersten Blick ähnliche Abgrenzungsfragen bei der Gewerbesteuer stellen und auf diese Weise Wertungswidersprüche zwischen der umsatzsteuerlichen und der gewerbesteuerlichen Behandlung gemischter Verträge vermieden werden könnten.[255]

Solche Wertungswidersprüche können sich aber nur ergeben, wenn eine innere Verbindung zwischen den beiden Rechtsgebieten besteht. Es besteht weitgehendes Einvernehmen darin, dass steuerrechtliche Tatbestandsmerkmale nach ihrem steuerrechtlichen Bedeutungszusammenhang, nach dem Zweck des jeweiligen Steuergesetzes und dem Inhalt der einschlägigen Einzelregelung zu interpretieren sind.[256] Daher ist auch innerhalb des Steuerrechts ein einheitliches Begriffsverständnis nicht zwingend.[257] Selbst wenn verschiedene Steuergesetze gleichlautende Begriffe verwenden, sind diese zunächst innerhalb des jeweiligen Gesetzesver-

---

ditionelle Aufgabe des Leistenden hinausgeht, spürbare Auswirkungen auf den vereinbarten Pauschalpreis hat, siehe BFH, *Urteil* vom 15.1.2009, V R 9/06, BStBl. II 2010, 433, BFHE 224, 166 (170).

254 Dies anscheinend auch befürwortend *Roser*, Gewerbesteuerliche Hinzurechnungen von Nutzungsentgelten nach § 8 Nr. 1d bis f GewStG, ifst-Schrift Nr. 497, S. 64; ebenso *Cech/Püschel*, Die gewerbesteuerliche Hinzurechnung von Aufwendungen im Zusammenhang mit Messen und Ausstellungen, Ubg 2015, 645 (648 f.).

255 Zum Ansatz, Wertungswidersprüche innerhalb der Steuerrechtsordnung zu vermeiden, siehe *Tipke*, Steuerrechtsordnung, Bd. I, 2. Aufl. § 4.4., S. 97.

256 Siehe auch *Drüen* in: Tipke/Kruse, AO, FGO, § 4 AO, Rn. 324 (Lfg. 127, Oktober 2011) m.w.N.

257 So siehe auch BVerfG, *Beschluss* vom 27.12.1991, 2 BvR 72/90, BStBl. II 1992, 212 (213).

ständnisses zu erfassen und auszulegen.[258] Insoweit ist zu berücksichtigen, dass im Bereich der Umsatzsteuer die Kriterien und Maßstäbe zur Behandlung gemischter Verträge und die Abgrenzungen der einzelnen Leistungen voneinander vor dem besonderen Hintergrund des Verkehrsteuercharakters der Umsatzsteuer aufgestellt wurden. Anknüpfungspunkt der Betrachtungen ist nicht der Vertrag, sondern der Umsatz als Steuerobjekt.[259] Dessen Wesen ist zu ermitteln. Um also festzustellen, ob ein Unternehmer gegenüber einem Abnehmer einen oder mehrere Umsätze in Form von Leistungen erbracht hat, ob eine einheitliche Leistung vorliegt oder mehrere selbständige (Haupt-)Leistungen, bedarf es einer entsprechenden Analyse des Inhalts der konkreten Leistung.[260] Dies kommt in § 1 Abs. 1 Nr. 1 UStG unmittelbar zum Ausdruck. Damit muss im Grundsatz jede Lieferung und jede sonstige Leistung als selbständige eigene Leistung betrachtet werden.[261] Der Begriff der Leistung ist aus einem umsatzsteuerlichen Verständnis heraus zu definieren.[262,263] Zwar kann in Anlehnung an das bürgerliche Recht (§ 241 BGB) jedes Tun, Dulden oder Unterlassen, also ein von einem Rechtssubjekt gesteuertes Verhalten als Leistung begriffen werden.[264] Bei der Qualifikation des Inhalts einer Leistung und ihres Verhältnisses zu anderen Leistungen geht es aber im Kern um umsatzsteuerspezifische Fragen, nämlich die Frage der Bestimmung des Leistungsorts, einer Steuerbefreiung sowie des Steuersatzes und zwar stets mit

258 Vgl. *Drüen* in: Tipke/Kruse, AO, FGO, § 4 AO Rn. 322 (Lfg. 127, Oktober 2011).

259 Siehe § 1 Abs. 1 UStG.

260 Vgl. auch A 3.10 Abs. 1 Satz 2 UStAE 2010.

261 Vgl. EuGH, *Urteil* vom 25.2.1999, C-349/96, DStRE 1999, 271 (274); siehe auch *Oelmeier* in: Sölch/Ringleb, UStG, § 1 Rn. 15 (72. Erg.-Lfg, April 2014).

262 Vgl. *Stadie*, UStG, 2. Aufl. § 1 Rn. 9; *Nieskens* in: Rau/Dürrwächter, UStG, § 1 Anm. 240 (Lfg. 150, April 2012).

263 Die Definition der Leistung von *Nieskens* als Zuwendung des wirtschaftlichen Gehalts eines verkehrsfähigen Wirtschaftsguts, die sich nicht in einer Entgeltentrichtung oder Neutralisierung eines vorangegangen Vorgangs erschöpft und nicht auf einer gesetzlichen Fiktion beruht, die mit Leistungswillen vorgenommen wurde und in deren Beziehung zwei Beteiligte stehen, zeigt die Unabhängigkeit vom zivilrechtlichen Verständnis m.E. deutlich, vgl. *Nieskens* in: *Rau/Dürrwächter*, UStG, § 1 Anm. 357 (Lfg. 150, April 2012).

264 Insoweit ist ein Rückgriff auf das Zivilrecht nur vorzunehmen, als es um die Bestimmung des Umfangs der Leistung innerhalb eines Vertragsverhältnisses geht, vgl. *Stadie*, UStG, 2. Aufl., § 1 Rn. 9; ebenso *Nieskens* in: Rau/Dürrwächter, UStG, § 1 Anm. 188 ff., 240 (Lfg. 150, April 2012).

Blick auf die konkrete Leistung. Dies rechtfertigt es nicht nur, sondert erfordert es, sowohl den Inhalt der einzelnen Leistung als auch das Verhältnis der Leistungen eines gemischten Vertrags zueinander nicht auf der Grundlage zivilrechtlicher, sondern eigenständiger, auf den wirtschaftlichen Erfolg der jeweiligen Leistung bezogener, Erwägungen zu bestimmen.[265] Maßgeblich hierbei ist die Sicht eines Durchschnittsverbrauchers[266], sodass ausschließlich aus der Sphäre des Leistungsempfängers, also eindimensional, zu prüfen ist, ob eine selbständige Leistung vorliegt.[267] Hinzu kommt, dass der Leistungsbegriff unionsrechtskonform zu verstehen ist[268] und die Auslegungen, die aus der Mehrwertsteuersystemrichtlinie[269] folgen, zu beachten sind.[270] Daraus können bereits Wertungen folgen, die nicht dem innerstaatlichen Rechtsverständnis entsprechen.[271]

---

265 Das ergibt sich bereits aus dem umsatzsteuerlichen Leistungsbegriff selbst; siehe auch *Stadie*, UStG, 2. Aufl., § 1 Rn. 9; *Robisch* in: Bunjes, UStG, 13. Aufl., § 1 Rn. 10; vgl. auch A 1 Abs. 3 Satz 2 UStAE 2010; BFH, *Urteil* vom 30.6.2010, XI R 22/08, BStBl. II 2010, 1084, BFHE 231, 248.

266 Zum Begriff des Durchschnittsverbrauchers siehe *Martin* in: Sölch/Ringleb, UStG, § 3 Rn. 17 ff. (72. Erg.-Lfg., April 2014).

267 BFH, *Urteil* vom 15.1.2009, V R 9/06, BStBl. II 2010, 433, BFHE 224, 166 (170, 171).

268 Siehe *Schüler-Täsch* in: Sölch/Ringleb, UStG, § 4 Nr. 12 Rn. 28 m.w.N. (73. Erg.-Lfg., September 2013); siehe dazu *Englisch* in: Tipke/Lang, Steuerrecht, 21. Aufl., § 17 Rn. 87; vgl. auch BFH, *Urteil* vom 8.11.2012, V R 15/12, BStBl. II 2013, 455, BFHE 239, 509 (513); a.A. die Finanzverwaltung, siehe A 4.12.1 Satz 2 UStAE 2010.

269 Richtlinie 2006/112/EG des Rates vom 28.11.2006 über das gemeinsame Mehrwertsteuersystem, zuletzt geändert durch Art. 1 ÄndRL 2013/61/EU vom 17.12.2013, ABl. Nr. L 353 S. 5.

270 Siehe statt vieler *Robisch* in Bunjes, UStG, 13. Aufl., Vor § 1 Rn. 10 m.w.N.

271 Bspw. gehen bei grundstücksbezogenen Vermietungsleistungen die nach Maßgabe der MwStSystRL zugrunde zu legenden inhaltlichen Merkmale derartiger Leistungen über das innerstaatliche Rechtsverständnis hinaus, vgl. *Schüler-Täsch* in: Sölch/Ringleb, UStG, § 4 Nr. 12 Rn. 28 (73. Erg.-Lfg., September 2014). So kennt die MwStSystRL bspw. auch den Begriff der Nebenleistung nicht, sondern bezieht sich bei Steuerbefreiungen auf „eng verbundene" oder „im Zusammenhang stehende" Umsätze, vgl. dazu Art. 132 Abs. 1 MwStSystRL. In diesem Zusammenhang hat denn auch der EuGH klargestellt, dass „eng verbundene Leistungen" nicht vom Leistenden der Hauptleistung oder an den Leistungsempfänger der Hauptleistung erbracht werden müssen, vgl. EuGH, *Urteil* vom 14.7.2007, C-434/05 (Horizon College), BFH/NV, Beil. 2007, 389; siehe dazu auch BFH, *Urteil* vom 19.10.2011, XI R 20/09, BStBl. II 2012, 374, BFHE 235, 538 (543).

Die Leistung findet damit zwar ihre zivilrechtliche Grundlage in einem Schuldverhältnis. Dieses ist jedoch allenfalls Ausgangspunkt der zu betrachtenden Beziehung zwischen Leistendem und Leistungsempfänger. Die Leistungsbeziehung kann, muss aber nicht auf einem Vertrag beruhen. Methodisch findet daher keine Vertragsanalyse zum Zwecke einer rechtlichen Qualifizierung desselben statt. Es ist viel spezifischer eine Analyse der durch einen Vertrag vermittelten konkreten Leistung vorzunehmen. Deshalb ist es für diese Betrachtung grundsätzlich unbeachtlich, welchem Vertragstyp die Leistung entspringt.[272] Auch wenn unter bestimmten Voraussetzungen eine Gesamtbetrachtung miteinander zusammenhängender Leistungen oder Leistungsbündel vorzunehmen ist[273], weil auch umsatzsteuerrechtlich ein einheitlicher wirtschaftlicher Vorgang nicht künstlich in mehrere Teile aufgespalten werden darf[274], geht es nicht um die Untersuchung des Vertrags, sondern unter Zugrundelegung wirtschaftlicher Erwägungen um die Einordnung der konkreten Leistung.

Diese methodische Herangehensweise hat der BFH beispielsweise im Rahmen der umsatzsteuerlichen Betrachtung eines Lagervertrags konsequent umgesetzt. Er hat die in einem solchen Vertrag enthaltenen Mietbestandteile keiner gesonderten Behandlung unterzogen, weil dieser Vertrag als solcher bereits keinen Mietvertrag darstellt.[275] Die Finanzverwaltung wiederum greift auf jene Entscheidung des BFH im Zusammenhang mit der gewerbesteuerlichen Betrachtung eines Lagervertrags zurück[276], was methodisch bereits zweifelhaft ist. Sie will sich aber auch inhaltlich diesem Judikat nicht beugen, als sie wiederum das Gepräge von Einzelleistungen in den Vordergrund ihrer Betrachtung rückt.[277] Mindestens aus letzterem Grunde vermögen die im Zusammenhang mit der gewerbesteu-

---

272 *Nieskens* in: Rau/Dürrwächter, UStG, § 1 Anm. 188 (Lfg. 150, April 2012).

273 Vgl. z.B. Nds. FG, *Urteil* vom 28.1.2014, 5 K 237/13, BeckRS 2014, 95362; FG Mecklenburg-Vorpommern, *Urteil* vom 26.5.2011, 2 K 416/09, BeckRS 2012, 94230, jeweils m.w.N.

274 Allein die Tatsache, dass Vorgänge einem einheitlichen wirtschaftlichen Ziel dienen, bedeutet nicht, dass eine einheitliche Leistung anzunehmen ist, vgl. auch A 3.10 Abs. 2 Satz 2 UStAE 2010.

275 BFH, *Urteil* vom 14.11.1968, V 191/65, BStBl. II 1969, 120, BFHE 94, 168.

276 Siehe OFD NRW, Vfg. vom 3.2.2014, G1422-2014/0008, DB 2014, 393; ähnlich, wenn auch nicht auf das Gepräge abstellend OFD Magdeburg, Vfg. vom 7.5.2012, G1422-67-St212, DStR 2012, 1032.

277 OFD NRW, Vfg. vom 3.2.2014, G1422-2014/0008, DB 2014, 393.

erlichen Hinzurechnung getätigten Ausführungen zur rechtlichen Einordnung eines Lagervertrags nicht zu überzeugen.[278]

Zusammenfassend lässt sich also festhalten, dass mit den aufgezeigten umsatzsteuerlichen Ansätzen die Gewerbesteuer nichts gemein hat. Sie knüpft nicht an den Umsatz, sondern an eine verobjektivierte Leistungsfähigkeit des Steuerpflichtigen mit seinem Gewerbebetrieb an und folgt damit einer anderen Sachgesetzlichkeit. Da einer umsatzsteuerlichen Perspektive andere normative Wertungen zugrunde zu legen sind, als dies bei der Wertung aus Sicht der gewerbesteuerlichen Hinzurechnung der Fall ist, ist die Betrachtung des Gepräges einer Leistung einer im Rahmen der gewerbesteuerlichen Betrachtung von gemischten Verträgen abzulehnen.

(2) Die Gesamtbetrachtung des Vertrages als Maßstab der gewerbesteuerlichen Wertung

Kann also zur Bestimmung des Leistungsinhalts und des Verhältnisses der einzelnen Leistungen zueinander nicht auf umsatzsteuerliche Wertungen zurückgegriffen werden, weil es bereits keine Wertungswidersprüche zwischen beiden Regelungsbereichen gibt, verbleibt es bei dem methodischen Ansatz der Rechtsprechung. Diese stellt allein auf das Vorliegen wesentlicher mietfremder Elemente ab. Auf das Gepräge des Vertrags durch eine einzelne Leistung kommt es nicht an, sondern ausschließlich auf das Gesamtbild des Vertrags.[279] Insofern kritisiert *Hofmeister*[280] zu Recht[281] die neueren Ansichten, die dem Gepräge des gemischten Vertrages durch eine Leistung eine erhebliche Bedeutung beizumessen scheinen.

---

278 Anders *Breinersdorfer*, Einzelfragen der gewerbesteuerlichen Hinzurechnung von Finanzierungsanteilen aus Sicht der Steuerverwaltung, DB 2014, 1762 (1766), der – aus seiner Sicht konsequent – auf die Lagerortgestellung als hinzurechnungspflichtigem Anteil abstellt und daher den Ansatz der OFD Magdeburg, DStR 2012, 1033, als „noch vertretbar" bezeichnet, ohne diesem anscheinend folgen zu wollen.

279 Vgl. auch BFH, *Urteil* vom 23.7.1957, I 50/55 U, BStBl. III 1957, 306, BFHE 65, 189 (191).

280 *Hofmeister* in: Blümich, GewStG, § 8, Rz. 202a (EL 123, Juni 2014).

281 Insofern nehme ich von meiner bislang in Bergemann/Wingler, GewStG, § 8 Rz. 235 geäußerten Ansicht Abstand.

Die Gesamtbetrachtung eines gemischten Vertrags entspricht auch der Vorstellung einer das Ertragsteuerrecht[282] prägenden wirtschaftlichen Betrachtungsweise[283], wonach ein mit verschiedenartigen Leistungen ausgestalteter Vertrag in erster Linie als ein wirtschaftlicher Vorgang zu begreifen und einheitlich rechtlich zu würdigen ist.[284] Anders als bei der umsatzsteuerlichen Beurteilung von Leistungsbeziehungen steht die gesamtheitliche Sichtweise auf einen Vertrag an erster Stelle. Erst auf einer weiteren Stufe wäre zu fragen, ob nicht (ausnahmsweise) eine getrennte Betrachtung der im Vertrag enthaltenen Leistungsbestandteile vorzunehmen ist. Zieht man also als Beispiel abermals den Lagervertrag i.S.d. §§ 467 ff. HGB heran[285], stellt sich nicht die Frage, ob dieser durch die Übernahme der Fürsorge und Obhut für das einzulagernde Lagergut geprägt wird und deshalb mietrechtliche Elemente zurücktreten. Der Vertrag in seiner Gesamtheit stellt bereits als solcher keinen Mietvertrag dar, wie seine spezifische Regelung im HGB zum Ausdruck bringt.

Wenn demgegenüber *Breinersdorfer* meint, das Vorliegen einer dem Grunde nach hinzurechnungspflichtigen Hauptleistung innerhalb eines Vertragswerkes begründe in der Regel deren getrennte Betrachtung[286], ist dies meines Erachtens nicht nur eine Fehlinterpretation der bisherigen Rechtsprechung. Bereits der verwendete Terminus der „hinzurechnungs*relevanten* Leistungskomponenten“ deutet einen methodischen Fehler an. Besser und neutraler wäre es, von „hinzurechnungs*fähigen*“ Leistungskomponenten zu sprechen, um den Eindruck zu vermeiden, es würde die Frage nach der Trennbarkeit der Leistungen beantwortet werden, ohne zuvor untersucht zu haben, ob wesentliche mietfremde Elemente vorliegen, die eine mietrechtliche Verortung des Gesamtvertrags generell verbieten. Ob nämlich hinzurechnungsrelevante Leistungsbestandteile vorliegen, hängt auch davon ab, wie die innerhalb eines einheitlichen Vertragswerks enthaltenen Leistungsbestandteile zueinander stehen. *Breinersdorfer* hin-

---

282 So ausdrücklich BFH, *Urteil* vom 23.7.1957, I 50/55 U, BStBl. III 1957, 306, BFHE 65, 189 (191).

283 Siehe dazu allgemein *Tipke*, Steuerrechtsordnung, Bd. III, 2. Aufl., § 35, S. 1648.

284 Vgl. auch BFH, *Urteil* vom 23.7.1957, I 50/55 U, BStBl. III 1957, 306, BFHE 65, 189 (191).

285 OFD NRW, Vfg. vom 3.2.2014, G1422-2014/0008, DB 2014, 393; OFD Magdeburg, Vfg. vom 7.5.2012, G1422-67-St212, DStR 2012, 1032.

286 *Breinersdorfer*, Einzelfragen der gewerbesteuerlichen Hinzurechnung von Finanzierungsanteilen aus Sicht der Steuerverwaltung, DB 2014, 1762 (1766).

gegen suggeriert, dass es nur eine Hauptleistung gibt[287] und zieht daraus den Schluss, dass diese Kalkulationsgrundlage eines vereinbarten Entgeltes sei.

(i) Die Bestimmung des Leistungsinhalts anhand zivilrechtlicher Kriterien

Da im Bereich der gewerbesteuerlichen Hinzurechnung nach § 8 Nr. 1 lit. e GewStG das Rechtsverhältnis, auf welchem die als „Miete“ oder „Pacht“ einzuordnenden Aufwendungen beruhen, anhand eines bürgerlich-rechtlichen Verständnisses zu messen ist[288], besteht kein Anlass, bei Vorliegen eines gemischten Vertrages hiervon Ausnahmen zuzulassen.

Das gilt sowohl mit Blick auf den Inhalt der im Vertrag vereinbarten Leistungen, als auch für die Beantwortung der Frage, in welchem Verhältnis die jeweiligen Leistungen dieses Vertrages zueinander stehen, nämlich ob diese als Haupt- oder Nebenleistungen anzusehen sind. Zwar erschöpft sich die Rechtsprechung des BFH in der Aussage, dass lediglich untergeordnete Nebenabreden keine, dagegen aber wesentliche mietfremde Leistungen entsprechende Berücksichtigung finden und, sofern sich letztere als von der Mietleistung zu trennende anderweitige Hauptleistung darstellen, diese getrennt von der Mietleistung zu behandeln sind.[289] Um allerdings zu der Feststellung gelangen zu können, welche der Leistungen bei der Wertung des Vertrags außer Acht und welche zu berücksichtigen sind, bedarf es der Bestimmung des jeweiligen Charakters der Leistungen im Gefüge von Haupt- und Nebenleistungen. Dass hierbei von einem anderen als einem zivilrechtlichen Verständnis auszugehen wäre, kann weder der Rechtsprechung noch der Literatur entnommen werden. Darüber hinaus wäre eine andere als eine zivilrechtliche Wertung im gewerbesteuerlichen Kontext widersprüchlich.[290]

---

287 Gegen eine solche Sichtweise auch *Hofmeister* in: Blümich, GewStG, § 8, Rz. 202 (EL 123, Juni 2014).

288 Siehe dazu Teil 2, Kap. C.I.2, 65.

289 Vgl. BFH, *Urteil* vom 17.2.1965, I 174/60 S, BStBl. III 1965, 230, BFHE 81, 641 (644).

290 Deshalb ist m.E. auch der Rekurs *Rosers* auf die umsatzsteuerliche Terminologie nicht überzeugend, da er ausblendet, dass es um unterschiedliche Regelungsmaterien geht, siehe *Roser*, Gewerbesteuerliche Hinzurechnungen von Nutzungsentgelten nach § 8 Nr. 1d bis f GewStG, ifst-Schrift Nr. 497, S. 64, 65.

Folglich wird man bei der Analyse des Vertrages untersuchen müssen, welche der vereinbarten oder aus dem Gesetz abgeleiteten Verpflichtungen Haupt- und welche Nebenleistungen oder gar bloße Nebenpflichten sind.[291] Letztere begründen zwar keine eigenen Leistungs-, dafür aber Verhaltens-, Sorge- und Schutzpflichten.[292] Einig ist man sich, dass die Hauptleistung die Eigenart des jeweiligen Schuldverhältnisses bestimmt und damit entscheidend für dessen Zuordnung zu einem Vertragstypus ist.[293] Nebenleistungen zeichnen sich dadurch aus, dass sie akzessorisch zur Hauptleistung sind, diese fördern und auf die Herbeiführung des vereinbarten Leistungserfolges gerichtet sind. Insofern ergänzen sie die Hauptleistung.[294] Grundsätzlich sind Nebenleistungen im Verhältnis zur Hauptleistung von geringerer Bedeutung. Nichtsdestoweniger können sie für die Bestimmung des Inhalts des Schuldverhältnisses wesentlich sein.[295] So haben es die Parteien in der Hand, mittels Nebenleistungspflichten ihr Schuldverhältnis konkret auszugestalten und können Vorgaben für die Vorbereitung, Durchführung und Sicherung der Hauptleistung treffen.[296] Nehmen sie diese aus der Vertragsfreiheit fließenden Gestaltungsmöglichkeiten betreffend ihr Schuldverhältnis wahr, wird die Umsetzung des Schuldverhältnisses maßgeblich durch Nebenleistungen bestimmt. Diese geben Auskunft darüber, in welcher Art und Weise die Hauptleistung zu erbringen ist. Mittels solcher Nebenleistungen können

---

291 Siehe bereits die explizite Anordnung in § 241 Abs. 2 BGB.

292 Die Zivilrechtslehre ist in Bezug zu diesen Nebenpflichten entfernt von einer einheitlichen Terminologie, vgl. zu den verschiedenen verwendeten Begriffen *Olzen* in: Staudinger, BGB (2009), § 241 BGB, Rn. 147 ff. Diese Feststellung teilt auch *Gröschler*, der meint, seit der Schuldrechtsreform 2002 müsse zwischen *„leistungsbezogenen Nebenpflichten"* und *„nicht-leistungsbezogenen Nebenpflichten"* unterschieden werden; siehe *Gröschler*, Die notwendige Unterscheidung von Leistungspflichten und Nebenpflichten nach neuem Schuldrecht, in: FS für Konzen, S. 109 (112, 114, 115). Der Klärung der Einzelheiten bedarf es an dieser Stelle nicht. Es genügt festzuhalten, dass Nebenpflichten nicht auf den Leistungserfolg gerichtet sind, sondern den status quo einer Vertragspartei schützen, also dem Integritätsinteresse dienen, siehe auch *Olzen* in: Staudinger, BGB (2009), § 241 BGB, Rn. 161 m.w.N.

293 Vgl. *Larenz*, Lehrbuch Schuldrecht, Bd. I, AT, 14. Aufl., § 2 I, S. 11.

294 Vgl. *Grüneberg* in: Palandt, BGB, 73. Aufl., § 241 Rn. 5.

295 Vgl. *Larenz*, Lehrbuch Schuldrecht, Bd. I, AT, 14. Aufl., § 2 I, S. 8.

296 Siehe *Grüneberg* in: Palandt, BGB, 73. Aufl., § 241 Rn. 5; *Esser/Schmidt*, Schuldrecht I, § 6 III, S. 108, 198; *Larenz*, Lehrbuch Schuldrecht, Bd. I, AT, 14. Aufl., § 2 I, S. 8.

Verhaltens- und andere Pflichten normiert werden, die selbständig neben der Hauptleistung beansprucht und auch eingeklagt werden können.[297] Daher ist es auch eine Frage der Vertragsauslegung, ob eine Leistung Haupt- oder Nebenleistung ist. Die Einordnung wird daran gemessen werden müssen, welche Bedeutung oder Wichtigkeit die konkrete Leistung nach dem Willen der Parteien und den Umständen des Einzelfalles hat. Es ist hier also, im Gegensatz zur umsatzsteuerlichen Betrachtung der Leistung, eine die subjektiven Interessen beider Vertragsparteien berücksichtigende und damit zweidimensionale Betrachtung vorzunehmen.[298] So kann eine unter anderen Umständen unwichtige Nebenleistung unter besonderen Vertragsbedingungen zur Hauptleistung werden.[299]

Die Abgrenzung zwischen Haupt- und Nebenleistungen sowie Nebenpflichten dient im Kern der Frage, welche Leistungsstörungsregeln bei auftretenden Pflichtverletzungen anzuwenden sind.[300] Daher unterscheidet sich die zivilrechtliche Betrachtung auch insoweit von der umsatzsteuerlichen Abgrenzung. Sie folgt nicht wirtschaftlichen Gesichtspunkten, sondern bestimmt sich nach dem Vertragsinhalt, den Umständen und dem Vertragszweck.[301] Das bürgerliche Recht bemisst die Qualität einer Leistungspflicht nach ihrer Bedeutung im Gefüge des Vertrags. Maßgeblich ist hierbei das Äquivalenzverhältnis von Leistung und Gegenleistung. So kommt es bei synallagmatischen Verträgen vor allem auf die Wechselbezüglichkeit der gegenseitig versprochenen Leistungen und die Auswirkung, die eine Verletzung einer Leistungspflicht auf den unmittelbaren Vertragszweck hat, an.[302] Ist die Verletzung einer Vertragspflicht beispielsweise so gewichtig, dass sie den Vertrag in Gänze tangiert, sodass der andere Teil beispielsweise berechtigt ist, vom Vertrag zurückzutreten oder diesen zu kündigen, wird es sich um eine Hauptpflicht handeln.[303]

---

297 Vgl. *Larenz*, Lehrbuch Schuldrecht, Bd. I, AT, 14. Aufl., § 2 I, S. 12.

298 Vgl. dazu *Larenz*, Methodenlehre der Rechtswissenschaft, 6. Aufl., S. 300.

299 Vgl. *Larenz*, Lehrbuch Schuldrecht, Bd. I, AT, 14. Aufl., § 23 II b, S. 359, 360.

300 Siehe dazu im Einzelnen mit entsprechenden weiterführenden Hinweisen *Olzen* in: Staudinger, BGB (2009), § 241 BGB, Rn. 151; vgl. *Gröschler*, Die notwendige Unterscheidung von Leistungspflichten und Nebenpflichten, in: FS für Konzen, S. 109 (110).

301 *Larenz*, Lehrbuch Schuldrecht, Bd. I, AT, 14. Aufl., § 23 IIb, S. 359.

302 Zu den Leistungsstörungsrechten bei der Verletzung von Haupt- und Nebenpflichten *Larenz*, Lehrbuch Schuldrecht, Bd. I, AT, 14. Aufl., § 23 IIb, S. 360.

303 Auch nach der Schuldrechtsreform 2002 ist ein Abstehen vom Vertrag nach § 323 BGB möglich und zwar auch dann, wenn die verletzte Leistungspflicht nicht im

So wird bei einem Bewirtungsvertrag[304] der Serviceleistung des Personals ein erheblicher Stellenwert eingeräumt. Die Bedienung der Gäste wird nicht nur als Nebenleistung zu bestehenden kaufrechtlichen Elementen angesehen. Vielmehr stehen die dienstvertraglichen Pflichten gleichwertig und selbständig neben anderen Verpflichtungen.[305] Folglich berechtigen innerhalb kürzester Zeit auftretende Servicemängel zur Kündigung des Gastaufnahmevertrags, mit der Folge, dass auch der für die Inanspruchnahme der kaufrechtlichen Leistung geschuldete Kaufpreis verweigert werden kann.[306] Auch der Schwere und dem Umfang eines Mangels einer Teilleistung innerhalb eines Leistungselements ist entsprechende Bedeutung beizumessen.[307]

---

vertraglichen Synallagma steht, vgl. *Grüneberg* in: Palandt, BGB, 73. Aufl., § 323 Rn. 1, 10. Jedoch ist der Rücktritt ausgeschlossen, soweit es sich um eine unerhebliche Pflichtverletzung handelt, § 323 Abs. 5 Satz 2 BGB; vgl. zu Beispielen hierzu *Grüneberg* in: Palandt, BGB, 73. Aufl., § 323 Rn. 32.

304 Auch als Gastaufnahmevertrag ohne Beherbergungsteil bezeichnet, siehe dazu jeweils AG Hamburg, *Urteil* vom 10.7.1973, 20a C 275/73, NJW 1973, 2253; ebenso AG Garmisch-Partenkirchen, *Urteil* vom 23.10.1968, 3 C 127/68, NJW 1969, 608.

305 In den Fällen des AG Hamburg und des AG Garmisch-Partenkirchen (Fn. 304) ging es jeweils um den Verzehr von Speisen in einem Restaurant. Der Gastaufnahmevertrag ohne Beherbergungsanteil enthält als atypischer Vertrag eigener Art mit Ausnahme der Unterbringungsleistung ebenso dienst-, werk- und kaufvertragliche Elemente; siehe auch *Ramrath*, Vertragsbeendigung bei mangelhaften Restaurantleistungen, AcP 189 (1989), 559 (561). Den Schwerpunkt dagegen im kaufrechtlichen Element sehend AG Burgwedel, *Urteil* vom 10.4.1986, 22 C 669/85, NJW 1986, 2647.

306 Siehe AG Garmisch-Partenkirchen, *Urteil* vom 23.10.1968, 3 C 127/68, NJW 1969, 608 (609, 610).

307 So sollte trotz ordnungsgemäßer Bedienungsleistungen die Kündigung des Bewirtungsvertrags gerechtfertigt sein, wenn ein Teil eines Menüs dergestalt fehlerhaft war, dass sich dies auf den gesamten Vertrag auswirkte; vgl. AG Burgwedel, *Urteil* vom 10.4.1986, 22 C 669/85, NJW 1986, 2647, die Entscheidung im einzelnen analysierend *Ramrath*, Vertragsbeendigung bei mangelhaften Restaurantleistungen, AcP 189 (1989), 559 (561).

(ii) Der Parteiwille als Indiz der Verbundenheit der Leistungen eines gemischten Vertrags

Die zivilrechtliche Sichtweise bei der Analyse eines Vertrages und des Verhältnisses der Leistungen zueinander entspricht dem Verständnis der beteiligten Parteien und berücksichtigt deren Willen, die rechtliche Verbindung unterschiedlicher Leistungspflichten bewusst gewählt zu haben. Die Parteien bestimmen nicht nur den Leistungsinhalt, sondern auch, in welcher Beziehung die vereinbarten Leistungen zueinander stehen sollen.

Da es jedoch die Parteien kraft der ihnen zustehenden Vertrags- und Gestaltungsfreiheit in der Hand haben, unterschiedliche Vertragskombinationen zu schaffen, und eine allein auf den Parteiwillen gestützte Vertragsanalyse sowohl für eine Typenkombination als auch für eine Typenverschmelzung sprechen kann[308], wird eine äußere, allein durch den bloßen Parteiwillen manifestierte Verbindung der unterschiedlichen Leistungen nicht genügen, um untrennbare Leistungen anzunehmen[309], und zwar auch dann nicht, wenn die unterschiedlichen Leistungen auf die Erreichung desselben Zwecks gerichtet sind. Insoweit ist dem von *Hofmeister* erhobenen Einwand, bei einem Typenkombinationsvertrag sei zwar eine gedankliche, aber keine rechtliche Trennung der Hauptpflichten möglich[310], mit *Güroff* entgegenzuhalten, dass die getrennte Betrachtung von Leistungen eine konsequente Folge der Zugrundelegung rechtlicher Gesichtspunkte bei der Einordnung eines Vertrags ist. Diese ist von der Aufteilung von Entgelten innerhalb eines einheitlich als Mietvertrag einzustufenden Rechtsverhältnisses zu unterscheiden.[311]

Der Parteiwille kann bei der Vertragsauslegung folglich nur ein Indiz dafür sein, dass Leistungen in einem besonderen Zusammenhang stehen. In der Sache ist er ein subjektives und damit jenseits sicherer Nachweisbarkeit liegendes Argument. Es wird daher weiterer, darüber hinaus gehender und objektiv nachprüfbarer Umstände bedürfen, um zur Schlussfolgerung zu gelangen, die vereinbarten Leistungen seien nicht voneinander zu trennen. Es ist m.E. zwischen einer rein äußeren Verbindung von

---

308 Siehe zur Untauglichkeit der Abgrenzung auch *Hofmeister* in: Blümich, GewStG, § 8, Rz. 202 (EL 123, Juni 2014).

309 Vgl. BFH, *Urteil* vom 15.6.1983, I R 113/79, BStBl. II 1984, 17, BFHE 139, 286 (290).

310 *Hofmeister* in: Blümich, GewStG, § 8, Rz. 202 (EL 123, Juni 2014).

311 Vgl. *Güroff* in: Glanegger/Güroff, GewStG, 8. Aufl., § 8 Nr. 1d, Rn. 8b.

unterschiedlichen Leistungspflichten, die sich im Parteiwillen manifestiert, einerseits und einer inneren, sich aus dem Vertrag selbst ergebenden, Verbindung andererseits zu unterscheiden. Jedenfalls im letzteren Fall wird eine Untrennbarkeit der Leistungen anzunehmen sein.

(iii) Die Entgeltabrede als Indiz der inneren Verbundenheit der Leistungen

Hofmeister, der bereits eine Trennung von Leistungen innerhalb eines gemischten Vertrags in Anknüpfung an den seitens der Parteien beabsichtigten Vertragszweck ablehnt, gibt in seiner Kritik am Geprägemerkmal zu bedenken, dass auch die nicht den Vertrag prägenden Leistungen nicht unentgeltlich erbracht werden.[312] Er misst damit dem vereinbarten Entgelt eine entsprechende Bedeutung bei. In ähnlicher Weise stützt sich *Roser* als Argument für die Annahme einer Verbundenheit mehrerer Leistungen auf eine „fehlende Feststellbarkeit eines Teilentgelts“ und sieht in einem einheitlichen Gesamtentgelt ein Indiz für eine Zusammenfassung von Leistungsbestandteilen.[313] Er führt weiter aus, dass dann, wenn sich ein Teilentgelt nicht feststellen lasse, die Finanzverwaltung die Feststellungslast für die Aufteilung von Leistungen trage. Diesen Punkt überspielt *Breinersdorfer* und will etwaigen Ermittlungsschwierigkeiten bei der Aufteilung des Entgelts unter Rückgriff auf Kostenkalkulationen Dritter abhelfen.[314] Allerdings ist der Ansatz *Breinersdorfers* eher pragmatischer Natur als ein juristisches Argument und kann schon deshalb nicht für die Prüfung der Untrennbarkeit von Teilleistungen herangezogen werden.[315] Aber auch *Rosers* Verweis auf die Entgeltvereinbarung ist nicht zweifelsfrei. Richtig

312 *Hofmeister* in: Blümich, GewStG, § 8, Rz. 202a (EL 123, Juni 2014).

313 Gemeint ist anscheinend eine einheitliche Behandlung, siehe *Roser*, Gewerbesteuerliche Hinzurechnungen von Nutzungsentgelten nach § 8 Nr. 1d bis f GewStG, ifst-Schrift Nr. 497, S. 69.

314 Dass diese Kalkulationen dem Steuerpflichtigen möglicherweise nicht bekannt sind, wird allerdings nicht problematisiert. *Breinersdorfer* sieht darin lediglich ein Problem des Gesetzesvollzugs, das er mit der Ermittlung von Erfahrungswerten lösen will; siehe *Breinersdorfer*, Einzelfragen der gewerbesteuerlichen Hinzurechnung von Finanzierungsanteilen aus Sicht der Steuerverwaltung, DB 2014, 1762 (1766).

315 Hinzu kommt, dass er sich der von *Roser* aufgeworfenen Rechtsfrage zur Feststellungslast nicht stellt.

ist zwar, dass der BFH in verschiedenen Entscheidungen der Entgeltvereinbarung entsprechende Bedeutung beigemessen hat. Jedoch muss der jeweilige Kontext der getätigten Aussagen genau beachtet werden.[316] In der Entscheidung vom 15.6.1983[317] hat er eine Vereinbarung getrennter Zahlungspflichten als Indiz dafür gewertet, dass der Wille der Vertragsparteien auf voneinander trennbare Hauptleistungen gerichtet war.[318] Hieraus kann aber umgekehrt nicht geschlossen werden, dass ein vereinbartes Gesamtentgelt per se für die Untrennbarkeit der erbrachten Hauptleistungen spricht. An anderer Stelle führte der BFH zudem aus, dass eine einheitliche gewerbesteuerliche Behandlung vereinbarter Pachtzinsen dann zu erfolgen hat, wenn eine Trennung der Gegenleistung in verschiedene Bestandteile nicht möglich ist, weil einerseits die seitens des Überlassenden erbrachten und sich auf verschiedene Wirtschaftsgüter beziehenden Hauptleistungen miteinander in einem engen wirtschaftlichen Zusammenhang standen und es andererseits an einer klaren und eindeutigen Aufteilung der Pachtzinsen fehlte.[319] Dann solle auch nicht im Wege der Subtraktion ein Pachtzinsanteil für einzelne Wirtschaftsgüter aus dem Gesamtpachtzins ermittelt werden.[320] Diese Aussagen gehen auf die Frage der Zuordnung von Zahlungen für „nicht in Grundbesitz bestehende Wirtschaftsgüter" zurück.[321] Der dahinter stehende Aufteilungsgedanke, der seinerzeit in einer notwendigen Abgrenzung der Realsteuerobjekte[322] begründet

---

316 Siehe für den Bereich der Umsatzsteuer und der Aufteilung von Leistungen nach Steuersätzen Nds. FG, *Urteil* vom 28.1.2014, 5 K 273/13; BeckRS 2014, 95362 (Rev. anh., BFH, Az. XI R 11/14).

317 BFH, *Urteil* vom 15.6.1983, I R 113/79, BStBl. II 1984, 17, BFHE 139, 286 (290).

318 BFH, *Urteil* vom 15.6.1983, I R 113/79, BStBl. II 1984, 17, BFHE 139, 286 (290).

319 Siehe BFH, *Urteil* vom 30.3.1976, VIII R 169/72, BStBl. II 1976, 463, BFHE 118, 470 (471) m.w.N.; *Urteil* vom 22.3.1972, I R 179/70, BStBl. II 1972, 632, BFHE 105, 490 (494), *Urteil* vom 29.4.1970, IV R 20/67, BStBl. II 1970, 726, BFHE 99, 485 (489).

320 Siehe BFH, *Urteil* vom 30.3.1976, VIII R 169/72, BStBl. II 1976, 463, BFHE 118, 470 (472).

321 Vgl. § 8 Nr. 7 GewStG i.d.F. bis zum 31.12.2007.

322 Nämlich den Gewerbebetrieb als Realsteuerobjekt einerseits und den Grundbesitz anderseits. Es waren die Aufwendungen, die auf andere als in Grundbesitz bestehende Wirtschaftsgüter geleistet wurden, zu bestimmen.

war[323], kommt auch nach der Neufassung des § 8 Nr. 1 GewStG wegen der getrennten Betrachtung der einzelnen Wirtschaftsgüter[324] zum Tragen. Mit der Frage der Trennbarkeit von in einem Vertragswerk enthaltenen Leistungen hat dies unmittelbar nichts zu tun. Zudem zeigen die Entscheidungen, dass der BFH ebenso genau umgekehrt argumentiert, indem er aus dem Vorliegen zusammenhängender Leistungen auf die Unmöglichkeit der Aufteilung eines Entgeltes schloss.

Dass der Inhalt einer Entgeltvereinbarung in einem gemischten Vertrag aber auch eine besondere Rolle spielen kann, verdeutlicht wiederum die Entscheidung des BFH vom 28.6.1978[325], in der er die Bedeutung des Entgelts und seines Zusammenhangs mit der dafür in Anspruch genommenen Leistung herausgestellt. Im Streit stand, ob eine Stempelgebühr, die eine Vertragsdruckerei der damaligen Bundesbahn für die Nutzung eines Stempels im Zusammenhang mit der Herstellung von Frachtbriefen zu zahlen hatte, Miet- oder Pachtzahlungen sind. Der BFH leitete aus dem sich im Entgelt widerspiegelnden Zusammenhang zwischen der erhaltenen Leistung und der Gegenleistung ab, dass es sich um wesentliche mietfremde Leistungen handele und daher insgesamt kein Mietvertrag vorlag.[326]

(iv) Das zivilrechtliche Synallagma als Indiz der inneren Verbundenheit der Leistungen

Die vorstehenden Aussagen des BFH und seine Beachtung der Entgeltabrede lassen sich auf den allgemeinen, im Zivilrecht verhafteten Gedanken zurückführen, dass bei gegenseitigen Verträgen[327] das bestehende Synal-

323 Vgl. BFH, *Urteil* vom 22.3.1972, I R 179/70, BStBl. II 1972, 632, BFHE 105, 490 (494).

324 Zu den Begrifflichkeiten der beweglichen und unbeweglichen Wirtschaftsgüter und der Rechte sowie den Unterschieden zwischen Grundbesitz und unbeweglichem Wirtschaftsgut siehe auch *Mohr* in: Bergemann/Wingler, GewStG, § 8, Rz. 293, 294, 372 ff. Zur Kritik am Begriff des Rechts i.S.d. § 8 Nr. 1 lit. f GewStG siehe *Mohr* in: Bergemann/Wingler, GewStG, § 8, Rz. 372 ff.; dem in der Sache folgend *Hidien* in: Hidien/Pohl/Schnitter, Gewerbesteuer, 15. Aufl., Kap. 6, Ziff. 6.8.3, S. 649.

325 BFH, *Urteil* vom 28.6.1978, I R 131/76, BStBl. II 1979, 47, BFHE 126, 43.

326 BFH, *Urteil* vom 28.6.1978, I R 131/76, BStBl. II 1979, 47, BFHE 126, 43 (46).

327 Zum Inhalt dieses Begriffs siehe statt vieler *Grüneberg* in: Palandt, BGB, 73. Aufl., Einf v § 320 Rn. 5, 16 f.

lagma in seinen verschiedenen Erscheinungsformen[328] die Abhängigkeit und innere Verbundenheit zwischen vereinbarter Leistung und geschuldeter Gegenleistung ausdrückt. Insoweit kann auch aus dem gewerbesteuerlichen Betrachtungswinkel, der jedenfalls bei der gewerbesteuerlichen Hinzurechnung von Miet- und Pachtzinsen zivilrechtlichen Wertungen folgt, eine Entgeltabrede Auskunft darüber geben, welche der mit ihr im Gegenseitigkeitsverhältnis stehenden Leistungen vergütet werden sollen. Sie kann folglich auch einen gewichtigen Anhaltspunkt für die Trennbarkeit oder Untrennbarkeit von Hauptleistungen geben.

Es kommt damit, wie meines Erachtens aus der BFH-Rechtsprechung[329] abzuleiten ist, darauf an, dass sich aus der Vereinbarung, welche die verschiedenen, auch mietfremden Leistungen in sich vereint, selbst eine innere Verbindung ergeben muss, die dann das Wesen dieses Vertrags bestimmt. Denn nur eine solche innere Verbindung führt dazu, dass die unterschiedlichen Leistungen ihrem Inhalte nach verändert werden, sodass auch etwaige mietrechtliche Elemente als solche nicht mehr erkennbar sind.

Diese innere Verbindung von Leistungspflichten hat der BFH zwar nicht verallgemeinert, aber an Beispielen, wie bei der Zuordnung von Lizenzverträgen, dargestellt.[330] Dort stellt er dar, dass das Ineinandergreifen und Zusammenwirken von kauf-, dienst- und gesellschaftsvertraglichen Elementen[331] dem Rechtsinhaber je nach Ausgestaltung unterschiedliche Rechtspositionen vermitteln kann, die sich eben nicht nur in der Überlas-

328 Die Zivilrechtslehre spricht von einem genetischen, funktionellen und konditionellen Synallagma. Das genetische Synallagma bringt zum Ausdruck, dass die Verpflichtung des einen Teils von der des anderen abhängig ist. In funktioneller Hinsicht wirkt sich diese Abhängigkeit auch auf die Durchsetzung der Ansprüche, also auf den gegenseitigen Leistungsaustausch aus, während in konditioneller Hinsicht auch Leistungsstörungen unmittelbare Folgen für die Gegenleistung haben, siehe zum Vorstehenden *Grüneberg* in: Palandt, BGB, 73. Aufl., Einf v § 320 Rn. 12 ff.

329 Und zwar sowohl aus BFH, *Urteil* vom 28.6.1978, I R 131/76, BStBl. II 1979, 47, BFHE 126, 43 als auch aus BFH, *Urteil* vom 15.6.1983, I R 113/79, BStBl. II 1984, 17, BFHE 139, 286 (290).

330 Siehe dazu BFH, *Urteil* vom 12.7.1960, I 96/59 S, BStBl. III 1960, 387, BFHE 71, 368 einen Werknutzungsvertrag im Verlagswesen betreffend; siehe auch *Urteil* vom 17.2.1965, I 174/60 S, BStBl. III 1965, 239, BFHE 81, 641; *Urteil* vom 14.2.1973, I R 85/71, BStBl. II 1973, 412, BFHE 108, 370.

331 Vgl. *Urteil* vom 14.2.1973, I R 85/71, BStBl. II 1973, 412, BFHE 108, 370 (372) m.w.N.

sung eines Rechts erschöpfen.[332] Genau auf ein solches Ineinandergreifen der im gemischten Vertrag vereinbarten Leistungen, die in einer synallagmatischen Verknüpfung zum Ausdruck gebracht wird, kommt es an.

(3) Ergebnis zur gewerbesteuerlichen Behandlung gemischter Verträge

Um einen gemischten Vertrag als Mietvertrag charakterisieren zu können, ist dem Ansatz der Rechtsprechung folgend eine Gesamtbetrachtung des Vertrages vorzunehmen und nach zivilrechtlichem Verständnis zu untersuchen, welche Leistungspflichten sich innerhalb des Vertrags gegenüberstehen. Auf ein Gepräge des Vertrags durch einzelne Pflichten ist nicht abzustellen. Es ist vielmehr zu klären, welchen Charakter die jeweiligen Leistungen im Gefüge des Vertrages haben. Handelt es sich um mietfremde Bestandteile, die den Vertrag wesentlich beeinflussen, steht dies einer Einordnung des Gesamtvertrags als Mietvertrag oder Vertrag, der in seinem wesentlichen Kern einen Mietvertrag entspricht, entgegen.[333] Anders ist dies nur, wenn es sich bei den mietfremden Elementen um lediglich untergeordnete Nebenabreden handelt. Die getrennte Betrachtung mehrerer Leistungen richtet sich – ebenso unter Zugrundelegung eines zivilrechtlichen Verständnisses – danach, ob es sich bei den Leistungen um selbständige oder in einem inneren Zusammenhang miteinander stehende Hauptleistungen handelt, die ihr jeweiliges rechtliches Schicksal gegenseitig beeinflussen. Ob Leistungen untrennbar miteinander verbunden sind, muss nach dem Sinn und Zweck des gesamten Vertragswerks bestimmt werden.[334] Sind Leistungen als solche nicht zu trennen, ergeben sie ein einheitliches Ganzes und bestimmen damit das Wesen des Vertrags.

---

332 Siehe dazu BFH, *Urteil* vom 14.2.1973, I R 85/71, BStBl. II 1973, 412, BFHE 108, 370 (372); vgl. auch *Mohr* in: Bergemann/Wingler, GewStG, § 8, Rz. 387 m.w.N.

333 Siehe Teil 2, Kap. C.I.3.b.aa.(1), 78; BFH, *Urteil* vom 23.7.1957, I 50/55 U, BStBl. III 1957, 306, BFHE 65, 189 (192); *Urteil* vom 17.2.1965, I 174, 65, BStBl. III 1965, 230, BFHE 81, 641 (644); *Urteil* vom 14.2.1973, I R 85/71, BStBl. 1973, 412, BFHE 108, 370 (372).

334 *Fikentscher*, Schuldrecht, 9. Aufl., § 65 IV, S. 407, Rn. 654.

4. Zusammenfassung zum Wesen der Miet- und Pachtzinsen

Um feststellen zu können, ob es sich bei den Aufwendungen um Miet- oder Pachtzinsen i.S.d. § 8 Nr. 1 lit. e GewStG handelt, bedarf es einer rechtlichen Analyse der konkreten, auf die Überlassung eines Wirtschaftsguts gerichteten Rechtsbeziehung. Diese muss in ihrem wesentlichen Kern einem Mietverhältnis im Sinne des § 535 BGB entsprechen. Es ist nicht zwingend erforderlich, dass ein Mietvertrag geschlossen wird. Maßgeblich ist, dass dessen wesentliches Element, die Gebrauchsüberlassung, Gegenstand der Rechtsbeziehung ist. Daher können neben einem klassischen Mietverhältnis i.S.d. § 535 BGB auch Gebrauchsüberlassungen durch Hoheitsträger darunterfallen, soweit diese nicht auf einem öffentlich-rechtlichen Nutzungsverhältnis, wie beispielsweise der Einräumung eines Sondernutzungsrechts oder eines sonstigen subjektiv-öffentlichen Rechts, beruhen. Ebenso werden Gebrauchsüberlassungen, die sich auf ausländische Rechtsordnungen stützen, erfasst, soweit diese nach bürgerlich-rechtlichen Maßstäben in ihrem wesentlichen Kern einem Mietverhältnis entsprechen.

In Bezug zur Einordnung gemischter Verträge ist auf der Grundlage einer Gesamtbetrachtung des Vertrags zu untersuchen, welche Leistungspflichten sich gegenüberstehen und welchen Charakter diese im Gefüge des Vertrages haben. Ob hierbei Leistungen untrennbar miteinander verbunden sind, muss nach dem Sinn und Zweck des gesamten Vertragswerks bestimmt werden. Sind mietfremde Elemente enthalten und handelt es sich nicht um lediglich untergeordnete Nebenabreden, sondern um wesentliche Elemente innerhalb des Gesamtvertrags, steht dies einer Qualifizierung des Vertrags als ein in seinem wesentlichen Kern einem Mietvertrag entsprechenden Vertrag entgegen.

II. Die Benutzung unbeweglicher Wirtschaftsgüter des Anlagevermögens, die im Eigentum eines anderen stehen

1. Das Merkmal der Benutzung

Erforderlich ist, dass Miet- und Pachtzinsen für die „Benutzung" eines Wirtschaftsgutes geleistet werden. Anknüpfend an den Betriff „Miet- und Pachtzinsen" hätte es nahegelegen, im Tatbestand anstelle von „Benutzung" von „Gebrauchsgewährung" zu reden. Denn, dass letzteres Merkmal für die Bejahung einer Miete oder Pacht i.S.d. §§ 535, 581 BGB unabdingbar ist, verdeutlicht bereits ein Blick in die Historie der bürgerlichrechtlichen Vorschriften zur Miete bzw. Pacht. So wurde der Terminus „den Gebrauch zu gewähren" seinerzeit bewusst gewählt[335] und soll zum Ausdruck bringen, dass der Vermieter sich nicht nur zu einer bloßen Duldung, sondern gerade zu einer positiven Tätigkeit verpflichtet. Er muss die Sache dem Mieter übergeben, soweit dies zur Durchführung des vertragsgemäßen Gebrauchs erforderlich ist.[336] Indessen geht das Merkmal der „Benutzung" i.S.d. des § 8 Nr. 1 lit. e GewStG über den zivilrechtlichen Begriff des Gebrauchs i.S.d. §§ 535, 581 BGB hinaus.[337] Der Begriff ist eher im beschreibenden als im rechtlichen Sinne zu begreifen. So erfasst die Benutzung neben einer Besitzeinräumung i.S.d. Verschaffung der unmittelbaren oder mittelbaren Sachherrschaft[338] auch die Einräumung einer bloßen rechtlichen Nutzungsmöglichkeit.[339] Eine tatsächliche Ingebrauchnahme durch den Gewerbetreibenden selbst muss nicht vorliegen. Eine Benutzung liegt auch vor, wenn einem Dritten der Gebrauch oder die Nutzung vom Gewerbetreibenden selbst überlassen wird.[340] Umfasst ist damit

---

335 Siehe dazu Motive BGB, Amtliche Ausgabe, Bd. II, § 503 BGB, S. 369.

336 Vgl. auch OLG Naumburg, *Urteil* vom 27.4.1999, 13 U 47/98, ZMR 2000, 290 m.w.N.; siehe Ausführungen in Teil 2, Kap. C.I.2.a.bb., 66.

337 Das ergibt sich bereits daraus, dass die Pacht nicht auf die Gebrauchsüberlassung einer Sache beschränkt ist.

338 Vgl. § 854 ff. BGB.

339 So auch FG Köln, *Urteil* vom 27.10.2011, 9 K 1022/10, EFG 2011, 561.

340 Einhellige Ansicht; daher ist auch keine Rechteüberlassung anzunehmen, wenn die Überlassung eines Wirtschaftsgutes auf einem Untermietvertrag beruht, siehe dazu FG Köln, *Urteil* vom 27.10.2011, 9 K 1022/10, EFG 2011, 561; so bereits BFH, *Urteil* vom 29.11.1972, I R 178/70, BStBl. II 1973, 148, BFHE 107, 468 (471); ebenso *Schnitter* in: Frotscher/Maas, GewStG, § 8, Rn. 104 (116. Lfg. 1/2013); *Hofmeister* in: Blümich, GewStG, § 8, Rz. 217 (EL 123, Juni 2014); *Sarrazin* in: Lenski/Steinberg, GewStG, § 8 Nr. 1 Buchst. d, Rz. 20, 23a (Lfg. 106, März 2013); *Güroff* in: Glanegger/Güroff, GewStG, 8. Aufl., § 8 Nr. 1d, Rn. 7; Gl. Ländererlass vom 2.7.2012, BStBl. I 2012, 654 Tz. 32. Eine andere und hier nicht zu vertiefende Frage ist, ob man den vom BFH für Geldkapitalüberlassungen entwickelten Durchleitungsgedanken – vgl. bspw. BFH, *Urteil* vom 16.12.2008, I R 82/07, BFH/NV 2009, 1143; *Urteil* vom 7.7.2004, XI R 65/03, BStBl. II 2005, 102, BFHE 207, 340 (342); *Urteil* vom 11.12.1997, IV R 92/96, BFH/NV 1998, 1222 – auch auf Mietverträge anwenden kann, wenn die Anmietung ausschließlich zum Zweck erfolgt, Rechte und Pflichten aus dem Mietverhältnis an den tatsächlichen Endnutzer „durchzuleiten"; siehe dazu *Mohr* in: Bergemann/Wingler, GewStG, § 8, Rz. 283 ff.

auch die Weitervermietung.[341] Die Benutzung im Gewerbebetrieb setzt zudem nicht voraus, dass das Wirtschaftsgut für den Betrieb selbst nützlich ist oder dass es gebraucht wird, solange es innerhalb des Betriebs tatsächlich in Gebrauch ist.[342]

2. Begriff des unbeweglichen Wirtschaftsguts des Anlagevermögens

Die Benutzung i.S.d. § 8 Nr. 1 lit. e GewStG muss sich auf ein unbewegliches Wirtschaftsgut beziehen. Dieses muss als Gegenstand des Anlagevermögens im Eigentum eines anderen stehen. Das Merkmal „unbeweglich" umschreibt wirtschaftsgutbezogen den sachlichen Anwendungsbereich der Norm.[343] Es ist eine Abgrenzung des konkreten Wirtschaftsguts von beweglichen Wirtschaftsgütern einerseits und immateriellen Wirtschaftsgütern andererseits vorzunehmen.[344]

a. Unbewegliches Wirtschaftsgut

Inhaltlich erfasst der Begriff des unbeweglichen Wirtschaftsguts alle materiellen Wirtschaftsgüter, also körperliche Gegenstände, die nach Maßgabe des bürgerlichen Rechts oder des Bewertungsrechts als unbeweglich einzuordnen sind. Darunter fallen Grund und Boden, Gebäude, Gebäudeteile, aber auch selbständige Rechte an diesen Gegenständen, wie z.B. Erbbaurechte.[345] Mit Blick auf die hier zu betrachtenden Veranstaltungsimmobili-

---

341 BFH, *Urteil* vom 4.6.2014, IV R 21/13, BFH/NV 2014, 1853, BFHE 246, 130; FG Köln, *Urteil* vom 27.10.2011, 9 K 1022/10, EFG 2011, 561.

342 Statt vieler *Hofmeister* in: Blümich, GewStG, § 8, Rz. 217 (EL 123, Juni 2014) m.w.N.

343 So auch zur Erfassung des sachlichen Anwendungsbereichs des § 8 Nr. 1 lit. d GewStG in Bezug auf die beweglichen Wirtschaftsgüter, *Sarrazin* in: Lenski/Steinberg, GewStG, § 8 Nr. 1 Buchst. d, Rz. 8 ff. (Lfg. 106, März 2013) m.w.N.

344 Dass immaterielle Wirtschaftsgüter für Zwecke der gewerbesteuerlichen Hinzurechnung die Qualität eines „Rechts" i.S.d. § 8 Nr. 1 lit. f GewStG aufweisen müssen und dieser Begriff erhebliche Unschärfen in sich trägt, kann an dieser Stelle nicht weiter diskutiert werden.

345 Allgemeine Ansicht, siehe statt vieler *Sarrazin* in: Lenski/Steinberg, GewStG, § 8 Nr. 1 Buchst. e, Rz. 11 (Lfg. 106, März 2013) m.w.N. und Beispielen.

en sollten keine Zweifel bestehen, dass es sich insoweit um unbewegliche Wirtschaftsgüter handelt.

b. Wirtschaftsgut des Anlagevermögens, das im Eigentum eines anderen steht

Während der Begriff des unbeweglichen Wirtschaftsguts für Zwecke dieser Arbeit ohne weitere Probleme erfasst werden kann, ist der Terminus „Wirtschaftsgut des Anlagevermögens, das im Eigentum eines anderen steht", in zweierlei Hinsicht schwieriger zu fassen.

aa. Die fiktive Betrachtung des Anlagevermögens

Zunächst ist diese Gesetzesformulierung, die verschiedentlich kritisiert wird[346], nach einvernehmlicher Ansicht[347] lediglich im übertragenen Sinne zu verstehen.[348] Der Terminus beschreibt eine Fiktion, wonach der dem

---

346 So weist bspw. *Sarrazin* auf die Selbstverständlichkeit hin, dass der Mieter, der die Aufwendung für die Benutzung einer Sache leistet, nicht Eigentümer derselben sein kann, siehe *Sarrazin* in: Lenski/Steinberg, GewStG, § 8 Nr. 1 Buchst. d, Rz. 18 (Lfg. 106, März 2014).

347 BFH, *Urteil* vom 29.11.1972, I R 178/70, BStBl. II 1973, 148, BFHE 107, 468 (470); darauf verweisend auch *Urteil* vom 30.3.1994, I R 123/93, BStBl. II 1994, 810, BFHE 174, 554 (556); FG Köln; *Urteil* vom 25.3.1993, 8 K 2752/92, EFG 1993, 732; Nds. FG, *Urteil* vom 26.5.2011, 10 K 290/10, EFG 2011, 2101; dem folgt die Literatur einhellig; vgl. statt vieler *Güroff* in: Glanegger/Güroff, GewStG, 8. Aufl., § 8 Nr. 1d, Rn. 16; *Mohr* in: Bergemann/Wingler, GewStG, § 8, Rz. 305; ebenso wohl auch die Finanzverwaltung, Gl. Ländererlass vom 2.7.21012, BStBl. I 2012, 654 Tz. 29b mit Verweis auf BFH, *Urteil* vom 29.11.1972, I R 178/70, BStBl. II 1973, 148, BFHE 107, 468.

348 Ob der Gesetzgeber des GewStG 1936 tatsächlich erkannt hat, dass gemietete Wirtschaftsgüter niemals solche des eigenen Anlagevermögens sein können, geht aus der Gesetzesbegründung nicht eindeutig hervor. Die Ausführungen zum Zwecke der Hinzurechnung, nämlich in den hinzuzurechnenden Miet- und Pachtzinsen den Reinertrag aus den „gemieteten Maschinen [...] des Anlagevermögens" zu sehen, scheinen dagegen zu sprechen, vgl. Begr. zum GewStG 1936, RStBl. 1937, 693 (696). Allerdings war auch damals die fiktive Zuordnung von Gegenständen zu einem Gewerbebetrieb nicht neu, wie ein Blick in die weitere Gesetzeshistorie belegt. Nach der früher einheitlichen Konzeption der Realsteuern gehörten zum Gewerbekapital auch diejenigen Gegenstände, die dem Betrieb dien-

Nutzer überlassene Gegenstand dessen Anlagevermögen zuzuordnen sein müsste, wenn dieser Gegenstand in seinem (wirtschaftlichen) Eigentum stünde.[349] Einvernehmen besteht darin, dass der Inhalt des Begriffs „Anlagevermögen“ mit den im Einkommen- und Bilanzsteuerrecht entwickelten Voraussetzungen übereinstimmt.[350] Allgemein formuliert, muss der jeweils benutzte, nicht im Eigentum des Gewerbetreibenden stehende Gegenstand dem Gewerbebetrieb des Mieters auf Dauer und nicht nur zum vorübergehenden Ge- bzw. Verbrauch zu dienen bestimmt sein.[351]

bb. Die Dauer der Benutzung im Verhältnis zum Anlagevermögensbegriff

Des Weiteren ergibt sich aus der fiktiven Sichtweise die Schwierigkeit, den Begriff des Anlagevermögens, der eine gewisse Dauerhaftigkeit der Nutzung in sich trägt[352], mit dem Merkmal der „Benutzung“, das seiner Begrifflichkeit nach wiederum nur eine temporäre Komponente beinhaltet[353], in Einklang zu bringen. Aus dem Merkmal der Benutzung folgt, dass keine endgültige, sondern nur eine zeitweise Überlassung des Wirtschaftsgutes gegeben sein muss.[354] Zudem differenziert das Gesetz nicht zwischen kurz- und langfristigen entgeltlichen Nutzungsüberlassungen[355],

---

ten, aber im Eigentum eines anderen als dem des Gewerbetreibenden standen (siehe § 53 RBewG vom 22.5.1931, RGBl. I 1931, S. 222), sodass sich die Probleme bereits vor der Reichsvereinheitlichung der Hinzurechnungsvorschriften durch das GewStG 1936, wenn auch auf Ebene des Gewerbekapitals, stellten.

349 Einhellige Ansicht, siehe statt vieler *Hofmeister* in: Blümich, GewStG, § 8, Rz. 215, 232 f. (EL 123, Juni 2014) m.w.N aus Rspr. und Literatur; so auch die Finanzverwaltung, siehe H 8.1. Abs. 4 GewStH 2009.

350 So bereits grundlegend BFH, *Urteil* vom 29.11.1972, I R 178/70, BStBl. II 1973, 148, BFHE 107, 468 (470); dem einhellig folgend die Literatur, statt vieler, *Hofmeister* in: Blümich, GewStG, § 8, Rz. 215 (EL 123, Juni 2014) m.w.N.

351 BFH, *Urteil* vom 29.11.1972, I R 178/70, BStBl. II 1973, 148, BFHE 107, 468 (470).

352 Zum Begriff des Anlagevermögens siehe auch *Schubert/F. Huber* in: Förschle/Grottel/Schmidt/Schubert/Winkeljohann, Beck'scher Bilanzkommentar, 9. Aufl., § 247 HGB, Rn. 350 ff.

353 BFH, *Urteil* vom 30.3.1994, I R 123/93, BStBl. II 1994, 810, BFHE 174, 554; R 53 I 3 GewStR 2007 zu § 8 Nr 7 a.F.

354 BFH, *Urteil* vom 30.3.1994, I R 123/93, BStBl. II 1994, 810, BFHE 174, 554; R 53 I 3 GewStR 2007 zu § 8 Nr 7 a.F.

355 Bereits in der vor dem Inkrafttreten des UntStRefG 2008 geltenden Fassung war eine solche Differenzierung nicht vorgesehen und seitens des Gesetzgebers bei

so dass sich die Frage stellt, ob und ggf. wie sich die Kurzzeitigkeit einer Benutzung auf das Tatbestandsmerkmal des „Wirtschaftsguts des Anlagevermögens“ auswirkt. An dieser Stelle verdeutlicht sich ein zwischen der tatsächlichen Benutzung eines Wirtschaftsgutes und dem Verständnis des Anlagevermögensbegriffs bestehendes Spannungsverhältnis.

(1) Das Verhältnis zwischen Benutzung und Anlagevermögensbegriff nach der bis zum 31.12.2007 geltenden Rechtslage

Dieses bereits bei § 8 Nr. 7 GewStG a.F. bestehende Spannungsverhältnis war seitens der herrschenden Ansicht bis zur Aufhebung dieser Norm[356] durch das Unternehmensteuerreformgesetz 2008 dergestalt aufgelöst worden, dem Aspekt, ob das Nutzungsverhältnis bezogen auf das Wirtschaftsgut kurz- oder längerfristiger Natur ist, keine Bedeutung beizumessen.[357] Es sollten auch dann Mietaufwendungen der gewerbesteuerlichen Hinzurechnung unterfallen, wenn diese nur für eine kurzzeitige Benutzung eines nicht im Grundbesitz bestehenden Wirtschaftsguts geleistet wurden.[358]

(2) Das Verhältnis zwischen Benutzung und Anlagevermögensbegriff nach der ab dem 1.1.2008 geltenden Rechtslage

Mit der Einführung des § 8 Nr. 1 lit. d und e GewStG zum 1.1.2008 hat sich der sachliche Anwendungsbereich der Hinzurechnung von Miet- und Pachtzinsen geändert. Vom Begriff des „nicht in Grundbesitz bestehenden Wirtschaftsgutes“, wie ihn § 8 Nr. 7 GewStG a.F. noch verwendete, wurde

---

Schaffung des UntStRefG 2008 auch nicht beabsichtigt, siehe BT-Drs. 16/4841, S. 80.

356 Letztmalig war § 8 Nr. 7 GewStG a.F. im Erhebungszeitraum 2007 anzuwenden, siehe § 36 Abs. 5a GewStG; vgl. dazu auch *Sarrazin* in: Lenski/Steinberg, GewStG, § 8 Nr. 7, Anm. 2 (Lfg. 95, August 2008).

357 Vgl. dazu BFH, *Urteil* vom 29.11.1972, I R 178/70, BStBl. II 1973, 148, BFHE 107, 468 (471); ebenso R 53 I 3 GewStR 2007 zu § 8 Nr 7 a.F.; statt vieler siehe *Sarrazin* in: Lenski/Steinberg, GewStG, § 8 Nr. 7, Anm. 41 (Lfg. 78, Juni 2003); *Güroff* in: Glanegger/Güroff, GewStG, 6. Aufl., § 8 Nr. 7, Anm 11; *Meyer-Scharenberg/Popp/Woring*, Gewerbesteuerkommentar, 2. Aufl., § 8 Nr. 7, Rdn. 9; *Woring*, Hinzurechnungen nach § 8 Nr. 7 GewStG bei kurzfristigen Mietverhältnissen, DStZ 1993, 591(593); jeweils m.w.N.

358 Vgl. dazu Fn. 357.

Abstand genommen.[359] Neben der Erfassung der Miet- und Pachtzinsen für die Benutzung beweglicher Wirtschaftsgüter des Anlagevermögens, die im Eigentum eines anderen stehen[360], werden auch Miet- und Pachtzinsen, die für die Benutzung unbeweglicher Wirtschaftsgüter geleistet werden, der Hinzurechnung unterworfen. Mit dieser Erweiterung des sachlichen Anwendungsbereiches stellt sich zwangsläufig die Frage, ob dem zu § 8 Nr. 7 GewStG a.F. entwickelten Normenverständnis auch weiterhin gefolgt werden kann.

Soweit es um bewegliche Wirtschaftsgüter geht, wird nahezu uneingeschränkt befürwortet, dass die Dauer des Nutzungsüberlassungsverhältnisses für die Frage der Qualifikation eines Wirtschaftsguts als Anlagevermögen auch weiterhin irrelevant sei.[361] Insbesondere soll es einer Hinzurechnung von Mietzinsen nicht entgegenstehen, wenn Miet- oder Pachtverträge nur für kurze Zeit, mitunter nur für wenige Tage oder gar Stunden abgeschlossen und die Gegenstände auch nur kurze Zeit benutzt werden. Damit können auch kürzeste Nutzungsüberlassungen beweglicher Wirtschaftsgüter eine gewerbesteuerliche Hinzurechnung begründen.[362] Ledig-

359 Der Begriff „Grundbesitz" in § 8 Nr. 7 GewStG a.F. war in Abgrenzung zur Grundsteuer als weiterer Realsteuer nach Maßgabe des BewG zu bestimmen, siehe Begr. zum GewStG 1936, RStBl. 1937, 696 und zum GrStG, RStBl. 1937, 717. Der Begriff, „Wirtschaftsgüter, die nicht in Grundbesitz bestehen", war inhaltlich weiter gefasst, als der des beweglichen Wirtschaftsgutes. Um zu bestimmen, was unter dem Begriff „unbewegliches Wirtschaftsgut" zu verstehen ist, ist auf einkommensteuerliche Begriffsinhalte zurückzugreifen, denn dieser ist im GewStG nicht geregelt, siehe dazu z.B. *Sarrazin* in: Lenski/Steinberg, GewStG, § 8 Nr. 1 Buchst. e, Rz. 8 ff. (Lfg. 106, März 2013); *Güroff* in: Glanegger/Güroff, GewStG, 8. Aufl., § 8 Nr. 1e, Rn. 3.

360 Siehe § 8 Nr. 1 lit. d GewStG.

361 Siehe Gl. Ländererlass vom 2.7.2012, BStBl. I 2012, 654 Tz. 29b; H 8.1. Abs. 4 GewStH 2009. Dem folgt im Grundsatz auch die Literatur, siehe *Güroff* in: Glanegger/Güroff, GewStG, 8. Aufl., § 8 Nr. 1d, Rn. 16; *Sarrazin* in: Lenski/Steinberg, GewStG, § 8 Nr. 1 Buchst. d, Rz. 17, 23 (Lfg. 106, März 2013); *Hofmeister* in: Blümich, GewStG, § 8, Rz. 215 (EL 123, Juni 2014); *Schnitter* in: Frotscher/Maas, GewStG, § 8, Rn. 102, 131 (116. Lfg. 1/2013); *Mohr* in: Bergemann/Wingler, GewStG, § 8, Rz. 289, 360; *Gerritzen/Matheis*, Zur gewerbesteuerlichen Behandlung von Messekosten, DStR 2013, 236 (238) mit Verweis auf BFH, *Urteil* vom 30.3.1994, I R 123/93, BStBl. II 1994, 810, BFHE 174, 554.

362 Siehe *Güroff* in: Glanegger/Güroff, GewStG, 8. Aufl., § 8 Nr. 1d, Rn. 16; *Sarrazin* in: Lenski/Steinberg, GewStG, § 8 Nr. 1 Buchst. d, Rz. 17 (Lfg. 106. März 2013); *Brokamp* in: Deloitte, GewStG, § 8 Nr. 1d, Rdn. 28; *Mohr* in: Bergemann/Wingler, GewStG, § 8, Rz. 289; ebenso *Boller/Franke*, Praxisprobleme bei der

lich vereinzelt wird hervorgehoben, dass nur tage- oder stundenweise gemietete Wirtschaftsgüter nicht als zum Anlagevermögen gehörend eingestuft werden könnten, wenn diese allenfalls auftragsbezogen angeschafft werden würden.[363] In diesen Fällen sei nämlich zu unterstellen, dass sie auch nach Erledigung des Auftrags weiterverkauft würden. Gleiches solle für die kurzfristige Anmietung beweglicher Wirtschaftsgüter gelten, wenn sie nur Bedarfsspitzen abdecken sollen. Auch diese würden nicht dauerhaft dem Geschäftsbetrieb dienen.[364]

Das beschriebene Spannungsverhältnis zwischen der tatsächlichen Benutzung eines Wirtschaftsgutes einerseits und dem eine Dauerhaftigkeit voraussetzenden Anlagevermögensbegriff andererseits kommt in Bezug auf unbewegliche Wirtschaftsgüter noch deutlicher zum Ausdruck, wie am Beispiel der Veranstaltungsunternehmen zu erkennen ist. Diese sind auf die temporäre Nutzung von Veranstaltungsimmobilien oder Teilen davon angewiesen. In der Sache geht es oftmals nur um eine punktuelle Zurverfügungstellung. Säle, Räume, Stadien aber auch Hotelzimmer oder andere Unterkünfte werden anlassbezogen genutzt oder für eine Nutzung durch andere beschafft.[365]

Anders als bei der Hinzurechnung der Mietaufwendungen für die Benutzung beweglicher Wirtschaftsgüter zeichnet sich mit Blick auf unbewegliche Wirtschaftsgüter in der Literatur ein differenzierteres Bild zur Frage der Einbeziehung der Benutzungsdauer ab. Der wohl überwiegende Teil der Kommentarliteratur will der zeitlichen Komponente eines Mietverhältnisses weiterhin keine oder allenfalls untergeordnete Relevanz beimessen.[366] Andere Vertreter bemühen sich um Differenzierungen und Ab-

---

gewerbesteuerlichen Hinzurechnung von Miet- und Pachtzinsen, BB 2012, 2920 (2993).

363 *Haupt*, Gewerbesteuerliche Hinzurechnung von Finanzierungsanteilen, SteuK 2012, 429 (432).

364 *Ritzer*, Hinzurechnung von Finanzierungsanteilen nach § 8 Nr. 1 GewStG, DStR 2013, 558 (562).

365 Es handelt sich aber nicht um ein spezifisches Problem einzelner Veranstaltungsunternehmen, sondern betrifft im Kern alle, die zur Verwirklichung ihres Leistungsangebots von Dritten zur Verfügung gestellte Wirtschaftsgüter, nämlich die Veranstaltungsimmobilie, benötigen. Zum Versuch einer insoweit vorgenommenen konzeptionellen Einordnung dieses Merkmals siehe auch *Roser*, Gewerbesteuerliche Hinzurechnungen von Nutzungsentgelten nach § 8 Nr. 1d bis f GewStG, ifst-Schrift Nr. 497, S. 35.

366 *Güroff* in: Glanegger/Güroff, GewStG, 8. Aufl., § 8 Nr. 1e, Rn. 1 mit Verweis auf § 8 Nr 1d, Rn 16; *Schnitter* in: Frotscher/Maas, GewStG, § 8, Rn. 102, 131 (116.

grenzungen.[367] Vor allem *Kohlhaas*[368] sowie *Jorczyk*[369] und auch *Roser*[370] haben sich in jüngerer Zeit in mehreren Stellungnahmen dieses Themas angenommen.[371] Anlass dazu gaben zum einen das Urteil des Niedersächsischen Finanzgerichts vom 26.5.2011[372], welches sich erstmals mit der Frage beschäftigte, ob die kurzzeitige Benutzung von Veranstaltungsimmobilien eine Hinzurechnung der damit im Zusammenhang stehenden Mietzahlungen begründet und zum anderen die Verlautbarungen der Fi-

---

Lfg. 1/2013); *Fuchs/Lieber* in: Deloitte, GewStG, § 8 Nr. 1e, Rdn. 11; *Mohr* in: Bergemann/Wingler, GewStG, § 8, Rz. 360; differenzierender *Sarrazin* in: Lenski/Steinberg, GewStG, § 8 Nr. 1 Buchst. e, Rz. 17 (Lfg. 106, März 2013).

367 *Boller/Franke*, Praxisprobleme bei der gewerbesteuerlichen Hinzurechnung von Miet- und Pachtzinsen, BB 2012, 2920 (2923); zweifelnd *Franke/Gageur*, Zweifelsfragen und Anmerkungen zu den gleich lautenden Ländererlassen zu § 8 Nr. 1 GewStG, BB 2008, 1704 (1705).

368 *Kohlhaas*, Erhöhen alle Miet- und Pachtzinsen den Gewerbeertrag? FR 2009, 381; *ders.*, Hinzurechnung von Miet- und Pachtzinsen gem. § 8 Nr. 1 e) GewStG bei kurzfristiger Anmietung?, FR 2011, 800; *ders.*, Gewerbesteuerliche Hinzurechnung bei kurzfristiger/gelegentlicher Anmietung, StBW 2012, 308; *ders.*, Das fiktive Anlagevermögen i.S. des § 8 Nr. 1 Buchst. e GewStG, DStR 2014, 296.

369 *Jorczyk*, Droht die gewerbesteuerliche Hinzurechnung beim Hoteleinkauf?, SR-Tour 10/2011, 6 (8, 9); *ders.*, Hoteleinkauf bei Reiseveranstaltern: Neuer Ländererlass beharrt auf Hinzurechnung!, SRTour 8/2012, 14 (16); *ders.*, Gewerbesteuerliche Hinzurechnung: Die Finanzverwaltung bleibt dabei", SRTour 12/2013, 5 (8, 9).

370 *Roser*, Gewerbesteuerliche Hinzurechnungen von Nutzungsentgelten nach § 8 Nr. 1d bis f GewStG, ifst-Schrift Nr. 497, S. 54 ff.

371 Bei den Autoren *Kohlhaas* und *Jorczyk* erscheint nicht unwichtig zu erwähnen, dass ihre Meinungsäußerungen im Zusammenhang mit laufenden Verfahren stehen, an denen sie als Vertreter eines Beteiligten fungieren. *Kohlhaas* vertrat dem Vernehmen nach die Klägerin vor dem Nds. FG im Verfahren 10 K 290/10 und vertritt diese auch vor dem BFH (Az. I R 24/11). Das Revisionsverfahren ist bis zur Entscheidung des BVerfG (1 BvL 8/12; Vorlagebeschluss des FG Hamburg vom 29.2.2012, 1 K 138/10, DStRE 2012, 478) ausgesetzt, vgl. *Kohlhaas*, Das fiktive Anlagevermögen i.S. des § 8 Nr. 1 Buchst. e GewStG, DStR 2014, 296 (299). Der Aussetzungsbeschluss des BFH vom 26.8.2013 selbst ist nicht veröffentlicht. *Jorczyk* seinerseits war Vorsitzender des Steuerausschusses des DRV und ist Prozessvertreter im Verfahren des FG Münster betreffend die Hinzurechnung von Hotelunterkünften bei einem Reiseveranstalter (FG Münster, 9 K 1472/12, vgl. OFD NRW, Verw.anw. vom 4.11.2013, G1422-2013/0023-St161, DB 2013, 2711). Das Urteil hierzu steht noch aus.

372 Nds. FG, *Urteil* vom 26.5.2011, 10 K 290/10, EFG 2011, 2101.

nanzverwaltung zur Inanspruchnahme von Reisevorleistungen durch Reiseveranstalter.[373]

Will man also klären, ob es sich bei der einem Veranstaltungsunternehmen von dritter Seite zur Verfügung gestellten Veranstaltungsimmobilie um ein „Wirtschaftsgut des Anlagevermögens“ handelt, ist es angezeigt, sich mit diesem Problem und den einzelnen Ansichten näher auseinanderzusetzen. Dies soll an späterer Stelle vertieft werden.[374]

D. Die Aufwendungen der Konzert- und Messeveranstalter im Zusammenhang mit der Überlassung von Veranstaltungsimmobilien

I. Einführung

Nachdem die Voraussetzungen für die gewerbesteuerliche Hinzurechnung von Aufwendungen für die Benutzung von Wirtschaftsgütern des Anlagevermögens allgemein erläutert wurden, ist nun mit Blick auf die verschiedenen Veranstaltungsunternehmen konkret zu untersuchen, in welchen Konstellationen diese ihre für die Benutzung von Veranstaltungsimmobilien getätigten Aufwendungen der gewerbesteuerlichen Hinzurechnung zu unterwerfen haben.

Insoweit erscheint sowohl für die Konzert- und Messeveranstalter, aber auch für die Reiseveranstalter jeweils eine Betrachtung verschiedener Sachverhaltskonstellationen erforderlich, um u.U. notwendige Differenzierungen bei der Erarbeitung und Lösung der Problemstellungen vornehmen zu können. Denn obgleich sich die zugrundeliegenden Probleme der Veranstaltungsunternehmen bis zu einem gewissen Grade ähneln, können in Abhängigkeit vom Ausmaß der jeweiligen Unterschiede andere Ergebnisse zu Tage treten. Diese wesentlichen Unterscheidungen gilt es hier herauszuarbeiten. Dennoch ist zu bedenken, dass detaillierte Betrachtungen des Einzelfalls stets auch noch geeignet sein müssen, dem Rechtsanwender eine Orientierung zu bieten. Eine Maßstabsbildung ist essentiell und je größer die Details sind, desto weniger taugen diese als Maßstab. Daher ist es selbstverständlich, dass nicht jede im Tatsächlichen auftreten-

---

373 Vgl. Gl. Ländererlass vom 2.7.21012, BStBl. I 2012, 654 Tz. 29b, OFD NRW, Vfg. vom 25.9.2013, G1422-2013/0023-St161, DB 2013, 2363; dies., Verw.anw. vom 4.11.2013, G1422-2013/0023-St161, DB 2013, 2711.

374 Siehe Teil 2, Kap. F., 225 ff.

de Variation erörtert und besprochen werden kann. Der Analyse werden daher, ausgehend von in der Praxis verwendeten Verträgen, solche Sachverhaltsgestaltungen zugrundegelegt, die überwiegend am Markt auftreten.

Es wird nachfolgend getrennt nach Konzert- und Messeveranstaltern einerseits (Kap. D.) und Reiseveranstaltern andererseits (Kap. E.) untersucht, auf welchem Rechtsgrund die im Zusammenhang mit der Beschaffung von Veranstaltungsimmobilien getätigten Aufwendungen beruhen, und ob die genutzte Veranstaltungsimmobilie für das jeweilige Veranstaltungsunternehmen ein Wirtschaftsgut des Anlagevermögens darstellt (Kap. F.).

II. Zur rechtlichen Einordnung der Aufwendungen der Konzert- und Messeveranstalter

Nachfolgend wird für Konzert- und Messeveranstalter anhand vorherrschender Überlassungsmodelle für Veranstaltungsimmobilien untersucht, ob deren Aufwendungen für die Benutzung derselben Miet- oder Pachtzinsen i.S.d. § 8 Nr. 1 lit. e GewStG darstellen. Es werden die Rechtsbeziehungen zwischen dem Veranstalter und dem Inhaber der Veranstaltungsimmobilie betrachtet.[375] Wie oben bereits festgestellt, wird der Betreiber der Veranstaltungsimmobilie seitens des Veranstalters in das Gelingen der Veranstaltung einbezogen. Da es für die Betrachtung der rechtlichen Beziehungen zwischen dem Veranstalter und demjenigen, der die Veranstaltungsimmobilie zur Verfügung stellt, nicht darauf ankommt, ob dieser Inhaber der Veranstaltungsimmobilie, Eigentümer derselben oder selbst nur Mieter, Pächter oder ein sonstiger Nutzungsberechtigter ist, soll zur begrifflichen Vereinfachung nachfolgend kurzerhand vom Inhaber der Veranstaltungsimmobilie gesprochen werden.

---

375 Mit Blick auf Konzert- und Messeveranstalter können sich daneben weitere gewerbesteuerlich relevante Rechtsbeziehungen im Hinblick auf § 8 Nr. 1 lit. f GewStG, nämlich konkret in Bezug zur GEMA ergeben, vgl. dazu z.B. *Schöneborn*, Gewerbesteuerliche Hinzurechnung für die befristete Überlassung von Rechten, NWB 2012, 2952 (2957).

1. Unterschiedliche Modelle der Überlassung einer Veranstaltungsimmobilie

Konzert- oder Messeveranstalter benötigen zum Zwecke der Durchführung ihrer Veranstaltungen eine nach ihren Zwecken geeignete Räumlichkeit oder ein Grundstück. Je nach Art und Zweck der Veranstaltung kann das eine Halle, ein Konzertsaal, ein leeres Grundstück oder gar eine Kiesgrube[376] sein.

In tatsächlicher Hinsicht bestehen bezüglich der Veranstaltungsimmobilien verschiedene Überlassungsmodelle. Diese stehen in Abhängigkeit dazu, wer Inhaber der jeweiligen Immobilie ist.[377] Befindet sich die Veranstaltungsimmobilie im Eigentum einer natürlichen oder juristischen Person des Privatrechts, werden privatrechtliche Vereinbarungen, gerichtet auf die Überlassung der Immobilie, geschlossen. Das ist zumeist auch dann der Fall, wenn Eigentümerin der Immobilie eine Stadthallen-Betriebsgesellschaft ist, an der wiederum die Gemeinde beteiligt ist.[378] Befindet sich die Immobilie dagegen im kommunalen Eigentum, kann sich die Gemeinde sowohl öffentlich-rechtlicher als auch privatrechtlicher Handlungsformen bedienen.[379] Eine Verpflichtung zur Nutzungsüberlassung kann sich aus einem subjektiv-öffentlichen Recht zur Zulassung zu einer öffentlichen Einrichtung ergeben[380] oder, sofern sich die öffentliche Hand einer privatrechtlichen Handelungsform oder eines Privatrechtsträgers bedient, aus einem Kontrahierungszwang ergeben.[381]

376 Man denke nur an das von der ICS Festival Service GmbH, Dörpstedt, veranstaltete Rockfestival in Wacken, Schleswig-Holstein.

377 Einen Überblick über die Praxis und Strukturen von Konzerthäusern in Deutschland gibt *Bastuck*, Rechtliche Strukturen von Konzerthäusern, NJW 2010, 709.

378 Vgl. dazu beispielsweise die Entscheidung des VG Arnsberg, *Urteil* vom 20.8.2007, 14 K 274/07, BeckRS 2007, 26221.

379 Vgl. zu letzterem *Güllemann*, Veranstaltungsmanagement, S. 5; siehe als Beispiel den Mietvertrag für die Philipshalle in Düsseldorf (nunmehr Mitsubishi Electric Halle) bei *Funke/Müller*, Eventrecht, 3. Aufl., Rz. 309.

380 Vgl. insoweit bspw. Thüringer OVG, *Beschluss* vom 16.9.2008, 2 EO 490/08, LKV 2009, 139 zur Stadthallenbenutzungssatzung der Stadt Altenburg betreffend die Stadthalle „Goldener Pflug", diese in der Fassung vom 4.4.2012 am 11.4.2012 im Amtsblatt der Stadt Altenburg veröffentlicht, verfügbar unter http://www.altenburg.eu/fm/1719/Stadthallenbenutzungssatzung.100658.pdf (zuletzt abgerufen am 8.3.2015).

381 Vgl. dazu z.B. VG Regensburg, *Urteil* vom 15.7.2009, RO 1 K 08.1035, BeckRS 2009, 44729, betreffend die Verpflichtung der Universität zur Vermietung des

2. Rechtliche Qualifikation der Überlassung einer Veranstaltungsimmobilie

Unter dem gewerbesteuerlichen Blickwinkel kommt es für die Frage der Qualifikation des Rechtsverhältnisses, welches der Gegenleistung des Veranstalters zugrundeliegt, lediglich darauf an, dass dieses Rechtsverhältnis in seinem wesentlichen Kern einem Miet- bzw. Pachtverhältnis entspricht. Wenn bereits unter rein zivilrechtlicher Betrachtung die Überlassung einer Veranstaltungsimmobilie an einen Veranstalter als Mietvertrag i.S.d. § 535 BGB einzuordnen ist, erübrigen sich weitergehende steuerliche Wertungen.

Betrachtet man die verschiedenen Überlassungsmodelle, derer sich die Inhaber der Veranstaltungsimmobilien gegenüber Konzert- und Messeveranstaltern bedienen, sollten ausweislich der darin vereinbarten Leistungsverpflichtungen keine Zweifel an deren rechtlicher Einordnung bestehen.

a. Die privatrechtliche Überlassung von Veranstaltungsimmobilien

Soweit sich die Parteien als Grundlage der Überlassung der Veranstaltungsimmobilie eines privatrechtlichen Vertrags bedienen, handelt es sich der Sache nach um einen Mietvertrag gemäß §§ 535 ff. BGB, denn das Leistungsangebot des Inhabers der Veranstaltungsimmobilie bezieht sich auf eine zeitlich beschränkte Überlassung derselben. Beispielhaft sei hier auf Vertragswerke der DüsseldorfCongress Veranstaltungsgesellschaft mbH[382] als Betreiberin verschiedener Veranstaltungsimmobilien und der

---

Auditorium Maximum. Das Bestehen des Kontrahierungszwangs hängt davon ab, ob die Immobilie in einem Regie- oder Eigenbetrieb der Kommune geführt wird oder von einer mehrheitlich von der öffentlichen Hand beeinflussten Gesellschaft gehalten und betrieben wird, vgl. zur Zulassung zur nicht als öffentliche Einrichtung zu behandelnden Stadthalle VG Arnsberg, *Urteil* vom 20.8.2007, 14 K 274/07, BeckRS 2007, 26221.

382 Die DüsseldorfCongress Veranstaltungsgesellschaft mbH betreibt u.a. das CCD Congress Center Düsseldorf, siehe auch http:// www.ccd.de/de. Sie verwendet „Allgemeinen Mietbedingungen“ (nachfolgend AMB CCD), die unter http:// www.ccd.de/global/dbbin/240913_083934_amb_dc_stand_mai_2013.pdf verfügbar sind (zuletzt abgerufen am 8.3.2015).

Stadthalle Braunschweig Betriebsgesellschaft mbH[383] verwiesen. Beide Immobilienbetreiber verwenden sog. Mietbedingungen, die rechtlich als Allgemeine Geschäftsbedingungen[384] einzuordnen sind. Diese sollen Bestandteil des mit einem Veranstalter zu schließenden Mietvertrags werden.[385] In den Mietbedingungen selbst wird ausdrücklich von Nutzungsobjekten bzw. Mietobjekten gesprochen, die der Betreiber dem Mieter zum angegebenen Nutzungszweck vermietet.[386] Allein daraus ist zu schlussfolgern, dass Vertragsgegenstand die zeitlich beschränkte Überlassung von Nutzungsobjekten bzw. Teilen davon, verwiesen wird auf Veranstaltungsflächen, Hallen und Räume, ist. Auch die weiteren Termini, die in den Vertragswerken regelmäßig verwendet werden, wie z.B. die Bezeichnung des Veranstalters als „Mieter" und die Bezeichnung der Veranstaltungsimmobilie als „Mietobjekt"[387] sowie die „Mietdauer"[388] und die Einordnung der geschuldeten Nutzungsentgelte als „Mietzinsen"[389] bzw. als „Nutzungsentgelte für das Mietobjekt"[390] sprechen für eine Einordung der vertraglichen Abreden als Mietvertrag. Zwar ist daneben auch die Erbringung veranstaltungsbegleitender Dienst- und Werkleistungen sowie die Bereitstellung mobiler Einrichtungen und Aufbauten vereinbart.[391] Hier würde sich indessen nur die Frage nach der Qualifikation dieser weiteren Leistungen stellen, nämlich ob diese, neben der zeitlich befristeten Gebrauchsüberlassung stehenden, Leistungen als Nebenleistung oder als getrennt zu betrachtende anderweitige Hauptleistung einzuordnen sind. In der Sache

---

383 Die Stadthalle Braunschweig Betriebsgesellschaft mbH betreibt die Stadthalle sowie die Volkswagenhalle Braunschweig. Die Mietbedingungen (nachfolgend MSB) sind verfügbar unter http://www.stadthalle-braunschweig.de/fileadmin/downloads/stadthalle/Veranstaltungsbedingungen_2012_MAIL_ARIAL.pdf (zuletzt abgerufen am 8.3.2015).

384 Siehe § 307 ff. BGB.

385 § 1 Abs. 2 AMB und § 2 Abs. 1 MSB.

386 Vgl. § 1 Abs. 1 Satz 1 MSB.

387 § 4 AMB CCD und § 1 MSB.

388 § 5 MSB.

389 § 6 Abs. 1 MSB.

390 § 5 AMD CCD.

391 Vgl. § 1 Abs. 2 der AMB CCD. Ausweislich der Formulierung soll es sich um gesonderte Leistungen handeln. Ob diese Leistungen unter gewerbesteuerlicher Betrachtung Nebenleistungen zur Miete oder andere, von der Miete zu trennende Hauptleistungen sind, soll an dieser Stelle nicht weiter vertieft werden, da sie jedenfalls den Charakter der Überlassungsleistung i.S. eines Mietverhältnis nicht beeinflussen.

ändert dies aber nichts daran, dass es sich bei dem Vertragswerk um einen seinem wesentlichen Gehalt nach als Mietvertrag einzustufenden Vertrag handelt.[392]

b. Die „öffentlich-rechtliche Überlassung" von Veranstaltungsimmobilien

Zur Frage der „öffentlich-rechtlichen" Überlassung gehen Rechtsprechung[393] und Literatur[394] nahezu übereinstimmend davon aus, dass ein öffentlich-rechtliches Nutzungsverhältnis in Gestalt der Einräumung eines Sondernutzungsrechts nicht den Mietrechtsvorschriften des BGB unterliege.[395] Daher seien entsprechende Entgelte nicht der gewerbesteuerlichen Hinzurechnung zu unterwerfen.[396]

Diese Aussagen sind an sich richtig, differenzieren jedoch nicht hinreichend. Eine Differenzierung ist lediglich bei *Sarrazin* zu erkennen, soweit er danach fragt, ob das mit einer öffentlich-rechtlichen Körperschaft bestehende Nutzungsverhältnis ein durch Verwaltungsakt begründetes, und damit öffentlich-rechtliches Verhältnis ist.[397] Es kommt also im Zusammenhang mit der Überlassung einer in öffentlicher Hand befindlichen Veran-

---

392 Das entspricht auch allgemeiner Ansicht, siehe dazu auch *Funke/Müller*, Eventrecht, 3. Aufl., Rz. 294, 295 m.w.N.; siehe auch Rz. 309 zum Mietvertrag über die Düsseldorfer Philipshalle; ebenso auch FG München, *Urteil* vom 8.6.2015, 7 K 3250/12, EFG 2015, 1835 (1837) zur Überlassung an eine als Aussteller fungierende Messedurchführungsgesellschaft (Rev. anh., Az. I R 57/15).

393 BFH, *Urteil* vom 9.11.1983, I R 188/79, BStBl. II 1984, 149, BFHE 139, 408 (410).

394 Vgl. *Güroff* in: Glanegger/Güroff, GewStG, 8. Aufl., § 8 Nr. 1d, Rn. 8c; ähnlich *Schnitter* in: Frotscher/Maas, GewStG, § 8, Rn. 115 (116. Lfg. 1/2013); *Brokamp* in: Deloitte, GewStG, § 8 Nr. 1d, Rdn. 17; *Hofmeister* in: Blümich, GewStG, § 8, Rz. 203 (EL 123, Juni 2014), so bereits auch *Bestgen*, Die gewerbesteuerlichen Hinzurechnungs- und Kürzungsvorschriften wegen der betrieblichen Nutzung fremder Wirtschaftsgüter, S. 87; a.A. noch *Blümich/Boyens/Steinbring*, GewStG 1936, 4. Aufl., § 8, Anm. 36.

395 BFH, *Urteil* vom 9.11.1983, I R 188/79, BStBl. II 1984, 149, BFHE 139, 408 (410). Die Finanzverwaltung hat sich insoweit nicht positioniert. Soweit sie in H 8.1. Abs. 4 GewStH 2009 auf die vorgenannte BFH-Entscheidung Bezug nimmt, beschränkt sie sich auf die Aussage, dass eine Gestattung der Kaianlagennutzung als solche keinen Mietvertrag begründet.

396 Statt vieler *Güroff* in: Glanegger/Güroff, GewStG, 8. Aufl., § 8 Nr. 1d, Rn. 8c.

397 *Sarrazin* in: Lenski/Steinberg, GewStG, § 8 Nr. 1 Buchst. d, Rz. 22 (Lfg. 106, März 2013).

staltungsimmobilie darauf an, ob es um die Zugangsgewährung zu dieser Immobilie geht oder ob das Benutzungsverhältnis selbst betrachtet wird. Die Rechtsnatur des Zulassungsanspruchs ist getrennt von dem konkreten Benutzungsverhältnis zu betrachten.[398] Während nämlich die Benutzungsmodalitäten sowohl öffentlich-rechtlich als auch privatrechtlich ausgestaltet sein können, ist die Frage des Zugangs zur Benutzung einer Sache dann eine öffentlich-rechtliche Angelegenheit[399], soweit es um eine öffentliche Einrichtung geht.[400] Es geht um eine Zuteilungsentscheidung des Staates.[401] Hiervon sind aber nicht nur Einrichtungen der kommunalen Daseinsvorsorge betroffen. Eingeschlossen sind auch solche Einrichtungen, die eine Gemeinde nicht selbst betreibt, sondern von einer von ihr gegründeten und/oder beherrschten selbständigen juristischen Person des Privatrechts betreiben lässt.[402] Materiell-rechtlich findet sich der ein subjektiv-öffentliches Recht begründende Zulassungsanspruch[403] meist in den jeweiligen Gemeindeordnungen.

Wird ein Zugangsanspruch bejaht, ist zu klären, wie dieser umgesetzt, also erfüllt wird. Erst auf dieser Ebene ist folglich das konkrete Benutzungsverhältnis von Interesse.[404] Hier kommt es darauf an, auf welcher Rechtsgrundlage der öffentlich-rechtlich organisierte Betreiber einer Ver-

---

398 Vgl. BVerwG, *Beschluss* vom 21.7.1989, 7 B 184/88, NJW 1990, 134 (134, 135). Mit Blick auf die gewerbesteuerlichen Folgen ebenso entsprechende Differenzierungen vornehmend, wenn auch im Zusammenhang mit der Einräumung von Rechten siehe *Bestgen*, Die gewerbesteuerlichen Hinzurechnungs- und Kürzungsvorschriften wegen der betrieblichen Nutzung fremder Wirtschaftsgüter, StuW 1981, 106 (109).

399 Vgl. auch § 40 Abs. 1 Abs. 1 VwGO, siehe dazu BVerwG, *Beschluss* vom 29.5.1990, 7 B 30/90, NVwZ 1991, 59.

400 Siehe VG Arnsberg, *Urteil* vom 20.8.2007, 14 K 274/07, BeckRS 2007, 26221 betreffend den Zugang eines Veranstalters zur Stadthalle, die nicht als öffentliche Einrichtung angesehen wurde.

401 Vgl. zu solchen Zugangsentscheidungen auch *Malaviya*, Verteilungsentscheidungen und Verteilungsverfahren, S. 77.

402 Siehe zum Vorstehenden BVerwG, *Beschluss* vom 29.5.1990, 7 B 30/90, NVwZ 1991, 59.

403 Hierzu ausführlich *Ludwig*, Der Anspruch auf Benutzung gemeindlicher öffentlicher Einrichtungen, S. 46 ff.

404 Vgl. *Malaviya*, Verteilungsentscheidungen und Verteilungsverfahren, S. 77.

anstaltungsimmobilie[405] gegenüber dem Veranstalter handelt.[406] Oftmals bedient sich Ersterer einer als „Benutzungsordnung“ oder „Benutzungssatzung“ bezeichneten Grundlage. Aus diesen Bezeichnungen zu schließen, der Rechtscharakter der Überlassung sei öffentlich-rechtlicher Natur, würde allerdings zu kurz greifen. Denn die Bezeichnung allein begründet kein öffentlich-rechtliches Sonderverhältnis eines Gebrauchs- oder Benutzungsrechts an einer Veranstaltungsimmobilie. Die Rechtsgrundlage muss selbst dem öffentlichen Recht zuzuordnen sein. Das ist der Fall, wenn es sich bei der „Benutzungsordnung“ oder „Benutzungssatzung“ um eine Satzung im Rechtssinne[407], also um allgemeinverbindliche materiell-rechtliche Rechtsnormen (hier zur Regelung des Umgangs mit einer öffentlichen Einrichtung) handelt, denen der Nutzer allein kraft Benutzung derselben unterworfen wird. Hat eine Gemeinde aufgrund der ihr zustehenden Satzungsautonomie[408] derartige Regelungen erlassen, unterliegt der Nutzer einem öffentlich-rechtlichen Sondernutzungsverhältnis. In diesen Fällen ist – in Übereinstimmung mit der Rechtsprechung und Literatur – das zwischen dem Betreiber der Veranstaltungsimmobilie und dem Veranstalter bestehende Rechtsverhältnis nicht als ein in seinem wesentlichen Kern als Mietverhältnis einzustufendes Rechtsverhältnis einzuordnen, und zwar auch dann nicht, wenn der Gemeinde die Handlungsform des Privatrechts

---

405 Öffentlich-rechtliche Betreiber können eine Gebietskörperschaft oder andere Verwaltungsträger sein. Auch andere juristische Personen des öffentlichen Rechts, wie z.B. berufsständische Kammern, können hierunter fallen. Die Frage der konkreten Handlungsform stellt sich bei einer juristischen Person des Privatrechts nicht, da diese nicht hoheitlich handeln kann, soweit sie nicht in der Funktion als Beliehene tätig wird, was bei der Frage der Nutzungsgewährung nicht der Fall ist.

406 Im übertragenen Sinne geht es also beim Zulassungsanspruch um die Durchsetzung einer Willensentschließung bei der öffentlichen Hand. Diese Frage stellt sich bei Personen des Privatrechts, mit der Ausnahme der Fälle des Abschluss- oder Kontrahierungszwangs, i.d.R. nicht, siehe dazu *Ellenberger* in: Palandt, BGB, 73. Aufl., Einf v § 145 Rn. 8; *Larenz*, Allgemeiner Teil des deutschen Bürgerlichen Rechts, 5. Aufl., § 4 III, S. 72; *Gurlit* in: Erichsen/Ehlers, Allgemeines Verwaltungsrecht, 14. Aufl., § 35 V, Rn. 33, S. 827.

407 Zum Rechtsnormencharakter von Benutzungsordnungen *Wolff/Bachof/Stober*, Verwaltungsrecht, Bd. 3, 5. Aufl., § 88 VI 2 Rn. 51, S. 380 m.w.N.

408 Siehe dazu allgemein *Möstl* in: Erichsen/Ehlers, Allgemeines Verwaltungsrecht, 14. Aufl., § 20 II, Rn. 12, S. 654; ebenso BVerfG, *Beschluss* vom 2.5.1961, 1 BvR 203/53, BVerfGE 12, 319 (325); *Beschluss* vom 9.5.1972, 1 BvR 518/62 und 308/64, BVerfGE 33, 125 (156, 157).

offenstand.[409] Kann dieser Rechtsnormcharakter einer Benutzungsordnung bzw. -satzung nicht beigelegt werden, und bedient sich die Trägerkörperschaft privatrechtlicher Handlungsformen, handelt es sich im Ergebnis um ein Mietverhältnis.

Die oben aufgezeigte Differenzierung zwischen dem (öffentlich-rechtlichen) Zulassungsanspruch und der (privatrechtlichen) Umsetzung desselben (Zwei-Stufentheorie) wird auch in verschiedenen „Benutzungsordnungen" der Gebietskörperschaften deutlich, die zu diesem Zwecke inhaltlich daraufhin untersucht werden müssen, welcher Handlungsform sich die jeweilige Gebietskörperschaft bedient. Es kam zum Vorschein, dass, wie beispielsweise die Benutzungssatzung der Stadt Altenburg[410] zeigt, die Zulassung zur Nutzung im Regelfall im Wege eines Verwaltungsakts erfolgt, die Umsetzung des insoweit auf öffentlich-rechtlicher Grundlage gewährten Nutzungsrechts aber auf der Basis eines privatrechtlichen Nutzungsvertrags und unter Verwendung Allgemeiner Geschäftsbedingungen[411] oder Einbeziehung der „Benutzungsordnung", die selbst keine Satzungsqualität hat[412] und damit ebenso als Allgemeine Geschäftsbedingungen anzusehen ist, erfolgen.

409 Siehe BFH, *Urteil* vom 9.11.1983, I R 188/79, BStBl. II 1984, 149, BFHE 139, 408 (410). Das sollte m.E. übrigens auch der Fall sein, wenn der Inhalt der Benutzungssatzung in das Rechtskleid eines privatrechtlichen Vertrags gekleidet wird und damit der Vertrag nur dazu dient, die Satzungsbestimmungen im konkreten Einzelfall anzuwenden.

410 Stadthallenbenutzungssatzung (nachfolgend SBS) der Stadt Altenburg betreffend die Stadthalle „Goldener Pflug", diese in der Fassung vom 4.4.2012 am 11.4.2012 im Amtsblatt der Stadt Altenburg veröffentlicht (verfügbar unter http://www.altenburg.eu/fm/1719/Stadthallenbenutzungssatzung.100658.pdf, zuletzt abgerufen am 8.3.2015).

411 § 4 Abs. 2, § 7 Abs. 1, 2 SBS Altenburg.

412 So auch bspw. bei der Nutzung verschiedener Stadthallen, vgl. z.B. Stadthalle Stadtallendorf, siehe Allgemeine Miet- und Benutzungsordnung Stadthalle Stadtallendorf (verfügbar unter http://www.stadtallendorf.de/media/custom/231_143_1.PDF?1061367927, abgerufen am 8.3.2015), Benutzungsordnung der Stadthalle Neustadt an der Waldnaab (verfügbar unter http://www.neustadt-waldnaab.de/dload/18_18/Benutzungsordnung_Stadthalle-aktuell_14102010194553.pdf, abgerufen am 8.3.2015).

c. Zusammenfassung

Es kann auf Basis dieser Differenzierungen im Ergebnis davon ausgegangen werden, dass ungeachtet der Organisationsstruktur des Betreibers der Veranstaltungsimmobilie dem Veranstalter in der Regel eine Mietsache, die Veranstaltungsimmobilie (oder Teile davon), für die Zeit der Veranstaltungsdauer (ggf. unter Berücksichtigung von Auf- und Abbauzeiten)[413] zum Zwecke der Durchführung der Veranstaltung zur Benutzung überlassen wird und dieser Nutzungsüberlassung ein Mietvertrag i.S.d. § 535 BGB zugrundeliegt. Das auf dieser Grundlage zu zahlende Entgelt[414] ist damit als nach § 535 Abs. 2 BGB geschuldete Gegenleistung, also als Mietzins einzuordnen. Bei Veranstaltungsimmobilien, die als öffentliche Einrichtung anzusehen sind, ist zu prüfen, ob ungeachtet des Anspruchs auf Zugang zu dieser Einrichtung die rechtliche Grundlage der konkreten Benutzung auf einem öffentlich-rechtlichen Sonderrechtsverhältnis beruht. Bedient man sich statt einer allgemeinverbindlichen Rechtsnorm, meist in Form einer Satzung, eines privatrechtlichen Vertrags, ist auch in diesem Fall das geleistete Entgelt als Mietzins anzusehen.

III. Ergebnis für die gewerbesteuerliche Behandlung

Können folglich die seitens eines Konzert- oder Messeveranstalters geleisteten Aufwendungen für die Überlassung einer Veranstaltungsimmobilie i.d.R. als Mietzinsen i.S.d. § 535 Abs. 2 BGB eingestuft werden, weil deren Rechtsgrundlage nach zivilrechtlicher Wertung ein Mietvertrag i.S.d. § 535 BGB ist, bedarf es für die Frage der gewerbesteuerlichen Hinzurechnung dieser Aufwendungen keiner weiteren wirtschaftlichen Betrachtungen. Die auf derartigen Rechtsverhältnissen basierenden Zahlungen der Veranstalter sind als Mietzinsen i.S.d. § 8 Nr. 1 lit. e GewStG einzustufen.

---

413 Zur Frage, ob daraus bereits die Veranstaltungsimmobilie zu einem Wirtschaftsgut des Anlagevermögens i.S.d. § 8 Nr. 1 lit. e GewStG wird, siehe die Ausführungen in Teil 2, Kap. F, 225 ff.

414 Vielfach wird in den Benutzungsordnungen der Gemeinden von „Entgelt“ oder „Benutzungsentgelt“ gesprochen, deren Höhe in eigenen „Entgeltordnungen“ geregelt ist, vgl. dazu bspw. die Entgeltordnung für die Nutzung der Stadthalle Altenburg (http://www.altenburg.eu/fm/1719/Stadthallenbenutzungssatzung.100658.pdf, zuletzt abgerufen am 8.3.2015).

E. Die Aufwendungen der Reiseveranstalter im Zusammenhang mit der Inanspruchnahme von Hotelleistungen

I. Einführende Darstellung der verschiedenen Rechtsauffassungen

Mag die rechtliche und die daran anknüpfende gewerbesteuerliche Einordnung der Überlassungsverhältnisse bei Konzert- und Messeveranstaltern noch eindeutig sein, so erscheint das Bild bei Reiseveranstaltern in einem weniger klaren Licht.

Nicht erst seit den medialen Verlautbarungen verschiedener Vertreter der Tourismusbranche[415] und den offiziellen Äußerungen der Finanzverwaltung zur gewerbesteuerlichen Behandlung von Reisedienstleistungen[416] stellt sich die Frage nach der gewerbesteuerlichen Behandlung von Aufwendungen aus sog. Reisevorleistungen[417] und der damit in Verbindung stehenden vertragstypologischen Einordnung der diesen zugrunde liegenden Rechtsverhältnisse.[418] Die Finanzverwaltung hob – aus ihrer Sicht klarstellend – bereits in der Verlautbarung vom 2.7.2012 hervor, dass Mietaufwendungen des Unternehmers für die Anmietung von Unterkünften, die der unmittelbaren Tätigkeit zuzuordnen sind, der gewerbesteuerli-

---

415 Siehe z.B. „Wegen Gewerbesteuer, TUI-Chef: 25.000 Arbeitsplätze sind in Gefahr", Focus Money, online-Ausgabe vom 5.10.2013, verfügbar unter http://www.focus.de/finanzen/news/unternehmen/wegen-gewerbesteuernachzahlung-tui-chef-25-000-arbeitsplaetze-sind-in-gefahr_aid_1121008.htm (abgerufen am 8.10.2013); *Rogl/Hildebrandt*, Auf Beutezug, fvw-magazin vom 14.11.2013, S. 16-21; *TUI AG*, Politik-Agenda, Informationen der TUI Group für Politik und Gesellschaft, Ausgabe Juli/August 2014, S. 4; *Klesse*, Auslegungslücke im Gesetz, Steuerstreit in der Tourismusbranche, Wirtschaftswoche, online-Ausgabe vom 13.10.2014; *DRV*, Gewerbesteuer-Hinzurechnung: Zur Tat Schreiten!, DRV-Politikthemen, Ausgabe 1-2015/Frühjahr, S. 4.

416 Die Thematik alsdann aufgreifend OFD NRW, Verw.anw. vom 4.11.2013, G 1422-2013/0023-St161, DB 2013, 2711; OFD NRW, Vfg. vom 25.9.2013, G 1422-2013/0023-St161, DB 2013, 2363; OFD Frankfurt, Rdvfg. vom 17.6.2013, G 1422A-55-St55 (n.v.).

417 Dieser in diesem Kontext auch oft verwendete Begriff ist in erster Linie umsatzsteuerlich geprägt. Er bezeichnet Leistungen, die Dritte an den Reiseveranstalter erbringen, die aber dem Reisenden unmittelbar zugute kommen, siehe A 25.4 Abs. 1 Satz 1 UStAE 2010.

418 Die Problematik erstmals aufwerfend *Rogl*, Steuerärger – Veranstaltern droht ein Millionenschaden, fvw-magazin vom 19.7.2010; *Jorczyk*, Droht die gewerbesteuerliche Hinzurechnung beim Hoteleinkauf?, SRTOUR 10/2011, 6.

chen Hinzurechnung unterfallen.[419] Die Konsequenzen, die sich aus dieser „Klarstellung“ für die Reisebranche ergeben, sind den betroffenen Unternehmen bewusst.[420]

Anknüpfend an diese Verlautbarung und den darauf folgenden vertiefenden Äußerungen der Finanzverwaltung gilt es, sich mit den dahinter stehenden Problemen auseinanderzusetzen. Mittlerweile werden auch von Seiten der Politik Bekundungen gegen die Ansicht der Finanzverwaltung laut.[421] Vor diesem Hintergrund werden zunächst die Ansichten der Finanzverwaltung und der Literatur sowie die damit zusammenhängenden Problemstellungen aufgezeigt. Alsdann wird untersucht, ob die insofern geäußerten Ansichten aus steuerrechtlicher Sicht tragen.

---

419 Gl. Ländererlass vom 2.7.2012, BStBl. I 2012, 654, Tz. 29b. Die betroffenen Unternehmen sind sich der damit verbundenen steuerlichen Risiken bewusst.

420 Die TUI AG beziffert die sich für die Tourismusbranche etwaig ergebende Steuerlast auf 1,4. Mrd. €, vgl. *TUI AG*, Politik-Agenda, Informationen der TUI Group für Politik und Gesellschaft, Ausgabe Juli/August 2014, S. 4 (5). Diese Risiken wurden in den Geschäftsberichten der Reiseveranstalter abgebildet. Die REWE-Group beziffert ihr Risiko einer sich ab dem EZ 2008 ergebenden Steuerschuld auf 75,9 Mio. €, siehe *REWE-Zentralfinanz eG/REWE-Zentral-Aktiengesellschaft*, Zusammengefasster Lagebericht 2012/2013, S. 122 (verfügbar unter http://www.rewe-group-geschaeftsbericht.de/2013/pdf/RZF_RZAG_ZusGefAbschluss_20131231.pdf#page 1, abgerufen am 8.3.2015). Die TUI AG spricht für diesen Zeitraum von einem Risiko i.H.v. 96 Mio. €, siehe *TUI AG*, Geschäftsbericht 2012/2013 der TUI AG (verfügbar unter http://geschaeftsbericht2012-13.tui-group.com/anhang/erlaeuterungen-zur-bilanz/passiva/haftungsverhaeltnisse.html, abgerufen am 8.3.2015).

421 Siehe dazu die Äußerungen des BMWi *Gabriel* im Ausschuss für Tourismus des Deutschen Bundestages am 4.6.2014, DB 2014, Nr. 25, Nachrichten vom 20.6.2014, M 11. Interessant hieran ist, dass die BReg. in ihrer Stellungnahme vom 22.1.2014 auf eine Bitte des Ausschusses für Tourismus des Deutschen Bundestages noch in ihrem entsprechenden Bericht an den Ausschuss keinen aktuellen Handlungsbedarf sah, siehe Bericht der BReg. zur gewerbesteuerlichen Hinzurechnung von Hoteleinkäufen durch Reiseveranstalter, Schreiben des BMF an das BMWi vom 29.1.2014, IV C 2 – G 1422/07/10005:008 sowie die Antwort des Parlamentarischen Staatssekretärs *Meister* vom 4.6.2014 auf eine Anfrage des Abgeordneten *Pitterle*, in der er darauf verweist, dass die BReg. keine Veranlassung sieht, den Vollzug der gesetzlichen Regelung in Zweifel zu ziehen, aber dessen Entwicklung beobachten wird, BT-Drs. 18/1742, S. 37.

1. Die Ansicht der Finanzverwaltung

Aus Sicht der Finanzverwaltung sollen diejenigen Aufwendungen, die ein Reiseveranstalter gegenüber einem Hotelier dafür leistet, dass die Reisenden untergebracht werden, der gewerbesteuerlichen Hinzurechnung nach § 8 Nr. 1 lit. e GewStG unterworfen werden.[422] Im Ergebnis geht die Finanzverwaltung davon aus, dass ein zwischen Reiseveranstalter und Hotelier geschlossener Vertrag zwar als „gemischter Vertrag“ einzuordnen sei, dieser aber nicht als „Vertrag besonderer Art“ gelten würde, weil ihm „weder die Raumüberlassung, noch eine sonstige Leistung das Gepräge gibt“.[423] Die einzelnen Leistungskomponenten eines Hoteliers im Zusammenhang mit diesen Verträgen seien vielmehr getrennt zu betrachten.

a. Die Entwicklung der Rechtsansichten

Betrachtet man die Entwicklung dieser Rechtsansicht, ist festzustellen, dass weder der Gesetzgeber[424] noch die Finanzverwaltung die Reisedienstleistungen, die ein Reiseveranstalter bezieht, im Zusammenhang mit der Erfassung von Aufwendungen zum Zwecke der Hinzurechnung nach § 8 Nr. 1 lit. e GewStG im Blick hatte. Der Ländererlass vom 4.7.2008[425] hatte sich insoweit nicht positioniert. Er behandelte lediglich die „kurzfristige Hotelnutzung“, und zwar unter dem Punkt „Aufteilung gemischter Verträge“, in der Weise, dass Entgelte für eine solche „kurzfristige Hotelnutzung“ nicht der gewerbesteuerlichen Hinzurechnung unterfielen, da eine Leistung im Vordergrund stehe, die keinen Tatbestand des § 8 Nr. 1

---

422 So die Ansicht der Finanzverwaltung, vgl. OFD NRW, Verw.anw. vom 4.11.2013, G 1422-2013/0023-St161, DB 2013, 2711; OFD NRW, Vfg. vom 25.9.2013, G 1422-2013/0023-St161, DB 2013, 2363; OFD Frankfurt, Rdvfg. vom 17.6.2013, G 1422A-55-St55 (n.v.) sowie BMF, Schreiben vom 22.5.2013, IV C 2 - G 1422/07/10005:8, BeckVerw 280458.

423 OFD NRW, Verw.anw. vom 4.11.2013, G 1422-2013/0023-St161, DB 2013, 2711; OFD NRW, Vfg. vom 25.9.2013, G 1422-2013/0023-St161, DB 2013, 2363; OFD Frankfurt, Rdvfg. vom 17.6.2013, G 1422A-55-St55 (n.v.).

424 So auch *Dautzenberg*, MdB, in: BT, Ausschuss für Tourismus, Ausschuss-Drs. 18-20-11, S. 18 (n.v.); *ders.*, *TUI AG*, Politik-Agenda, Informationen der TUI Group für Politik und Gesellschaft, Ausgabe Juli/August 2014, S. 4 (5).

425 So noch im Gl. Ländererlass vom 4.7.2008, BStBl. I 2008, 630 Tz. 7.

GewStG erfülle und dem Gesamtvertrag das Gepräge gebe.[426] Daraus wurde allgemein geschlussfolgert, dass die Hotelnutzung auf einem gemischten Vertrag beruhe, der ein einheitliches und unteilbares Ganzes darstelle und daher eine Aufteilung desselben ausscheide.[427] Auch der Gesetzesbegründung zum Unternehmensteuerreformgesetz 2008 konnten insoweit keine gegenteiligen Hinweise entnommen werden.[428]

Bereits in dem in 2011 zur Diskussion gestellten Entwurf einer Neufassung des Ländererlasses vom 4.7.2008 deutete sich eine Änderung der Rechtsauffassung der Finanzverwaltung in Bezug auf kurzfristige Hotelnutzungen an.[429] Die Änderung wurde im Gleichlautenden Ländererlass vom 2.7.2012[430] bestätigt und kommt auch in den ergänzenden bzw. tiefergehenden Äußerungen zweier Landesfinanzbehörden[431] zum Ausdruck. Die kurzfristige Hotelnutzung wird nunmehr unter der Überschrift „Hinzurechnung von Miet- und Pachtzinsen für bewegliche und unbewegliche Wirtschaftsgüter" behandelt. Zudem führt der Erlass aus, dass *„Mietaufwendungen des Unternehmens für die Anmietung von Unterkünften, die unmittelbar der originären Tätigkeit zuzuordnen sind ([...] Reisedienst-*

426 Gl. Ländererlass vom 4.7.2008, BStBl. I 2008, 630 Tz. 7.

427 So bspw. *Fuchs/Lieber* in: Deloitte, GewStG, § 8 Nr. 1e, Rdn. 17 mit Verweis auf den Gl. Ländererlass vom 4.7.2008, BStBl. I 2008, 730; *Mohr* in: Bergemann/Wingler, GewStG, § 8, Rz. 245. So auch noch in früheren Auflagen *Hofmeister* in: Blümich, GewStG, § 8, Rz. 202 (EL 110, April 2011), der im Zushg. mit gemischten Verträgen die Hotelnutzung nun nicht mehr erwähnt, siehe *ders.* in: Blümich, GewStG, § 8 Rz. 202 (EL 123, Juni 2014). *Sarrazin* ist im Ggs. zur früheren Bekundung unter § 8 Nr. 1 Buchst. e, Rz. 25 (Lfg. 98, Januar 2010) nun nicht mehr ganz so deutlich, vgl. *Sarrazin* in: Lenski/Steinberg, GewStG, § 8 Nr. 1 Buchst. e, Rz. 25 (Lfg. 106, März 2013).

428 Die Gesetzbegründung spricht von einer Aufteilung, wenn die Vermietung oder Verpachtung eine trennbare Hauptleistung ist und verweist auf die bisherige, in R 53 I 14, 15 GewStR 2007 niedergelegte Verwaltungspraxis, vgl. BT-Drs. 16/4841, S. 80. Darauf verweist z.B. auch eine entsprechende Eingabe des ehemaligen Mitglieds des Finanzausschusses des Bundestages, Schreiben des MdB Ulrich Krüger an das BMF vom 10.10.2014 (n.v.).

429 Siehe hierzu *Rogl*, Der Fiskus spielt verrückt!, fvw Blog vom 19.7.2010.

430 Gl. Ländererlass vom 2.7.2012, BStBl. I 2012, 654.

431 OFD Frankfurt, Rdvfg. vom 17.6.2013, G 1422A-55-St55 (n.v.); ebenso BMF, Schreiben vom 22.5.2013, G 1422/07/10005:008, BeckVerw 280458; OFD NRW, Vfg. vom 25.9.2013, G 1422-2013/0023-St161, DB 2013, 2363; dies., Verw.anw. vom 4.11.2013, G 1422-2013/0023-St161, DB 2013, 2711.

leistungen) hinzuzurechnen"[432] sind. Es scheint sich bei einem Vertrag über eine kurzfristige Hotelnutzung die Erkenntnis durchgesetzt zu haben, dass mietrechtliche Elemente überwiegen oder dem Vertrag jedenfalls seine Prägung geben.[433]

Die im nächsten Schritt erfolgte Ablehnung der Hinzurechnung der Aufwendungen für kurzfristige Hotelnutzungen „aus Vereinfachungsgründen" scheint nur noch auf bloßen Billigkeitserwägungen[434], 434[435] zu beruhen, ohne den mietrechtlichen Charakter des Vertragsverhältnisses selbst in Frage zu stellen.

b. Die finanzverwaltungsseitigen Differenzierungen

Der Ländererlass vom 2.7.2012[436] beschränkt sich auf die Feststellung, „*Mietaufwendungen des Unternehmers für die Anmietung von Unterkünften*" seien der gewerbesteuerlichen Hinzurechnung zuzuordnen. Er lässt offen, welchen Bezug hierzu die im Klammerzusatz beispielhaft genannten Reisedienstleistungen haben. Diese Position versuchen drei Verfügungen zweier Landesfinanzbehörden, nämlich der OFD Frankfurt am Main

---

432 Gl. Ländererlass vom 2.7.2012, BStBl. I 2012, 654, Tz. 29b (Hervorhebungen vom Verf.).

433 Dies lassen auch die Äußerungen eines Vertreters der Finanzverwaltung vermuten, siehe dazu *Breinersdorfer*, Abteilungsleiter Steuern im MdF Rheinland-Pfalz, in: BT, Ausschuss für Tourismus, Ausschuss-Drs.18-20-11, S. 12 ff. (n.v.); *ders.*, Die neue Hinzurechnung von Finanzierungsanteilen, Präsentation zum ifst-Kolloquium, Problemfeld Gewerbesteuerliche Hinzurechnung, ifst und Bundesfinanzakademie vom 26.11.2014.

434 Welche Rechtfertigungsgründe allerdings gegeben sein sollen, von einer Hinzurechnung abzusehen, wenn einerseits der Tatbestand erfüllt ist und andererseits bei anderen kurzfristigen Gebrauchsüberlassungen eine Hinzurechnung vorzunehmen ist, wie bei der Überlassung von Miet- und Werbeflächen auf Taxen und Bussen (siehe Gl. Ländererlass vom 2.7.2012, BStBl. I 2012, 654 Tz 29), erscheint wenig einleuchtend.

435 Bei einer solchen Billigkeitsmaßnahme handelt sich um eine abstrakt-generelle Regelung. Zum Streit darüber, ob dies unter verfassungsrechtlichen Gesichtspunkten zulässig ist und die Abstandnahme von der Besteuerung mittels einer abstrakt-generell formulierten Verwaltungsanweisung erfolgen kann, siehe BFH, *Urteil* vom 14.7.2010, X 34/08, BFHE 229, 502 (510) m.w.N. An der Zulässigkeit m.E. zurecht zweifelnd *Hummel*, Allgemeines Gesetz und Einzelfallgerechtigkeit im kanonischen und im staatlichen Recht, S. 54, 55.

436 Gl. Ländererlass vom 2.7.2012, BStBl. I 2012, 654.

und der OFD Nordrhein-Westfalen, unter Berufung auf Erörterungen auf Bund-Länderebene zu erläutern und zu vertiefen.[437]

Hierbei wird zwischen der Reservierung von Zimmerkontingenten durch Reiseveranstalter einerseits und der Buchung von Hotelunterkünften andererseits unterschieden. Übereinstimmend wird zum Ausdruck gebracht, dass Aufwendungen eines Reiseveranstalters im Zusammenhang mit der bloßen Reservierung eines Zimmerkontingents nicht der gewerbesteuerlichen Hinzurechnung zu unterwerfen seien.[438] Hingegen komme bei einer Buchung von Hotelunterkünften durch einen Reiseveranstalter zwischen diesem und dem Hotelbetreiber ein gemischter Vertrag zustande. Dieser stelle jedoch ungeachtet des Umfangs des Leistungspaketes keinen „Vertrag besonderer Art" dar, da weder die Raumüberlassung noch eine sonstige Leistung dem Vertrag das rechtliche Gepräge gebe.[439] Die Leistungskomponenten würden kein einheitliches und unteilbares Ganzes bilden, weshalb sie getrennt zu betrachten seien.[440] Sofern die Aufwendungen für die nicht in der Übernachtungsleistung liegenden Komponenten im Vertragspaket nicht gesondert ausgewiesen würden, sei der auf diese Leistungen entfallende Entgeltanteil zu schätzen.[441]

Hinsichtlich der einzelnen, der Schätzung zu unterwerfenden Leistungskomponenten bestehen unterschiedliche Auffassungen zwischen den einzelnen Finanzbehörden.

---

437 OFD Frankfurt, Rdvfg. vom 17.6.2013, G 1422A-55-St55 (n.v.); OFD NRW, Vfg. vom 25.9.2013, G 1422-2013/0023-St161, DB 2013, 2363; dies., Verw.anw. vom 4.11.2013, G 1422-2013/0023-St161, DB 2013, 2711; ebenso BMF, Schreiben vom 22.5.2013, G 1422/07/10005:008, BeckVerw 280458.

438 Vgl. dazu OFD Frankfurt, Rdvfg. vom 17.6.2013, G 1422A-55-St55 (n.v.); OFD NRW, Vfg. vom 25.9.2013, G 1422-2013/0023-St161, DB 2013, 2363; dies., Verw.anw. vom 4.11.2013, G 1422-2013/0023-St161, DB 2013, 2711; ebenso BMF, Schreiben vom 22.5.2013, G 1422/07/10005:008, BeckVerw 280458.

439 OFD Frankfurt, Rdvfg. vom 17.6.2013, G 1422A-55-St55 (n.v.); OFD NRW, Vfg. vom 25.9.2013, G 1422-2013/0023-St161, DB 2013, 2363; dies., Verw.anw. vom 4.11.2013, G 1422-2013/0023-St161, DB 2013, 2711.

440 Diesen Ansatz vor dem Tourismus-Ausschuss des Deutschen Bundestages wiederholend *Breinersdorfer*, Abteilungsleiter Steuern im MdF Rheinland-Pfalz, in: BT, Ausschuss für Tourismus, Ausschuss-Drs.18-20-11, S. 12 ff. (n.v.).

441 Vgl. dazu übereinstimmend OFD Frankfurt, Rdvfg. vom 17.6.2013, G 1422A-55-St55 (n.v.); OFD NRW, Vfg. vom 25.9.2013, G 1422-2013/0023-St161, DB 2013, 2363; dies., Verw.anw. vom 4.11.2013, G 1422-2013/0023-St161, DB 2013, 2711.

aa. Die Ansicht der OFD Frankfurt

Die OFD Frankfurt hat versucht, sich in einer Verwaltungsanweisung der Thematik der Hinzurechnung sog. Reisevorleistungen inhaltlich zu nähern.[442] Danach gelten Nebenleistungen einer Übernachtungsleistung, „*die üblicherweise unmittelbar mit der Überlassung der Unterkunft einhergehen*“, als zur Unterkunft gehörig. Dagegen sollen Leistungen, denen „*ein eigener wirtschaftlicher Gehalt beizumessen ist und deren Inanspruchnahme für gewöhnlich eine (aufpreispflichtige) Vereinbarung zugrunde liegt*“ nicht der Unterkunft zugeordnet werden. Als solche „*üblicherweise mit der Überlassung der Unterkunft einhergehenden Nebenleistungen der Unterbringung*“ sieht die OFD Frankfurt z.B. die Zimmerreinigung und Rezeption sowie die Nutzung hoteleigener Anlagen wie Schwimmbad, Sauna und Sportstätten an. Verpflegungsleistungen im Hotelrestaurant, spezielle Wellnessleistungen wie Massagen und Anwendungen sowie Ausflüge werden nicht der Unterbringungsleistung zugeordnet. Eine Begründung für ihre Rechtsansicht und die Zuordnung gibt die OFD Frankfurt nicht.

bb. Die Ansicht der OFD Nordrhein-Westfalen

Die OFD Nordrhein-Westfalen hat sich gleich mehrfach zu diesem Thema geäußert und zwar in der Verfügung vom 25.9.2013[443] und sechs Wochen später in der Verfügung vom 4.11.2013.[444]

In ihrer Verfügung vom 25.9.2013 wiederholt sie im Wesentlichen die Aussagen der OFD Frankfurt und versieht diese mit einem eher klarstellenden als inhaltlich neuen Zusatz. Danach sollen diejenigen Leistungen, denen ein eigener wirtschaftlicher Gehalt beizumessen ist und deren Inanspruchnahme für gewöhnlich eine aufpreispflichtige Vereinbarung zugrunde liegt „*[...] nicht in unmittelbarem Zusammenhang mit der Hotelunterkunft*“ stehen. Allerdings scheint sich die OFD hinsichtlich der genannten Beispiele der Verpflegungsleistungen im Hotelrestaurant, speziellen Wellnessleistungen sowie Ausflügen nicht sicher zu sein oder festlegen zu wol-

---

442 OFD Frankfurt, Rdvfg. vom 17.6.2013, G 1422A-55-St55 (n.v.).
443 OFD NRW, Vfg. vom 25.9.2013, G 1422-2013/0023-St161, DB 2013, 2363.
444 OFD NRW, Verw.anw. vom 4.11.2013, G 1422-2013/0023-St161, DB 2013, 2711.

len, wenn sie meint, dass diese zu den nicht im unmittelbaren Zusammenhang mit der Hotelunterkunft stehenden Leistungen „*zählen dürften*".

Die Verfügung vom 4.11.2013 bestätigt im Grundsatz zunächst die bereits postulierten Aussagen zur Qualifizierung der Hotelbuchung als gemischten Vertrag. Ebenso sollen weiterhin die Nebenleistungen der Unterkunftsleistung, die „*üblicherweise unmittelbar mit der Überlassung der Unterkunft einhergehen*", als zur Unterkunft gehörig angesehen werden. Im Übrigen vollzieht die OFD-Verfügung im gewissen Rahmen jedoch eine Kehrtwende.[445] Zwar werden neben der Zimmerreinigung und der Rezeption weiterhin die Nutzung hoteleigener Anlagen, wie Schwimmbad, Sauna und Sportstätten als derartige Nebenleistungen genannt. Allerdings wird zum einen die Nutzung jener Anlagen unter den Vorbehalt gestellt, dass dieser kein eigener wirtschaftlicher Gehalt immanent ist. Zum anderen wird das Vorliegen einer Leistung mit eigenem wirtschaftlichen Gehalt nicht mehr daran geknüpft, dass „*ihr für gewöhnlich eine gesonderte und aufpreispflichtige Vereinbarung*" zugrunde liegt. Als eine solche Leistung werden nunmehr „*Verpflegungsleistungen*" auch ohne den Zusatz „*im Hotelrestaurant*" angesehen, des Weiteren „*Beförderungsleistungen (Shuttleservice)*" und „*spezielle Wellness- und Sportleistungen*", wobei die Nutzung der hauseigenen Sauna und des Schwimmbades wiederum ausgenommen sind. Auch „*Conciergedienste, nicht die übliche Rezeption, Willkommens- und Unterhaltungsveranstaltungen, Ausflüge usw.*" sollen eigene Leistungen bilden. All dies wird wiederum unter den Vorbehalt gestellt, dass „*nicht besondere Umstände des Einzelfalls zu einer anderen Beurteilung führen*".

c. Analyse und Stellungnahme zur Ansicht der Finanzverwaltung

Allgemein betrachtet wäre es wünschenswert gewesen, wenn die obigen Verlautbarungen nicht im Dunkeln ließen, auf welche rechtlichen Argumente sich die Finanzverwaltung stützt, soweit sie in der Bereitstellung einer Unterkunft durch den Hotelier hinzurechnungspflichtige und damit

---

445 Da diese Ansicht ausweislich der Verw.anw. vom 4.11.2013 auf Erörterungen auf Bund-Länder-Ebene zurückgeht, kann daraus geschlossen werden, dass dieses Ergebnis auch bundesweit vertreten werden soll.

mietrechtliche Elemente sieht.[446] Denn es wird weder deutlich gemacht, welche Vertragsmodelle sie bei ihrer Meinungsbildung vor Augen hat, noch werden zivilrechtliche Einordnungen von Verträgen und steuerrechtliche Wertungen vorgenommen. Stattdessen begnügt sich die Finanzverwaltung damit, von „Verträgen über kurzfristige Hotelnutzungen“ [447], der „Anmietung von Unterkünften“ oder „Überlassung der Unterkunft“[448] zu sprechen und unterstellt insoweit, dass eine „Anmietung“ erfolgt und eine „Überlassung“ gegeben sei.

Auch die Äußerungen der Oberfinanzdirektionen Frankfurt und Nordrhein-Westfalen setzen sich nur auf den ersten Blick tiefergehend mit der Problematik auseinander. Sie erschöpfen sich darin, die „Reservierung“ von einer „Hotelbuchung“ zu unterscheiden und gelangen zu dem Schluss, dass erstere keine Hinzurechnung begründet. Warum die Hotelbuchung dann ein die gewerbesteuerliche Hinzurechnung auslösendes Vertragsverhältnis begründen soll, bleibt ebenso offen, wie nicht offenbart wird, was gegen die Annahme eines sich als „einheitliches und unteilbares Ganzes“ auszeichnendes Vertragsverhältnis spricht und warum stattdessen einer getrennten Betrachtung einzelner Leistungskomponenten gefolgt wird, die zu dem Ergebnis führt, dass ein Teil dieses Vertragsverhältnisses in seinem wesentlichen Kern einen Mietvertrag darstellen soll.

Des Weiteren werden Begriffe verwendet, die gewisse Unschärfen offenbaren. So spricht die Finanzverwaltung von „mit der Hotelunterkunft

---

446 Da es sich um Verwaltungsanweisungen handelt, die in erster Linie ausschließlich interne Wirkungen entfalten, wird man eine Begründung der darin vertretenen Rechtsansichten aus rechtlicher Sicht kaum verlangen können. Anders wird sich dies in der konkreten Anwendung auf den Einzelfall darstellen, jedenfalls dann, wenn im Rahmen eines Einspruchsverfahrens die Finanzbehörde sich mit dem Vorbringen des Steuerpflichtigen in tatsächlicher und rechtlicher Hinsicht auseinandersetzen muss, siehe Fn 18; vgl. dazu auch *Seer* in: Tipke/Lang, AO, FGO, § 366 Rn. 9 (Lfg. 125, Februar 2011). Während also die in § 121 AO für den Verwaltungsakt, auch in Form des Steuerverwaltungsaktes (§ 155 AO), statuierte Begründungspflicht noch an eher geringen inhaltlichen Anforderungen gemessen werden kann, wird es jedenfalls im Einspruchsverfahren nicht mehr genügen, auf eine interne Verfügung zu verweisen, die ihrerseits keine Begründung enthält.

447 Vgl. Gl. Ländererlass vom 2.7.2012, BStBl. I 2012, 654.

448 Siehe insoweit die im Wortlaut übereinstimmende Rdvfg. der OFD Frankfurt vom 17.6.2013, G 1422A-55-St55 (n.v.); OFD NRW, Vfg. vom 25.9.2013, G 1422-2013/0023-St161, DB 2013, 2363; dies., Verw.anw.vom 4.11.2013, G 1422-2013/0023-St161, DB 2013, 2711.

einhergehenden Nebenleistungen". Dabei wird nicht deutlich, warum die Hotelunterkunft Hauptleistungscharakter haben soll und was eine Nebenleistung ausmacht. Zu guter Letzt begnügen sich die Verlautbarungen mit dem Verweis, dass die Hinzurechnungsanteile im Wege einer Schätzung zu ermitteln seien, wenn die Aufwendungen, die auf den mietvertraglichen Teil des Vertragspaketes entfallen sollen, nicht gesondert ausgewiesen wurden. Hierbei werden weder Schätzungsmethoden noch sonstige Maßstäbe genannt. Der Rechtsanwender bleibt auch insoweit im Unklaren.[449]

Die Verlautbarungen der Finanzverwaltung offenbaren nicht zuletzt ein weiteres Dilemma. Denn folgte man ihrer Rechtsansicht und teilt das Ergebnis, der zwischen Reiseveranstalter und Hotelier geschlossene Vertrag sei kein „Vertrag besonderer Art", sondern ein gemischter Vertrag, bei dem sich einzelne Leistungskomponenten voneinander trennen lassen[450], muss man sich zwingend der Frage zuwenden, nach welchen Maßstäben und Methoden eine Aufteilung der Aufwendungen des Reiseveranstalters erfolgen soll. Die Finanzverwaltung erkennt, dass hierzu weder Judikate[451] noch entsprechende Erfahrungswerte existieren und verweist darauf, es seien „realitätsnahe Erfahrungswerte der Betriebsprüfung in geeigneter Weise aufzuarbeiten, um gerichtsfeste Schätzungen zu ermöglichen".[452] Nicht offenbart wird, wie Betriebsprüfungen derartige Erfahrungswerte sammeln sollen.[453] Ebenso bleibt im Dunkeln nach welchen Schätzungsmethoden die Betriebsprüfer ihre Erkenntnisse gewinnen sollen.[454]

---

449 Vgl. dazu auch die Kritik von *Jorczyk*, Gewerbesteuerliche Hinzurechnung: Die Finanzverwaltung bleibt dabei!, SRTour 12/2013, 5 (8).

450 Dies wird dann ein gemischter Vertrag in Form eines Typenkombinationsvertrags sein müssen, siehe dazu oben Teil 2, Kap. C.I.3.a.cc., 73.

451 Soweit sich die Rechtsprechung im Zusammenhang mit der umsatzsteuerlichen Beurteilung von Reisevorleistungen in Form von Hotelleistungen der Frage einer Aufteilung unterschiedlicher Hotelleistungen zuwandte, waren die Aufteilungsmaßstäbe unstrittig, vgl. zuletzt BFH, *Urteil* vom 20.3.2014, V R 25/11, BFH/NV 2014, 1173, BFHE 245, 286.

452 So *Breinersdorfer*, Abteilungsleiter Steuern im MdF Rheinland-Pfalz, in: BT, Ausschuss für Tourismus, Ausschuss-Drs.18-20-11, S. 14 (n.v.).

453 Zur Feststellungslast und zum Problem der Mitwirkung des Steuerpflichtigen siehe Teil 3, Kap. C.I.2, 308 und Kap. C.II.2.b., 325.

454 In der Praxis sind Fälle zu beobachten, in denen es die Finanzverwaltung jedenfalls nicht akzeptiert, wenn ein Reiseveranstalter hinsichtlich der Aufwendungen für bezogene Hotelleistungen eine Aufteilung dergestalt vornimmt, dass lediglich 50 % Aufwendungen auf Übernachtungsleistungen entfallen, sondern die Betriebsprüfung bestrebt ist, den als hinzurechnungspflichtig angesehenen Über-

Folgte man dagegen der Ansicht, der Vertrag zwischen Hotelier und Reiseveranstalter stelle einen „Vertrag besonderer Art“ dar[455], der ein einheitliches und untertrennbares Ganzes bilde[456], und teilte man auch die methodische Vorgehensweise der Finanzverwaltung[457] im Hinblick auf die Behandlung eines solchen Vertrags besonderer Art[458], dann würde dessen maßgebliche Prägung in den Vordergrund rücken. Dann müsste der diesen Vertrag maßgeblich prägende Teil in seinem wesentlichen Kern einem Mietvertrag entsprechen. Ist das nicht der Fall, schiede auch nach Ansicht der Finanzverwaltung eine Hinzurechnung des für die Inanspruchnahme der Leistung geleisteten Entgeltes grundsätzlich aus.[459] Zwischen diesen Positionen steht die Finanzverwaltung. Da sie den Hoteleinkaufsvertrag, mit dessen rechtlichen Charakter sie sich – jedenfalls für den Rechtsanwender nicht erkennbar – nicht auseinandersetzt, nicht in Gänze als Mietvertrag behandeln will und deshalb dessen Trennbarkeit postuliert, müsste sie nun Parameter entwickeln oder erforschen, um Hinzurechnungsgrundlagen für einzelne Leistungsbestandteile zu ermitteln.

2. Die Ansichten in der Literatur

Die Ansichten in der Literatur zu diesem Themenbereich sind überschaubar. Die Kommentierungen zum Gewerbesteuerrecht haben das Thema (noch) nicht aufgegriffen. Nur vereinzelt finden sich Äußerungen im übrigen Schrifttum.

---

nachtungsanteil höher zu bemessen. Zur Aufteilung für die umsatzsteuerliche Behandlung von in der Hotelleistung enthaltenen Verpflegungsleistungen, siehe BFH, *Urteil* vom 20.3.2014, V R 25/11, BFH/NV 2014, 1173, BFHE 245, 286; BFH, *Urteil* vom 15.1.2009, V R 9/06, BStBl. II 2010, 433, BFHE 224, 166.

455 Dies lehnt die Finanzverwaltung ausweislich der Stellungnahmen der OFD ab, siehe OFD Frankfurt, Rdvfg. vom 17.6.2013, G 1422A-55-St55 (n.v.); OFD NRW, Vfg. vom 25.9.2013, G 1422-2013/0023-St161, DB 2013, 2363; dies., Verw.anw. vom 4.11.2013, G 1422-2013/0023-St161, DB 2013, 2711.

456 Dies wird dann ein gemischter Vertrag in Form eines Typenverschmelzungsvertrags sein, siehe dazu Teil 2, Kap. C.I.3.a.cc, 75.

457 Siehe dazu oben Teil 2, Kap. C.I.3.b.aa.(2), 80.

458 Zu den Erwägungen, warum dem nicht gefolgt wird, siehe Teil 2, Kap. C.I. 3.b.bb, 85 ff.

459 Siehe auch Gl. Ländererlass vom 2.7.2012, BStBl. I 2012, 654, Tz. 6.

Erstmals erwähnte *Jorczyk*[460] die Vertragsbeziehungen der Reiseveranstalter im Zusammenhang mit der gewerbesteuerlichen Hinzurechnung. Er verneint im Ergebnis die Hinzurechnung. Seiner Ansicht nach sei der zwischen Reiseveranstalter und Hotelbetreiber geschlossene Vertrag ein gemischter Vertrag, der sich durch die Untrennbarkeit der einzelnen Leistungsbestandteile auszeichne. Insoweit stellt *Jorczyk* darauf ab, dass Reiseveranstalter üblicherweise eine Mehrzahl von Reiseleistungen bündeln und dadurch ein neues, nach den Vorschriften des Reisevertragsrechts zu beurteilendes Produkt schaffen.[461] Er knüpft damit im Ergebnis an eine dem Zivilrecht entlehnte Sichtweise des Empfängers der Reiseleistungen an und stellt darauf ab, dass ein Reiseveranstalter nur als Händler derartiger Leistungen auftrete. Des Weiteren bezweifelt er unter Berufung auf die Aussagen des BFH im Urteil vom 29.11.1972[462] die Anlagevermögenseigenschaft des Hotels oder der Unterkunft.[463,464] Da es auf die tatsächlichen wirtschaftlichen Verhältnisse des Steuerpflichtigen ankomme und sich aus der Art seiner Betätigung ergebe, dass der Reiseveranstalter kein Hotelier sei und sein Unternehmen gerade nicht wie ein Hotel führe[465], müsse er anders behandelt werden, als jemand, der ein Hotel betreibt und deshalb eine solche Immobilie mietet.

460 *Jorczyk*, Droht die gewerbesteuerliche Hinzurechnungsbesteuerung beim Hoteleinkauf? SRTour 10/2011, 6 (9).

461 *Jorczyk*, Droht die gewerbesteuerliche Hinzurechnungsbesteuerung beim Hoteleinkauf? SRTour 10/2011, 6 (9).

462 Vgl. dazu BFH, *Urteil* vom 29.11.1972, I R 178/70, BStBl. II 1973, 148 ff.

463 *Jorczyk*, Droht die gewerbesteuerliche Hinzurechnungsbesteuerung beim Hoteleinkauf?, SRTour 10/2011, 6 (9); *ders.*, Hoteleinkauf beim Reiseveranstalter: Neuer Ländererlass beharrt auf Hinzurechnung!, SRTour 8/2012, 14 (17); so ähnlich auch in Bezug zum Konzertveranstalter *Kohlhaas*, Hinzurechnung von Miet- und Pachtzinsen gem. § 8 Nr. 1 e) GewStG bei kurzfristiger Anmietung?, FR 2011, 800 (803).

464 Die Anlagevermögenseigenschaft ebenso in Frage stellend *Hidien* in: Hidien/Pohl/Schnitter, Gewerbesteuer, 15. Aufl., Kap. 6, Ziff. 6.7.5, Stichwort „Hotelnutzung", ohne allerdings das hier in Rede stehende Problem in Bezug zum Reiseveranstalter anzusprechen.

465 *Jorczyk*, Droht die gewerbesteuerliche Hinzurechnungsbesteuerung beim Hoteleinkauf?, SRTour 10/2011, 6 (9); *ders.* in der Stellungnahme des DRV, Schreiben an das BMF vom 7.9.2012 zu Anwendungsfragen bei der Zurechnung von Finanzierungsanteilen (n.v.), S. 2; a.A. allerdings *Bartl*, Der Hotelreservierungsvertrag, transpR 1982, 57.

In ähnlicher Weise äußert sich auch *Roser*.[466] Er kritisiert, dass die Hinzurechnungsnormen des § 8 Nr. 1 lit. d bis f GewStG systematische Defizite offenbaren, da sie auf unterschiedliche Sachverhaltskonstellationen Anwendung finden und insoweit auf Reiseveranstalter nicht ohne Weiteres passen.[467] Zudem plädiert er, auch mit Blick auf Verträge zur kurzfristigen Nutzung von Hotelzimmern, dafür, bei sog. Mehrkomponentengeschäften die Trennbarkeit einzelner Leistungen mit Augenmaß zu beurteilen. Andernfalls bestünde ein unendlicher Aufteilungsbedarf.[468] In verfahrensrechtlicher Hinsicht merkt er an, dass es widersprüchlich sei, einerseits einen hohen Detaillierungsgrad bei der Bestimmung einzelner Leistungskomponenten zu fordern, andererseits diese Detaillierung hinsichtlich der dann anzunehmenden Hinzurechnungsanteile wieder mittels einer Schätzung zu pauschalieren.[469]

In dieselbe Richtung gehen auch entsprechende Verlautbarungen der Fachverbände.[470] Es wird darüber hinaus allseits darauf abgestellt, dass eine Hinzurechnung der Aufwendungen der Reiseveranstalter für den Einkauf von Zimmerkontingenten etc., den sog. Hoteleinkauf, dem Gesetzeszweck des § 8 Nr. 1 lit. e GewStG widerspreche, der eine Hinzurechnung von Fremd(sach)kapital vorsehe. Eine solche Sachkapitaleigenschaft bestehe bei Hotelunterkünften nicht, weil diese allenfalls Umlaufvermögen bildeten.[471]

---

466 *Roser*, Gewerbesteuerliche Hinzurechnungen von Nutzungsentgelten nach § 8 Nr. 1d bis f GewStG, ifst-Schrift Nr. 497, S. 57.

467 *Roser*, Gewerbesteuerliche Hinzurechnungen von Nutzungsentgelten nach § 8 Nr. 1d bis f GewStG, ifst-Schrift Nr. 497, S. 56.

468 *Roser*, Gewerbesteuerliche Hinzurechnungen von Nutzungsentgelten nach § 8 Nr. 1d bis f GewStG, ifst-Schrift Nr. 497, S. 61, 67, 71.

469 *Roser*, Gewerbesteuerliche Hinzurechnungen von Nutzungsentgelten nach § 8 Nr. 1d bis f GewStG, ifst-Schrift Nr. 497, S. 71. Das ist m.E. allerdings in sich nicht widersprüchlich, sondern die Entfaltung einer detaillierten Schätzungsgrundlage. Es geht zunächst darum, den Sachverhalt aufzunehmen, um alsdann zu klären, was passiert, wenn der Sachverhalt nicht ermittelt werden kann. Dies ist dann eine Frage der objektiven Feststellungslast. Siehe zu den verfahrensrechtlichen Aspekten Teil 3, Kap. C.II.2.c., 335 ff.

470 *DRV*, Schreiben an das BMF vom 7.9.2012 zu Anwendungsfragen bei der Zurechnung von Finanzierungsanteilen (n.v.); Stellungnahme von *Donderer*, Steuerausschuss des BDI, Protokoll der Sitzung am 5.11.2013 vom 13.1.2014 (n.v.).

471 Siehe bspw. *Meier*, Vorstand des DRV, zitiert nach *Rogl/Hildebrandt*, Auf Beutezug, fvw vom 14.11.2013, S. 16 (19); *DRV*, Schreiben an das BMF vom 7.9.2012 zu Anwendungsfragen bei der Zurechnung von Finanzierungsanteilen, S. 3 (n.v.);

II. Zur rechtlichen Einordnung der Aufwendungen der Reiseveranstalter

Die Beschäftigung mit einer Vielzahl von in der Reisebranche üblichen Verträgen[472] offenbarte, dass die bislang von Finanzverwaltung und Literatur formulierten Maßstäbe für eine gewerbesteuerliche Hinzurechnung der Aufwendungen eines Reiseveranstalters für die Beschaffung von Reiseleistungen weder die wirtschaftlichen noch die rechtlichen Grundlagen, auf die sich diese Maßstäbe beziehen, annähernd realitätsgerecht abbilden. Es sind daher nicht nur die nahezu diametralen Positionen und deren fehlende bzw. undifferenzierte Begründung, die es erforderlich machen, sich den zwischen Reiseveranstalter und Hotelier bestehenden Rechtsbeziehungen zuzuwenden. So konnte in tatsächlicher Hinsicht ermittelt werden, dass zwischen Verträgen oder Vertragswerken zu differenzieren ist, die einerseits die Beschaffung von Unterkünften und Unterkunftsleistungen zum Inhalt haben und andererseits sich auf Leistungspakete des Hotels beziehen, die dem Reiseveranstalter für seine Kunden zur Verfügung gestellt werden.

Es wird daher nicht nur notwendig sein, die von der Finanzverwaltung vorgenommene Differenzierung zwischen einer Reservierung und einer Hotelbuchung zu hinterfragen, um diese zu verstehen und beurteilen zu können, ob die Unterscheidung zutreffend ist.[473] Man wird vielmehr, ausgehend von den verschiedenen, am Markt vorhandenen Geschäftsmodellen der Reiseveranstalter, die unterschiedlichen Formen des Hoteleinkaufs betrachten müssen, um daran anknüpfend den Inhalt der angebotenen Hotelleistungen, die Hotelverträge selbst zu untersuchen. Daraus könnten sich Unterschiede bei der rechtlichen Einordnung der konkreten Vertragsbeziehung und damit letztlich auch Unterschiede bei der gewerbesteuerlichen Hinzurechnung als solche ergeben. In diesem Zusammenhang ist anhand konkreter Vertragsinhalte eine rechtliche Einordnung der Hotelverträge vorzunehmen, um festzustellen, ob sich überhaupt ein auf die Beschaffung von Unterkünften gerichteter Vertrag, wie es die Finanzverwaltung annimmt, in unterschiedliche Vertragsbestandteile aufspalten lässt,

---

in diesem Sinne auch *Roser*, Gewerbesteuerliche Hinzurechnungen von Nutzungsentgelten nach § 8 Nr. 1d bis f GewStG, ifst-Schrift Nr. 497, S. 57.

472 Es handelt sich insoweit um Verträge sowohl großer als auch mittelständischer und kleiner Reiseveranstalter, die im Hinblick auf zugesicherte Vertraulichkeit im Detail nicht wiedergegeben werden können.

473 Zu diesem Punkt hat sich, soweit ersichtlich, die Literatur selbst nicht geäußert.

und, falls dem nicht so ist, ob dieser Vertrag in seinen wesentlichen Bestandteilen einem Mietvertrag entspricht oder sich stattdessen eine Einordnung als Mietverhältnis gerade verbietet, weil er wesentliche mietfremde Elemente beinhaltet.

1. Die Rechtsbeziehungen des Reiseveranstalters

Will man die gewerbesteuerlichen Wertungen der Finanzverwaltung verstehen, ist es angezeigt, zunächst die unterschiedlichen zivilrechtlichen Beziehungen in einem Reisevertrag zu betrachten.

Der Begriff des Reiseveranstalters ist vornehmlich zivilrechtlicher Natur und beschreibt eine der beteiligten Hauptpersonen des in den §§ 651a ff. BGB geregelten Reisevertrags. Dieser ist trotz seiner Regelungsnähe zum Werkvertrag kein Sondertypus desselben, sondern ein Vertrag eigener Art.[474] Der Begriff des Reiseveranstalters wird im BGB nicht definiert, sondern vorausgesetzt. Reiseveranstalter ist derjenige, der gegenüber einer anderen Person eine Gesamtheit von Reiseleistungen, die Reise, erbringt.[475] Ob eine Person gegenüber einem Reisenden als Reiseveranstalter tätig wird, bestimmt sich aus Sicht des Reisenden.[476] Die Einordnung als Reiseveranstalter i.S.d. Zivilrechts erfolgt unabhängig vom konkreten Geschäftsmodell und ist allein von der Art und Weise des Auftritts des Schuldners, der Reiseleistungen gegenüber dem Kunden erbringt, und vom Inhalt seines Leistungsversprechens abhängig. Maßgebliches Abgrenzungskriterium, insbesondere zum Reisevermittler[477], ist die Erbringung der Leistungen in eigener Verantwortung.

Damit eine Person als Reiseveranstalter angesehen werden kann, muss ihr Leistungsversprechen auf die Erbringung einer Reiseleistung gerichtet sein. Ebenso wird der Begriff der Reise im BGB nicht definiert. Nach einhelliger Ansicht ist darunter die sog. Pauschalreise als Schutzobjekt des Reisevertrags zu verstehen. Diese ist eine aus mehreren Einzelleistungen

---

474 Einhellige Ansicht, vgl. statt vieler *R. Schmidt* in: Erman, BGB, 13. Aufl., vor § 651a Rn. 2; *Tonner* in: MüKo, BGB, 6. Aufl., Vor § 651a Rn. 19 jeweils m.w.N.

475 § 651a Abs. 1 BGB; siehe zum Begriff auch BGH, *Urteil* vom 30.9.2010, Xa ZR 130/08, NJW 2011, 599, Tz. 9, m.w.N.

476 Vgl. dazu *Sprau* in: Palandt, BGB, 73. Aufl., Einf v § 651a Rn. 4 m.w.N. aus der Rspr.

477 Vgl. statt vieler *Sprau* in: Palandt, BGB, 73. Aufl., Einf v § 651a Rn. 4 m.w.N.

zu einer Einheit zusammengestellte und als solche zu einem einheitlichen Preis innerhalb eines bestimmten Zeitraums zu erbringende Leistung, die als ein über die Summe der Einzelleistungen hinausgehender Erfolg geschuldet wird.[478] Diesem Verständnis folgt auch die Pauschalreiserichtlinie.[479] Im Kern schuldet damit der Reiseveranstalter im Falle einer Pauschalreise unabhängig vom konkreten Geschäftsmodell dem Reisenden als Hauptleistungen die Planung und Organisation der Reise einerseits und deren Durchführung andererseits.[480]

Damit der Reiseveranstalter gegenüber dem Reisenden die versprochene Reise erbringen kann, bedient er sich in der Regel sog. Leistungsträger. Diese werden vom Reiseveranstalter in die Erfüllung der touristischen Leistungen eingeschaltet und erbringen Einzelleistungen oder ein Bündel verschiedener Einzelleistungen, die im Rahmen des Reisevertrags als Teilleistungen des Veranstalters betrachtet werden.[481] Der in Erfüllung der nach § 651a Abs. 1 Satz 1 BGB gegenüber dem Reisenden bestehenden Verpflichtung zur Erbringung der Reiseleistung, insbesondere der Unterbringung in einem Hotel oder einer sonstigen, nach bestimmten Merkmalen und Eigenschaften vereinbarten Unterkunft, eingesetzte Hotelier ist Erfüllungsgehilfe des Reiseveranstalters i.S.d. § 278 BGB.

Aus Sicht des Reisenden wird der Reiseveranstalter bezogen auf die Unterbringungspflicht als Hotelier tätig, denn er muss ihm gegenüber für

478 *Sprau* in: Palandt, BGB, 73. Aufl., Einf v § 651a Rn. 3 m.w.N.

479 Pauschalreiserichtlinie, Richtlinie 90/314/EWG des Rates vom 13. Juni 1990 über Pauschalreisen, ABl. Nr. L 158 vom 23.6.1990, S. 59. Danach wird der Veranstalter als eine Person definiert, die nicht nur gelegentlich Pauschalreisen organisiert und sie direkt oder über einen Vermittler verkauft oder zum Verkauf anbietet. Als Pauschalreise i.S.d. Richtlinie gilt eine im Voraus festgelegte Verbindung von mindestens zwei Dienstleistungen, die zu einem Gesamtpreis verkauft oder zum Verkauf angeboten wird, wenn diese Leistung länger als 24 Stunden dauert oder eine Übernachtung einschließt. Derartige Dienstleistungen sind Beförderung, Unterbringung und/oder andere touristische Dienstleistungen, die nicht Nebenleistungen von Beförderung oder Unterbringung sind und einen beträchtlichen Teil der Gesamtleistung ausmachen.

480 Von der Reiseleistung nach § 651a BGB nicht erfasst werden i.d.R. Leistungen, die als Fremdleistungen Dritter angeboten werden, bspw. Ausflüge, Spa- und Wellnessangebote. Hier wird seitens des Reiseveranstalters allenfalls deren Vermittlung geschuldet, vgl. dazu im Einzelnen *Sprau* in: Palandt, BGB, 73. Aufl., § 651a Rn. 5 m.w.N.

481 *Sprau* in: Palandt, BGB, 73. Aufl., § 651a Rn. 10.

die Hotelleistung selbst einstehen.[482] Daran scheint auch die Finanzverwaltung anzuknüpfen, wenn sie, bezogen auf diese Rechtsbeziehungen, die vereinfachend als Reisevorleistungen bezeichnet werden[483], im Ergebnis die gewerbesteuerliche Hinzurechnung der damit verbunden Aufwendungen befürwortet.

Nach zivilrechtlicher Ansicht finden jedoch auf die zwischen dem Reiseveranstalter und dem Leistungsträger bestehende Rechtsbeziehung die Regelungen des Reisevertragsrechts keine Anwendung.[484] Folglich kann im Grundsatz aus der Stellung des Reiseveranstalters im Verhältnis zum Reisenden nichts für die Qualifizierung der Rechtsbeziehungen zwischen Reiseveranstalter und dem Leistungsträger abgeleitet werden. Es kommt vielmehr darauf an, welche konkreten Leistungspflichten der Reiseveranstalter und sein Leistungsträger vereinbart haben. Allein danach beurteilt sich dann auch die rechtliche Qualifikation ihrer Rechtsbeziehung.[485]

2. Die Geschäftsmodelle der Reiseveranstalter

Die Betätigung eines Unternehmers als Reiseveranstalter kann in unterschiedlichster Weise erfolgen. Man betrachte beispielsweise die am deutschen Reisemarkt tätigen Reiseveranstaltungskonzerne[486] auf der einen und mittelständische Busreiseunternehmen auf der anderen Seite. Allein aus dieser simplifizierten Gegenüberstellung wird deutlich, dass das Spektrum der Geschäftsmodelle von Reiseveranstaltern vielfältig sein kann.

---

482 Vgl. dazu bereits *Bartl*, transpR 1982, 57 (57), a.A. *Jorczyk*, Droht die gewerbesteuerliche Hinzurechnungsbesteuerung beim Hoteleinkauf, SRTour, 10/2011, 6 (9).

483 Vgl. Gl. Ländererlass vom 2.7.2012, BStBl. I 2012, 639 Tz. 29b; zum Begriff der Reisevorleistungen siehe auch A 25.4 Abs. 1 Satz 1 UStAE 2010.

484 OLG Celle, *Urteil* vom 15.7.2004, 11 U 202/03, NJW-RR 2004, 1698; vgl. auch *Sprau* in: Palandt, BGB, 73. Aufl., § 651a Rn. 10.

485 OLG Celle, *Urteil* vom 15.7.2004, 11 U 202/03, NJW-RR 2004, 1698; vgl. auch *Sprau* in: Palandt, BGB, 73. Aufl., § 651a Rn. 10.

486 Zwar herrscht auf dem deutschen Reisemarkt ein Oligopol, bestehend aus TUI, Thomas Cook und den Veranstaltern der DER Touristik-Gruppe (ehemals Rewe-Touristik). Diese Unternehmen haben nach Angaben des Deutschen Reiseverbandes für das Jahr 2014 einen Marktanteil von zusammen 42 %, vgl. *DRV*, Fakten und Zahlen 2014 zum deutschen Reisemarkt, S. 17. Daneben gibt es Vielzahl mittelständischer und kleinerer Reiseveranstalter, die sich auf bestimmte Märkte und Nischenprodukte spezialisiert haben.

Hinzu kommt, dass ein Anbieter mehrere Geschäftsmodelle nebeneinander verfolgen kann. Ausgehend davon liegt die Schlussfolgerung nicht fern, dass es auch unterschiedliche Formen des Hoteleinkaufs bei Reiseveranstaltern gibt. Folglich kennt der Reisemarkt nicht *den* Reiseveranstalter und daher kann es auch nicht *den* Hoteleinkaufsvertrag geben. Die verschiedenartigen Geschäftsmodelle bedingen in der Sache eine unterschiedliche Art und Weise der Beschaffung von Hotelunterkünften. Insoweit wird auch die Erkenntnis wenig überraschen, dass zwischen Reiseveranstaltern und Hotelbetreibern verschiedene, auf ihre Erfordernisse abgestimmte Vertragsmodelle betreffend die Beschaffung von Hotelunterkünften existieren. Jedoch haben sich weder die Finanzverwaltung noch die Literatur bisher mit diesen am Markt üblichen Vertragsmodellen auseinandergesetzt.[487]

Da das von einem Reiseveranstalter verfolgte Geschäftsmodell Ausgangspunkt für seine Überlegungen bildet, auf welche Art und Weise er die erforderlichen Unterkünfte für seine Reisenden beschafft, sollen zunächst kurz die verschiedenen Geschäftsmodelle aufzeigt und erläutert werden.

a. Der klassische Reiseveranstalter

Der klassische Reiseveranstalter[488] pflegt in der Regel geschäftliche Beziehungen mit wirtschaftlich und rechtlich eigenständigen Geschäftspartnern der Tourismuswirtschaft. Diese externen Kommunikations- und Vertragsbeziehungen geben dem klassischen Reiseveranstalter seine spezifische Ausprägung. Er bindet für die gegenüber dem Kunden geschuldeten Reiseleistungen externe Leistungsträger als Erfüllungsgehilfen ein und bündelt deren einzeln angebotene touristische Leistungen (z.B. Beförde-

---

487 Jedenfalls ist das weder dem Gl. Ländererlass vom 2.7.2012, BStBl. I 2012, 654 noch den vertiefenden Stellungnahmen zur Hinzurechnung von Hotelleistungen bei Reiseveranstaltern der Oberfinanzdirektionen (siehe OFD NRW, Verw.anw. vom 4.11.2013, G 1422-2013/0023-St161, DB 2013, 2711; OFD NRW, Vfg. vom 25.9.2013, G 1422-2013/0023-St161, DB 2013, 2363; OFD Frankfurt, Rdvfg. vom 17.6.2013, G 1422A-55-St55 (n.v.)) oder dem BMF-Schreiben vom 22.5.2013, IV C 2-G 1422/07/10005:8, BeckVerw 280458 zu entnehmen.

488 In der Tourismusbranche wird dieser auch als „Traditional Tour Operator" bezeichnet.

rungs-, Unterkunfts- und Transferleistungen) zu einer Reiseleistung.[489] Gegenüber dem Kunden tritt er im Hinblick auf die touristischen Leistungen auf eigenes Risiko und eigene Rechnung in eigner Verantwortung auf. Er übernimmt für den Kunden Informations-, Beratungs- und Reservierungsaufgaben. Um seine Leistungen am Markt zu vertreiben, setzt der klassische Reiseveranstalter meist als Reisevermittler auftretende selbständige Reisebüros ein.

Die Beschaffung der Hotelleistung erfolgt meist auf der Basis einer direkten Kontaktaufnahme zum Hotel oder unter Zugriff auf Kontingente, die entweder Hotels oder auch andere Reiseveranstalter abgeben.

b. Der integrierte Reiseveranstalter

Ein Reiseveranstalter ist nicht gezwungen, die einzelnen Teilleistungen durch Dritte erbringen zu lassen. Er kann touristische Einzelleistungen oder auch das gesamte Leistungsspektrum selbst anbieten. Der integrierte Reiseveranstalter[490] vereint im Unterschied zum klassischen Reiseveranstalter verschiedene Stufen der touristischen Wertschöpfungskette in einem Unternehmen. Durch die vertikale Integration und Einbettung der einzelnen Dienstleistungen in ein Gesamtsystem wird versucht, mittels entstehender Synergieeffekte auf allen touristischen Wertschöpfungsstufen Gewinne zu erzielen. Das Ziel, dem Reisenden ein touristisches Gesamtkonzept durch die Integration verschiedener Leistungsbereiche anzubieten, hat für den integrierten Reiseveranstalter zur Folge, dass sich seine Betätigung von der Administration der jeweiligen Einzelleistungen hin zu einer komplexen Steuerung der einzelnen Leistungssparten verschiebt. Die integrierte Wertschöpfung zeichnet sich u.a. dadurch aus, dass der Reiseveranstalter seine Leistungen z.B. durch den Einsatz konzerneigener Charterge-

---

489 Siehe auch *Bastian*, Die touristischen Kernprozesse eines Reiseveranstalters, in: Bastian/Born, Der integrierte Touristikkonzern, S. 33 (34). Beförderungs- und Transferleistungen sind auf die Beförderung des Reisenden gerichtet. Sie unterscheiden in der jeweils zu bewältigenden Distanz. Erstere sind auf die Beförderung vom Abflug- oder Abfahrts- zum Urlaubsort (z.B. mittels Chartergesellschaft) gerichtet. Letzere decken i.d.R die jeweiligen Vorortstrecken (z.B. Flughafentransfers) ab.

490 Auch „Integrated Tour Operator" genannt; typische integrierte Reiseveranstalter sind TUI, Thomas Cook und DER-Touristik.

sellschaften[491] und Hotels sowie den Aufbau eigener Hotelmarken erbringt und den Vertrieb seiner Leistungen über konzerneigene Reisebüros steuert.[492,493]

Die Integration verschiedener Leistungen in ein touristisches Gesamtkonzept spiegelt sich auch im Bereich der Gewährleistung bestimmter Sicherheits- und Qualitätsstandards wider. Betrachtet man Hotelleistungen für sich, obliegt dem Hotelbetreiber ein großer Teil der Verantwortung für die Sicherheit und Gesundheit der Reisenden. Diese Verantwortung ergibt sich daraus, dass ein Großteil der Gäste die meiste Zeit des Urlaubs im Hotel bzw. in der Hotelanlage verbringt. Insoweit wird vor allem seitens der großen Reiseveranstalter ein umfangreiches Qualitätsmanagement- und Qualitätssicherungssystem betrieben.[494] Dies erfolgt nicht zuletzt, um dem Selbstverständnis gerecht zu werden, dem Kunden nicht nur eine Reise zu verkaufen, sondern ein Urlaubserlebnis zu vermitteln.[495] Die Setzung von Qualitätsstandards und die Qualitätssicherung sind zumeist in umfangreichen Qualitätsmanagementhandbüchern für das Hotelmanagement und deren Mitarbeiter beschrieben. Es werden sog. *Policies und Procedures* aufgestellt, in denen vornehmlich Bereiche der Gesundheitsvorsorge, Unfallsicherheit, Sauberkeit und Hygiene geregelt sind und die alle Bereiche des Hotelbetriebs betreffen, so zum Beispiel Küchen, Restau-

---

491 So gehören die Condor Flugdienst GmbH zum Thomas Cook-Konzern und die TUIfly GmbH zum TUI-Konzern, vgl. Konzernabschluss der Thomas Cook AG, Oberursel, für 2012/2013 zum 30.9.2013 und den Jahresabschluss der TUI AG, Berlin und Hannover, für 2013/2014 zum 30.9.2014, jeweils abrufbar unter www.unternehmensregister.de (abgerufen am 8.3.2015).

492 Vgl. dazu beispielhaft die Übersicht über die Beteiligungsgesellschaften im Jahresabschluß der TUI AG, Berlin und Hannover, zum 30.9.2014, verfügbar unter www.unternehmensregister.de; die Übersicht der DER-Touristik-Gruppe unter http://www.dertouristik.com/xbcr/der-net/DERT_Beteiligungen_14.pdf (jeweils abgerufen am 8.3.2015).

493 Siehe auch die Übersicht von *Bastian*, Herausforderungen im Post Merger Management, in: Bastian/Born, Der integrierte Touristikkonzern, S. 1 (10).

494 Siehe dazu die Darstellungen der TUI unter http://www.tui-deutschland.de/td/de/qualitaetsmanagement (abgerufen am 8.3.2015).

495 So bietet nach eigener Darstellung beispielsweise der Reiseveranstalter Thomas Cook „Erholung plus Urlaubserlebnis als bequeme, perfekt organisierte Veranstalterreise oder individuell zusammengestellt mit Reisebausteinen, die beliebig kombinierbar sind“, womit „den Bedürfnissen nach Individualität, Sicherheit und Qualität Rechnung“ getragen werden soll; siehe die Unternehmensdarstellung unter http://www.thomascook.info/unternehmen/unternehmensportraet (abgerufen am 8.3.2015).

rants, Sport- und Freizeitbereiche etc.[496] Zur Sicherung der aufgestellten Qualitätsmerkmale, die letztlich der Kundenzufriedenheit dienen, werden üblicherweise umfangreiche Kooperations- und Qualitätssicherungsvereinbarungen mit dem jeweiligen Hotelbetreiber, ungeachtet seiner Konzernzugehörigkeit geschlossen.

Betrachtet man dieses Leistungsspektrum, erscheint es selbstverständlich, dass die Art und Weise der Beschaffung der Hotelleistungen anders gestaltet wird und gestaltet werden muss als beim klassischen Reiseveranstalter.

c. Der virtuelle Reiseveranstalter

Mit der fortschreitenden Entwicklung des Internets hat sich neben der Nutzung desselben als Vertriebsweg für Reisebüros ein weiteres Geschäftsmodell für Reiseveranstalter selbst entwickelt, aus dem der virtuelle Reiseveranstalter hervorging[497], der branchenüblich auch als „X-Veranstalter" bezeichnet wird.[498] Er konzentriert sich auf einen Ausschnitt der touristischen Wertschöpfungskette, den Vertrieb ad hoc zusammengestell-

---

496 *Ihlau*, Was leistet ein integrierter Tourismuskonzern für die Sicherheit seiner Gäste?, in: Bastian/Born, Der integrierte Tourismuskonzern, S. 381 (392).

497 Nach der Definition des Deutschen Reiseverbandes ist unter einem X-Veranstalter eine Person zu verstehen, die sich des Prinzips des „Dynamic Packaging" („Flexible Pakete") bedient. Dabei wird auf eine Kundenanfrage ein Pauschalpaket gemäß den individuellen Anforderungen des Kunden in Echtzeit zusammengestellt. Der Gesamtpreis der so zusammengestellten Pauschalreise wird zum Zeitpunkt der Buchungsanfrage ermittelt. Der wesentliche Unterschied zur „klassischen" Katalogpauschalreise wird in der Art der „Reiseproduktion" gesehen. Bei der klassischen Reiseproduktion kombinieren die Veranstalter die Reisebestandteile bereits vor Beginn des jeweiligen Angebotszeitraums, kalkulieren die Reisen und bieten diese in der Regel auch über gedruckte Kataloge an. Bei der klassischen Reiseproduktion haben die Veranstalter oftmals auch feste Kontingente in Hotels und bei Fluggesellschaften. Dagegen werden dynamisch produzierte Reisen erst zum Zeitpunkt der Anfrage aus den dann verfügbaren Bestandteilen der Reise (Flug, Hotel, Transfer, usw.) kombiniert und kalkuliert; siehe die Erläuterungen des *DRV*, FAQs – Dynamisch produzierende Veranstalter, Fragen zu Ziffer 1 und 2 vom 12.9.2012, S. 2.

498 Auch „Virtual Tour Operator" genannt. Den Begriff nach der Art des konkreten Angebots differenzierend *Führich*, Dynamic Packaging und virtuelle Reiseveranstalter, RRa 2006, 50 (54).

ter Reisen.[499] Die Zusammenstellung eines Reisepakets bezeichnet man als „Dynamic Packaging“[500], dessen Besonderheit darin liegt, dass es in Echtzeit erfolgt. Technisch wird die individuelle Beschaffung der einzelnen Reiseleistungen seitens des Reiseportals auf einer Plattform integriert. Die Zusammenstellung der einzelnen Teilleistungen erfolgt automatisiert. Einzelne Teilleistungen werden sofort zusammengefügt, so dass Flüge und Unterkünfte gemeinsam angeboten werden können. Das individuelle Reisepaket kann zu einem Gesamtpreis und mit der Gewissheit, dass der Reiseveranstalter zivilrechtlich für die Erbringung der Reiseleistungen einzustehen hat, sofort gebucht werden.[501] Auf diese Weise sind Anbieter in der Lage, ohne vorherige Risikoübernahmen und Kapazitätsvorauskäufe am Markt vorhandene Überkapazitäten bei Fluggesellschaften und Hotelanbietern „dynamisch“ zu paketieren und dem Kunden anzubieten.[502] Vor allem reine Internetanbieter oder kleinere Veranstalter treten als virtuelle Reiseveranstalter auf. Aber auch die Touristikkonzerne nutzen dieses Geschäftsfeld[503], welches mit Blick auf die Beschaffung von Hotelleistungen dadurch gekennzeichnet ist, dass flexibel aus den am Markt verfügbaren

499 Hierbei ist zu differenzieren, ob der Kunde über internetbasierte Reiseportale bereits vorgefertigte eigene Reisen oder fremde Reisepakete bucht oder ob diese nach den Kundenwünschen ad hoc zusammengestellt werden. Beim Vertrieb fremder Reisepakete kann auch eine bloße Vermittlertätigkeit vorliegen. Abgrenzungsmerkmal hierfür kann u.a. sein, ob es sich um eigene vorgefertigte Reisepakete oder fremde Reisen handelt, siehe dazu im Einzelnen *Schulz*, E-Commerce im Tourismus, S. 164 ff.; *dies.*, Die Haftung von Reiseportalen, RRa 2010, 164 (166, 167).

500 Zu den Elementen des Dynamic Packing siehe *Führich*, Dynamic Packaging und virtuelle Reiseveranstalter, RRa 2006, 50 (52); siehe dazu und zur Abgrenzung vom „Dynamic Bundling“ *Schulz*, E-Commerce im Tourismus, S. 21 ff.

501 Zu Abgrenzungen zwischen Vermittlungs- und Veranstaltungsverträgen siehe *Schulz*, Die Haftung von Reiseportalen, RRa 2010, 164 ff.

502 Ob diese dann Reiseveranstalter i.S.d. § 651a BGB oder bloße Vermittler sind, hängt davon ab, ob eigene pauschal angebotene Reisen oder Angebote Dritter über das Reiseportal vertrieben werden, siehe dazu auch *Schulz*, Die Haftung von Reiseportalen, RRa 2010, 164 (166, 167); *dies.*, E-Commerce im Tourismus, S. 160 ff., 191 ff.

503 Vgl. Punkt 5 des Lageberichts zum Jahresabschluss zum 30.9.2012 der Thomas Cook AG, Oberursel, abrufbar unter https://www.unternehmensregister.de/ureg/result.html;jsessionid=FA68F0CD610DD6B943B0B32310305F71.www03-1?submitaction=showDocument&id=11626588 (abgerufen am 8.3.2015).

Hotelangeboten[504] Produkte (Reisen) erstellt und dem Reisenden verkauft werden. Die Anbindung sog. Bettenbanken[505] ergänzt den günstigeren Hoteleinkauf, wie sich auch Hotels zunehmend über das Internet selbst vermarkten und Zielgebietsagenturen Kunden direkt eigene touristische Leistungen offerieren.

Vom virtuellen Reiseveranstalter sind Paketdienstleister oder Paketanbieter zu unterschieden. Deren Betätigung konzentriert sich auf das sog. B2B-Geschäft. Paketdienstleister bündeln Reiseleistungen und bieten diese Reiseveranstaltern zur weiteren Vermarktung an.[506] Für die nachfolgenden Betrachtungen wird davon ausgegangen, dass beim „Dynamic Packaging“ der Auftritt gegenüber dem Kunden als Reiseveranstalter erfolgt.[507]

3. Die Aufwendungen im Zusammenhang mit der Beschaffung von Hotelleistungen

Im Rahmen der Beschreibung der Geschäftsmodelle wurde bereits deutlich, dass Reiseveranstalter verschiedene Bezugswege und -arten haben, um Hotelleistungen zur Erfüllung der gegenüber dem Reisenden geschuldeten Verpflichtungen zu erwerben. Auch wenn aus Sicht des Reisenden die Art der Beschaffung der konkreten Hotelleistung vor dem Hintergrund

504 Das Dynamic Packaging schließt auch Flugangebote ein, die mit den Hotelangeboten ad hoc kombiniert werden.

505 Bettenbanken verstehen sich als Großhändler von Hotelzimmerkontingenten. Sie werden im sog. B2B- oder auch und B2C-Geschäft tätig; siehe dazu z.B. http://www.hotelbeds.com/public/about-us.html (abgerufen am 8.3.2015). Solche Bettenbanken werden bspw. von den zum TUI-Konzern gehörenden Unternehmen Hotelbeds S.L.U. und Hotelopia S.L.U. jeweils mit Sitz in Mallorca betrieben.

506 Vgl. dazu *Teichmann/Beck*, Der sog. Paketanbieter im Reisevertragsrecht, DGfR Jahrbuch 1998, S. 47 (48). Allerdings gibt es auch insoweit wiederum Mischformen, vgl. insoweit zur umsatzsteuerlichen Behandlung von Eintrittskarten einer Theaterveranstaltung als Reisevorleistung eines Paketreiseveranstalters z.B. BFH, *Urteil* vom 21.11.2013, V R 33/10, BFH/NV 2014, 800, BFHE 244, 63.

507 Diese Annahme wird auch dadurch bestätigt, dass günstige Veranstaltertarife seitens der Fluggesellschaften und Hotels nicht öffentlich zugänglich sind und nur solchen Veranstaltern angeboten werden, die Reisepakete bündeln und zu einem Gesamtpreis anbieten, also nach außen als Reiseveranstalter auftreten; vgl. auch *Führich*, Dynamic Packaging und virtuelle Reiseveranstalter, Entwicklung und Anwendung des Reisevertragsrechts auf die neue Internet-basierte Pauschalreise, RRa 2006, 50 (56); siehe zum Auftritt als Reiseveranstalter auch *Schulz*, E-Commerce im Tourismus, S. 200 ff.

des Regelungszwecks der §§ 651a ff. BGB keinen Unterschied macht, hat dies auf Ebene der Leistungsbeziehung zwischen Reiseveranstalter und Hotelier erhebliche Relevanz.[508]

So ist es für den Reiseveranstalter angesichts der gegenüber einem Reisenden bei Abschluss eines Reisevertrags geschuldeten Verpflichtung nicht allein aus organisatorischen und wirtschaftlichen Gesichtspunkten sinnvoll, bereits vor dem Abschluss eines Reisevertrags i.S.d. § 651a BGB, also vor dem Verkauf einer Reise, die vertraglich abgesicherte Möglichkeit zu haben, auf Zimmer oder Unterkünfte, in denen der Reisende untergebracht werden soll, zurückgreifen zu können. Dies berücksichtigt auch die Finanzverwaltung in ihren Verlautbarungen, in dem sie zwischen der Reservierung von Zimmerkontingenten und der späteren Buchung eines Hotelzimmers unterscheidet und damit die Beschaffung der Hotelleistungen getrennt von deren Inanspruchnahme behandelt.[509]

In der Praxis existieren die unterschiedlichsten Vertragsmodelle für die Beschaffung von Hotelleistungen, deren Darstellung in allen Einzelheiten sich bereits aus Platzgründen hier verbietet. Grob vereinfacht lässt sich feststellen, dass Hotelleistungen einerseits durch unmittelbare Kontakte zum Hotelier, also mittels sog. Direktverträge, und andererseits unter Zuhilfenahme Dritter, insbesondere spezialisierter Dienstleister, bezogen werden können. Beim Direktvertrag tritt der Reiseveranstalter unmittelbar in vertragliche Beziehungen zum Hotelier. Zumeist sichert er sich in Form eines Reservierungsvertrags die Möglichkeit des Zugriffs auf Hotelleistungen. Bei der Inanspruchnahme Dritter, die beispielsweise als sog. Agenturen[510] auftreten, oder durch die Nutzung von Bettenbanken[511] wird auf bereits vorausgewählte Hotelleistungsangebote zurückgegriffen.

---

508 Der Hoteleinkauf kann sich, je nach Ausrichtung des Reiseveranstalters, sowohl auf in- als auch auf ausländische Objekte beziehen. Für die an dieser Stelle anzustellenden Überlegungen spielt das noch keine Rolle; siehe dazu aber unter Teil 2, Kap. F.II.3.c, 273 ff.

509 Vgl. OFD Frankfurt, Rdvfg. vom 17.6.2013, G 1422A-55-St55 (n.v.); OFD NRW, Vfg. vom 25.9.2013, G 1422-2013/0023-St161, DB 2013, 2363; dies., Verw.anw. vom 4.11.2013, G 1422-2013/0023-St161, DB 2013, 2711.

510 Dies können bspw. sog. Incoming-Agenturen sein. Hierbei handelt es sich in der Regel um im Urlaubsgebiet ansässige Unternehmen, die kurzfristig Hotelbettenangebote örtlicher Hotels sammeln und aus diesen Angeboten Zimmer- bzw. Bettenkontingente an Reiseveranstalter weiterleiten. Diese handeln nicht gegenüber dem Endkunden, sind also keine Reisebüros oder Reisevermittler.

511 Siehe dazu Fn. 505.

Typisierend können folgende Arten des Bezugs von Hotelleistungen am Reisemarkt auftreten, die von Reiseveranstaltern auch kombiniert verwendet werden:

a. Der direkte Bezug von Hotelleistungen

aa. Die Einzelreservierungsvereinbarung

Mit Abschluss einer Einzelreservierungsvereinbarung erlangt der Reiseveranstalter die Möglichkeit, beim Hotelbetreiber eine bestimmte Anzahl von Hotelzimmern innerhalb eines bestimmten Zeitraumes zugunsten anreisender Gäste beim Hotelbetreiber abzurufen. In der Reservierung werden neben der Angabe der Anzahl der Betten oder Hotelzimmer in der Regel auch bereits die bei fester Buchung zu zahlenden Preise und der seitens des Hoteliers geschuldete Leistungsumfang geregelt. Auch vereinbaren die Vertragsparteien die konkreten Absagemodalitäten für den Fall, dass Buchungen nicht ausgefüllt werden, damit der Hotelier anderweitig über die Zimmer verfügen kann. Insoweit wird von Verfallsfristen gesprochen, deren Einhaltung dazu führt, dass die Reservierung keine weiteren Folgen für die Vertragsparteien hat. Eine Zuweisung konkreter Hotelzimmer zugunsten der Reisenden ist bei allen Reservierungsvereinbarungen i.d.R. nicht gegeben. Diese Zuweisung erfolgt erst bei der konkreten Buchung und der Anreise.

bb. Der Kontingent- oder Allotmentvertrag

Als besondere Ausformung der Einzelreservierungsvereinbarung hat sich der Kontingent- oder Allotmentvertrag herausgebildet. Damit sichern sich vor allem größere Reiseveranstalter[512] die Möglichkeit, auf Anforderung innerhalb einer sog. Verfallsfrist ein bestimmtes Kontingent an Hotelzimmern zur Belegung mit Gästen abzurufen.[513] Wird innerhalb dieser Frist

512 Dies betrifft in erster Linie diejenigen, die dem Geschäftsmodell eines integrierten Reiseveranstalters folgen, ist aber nicht auf diese beschränkt.

513 Siehe dazu *Führich*, HB Reisevertrags-, Reiseversicherungs- und Individualreiserecht, 7. Aufl., § 47 Rn. 15.

die Reservierung vom Veranstalter storniert, kann der Hotelier über das Kontingent oder Teile davon anderweitig verfügen.

Über die Einzelreservierungsvereinbarung hinaus enthält der Kontingentvertrag meist die für die jeweilige Saison vereinbarten Preise, die bei fester Buchung zu zahlen sind und trifft des Weiteren Regelungen zu Gewährleistungsansprüchen des Reiseveranstalters bei auftretenden Mängeln des Hotelbetriebs. Geregelt werden können darüber hinaus Sorgfaltspflichten sowie weitere Nebenpflichten der Hotelbetreiber. Größere Reiseveranstalter schließen Kontingentverträge oft in Verbindung mit Rahmenvereinbarungen ab, in der weitere Rechte und Pflichten der Vertragsparteien abgebildet werden.

(1) Der Kontingentvertrag mit Garantiebelegung

Ein Kontingentvertrag kann u.a. die Vereinbarung einer sog. Garantieabnahme oder eine Mindestbelegungsverpflichtung beinhalten, nach der eine Verfallsfrist nicht zu berücksichtigen ist. Insoweit verpflichtet sich der Reiseveranstalter gegenüber dem Hotelbetreiber zur definitiven Abnahme eines bestimmten Mindestkontingents an Zimmern für einen bestimmten Zeitraum. Dem Hotelier wird folglich eine Mindestauslastung zugesichert.[514] Der Reiseveranstalter haftet für die Einhaltung der vereinbarten Auslastung und trägt damit das Risiko der Nichtausschöpfung des garantierten Kontingents. Er muss bei Nichteinhaltung der vereinbarten Auslastungsquote das insoweit vereinbarte Entgelt zahlen. Die Abrechnung der konkreten Zahlungsverpflichtungen erfolgt nach dem Ende der vereinbarten Laufzeit des Vertrags. Bei überdurchschnittlicher Auslastung können sog. Kickback-Zahlungen seitens des Hotels vereinbart sein.

(2) Die Festmietvereinbarung

Anstelle von Kontingentverträgen mit Garantievereinbarungen werden auch sog. Festmietvereinbarungen abgeschlossen. Hier wird beispielswei-

514 Auch insoweit existieren verschiedene Modelle. So kann die Garantiebelegung pro Reisetermin oder Saison oder als durchschnittliche Auslastung vereinbart werden, vgl. *Führich*, HB Reisevertrags-, Reiseversicherungs- und Individualreiserecht, 7. Aufl., § 47 Rn. 15.

se für eine Saison ein bestimmtes Zimmer- oder Bettenkontingent für einen Festpreis, den der Reiseveranstalter dem Hotelier schuldet, reserviert.[515] Die Festmietvereinbarung bezieht sich zumeist auf verschiedene Zimmerkategorien, die nach verschiedenen Lage- und Ausstattungsmerkmalen bestimmt werden. Während beim Kontingentvertrag ohne Mindestauslastung der Hotelier bis zum Ablauf der Verfallsfrist das Auslastungsrisiko trägt, übernimmt bei der Festmietvereinbarung der Reiseveranstalter, wie bei der Vereinbarung mit Garantiebelegung, das Risiko einer nicht vollständigen Auslastung. Indessen kann der Hotelbetreiber, anders als bei der Garantiebelegung, bereits mit Abschluss der Festmietvereinbarung die Zahlung des vereinbarten Entgelts vom Reiseveranstalter verlangen. Der Reiseveranstalter kann das gebuchte Kontingent nach seinem Belieben innerhalb des vereinbarten Zeitraums verwenden und darf dieses u.U. auch anderen Reiseveranstaltern zur Verfügung stellen.

b. Der indirekte Bezug von Hotelleistungen

aa. Der Agenturvertrag

Im Rahmen der indirekten Bezugswege kann die Beschaffung von Hotelleistungen durch den Abschluss sog. Agenturverträge erfolgen. Die Agentur betätigt sich als sog. Paketdienstleister.[516] Sie bündelt für den Reiseveranstalter die verschiedenen Leistungskomponenten zu einer Reiseleistung i.S.d. § 651a BGB[517] und übernimmt damit eine der Aufgaben des Reiseveranstalters. Hierbei gibt es verschiedene Ausformungen und Bezeichnungen. Derartige Agenturen können sog. Incoming-Agenturen oder auch Zielgebietsagenturen sein. In der Sache wird der Reiseveranstalter mittels solcher Verträge in die Lage versetzt, bereits von der Agentur „paketierte“, also vorgefertigte Reiseleistungen zu erwerben. Im Hinblick auf Hotelleistungen stellt die Agentur dem Reiseveranstalter aus einem eigenem Zimmerkontingent im eigenen Namen und auf eigene Rechnung die

---

515 *Führich*, HB Reisevertrags-, Reiseversicherungs- und Individualreiserecht, 7. Aufl., § 47 Rn. 15.

516 Zum Bezug derartiger Incoming-Kontingente siehe OLG München, *Urteil* vom 7.11.1996, 29 U 3175/96, NJWE-WettbR, 1997, 201 ff.

517 Zu Paketdienstleistern siehe *Teichmann/Beck*, Der sog. Paketanbieter im Reisevertragsrecht, DGfR Jahrbuch 1998, S. 47 (48).

gewünschten Hotelleistungen zur Verfügung. Das so erworbene „Reisepaket“ kann seitens des Reiseveranstalters unverändert dem Reisenden angeboten werden oder um weitere, auch eigene Leistungskomponenten des Reiseveranstalters ergänzt werden.

Der Gegenstand eines Agenturvertrags kann sich ebenso auf andere Vertragsinhalte erstrecken. So obliegt es beispielsweise einer sog. Zielgebietsagentur nicht nur, im Zielgebiet entsprechende Verträge mit Leistungsträgern (Hotels, Transferunternehmen etc.) zu schließen. Sie soll auch mit ihrer Vermarktungstätigkeit die Wahrnehmung des Reiseveranstalters bei den Leistungsträgern sichern, für den gesamten sicherheitskonformen Betrieb sicherheitsrelevanter Infrastruktureinrichtungen der angebotenen Hotels verantwortlich sein und gewünschte Sicherheits- und Qualitätsstandards gegenüber dem Hotel vertraglich durchsetzen. Ungeachtet hotelspezifischer Aufgaben und Verantwortungsbereiche kann der Agentur ebenso die Aufgabe zukommen, unmittelbar vor Ort die Betreuung der Reisenden des Reiseveranstalters zu übernehmen. In der Regel vereinbaren Reiseveranstalter und Agentur für die zu erbringende Gesamtleistung eine einheitliche Vergütung. Eine Ausweisung einzelner Preisbestandteile für die Einzelleistungen erfolgt üblicherweise nicht.

bb. Der Bettenbankvertrag

Ein weiterer indirekter Bezugsweg von Hotelleistungen ist über Bettenbankverträge gegeben. Diese haben im Gegensatz zu Agenturverträgen nicht die Verschaffung einer Gesamtheit von Reiseleistungen zugunsten des Reiseveranstalters zum Gegenstand. Sie beschränken sich inhaltlich auf die Beschaffung und Zurverfügungstellung von Hotelleistungen.

Vor allem integrierte Reiseveranstalter bedienen sich beim Hoteleinkauf zunehmend sog. Bettenbanken.[518] Hierbei handelt es sich um EDV- und/ oder internetgestützte Datenplattformen. Der Vorteil einer solchen Datenbank für den Reiseveranstalter ist, dass er sofort bedarfsgerecht prüfen kann, ob und wie viele Zimmer in einer bestimmten Kategorie in einem bestimmten Hotel in einem Zielgebiet zur Verfügung stehen. Diese Art der Beschaffung erspart das Vorhalten eigener Kontingente, sodass auf einen vorgelagerten Kontingentvertrag verzichtet werden kann. Der Reiseveran-

518 Siehe dazu Fn. 505.

stalter erhält von dem entsprechenden Datenbankbetreiber Zugang zu den relevanten Datensätzen, wie Ort, Anzahl, Verfügbarkeit, Kategorie und Ausstattungsmerkmale der Zimmer. Auch Hotelbetreiber nutzen diese Bettenbanken als zusätzlichen Vertriebsweg für ihre Leistungen und Produkte und stellen ihre Angebote auf derartigen Datenplattformen zur Verfügung.

Hinsichtlich der konkreten Vertragsmodalitäten sind wiederum verschiedene Ausgestaltungen denkbar.[519] Betreffend die hier interessierende Frage der Beschaffung von Hotelleistungen kann die Bettenbank einerseits als bloßer Vermittler zwischen Reiseveranstalter und Hotelier tätig werden.[520] In diesem Falle besteht die Hauptleistung der Bettenbank in der Herstellung des Kontaktes zwischen Reiseveranstalter und Hotelbetreiber. Allerdings wird der Betreiber einer Bettenbank in der Regel dafür einzustehen haben, dass die dem Reiseveranstalter begebenen Informationen zur vermittelten Hotelleistung, beispielsweise zu Lage und Ausstattungsmerkmalen des Hotels, inhaltlich richtig sind. Hinsichtlich der seitens des Reiseveranstalters nachgefragten und angebotenen Hotelleistung erfolgt ein unmittelbarer Vertragsschluss zwischen Reiseveranstalter und Hotelbetreiber in dem Moment, in dem der Reisende die Reise bucht. Der Reiseveranstalter kann andererseits auch unmittelbar bei der Bettenbank Hotelleistungen erwerben. Hier wird von einem sog. Buy-Sell-Vertrag gesprochen, der vorsieht, dass der Reiseveranstalter bei einer Reisebuchung durch seinen Kunden über die Bettenbank zeitgleich mit dem Hotelbetreiber einen entsprechenden Vertrag schließt, der die Unterbringung des Reisenden im Hotel absichert. Die Bettenbank leitet damit ihren gegen den Hotelbetreiber gerichteten Anspruch auf die Hotelleistung an den Reiseveranstalter weiter.

Ungeachtet der einzelnen Vertragsmodalitäten beinhalten Bettenbankverträge in der Regel eine Vielzahl weiterer Vereinbarungen, die insbeson-

519 Das ergibt sich bereits aus den hohen technischen Anforderungen, die zwangsläufig mit oft umfangreichen vertraglichen Regelungen einhergehen.

520 Hier wird oftmals der Begriff des Agenturvertrags verwendet. Dieser unterscheidet sich indessen von dem unter Teil 2, Kap. E.II.3.c.cc.(1), 158 dargestellten Agenturvertrag dadurch, dass sich die Vermittlungsleistung der Bettenbank letztlich darauf beschränkt, ein in ihrer Datenbank eingestelltes Angebot eines Hoteliers an den Reiseveranstalter weiterzuleiten, ohne in die Beschaffung der konkreten Hotelleistung selber involviert zu sein, wie bspw. eine Zielgebietsagentur. Das gilt unabhängig davon, ob der Vertrag in der Form eines „Buy-Sell-Vertrags“ ausgestaltet ist.

dere Fragen der Kompensation bei verspäteter Stornierung oder Nichtanreise des Gastes oder auch Ersatzleistungen bei Schlecht- oder Minderleistungen des Hotels betreffen. Üblicherweise ist vereinbart, dass der Reiseveranstalter für etwaige gegenüber dem Reisenden nach Maßgabe der §§ 651a ff. BGB obliegenden Ersatz- und Entschädigungsleistungen seinerseits Schadensersatz von seinem Vertragspartner verlangen kann. Der insoweit vereinbarte Ersatzanspruch ist inhaltlich den reisevertraglichen Ersatzansprüchen nachempfunden, sodass entweder der Hotelier als Leistungsträger des Reisevertrags oder der Bettenbankbetreiber wirtschaftlich die dem Reisenden geschuldete Ersatzleistung aufbringen muss. Hinsichtlich der Vergütung hat der Reiseveranstalter unabhängig vom Vertragsmodell bei erfolgreicher Buchung einer „Unterbringungsmöglichkeit" den entweder nach Personenzahl oder Einheit pro Nacht quotierten Preis an dem Bettenbankbetreiber zu zahlen, den dieser, ggf. unter Einbehalt vereinbarter Gebühren, an den Hotelier weiterreicht.

c. Die rechtliche und gewerbesteuerliche Einordnung der Beschaffungsverträge betreffend die Hotelleistungen

Die oben genannten Vertragsformen bedürfen einer rechtlichen Einordnung, um daraus für deren gewerbesteuerliche Behandlung Erkenntnisse zu gewinnen. Denn nur wenn etwaige Aufwendungen des Reiseveranstalters im Zusammenhang mit dem Abschluss derartiger Beschaffungsverträge keine Mietzinsen darstellen, ist der Ansicht der Finanzverwaltung zuzustimmen, dass eine Hinzurechnung insoweit ausscheidet. Dabei ist zunächst der grundsätzliche Ansatz, warum zwischen der Reservierung und der Buchung einer Hotelunterkunft unterschieden wird, herauszuarbeiten.

aa. Die Unterscheidung zwischen der Hotelreservierung und der Hotelbuchung

Der Hotelreservierungsvertrag[521] erfährt keine eigenständige Regelung im bürgerlichen Recht, wird aber seitens der Rechtsprechung von einem Ho-

521 Siehe z.B. BGH, *Urteil* vom 1.4.1963, VIII ZR 257/61, NJW 1963, 1449 ff.; z.T. wird auch von Zimmerreservierungsverträgen gesprochen, vgl. dazu BGH, *Urteil* vom 24.11.1976, VIII ZR 21/75, NJW 1977, 385; auch in der Literatur wird diese

telaufnahmevertrag und dem Beherbergungsvertrag[522], die beide ebenso wenig explizit im BGB enthalten sind, unterschieden.[523] Anknüpfend an den Leistungsinhalt besteht das Wesen des Hotelreservierungsvertrags darin, dass sich Vertragsparteien verpflichten, spätestens zu Beginn der eigentlichen Belegungszeit einen Beherbergungsvertrag zu schließen.[524] Der Hotelbetreiber ist folglich zum Zeitpunkt des Abschlusses eines Hotelreservierungsvertrags noch nicht zur Unterbringung des Gastes verpflichtet. Die Parteien schulden mit Abschluss des Reservierungsvertrags einander lediglich den Abschluss entsprechender Beherbergungsverträge.[525] Der Hotelreservierungsvertrag zeichnet sich demnach in zeitlicher Hinsicht dadurch aus, dass er dem eigentlichen Beherbergungsvertrag vorangeht.[526] Aus dem Inhalt der beschriebenen Leistungspflichten ergibt sich zweifelsfrei, dass der Hotelreservierungsvertrag lediglich einen Vorvertrag zum späteren Beherbergungsvertrag darstellt.[527]

Unterscheidung getroffen, siehe *Bartl*, transpR 1982, 57 ff.; *Werner* in: Staudinger, BGB (2006), vor § 701, Rn. 13.

522 Die Terminologie wird nicht immer einheitlich verwendet. Die Rechtsprechung benutzt sowohl den Begriff „Hotelaufnahmevertrag“, siehe dazu BGH, *Urteil* vom 1.4.1963,VIII ZR 257/61, NJW 1963, 1449 (1449), als auch „Gastaufnahmevertrag“, siehe BGH, *Urteil* vom 24.11.1976, VIIII ZR 21/75, NJW 1977, 385 (386), oder spricht vom „Beherbergungsvertrag“. Inhaltlich gibt es insoweit keine Unterschiede, denn es besteht Einigkeit, dass der „Hotelaufnahmevertrag“ und der „Beherbergungsvertrag“ einander gleichstehen, vgl. dazu BGH, *Urteil* vom 1.4.1963, VIII ZR 257/61, NJW 1963, 1449 (1449). Aus Vereinfachungsgründen wird nachfolgend nur vom Beherbergungsvertrag gesprochen, soweit der Vertrag zum Inhalt hat, einen Gast aufzunehmen.

523 Diese Differenzierung nimmt im Ergebnis auch die Finanzverwaltung vor, ohne jedoch näher darauf einzugehen, siehe OFD NRW, Verw.anw. vom 4.11.2013, G 1422-2013/0023-St161, DB 2013, 2711; OFD NRW, Vfg. vom 25.9.2013, G 1422-2013/0023-St161, DB 2013, 2363; OFD Frankfurt, Rdvfg. vom 17.6.2013, G 1422A-55-St55 (n.v.); ebenso BMF, Schreiben vom 22.5.2013, G 1422/07/10005:008, BeckVerw. 280458.

524 BGH, *Urteil* vom 24.11.1976, VIII ZR 21/75, NJW 1977, 385 (386). Der Beherbergungsvertrag wird in der Regel erst bei Anreise des Gastes geschlossen, siehe auch *Werner* in: Staudinger, BGB (2006), vor § 701, Rn 13.

525 Bei Verletzung dieser Abschlussverpflichtung können Schadensersatzansprüche entstehen, siehe OLG Frankfurt, *Urteil* vom 23.4.1986, 17 U 155/84, NJW-RR 1986, 911 (911, 912).

526 BGH, *Urteil* vom 24.11.1976, VIII ZR 21/75, NJW 1977, 385 (386).

527 OLG Frankfurt, *Urteil* vom 23.4.1986, 17 U 155/84, NJW-RR 1986, 911 ff.; so auch z.B. OLG Hamm, *Urteil* vom 4.12.1989, 32 U 223/88, NJW-RR 1990, 315 (316).

Allerdings kommt es, so klar diese Abgrenzungen in zeitlicher und inhaltlicher Hinsicht sind, auf die konkreten Abreden und Inhalte der getroffenen Vereinbarungen an. Das belegt u.a. die Entscheidung des OLG Düsseldorf vom 2.5.1991.[528] Hier stritten sich die Parteien um die Verbindlichkeit einer Zimmerreservierung. Das Gericht führt aus, dass die Erklärung, Zimmer reservieren zu wollen, nicht etwa als Aufforderung an den Hotelier zu verstehen sei, von sich aus ein Angebot zum Abschluss eines Beherbergungsvertrags abzugeben. Vielmehr sei die Erklärung ihrerseits bereits ein Angebot zum Abschluss eines Beherbergungsvertrages gewesen.[529] Es ging also davon aus, dass kein bloßer Reservierungsvertrag vorliegt. Die Anfrage, dass man für eine Messe eine größere Anzahl von Zimmern benötige, sei klar umrissen. Insoweit seien die wesentlichen Merkmale eines Beherbergungsvertrages enthalten, zu dessen Annahme eine einfache Bejahung als Einigung über Inhalt und Gegenstand des Vertrages genüge. Erfolge dies, liege auch eine Annahmeerklärung vor. Dabei sei unerheblich, dass die Parteien noch nicht die genaue Anzahl der gewünschten Übernachtungen festgelegt haben. In dieselbe Richtung gehen auch die Entscheidungen des OLG Braunschweig vom 31.7.1975[530] sowie des OLG Düsseldorf vom 10.3.2011[531] und des OLG Frankfurt vom 18.8.2005.[532,533] Entsprechend hatte bereits auch das OLG Braunschweig[534] klar zum Ausdruck gebracht, wann eine Reservierung als bloßer Vorvertrag zu werten ist und wann von einem Gastaufnahme- bzw. Beherbergungsvertrag auszugehen sei. So führt das OLG Braunschweig aus, dass man einen Vorvertrag zu einem später abzuschließenden Beherbergungsvertrag (nur) dann annehmen könne, wenn irgendwelche Gründe

---

528 OLG Düsseldorf, *Urteil* vom 2.5.1991, 10 U 191/90, NJW-RR 1991, 1143; OLG Braunschweig, *Urteil* vom 31.7.1975, 2 U 29/74, NJW 1976, 570.

529 OLG Düsseldorf, *Urteil* vom 2.5.1991, 10 U 191/90, NJW-RR 1991, 1143.

530 So auch OLG Braunschweig, *Urteil* vom 31.7.1975, 2 U 29/74, NJW 1976, 570.

531 OLG Düsseldorf, *Urteil* vom 10.3.2011, 10 U 72/10, ZRM 2011, 717.

532 OLG Frankfurt vom 18.8.2005, 2-01 S 52/04, NJW-RR 2006, 54.

533 Allerdings lag den Urteilen des OLG Düsseldorf und OLG Frankfurt eine sachverhaltliche Besonderheit zugrunde. Die Reisenden bzw. der Arbeitgeber der tatsächlich Reisenden nahmen selbst die entsprechenden Reservierungen bzw. Buchungen vor. Insoweit handelte es sich nicht um Reiseveranstalter. Darauf wies insbesondere das OLG Frankfurt ausdrücklich hin, siehe OLG Frankfurt, *Urteil* vom 18.8.2005, 2-01 S 52/04, NJW-RR 2006, 54 (54). Für die Beurteilung des Vertrags selbst als Beherbergungsvertrag machte diese Besonderheit im Ergebnis keinen Unterschied.

534 OLG Braunschweig, *Urteil* vom 31.7.1975, 2 U 29/74, NJW 1976, 570 (571).

vorhanden sind, weswegen die Parteien mit dem Vertragsabschluss nicht das regelmäßige Ziel eines solchen Abkommens (also den Abschluss eines Beherbergungsvertrags) herbeiführen, sondern stattdessen nur das Gebundensein zum Abschluss eines solchen Vertrages beschließen wollen.[535]

Zusammenfassend lässt sich damit festhalten, dass die Wertung einer Hotelreservierung als Vorvertrag eines zu einem späteren Zeitpunkt abzuschließenden Beherbergungsvertrags konkrete Anhaltspunkte erfordert, welche die Annahme begründen lassen, die Vertragsparteien wollten noch keine endgültige Bindung, also den Abschluss eines Beherbergungsvertrags selbst, herstellen. Solche Anhaltspunkte können sich aus dem Zeitpunkt der Reservierungsanfrage, den handelsüblichen Gepflogenheiten[536] aber auch aus sonstigen, vom konkreten Einzelfall abhängenden, Umständen ergeben. Liegt danach eine bloße Reservierung vor, handelt es sich in der Sache nur um einen Vorvertrag zum Abschluss eines späteren Hotel- oder Beherbergungsvertrag. Im Ergebnis heißt das, dass mit der bloßen Reservierung eines Hotelzimmers ein Mietvertrag oder ein diesem im Wesentlichen ähnlicher Vertrag nicht begründet wird.

bb. Die Einordnung der direkten Bezugsformen

Ausgehend von dieser grundsätzlichen Unterscheidung, an welche die Finanzverwaltung augenscheinlich anknüpft, sind also die unterschiedlichen Beschaffungsverträge zu untersuchen und die sich daraus ergebenden gewerbesteuerlichen Folgen herauszuarbeiten.

(1) Die Einzelreservierungsvereinbarung

Bei Abschluss einer Einzelreservierungsvereinbarung ergeben sich keine Besonderheiten zu den allgemeinen Ausführungen zur Abgrenzung zwischen einer Reservierungsvereinbarung und einem Beherbergungsvertrag. Der insoweit geschlossene Hotelreservierungsvertrag begründet in seinem wesentlichen Kern kein Mietverhältnis. In der Folge sind auch etwaige damit im Zusammenhang stehende Aufwendungen des Reiseveranstalters,

---

535 OLG Braunschweig, *Urteil* vom 31.7.1975, 2 U 29/74, NJW 1976, 570 (571).

536 Vgl. dazu LG Hamburg, *Urteil* vom 21.11.2003, 319 O 113/00, NZM 2004, 317; OLG Düsseldorf, *Urteil* vom 3.7.1991 15 U 124/90, NJW-RR 1991, 1403.

wie z.B. Ersatzleistungen für Nichtbelegung nach Ablauf von vereinbarten Verfallsfristen keine Mietzinsen i.S.d. § 8 Nr. 1 lit. e GewStG.

(2) Der Kontingentvertrag mit Garantiebelegung

Der Kontingentvertrag, der in der Regel die Reservierung einer Vielzahl von nach Kategorien und Ausstattungsmerkmalen bezeichneten Zimmern zum Gegenstand hat, ist in der Sache eine Kumulation von Einzelreservierungen. Daher ist ungeachtet der einzelfallspezifischen Ausgestaltungen mit Blick auf dessen rechtliche Einordnung grundsätzlich den Ausführungen zur Hotelreservierung zu folgen.

Bestätigt wird dies u.a. durch die Entscheidung des OLG Hamm vom 4.12.1989.[537] Das Gericht lehnt die Annahme einer verbindlichen Buchung ab, wenn die Vertragsparteien im Rahmen einer Reservierung von Hotelkontingenten ein „ständiges Kontingent für bestimmte Termine als Fixbuchung" vereinbaren. Insoweit betont das OLG Hamm, dass vor dem Ausgangspunkt der Grundlagen einer Vertragsauslegung nach Treu und Glauben mit Rücksicht auf die Verkehrssitte (§§ 133, 157 BGB) die jeweiligen Interessen der Vertragsparteien zu beachten sind. Der Hotelreservierungsvertrag diene einerseits dem Interesse des Hoteliers, mit Hilfe des Reiseveranstalters seine Leistungen zu vertreiben. Andererseits will der Reiseveranstalter seinen Kunden bestimmte Hotelleistungen anbieten und hierfür auf ein Kontingent von Betten in einem bestimmten Hotel zurückgreifen können.[538] Ausgehend von diesen Interessen und dem Vertragszweck könne in der Reservierung selbst noch nicht der Abschluss eines Beherbergungsvertrags, der den Reiseveranstalter zur Bezahlung der Hotelzimmer verpflichtet, gesehen werden.[539] Allenfalls ergebe sich aus dem Hotelreservierungsvertrag eine Nebenpflicht für den Reiseveranstalter, den Hotelier darüber zu informieren, dass er das Bettenkontingent in Anspruch nimmt bzw. nicht in Anspruch nimmt.[540]

Legt man also die bei einer Hotelreservierung vereinbarten Leistungspflichten auch dem Kontingentvertrag zugrunde, nämlich insbesondere, dass es im Kern um die Verpflichtung zum Abschluss eines Beherber-

537 OLG Hamm, *Urteil* vom 4.12.1989, 32 U 223/88, NJW-RR 1990, 315 (316).
538 OLG Hamm, *Urteil* vom 4.12.1989, 32 U 223/88, NJW-RR 1990, 315 (316)
539 OLG Hamm, *Urteil* vom 4.12.1989, 32 U 223/88, NJW-RR 1990, 315 (316).
540 OLG Hamm, *Urteil* vom 4.12.1989, 32 U 223/88, NJW-RR 1990, 315 (316).

gungsvertrags geht, ergibt sich, dass auch insoweit eine mietrechtliche Verpflichtung nicht besteht. Es steht weder die Überlassung des Gebrauchs einer Sache noch sonst ein mietrechtliches Element im Vordergrund des Vertrags. An dieser Einordnung dürfte auch die Übernahme einer Garantieverpflichtung durch den Reiseveranstalter, ggf. verbunden mit einer Kompensationspflicht, nichts ändern. Denn die Garantieübernahme bezieht sich auf das Versprechen des Reiseveranstalters, für eine bestimmte Auslastung bzw. Belegung des Hotels zu sorgen. Kompensationsleistungen des Reiseveranstalters für die Nichterfüllung dieser Auslastungs- oder Belegungsgarantie betreffen nicht die Überlassung des Gebrauchs der Hotelunterkünfte. Der Hotelier ist nämlich ungeachtet dessen weiterhin in der Lage, seine Unterkünfte Dritten anzubieten, wenn auch möglicherweise zu einem anderen Preis.

Folglich ist der Kontingentvertrag unabhängig von seiner Ausgestaltung nicht als ein Mietvertrag einzuordnen und weist damit auch unter gewerbesteuerlichen Gesichtspunkten in seinem Kern keine Elemente eines Mietvertrags auf. Daher sind Aufwendungen in diesem Zusammenhang nicht als Mietzinsen i.S.d. § 8 Nr. 1 lit. e GewStG einzustufen.

(3) Die Festmietvereinbarung

Indessen erscheint die Festmietvereinbarung in einem anderen Licht. Betrachtet man deren Leistungsinhalt, wonach sich der Hotelier gegenüber dem Reiseveranstalter verpflichtet, ihm für eine bestimmte Zeit eine bestimmte Anzahl von Zimmern bzw. Betten zum Zwecke der Unterbringung der Gäste zur Verfügung zu stellen, hat diese mit einer Reservierung zunächst nichts gemein. Die Auslastung des Zimmerkontingents liegt allein in der Risikosphäre des Reiseveranstalters. In seinem Belieben steht es, wie er mit dem Kontingent verfährt. So kann er beispielsweise auch darüber bestimmen, Teile des Kontingents anderen Veranstaltern zur Buchung von Reisen zu überlassen.

Soweit ersichtlich, findet sich weder in der zivilrechtlichen noch der steuerrechtlichen Literatur eine Stellungnahme zur Einordnung einer Festmietvereinbarung eines Reiseveranstalters. *Führich*[541] und *Zeising*[542] stufen diese unter der Rubrik der Hotelreservierungsverträge ein. Eine Begründung hierfür geben sie nicht. Die Finanzverwaltung behandelt die Festanmietung im Zusammenhang mit der Margenbesteuerung des Reiseveranstalters und ordnet sie als Reisevorleistung im Sinne des § 25 UStG ein. Zur Rechtsnatur der Vereinbarung schweigt sie. Sie führt im BMF-Schreiben vom 7.4.1998[543] lediglich aus, dass im Falle einer vereinbarten Festmiete eines bestimmten Bettenkontingents ohne Rücksicht darauf, dass die tatsächliche Auslastung allein im Verantwortungsbereich des Reiseveranstalter liegt, es sich um eine Reisevorleistung handele und die gegenüber dem Reisenden erbrachte Hotelleistung weiterhin tatsächlich das Hotel ausführe.

Der Annahme, es handele sich bei der Festmietvereinbarung um eine Reservierungsabrede, steht einerseits der Wortlaut der Vereinbarung und zum anderen die Risikoverteilung betreffend die Auslastung entgegen. Auch wenn nicht der gewählte Ausdruck, sondern der Wille der Vertragsparteien ausschlaggebend ist[544], spricht vor allem die Übernahme der Auslastungspflicht dafür, dass sich der Reiseveranstalter betreffend das Kontingent endgültig binden will. Insoweit liegt es nahe, eher von einem dem Mietvertrag ähnlichen Vertrag als von einem Vorvertrag zu sprechen. Andererseits ist ein wesentliches Merkmal des Mietvertrags die Gebrauchsüberlassung des Mietobjekts. Eine solche ist bei der Festmietvereinbarung trotz der verabredeten einseitigen Risikoverteilung zu Lasten des Reiseveranstalters nicht gegeben. Zwar vermag man sich des Eindrucks zunächst nicht zu erwehren, dass gerade die Einstandspflicht des Reiseveranstalters bezüglich der Auslastung diesem innerhalb der vereinbarten Vertragslaufzeit jederzeit das Recht gibt, Zimmerbelegungen beim Hotelier zugunsten der Reisenden einzufordern. Indessen darf nicht unberücksichtigt bleiben, dass weder der Reiseveranstalter noch dessen Vertragspartner, der Reisende, zu diesem Zeitpunkt einen Anspruch auf die Überlassung eines konkreten Hotelzimmers haben. Denn auch wenn Hotelier und Reise-

541 *Führich*, HB Reisevertrags-, Reiseversicherungs- und Individualreiserechts, 7. Aufl., § 47 Rn. 15.

542 *Zeising*, Grundlagen des Pauschal- und Individual-Reiserechts, 2. Ed., 2012, III. 5.2, S. 81.

543 BMF vom 7.4.1998, IV C 3 – S 7419 – 9/98, Schreiben betr. umsatzsteuerliche Behandlung von Reiseleistungen (§ 25 UStG), BStBl. I 1998, 380, Ziff. 7.

544 Siehe § 133 BGB.

veranstalter durch die Beschreibung von Lage- und Ausstattungsmerkmalen der das Kontingent umfassenden Zimmer oder Unterkünfte eine hinreichende Bestimmung vorgenommen haben und der Hotelier die Zurverfügungstellung gleichartiger Zimmer in der gebuchten Kategorie schuldet[545], bedarf es immer noch einer entsprechenden Buchung des Reisenden. Solange diese nicht vorliegt, kommt kein Hotel- oder Gastaufnahmevertrag zustande.[546] Eine andere Sichtweise würde dem Charakter der Festmietvereinbarung und auch dem Willen der Vertragsparteien nicht gerecht. Denn diese wollen lediglich das Risiko der Hotelauslastung bezogen auf eine spätere Belegung regeln. Insoweit steht die Festmietabrede einer Garantieübernahme, wie sie auch ein Kontingentvertrag vorsehen kann, gleich. Der Hotelier erlangt ein selbständiges Versprechen, dass der Reiseveranstalter für die Zimmerbelegung Sorge trägt. Weder folgt aus dieser Abrede, dass der Hotelier zu diesem Zeitpunkt verpflichtet wird, konkrete Gästebelegungen vorzunehmen, noch muss er jede Gästebelegung akzeptieren.[547]

Daraus folgt, dass der Abschluss einer Festmietvereinbarung keinen Mietvertrag oder ein mietvertragsähnliches Rechtsverhältnis begründet, und damit sind auch die aufgrund der Festmietvereinbarungen geleisteten Zahlungen keine Mietzinsen i.S.d. § 8 Nr. 1 lit. e GewStG.

545 Insoweit kann bei einer Buchung des Reisenden hinsichtlich des konkret zu überlassenden Zimmers von einer Wahlschuld gesprochen werden. Bei der Wahlschuld kann der Schuldner jeden beliebigen Gegenstand einer spezifizierten vereinbarten Menge als Leistungsgegenstand wählen, siehe *Bittner* in: Staudinger, BGB (2009), § 262 Rn. 4.

546 OLG Düsseldorf, *Urteil* vom 2.5.1991, 10 U 191/90, NJW-RR 1991, 1143; OLG Braunschweig, *Urteil* vom 31.7.1975, 2 U 29/74, NJW 1976, 570.

547 Davon m.E. zu unterscheiden ist die Frage, ob der Hotelier damit rechnen muss, dass ein Reiseveranstalter über den im Kontingent enthaltenen Einzelanspruch zugunsten eines Reisenden verfügen wird, vgl. dazu BGH, *Urteil* vom 17.1.1985, VII ZR 63/84, NJW 1985, 1457 (1457). Die Entscheidung erging im Zushg. mit dem Anspruch eines Reisenden gegen einen vom Reiseveranstalter in die Leistungserbringung eingeschalteten Vercharterer. Danach sollte dem Reisenden ein unmittelbarer Anspruch nach Maßgabe des § 328 Abs. 1 BGB zustehen. Ein solcher Anspruch materialisiert sich jedenfalls erst mit der verbindlichen Buchung und nicht schon durch den Abschluss eines Beschaffungsvertrags; siehe dazu auch die Diskussion bei *Staudinger* in: Staudinger, BGB (2011), § 651a Rn. 59.

(4) Zwischenergebnis für Direktbezugsverträge

Es bleibt festhalten, dass zwischen Hotelreservierungsverträgen und Hotelaufnahme- bzw. Beherbergungsverträgen zu unterscheiden ist. Solange Verträge als Hotelreservierungsverträge einzustufen sind, begründen diese ungeachtet der unterschiedlichen vertraglichen Ausgestaltungen als Kontingent- oder Festmietvereinbarungen keine miet- oder mietähnlichen Verträge. Der Ansicht der Finanzverwaltung ist daher insoweit zuzustimmen.

cc. Die Einordnung der indirekten Bezugsformen

(1) Der Agenturvertrag

Die einzelnen Leistungspflichten eines Agenturvertrags geben Auskunft über dessen vertragstypologische Einordnung. Wurde eine Paketierung verschiedener touristischer Leistungen, wie z.B. Hotelleistungen, Transfer, Rundreisen und Ausflüge vereinbart und übernimmt die Agentur für die Erbringung der im Leistungspaket gebündelten touristischen Leistungen die Verantwortung, liegt ein Geschäftsbesorgungsvertrag mit dienst- und werkvertraglichen Elementen vor.[548] Die Agentur sorgt sich um die Angelegenheiten des Reiseveranstalters in eigener Verantwortung. Sie bündelt einzelne touristische Leistungen zu einer Reise i.S.d. § 651a BGB und kümmert sich im eigenen Namen und auf eigene Rechnung um den Vertragsschluss mit Leistungsträgern. Das führt aber nicht dazu, dass sich an den grundsätzlichen Verantwortlichkeiten des Reiseveranstalters gegenüber dem Reisenden gemäß §§ 651a ff. BGB etwas ändert.[549] Die Agentur, die als Paketanbieter tätig wird, mutiert nicht zum Reiseveranstalter. An dem reinen Geschäftsbesorgungscharakter des Agenturvertrags ändert sich auch nichts, wenn die Agentur gegenüber dem Reiseveranstalter im Zweifel nicht selbst zur Leistungserbringung verpflichtet ist, sondern sich ihrerseits Dritter zur Erbringung der in eigener Verantwortung geschuldeten Leistungen bedienen kann. In jedem Fall schuldet die Agentur ein Leis-

548 Vgl. auch *Sprau* in: Palandt, BGB, 73. Aufl., § 675 Rn. 2 ff.; *ders.* zur Abgrenzung der Tätigkeiten eines Reisebüros, Einf v § 651a Rn. 6.

549 Vgl. *Teichmann/Beck*, Der sog. Paketanbieter im Reisevertragsrecht, DGfR Jahrbuch 1998, S. 47 (58, 59).

tungsbündel und damit keine Gebrauchsüberlassung i.S.d. § 535 BGB als einem der wesentlichen Merkmale des Mietvertrags.

Allerdings könnte man auf die Idee kommen, eine mittelbare bzw. abgeleitete Gebrauchsüberlassung zugunsten des Reiseveranstalters bezogen auf die über die Agentur „vermittelte" Hotelleistung anzunehmen. Denn auch die abgeleitete Gebrauchsüberlassung (z.B. in Form der Untermiete oder Weitervermietung) ist als Miete einzustufen.[550] Jedoch würde eine solche abgeleitete oder weitergeleitete Gebrauchsüberlassung voraussetzen, dass der Reiseveranstalter gegenüber der Agentur einen Anspruch auf Gebrauchsüberlassung erlangt. Das ist jedoch nicht der Fall. Denn soweit der Agenturvertrag nur von der Zurverfügungstellung von Zimmerkontingenten spricht, wird damit auf bestehende oder abzuschließende Kontingentverträge verwiesen. Legt man wiederum deren allgemein üblichen Inhalt und die daraus resultieren Leistungspflichten der Vertragsparteien zugrunde, handelt es sich in der Regel zumeist um Hotelreservierungsverträge. Hinzu kommt, dass auch die spätere Überlassung der Hotelzimmer durch den Hotelbetreiber ausschließlich im Verhältnis zur Agentur erfolgt, so dass der Reiseveranstalter in diesem Fall auch nicht in eine unmittelbare Vertragsbeziehung zum Hotelier tritt.

Damit stellen auch Agenturverträge keine Mietverträge i.S.d. § 535 ff. BGB dar. Aufwendungen hieraus sind folglich nicht als Mietzinsen einzustufen. Es scheidet auch insoweit eine gewerbesteuerliche Hinzurechnung der Aufwendungen eines Reiseveranstalters aus.

(2) Der Bettenbankvertrag

Wird ein Bettenbankvertrag in Form eines Agenturvertragsgeschlossen, beschränkt er sich auf die Erbringung von Vermittlungsleistungen. Es kann hier – unter Zugrundelegelung des bürgerlichen Rechts und bezogen auf die geschuldeten Vermittlungsleistungen – von einem Maklervertrag[551]

550 BFH, *Urteil* vom 4.6.2014, IV R 21/13, BFH/NV 2014, 1853, BFHE 246, 130 (133), FG Köln, *Urteil* vom 27.10.2011, 9 K 1022/10, EFG 2011, 561.

551 Ob man den Bettenbankbetreiber insoweit als Handelsmakler (§§ 93 ff. HGB) oder als Zivilmakler (§§ 652 ff. BGB) wird einstufen können, kann hier dahinstehen. Maßgeblich ist, dass nicht nur der Nachweis einer Gelegenheit, sondern die echte Vermittlung geschuldet ist.

ausgegangen werden.[552] Jedenfalls liegt die Annahme eines Mietrechtsverhältnisses insoweit fern. Ungeachtet dessen müssen dann die unmittelbar zwischen Reiseveranstalter und Hotelier begründeten Vertragsbeziehungen betrachtet werden. Denn insofern treten der Reiseveranstalter und der Hotelier in unmittelbare Vertragsbeziehungen. Es wird also im Einzelnen auf die im „Hoteleinkaufsvertrag " vereinbarten Leistungsinhalte ankommen.

Ist der Bettenbankvertrag als „Buy-Sell-Vertrag" gestaltet, werden im Ergebnis die gegen den Hotelier gerichteten Ansprüche des Bettenbankbetreibers auf Erbringung der Hotelleistung – dazu gehört auch die Unterbringung des Gastes – dem Reiseveranstalter weitergeleitet. Zivilrechtlich wird man diesen Vertrag als eine Art der Vertragsübernahme[553] behandeln müssen, in der der Betreiber der Bettenbank mit dem Reiseveranstalter vereinbart, dass letzterer in die Vertragsstellung des ersteren eintritt. Aufgrund der seitens des Hoteliers geschuldeten Vielzahl von Leistungen wird man daher nicht von einer (singulären) Forderungsabtretung sprechen können. Im Ergebnis erlangt der Reiseveranstalter seine gegen den Hotelier gerichteten Ansprüche auf der Grundlage eines Verfügungsgeschäftes.[554] Da der Reiseveranstalter insoweit in die Rechtsstellung der Bettenbank eintritt, wird es – wie bei der bloßen Vermittlung – auf den Leistungsinhalt des konkreten „Hoteleinkaufsvertrags" ankommen.

(3) Zwischenergebnis für die indirekten Bezugsformen

Betrachtet man die indirekten Bezugsformen des Hoteleinkaufs, erlangt ein Reiseveranstalter daraus im Wesentlichen Ansprüche auf der Grundla-

---

552 Zum Inhalt und Wesen eines Maklervertrags siehe auch *Reuter* in: Staudinger, BGB (2010), § 652 Rn. 1 ff., zur Abgrenzung vom Geschäftsbesorgungsvertrag Rn. 14.

553 Nach allgemeiner Meinung ist die Vertragsübernahme keine Kombination von Abtretung (§ 389 ff. BGB) und Schuldübernahme (§§ 414 ff. BGB). Sie ist ein einheitliches Rechtsgeschäft, das der Zustimmung aller Beteiligter bedarf; vgl. zur Vertragsübernahme *Grüneberg* in: Palandt, BGB, 73. Aufl., § 398 Rn. 41 ff. m.w.N.

554 Verfügungen sind Rechtsgeschäfte, die unmittelbar darauf ausgerichtet sind, auf ein bestehendes Recht einzuwirken oder dieses zu ändern. Dazu gehört auch die Abtretung nach § 398 BGB bzw. in ihrer Sonderform die Vertragsübernahme, vgl. dazu m.w.N. *Grüneberg* in: Palandt, BGB, 73. Aufl., § 398 Rn. 41, 42; *Ellenberger* in: Palandt, BGB, 73. Aufl., Überbl v § 104 Rn. 16, 21.

ge von Geschäftsbesorgungs- oder Vermittlungsverhältnissen. Diese weisen keine Nähe zu mietrechtlichen oder mietrechtsähnlichen Verhältnissen auf. Der Reiseveranstalter erlangt auf diesem Wege die rechtliche Möglichkeit, eines unmittelbar mit dem Hotelier abzuschließenden Vertrags. Dieser ist vom Bezugsvertrag zu unterscheiden. Allenfalls bei besonderen Ausformungen von Bettenbankverträgen könnten mietrechtliche Elemente gegeben sein. Hier wird es auf die konkreten Vertragsinhalte ankommen.

d. Schlussfolgerung für die gewerbesteuerliche Behandlung der Beschaffungsverträge für Hotelleistungen

Verträge der Reiseveranstalter, welche die Beschaffung von Hotelleistungen zum Gegenstand haben, sind dann nicht als Mietverträge oder mietvertragsähnliche Verträge einzustufen, soweit diese nach ihrem Vertragsinhalt lediglich auf den künftigen Abschluss eines Hotelaufnahme- bzw. Beherbergungsvertrags gerichtet sind. Das ist bei Hotelreservierungsverträgen ungeachtet ihrer konkreten Ausgestaltung der Fall.

Vor allem mit Blick auf Agenturverträge kann festgehalten werden, dass diese keine mietrechtlichen Elemente enthalten und sich damit die Aufwendungen nicht als Mietzinsen qualifizieren lassen. Soweit also Reiseveranstalter über Agenturen, die beispielsweise als Paketdienstleister tätig sind, Hotelkapazitäten erlangen, ist bereits aufgrund eines vom Mietrecht weit entfernt stehenden Vertragsinhalts in jedem Fall eine gewerbesteuerliche Hinzurechnung ausgeschlossen. Auch Bettenbankverträge sind in der Sache auf die Vermittlung von Hotelleistungen gerichtet. Es steht also entweder die Vermittlungsleistung oder eine Vertragsübernahme im Vordergrund. Insoweit sind jedenfalls keine mietvertragsähnlichen Elemente vorhanden oder erkennbar und damit im Zusammenhang stehende Entgelte und Vergütungen keine Mietzinsen.

Im Ergebnis lässt sich konstatieren, dass die aus den Beschaffungsverträgen selbst resultierenden Aufwendungen eines Reiseveranstalters nicht als Mietzinsen im Sinne des BGB und auch nicht im Sinne des § 8 Nr. 1 lit. e GewStG zu behandeln sind, weshalb insoweit eine Hinzurechnung dieser Aufwendungen dem Grunde nach ausscheidet.

Wie indessen das Beispiel des indirekten Bezugs von Hotelleistungen durch eine Bettenbank zeigt, wird es – wie auch bei den direkten Bezugsverträgen – darauf ankommen, welchen Inhalt der vermittelte oder übertragene Vertrag mit dem Hotelier hat, da der Reiseveranstalter hier entweder unmittelbar oder im Wege eines Verfügungsgeschäfts mit dem Hotelier kontrahiert, so dass insoweit mietrechtliche Elemente gegeben sein können.

Es ist daher erforderlich zu untersuchen, wie der konkrete Hotelein kaufsvertrag rechtlich einzuordnen ist.

4. Die Aufwendungen im Zusammenhang mit der Inanspruchnahme von Hotelleistungen (Hoteleinkaufsvertrag)

Wie vor allem der indirekte Bezug von Hotelleistungen deutlich macht, sagen die Art und Weise der Beschaffung der Hotelunterkunft nichts über den Inhalt der hotelseitig geschuldeten Leistungen aus. Da zudem nach Ansicht der Finanzverwaltung die auf eine Buchung der Hotelunterkunft entfallenden Aufwendungen in gewerbesteuerlicher Hinsicht anders behandelt werden sollen als diejenigen zur Beschaffung der Unterkunft[555], nämlich insoweit, als erstere dem Grunde nach der gewerbesteuerlichen Hinzurechnung unterliegen sollen, ist eine nähere Auseinandersetzung mit diesem Komplex der Buchung der Hotelunterkunft erforderlich. Erst dann lässt sich feststellen, ob es sich bei diesen Aufwendungen der Reiseveranstalter um Mietzinsen i.S.d. § 8 Nr. 1 lit. e GewStG handelt.

Es bedarf eines genaueren Blickes auf die Hotelverträge, deren Inhalt sowie die konkret erbrachten Leistungen des Hotelbetreibers. Denn nur wenn sich diese auf ein Mietverhältnis oder ein in seinen wesentlichen Bestandteilen einem Mietvertrag ähnliches Leistungsverhältnis gründen, wären Mietzinsen zu bejahen. Für die Betrachtung ist allein das Rechtsverhältnis zwischen Reiseveranstalter und Hotelbetreiber maßgeblich, was sich bereits daraus ergibt, dass der Reiseveranstalter im Verhältnis zum Reisenden jedenfalls keine mietähnlichen Leistungen, sondern eine Leistung eigener Art, die Reiseleistung, erbringt.[556]

555 Siehe OFD NRW, Verw.anw. vom 4.11.2013, G 1422-2013/0023-St161, DB 2013, 2711; OFD NRW, Vfg. vom 25.9.2013, G 1422-2013/0023-St161, DB 2013, 2363; OFD Frankfurt, Rdvfg. vom 17.6.2013, G 1422A-55-St55 (n.v.).

556 *Sprau* in: Palandt, BGB, 73. Aufl., Einf v § 651a Rn. 3 m.w.N.

a. Notwendigkeit der differenzierten Betrachtung bei Hoteleinkaufsverträgen

Wie die Beschaffung von Hotelleistungen vielschichtig sein kann, trifft dies auch auf den Leistungskatalog des Hotelbetreibers zu. Der Umfang der jeweiligen Hotelleistungen hängt vom konkreten Bedarf und den jeweiligen Akteuren ab. Allein das Reiseangebot der Touristikkonzerne deutet darauf hin, dass die Leistungspalette des Hotels eine andere sein wird, als diejenige, die kleinere und mittelständische Reiseveranstalter mit Hotels vereinbaren. So legen Touristikkonzerne naturgemäß Wert darauf, die gegenüber Kunden offerierten Hotelleistungen eng in ihr übriges touristisches Angebot einzubinden. Kleinere Reiseveranstalter werden dagegen je nach Ausrichtung spezielle oder weniger spezielle Unterkunftsangebote unterbreiten. Während Touristikkonzerne im Rahmen ihres weltweiten Hoteleinkaufs mit spezialisierten Einkaufsabteilungen Verhandlungen mit Hoteliers führen, können sich kleinere Reiseveranstalter einer Marktmacht oder jedenfalls einem Kräfteungleichwicht der Hotelbetreiber gegenüber sehen. Vor diesem Hintergrund wird nicht auf alle denkbaren Varianten eines Hoteleinkaufsvertrags, sondern nur auf typische Gestaltungen und Abreden, wie sie zwischen Reiseveranstalter und Hotelier vereinbart werden, eingegangen werden können.

b. Die Leistungsinhalte eines Hoteleinkaufsvertrags

Wie bereits kurz angedeutet, können sich in Abhängigkeit von den beteiligten Akteuren Unterschiede in der Vertragsgestaltung zwischen Reiseveranstalter und Hotelier ergeben. Der mittelständische Reiseveranstalter wird sich darauf konzentrieren, dass der Hotelier ihm die vertragsgerechte Erfüllung der gästebezogenen Leistungen verspricht und dafür einsteht, während dem Touristikkonzern, gemessen am Ziel der konzeptionellen Einbindung des Hotels in die eigene touristische Gesamtleistung[557], vor

---

557 Siehe dazu das Auftreten und Leistungsverständnis der sog. Konzepthotels, die mit bestimmten Slogans beworben und dem Reisenden präsentiert werden. So unterhält TUI Hotelmarken wie RUI, Sensimar, Club Magic Life, PURAVIDA, TUI Best Family, Viverde, Iberohotel, Dorfhotel u.a.; siehe dazu auch *TUI Deutschland GmbH*, Pressemitteilung vom 26.10.2013 sowie die unter unter http://www.tui.com/tui-hotels (zuletzt abgerufen am 8.3.2015), verfügbaren An-

allem auch daran gelegen sein wird, dass die veranstalterbezogenen Leistungen um- und durchgesetzt werden.

Generell wird man aber sagen können, dass bei den hotelseitig erbrachten Leistungen zwischen dem Leistungskanon, der dem Gast zugute kommt (gästebezogene Leistungen), und demjenigen Leistungsbereich zu unterscheiden sein wird, der allein den Reiseveranstalter betrifft (veranstalterbezogene Leistungen).

aa. Gästebezogene Hotelleistungen

Typischerweise erbringt und schuldet ein Hotelbetreiber gegenüber dem Reiseveranstalter zunächst die Unterbringung eines Gastes. Ebenso typischerweise erschöpft sich darin die Verpflichtung des Hotelbetreibers nicht. Denn in der Regel offeriert ein Hotelbetreiber – jedenfalls innerhalb der hier interessierenden Leistungsbeziehungen zu einem Reiseveranstalter – eine Fülle von Leistungskomponenten, die über die eigentliche Unterbringung hinausgehen.

(1) Inklusivleistungen

Zu solchen über die bloße Unterbringung hinausgehenden Leistungen gehören Angebote, die neben oder gemeinsam mit der eigentlichen Unterbringung seitens des Hotels angeboten werden. Sie sind im vereinbarten Preis enthalten und unterliegen keiner gesonderten Vergütung. Diese Art von Leistungen sollen nachfolgend als Inklusivleistungen bezeichnet werden. Solche sind z.B.

- Zimmerdienste, wie z.B. der Zimmerservice, die Reinigung, der Bettwäsche- und Handtuchwechsel und die Bereitstellung von Pflegeprodukten im Zimmer (Shampoos etc.),
- Empfangsdienste, z.B. Rezeption, Doorman, Conciergeservice,

---

gaben, in denen TUI damit wirbt, dass die jeweils hinter den Hotelmarken stehenden Konzepte auf individuelle Bedürfnisse des Gastes eingehen. Auch Thomas Cook hat entsprechende Hotelmarken, wie Sentido, Sunprime und Sunswing entwickelt, vgl. dazu die Angaben unter http://www.thomascook.info/fileadmin/media/img/Presse/Winterprogramm/Factsheets/Factsheets%20NEC/NEC_Hotelkonzepte.pdf (zuletzt abgerufen am 8.3.2015).

- sonstige Hoteldienstleistungen, wie z.B. Wagenservice, Zeitungsservice, Gepäckservice, Angebot von Hygieneartikeln bei Bedarf (Zahnbürsten etc.),
- Verpflegungs- und Bewirtungsleistungen (Frühstück, Halb- oder Vollpension, Versorgungsleistungen bei All-inclusive Reisen, Begrüßungs- oder Abenddrinks).

(2) Zusatzleistungen

Hinzu kommen weitere, hotelseitig oft angebotene Zusatzleistungen, die zumeist einer gesonderten Entgeltpflicht auf Seiten des Gastes unterliegen. Dazu wird man z.B. zählen können

- diverse Media-Leistungen (Bezahlfernsehen, Internetzugang, Telefon, Telefax),
- Wellness- und Sportangebote,
- Ticketverkauf für Freizeitangebote,
- zusätzliche Verpflegungsleistungen (Lunch- und Ausflugspakete, Nachmittagstee),
- Parkplatzgestellungen,
- sonstige Hoteldienstleistungen, wie Wäsche-, Bügel-, Näh-, Schuhputzservice, Verleih oder Vermietung von Beförderungsmitteln etc.

(3) Vorhalteleistungen

Zudem müssen Hotels oftmals, ohne konkret vorab bestehende Nachfrage gewisse Dienste oder Angebote bereitstellen, damit diese für den Fall einer Nachfrage unmittelbar zur Verfügung stehen. Der Umfang und die Qualität können dabei von der jeweiligen Hotelkategorie abhängen. Diese Leistungen sind Vorhalteleistungen des Hotels, die nicht zwingend einer gesonderten Entgeltpflicht unterliegen, wie z.B.

- Zahlungsarten (Debit-, Kreditkarte),
- die Bereitstellung gesonderter Einrichtungen, wie z.B. Business-Center, Sport- bzw. Fitnessstudios, Schwimmbad bzw. Swimmingpools, Sauna, Solarium, Wellnessbereiche, Hotelbars und Restaurants,

- das Angebot diverser Unterhaltungs- und Freizeitgestaltungen (Animation, Kinderbetreuung, Sportangebote, Ausflugsorganisation und -vermittlung),
- Beförderungs-, Transport- und Transferdienste (Shuttle-, Limousinenservice).

bb. Veranstalterbezogene Hotelleistungen

Neben diesen, konkret auf Gästebedürfnisse abgestimmten, Leistungsspektren gibt es auch hotelseitige Verpflichtungen, die allein gegenüber dem Veranstalter zu erbringen sind oder geschuldet werden. Auch bei diesen Leistungen dürften Inhalt und Umfang von mehreren Faktoren und vor allem von der Intensität der konkreten Rechtsbeziehung zwischen Reiseveranstalter und Hotelier abhängen. Insoweit lassen sich auch veranstalterbezogene Leistungen weiter differenzieren, nämlich einmal danach, ob sie die gegenüber dem Gast geschuldete Reiseleistung und damit die Primär- und Sekundärpflichten des Reiseveranstalters selbst betreffen, also der Durchführung und Abwicklung des Reisevertrags dienen, oder ob sie andere Bereiche der Geschäftsbeziehung zum Inhalt haben, wie z.B. Fragen des Marketings und Vertriebs der Hotelleistung. Je nach Einbindung des Hotelbetriebs in die Wertschöpfungskette des Reiseveranstalters werden Hotelverträge um weitere Regularien ergänzt.[558]

(1) Qualitätssicherungs- und Qualitätsmanagementabreden

Zumeist enthalten zwischen Reiseveranstalter und Hotelier geschlossene Rahmenvereinbarungen oder die Allgemeinen Geschäftsbedingungen des Reiseveranstalters Klauseln, die sich mit Fragen der Qualität und Qualitätssicherung, Ersatzansprüchen bei auftretenden Qualitätsmängeln sowie der vom Reiseveranstalter zu übernehmenden Belegung und Auslastung des Hotels beschäftigen. Ausgehend vom Zweck der Reiseleistung, die der

558 Daher beschränken sich vor allem die Beschaffungsverträge der Touristikkonzerne nicht auf die bloße Sicherung von Hotelkontingenten. Meist finden sich derartige Vereinbarungen in Allgemeinen Geschäftsbedingungen, Rahmen-, Neben- und Zusatzvereinbarungen wieder, die oft von den Parteien als untrennbare Bestandteile der Hotel- oder Beschaffungsverträge behandelt werden.

Reiseveranstalter gegenüber dem Reisenden erbringen will, wird oftmals festgehalten, dass der Hotelbetreiber allgemein angemessene Bedingungen für die Erholung des aufzunehmenden Gastes und, gemessen an der Zielrichtung der Gästezufriedenheit, ein in allen diesen Belangen gerecht werdendes Verhalten schuldet. Daran anknüpfend wird der Hotelier verpflichtet, nicht nur bei der Bereitstellung der Hotelanlage, sondern auch bei den Dienstleistungen am Gast die vereinbarten Qualitätsstandards einzuhalten. Daher haben Hotelbetreiber vollständige, korrekte und aktuelle Textbeschreibungen der Unterkunft und der Hoteleinrichtungen bereitzustellen. Es werden Absprachen zu Gesundheits-, Sauberkeits- und Hygienestandards sowie zu Sicherheitsstandards getroffen, ggf. verbunden mit der Verpflichtung zum Abschluss bestimmter Haftpflichtversicherungen. Hierzu dürften auch Auskunfts- und Überwachungs- sowie Verkehrssicherungspflichten des Hotelbetreibers zählen.

Meist werden die Einrichtung und Unterhaltung eines zentralen Qualitäts(sicherungs)managements, die Durchführung von Qualitätskontrollen, die Bereitstellung von Qualitätskennzahlen sowie Abhilfemaßnahmen bei Qualitätsabweichungen vereinbart. Auch das Vorhalten eines Beschwerde- und Schadensmanagements ist zu nennen. Von Seiten der Touristikkonzerne werden zum Zwecke der Kontrolle der Einhaltung solcher Abreden regelmäßig Sicherheitsprüfungen in Hotels[559] vorgenommen und Schulungen für Mitarbeiter und Reiseleiter zu sicherheitsrelevanten Themen durchgeführt.[560] Der Hotelbetreiber soll gegenüber dem Reiseveranstalter für die Einhaltung von Sicherheits- und Qualitätsstandards verantwortlich sein.

Soweit bauliche Veränderungen, Renovierungs- und Modernisierungsarbeiten erforderlich werden, hat ein Reiseveranstalter bereits aufgrund der ihm obliegenden Ersatzpflichten wegen nutzlos aufgewendeter Urlaubszeiten des Reisenden[561] ein erhebliches Interesse daran, dass derartige Maßnahmen möglichst außerhalb der Reisesaison bzw. ohne (wesentli-

---

559 Solche Überprüfungen betreffen auch andere Leistungsträger, wie beispielsweise Transferunternehmen.

560 Vgl. dazu bspw. auch die Aussagen der TUI Deutschland GmbH, wonach das TUI Sicherheitsmanagement darauf ausgerichtet ist, durch geeignete Maßnahmen Sicherheitsrisiken der angebotenen Leistungen aufzuspüren und zu beseitigen, verfügbar unter: http://unternehmen.tui.com/de/verantwortung/sicherheit (zuletzt abgerufen am 8.3.2015).

561 Siehe dazu *Sprau* in: Palandt, BGB, 73. Aufl., § 651f Rn. 6.

che) Beeinträchtigungen der Gäste erfolgen.[562] So wird es im Interesse des Veranstalters liegen, bauliche Maßnahmen am Hotel, dessen Anlagen und Einrichtungen, die über übliche Unterhaltungsarbeiten hinausgehen, vor deren Vornahme abzustimmen.[563]

(2) Ersatz von Schäden aufgrund von Reisemängeln

Werden vereinbarte Qualitätskriterien nicht eingehalten, sind maximal zulässige Reklamationsquoten der Gäste vereinbart, bis zu deren Grenze keine Minderungs- und/oder Schadensersatzansprüche des Reiseveranstalters geltend gemacht werden. Werden Reisemängel durch Gäste beanstandet[564], liegt es, gemessen an dem Selbstverständnis des Reiseveranstalters, seinen Kunden Urlaubsfreude und Gästezufriedenheit zu vermitteln, nahe, dass dieser etwaige Schadensansprüche ungeschmälert vom Hotelbetreiber ersetzt wissen will. Insofern vereinbaren nicht nur Touristikkonzerne, dass der Hotelbetreiber zur Erstattung berechtigter Ersatzansprüche des Reisenden verpflichtet ist und den Veranstalter so zu stellen hat, wie dieser stünde, wenn der Reisemangel nicht aufgetreten wäre. Hierzu werden vertraglich keine Spezifizierungen danach angestellt, ob diese Ersatzpflichten sich aus der Hotelanlage oder aus anderweitigen Umständen, wie z.B. dem Fehlverhalten von Personen, ergeben.

(3) Marketing-, Lizenz- und Franchisevereinbarungen

Als unabhängiger Vertragspartner hat sich der Hotelier selbst um den Vertrieb seiner Kontingente zu kümmern. Er kann sich für Marketingmaßnahmen sog. Incoming-Agenturen oder des Reiseveranstalters, der den unmittelbaren Kundenkontakt hat, bedienen. Je nach Art und Intensität der Zusammenarbeit zwischen Reiseveranstalter und Hotelbetreiber kommt es al-

562 Siehe zu Reisemängeln wegen Lärm- und Schmutzbeeinträchtigungen *Sprau* in: Palandt, BGB, 73. Aufl., § 651c Rn. 3b.

563 Baumaßnahmen können auch Gegenstand gesondert zu treffender Vereinbarungen sein, die den Reiseveranstalter u.U. auch verpflichten, Zuschüsse zu leisten etc.

564 Vgl. zu Abhilfe-, Minderungs-, Kündigungs- und Schadenersatzansprüchen des Reisenden § 651c - § 651f BGB.

lerdings auch vor, dass neben reinen Marketing- auch Lizenzvereinbarungen geschlossen werden. Dies nutzt ein Reiseveranstalter vor allem dann, wenn er eigene Hotelmarken benutzt oder am Markt etablieren will. Ziel ist, dass der Reisende diese Hotelmarken mit bestimmten Eigenschaften und Qualitätsmerkmalen verbindet.[565] Insoweit legen Reiseveranstalter und Hotelbetreiber die Bedingungen fest, zu denen der Reiseveranstalter etwaige Marken- und Franchiselizenzen für die Nutzung und Umsetzung der Marke sowie zum Betrieb des Hotels überlässt. Es werden Ausstattung, Organisation, die Qualität und Ausbildung des Personals, das Werbe- und Marketingkonzept sowie Vereinbarungen geregelt, um einen einheitlichen Auftritt aller Hotels unter der Hotelmarke gegenüber Reisenden und Dritten zu gewähren.

(4) Vertragslaufzeiten, Preisgestaltungen, Zahlungsmodalitäten

Zu Vertragslaufzeiten, Preisgestaltungen beim Hoteleinkauf und Zahlungsmodalitäten lassen sich aufgrund der verschiedenen handelnden Akteure kaum einheitliche Muster darstellen. Insoweit soll nachfolgend nur beispielhaft veranschaulicht werden, welche Gestaltungen existieren.

(i) Vertragslaufzeiten von Hotelverträgen

Der Hoteleinkauf bedarf einer entsprechenden Planung und richtet sich zumeist nach den Erfahrungen der vergangenen Saison.[566] Insoweit sind Laufzeiten von Hotelverträgen sehr unterschiedlich. Sie hängen nicht zuletzt davon ab, welche Vertragspartner sich gegenüberstehen, ob also ein Touristikkonzern als Reiseveranstalter agiert oder ein mittelständisches Unternehmen. Nahezu alle Touristikkonzerne rechnen in sog. touristischen Jahren.[567] Das touristische Jahr besteht aus der Winter- und der Sommersaison.

565 Zu den Hotelmarken der Touristikkonzerne siehe Fn. 557.

566 Siehe zum internationalen Hoteleinkauf *Buss,* Der internationale Hoteleinkauf, in: Bastian/Born, Der integrierte Touristikkonzern, S. 277 (278).

567 Das touristische Jahr beginnt meist im Oktober/November und endet im September/Oktober des Folgejahres.

Treten Touristikkonzerne auf, sind die saisonalen Vertragslaufzeiten meistens bereits in den Beschaffungsverträgen niedergelegt.[568] Davon zu unterscheiden ist die Einzelbuchung, die sich nach der Dauer der vom Kunden gebuchten Reise richtet. Diese kann prinzipiell von einer Übernachtung bis hin zu mehreren Wochen reichen. Haben Reiseveranstalter und Hotelbetreiber eine sog. Festmiete vereinbart, hat der Reiseveranstalter zwar typischerweise einen Anspruch auf das vereinbarte Zimmerkontingent über den vereinbarten Zeitraum. Aber auch hier richtet sich die Belegungsdauer der konkreten Zimmer nach der mit dem Reisenden vereinbarten Reisedauer.

Die Planungen mittelständischer Reiseveranstalter betreffend den Hoteleinkauf sind dagegen kurzfristiger angelegt. Oftmals werden bedarfsabhängig Kontingente reserviert oder der Bezug findet über Bettenbanken statt bzw. wird aus dem Kontingent anderer Reiseveranstalter bedient. In jedem Falle richtet sich die Belegungsdauer der konkreten Zimmer nach der mit dem Reisenden vereinbarten Reisedauer.

(ii) Preisgestaltung beim Bezug der Hotelleistungen

Die Preise für Hotelleistungen werden durch eine Vielzahl von Parametern und Leistungskomponenten bestimmt. Das hat seine Ursache allein schon darin, dass sich aus der Perspektive des Reisenden unterschiedliche Bedürfnislagen ergeben, auf die der Reiseveranstalter bei der Zusammenstellung seines Reiseangebots achtet und einzugehen versucht. Es können die Lage (Erreichbarkeit) und Umgebung des Hotels (Meer, Gebirge), die Zimmerart (bspw. Einzelzimmer/Doppelzimmer mit und ohne Meerblick), die Art und Qualität der Verpflegung (Frühstück, Voll-/Halbpension, all-inclusive, sonstige Bewirtungsleistungen), der Service des Hotels (Mediennutzung, Concierge, Begrüßungsgetränke etc.), das Unterhaltungs- und Animationsprogramm, sonstige Einrichtungs- und Leistungsangebote des Hotels (Sport-, Schwimm- und Wellnessbereich) oder vorhandene Ausflugsmöglichkeiten etc. maßgeblich sein. Diese Parameter finden oftmals auch ihren Ausdruck in bestimmten Klassifizierungen des Hotels, die ent-

568 Also maximal sechs Monate.

weder von einem Verband[569] oder von Reiseveranstaltern[570] selbst vergeben werden. Alle diese Komponenten fließen in den zu kalkulierenden Preis ein.

Betrachtet man zudem das Angebot eines einzelnen Hotels, das verschiedene Zimmerkategorien (Einzel-, Doppel-, Familienzimmer, Suiten etc.) jeweils für sich schon mit verschiedenen Ausstattungsmerkmalen bereithält, hierzu auch unterschiedlichste Verpflegungsleistungen (von „Nur-Übernachtung" bis „all-inclusive") anbietet und dies zu verschiedenen Saisonzeiten (von Frühsaison- und Nachsaison über Hochsaison) und in Abhängigkeit der Dauer der Aufenthalte eines Reisenden, wird deutlich, dass es in summa nicht *den* Preis geben kann. Bereits ein- und derselbe Leistungsblock kann zu unterschiedlichen Preisen am Markt angeboten werden. Hinzu kommt, dass ein nicht genutztes Hotelzimmer aus Sicht des Hotels wirtschaftlich vernichtet ist, was zum Teil auch kurzfristige Angebots- und Preismaßnahmen erfordert.[571]

Den in der Praxis verwendeten Verträgen konnte ein einheitliches Merkmal bei der zwischen dem Reiseveranstalter und dem Hotelier getroffenen Preisabrede entnommen werden, nämlich dass der Preis für die Hotelleistung als Gesamtpreis vereinbart und meist auf der Basis „Zimmerkategorie/Verpflegung pro Person" ausgewiesen wird. Eine Aufteilung bzw. Aufschlüsselung des Preises nach den einzelnen Leistungskomponenten erfolgt nicht. Auch legt das Hotel seine Kalkulationsgrundlage zur Ermittlung des Preises für die Erbringung der gesamten Hotelleistungen dem Reiseveranstalter in der Regel nicht offen.

---

569 Siehe bspw. DEGOHA Bundesverband mit Sitz in Berlin, die Klassifizierungen anhand der Kriterien Gebäude/Raumangebot, Einrichtung/Ausstattung, Service, Freizeit, Angebotsgestaltung, hauseigener Tagungsbereich vornimmt, siehe http://www.dehoga-bundesverband.de/klassifizierung/hotelklassifizierung (abgerufen am 8.3.2015); vgl. auch den ausführlichen Klassifizierungskatalog 2010-2014 der Hotelstars Union, einer Partnerschaft verschiedener nationaler Hotelverbände, verfügbar unter http://www.hotelstars.eu/fileadmin/download/kriterien/Kriterien_2010-2014.pdf (abgerufen am 8.3.2015).

570 Siehe dazu bspw. die Kategorisierung der TUI und die Stellungnahme hierzu, verfügbar unter http://unternehmen.tui.com/de/newsroom/themenservice/archiv/2010/april-2010/Hotels-Stern-ist-nicht-gleich-Stern (abgerufen am 8.3.2015).

571 Siehe zum Vorstehenden auch *Böttcher*, Preis- und Mengenpolitik im integrierten Touristikkonzern in: Bastian/Born, Der integrierte Touristikkonzern, S. 127 (130) zu den sich aus Sicht des Reiseveranstalters gegenüber dem Reisenden ergebenden Kalkulationsproblemen.

(iii) Zahlungsmodalitäten

Die vereinbarten Zahlungsmodalitäten differieren ebenfalls je nach Akteur. Der klassische Reiseveranstalter zahlt entweder erst nach Leistungserbringung des Hotels an den Reisenden oder leistet bei Abschluss des Hotelreservierungsvertrags eine Vorauszahlung, die nach der Leistungserbringung abgerechnet wird. Integrierte Reiseveranstalter, die zu Hotelbetreibern in engerer vertraglicher und wirtschaftlicher Verbindung stehen, nutzen vielfältige Zahlungsmodelle. Diese reichen von sog. touristischen Vorauszahlungen, die zu Beginn der Saison an den Hotelbetreiber geleistet werden, bis hin zu Darlehen, die später mit Entgeltansprüchen des Hotelbetreibers verrechnet werden.

Vornehmlich bei Kontingentverträgen mit Garantieübernahmen wird oftmals vereinbart, dass der Hotelbetreiber gegenüber dem Reiseveranstalter einen Anspruch auf das vereinbarte Entgelt erst dann erlangt, wenn eine verbindliche Buchung vorliegt. Die Zahlung wird in der Regel erst nach Leistungserbringung an den Reisenden fällig. Wurden Vorauszahlungen auf den künftigen Anspruch geleistet, werden diese bei Erfüllung auf den fälligen Entgeltanspruch angerechnet. Liegen im vereinbarten Zeitraum[572] nicht genügend Buchungen für das reservierte Kontingent vor, mit der Folge, dass die Summe der entstandenen und fällig gewordenen Entgeltansprüche den Gesamtbetrag der geleisteten Vorauszahlung nicht erreicht, werden solche Vorauszahlungen meist vorgetragen. Folglich verfallen Ansprüche nicht. Der verbleibende Vorauszahlungsbetrag wird im Folgejahr auf Entgeltansprüche des Hotelbetreibers angerechnet. Endet der Vertrag zwischen dem Hotelbetreiber und dem Reiseveranstalter bevor die Vorauszahlung „verbraucht“ ist, kann der Reiseveranstalter die Rückzahlung der Vorauszahlung verlangen.

c. Die rechtliche und gewerbesteuerliche Einordnung des Hoteleinkaufsvertrags

Da aus der Art der Beschaffung der Hotelleistungen selbst keine Schlussfolgerungen im Hinblick auf die gewerbesteuerrechtliche Qualifikation des Hoteleinkaufsvertrags und die damit im Zusammenhang stehenden

572 Beispielsweise in dem touristischen Jahr.

Aufwendungen gezogen werden können, ist anhand der im Hoteleinkaufsvertrag vereinbarten Leistungspflichten zu prüfen, ob und inwieweit die vom Hotelier gegenüber dem Reiseveranstalter erbrachten Leistungen einen Mietvertrag begründen oder jedenfalls mietrechtliche Elemente enthalten. Dass allein das Rechtsverhältnis zwischen Reiseveranstalter und Hotelbetreiber maßgeblich ist, ergibt sich bereits daraus, dass der Reiseveranstalter im Verhältnis zum Reisenden jedenfalls keine mietähnlichen Leistungen, sondern eine Leistung eigener Art, die Reiseleistung, erbringt.[573]

Die steuerrechtliche Literatur diskutiert die Frage der rechtlichen Qualifikation von Hotelverträgen und den darin vereinbarten Leistungen allenfalls sporadisch. Meistens erschöpfen sich die Ausführungen darin, es liege ein typengemischter Vertrag vor, weil die Leistungskomponenten nicht voneinander trennbar seien.[574] Die finanzgerichtliche Rechtsprechung hat sich im Zusammenhang mit der Gewerbesteuer zu diesem Thema bislang nicht geäußert.[575] Das beim FG Münster anhängige Verfahren harrt noch einer Entscheidung.[576] Auch die zivilrechtliche Rechtsprechung[577] übt sich zur Frage der Rechtsnatur des Hoteleinkaufsvertrags in Zurückhaltung. Hauptsächlich beschäftigen sich ergangene Entscheidungen mit der Wirksamkeit und Durchsetzung von Reservierungsverträgen.[578] Die zivilrechtliche Literatur verweist lediglich im Rahmen der Betrachtung des Rechtsverhältnisses zwischen Reiseveranstalter und dem in die Erfüllung

---

573 Siehe hierzu die Ausführungen in Teil 2, Kap. E.II.1., 137; vgl. auch *Sprau* in: Palandt, BGB, 73. Aufl., Einf v § 651a Rn. 4 m.w.N. aus der Rspr.

574 Zuletzt *Klein*, Gewerbesteuerliche Hinzurechnung von Hotelleistungen bei Reiseveranstaltern, DStR 2014, 1321 (1323), der eine tiefergehende Behandlung jedoch nicht vornimmt.

575 Dagegen werden aus umsatzsteuerlicher Sicht Einzelaspekte bei Hotelverträgen vertieft, siehe zuletzt Nds. FG, *Urteil* vom 28.1.2014, 5 K 273/13, BeckRS 2014, 96362 (Rev. anh., BFH, Az. XI R 11/14); BFH, *Urteil* vom 20.3.2014, V R 25/11, BFH/NV 2014, 1173, BFHE 245, 286.

576 Beim FG Münster ist der als Musterverfahren bezeichnete Rechtsstreit rechtshängig, Az. 9 K 1472/12.

577 Eine Erklärung dafür könnte sein, dass Hotelbetreiber meist in die Wertschöpfungskette jedenfalls größerer Reiseveranstalter eng integriert sind und deshalb möglicherweise Streitigkeiten außergerichtlich beigelegt werden.

578 Siehe dazu oben Teil 2, Kap.E.II.3.c, 152.

des Reisevertrags eingeschalteten Leistungsträger darauf, dass sich dieses nach den Regelungen des jeweiligen Vertragstyps richtet.[579]

Allein die Finanzverwaltung wandte sich dem Thema etwas eingehender zu, ohne allerdings die Rechtsansichten, warum im Hoteleinkaufsvertrag mietrechtliche Elemente zu sehen seien[580], näher zu erläutern oder zu begründen.[581]

aa. Ausgangsüberlegungen zur gewerbesteuerrechtlichen Einordnung des Hoteleinkaufsvertrags

(1) Das anwendbare Recht betreffend die Rechtsbeziehungen zum Hotelier als Leistungsträger des Reiseveranstalters

Reiseveranstalter agieren innerhalb und außerhalb des deutschen Marktes. Nicht nur Touristikkonzerne, sondern auch kleinere Reiseveranstalter schließen mit im Ausland ansässigen Hotelbetreibern entsprechende Vereinbarungen über die Erbringung von Hotelleistungen. Insoweit würde sich die Frage stellen, welches Recht auf derartige Verträge anzuwenden ist und wie diese dann zu behandeln sind. Kollisionsrechtlich wäre danach

579 Siehe z.B. *Tonner* in MüKo, BGB, 6. Aufl., Vor § 651a Rn. 15; statt vieler auch *Sprau* in: Palandt, BGB, 73. Aufl., § 651a Rn. 10 m.w.N.

580 Siehe oben, Teil 2, Kap. E.I.1, 125; dazu im Einzelnen OFD Frankfurt, Rdvfg. vom 17.6.2013, G 1422A-55-St55 (n.v.); OFD NRW, Vfg. vom 25.9.2013, G 1422-2013/0023-St161, DB 2013, 2363; dies., Verw.anw. vom 4.11.2013, G 1422-2013/0023-St161, DB 2013, 2711.

581 Siehe dazu oben, Teil 2, Kap. E.I.1.c., 130 ff.

zu unterscheiden, ob Verträge mit Vertragspartnern geschlossen werden, die innerhalb[582] oder außerhalb der Europäischen Union[583] ansässig sind.

Unter gewerbesteuerlichen Gesichtspunkten kann indessen eine Entscheidung danach, welches Recht anzuwenden ist, wenn mit einem ausländischen Hotelier ein Hoteleinkaufsvertrag geschlossen wird, dahinstehen. Denn ungeachtet der konkreten kollisionsrechtlichen Vertragseinordnung bleibt festzuhalten, dass sich eine rechtliche Qualifizierung des für eine gewerbesteuerliche Hinzurechnung relevanten Vertrags jedenfalls nach deutschem Rechtsverständnis richten muss.[584] Die seitens des BFH erfolgte Klarstellung, dass allein aus dem Umstand, dass ein Vertrag, der nach den Vereinbarungen der Parteien ausländischem Recht unterliegt und deshalb die Vorschriften der §§ 535 ff. BGB keine Anwendung finden, nicht geschlossen werden kann, dass diese Verträge nicht Gegenstand der gewerbesteuerlichen Hinzurechnung sein können[585], gilt auch in Bezug zu den hier zu betrachtenden Hotelverträgen. Das ist insoweit überzeugend, als es den Vertragsparteien nicht allein durch eine Rechtswahl ermöglicht

---

582 Dies ist eine Frage des Internationalen Privatrechts. Nach Art. 3 EGBGB kommt die Rom I-VO zur Anwendung. Haben die Vertragsparteien keine oder keine wirksame Rechtswahlvereinbarung getroffen, Art. 3 Abs. 1 Satz 1 Rom I-VO, ist das anwendbare Recht nach Maßgabe des Art. 4 Rom I-VO zu bestimmen, vgl. auch *Thorn* in: Palandt, BGB, 73. Aufl., Rom I-VO, Art 4 Rn 2. Die Anwendung von Art. 6 Rom I-VO scheidet aus, weil bei dem zwischen Reiseveranstalter und Hotelier geschlossenen Hoteleinkaufsvertrag bereits die Verbrauchereigenschaft fehlt. Im Übrigen kommt es wegen des autonomen Begriffsverständnisses der Rom I-VO darauf an, welchem Vertragstyp der Hoteleinkaufsvertrag entspricht oder jedenfalls nahekommt. Enthält der Vertrag mehrere Bestandteile, die verschiedenen Vertragstypen entsprechen, ist nach Art. 4 Abs. 2 Rom I-VO das Recht des Staates einschlägig, in dem die Partei, welche die charakteristische Leistung erbringt, ihren gewöhnlichen Aufenthalt hat; siehe dazu statt vieler *Staudinger* in: Staudinger, BGB (2011), Vorbem § 651a - § 651m, Rn. 144.

583 Auf der Grundlage des Art. 2 der Rom I-VO, der die universelle Anwendung der Kollisionsregelungen bestimmt, soll das anwendbare Recht sich auch bei Drittlandsachverhalten nach der Rom I-VO richten, vgl. *Magnus* in: Staudinger, BGB (2011), Rom I-VO, Art. 2 Rn 1.

584 Einhellige Ansicht, vgl. *Güroff* in: Glanegger/Güroff, GewStG, 8. Aufl., § 8 Nr. 1d, Rn. 6; *Mohr* in: Bergemann/Wingler, GewStG, § 8, Rz. 220; *Sarrazin* in: Lenski/Steinberg, GewStG, § 8 Nr. 1 Buchst. d, Rz. 22 (Lfg. 106, März 2013); *Schnitter* in: Frotscher/Maas, GewStG, § 8, Rn. 107 (116. Lfg. 1/2013) m.w.N.

585 BFH, *Urteil* vom 27.11.1975, IV R 192/71, BStBl. II 1976, 220, BFHE 117, 474 (478).

werden kann, sich den steuerlichen Folgen, die sich bei Anwendung deutschen Rechts ergäben, zu entziehen.

Es genügt daher, wenn der zwischen Reiseveranstalter und Hotelbetreiber geschlossene Vertrag seinem Inhalt nach und den Vorschriften des anzuwendenden ausländischen Rechts als eine Vereinbarung zu werten ist, die, wenn auf ihn deutsches Recht anzuwenden wäre, nach ihrem wesentlichen rechtlichen Gehalt dem Typus eines Miet- bzw. Pachtvertrags i.S.d. bürgerlichen Rechts entspricht.[586]

(2) Der Hoteleinkaufsvertrag als Weiterentwicklung des Beherbergungsvertrags

Kommt es damit für die rechtliche Qualifikation des Hoteleinkaufsvertrags allein auf dessen Beurteilung nach Maßgabe des deutschen Rechts an, kann zunächst der Blick auf eine einfachere Sachverhaltskonstellation, nämlich die Hotelbuchung eines Gastes ohne Einschaltung eines Reiseveranstalters gerichtet werden. Bucht ein Gast eine Hotelunterkunft, kommt zwischen diesem und dem Hotelier ein Beherbergungsvertrag zustande.[587] Auf diese Grundüberlegung baut auch die zivilrechtliche Rechtsprechung auf. So geht sie im Zusammenhang mit den seitens eines Reiseveranstalters und einem Hotelier geschlossenen Reservierungsvertrag davon aus, dass dieser Vertrag den Reiseveranstalter verpflichte, einen Beherbergungsvertrag mit dem Hotelier abzuschließen.[588] Daher liegt es nahe, sich zunächst dem Beherbergungsvertrag zuzuwenden und dessen rechtliche Einordnung zu untersuchen, um daraus Erkenntnisse für einen zwischen Reiseveranstalter und Hotelbetreiber geschlossenen Hoteleinkaufsvertrag zu gewinnen. Denn insoweit könnte sich der Hoteleinkaufsvertrag als eine

586 In dem Sinne auch BFH, *Urteil* vom 27.11.1975, IV R 192/71, BStBl. II 1976, 220, BFHE 117, 474 (478).

587 Die Terminologie wird nicht immer einheitlich verwendet, siehe dazu die Nachweise in Fn. 522 sowie BGH, *Urteil* vom 1.4.1963,VIII ZR 257/61, NJW 1963, 1449 (1449); *Urteil* vom 24.11.1976, VIIII ZR 21/75, NJW 1977, 385 (386). „Hotelaufnahmevertrag" und der „Beherbergungsvertrag" stehen einander gleich, vgl. dazu BGH, *Urteil* vom 1.4.1963, VIII ZR 257/61, NJW 1963, 1449 (1449).

588 Vgl. OLG Hamm, *Urteil* vom 4.12.1989, 32 U 223/88, NJW-RR 1990, 315 (316), das ausführt, dass zwischen dem Reiseveranstalter und dem Hotel ein „Beherbergungsvertrag" geschlossen werde.

Weiterführung bzw. Weiterentwicklung des Beherbergungsvertrags darstellen.

(i) Der Hoteleinkaufsvertrag als Vertrag zugunsten Dritter?

Sieht man sich die gästebezogenen Leistungskomponenten[589] des Hoteleinkaufsvertrags an, entsprechen diese denjenigen, die ein Hotelier gegenüber seinen Gästen zu erbringen hat, sofern diese unmittelbar einen Beherbergungsvertrag begründen. Daher ließe sich der Rekurs auf den Beherbergungsvertrag auf § 328 BGB stützen. Der Reisende als Nutznießer der vom Reiseveranstalter geschuldeten Leistung könnte sich als Begünstigter der vom Hotelier gegenüber dem Reiseveranstalter erbrachten Hotelleistung erweisen. Insoweit könnte der Hoteleinkaufsvertrag als eine Art Beherbergungsvertrag zugunsten Dritter angesehen werden. Ein Vertrag zugunsten Dritter wird in der Weise begründet, dass ein Vertragspartner einem anderen verspricht, eine Leistung an einen Dritten, den Leistungsempfänger, zu erbringen.[590] Ob dabei dem Dritten ein eigenes Forderungsrecht gegenüber dem Versprechenden zukommt und damit ein echter Vertrag zugunsten Dritter vorliegt oder lediglich ein unechter Vertrag zugunsten Dritter, ist aus den Umständen und aus dem Zweck des Vertrags selbst zu ermitteln.[591]

Will man diesen Überlegungen nachgehen, kann man sich auf eine Entscheidung des BGH betreffend einen zwischen Reiseveranstalter und einer Fluggesellschaft geschlossenen Chartervertrag stützen. Dort hatte der BGH die Rechtsfigur des Vertrags zugunsten Dritter herangezogen.[592] Er gestand dem Reisenden ein eigenes Forderungsrecht gegenüber dem Leistungsträger, dem Vercharterer, auf Erbringung der gegenüber dem Reiseveranstalter geschuldeten Beförderungsleistung zu. Ausgehend vom maßgebenden Zweck des Chartervertrags, nämlich Fluggäste zu befördern, argumentierte der BGH, der Vercharterer könne sich nicht darauf berufen, ihm seien vom Reiseveranstalter die Fluggäste nicht benannt worden.[593]

589 Siehe Teil 2, Kap. E.II.4.b.aa., 166 ff.

590 § 328 Abs. 1 BGB.

591 § 328 Abs. 2 BGB.

592 BGH, *Urteil* vom 17.1.1985, VII ZR 63/84, NJW 1985, 1457 (1457).

593 BGH, *Urteil* vom 17.1.1985, VII ZR 63/84, NJW 1985, 1457 (1457); siehe dazu auch *Staudinger* in: Staudinger, BGB (2011), § 651a Rn. 59 m.w.N. zur h.M.

Unter Zugrundelegung dieser Ausführungen wendet nun auch die herrschende Ansicht im Zivilrecht die Rechtsfigur des Vertrags zugunsten Dritter auf andere Leistungskomponenten innerhalb des Reisevertrags an.[594] Dieser und dem BGH wird entgegengehalten, den Parteien des Leistungsträgervertrags käme es nicht auf die Begünstigung des Reisenden an, der ohnehin im Vorfeld nicht bestimmt sei. Vielmehr hätten sie ihre eigenen Interessen, nämlich die Gewinnerzielung im Blick.[595] Die Bezugnahme auf eine Gewinnerzielung erscheint m.E. in diesem Zusammenhang und im Verhältnis der Betrachtung der Rechtsbeziehungen zum Reisenden zu kurz gegriffen. Die Gewinnerzielung oder allgemeiner, die Erzielung eines Vorteils für eine Partei, ist jedem synallagmatischen Vertrag immanent und daher kein Wesensmerkmal des Leistungsträgervertrags. Daher kann auch unter Einbeziehung der Interessensphären der kontrahierenden Parteien des Hoteleinkaufsvertrags dieser durchaus in Teilen auf die Begünstigung eines Dritten, des Reisenden, gerichtet sein. Ob der Hoteleinkaufsvertrag dem Reisenden tatsächlich ein eigenes Forderungsrecht, wie dies der BGH im Fall des Vercharterers befürwortete, einräumt, steht bezogen auf den gesamten Vertrag zwar zu bezweifeln.[596] Die Frage kann an dieser Stelle indes dahinstehen, da jedenfalls mit Blick auf bestimmte Leistungen eine grundsätzliche Drittbezogenheit der Leistungsbeziehungen bejaht werden kann. Es erscheint deshalb m.E. konsequent, die seitens des Hoteliers gegenüber dem Reiseveranstalter geschuldeten gästebezogenen Leistungspflichten des Hoteleinkaufsvertrages als Ausgangspunkt zu

594 So im Ergebnis auch *Grüneberg* in: Palandt, BGB, 73. Aufl., § 328 Rn. 10, 26; *Tonner* in: MüKo, BGB, 6. Aufl., § 651a Rn. 39; siehe zu weiteren Nachweisen für die h.M., dieser aber widersprechend *Staudinger* in: Staudinger, BGB (2011), § 651a Rn. 59.

595 So z.B. *Staudinger* in: Staudinger, BGB (2011), § 651a Rn. 59, der darüber hinaus in Abrede stellt, dass sich diese Entscheidung vor dem Hintergrund des später eingeführten § 651k BGB aufrechterhalten lasse. Der BGH führte an anderer Stelle aus, dass der Reisende ein Interesse hat, eine ungestörte Reise in Anspruch zu nehmen, siehe BGH, *Urteil* vom 17.1.1985, VII ZR 63/84, NJW 1985, 1457. Es wird an anderer Stelle auf diesen Punkt zurückzukommen sein. Vgl. zur Kritik an der Rechtsprechung auch *Raab*, Austauschverträge mit Drittbeteiligung, S. 86 ff.

596 Ähnliche Fragestellungen treten auch bei anderen Leistungsträgerverhältnissen auf, vgl. zum Rechtsverhältnis zwischen Vercharterer und Reisenden bspw. *Gansfort*, Das Rechtsverhältnis zwischen Gelegenheits-Luftverkehrsunternehmen und Reiseveranstaltern beim Pauschalreiseflugvertrag und seine Auswirkung auf die Rechtsstellung des Reisenden, S. 156 ff.

nehmen und im Beherbergungsvertrag den originären Anknüpfungspunkt zur rechtlichen Einordnung des Hoteleinkaufsvertrags zu suchen.

(ii) Berücksichtigung der Interessen der Parteien des Hoteleinkaufsvertrags

Ungeachtet des Vorstehenden kann der Ansatz, die Interessenlagen der kontrahierenden Parteien zu berücksichtigen, nicht von der Hand gewiesen werden, soweit es um die Bestimmung der Rechtsnatur des Hoteleinkaufsvertrags geht. Insoweit ist zu bedenken, dass sich die Rechtsbeziehungen zwischen Reiseveranstalter und Hotelier vor dem Hintergrund der Besonderheiten des Reisevertragsrechts herausgebildet haben und sich, wie oben aufgezeigt wurde, in den Regelungen eines Hoteleinkaufsvertrags widerspiegeln.[597] Der Hoteleinkaufsvertrag ist ein Abbild der konkreten Motive und Beweggründe der beiden Parteien. Folglich wäre eine lediglich gästebezogene Sichtweise zu eng. Die rechtliche Einordnung eines Vertrages darf die Perspektive der beteiligten Personen nicht außer Acht lassen. Dies liegt darin begründet, dass der Hotelbetreiber als Leistungsträger des Reiseveranstalters in dessen Erfüllungshandlungen eingeschaltet ist, und dass der Reisende bei Nicht- oder Schlechterfüllungen des Reisevertrags sowohl Ansprüche gegenüber dem Hotelbetreiber[598] als auch gegenüber dem Reiseveranstalter geltend machen kann.[599] Daher erscheint es aus Sicht eines Reiseveranstalters logisch und zwingend, seine Rechtsbeziehungen in zweierlei Hinsicht zu regeln. Der Reiseveranstalter muss zum einen sicherstellen, dass es aus Sicht des Reisenden keinen Grund gibt, sich in seinen aus dem Reisevertrag begründeten Rechtspositionen beeinträchtigt zu fühlen.[600] Folglich muss die vom Hotelier geschuldete Leistung allen Anforderungen entsprechen, für die der Reiseveranstalter gegenüber dem

597 Vgl. oben Teil 2, Kap. E.II.4., 164 ff.

598 Auch bei einer Verletzung von Sorgfalts- und Nebenpflichten durch den Leistungsträger kann der Reisende diesen bei Vorliegen der hierfür erforderlichen besonderen Voraussetzungen in Anspruch nehmen. Der Vertrag entfaltet damit auch Schutzwirkungen zugunsten des Reisenden, vgl. dazu im Einzelnen *Grüneberg* in: Palandt, BGB, 73. Aufl., § 328 Rn. 15 ff., 26.

599 Vgl. §§ 651c - § 651f BGB.

600 Zu beachten ist, dass Anknüpfungspunkt des Mangels das gesamte Leistungspaket ist und nicht die einzelne Teilleistung der Reise. Daher ist es bei erheblichen Mängeln weder sachgerecht noch rechtlich möglich, das Gesamtpaket in einzelne

Reisenden verantwortlich zeichnet.[601] Andererseits muss es dem Reiseveranstalter wiederum möglich sein, in denjenigen Fällen, in denen er gegenüber dem Reisenden zur Gewährleistung oder zum Schadensersatz wegen mangelhafter Hotelleistungen aufgrund eines vom Hotelier zu vertretenden Mangels verpflichtet ist, den Hotelbetreiber insoweit in Anspruch zu nehmen. Diese Erwägungen der Parteien sind daher bei Beantwortung der Frage nach der rechtlichen Einordnung des Hoteleinkaufsvertrags mit einzubeziehen.[602]

bb. Die rechtliche Einordung des Hoteleinkaufsvertrags

(1) Die Rechtsnatur des Beherbergungsvertrags

Folgt man dem obigen Ansatz, in dem Hoteleinkaufsvertrag eine vertragliche Weiterentwicklung des Beherbergungsvertrags zu sehen, richtet sich der Blick nun auf die rechtliche Einordnung des Beherbergungsvertrags. Soweit dieser nämlich bereits nicht als ein in seinem wesentlichen Gehalt einem Mietvertrag entsprechender Vertrag zu begreifen ist, spricht vieles dafür, dass sich auch ein Hoteleinkaufsvertrag nicht als Mietvertrag darstellt.

Beim Beherbergungsvertrag wird dem Gast für eine bestimmte Zeit eine Sache, das Hotelzimmer, zum Gebrauch überlassen.[603] Die Unterbringungsleistung wird durch eine Vielzahl weiterer Leistungen, die Inklusiv-, Zusatz- oder Vorhalteleistungen des Hoteliers sein können, komplettiert.[604] Es ist insoweit zwar unbestritten, dass ein Beherbergungsvertrag als ein gemischter Vertrag angesehen wird[605], weil er Leistungspflichten

---

Aspekte aufzuspalten und vom Teilpreis der Einzelleistungen auszugehen, vgl. dazu auch *Staudinger* in: Staudinger, BGB (2011), § 651c BGB Rn. 42 m.w.N.

601 Zu Unterkunfts-, Unterbringungs- und anderen Mängeln im Zusammenhang mit Leistungen des Hotels siehe bspw. *Tonner*, Der Reisevertrag, 5. Aufl., Anh. zu § 651c, 2.4.2; *Eckert* in: Staudinger, BGB (2001), § 651c Rn. 86 ff., jeweils m.w.N. aus der Rechtsprechung.

602 Vgl. dazu auch *Raab*, Austauschverträge mit Drittbeteiligung, S. 89 f.

603 Vgl. RG, *Urteil* vom 30.3.1942, V 120/41, RGZ 169, 84 (86, 87); BGH, *Urteil* vom 1.4.1963, VIII R 257/61, NJW 1963, 1449 (1449).

604 Siehe dazu oben Teil 2, Kap. E.II.4.b., 165 f.

605 Einhellige Ansicht, vgl. *Gitter*, HB Schuldrecht, Bd. 7, Gebrauchsüberlassungsverträge, § 7 A II, S. 176; *Weidenkaff* in: Palandt, BGB, 73. Aufl., Einf v § 535

verschiedener Vertragstypen in sich vereint.[606] Dennoch ist die rechtliche Einordnung des Beherbergungsvertrags als solche bei genauerer Inaugenscheinnahme alles andere als eindeutig.

Das zivilrechtliche Meinungsbild, welcher Kategorie des gemischten Vertrags i.e.S.[607] der Beherbergungsvertrag zuzuordnen ist, stellt sich als ambivalent dar.[608] Es wird sowohl für die Annahme eines Typenkombinationsvertrags[609] als auch für das Vorliegen eines Typenverschmelzungsvertrags[610] plädiert. Beide Ansichten liegen nahe, denn die Abgrenzung beider Vertragstypen voneinander ist schwierig.[611] Vor dem Hintergrund der

---

Rn. 36; *Feldmann/Löwisch* in: Staudinger, BGB (2012), § 311 Rn. 33; so auch bereits RG, *Urteil* vom 30.3.1942, V 120/41, RGZ 169, 84 (88); BGH, *Urteil* vom 1.4.1963, VIII ZR 257/61, NJW 1963, 1449 (1450).

606 So bereits RG, *Urteil* vom 30.3.1942, V 120/41, RGZ 169, 84 (88); siehe auch *Emmerich* in: MüKo, BGB, 6. Aufl., § 311 Rn. 25, 29 (ausführlicher noch in der 5. Aufl., § 311 Rn. 45); *Feldmann/Löwisch* in: Staudinger, BGB (2012), § 311 Rn. 33; *Emmerich* in: Staudinger, BGB (2014), Vorbem § 535 Rn. 48; *Tonner*, Der Reisevertrag, 5. Aufl., S. 253 Rn. 2; *Heintzmann* in: Soergel, BGB, 13. Aufl., Bd. 8, vor § 535 Rn. 17, *Bruß* in: Soergel, BGB, 13. Aufl., Bd. 10, § 701 Rn. 9, 11. Dieser Einsicht verschließt sich die Finanzverwaltung nicht, wenngleich sie eine Hinzurechnung nunmehr nur noch aus „Vereinfachungsgründen" ablehnt, siehe Gl. Ländererlass vom 2.7.2012, BStBl. I 2012, 654 Tz. 29b, während sie im Gl. Ländererlass vom 4.7.2008, BStBl. I 2008, 630, Tz. 7 noch explizit von einem gemischten Vertrag sprach.

607 Vgl. oben Teil 2, Kap. C.I.3.a.cc, 73 ff.

608 Nicht eindeutig *Sprau* in: Palandt, BGB, 73. Aufl., Einf v § 701 Rn. 3; *Emmerich* in: Staudinger, BGB (2014), Vorbem § 535 Rn. 49. *Gehrlein/Sutschet* in: Bamberger/Roth, BeckOK, § 311 Rn. 22 (Stand 1.2.2014), die vom „Pensionsvertrag" sprechen, lassen im Unklaren, ob sie den Beherbergungsvertrag meinen. *Häublein* in: MüKo, BGB, 6. Aufl., Vorbem § 535 Rn. 24 wie auch *Heintzmann* in: Soergel, BGB, 13. Aufl., Bd. 8, vor § 535 Rn. 17, sprechen nur das angeblich dominierende Element der Miete an, ohne eine Zuordnung zu treffen. *Tonners* Ausführungen erschöpfen sich in der Feststellung, es handele sich um einen typengemischten Vertrags mit mietvertraglichen Elementen der Wohnraumbereitstellung nebst Werk- und Dienstvertragsbestandteilen, *Tonner*, Der Reisevertrag, 5. Aufl., S. 253 Rn. 2.

609 Die Einstufung als Typenkombinationsvertrag bejahend: *Stadler* in: Jauernig, BGB, 15. Aufl., § 311 Rn. 30.

610 Für die Typenverschmelzung z.B. *Weidenkaff* in: Palandt, BGB, 73. Aufl., Einf v § 535 Rn. 36; *Ehlert* in: Bamberger/Roth, BeckOK, § 535 Rn. 45 (Stand 1.8.2012); *Gitter*, HB Schuldrecht, Bd. 7, Gebrauchsüberlassungsverträge, § 7 A II, S. 176 f.; ebenso AG Garmisch-Partenkirchen, *Urteil* vom 23.10.1968, 3 C 127/68, NJW 1969, 608, 609.

611 Siehe Teil 2, Kap. C.I.3.a.cc, 75 ff.

mit der Einordnung verbundenen gewerbesteuerlichen Konsequenzen[612], ist die Beantwortung dieser Frage jedoch essentiell.

(i) Die Beurteilung der Leistungselemente des Beherbergungsvertrags

Um die vorstehende Frage nach der Kategorie des gemischten Vertrags i.e.S. für den Beherbergungsvertrag beantworten zu können, bedarf es einer Untersuchung der im Beherbergungsvertrag enthaltenen Einzelleistungen nach ihrem rechtlichen Inhalt und ihrem Charakter im Verhältnis zueinander. Sind wie oben erläutert[613] diese Beurteilungen nach zivilrechtlichen Wertungen vorzunehmen[614], ist jedoch angesichts eines nahezu unerschöpflichen Fundus an Hotelleistungen eine Fokussierung auf solche Leistungen angezeigt, die üblicherweise vorkommen. Die Darstellung wird sich daher auf die Unterbringung des Gastes, einzelne Serviceleistungen, die Benutzung von Hotelanlagen und Verpflegungsangebote beschränken, dies nicht zuletzt auch deshalb, weil derartige Leistungen ausdrücklich von der Finanzverwaltung behandelt werden.

(a) Die Unterbringungsleistung als Mietleistung

Ein Beherbergungsvertrag beinhaltet für den Hotelier die Verpflichtung, eine Unterkunft als Ersatz für die eigene Wohnung und die Erbringung der damit verbundenen Serviceleistungen zu gewähren.[615] Zweifelsfrei wohnt dieser Unterbringungsleistung als solcher eine mietrechtliche Komponente

612 Siehe Teil 2, Kap. C.I.3.b., 76 ff.
613 Siehe Teil 2, Kap. C.I.3.b.bb.(2), 92 ff.
614 BFH, *Urteil* vom 23.7.1957, I 50/55 U, BStBl. III 1957, 306, BFHE 65, 189 (191); so auch *Urteil* vom 14.11.1968, V 191/65, BStBl. II 1969, 120, BFHE 94, 168 (171).
615 OLG Hamm, *Urteil* vom 7.11.2012, I 30 U 80/11, NJW-RR 2013, 349.

inne. Dies betonen auch die zivilrechtliche Rechtsprechung[616] und Literatur.[617]

Die Behandlung des Beherbergungsvertrags als mit Wesenselementen des Mietvertrags versehener gemischter Vertrag geht auf das Reichsgericht zurück.[618] Spätestens seit dessen Entscheidung vom 30.3.1942[619] folgen Gerichte[620] und nahezu einhellig auch die Literatur diesem Verdikt.[621] Ernstzunehmende Gegenansichten sind seit dieser Entscheidung nicht mehr zu erkennen.[622] Im Ergebnis folgt auch der Deutsche Reiseverband dieser Würdigung.[623] Zum Teil wird die Ansicht, der Beherbergungsvertrag sei im Kern ein Mietvertrag, auch dahingehend konkretisiert, dass er wie ein Wohnungsmietvertrag zu behandeln sei.[624] Nicht zuletzt stuft die

---

616 Siehe bspw. BGH, *Urteil* vom 1.4.1963, VIII ZR 257/61, NJW 1963, 1449; *Urteil* vom 24.11.1976, VIII ZR 21/75, NJW 1977, 385 (386); OLG Braunschweig, *Urteil* vom 31.7.1975, 2 U 29/74, NJW 1976, 570 (571); OLG Frankfurt, *Urteil* vom 23.4.1986, 17 U 155/84, NJW-RR 1986, 911; OLG Hamm, *Urteil* vom 4.12.1989, 32 U 223/88, NJW-RR 1990, 315 (316); OLG Köln, *Urteil* vom 18.10.1991, 19 U 79/91, NJW-RR 1992, 443; OLG Düsseldorf, *Urteil* vom 2.5.1991, 10 U 191/90, NJW-RR 1991, 1143.

617 Siehe *Sprau* in: Palandt, BGB, 73. Aufl., Einf v § 701 Rn. 3; *Weidenkaff* in: Palandt, BGB, 73. Aufl., Einf v § 535 Rn. 36; *Emmerich* in: Staudinger, BGB (2014), Vorbem § 535 Rn. 49. *Gehrlein/Sutschet* in: Bamberger/Roth, BeckOK, § 311 Rn. 22 (Stand 1.2.2014); *Häublein* in: MüKo, BGB, 6. Aufl., Vorbem § 535 Rn. 24, der nur das angeblich dominierende Element der Miete anspricht, ohne eine Zuordnung zu treffen; siehe auch *Finkenauer* in: MüKo, BGB, 6. Aufl., § 313 Rn. 259, der auch für den Individualreisenden die Anwendung des Mietrechts bejaht.

618 RG, *Urteil* vom 18.10.1907, 101/07 III, JW 1907, 705 Nr. 8, indem ohne Weiteres unterstellt wurde, es handele sich bei der Aufnahme eines Gastes um einen Mietvertrag mit der Folge, dass Vorschriften des Mietrechts betreffend die Mangelhaftigkeiten des überlassenen Raumes anzuwenden seien.

619 RG, *Urteil* vom 30.3.1942, V 120/41, RGZ 169, 84 (87).

620 So eindeutig der Ansicht des RG folgend BGH, *Urteil* vom 1.4.1963, VIII ZR 257/61, NJW 1963, 1449 (1449); siehe des Weiteren die Nachweise in Fn. 616.

621 Vgl. die Nachweise in Fn. 617.

622 Vgl. zur vorherigen Gegenansicht bspw. *Mittelstein*, Die Miete, 4. Aufl., S. 67. Siehe auch die Nachweise in BGH, *Urteil* vom 1.4.1963, VIII ZR 257/61, NJW 1963, 1449 (1449).

623 Vgl. *DRV*, Schreiben vom 7.9.2012 an das BMF betreffend die Fragen der gewerbesteuerlichen Hinzurechnung von Finanzanteilen, Anmerkungen zu den Änderungen im Gl. Ländererlass vom 2.7.2012, BStBl. I 2012, 654 zu Tz. 29b, S. 2 (n.v.).

624 Siehe OLG Düsseldorf, *Urteil* vom 2.5.1991, 10 U 191/90, NJW-RR 1991, 1143 (1144); OLG Köln, *Urteil* vom 18.10.1991, 19 U 79/91, NJW-RR 1992, 443;

Rechtsprechung auch die Zahlungsansprüche eines Hoteliers gegenüber dem Gast als Mietzahlungen ein und gründet diese auf § 535 Abs. 2 BGB.[625] Die Finanzverwaltung stellt, dieser Ansicht folgend, die Unterbringung in den Vordergrund und stuft sie als Hauptleistung ein und misst an dieser die weiteren Hotelleistungen.[626]

Betrachtet man allerdings diese These, der Beherbergungsvertrag sei in seinen wesentlichen Bestandteilen ein Mietvertrag, und vor allem die Entwicklung der zivilrechtlichen Rechtsprechung genauer, wird deutlich, dass diese primär auf einer singulären Problembetrachtung beruht. Die Ursache der Einordnung als Mietvertrag liegt vornehmlich in einer konkreten schuldrechtsspezifischen Fragestellung. So ging es im Ausgangspunkt der reichsgerichtlichen Entscheidungen[627] darum, zu klären, nach welchen Vorschriften der Schaden, den ein Gast wegen eines fehlerhaften Einrichtungsgegenstands im Hotel erlitten hatte, zu kompensieren sei.[628] Nicht die Kategorisierung des Beherbergungsvertrags in Gänze stand im Vordergrund. Entscheidend war die Frage, welche derjenigen Leistungskomponenten, die der Beherbergungsbetrieb zu erfüllen hatte, derart mangelhaft erfüllt wurde, dass diese Pflichtverletzung eine Kompensation des entstandenen Schadens erforderte. In der Überlassung des Zimmers durch den Gastwirt wurde die Hauptleistung gesehen.[629] Da dieser eine mietrechtliche Komponente innewohnt, ließ sich die Rechtsprechung von Billigkeits-

---

ebenso OLG Köln, *Urteil* vom 26.11.1997, 11 U 96/97, NZM 1998, 514; vgl. auch *Lützenkirchen* in: Erman, BGB, 13. Aufl., vor § 535 Rn. 27.

625 OLG Düsseldorf, *Urteil* vom 10.3.2011, I 10 U 72/10, 10 U 72/10, ZMR 2011, 717 m.w.N., allerdings die Terminologien, nämlich Hotelreservierungsvertrag und Hotelaufnahmevertrag, nicht hinreichend unterscheidend.

626 Siehe OFD Frankfurt, Rdvfg. vom 17.6.2013, G 1422A-55-St55 (n.v.) und OFD NRW, Vfg. vom 25.9.2013, G 1422-2013/0023-St161, DB 2013, 2363; dies., Verw.anw. vom 4.11.2013, G 1422-2013/0023-St161, DB 2013, 2711.

627 RG, *Urteil* vom 18.10.1907, 101/07 III, JW 1907, 705, Nr. 8; ebenso *Urteil* vom 30.3.1942, V 120/41, RGZ 169, 84 (87).

628 Im Fall des RG vom 18.10.1907 ging um die Beschaffenheit eines Fensters, aus dem der Gast stürzte. In der Entscheidung des RG vom 30.3.1942 ging es um Verletzungen des Gastes aufgrund eines abgebrochenen Duschhebels.

629 Vgl. RG, *Urteil* vom 30.3.1942, V 120/41, RGZ 169, 84 (86, 87); BGH, *Urteil* vom 1.4.1963, VIII R 257/61, NJW 1963, 1449 (1449).

erwägungen leiten[630], einen Sachmängelgewährleistungsanspruch gemäß § 538 BGB zu bejahen.[631]

Wendet man dagegen den Blick auf die Entscheidung des OLG Düsseldorf vom 21.2.2008[632], könnte man unter Zugrundelegung der dortigen Ausführungen den mietrechtlichen Charakter des Beherbergungsvertrags verneinen. Im konkreten Streitfall hatte ein Paar über das Jahresende in einem Hotel ein Doppelzimmer „mit Dusche/WC, Balkon und Bergblick“ sowie Halbpension gebucht. In dem Leistungspaket des Hotels war des Weiteren ein Silvesterball enthalten. Nach dem Hausprospekt des Hotels beinhaltete das Halbpensionsangebot auch ein „reichhaltiges Frühstücksbuffet mit Bioecke, ein Fünf-Gang-Abendmenü sowie ein Salat- und Vorspeisen-Buffet“. Das Hotel bot zudem u.a. die Nutzung des Erlebnisschwimmbads und der Saunalandschaft mit Relaxpavillon, Training im Fitnessraum, sowie eine „ Vital-Tee & Kaffeebar mit Gebäck am Nachmittag“ an. Das OLG Düsseldorf kam angesichts des Vertragsinhalts und dem Konglomerat der geschuldeten Leistungen zu dem Schluss, nicht die Miete eines Hotelzimmers, sondern die Gesamtversorgung des Gastes stehe im Vordergrund.[633] Es verneinte aufgrund des Umfangs und der Vielzahl der Leistungen eine mietrechtliche Prävalenz der Unterbringungsleistung und ging stattdessen von einer Dienstleistungsvereinbarung aus, da es vor allem an der einen Mietvertrag kennzeichnenden Gebrauchsüberlassung fehle. In die gleiche Richtung und inhaltlich sogar weitergehend urteilte das OLG Karlsruhe.[634] Dieses meinte, dass auch bei einem „einfachen“ Beherbergungsvertrag, also bei einer bloßen Übernachtung im Hotelzimmer, aufgrund der umfänglichen Leistungen des Hoteliers die gegenseitigen Verpflichtungen von Mieter und Vermieter nicht zum Zuge kämen.[635]

---

630 BGH, *Urteil* vom 1.4.1963, VIII R 257/61, NJW 1963, 1449; ebenso die Unbilligkeit der Haftung verneinend RG, *Urteil* vom 30.3.1942, V 120/41, RGZ 169, 84 (88).

631 Nunmehr § 536a BGB; vgl. zur verschuldensunabhängigen Haftung des Hotels bei Fehlerhaftigkeit der Hotelzimmereinrichtung auch AG München, *Urteil* vom 7.9.2011, 111 C 31658/08, BeckRS 2012, 23143.

632 OLG Düsseldorf, *Urteil* vom 21.2.2008, 10 U 142/07, NJW-RR 2008, 1526 (1527).

633 OLG Düsseldorf, *Urteil* vom 21.2.2008, 10 U 142/07, NJW-RR 2008, 1526 (1527) m.w.N.

634 OLG Karlsruhe, *Urteil* vom 14.1.1999, 19 U 257/97, juris.

635 OLG Karlsruhe, *Urteil* vom 14.1.1999, 19 U 257/97, juris.

Nun ist allerdings der Ausgangspunkt der jeweiligen Streite zu berücksichtigen. Die Rechtsfrage, die diesen Entscheidungen zugrunde lag und aufgrund derer eine rechtliche Einordnung des Beherbergungsvertrags vorzunehmen war, war eine andere, als diejenige, mit der sich das Reichsgericht auseinanderzusetzen hatte. Während es bei der Frage der Mangelhaftigkeit der Unterbringungsleistung um die insoweit anzuwendenden Leistungsstörungsvorschriften für eine spezifische Teilleistung ging, hatten sich das OLG Düsseldorf und das OLG Karlsruhe mit einem kollisionsrechtlichen Problem zu beschäftigen. Es galt, die Zuständigkeit des Gerichts bei grenzüberschreitenden Auseinandersetzungen zwischen Hotelier und Gast zu klären. Hierfür musste entschieden werden, ob die Beherbergungsleistung als Mietvertrag i.S.d. Art. 22 Abs. 1 EuGVVO[636] einzustufen war. Nur dann wäre der ausschließliche Gerichtsstand der Belegenheit der Sache, also eine Zuständigkeit am Sitz des Hotels, begründet worden. Mit Blick auf die verschiedenen Leistungen wurde vor diesem Hintergrund die mietrechtliche Komponente vernachlässigt.[637,638]

Daher können die Urteile des OLG Düsseldorf und des OLG Karlsruhe nicht als Kehrtwende in der zivilrechtlichen Rechtsprechung zum Beherbergungsvertrag verstanden werden.[639] Sie bringen vielmehr, wie auch die

636 Nunmehr Art. 24 der VO (EU) Nr. 1215/2012 vom 12.12.2012, ABl. EU Nr. 351 vom 20.12.2012, S. 1, die m.W.v. 10.1.2015 die bisherige EuGVVO (VO (EG) Nr. 44/2001 vom 22.12.2000 des Rates über die gerichtliche Zuständigkeit und die Anerkennung und Vollstreckung von Entscheidungen in Zivil- und Handelssachen, ABl. EG Nr. L 12 vom 16.1.2001, S. 1 i.d.F der VO vom 14.12.2010, ABl. EU L 328, S. 36) ersetzt hat.

637 Dem zustimmend die Vertreter der Literatur, siehe *Vollkommer* in: *Zöller*, ZPO, 30. Aufl., § 29a Rn. 4; *Geimer* in: Zöller, ZPO, 30. Aufl., Anh I Art 22 EuGVVO, Rn. 7 m.w.N.; *Staudinger* spricht diesbzgl. von ganz herrschender Meinung, *Staudinger*, Internetbuchung von Reisen und Flügen, RRa 2007, 98 (100).

638 Für die Frage, nach welchem Recht sich die Einordnung eines solchen Vertrags bestimmt, kommt wiederum Art. 4 Abs. 1 lit. b Rom I-VO zum Tragen. Danach ist das Recht desjenigen Staates anzuwenden, in welchem der Hotelier seinen Sitz hat. Insoweit besteht wiederum Einvernehmen, dass der Beherbergungsvertrag nicht dem Miet-, sondern dem Dienstleistungsbegriff unterfällt, siehe dazu *Thorn* in: Palandt, BGB, 73. Aufl., Rom I-VO, Art 4 Rn. 10; zu einem ähnlichen Problem nach Maßgabe des Art. 29 EGBGB betreffend den Beherbergungsvertrag in einer Pension in Italien, AG Bernkastel-Kues, *Urteil* vom 9.9.1992, 4 C 211/89, IPrax 1994, 141 (Ls).

639 Derselbe Senat hat in einem vergleichbaren Fall das Vorliegen eines Mietvertrags wiederum bejaht, siehe OLG Düsseldorf, *Urteil* vom 10.03.2011, I 10 U 72/10, 10 U 72/10, ZMR 2011, 717 m.w.N. Auch hat das OLG Düsseldorf in seiner Ent-

Entscheidung des Reichsgerichts, das methodische Vorgehen bei der Beurteilung gemischter Verträge zum Ausdruck.[640] Bezogen auf eine konkrete Sachfrage und eine konkrete gesetzliche Regelung wird anhand des spezifischen Leistungsinhalts geprüft, welchem Vertragstypus dieser spezifische Leistungskomplex entspricht oder nahekommt. Allein daran sind die Aussagen des OLG Düsseldorf zu messen. Es bleibt also im Grundsatz dabei, dass unter Anwendung bürgerlich-rechtlicher Wertungen die im Beherbergungsvertrag enthaltene Unterbringungsleistung als dem Mietrecht zu unterstellende Leistung anzusehen ist.

(b) Die Inklusiv-, Zusatz- und Vorhalteleistungen

Selbst wenn in der Unterbringungsleistung eine Hauptleistung eines Beherbergungsvertrags gesehen wird[641], sind die übrigen Leistungselemente des Hoteliers daraufhin zu prüfen, ob es sich um mietfremde Leistungen handelt und wie diese im Verhältnis zur Unterbringungsleistung stehen.

i. Inklusivleistungen als mietfremde Nebenabreden

Bestimmte Leistungen erbringt ein Hotelier nur, weil der Gast bei ihm übernachtet. Dazu gehört, dass der Hotelier Ordnung und Sauberkeit hält und für die Bedienung seiner Gäste sorgt.[642] Zu solchen Leistungen gehören vor allem die Zimmerdienste, wie Zimmer- und Reinigungsservice, der regelmäßige, mitunter tägliche Bettwäsche- und Handtuchwechsel, die Bereitstellung von Pflegeprodukten oder auch das Angebot von Hygieneartikeln. Wären solche Leistungen rechtlich zu kategorisieren, wären sie

---

scheidung vom 21.8.2008 nicht zum Ausdruck gebracht, dass die Zahlungsklage des Hotelbetreibers in materieller Hinsicht nicht auf § 535 Abs. 2 BGB zu stützen wäre.

640 Vgl. dazu auch die Ausführungen Teil 2, Kap. C.I.3.b, 76; siehe auch *Gitter*, HB Schuldrecht, Bd. 7, Gebrauchsüberlassungsverträge, § 6 B, S. 173 f.

641 Siehe dazu auch *Ramrath*, Vertragsbeendigung bei mangelhaften Restaurantleistungen, AcP 189 (1989), 556 (561).

642 Zur Bedienung gehört nicht zwangsläufig die Verpflegung. Jene beinhaltet auch andere Serviceleistungen, vgl. OLG Hamm, *Urteil* vom 7.11.2012, I 30 U 80/11, NJW-RR 2013, 349; siehe auch *Henssler* in: MüKo, BGB, 6. Aufl., § 701 Rn. 11 m.w.N; *Sprau* in: Palandt, BGB, 73. Aufl., § 701 Rn. 3.

als Dienst-, Werkvertrags- oder Kaufleistungen einzustufen. Mietrechtliche Elemente enthalten diese Leistungen jedenfalls nicht. Die Leistungen verfolgen jedoch keinen eigenen Leistungszweck und beinhalten für den Gast neben der Unterbringung keinen besonderen Mehrwert. Vielmehr wäre ihre Erbringung aus Sicht beider Parteien geradezu sinnlos, wenn der Gast nicht im Hotel übernachtet. Ihre Bedeutung verliert sich daher ohne eine Unterbringung.

Die Finanzverwaltung misst unter beispielhafter Benennung der Zimmerreinigung solchen Leistungen Nebenleistungscharakter bei.[643] Indessen spricht die enge Kopplung an die Unterbringungsleistung eher dafür, diese als Nebenpflichten einer Unterbringung, denn als Nebenleistungen zu begreifen. So hätte eine diesbezügliche Schlecht- oder Nichtleistung nämlich nur Auswirkungen auf die Unterbringungsleistung selbst. Eigene, von der Minderung der Unterbringungsleistung getrennte Ersatz- oder Minderungsansprüche würden nicht begründet werden. Eine Entscheidung über den Leistungscharakter kann jedoch hier dahinstehen, da jedenfalls insoweit Einvernehmen besteht, dass derartige Leistungen im Verhältnis zur Unterbringung von lediglich untergeordneter Bedeutung sind und im Zusammenhang mit der rechtlichen Einordnung des Beherbergungsvertrags als solchen hinter die Unterbringung zurücktreten.

ii. Inklusivleistungen als mietfremde Hauptleistungen

Andere Inklusivleistungen, wie z.B. Empfangs- und Conciergedienste, Wagen-, Zeitungs- und Gepäckservice oder auch das Vorhandensein eines „Doorman“ oder Hotelpagen, stellt das Hotel unabhängig davon, ob ein Gast im Hotel nächtigt. Inhaltlich handelt es sich um Dienstleistungen, was auch dem Verständnis der Hotelbranche entspricht.[644] Auch sie haben, wie die oben beschriebenen Nebenpflichten, für den Gast ohne die Inan-

---

643 Siehe OFD Frankfurt, Rdvfg. vom 17.6.2013, G 1422A-55-St55 (n.v.) und OFD NRW, Vfg. vom 25.9.2013, G 1422-2013/0023-St161, DB 2013, 2363; dies., Verw.anw. vom 4.11.2013, G 1422-2013/0023-St161, DB 2013, 2711.

644 So stufen die Klassifizierungskataloge derartige Leistungen in die Kategorie „Service“ ein, siehe Klassifizierungskatalog 2010 - 2014 der Hotelstars Union, einer Partnerschaft verschiedener nationaler Hotelverbände, verfügbar unter http://www.hotelstars.eu/fileadmin/download/kriterien/Kriterien_2010-2014.pdf, (abgerufen am 8.3.2015). Dass im Einzelfall auch Werkleistungen vorliegen können, mag hier dahingestellt sein.

spruchnahme der Unterbringung keinen eigenständigen Nutzen, erhöhen allerdings die Annehmlichkeiten des Aufenthalts. Insoweit könnten sie bezogen auf die Unterbringung als bloße Nebenleistung angesehen werden. Dagegen misst die Finanzverwaltung, unter beispielhafter Bezugnahme auf Empfangs- oder Conciergedienste, derartigen Leistungen eine eigene wirtschaftliche Bedeutung bei.[645] Sie sollen von der Unterkunftsleistung getrennt zu betrachtende Leistungen darstellen, obwohl hierfür noch nicht einmal ein gesondertes Entgelt geschuldet ist, aus dem abzuleiten wäre, dass dieses einen eigenen wirtschaftlichen Wert für den Gast symbolisieren kann. Ebenso wird man kaum behaupten können, dass Empfangs- und Conciergedienste nicht zu den traditionellen Aufgaben eines Hotels gehören.[646] Warum also das Vorhalten eines Empfangs- oder Conciergedienstes keine Nebenleistung sein soll, wird anhand dieser Darstellungen nicht ohne Weiteres deutlich.

Jedoch ist zu bedenken, dass derartige Serviceleistungen nicht nur das Selbstverständnis eines Hotels hinsichtlich seines Auftretens am Markt zum Ausdruck bringen. Von dem Angebot und dem Vorhalten derartiger Leistungen hängt vor allem die Einstufung des Hotels in die branchenseitig anerkannten Klassifizierungen ab.[647] Zwar wird man berücksichtigen müssen, dass derartige Leistungen in einem Hause der gehobenen Klasse zum Standard gehören, während sie bei unteren Kategorien kaum erwartet werden dürften.[648] Daher wird es stets vom Zuschnitt des jeweiligen Hotels abhängen, ob solche Leistungen vorhanden sind oder nicht. Man wird daher entsprechend abzustufen haben, welche Serviceleistungen zwingend

645 Siehe dazu OFD Frankfurt, Rdvfg. vom 17.6.2013, G 1422A-55-St55 (n.v.); OFD NRW, Vfg. vom 25.9.2013, G 1422-2013/0023-St161, DB 2013, 2363; dies., Verw.anw. vom 4.11.2013, G 1422-2013/0023-St161, DB 2013, 2711.

646 So die Argumentation der Rspr. zur Frage, ob Verpflegungsleistungen umsatzsteuerlich von der Unterbringungsleistung getrennt werden können, soweit es um die Lokalisierung des Leistungsorts geht, vgl. BFH, *Urteil* vom 15.1.2009, V R 9/06, BStBl. II 2010, 433, BFHE 224, 166; *Urteil* vom 20.3.2014, V R 25/11, BFH/NV 2014, 1173, BFHE 245, 286.

647 Siehe z.B. *Hotelstars Union*, Deutsche Hotelklassifizierung, Klassifizierungskatalog 2010 - 2014. Bei der Hotelstars Union handelt es sich um eine Partnerschaft verschiedener nationaler Hotelverbände, deren Mitglied auch die DEHOGA ist.

648 Deshalb wird es einer kategorienabhängigen Betrachtung nicht bedürfen, da sich die Frage der Behandlung derartiger Leistungen wohl nur in höheren Hotelkategorien stellen wird.

mit der Übernachtungsleistung zu erwarten sind und welche nicht. Hier kann der Kategorienkatalog einen Anhaltspunkt bieten.

Auch aus Sicht des Gastes stellen derartige Leistungen eine Besonderheit dar. Sie wird in der Regel mit seiner Erwartungshaltung einhergehen, die er aus der Hotelklassifizierung einerseits und dem vereinbarten Preis andererseits aufbaut. Dabei wird man keine genauen Kenntnisse vom Inhalt des Kriterienkatalogs verlangen müssen. Die Kategorie des Hotels weckt diese Erwartung, der die Bereitschaft gegenübersteht, einen entsprechenden Preis für das Vorhalten dieser Annehmlichkeiten zu leisten.[649] So es ist nicht von der Hand zu weisen, dass derartige Leistungen, gerade weil sie als zusätzliche Annehmlichkeiten des Aufenthalts empfunden werden und dies auch bezwecken, ihren Niederschlag in einem höheren Gesamtpreis finden, den der Gast für die Übernachtung aufzuwenden hat.[650]

Jedenfalls wird man aber hochwertige Serviceleistungen nicht lediglich als ein Begleitbild der Übernachtung ansehen können, da diese als solche auf die Gesamtversorgung des Gastes ausgerichtet sind. Gemessen an dem sich im Gesamtpreis widerspiegelnden Verhältnis der Gesamtleistungen nehmen die Serviceleistungen einen bedeutenden Anteil ein. Gerade Hotels der oberen Kategorien, die derartige Leistungen anbieten, legen auch wegen des Rufes ihres Hauses Wert darauf, dass der Dienstleistungsbereich hervorragend ist und sich, neben der Gestellung solcher Leistungen, auch am Auftreten des diese Leistungen vermittelnden Personals misst. Ausgehend vom Äquivalenzinteresse werden daher auch Mängel im Servicebereich ein erhebliches Gewicht haben, so dass sie, sollten sie in gravierender oder mehrfacher Weise auftreten, dem Gast ein eigenständiges Recht vermitteln, den vereinbarten Gesamtpreis ob des verminderten Genusses des Aufenthaltes zu mindern oder den Vertrag zu kündigen, und zwar unabhängig davon, ob die reine Unterbringung selbst in Ordnung

---

649 Siehe zu Reisemängeln aus verschiedenen Bereichen des Hotels und der Verpflichtung des Reiseveranstalters die versprochenen Kategorien einzuhalten OLG Celle, *Urteil* vom 9.12.2004, 11 U 170/03, NJW-RR 2005, 425; LG Arnsberg, *Urteil* vom 27.2.2007, 5 S 115/06, NJW-RR 2007, 930.

650 Dieses Vorhalten der Annehmlichkeiten kann auch auf andere Leistungen des Hotels ausstrahlen und sich in den dortigen Preisen widerspiegeln. So können bspw. Besucher eines dem Hotelbetrieb angeschlossenen Restaurants oder einer im Hotel stattfindenden Veranstaltung in den Genuss derartiger Leistungen kommen, die zwar nicht gesondert in Rechnung gestellt werden, sich aber in einem höheren (Bewirtungs-)Entgelt zeigen können.

war.[651] Die Rechtsprechung hat dies jedenfalls bei Bewirtungsverträgen[652] bejaht und der Serviceleistung des Personals, die nur eine der geschuldeten Teilleistungen war, einen erheblichen Stellenwert eingeräumt.[653] Entsprechend wurde die Bedienung der Gäste nicht nur als Nebenleistung zu den bestehenden kaufrechtlichen Elementen der Bewirtung gewertet. Die dienstvertraglichen Pflichten standen gleichwertig und selbständig neben anderen Verpflichtungen.[654] Innerhalb kürzester Zeit auftretende Servicemängel sollten zur Kündigung des Bewirtungsvertrags in Gänze berechtigten, mit der sich daraus ebenso ergebenden Konsequenz, dass auch der für die Inanspruchnahme der kaufrechtlichen Leistung geschuldete Kaufpreis verweigert werden konnte.[655]

Das erlaubt es meines Erachtens nicht, diese Art von Inklusivleistungen eines Hotels zu bloßen Nebenleistungen einer Unterkunft zu degradieren. Eine solche Einstufung würde weder dem Selbstverständnis des Hotels noch der Erwartungshaltung des Gastes entsprechen, die solchen Leistungen eine besondere Stellung zusprechen. Sie sind daher – in Übereinstimmung mit der Finanzverwaltung – als selbständige, neben der Unterbringung stehende Hauptleistungen anzusehen.

---

651 Siehe zu vergleichbaren Konstellationen bei Servicemängeln AG Hamburg, *Urteil* vom 10.7.1973, 20a C 275/73, NJW 1973, 2253; so auch AG Breisach, *Urteil* vom 23.10.1968, 3 C 127/68, NJW 1969, 608 (610).

652 Auch als Gastaufnahmevertrag ohne Beherbergungsteil bezeichnet, siehe dazu jeweils AG Hamburg, *Urteil* vom 10.7.1973, 20a C 275/73, NJW 1973, 2253; ebenso AG Garmisch-Partenkirchen, *Urteil* vom 10.7.1968, 3 C 127/68, NJW 1969, 608.

653 So sollte trotz ordnungsgemäßer Bedienungsleistungen die Kündigung des Bewirtungsvertrags gerechtfertigt sein, wenn ein Teil eines Menüs dergestalt fehlerhaft war, dass sich dies auf den gesamten Vertrag auswirkte; vgl. AG Burgwedel, *Urteil* vom 10.4.1986, 22 C 669/85, NJW 1986, 2647; die Entscheidung im Einzelnen analysierend *Ramrath*, Vertragsbeendigung bei mangelhaften Restaurantleistungen, AcP 189 (1989), 559 (561).

654 In den Fällen des AG Hamburg und des AG Garmisch-Partenkirchen ging es jeweils um den Verzehr von Speisen in einem Restaurant. Der Gastaufnahmevertrag ohne Beherbergungsanteil enthält als atypischer Vertrag eigener Art mit Ausnahme der Unterbringungsleistung ebenso dienst-, werk- und kaufvertragliche Elemente; siehe auch *Ramrath*, Vertragsbeendigung bei mangelhaften Restaurantleistungen, AcP 189 (1989), 559 (561). Den Schwerpunkt dagegen im kaufrechtlichen Element sehend AG Burgwedel, *Urteil* vom 10.4.1986, 22 C 669/85, NJW 1986, 2647.

655 Siehe AG Garmisch-Partenkirchen, *Urteil* vom 23.10.1968, 3 C 127/68, NJW 1969, 608 (609, 610).

Sonderfall 1: Verpflegungs- und Bewirtungsleistungen

Einen nicht unerheblichen Teilbereich der Hotelleistungen bilden die Verpflegungs- und Bewirtungsleistungen eines Hotels, und zwar unabhängig davon, ob diese als „nur Frühstück“, „Halb- oder Vollpension“ oder „All-Inclusive“ angeboten werden. Sie beinhalten für sich gesehen jeweils ein Leistungsbündel, weshalb diese bei singulärer Betrachtung als gemischter Vertrag mit werk-, dienstleistungs- und kaufvertragsähnlichen Elementen einzuordnen sind.[656] Damit bleibt zunächst festzuhalten, dass sie keine mietrechtlichen Elemente enthalten.

Die Finanzverwaltung teilt diese Einschätzung und ist darüber hinaus der Ansicht, die Verpflegungsleistungen seien im Verhältnis zur Unterbringung als getrennt zu betrachtende Hauptleistung anzusehen.[657] Demgegenüber hat sich der BFH zu der Frage, in welchem Verhältnis die Verpflegungsleistungen eines Hotels zu den übrigen Hotelleistungen respektive zur Unterbringung stehen, dahingehend geäußert, dass die Verpflegung zu den traditionellen Aufgaben eines Hoteliers gehöre. Die Beherbergungsleistung würde durch diese Leistungen lediglich komplettiert und erhöhe insoweit die Annehmlichkeit des Aufenthalts, weshalb sie nicht als eine von der Unterbringungsleistung getrennt zu betrachtende Leistung verstanden werden könnten.[658] Die diesbezüglichen Äußerungen des BFH betrafen die umsatzsteuerliche Behandlung von Verpflegungsleistungen eines Hotelbetriebs. Es kam in diesen Entscheidungen darauf an, festzustellen, an welchem Ort Verpflegungsleistungen erbracht worden sind und ob diese inländische Umsätze i.S.d. § 1 Abs. 1 Nr. 1 UStG darstellten. Hier hat der BFH, der Auffassung der Finanzverwaltung[659] wiederholt wider-

---

656 Siehe zu Bewirtungsverträgen *Sprau* in: Palandt, BGB, 73. Aufl., Einf v § 701 Rn. 3 m.w.N., der auf den Werklieferungscharakter abstellt; im Einzelnen dazu auch *Ramrath*, Vertragsbeendigung bei mangelhaften Restaurantleistungen, AcP 189 (1989), 559 ff.

657 Siehe OFD Frankfurt, Rdvfg. vom 17.6.2013, G 1422A-55-St55 (n.v.); OFD NRW, Vfg. vom 25.9.2013, G 1422-2013/0023-St161, DB 2013, 2363; dies., Verw.anw. vom 4.11.2013, G 1422-2013/0023-St161, DB 2013, 2711.

658 Vgl. BFH, *Urteil* vom 20.3.2014, V R 25/11, BFH/NV 2014, 1173, BFHE 245, 286 (289); *Urteil* vom 21.11.2013, V R 33/10, BFH/NV 2014, 800, BFHE 244, 63 (69); *Urteil* vom 3.6.2009, XI R 34/08, BStBl. II 2010, 857, BFHE 226, 369 (374).

659 BMF, Nichtanwendungserlaß vom 4.5.2010, IV D 2 - S 7100/08, BStBl. I 2010, 490; so auch OFD Rheinland vom 22.1.2008, S 7419–1000–St 435 betr. Seminare, Fachtagungen und mehrtägige Studienreisen eines ggf. als gemeinnützig aner-

sprechend und im Einklang mit dem EuGH[660], ausgeführt, dass die Verpflegungsleistung keine eigene wirtschaftliche Leistung darstellt. Diese Ansicht mag unter dem Blickwinkel der umsatzsteuerlichen Betrachtung richtig sein.

Wie jedoch eingangs ausgeführt, sind für die gewerbesteuerliche Beurteilung andere, nämlich zivilrechtliche Beurteilungsmaßstäbe anzulegen, nach denen das Verhältnis der Leistungen innerhalb eines gemischten Vertrags zu beleuchten ist.[661] Zwar komplettieren Verpflegungs- und Bewirtungsleistungen des Hoteliers die Beherbergung und erhöhen die Annehmlichkeiten des Aufenthalts. Daher ist es auch richtig, diesen Leistungen aus umsatzsteuerlicher Sicht keine eigene Zweckrichtung zu unterstellen.[662] Unterdessen erschöpfen sich diese Leistungselemente aus zivilrechtlicher Sicht nicht in einer bloßen Ergänzung der Unterbringungsleistung. Sie treten auch in ihrer Bedeutung nicht hinter die Unterbringung zurück. Die Verpflegung und Bewirtung des Gastes ist ein eigenes Leistungsversprechen des Hoteliers, welches aus Sicht des Gastes von diesem zu erfüllen ist. Es kann gesondert beansprucht werden und unterfällt eigenständigen Leistungsstörungsregelungen. Sollte also die Verpflegungsleistung nicht dem entsprechen, was der Hotelier zu erbringen sich verpflichtet hat, stehen dem Gast entsprechende Leistungsstörungs- oder auch Schadensersatzansprüche zu[663], und zwar unabhängig davon, ob dies die Unterbringung tangiert. Es handelt sich hierbei somit aus Sicht beider Parteien, unabhängig von der Art des Arrangements und der Einbindung in die Unterbringungsvereinbarung, um selbständige Hauptleistungen.

---

kannten Trägers der Weiterbildung, UR 2008, 282 (die Vfg. vom 6.2.2006 ersetzend); ebenso A 3.10. Abs. 6 Nr. 13 UStAE 2010; nunmehr geändert mit Schreiben vom 9.12.2014, BStBl. I 2014, 1620 (BMF IV D 2 – S 7100/08/10011:009) und die Rechtsprechung für alle offenen Fälle anerkennend.

660 EuGH, *Urteil* vom 22.10.1998, C-308/96 und C-94/97, DStRE 1998, 843, Tz. 24.

661 Siehe oben Teil 2, Kap. C.I.3.b., 76 ff.

662 BFH, *Urteil* vom 3.6.2009, XI R 34/08, BStBl. II 2010, 857; *Urteil* vom 21.11.2013, V R 33/10, BFH/NV 2014, 800, BFHE 244, 63 (69); *Urteil* vom 20.3.1014, V R 25/11, BFH/NV 2014, 1173, BFHE 245, 286 (289, 290).

663 So kann eine Erkrankung aufgrund verdorbenen Essens zu einem Reisemangel führen, der den gesamten Urlaub entwerten kann, vgl. LG Frankfurt, *Urteil* vom 22.1.1990, 2/21 O 81/89, NJW-RR 1990, 1396, soweit die Erkrankung auf die im Hotel gebuchte Verpflegung zurückzuführen ist, siehe dazu AG Bad Homburg, *Urteil* vom 22.2.1996, 2 C 3467/95, RRa 1996, 127.

Soweit also die Finanzverwaltung Verpflegungs- und Bewirtungsleistungen im Verhältnis zur Unterbringung als getrennt zu betrachtende Hauptleistungen ansicht, ist ihr insoweit zuzustimmen.

iii. Zusatzleistungen als mietfremde Nebenleistungen

Der Hotelier kann auch weitere Leistungen, die neben dem sonstigen Leistungspaket stehen, erbringen und insoweit für einen angenehmen Aufenthalt Sorge tragen. Dies können diverse Medienleistungen sein, aber auch zusätzliche Verpflegungs- oder auch Geschäftsbesorgungs- oder Vermittlungsleistungen sein (z.B. Ticketservice). Auch diese Leistungen stuft die Finanzverwaltung als Nebenleistung zur Unterbringung ein.[664]

Oftmals werden diese Arten von Leistungen seitens des Hoteliers erbracht, weil der Gast bei ihm übernachtet, wie diese i.d.R. auch oftmals nur von Personen in Anspruch genommen werden, die Gast des Hotels sind. Zwingend ist dies allerdings nicht. Da derartige Zusatzleistungen meist eine besondere Entgeltpflicht in sich tragen, ist es nicht ausgeschlossen, dass es dem Hotelier nicht unbedingt darauf ankommt, ob der Empfänger solcher Angebote tatsächlich Gast des Hotels ist.[665] Hinsichtlich der rechtlichen Einordnung bleibt unabhängig davon festzuhalten, dass diese Leistungen verschiedene rechtliche Elemente beinhalten können. Sie stehen zudem neben der eigentlichen Unterbringungsleistung. Deutlich wird dies am Beispiel der Parkplatzgestellung. Diese begründet einen eigenen Vertrag[666] oder erweitert insoweit den ursprünglichen Beherbergungsvertrag hinsichtlich dieses zusätzlichen Leistungsinhalts. Sie beinhaltet für den Gast einen neben der Unterbringung stehenden Mehrwert, was sich insbesondere in der gesonderten Entgeltvereinbarung ausdrückt.

Daher wird man derartige Leistungen nicht als Nebenpflichten, sondern als Nebenleistungen zur Unterbringung ansehen müssen. Aus ihnen kön-

---

664 Siehe OFD Frankfurt, Rdvfg. vom 17.6.2013, G 1422A-55-St55 (n.v.); OFD NRW, Vfg. vom 25.9.2013, G 1422-2013/0023-St161, DB 2013, 2363; dies., Verw.anw. vom 4.11.2013, G 1422-2013/0023-St161, DB 2013, 2711.

665 Vgl. hierzu Nds. FG, *Urteil* vom 16.1.2014, 5 K 273/13, BeckRS 95362 (Rev. anh., BFH, Az. XI R 11/14), wo es um die Frage der Einstufung einer Parkplatzgestellung als unmittelbare Nebenleistung zu einem Beherbergungsvertrag ging.

666 Auch die Parkplatznutzung beinhaltet eine Gebrauchsüberlassung; zu den verschiedenen rechtlichen Einordnungen siehe *Weidenkaff* in: Palandt, BGB, 73. Aufl., Einf v § 535 Rn. 19 m.w.N.

nen eigene Ansprüche abgeleitet werden, ohne dass sich diese, im Gegensatz zu den mietfremden Inklusivleistungen, im Falle von Schlechtleistungen, auf die Beherbergungsleistung auswirken müssen. Insofern ist auch hier der Auffassung der Finanzverwaltung zuzustimmen, derartige Leistungen als neben der Unterbringung stehend anzusehen.

iv. Vorhalteleistungen als mietfremde Hauptleistungen

Bestimmte Vorhalteleistungen des Hotels, wie z.B. das Angebot diverser Unterhaltungs- und Freizeitgestaltungen, die Animation, Kinderbetreuung, Sportangebote sowie die Ausflugsorganisation werden in der Kategorisierung der Hotels dem Bereich „Freizeit" zugeordnet. Ebenso zählen hierzu Wellness- und Behandlungsangebote. Sie haben dienst- und werkvertraglichen Charakter und enthalten keine mietrechtlichen Elemente. In Bezug auf die Unterbringung sind sie Ausdruck eines gesondert zu betrachtenden Leistungsversprechens. Gleiches trifft auf Beförderungs-, Transport- und Transferdienste zu. Sie stehen mit der Unterbringung selbst nicht im Zusammenhang, und zwar auch dann nicht, wenn sie in der Regel nur in Anspruch genommen werden (können), wenn auch eine Übernachtung vereinbart ist.

Sonderfall 2: Benutzung von Hotelanlagen und -einrichtungen

Problematisch scheint, soweit es um den Zugang zu hoteleigenen Anlagen und Einrichtungen, wie z.B. Schwimmbad, Sauna, Solarium, Fitnessstudio und sonstige Sportstätten geht, nicht nur die rechtliche Einordnung derartiger Angebote zu sein. Auch erscheinen klare Aussagen zum Verhältnis dieser Leistungen zur Unterbringung schwierig. In der Sache dürften zu derartigen Angeboten auch die Nutzung von Bibliotheken, Lese- und Schreibzimmern, Spielzimmern oder -plätzen für Kinder, Business Centern, o.Ä. zählen. Auch diese Bereiche werden seitens der Hotelverbände der Kategorie „Freizeit" zugeordnet. Das könnte in rechtlicher Hinsicht ein Ausdruck für die Inanspruchnahme von Dienstleistungen sein. Indessen liegt der Gedanke, es handele sich um mietrechtliche Leistungen näher, da es in erster Linie um eine Zugangsgewährung zu Sachen und damit auf den ersten Blick um die Überlassung zum Gebrauch geht. Dieses würde die Anwendung mietrechtlicher Vorschriften voraussetzen. Da die Erlangung der tatsächlichen Sachherrschaft keine Eigenart der Miete ist[667], wäre es unschädlich, dass ein Gast hier möglichweise keinen (Mit-)Besitz an der jeweiligen Einrichtung oder Anlage erlangt. Der mietrechtliche Gebrauch setzt nämlich nicht zwingend die Einräumung des Besitzes oder Mitbesitzes nach § 854 Abs. 1 BGB voraus.[668] Geschuldet ist allein die Überlassung der vermieteten Sache an den Mieter in einem für den vertragsgemäßen Gebrauch geeigneten Zustand. Dennoch erfordert die Miete, dass dem Nutzer der Zugang zur Mietsache gewährt wird, damit er den vertragsgemäßen Gebrauch ausüben kann.[669] Dies wiederum erfordert ein positives Tun. Das trifft zwar für das vom Gast belegte Zimmer zu. Die Beziehung des Gastes zu Hotelanlagen und -einrichtungen stellt sich indes anders dar. Hier wird dem Gast die Benutzung der Hotelanlagen nur gestattet.[670] Die Anlagen und Einrichtungen stehen allen Hotelgästen, und u.U. sogar Dritten, innerhalb der verfügbaren Kapazitäten gleichzeitig zur Verfügung. Dem Gast fehlt es an einer besonderen Einwirkungs- und Ausschließlichkeitsposition auf diese Sachen. Dass es jedoch einer solchen bedarf, zeigt die Entscheidung des BFH vom 31.7.1985.[671] Dort wurde ein Vertrag über die Hafennutzung als Mietvertrag angesehen, weil die seitens des Vermieters ausbedungene anderweitige Ingebrauchnahme nur zulässig war, sofern und solange der Nutzer selbst diese nicht benötigte.[672] Folglich hatte der Nutzer eine Rechtsposition inne, die Dritte von der Nutzung ausschließen konnte. Mit Blick auf die Hotelanlagen übt sich der Hotelier in einer bloßen Duldung, die allein keine Gebrauchsüberlassung begrün-

---

667 Soweit dies nicht ausdrücklich im Vertrag vereinbart wurde, vgl. *Weidenkaff* in: Palandt, BGB, 73. Aufl., § 535 Rn. 35.

668 Siehe dazu BFH, *Urteil* vom 9.11.1983, I R 188/79, BStBl. II 1984, 149, BFHE 139, 408 (410); ebenso und deutlicher *Urteil* vom 31.7.1985, VIII R 261/81, BStBl. II 1986, 304, BFHE 145, 134 (136).

669 Siehe auch BGH, *Urteil* vom 22.12.1975, VIII ZR 122/74, BGHZ 65, 137 (139); ebenso statt vieler *Weidenkaff* in: Palandt, BGB, 73. Aufl., § 535 Rn. 35.

670 Daran ändert nichts, dass der Hotelier entsprechenden Pflichten betreffend die Verkehrssicherheit seiner Anlagen unterliegt, deren Verletzung den Gast zu Ersatzansprüchen berechtigen können, siehe dazu Brdbg. OLG, *Urteil* vom 27.8.2013, 6 U 84/12, MDR 2013, 1456.

671 BFH, *Urteil* vom 31.7.1985, VIII R 261/81, BStBl. II 1986, 304, BFHE 145, 134.

672 BFH, *Urteil* vom 31.7.1985, VIII R 261/81, BStBl. II 1986, 304, BFHE 145, 134 (136).

det.[673] Fehlt es an dieser Hauptpflicht, die dem Hotelier obliegen müsste, spricht das gegen eine Einordnung dieser Vorhalteleistungen als mietrechtliche Leistungen. Die Möglichkeit der Benutzung von Hotelanlagen und -einrichtungen ist daher als eine mietfremde Leistung einzustufen.

Im Verhältnis zur Unterbringung spricht einiges dafür, die vorgenannten Vorhalteleistungen als bloße, das Schuldverhältnis ausgestaltende und ergänzende Nebenleistungen einzustufen. Das befürwortet jedenfalls die Finanzverwaltung.[674] So entsteht der Benutzungsanspruch mit dem Abschluss des Beherbergungsvertrags. Es bedarf in der Regel keiner gesonderten Vereinbarung, wie ebenso kein gesondertes Entgelt für die Inanspruchnahme verlangt wird. Stattdessen rundet die Benutzungsmöglichkeit als ein Bestandteil die Gesamtversorgung des Gastes ab und erhöht die Annehmlichkeiten des Aufenthaltes. Auch wenn der Hotelier – betrachtet man die umfängliche Rechtsprechung zu Minderungsansprüchen im Reiserecht – für das Vorhandensein der versprochenen Einrichtungen gesondert einzustehen hat[675], kann aus einer solchen Einstandspflicht allein noch nicht abgeleitet werden, es handele sich nicht um eine Nebenleistung. Denn auch deren Nicht- oder Schlechterfüllung vermag eigene Ersatzansprüche zu begründen, die als solche selbständig einklagbar sind.[676]

Darüber hinaus gilt es aber auch zu bedenken, dass dieses Leistungsversprechen sich oftmals nicht nur als ein Merkmal zusammengefaßt in der jeweiligen Hotelkategorie wiederfindet. Es ist stattdessen oftmals Bestandteil der Hotelbeschreibung selbst, deretwegen der Gast das Hotel gewählt hat. Ist das der Fall, spricht m.E. mehr dafür, dass diese Vorhalteleistung Eingang in das Äquivalenzverhältnis gefunden hat. Eine Störung die-

---

673 Einhellige Ansicht, siehe statt vieler *Weidenkaff* in: Palandt, BGB, 73. Aufl., § 535 Rn. 14 m.w.N.; so auch BFH, *Urteil* vom 9.11.1983, I R 188/79, BStBl. II 1984,149, BFHE 139, 408 (410).

674 Siehe OFD Frankfurt, Rdvfg. vom 17.6.2013, G 1422A-55-St55 (n.v.); OFD NRW, Vfg. vom 25.9.2013, G 1422-2013/0023-St161, DB 2013, 2363; dies., Verw.anw. vom 4.11.2013, G 1422-2013/0023-St161, DB 2013, 2711.

675 Siehe *Tonner*, Der Reisevertrag, 5. Aufl., Anh. zu § 651c, 2.4.2 zu Abweichungen bei Hotelkategorien mit reichlichen Nachweisen aus der Rechtsprechung zu Einrichtungsmängeln; ebenso *Eckert* in: Staudinger, BGB (2001), § 651c Rn. 121, 131, 133. Siehe z.B. auch AG Kleve, *Urteil* vom 14.8.1998, 29 C 581/97, NJW-RR 1998, 1148 wegen eines fehlenden Kinderbeckens; AG Baden-Baden, *Urteil* vom 22.3.1996, 6 C 166/95, RRa 1996, 175 zu einem zu kleinen Schwimmingpool; AG Frankfurt, *Urteil* vom 30.7.1985, 30 C 2319/84-45, MDR 1986, 57 zu einer Minigolfanlage.

676 Vgl. *Larenz*, Lehrbuch Schuldrecht, Bd. I, AT, 14. Aufl., § 2 I, S. 8, 12.

ser Leistung würde sich unmittelbar auf dieses Verhältnis auswirken, ohne dass die Unterbringung selbst davon tangiert wäre. Wie auch bei einem mangelhaften Service käme es dann auf die Intensität der Leistungsstörung an. Stehen beispielsweise eine ausgeprägte Pool- oder Saunenlandschaft oder das umfangreiche Angebot an Sportstätten nicht zur Verfügung, war dies aber gerade eines der Merkmale, worin sich der Aufenthalts- und Erholungswert des Hotels auszeichnet und damit eine der Grundlagen der Hotelbuchung, dann sind derartige Leistungen kennzeichnend und selbständige Hauptleistungen.

Aber selbst wenn man mit der Finanzverwaltung eine Einstufung dieser Vorhalteleistungen als Nebenleistung zur Unterbringung annähme, marginalisiert dies nicht deren Bedeutung. Denn wie ausgeführt, können diesbezügliche Nicht- oder Schlechterfüllungen eigenständige Ersatzansprüche begründen, sodass sie auch bei ihrer Einstufung als Nebenleistung nicht dergestalt in den Hintergrund treten, dass ihnen kein eigenständiger Inhalt mehr zu kommt. Vielmehr kann auch die Verletzung einer solchen Nebenleistungspflicht zu einer empfindlichen Störung der Gesamtleistung führen, wodurch der Wert des Aufenthalts gemindert, wenn nicht gar vereitelt wird. Man wird diesen Leistungsbestandteilen bei der Gesamtbetrachtung des Beherbergungsvertrags eine wesentliche Bedeutung beimessen müssen, mit der Folge, dass sie gerade nicht als bloße Nebenabreden zu behandeln sind, welche hinter die mietrechtliche Komponente zurücktreten.

(ii) Auswirkung der mietfremden Leistungen auf die rechtliche Einordnung des Beherbergungsvertrags

Die obigen Ausführungen verdeutlichen, dass die unterschiedlichen Leistungspflichten des Hoteliers sowohl mietrechtliche, als auch Elemente anderer Verträge, namentlich kauf-, dienst- und werkvertragliche Elemente in sich vereinen. Würde man weitere Leistungen analysieren, könnte man noch weitere Elemente, z.B. die eines Werklieferungs-[677] und Verwahrungsvertrags[678] aufzählen.

677 Diese ist bspw. in den Verpflegungsleistungen enthalten, vgl. *Ramrath*, Vertragsbeendigung bei mangelhaften Restaurantleistungen, AcP 189 (1989), 559 (561).

678 Hierzu würde z.B. der Gepäckaufbewahrungsservice oder das Vorhalten eines (zentralen) Safes oder Depots zählen.

Ist auch die Schlussfolgerung, den Beherbergungsvertrag als gemischten Vertrag einzuordnen, als solche nicht umstritten[679], fragt sich, welche Auswirkungen diese Leistungen im Gefüge des Beherbergungsvertrags haben. Ist der gewichtigen Rolle der verschiedenen mietfremden Leistungselemente im Gefüge des Beherbergungsvertrags zu entnehmen, dass diese entweder als Hauptleistung oder eine das Schuldverhältnis ausgestaltende und ergänzende Nebenleistung[680] anzusehen sind und nehmen sie damit, um in der Terminologie der Rechtsprechung des BFH zu bleiben, eine wesentliche und nicht nur untergeordnete Rolle ein, ist nach dessen Vorgaben nun noch zu prüfen, ob die einzelnen Leistungselemente rechtlich voneinander getrennt werden können. Dabei ist aber zur überwiegend verbraucherschutzorientierten Interessenjurisprudenz der Zivilgerichtsbarkeit, die lediglich Antworten für singuläre Fragestellungen aus dem Bereich der Sachmängelhaftung sucht[681], Distanz zu wahren. Nicht zuletzt deshalb mag die von der Finanzverwaltung postulierte Trennbarkeit der Einzelleistungen[682] von Seiten der Literatur vehement in Zweifel gezogen werden.[683] Genährt werden diese Zweifel schließlich auch durch die an-

679 Auch die Finanzverwaltung stellt dies nicht in Abrede, siehe OFD Frankfurt, Rdvfg. vom 17.6.2013, G 1422A-55-St55 (n.v.); OFD NRW, Vfg. vom 25.9.2013, G 1422-2013/0023-St161, DB 2013, 2363; dies., Verw.anw. vom 4.11.2013, G 1422-2013/0023-St161, DB 2013, 2711; ebenso BMF, Schreiben vom 22.5.2013, IV C 2 - G 1422/07/10005:8, BeckVerw 280458.

680 Wie oben aufgezeigt, stellen sich lediglich unmittelbar mit dem Hotelzimmer im Zusammenhang stehende Dienste, wie Zimmer- und Reinigungsdienste, als bloße Nebenabreden untergeordneten Ranges dar, siehe Teil 2, Kap. E.II.4.c.bb.(1)(i), 184.

681 Indessen soll die Methode der Rechtsfindung nicht in Frage gestellt, sondern als Appell verstanden werden, sich von der Singularität der konkret verfolgten Problemstellungen zu lösen; zur Methode selbst *Bydlinski*, Juristische Methodenlehre und Rechtsbegriff, S. 113 ff.

682 Zuletzt siehe *Breinersdorfer*, Einzelfragen zu der gewerbesteuerlichen Hinzurechnung von Finanzierungsanteilen aus der Sicht der Steuerverwaltung, DB 2014, 1762 (1766).

683 Siehe *Klein*, Gewerbesteuerliche Hinzurechnung von Hotelleistungen bei Reiseveranstaltern, DStR 2014, 1321 (1323); *Roser*, Gewerbesteuerliche Hinzurechnungen von Nutzungsentgelten nach § 8 Nr. 1d bis f GewStG, ifst-Schrift Nr. 497, S. 70; so aber auch schon *Jorczyk*, Droht die gewerbesteuerliche Hinzurechnungsbesteuerung beim Hoteleinkauf, SRTour 10/2011, 6 (9); *ders.*, Gewerbesteuerliche Hinzurechnung: Die Finanzverwaltung bleibt dabei!, SRTour 12/2013, 5 (7).

scheinend fehlende Bereitschaft, sich mit rechtlichen Argumenten auseinanderzusetzen.[684]

(a) Beeinflussung des Beherbergungsvertrags durch Dienstleistungskomponenten

Eine Aufspaltung des gemischten Vertrages in seine verschiedenen Leistungsbestandteile wird dann ausgeschlossen, wenn als wesentlich zu erachtende Leistungen den Inhalt und die Rechtsnatur eines Vertrags wesentlich gestalten oder beeinflussen könnten. In diesem Sinne stellt der BFH beispielsweise in seiner Entscheidung vom 23.7.1957[685] zum Zeitchartervertrag auf die insofern neben der Überlassung des Schiffes vereinbarte Mannschaftsgestellung ab. Zwar nahm er eine abschließende bürgerlich-rechtliche Beurteilung dieses Vertrags selbst nicht vor, betonte aber, dass insbesondere die Gestellung der Schiffsmannschaft ein mietfremder Bestandteil sei, der das Wesen des Vertrags als solchen wesentlich beeinflusst. In ähnlicher Weise wird bei sog. Krangestellungsverträgen[686] – unter Berufung auf dieses Zeitcharter-Urteil – argumentiert und an die mit der Kranüberlassung verbundene Personalgestellung sowie die damit einhergehenden Betriebs- und Betriebsführungsverpflichtungen angeknüpft. Einem ähnlichen Gedankengang scheint die Finanzverwaltung zu folgen, wenn sie bei einem nach § 467 HGB geschlossenen Lagervertrag den Obhuts- und Fürsorgeverpflichtungen des Lagerhalters entsprechendes Gewicht beimisst.[687]

Abstrahiert man diese Sachverhaltsgestaltungen, ist festzustellen, dass es jeweils um Dienstleistungselemente geht. Der Vercharterer stellt dem

684 So sich auch in Behauptungen erschöpfend *Breinersdorfer*, Einzelfragen zu der gewerbesteuerlichen Hinzurechnung von Finanzierungsanteilen aus Sicht der Steuerverwaltung, DB 2014, 1762 (1766).

685 Vgl. BFH, *Urteil* vom 23.7.1957, I 50/55 U, BStBl. III 1957, 306, BFHE 65, 189 (191).

686 Die Finanzverwaltung erkennt diese Krangestellungsverträge als nicht dem Mietvertrag zuzuordnende Verträge an und lehnt eine Aufteilung der Leistungselemente ab; vgl. dazu auch *Saller*, Gewerbesteuerpflicht bei der Anmietung von Fahrzeugkranen mit Bedienungspersonal Hinzurechnung nach § 8 Nr. 1 Buchst. d GewStG, DStR 2013, 1158 (1159).

687 So auch BFH, *Urteil* vom 14.11.1869, V 191/65, BStBl. II 1969, 120, BFHE 94, 168 (171).

Charterer eine Mannschaft zur Verfügung, damit diese das Schiff führt. Ebenso ist es beim Kranverleiher. Die Personalgestellungen haben, wie auch die Übernahme der Obhut über eine Sache im Rahmen des Lagervertrags, dienstvertraglichen Charakter.[688] Gemeinsam mit der Überlassung einer Sache seitens des Überlassenden wird eine Dienstleistung, ggf. in Form einer Dienstverschaffungspflicht[689], geschuldet, damit der Nutzungsberechtigte die Sache einerseits vertragsgemäß einsetzen kann und andererseits auch den Zweck erreicht, den er mit der Nutzung selbiger erreichen möchte. Abstrahiert man diese Konstellationen noch weiter, erlangt der Nutzungsberechtigte durch und über das ihm zur Verfügung gestellte Personal des Überlassenden überhaupt erst das zur optimalen und vertragsgerechten Nutzung der Sache erforderliche Wissen und Know-how.[690] Er wird insofern erst durch diesen Leistungsbestandteil in die Lage versetzt, die Sache nach seinen Vorstellungen zu benutzen. Auch der Beherbergungsvertrag enthält, wie dargestellt, umfängliche Dienstleistungskomponenten. Zwar nimmt der Gast diese nicht zum Zwecke einer optimalen oder vertragsgerechten Benutzung der Sache selbst in Anspruch. Indessen sind jene Dienstleistungen Ausdruck der Hotelleistung selbst.

(b) Das Ineinandergreifen der Leistungsbestandteile als Anzeichen der inneren Verbundenheit der Teilleistungen

Die Frage der Untrennbarkeit der Einzelleistungen richtet sich danach, ob die einzelnen Leistungselemente miteinander dergestalt verbunden sind, dass sie ein einheitliches Ganzes bilden, sich also durch einen inneren Zu-

---

688 Zur Einordung der Personalgestellung siehe *Schaller*, Arbeitnehmerüberlassung: Begriff, Voraussetzung und besondere Rechtsprobleme, DStR 1996, 469; zur Obhut des Verwahrers siehe *Sprau* in: Palandt, BGB, 73. Aufl., § 688 Rn. 2; *Weidenkaff* in: Palandt, BGB, 73. Aufl., Einf v § 611 Rn. 27.

689 Zu Maschinenüberlassungsverträgen und der damit verbundenen Dienstverschaffungspflicht *Schaller*, Arbeitnehmerüberlassung: Begriff, Voraussetzung und besondere Rechtsprobleme, DStR 1996, 469 (470).

690 Insoweit wäre auch zu berücksichtigen, dass die Zurverfügungstellung oder Überlassung von Know-how selbst nicht der gewerbesteuerlichen Hinzurechnung unterliegt, da es an einem entsprechenden Wirtschaftsgut i.S.d. § 8 Nr. 1 lit. d - f GewStG fehlt; vgl. statt vieler *Keß* in: Lenski/Steinberg, GewStG, § 8 Nr. 1 Buchst. f, Rz. 13 (Lfg. 107, Juli 2013) m.w.N.

sammenhang auszeichnen und in einem Verhältnis gegenseitiger Abhängigkeiten stehen. Diese innere Verbundenheit muss sich aus dem Gesamtgefüge des Beherbergungsvertrags selbst ergeben. Was diese innere Verbundenheit begründet, wird, soweit ersichtlich, nicht diskutiert und ist auch bei einer Analyse der Rechtsprechung nicht ohne Weiteres zu erkennen. Die Ausführungen des BFH erschöpfen sich bei der Beurteilung dieser Frage in der Feststellung, dass ein wesentlicher mietfremder Bestandteil einen Vertrag als solchen in seinem Wesen beeinflusst.[691]

In seinen Entscheidungen zur Einordung von Lizenzverträgen[692] hat der BFH das Ineinandergreifen und Zusammenwirken verschiedener vertraglicher Elemente beschrieben[693], wonach sich, je nach Gewichtung der einzelnen Elemente des Lizenzvertrages, die Rechtsposition des Lizenznehmers verändern kann. Diese Wirkungen rechtfertigten es aus Sicht des BFH, den im Lizenzvertrag enthaltenen mietfremden Elementen eine solche Bedeutung beizumessen, dass sie den Vertrag in Gänze beeinflussen.

Mit Blick auf den Beherbergungsvertrag stellt sich dies bei Betrachtung der einzelnen Leistungselemente und deren Wirkung im Gefüge des Vertrags selbst ähnlich dar. Je nach Ausgestaltung des Beherbergungsvertrags werden dem Gast unterschiedliche Rechtspositionen vermittelt, die sich eben nicht nur in der Überlassung eines Zimmers und den sich daraus ggf. ergebenden mietrechtlichen Gewährleistungsansprüchen erschöpfen. Die dem Gast aus dem Beherbergungsvertrag gewährten Rechtspositionen können, wie aufgezeigt, je nach Umfang und in Abhängigkeit des Leistungskatalogs des Hotels unterschiedliche Schwerpunkte haben. Jedoch sind die jeweiligen Leistungen inhaltlich aufeinander in der Weise abgestimmt, dass alle Leistungselemente auf den Aufenthalt des Gastes gerichtet sind und dessen Wohlbefinden während seines Aufenthaltes dienen. Sie sind Ausdruck einer einheitlichen Konzeption. Selbst wenn man berücksichtigt, dass solche Begriffe wie „Wohlbefinden" oder „Genuss" sehr umfassend sind und deshalb deren Inhalt jeweils individuell bestimmt werden

---

691 Vgl. BFH, *Urteil* vom 23.7.1957, I 50/55 U, BStBl. III 1957, 306, BFHE 65, 189 (191); *Urteil* vom 17.2.1965, I 174/60 S, BStBl. III 1965, 230, BFHE 81, 641 (644, 645).

692 Siehe dazu BFH, *Urteil* vom 12.7.1960, I 96/59 S, BStBl. III 1960, 387, BFHE 71, 368 einen Werknutzungsvertrag im Verlagswesen betreffend; siehe auch *Urteil* vom 17.2.1965, I 174/60 S, BStBl. III 1965, 239, BFHE 81, 641; *Urteil* vom 14.2.1973, I R 85/71, BStBl. II 1973, 412, BFHE 108, 370.

693 Vgl. BFH, *Urteil* vom 14.2.1973, I R 85/71, BStBl. II 1973, 412, BFHE 108, 370 (372) m.w.N.; siehe dazu auch oben Teil 2, Kap. C.I.3.b.bb.(2)(iv), 101.

muss[694], so ändert dies in der Sache nichts daran, dass alle Leistungen nur gemeinsam die Gewähr für eine optimale Ver- und Umsorgung des Gastes bieten. Das bedeutet im Ergebnis, dass die mietfremden Komponenten, die der Gesamtversorgung des Gastes dienen, mit der Unterbringungsleistung so eng verbunden sind, dass sie von dieser nicht getrennt werden können, ohne alle anderen Teilleistungen des Hoteliers in Frage zu stellen. Damit bleibt zu konstatieren, dass den mietfremden Leistungsbestandteilen innerhalb eines Beherbergungsvertrags ein derartiges Gewicht zukommt, dass diese maßgeblich den Beherbergungsvertrag beeinflussen.

(c) Die Vereinbarung eines Gesamtentgelts als Anzeichen der inneren Verbundenheit der Leistungsbestandteile

Ebenso ist die Entgeltvereinbarung der Vertragsparteien zu betrachten.[695] Üblicherweise vereinbaren die Parteien eines Beherbergungsvertrags einen Pauschal- bzw. Gesamtpreis für sämtliche Leistungen des Hoteliers. Bereits die Art und Weise der Begründung der Zahlungspflicht mag für eine Verbindung aller Leistungskomponenten sprechen, da die relevanten Rechtshandlungen der Parteien sich i.d.R. jeweils in einem Akt, der Abgabe der Willenserklärung erschöpft, die jeweils das gesamte Leistungsspektrum des Hotels erfasst.[696]

Weder nimmt der Hotelier eine Aufteilung des Entgelts für die einzelnen Teilleistungen vor, noch fordert der Gast diese ein. Wie bei umfassenden Leistungspaketen, wie sie beispielsweise der Entscheidung des OLG Düsseldorf[697] zugrunde lagen, keine Einzelauflistung von Preisen erfolgt,

---

694 Die Ausfüllung der Inhalte hängt vom jeweiligen Gast und seinen Befindlichkeiten ab, weil mit Blick auf unterschiedliche Hotelstandards auch unterschiedliche Erwartungshaltungen gegeben sein werden. So wird bspw. in einer Zwei-Sterne-Herberge ein Gepäck- oder Wagenservice kaum angeboten und auch nicht erwartet werden, während es in einem Fünf-Sterne-Hotel auffallen würde, wäre ein solcher Service nicht vorhanden. Diese Unterschiede finden sich in den entsprechenden Kategorien und Einstufungen innerhalb des Beherbergungsgewerbes wieder.

695 Siehe Teil 2, Kap. C.I.3.b.bb.(2)(iii), 99.

696 Es sei denn, es werden gesondert Zusatzleistungen vereinbart. Diese erweitern jedoch in den meisten Fällen ebenso nur den Beherbergungsvertrag aus inhaltlicher Sicht, siehe dazu Teil 2, Kap. E.II.4.b.aa.(2), 167.

697 Siehe OLG Düsseldorf, *Urteil* vom 21.8.2008, 10 U 142/07, NJW-RR 2008, 1526.

legt das Hotel dem Gast auch nicht seine Kalkulationsgrundlagen offen.[698] Vielmehr haben alle Leistungen des Hotels einen unmittelbaren Bezug zur Unterkunftsleistung und sind aufeinander abgestimmt. Die Erbringung der gästebezogenen Leistungen wäre sinnlos, trennte man sie von der eigentlichen Übernachtungsleistung. Und wollte man sie getrennt behandeln, stünde das Gesamtkonzept des Hotels in Frage. Die einheitliche Entgeltvereinbarung bringt folglich das Verständnis der Parteien zum Ausdruck, dass gemessen an den Leistungsinhalten eine Trennung des Vertrags in seine einzelnen Leistungsbestandteile nicht angezeigt ist, sondern eine Gesamtheit von Leistungen vorliegt. Die Entgeltabrede bestätigt die synallagmatische Verknüpfung der einzelnen Leistungen miteinander und, dass die jeweiligen einzelnen Leistungsbestandteile zueinander im Verhältnis der gegenseitigen Abhängigkeit stehen.[699]

Soweit von der getroffenen Pauschalpreisabrede bestimmte Zusatzleistungen ausgenommen und damit vom einheitlichen Entgelt nicht erfasst sind, betrifft das solche Leistungen, die gesondert nach dem Ge- und Verbrauch berechnet werden.[700] Sie sind schon deshalb zu vernachlässigen, weil sie nicht auf einem gesonderten Vertrag, sondern, soweit sie in Anspruch genommen werden, auf einer bloßen Vertragsergänzung beruhen.[701] Ebenso spricht die Tatsache, dass Verpflegungsleistungen bei Hotelaufenthalten auf der Grundlage des § 12 Abs. 2 Nr. 11 UStG seit dem 1.1.2010[702] gesondert ausgewiesen werden, nicht für eine Aufteilung der Hotelleistung in ihre einzelnen Bestandteile. Seit der Einführung des § 12

---

698 In Bezug zum Reiseveranstalter behauptet *Breinersdorfer*, dieser kenne die einzelnen Positionen der Hotelleistungen. Hinsichtlich der gästebezogenen Leistungen sind dies indes dieselben Informationen, die auch ein Gast hat. Diese ergeben sich aus dem Leistungskatalog des Hotels. Seine Aussage, eine fehlende Zuordnung von Preisen zu den konkreten Einzelleistungen sei ein Problem des Gesetzesvollzugs, scheint anzudeuten, ein Reiseveranstalter sei üblicherweise über die Preise der Einzelleistungen informiert. An dieser Stelle vereinfacht er die Sachlage mittels einer Unterstellung. Hier wäre eine Offenlegung seiner Erkenntnisquelle hilfreich, siehe *Breinersdorfer*, Einzelfragen zu der gewerbesteuerlichen Hinzurechnung von Finanzierungsanteilen, DB 2014, 1762 (1766).

699 Siehe Teil 2, Kap. C.I.3.b.bb.(2)(iv), 101.

700 Z.B. die Kosten der Minibar oder des Bezahlfernsehens.

701 Vgl. auch *Ramrath*, Vertragsbeendigung bei mangelhaften Restaurantleistungen, AcP 189 (1989), 559 (562).

702 § 12 Abs. 2 Nr. 11 UStG wurde durch das Gesetz vom 22.12.2009, BGBl. I 2009, S. 3950 (WachstumsbeschleunigungsG), neu eingeführt und gilt für nach dem 31.12.2009 ausgeführte Umsätze.

Abs. 2 Nr. 11 UStG werden sog. Vermietungsleistungen einem vom Regelsteuersatz abweichenden ermäßigten Steuersatz unterworfen.[703] Der gesonderte Ausweis der „nicht unmittelbar der Vermietung" dienenden Leistungen[704] erfolgt ausschließlich zu dem Zweck, diese weiterhin dem Regelsteuersatz zu unterwerfen. Die Aufteilung dient damit ausschließlich der Erfüllung der erst seit dem 1.1.2010 bestehenden besonderen umsatzsteuerlichen Verpflichtungen, die sich aus dem vom Gesetzgeber insoweit kreierten normenspezifischen Aufteilungsgebot ergeben.[705] Dass es sich um ein solches handelt, verdeutlicht neben dem zeitlichen auch der sachliche Anwendungsbereich dieser Sonderregelung. Denn das Aufteilungsgebot erfasst auch Leistungen, die aufgrund ihres Leistungsinhalts und ihres Leistungscharakters dem Grunde nach nicht aufgespalten werden können, weil deren rechtliches Schicksal an das einer anderen Leistung geknüpft ist, wie das beispielsweise im Verhältnis von Haupt- und Nebenleistung der Fall ist.[706] Die Norm des § 12 Abs. 2 Nr. 11 Satz 2 UStG stellt sich als eine absolute Ausnahmeregelung dar, die für Zwecke der hier anstehenden Betrachtung bereits aufgrund dieses Ausnahmecharakters nicht herangezogen werden kann.[707]

Somit kann auch auf der Grundlage der getroffenen einheitlichen Entgeltvereinbarung von einer inneren Verbundenheit der Leistungsbestandteile ausgegangen und von einer Leistungseinheit der Hotelleistungen gesprochen werden.

---

703 Und zwar in Höhe von 7 % statt 19 % der Bemessungsgrundlage.

704 Vgl. dazu auch BMF, Schreiben vom 5.3.2010, BStBl. I 2010, 259, IV D 2 – S 7210/07/10003, Tz. 10.

705 BMF, Schreiben vom 5.3.2010, BStBl. I 2010, 259, IV D 2 – S 7210/07/10003, Tz. 10; ebenso BFH, *Urteil* vom 24.4.2013, XI R 3/11, BStBl. II 2014, 86, BFHE 242, 410 (419).

706 Zur Einordnung der Verpflegungsleistungen eines Hotels als von der Hauptleistung zwar nicht abtrennbare, aber vom Aufteilungsgebot des § 12 Abs. 2 Nr. 11 UStG erfasste Nebenleistungen siehe ausführlich BFH, *Urteil* vom 24.4.2013, XI R 3/11, BStBl. II 2014, 86, BFHE 242, 410. Vgl. die Ausführungen unter Teil 2, Kap. C.I.3.b.bb.(1), 86.

707 Zur Wirkung und Kritik an dieser mit einem „Lobbyismus-Makel" behafteten Regelung vgl. z.B. *Beiser*, Pauschalpreise und subjektive Äquivalenz in der Umsatzsteuer, DStZ 2010, 568; *Tonner*, Ermäßigter Umsatzsteuersatz bei Beherbergungsleistungen, DB 2010, 585; *Neufang/Beißwenger/Treiber*, Beherbergungsumsätze – ernüchternde Folgen der Anwendung des reduzierten Steuersatzes seit 1.1.2010, BB 2010, 740; *Dudde/Zielinski*, Abgrenzungsprobleme bei der ermäßigten Umsatzbesteuerung von Beherbergungsleistungen, BB 2010, 603.

(d) Keine Trennung der Leistungen mangels konkreten Aufteilungsmaßstabs

Bei der Frage nach der Trennung der Leistungsbestandteile ist auch zu berücksichtigen, dass die einzige sich unmittelbar aus der Norm des § 8 Nr. 1 GewStG ergebende Stütze, die für eine Aufteilung einer einheitlichen Leistung sprechen könnte, die Art des überlassenen Wirtschaftsgutes ist. Allein aus der Vorgabe unterschiedlicher Hinzurechnungsbeträge ergibt sich die Notwendigkeit der Aufteilung einer Gesamtleistung.[708] Um eine solche wirtschaftsgutsbezogene Aufteilung geht es vorliegend jedoch nicht, weshalb die von der Finanzverwaltung favorisierte Aufteilung der Hotelleistungen selbst keine unmittelbare Stütze im GewStG findet. Will man jedoch, wie die Finanzverwaltung, von dem Grundsatz einer einheitlichen Betrachtung eines einheitlichen wirtschaftlichen Vorgangs[709] abweichen, was wiederum zu einer Erweiterung des Anwendungsbereiches der Hinzurechnungsnorm des § 8 Nr. 1 lit. e GewStG führt, bedarf es weiterer Anhaltspunkte, die für eine Zerlegung sprechen. Solche Anhaltspunkte sind jedoch – wie vorgehend dargestellt – gerade nicht vorhanden. So widersprach der BFH bereits in der Vergangenheit dem Vorschlag der Finanzverwaltung, einen einheitlichen wirtschaftlichen Vorgang in seine Bestandteile zu zerlegen, wenn es weder einen gesetzlichen Anknüpfungspunkt für eine solche Zerlegung gibt, noch geeignete Zerlegungsmaßstäbe vorhanden sind.[710] Fehlen nämlich derartige Maßstäbe für eine Aufteilung der verschiedenen Leistungen, ergeben sich nicht nur praktische Schwierigkeiten, die zu Auseinandersetzungen zwischen dem Steuerpflichtigen und der Finanzverwaltung führen.[711] Sie führen auch zu einer Unsicherheit in der Rechtsanwendung, was nicht zuletzt die inhaltlich zum Teil diver-

---

708 Siehe zur Aufteilung eines Entgelts für verschiedene Wirtschaftsgüter Sächs. FG, *Urteil* vom 28.9.2011, 8 K 239/11, DStRE 2012, 1526.

709 Siehe dazu bereits BFH, *Urteil* vom 23.7.1957, I 50/55 U, BStBl. III 1957, 306, BFHE 65, 189 (192).

710 Siehe BFH, *Urteil* vom 23.7.1957, I 50/55 U, BStBl. III 1957, 306, BFHE 65, 189 (192). Soweit sich der BFH ergänzend auf den Ausnahmecharakter der Norm des § 8 Nr. 8 GewStG (i.d.F. des im EZ 1951 geltenden Gesetzes) beruft, greifen diese Erwägungen allerdings vorliegend nicht mehr.

711 BFH, *Urteil* vom 23.7.1957, I 50/55 U, BStBl. III 1957, 306, BFHE 65, 189 (192).

gierenden Verlautbarungen der Finanzverwaltung selbst[712] zeigen, sondern auch die Bekundungen in der Literatur bestätigen, man möge sich nicht nur eine von der Finanzverwaltung vorgenommene Aufteilung ausdrücklich erläutern lassen, sondern sich gegen die Aufteilungsmaßstäbe gerichtlich zur Wehr setzen.[713]

(iii) Zusammenfassung und Zwischenergebnis zum Beherbergungsvertrag

Die Rechtsnatur des Beherbergungsvertrags ist anhand aller darin enthaltenen Leistungen im Wege der Gesamtbetrachtung zu bestimmen.[714] Insoweit war festzustellen, dass das Angebot hotelseitiger Leistungen, die ein Gast neben der bloßen Unterbringung in Anspruch nehmen kann, vielfältig ist. Die einzelnen Leistungen finden ihren Ausdruck in der konkreten Leistungsbeschreibung, die auch Grundlage der Hotelkategorisierung ist. Damit hängen Art, Umfang und Qualität der Leistungen von der Klassifizierung des jeweiligen Hotels ab. Die unterschiedlichen Hotelkategorien sind indessen nicht wesensbestimmend für die Rechtsnatur des Beherbergungsvertrags, denn alle Leistungen werden in einem Gesamtleistungsversprechen des Hotels gebündelt und in der Regel als eine Gesamtleistung zu einem Gesamtpreis angeboten.[715] Die dem Gast gegenüber erbrachte Hotelleistung zeichnet sich durch vielfältige und bedeutsame Dienstleistungskomponenten aus, die dem Gast während seines gesamten Aufenthaltes zugute kommen. Nicht zuletzt steht und fällt die Hotelleistung mit der Erbringung dieser Personalleistungen, sodass es nicht vorstellbar wäre und lebensfremd schiene, wollte man einen Beherbergungsvertrag ohne diese Leistungen betrachten. Soweit deren Qualitätsstatus und Qualitätsniveau

---

712 OFD Frankfurt, Rdvfg. vom 17.6.2013, G 1422A-55-St55 (n.v.); OFD NRW, Vfg. vom 25.9.2013, G 1422-2013/0023-St161, DB 2013, 2363; dies., Verw.anw. vom 4.11.2013, G 1422-2013/0023-St161, DB 2013, 2711.

713 *Klein*, Gewerbesteuerliche Hinzurechnung von Hotelleistungen bei Reiseveranstaltern, DStR 2014, 1321 (1323, 1325); zu den damit im Zusammenhang stehenden verfahrensrechtlichen Aspekten und Fragen der Mitwirkungspflicht siehe Teil 3, Kap. C.II.2.b., 327.

714 Diesem Ansatz ebenso widersprechend *Klein*, Gewerbesteuerliche Hinzurechnung von Hotelleistungen bei Reiseveranstaltern, DStR 2014, 1321 (1325).

715 Ausgenommen sind solche Zusatzleistungen, die zwar als Angebot vorgehalten werden, ohne jedoch im Preis inkludiert zu sein.

differiert, mag dies wiederum nur Ausdruck der jeweiligen Hotelkategorie sein.

Damit kann der Beherbergungsvertrag als ein gemischter Vertrag in Form eines Typenverschmelzungsvertrags verstanden werden. Ein mietrechtlicher „Überhang" ist nicht festzustellen[716], und wäre aufgrund der Ablehnung des „Geprägemerkmals" auch irrelevant. Die im Beherbergungsvertrag enthaltenen mietfremden Leistungen sind derart wesensbestimmend, dass sie diesen maßgeblich beeinflussen und ein Überlassen der Räumlichkeiten nicht überwiegt.[717] Im Ergebnis ist der Beherbergungsvertrag damit als ein Vertrag einzustufen, der seinem wesentlichen Inhalte nach einem Mietvertrag nicht entspricht.

(2) Die Rechtsnatur des Hoteleinkaufsvertrags

Erweitert man nunmehr, ausgehend von den zum Beherbergungsvertrag gewonnenen Erkenntnissen, die Perspektive und betrachtet das zwischen Reiseveranstalter und dessen Leistungsträger, dem Hotelier, bestehende Rechtsverhältnis, erscheint es naheliegend, hinsichtlich der rechtlichen Behandlung eines Hoteleinkaufsvertrags zu demselben Ergebnis wie beim Beherbergungsvertrags zu gelangen. Dafür könnten einerseits subjektive Elemente und andererseits objektive Elemente sprechen.

(i) Subjektive Elemente zur Einordnung des Hoteleinkaufsvertrags

Zu den subjektiven Elementen, die bei der Betrachtung des Hoteleinkaufsvertrags zu berücksichtigen wären, wird man das unternehmerische Selbstverständnis des Reiseveranstalters und die Interessenlage der Vertragsparteien zählen müssen.

---

716 OLG Düsseldorf, *Urteil* vom 21.8.2008, 10 U 142/07, NJW-RR 2008, 1526.

717 So im Ergebnis auch *Gitter*, HB Schuldrecht, Bd. 7, Gebrauchsüberlassungsverträge, § 7 A II, S. 176.

(a) Das unternehmerische Selbstverständnis – der „Handel" mit Hotelleistungen

Zur Stützung der Rechtsansicht, der Hoteleinkaufsvertrag stelle keinen Mietvertrag oder einen diesem ähnlichen Vertrag dar, sondern sei als typengemischter Vertrag einzuordnen, dessen Leistungen sich nicht voneinander trennen lassen, bedienen sich Teile der Literatur[718] und der Industrie[719] des Hinweises darauf, der Reiseveranstalter miete selbst keine Hotelzimmer an. Er verschaffe sich lediglich Zimmerkontingente, die er an die Reisenden weiterreichen würde. Nach seinem Selbstverständnis fungiere der Reiseveranstalter typischerweise als Einkäufer und Verkäufer von Übernachtungsleistungen, ohne selbst ein Hotel zu betreiben.[720] Die Frage ist, ob dieses „Händlerargument" für die Einordnung des Hoteleinkaufsvertrags selbst trägt.

Diese Argumentation ist anscheinend einer umsatzsteuerlichen Wertung entlehnt. So wird, auch wenn der Reiseveranstalter nicht ausdrücklich im UStG seine Erwähnung findet, dieser in § 25 Abs. 1 Satz 3 UStG umschrieben als Unternehmer, der im eigenen Namen eine Mehrzahl an Reiseleistungen an einen Leistungsempfänger erbringt, die nicht für dessen Unternehmen bestimmt sind und er insoweit Reisevorleistungen Dritter in Anspruch nimmt. Inhaltlich scheint die Norm den „Handel" mit solchen Leistungen zu erfassen, die eine Reise betreffen und damit exakt auf den Reiseveranstalter, der als Ein- und Verkäufer verschiedener Leistungen, die einem Dritten, dem Reisenden, gegenüber erbracht werden, tätig wird, abzustellen. Jedoch ist § 25 UStG nicht veranstalterspezifisch ausgerichtet. Der personelle Anwendungsbereich erfasst jeden Unternehmer, unabhängig davon, ob dieser sich als Reiseveranstalter betätigt oder nicht.[721] Auch

---

718 I.d.S. *Jorczyk*, Droht die gewerbesteuerliche Hinzurechnungsbesteuerung beim Hoteleinkauf?, SRTourR 10/2011, 6 (9); *ders.*, Hoteleinkauf bei Reiseveranstaltern: Neuer Ländererlass beharrt auf Hinzurechnung!, SRTour 8/2012, 14 (16); ähnlich auch *Roser*, Gewerbesteuerliche Hinzurechnungen von Nutzungsentgelten nach § 8 Nr. 1d bis f GewStG, ifst-Schrift Nr. 497, S. 56.

719 So ähnlich *Donderer*, Steuerausschuss des BDI, Protokoll der Sitzung am 5.11.2013 vom 13.1.2014 (n.v.).

720 So *Jorczyk*, Hoteleinkauf bei Reiseveranstaltern: Neuer Ländererlass beharrt auf Hinzurechnung, SRTour 8/2012, 14 (16); *Donderer*, Steuerausschuss des BDI, Protokoll der Sitzung am 5.11.2013 vom 13.1.2014 (n.v.).

721 Das UStG geht über das zivilrechtliche Verständnis der §§ 651a ff. BGB hinaus. Das hat u.a. zur Folge, dass es – im Gegensatz zum Reiseveranstalter nach der

die Bezugnahme des EuGH auf „solche Unternehmen“[722], deren Tätigkeitsausübung bei Anwendung der allgemeinen Bestimmungen[723] behindert werden würde, sofern nicht die Sonderregelungen der Margenbesteuerung[724] zur Anwendung kämen, ist nicht reiseveranstalterspezifischer Natur. Nach § 25 UStG kommt es auch nicht darauf an, ob eine Reise i.S.d. § 651a BGB vorliegt. Maßgeblich ist allein die Erbringung einer Reiseleistung[725] für den nichtunternehmerischen Bereich und der damit im Zusammenhang stehende Bezug von Reisevorleistungen[726] zur Erfüllung der ersteren. Werden mehrere Reiseleistungen erbracht, hat das zur Folge, dass diese gemäß § 25 Abs. 1 Satz 3 UStG als einheitliche sonstige Leistung gelten. Diese gesetzliche Fiktion macht es dann entbehrlich, auf allgemei-

---

Pauschalreiserichtlinie – unter umsatzsteuerlichen Gesichtspunkten irrelevant ist, ob die Tätigkeit gewerblich oder hauptberuflich ausgeübt wird. Auch die einmalige Erbringung von Reiseleistungen fällt darunter.

722 Vgl. EuGH, *Urteil* vom 26.9.2013, C-189/11, DStR 2106 (2110), Tz. 58.

723 Gemeint sind die über den Besteuerungsort, die Besteuerungsgrundlage und den Vorsteuerabzug, vgl. EuGH, *Urteil* vom 26.9.2013, C-189/11, DStR 2013, 2106 (2110), Tz. 58.

724 Das sind die Art. 306 ff. MwStSystRL, die durch § 25 UStG in nationales Recht umgesetzt wurden.

725 Nach früherer Ansicht konnten Reiseleistungen im umsatzsteuerlichen Sinne sowohl Einzelleistungen wie beispielsweise die Vermietung einer Unterkunft ohne weitere Zusatzleistungen, als auch die Erbringung von Leistungsgesamtheiten, wie z.B. die Veranstaltung oder Erbringung von Pauschalreisen, sein; vgl. BFH, *Urteil* vom 7.10.1999, V R 79/98, BeckRS 1999, 30076230; BFH, *Beschluss* vom 21.1.1993, V B 95/92, BFH/NV 1994, 346; ebenso zu Art. 26 der Richtlinie 77/388/EWG, EuGH, *Urteil* vom 12.11.1992, C-163/91, UR 1993, 118. Offen war, ob es sich bei den Einzelleistungen um Kernleistungen einer Reise (typische Reiseleistungen) handeln müsse, siehe BFH, *Beschluss* vom 10.12.2009, XI R 39/08, BStBl. II 2010, 312, BFHE 227, 541. Der EuGH hat im *Urteil* vom 9.12.2010, C-31/10, DStR 2010, 2576, Rn. 19 klargestellt, dass eine als Reiseleistung einzustufende Leistung keine singuläre Leistung sein kann (anders noch EuGH, *Urteil* vom 22.10.1998, C-308/96, C-94/97, DStRE 1998, 843 (846), Tz. 23).

726 Vgl. § 25 Abs. 1 Satz 4 UStG; Reisevorleistungen zeichnen sich dadurch aus, dass sie von einem Dritten für den die Reiseleistung erbringenden Unternehmer geleistet werden, tatsächlich aber dessen Leistungsempfänger zugute kommen. Ob dies der Fall ist, beurteilt sich nach den tatsächlichen Verhältnissen; vgl. z.B. BFH, *Beschluss* vom 21.1.1993, V B 95/92, BFH/NV 1994, 346; *Urteil* vom 16.3.1995, V R 128/92, BStBl. II 1995, 651, BFHE 177, 527 (530); siehe auch *Schüler-Tesch* in: Sölch/Ringleb, UStG, § 25 Rz. 128 (73. Erg.-Lfg., September 2014).

ne Grundsätze zur Behandlung von Leistungsmehrheiten zurückzugreifen.[727] Fragen nach dem Inhalt der erbrachten Leistungen stellen sich nur insoweit, als es zu beantworten gilt, ob es sich um solche handelt, die im Zusammenhang mit einer Reise[728] stehen.

Damit folgt § 25 UStG in erster Linie den der Umsatzsteuer immanenten Besteuerungsmerkmalen, nämlich der Leistung i.S.d. § 1 Abs. 1 Nr. 1 UStG. Allein auf deren Inhalt und nicht auf den diese Leistung begründeten Vertrag kommt es an. Dass sowohl die Reiseleistung als auch die Reisevorleistung Vermietungsleistungen beinhalten können, ist unumstritten[729], wie ebenso unstreitig ist, dass es aufgrund der Qualifizierung als Reiseleistung aus umsatzsteuerlicher Sicht auf diesen Aspekt nicht mehr ankommt.[730] Folglich kann allein aus der Tatsache, dass ein Reiseveranstalter funktional wie ein Händler von Hotelleistungen auftritt und sich als ein solcher versteht, nicht abgeleitet werden, dass dieser im Wege des Hoteleinkaufs keinen Mietvertrag oder ähnlichen Vertrag abschließt. Das Händlerargument ist insoweit untauglich für die weitere Betrachtung.

---

727 Insbesondere sind die Abgrenzungen zwischen Haupt- und Nebenleistung und einheitlicher Leistung relevant, BFH, *Urteil* vom 19.10.2011, XI R 18/09, BFH/NV 2012, 887, BFHE 236, 222 (225); *Schüler-Tesch* in: Sölch/Ringleb, UStG, § 25 Rz. 145 (73. Erg.-Lfg., September 2014). Die Sonderregelung geht den allgemeinen Vorschriften des UStG zur Frage der Einheitlichkeit der Leistung, des Leistungsorts, der Bemessungsgrundlage und dem Vorsteuerabzug vor, *Schüler-Tesch* in: Sölch/Ringleb, UStG, § 25 Rz. 20 ff. (73. Erg.-Lfg., September 2014) m.w.N.

728 Insoweit ist zu berücksichtigen, dass auch dann, wenn weder der Begriff der Reise noch der der Reiseleistung in § 25 UStG oder der MwStSystRL definiert sind, Einigkeit dahingehend besteht, dass beide losgelöst von dem innerstaatlichen zivilrechtlichen Verständnis des § 651a BGB auszulegen und ausschließlich nach umsatzsteuerlichen Gesichtspunkten zu beurteilen sind; siehe EuGH, *Urteil* vom 13.10.2005, C-200/04, IStR 2005, 781 (783) Rz. 34. Der EuGH beschränkt seine Prüfung darauf, ob nach Maßgabe des Art. 16 MwStSystRL der Wirtschaftsteilnehmer die Eigenschaft eines Wirtschaftsteilnehmers im Sinne der Sonderregelung für Reisebüros besitzt, vgl. insoweit *Schüler-Tesch* in: Sölch/Ringleb, UStG, § 25 Rz. 32, 33 (73. Erg.-Lfg., September 2014).

729 Siehe BFH, *Urteil* vom 7.10.1999, V R 79/98, BStBl II 2004, 308, BFHE 190, 235.

730 Siehe auch BFH, *Urteil* vom 19.10.2011, XI R 18/09, BFH/NV 2012, 887, BFHE 236, 222; *Schüler-Tesch* in: Sölch/Ringleb, UStG, § 25 Rz. 145 (73. Erg.-Lfg., September 2014).

(b) Die Interessenlage der Parteien des Hoteleinkaufsvertrags

Anders mag dies allerdings sein, wenn man die oben dargestellten Interessenlagen der Parteien betrachtet. Die Ausführungen zum Beherbergungsvertrag, die auf eine Gesamtversorgung des Gastes abstellen, lassen sich ohne Einschränkungen auf den Hoteleinkaufsvertrag übertragen. Hinzutreten folgende Überlegungen, die eine Einordnung des Hoteleinkaufsvertrags in diesem Sinne stützen:

Bei der Typisierung des Beherbergungsvertrags argumentieren Rechtsprechung und Literatur mit Blick auf die Anwendung mietrechtlicher Vorschriften vornehmlich aus der Sicht des Gastes. Dies erfolgt, wie aufgezeigt, lediglich vor dem Hintergrund, diesen in den Genuss mietrechtlicher Sachmängelgewährleistungsvorschriften wegen der daraus abgeleiteten Sorgfaltspflichten des Gastwirtes zu bringen.[731] Beim Hoteleinkaufsvertrag ist diese Sichtweise um die Perspektive der kontrahierenden Personen zu ergänzen. Führt man dabei den Gedanken fort, dass der Hotelier als Leistungsträger des Reiseveranstalters in dessen Erfüllungshandlungen eingeschaltet ist und dass der Reisende bei Nicht- oder Schlechterfüllungen des Reisevertrags sowohl Ansprüche gegenüber dem Hotelbetreiber[732] als auch gegenüber dem Reiseveranstalter geltend machen kann[733], erscheint es aus Sicht eines Reiseveranstalters logisch und zwingend, seine Rechtsbeziehungen zu den verschiedenen Leistungsträgern in zweierlei Hinsicht zu regeln. Der Reiseveranstalter muss zum einen sicherstellen, dass es aus Sicht des Reisenden keinen Grund gibt, sich in seinen aus dem Reisevertrag begründeten Rechtspositionen beeinträchtigt zu fühlen.[734]

731 Vgl. dazu die instruktiven Ausführungen des RG, *Urteil* vom 30.3.1942, V 120/41, RGZ 169, 84 (89 ff.); dazu bspw. *Emmerich* in: MüKo, BGB, 6. Aufl., § 311 Rn. 29, der ausdrücklich anmerkt, dass diese Verträge heute zum Schutze des Gastes als Mietverträge behandelt werden.

732 Auch bei einer Verletzung von Sorgfalts- und Nebenpflichten durch den Leistungsträgers kann der Reisende diesen bei Vorliegen der hierfür erforderlichen besonderen Voraussetzungen in Anspruch nehmen. Der Vertrag entfaltet damit auch Schutzwirkungen zugunsten des Reisenden, vgl. dazu im Einzelnen *Grüneberg* in: Palandt, BGB, 73. Aufl., § 328 Rn. 15 ff.

733 Vgl. §§ 651c - § 651f BGB.

734 Zu beachten ist hier der Anknüpfungspunkt des Mangels an das Leistungspaket und nicht an die einzelne Reiseleistung. Daher ist es bei erheblichen Mängeln weder sachgerecht noch rechtlich möglich, das Gesamtpaket in einzelne Aspekte aufzuspalten und vom Teilpreis der Einzelleistungen auszugehen, vgl. dazu auch *Staudinger* in: Staudinger, BGB (2011), § 651c Rn. 42 m.w.N.

Folglich muss die vom Hotelier geschuldete Leistung allen Anforderungen entsprechen, für die der Reiseveranstalter gegenüber dem Reisenden verantwortlich zeichnet.[735] Zum anderen muss es dem Reiseveranstalter möglich sein, in denjenigen Fällen, in denen er gegenüber dem Reisenden zur Gewährleistung oder zum Schadensersatz wegen mangelhafter Hotelleistungen aufgrund eines vom Hotelier zu vertretenden Mangels verpflichtet ist, den Hotelbetreiber insoweit in Anspruch zu nehmen. Des Weiteren bedarf der Reiseveranstalter, der verschiedene Leistungen bündelt[736] und zu einer besonderen eigenen Leistung, der Reise, zusammenfügt, in der Regel der in den §§ 536 ff. BGB enthaltenen mietrechtlichen Schutzmechanismen nicht.[737] Er selbst nutzt die Mietsache nicht in der Weise, dass er den Gefahren, die sich in der Mietsache verbergen, ausgesetzt ist. Erleidet der Reiseveranstalter dadurch einen Schaden, dass ein Reisender durch eine mangelhafte Unterbringungsleistung des Hoteliers ihm gegenüber Schadensersatzansprüche geltend macht[738], wird er nach den vereinbarten vertraglichen Abreden dem Hotelier diesen Schaden in Rechnung stellen. Dass sich dieser Anspruch auf § 536 ff. BGB stützt, wird kaum anzunehmen sein. Wie oben aufgezeigt[739], wird ein solcher „Reiseschaden“ auf der Grundlage der zwischen Hotelier und Reiseveranstalter getroffenen vertraglichen Vereinbarungen weitergeleitet, ohne dass hierzu weitere Spezifizierungen nach den Umständen erfolgen, soweit es nicht um Fragen des Vertretenmüssens geht.[740]

Aber auch der Hotelier wird, wenn er mit einem Reiseveranstalter kontrahiert, seine Interessen zum Ausdruck bringen wollen. Ihm ist im We-

---

735 Zu Unterkunfts-, Unterbringungs- und anderen Mängeln im Zusammenhang mit Leistungen des Hotels siehe z.B. *Eckert* in: Staudinger, BGB (2001), § 651c Rn. 86 ff.; *Tonner*, Der Reisevertrag, 5. Aufl., Anh. zu § 651c, 2.4.2., jeweils m.w.N. aus der Rspr.

736 So ausdrücklich *Jorczyk*, Droht die gewerbesteuerliche Hinzurechnungsbesteuerung beim Hoteleinkauf?, SRTour 10/2011, 6 (9).

737 So für den zwischen Gast und Hotelier bestehenden Beherbergungsvertrag auch *Gitter*, HB Schuldrecht, Bd. 7, Gebrauchsüberlassungsverträge, § 7 A II 2, S. 177.

738 Diese Ansprüche gründen sich dann auf § 651c ff. BGB und nicht auf mietrechtliche Vorschriften.

739 Zu den Schadensersatzpflichten des Hoteliers siehe oben Teil 2, Kap. E.II.4.b.bb. (2), 170.

740 Zum Einstehenmüssen des Reiseveranstalters sogar für deliktisches Handeln des Hotelpersonals siehe z.B. AG Frankfurt, *Urteil* vom 18.9.2003, 31 C 2383/01, juris.

sentlichen daran gelegen, seine Leistungen mit Hilfe des Reiseveranstalters zu vertreiben. Auch hat er kein Interesse daran, seinerseits allein mietvertraglichen Regelungen unterworfen zu werden, da dies dem Charakter der Leistungsvielfalt kaum gerecht wird. Er stellt nicht nur Unterkunftsleistungen für Gäste zur Verfügung, sondern erbringt ein Bündel verschiedenster Leistungen, die je nach konkreter Vereinbarung werk-, dienstleistungs- und andere vertragliche Elemente enthalten können, oder hält derartige Leistungen auf Abruf bereit. Zudem würde ihm u.U. die Möglichkeit genommen, sich bei Haftungsfragen wegen einer Schlechtleistung zu exkulpieren.[741]

Dieser Perspektivwechsel betreffend die Leistungsbeziehungen[742] zeigt, dass die Interessen der beteiligten Vertragsparteien nicht identisch sind mit denjenigen Interessen eines Gastes, der unmittelbar mit einem Hotel einen entsprechenden Beherbergungsvertrag schließt. Insofern lässt sich, selbst wenn man dem Beherbergungsvertrag entgegen der hier vertretenen Ansicht einen mietrechtlich geprägten Charakter unterstellen wollte, dies aufgrund einer anderen Interessenlage der Vertragsparteien nicht auf den Hoteleinkaufsvertrag übertragen.

(ii) Objektive Elemente zur Einordnung des Hoteleinkaufsvertrags

Losgelöst von den subjektiven Beweggründen der Parteien, wird man Anhaltspunkte für eine rechtliche Einordnung des Hoteleinkaufsvertrags dem Vertragsinhalt und den Leistungsverknüpfungen zum einen, aber auch der Art und Weise der Inanspruchnahme der Hotelleistungen durch den Reiseveranstalter zum anderen entnehmen müssen. Nicht zuletzt kann die Entgeltvereinbarung einen Hinweis auf die Rechtsnatur des Vertrags geben.

---

741 So ist das Einstehen für Eigenschaften einer Mietsache unabhängig von einem Verschulden, während sich bei anderen nicht vertragsgerecht erbrachten Leistungen die Frage des Verschuldens stellt (soweit nichts anderes vereinbart ist); so bereits differenzierend RG, *Urteil* vom 18.10.1907, 101/07 III, JW 1907, 705, Nr. 8. Auf die besonderen Interessenlagen, die außerhalb der Rechtsbeziehungen zum Reisenden stehen auch hinweisend *Raab*, Austauschverträge mit Drittbeteiligung, S. 89 ff.

742 Siehe *Raab*, Austauschverträge mit Drittbeteiligung, S. 89 ff.; *Staudinger* in: Staudinger, BGB (2011), § 651a Rn. 59.

(a) Die gäste- und veranstalterbezogenen Leistungen im Hoteleinkaufsvertrag und deren Verknüpfung

Die Hotelleistungen, welche der Reiseveranstalter für seine Reisenden beschafft, indem er mit dem Hotelier einen entsprechenden Vertrag über die Erbringung der Leistungen schließt, beschränken sich – wie auch der Beherbergungsvertrag – nicht auf die bloße Unterbringung von Gästen, und zwar auch nicht in den Fällen, in denen Reisende lediglich „Übernachtungen" buchen.[743] Im Hoteleinkaufsvertrag sind die gleichen gästebezogenen Leistungselemente wie im Beherbergungsvertrag enthalten.[744] Sie beinhalten u.a. Miet-, Kauf-, Dienst- und Werkvertragsbestandteile. Wie beim Beherbergungsvertrag würde eine getrennte Betrachtung dieser gästebezogenen Leistungen zu einer künstlichen Aufspaltung miteinander verbundener und auch aufeinander abgestimmter Leistungen führen.[745] Damit liegt es auch nahe, bei einem Hoteleinkaufsvertrag von einem gemischten Vertrag i.e.S. in der Form eines Typenverschmelzungsvertrags auszugehen.[746]

Neben den gästebezogenen Leistungen enthält ein Hoteleinkaufsvertrag i.d.R. auch veranstalterbezogene Leistungskomponenten, die es zu beachten und in die Wertung einzubeziehen gilt.[747] Diese über die gästebezogenen Leistungen hinausgehenden Rechte und Pflichten des Hotels gegenüber dem Reiseveranstalter bilden einen wesentlichen Bestandteil des Vertrages, der nicht separat betrachtet bzw. einer gesonderten rechtlichen Würdigung zugeführt werden kann. Sie ergeben aus Sicht beider Vertragsparteien nur bei einer Gesamtbetrachtung der Rechtsbeziehungen zwischen Reiseveranstalter und Reisenden einerseits sowie dem Reiseveranstalter und Hotelier andererseits einen Sinn. Der Hotelier ist als Leistungsträger Erfüllungsgehilfe innerhalb des Reisevertrags. Daher hat der Reiseveranstalter für dessen Schlecht-, Minder- oder Nichtleistungen einzustehen. Er muss sich also die mangelhafte Hotelleistung zurechnen lassen

---

743 OLG Karlsruhe, *Urteil* vom 14.1.1999, 19 U 257/97, juris.

744 Siehe dazu oben Teil 2, Kap. E.II.4.b.aa., 166 ff.

745 Dabei ist es egal, ob es sich um Zwei-Sterne- oder Fünf-Sterne-Hotels handelt. Denn die gästebezogenen Leistungen bestimmen sich nur nach der jeweiligen Kategorie, was jedoch nicht heißt, dass diese nicht aufeinander abgestimmt sind.

746 Vgl. dazu auch OLG Düsseldorf, *Urteil* vom 21.2.2008, 10 U 142/07, NJW-RR 2008, 1526; OLG Karlsruhe, *Urteil* vom 14.1.1999, 19 U 257/97, juris.

747 Siehe zu veranstalterbezogenen Leistungskomponenten oben Teil 2, Kap. E.II. 4.b.bb, 168.

und zwar nicht nur bezogen auf die Einrichtung und die Umgebung des Hotels[748], sondern auch in Bezug auf dessen Personal.[749] Der Reiseveranstalter verpflichtet aus diesem Grunde das Hotel, korrekte und vollständige Angaben zur Art und Umfang der zu erbringenden Hotelleistungen zu machen, denn erst diese ermöglichen es dem Reiseveranstalter, die dem Reisenden anzudienende Reiseleistung zu beschreiben. Erfasst ist auch die Verpflichtung zur Einhaltung von Verkehrssicherungspflichten und Sicherheitsstandards. Der Reiseveranstalter unterliegt des Weiteren Beobachtungs- und Informationsverpflichtungen in Bezug zum Urlaubsort.[750] Der Hoteleinkaufsvertrag dient also dazu, den Hotelbetreiber anzuhalten, die vereinbarte Qualität der gesamten Hotelleistungen zu erbringen, seinen Verkehrssicherungspflichten nachzukommen sowie den Reiseveranstalter darüber zu informieren. Die Verknüpfung der Rechtsbeziehungen zwischen Reiseveranstalter, Reisendem und Hotelier findet im Hoteleinkaufsvertrag ihren konkreten Ausdruck und zwar nicht nur auf Ebene der Leistungserbringung und Leistungssicherung, sondern auch auf Ebene der Sanktionierung. Plastisch wird diese Verknüpfung, wenn man die Qualitätssicherungsabreden verbunden mit Kontroll- und Eingriffsbefugnissen zugunsten des Reiseveranstalters betrachtet. Diese Regelungen geben ihm die Möglichkeit, zu prüfen und zu kontrollieren, dass die vereinbarten Qualitätsmerkmale vorhanden sind oder hergestellt werden, und sind Ausdruck der Einheitlichkeit des Vertragswerkes. Das Hotel übernimmt im Verhältnis zum Reiseveranstalter diejenigen Pflichten, für die der Reiseveranstalter gegenüber dem Reisenden aufgrund der vereinbarten Beschaffenheitsmerkmale und Eigenschaften nach Maßgabe der §§ 651c - 651f BGB haftet.[751] Haftet der Reiseveranstalter dem Reisenden für mangelhafte Hotelleistungen, beispielsweise wegen fehlerhafter Einrichtungs-, Umgebungs- und Qualitätsmerkmale, hat der Hotelbetreiber ihm den insoweit entstandenen Schaden zu ersetzen. Folglich stellt sich der Hoteleinkaufs-

748 So können das Fehlen eines Hallen- oder Thermalbades, eine defekte Klimaanlage (siehe dazu AG Kleve, *Urteil* vom 11.2.2000, 35 C 140/99, RRa 2000, 169) oder gar das verschmutzte Meer (siehe AG Baden-Baden, *Urteil* vom 31.8.1993, 6 C 19/93, RRa 1994, 12) Minderungsansprüche des Reisenden begründen.

749 Ein Reiseveranstalter muss sogar für deliktische Handlungen des Hotelpersonals einstehen, wenn die Handlung im Hotel ausgeführt wird, siehe zur Vergewaltigung einer Reisenden AG Frankfurt, *Urteil* vom 18.9.2003, 31 C 2383/01, juris.

750 LG Kleve, *Urteil* vom 21.1.2000, 6 S 305/99, RRa 2000, 99.

751 Das kann natürlich nur die Pflichten betreffen, die in den Verantwortungsbereich des Hoteliers fallen.

vertrag als ein gemischter Vertrag in Form eines Typenverschmelzungsvertrags dar. Seine Leistungsbestandteile bilden ein unteilbares und einheitliches Ganzes.[752]

(b) Art und Weise der Gewährung von Hotelleistungen an den Reiseveranstalter

Betrachtet man, in welcher Art und Weise Hotelleistungen an den Reiseveranstalter gewährt bzw. wie diese in Anspruch genommen werden, stellt man fest, dass jener in tatsächlicher Hinsicht weder Hotelzimmer noch sonstige Hoteleinrichtungen oder -anlagen benutzt oder ihm daran ein unmittelbarer Gebrauch dergestalt eingeräumt wird, dass er das Hotel oder seine Anlagen in einer Weise nutzt oder nutzen kann, wie es für einen Mieter oder Pächter üblich ist.[753] Bereits deshalb fällt es schwer, anzunehmen, dass ein Reiseveranstalter das in § 8 Nr. 1 lit. e GewStG beschriebene Merkmal der Benutzung erfüllt. Nun wurde aber auch festgestellt, dass es hierfür weder einer sachenrechtlichen Besitzeinräumung noch der tatsächlichen Ingebrauchnahme des Wirtschaftsguts bedarf.[754] Grundsätzlich genügt die Weiterleitung einer eingeräumten Gebrauchsbefugnis bezogen auf das konkrete Wirtschaftsgut.[755] Wollte man sich aber diesem Gedanken überhaupt nähern, muss man allerdings auch einen genaueren Blick auf die Rechtspositionen richten, die dem Reiseveranstalter und dem Reisenden seitens des Hoteliers bezogen auf das Hotel eingeräumt werden.

Folgte man der Terminologie der herrschenden Meinung betreffend die Rechtsposition des Reisenden im Reisevertrag als demjenigen, der durch das Rechtsverhältnis zwischen Reiseveranstalter und Leistungsträger, dem

---

752 So i.E. – der Ansicht der Finanzverwaltung widersprechend – auch *Jorczyk*, Gewerbesteuerliche Hinzurechnung: Die Finanzverwaltung bleibt dabei, SRTour 12/2013, 5 (8).

753 Vgl. dazu im Gegensatz sog. Hotelbetriebsverträge; zu deren Ausgestaltung und Einordnung siehe *Joachim*, Hotelbetreiberverträge als Pacht- und Managementverträge, NZM 2001, 162.

754 Siehe dazu oben Teil 2, Kap. C.II.1., 104.

755 Siehe hierzu FG Köln, *Urteil* vom 27.10.2010, 9 K 1022/10, EFG 2011, 561; FG Münster, *Urteil* vom 22.08.2012, 10 K 4664/10, EFG 2012, 2231; BFH, *Urteil* vom 4.6.2014, I R 70/12, BFH/NV 2014, 1850, BFHE 246, 130.

Hotelier, insofern begünstigt wird[756], als er die Leistung unmittelbar von Hotelier fordern können soll, würde sich das Rechtsverhältnis zwischen Hotelier und Reiseveranstalter als das von Versprechendem und Versprechensempfänger darstellen.[757] Der Hotelier als Leistungsträger verspricht dem Reiseveranstalter, einem Dritten, dem Reisenden, eine Leistung auf Anforderung des Reiseveranstalters[758] zu erbringen. Der Hoteleinkaufsvertrag wäre dann insoweit als Deckungsverhältnis einzustufen, der Reisevertrag als Valutaverhältnis.[759] Das Deckungsverhältnis wäre darauf gerichtet, dem Reiseveranstalter eine Rechtsposition gegen den Hotelier dergestalt zu verschaffen, dass letzterer verpflichtet sein soll, den Reisenden in den Genuss der Leistungen des Hoteliers zu versetzen.

Da sich deutlich und unleugbar im Deckungsverhältnis ein gästebezogener Leistungsinhalt abzeichnet, ließe sich erwägen, in der darin zum Ausdruck kommenden Drittbegünstigung[760] ein rechtliches Bindeglied hinsichtlich der Gebrauchseinräumung am Hotel zu sehen. Betrachtet man indessen diese Art der Leistungen, kommt der Reiseveranstalter bereits ihrer Natur nach nicht in den Genuss derselben. Sie zeichnen sich eben gerade durch ihre Fremdnützigkeit aus.[761] Wollte man nun allein an die „Durchleitung“[762] der dem Reiseveranstalter aus dem Hoteleinkaufsvertrag zukommenden Ansprüche anknüpfen[763], würde sich eine solche Ar-

756 So m.w.N. *Tonner* in: MüKo, BGB, 6. Aufl., § 651a Rn. 39; *Gernhuber*, HB Schuldrecht, Bd. 8, Das Schuldverhältnis, § 20 III 4, S. 486; kritisch *Raab*, Austauschverträge mit Drittbeteiligung, S. 86 ff.

757 Siehe dazu allg. *Gottwald* in: MüKo, BGB, 6. Aufl., § 328 Rn. 25 - 27.

758 Oder des Reisenden selbst, vgl. dazu *Tonner* in: MüKo, BGB, 6. Aufl., § 651a Rn. 39 mit Verweis auf BGH, *Urteil* vom 17.1.1985, VII ZR 63/84, NJW 1985, 1457.

759 Allgemein zu den Terminologien und den Einordnungen siehe *Gernhuber*, HB Schuldrecht, Bd. 8, Das Schuldverhältnis, § 20 II 2, S. 477 ff.

760 *Tonner* in: MüKo, BGB, 6. Aufl., § 651a Rn. 39.

761 Vernachlässigt werden sollen jene Fälle, in denen der Hotelier dem Personal des Reiseveranstalters für die dem Reisenden gegenüber geschuldete Vorortbetreuung Kost und Logis gewährt.

762 Zu den verschiedenen Theorien des Rechtserwerbs des Dritten siehe *Gernhuber*, HB Schuldrecht, Bd. 8, Das Schuldverhältnis, § 20 I 3, S. 468 f.; siehe auch *Grüneberg* in: Palandt, BGB, 73. Aufl., Einf v § 328 Rn. 4, *Gottwald* in: MüKo, BGB, 6. Aufl., § 328 Rn. 3, 32 ff.

763 So führt zwar *Gernhuber* aus, dass die Frage des mit einer Drittbegünstigung verbundenen eigenen Forderungsrechts der Einzelfallentscheidung überlassen bleiben muss und sich jede Schematisierung verbiete. Als Parameter dient er an, auf die Umstände der Bedürfnisbefriedigung des Dritten abzustellen. Je mehr der

gumentation in erster Line allein auf die zivilrechtlichen Vollzugs- und Erfüllungswirkungen, die bei drittbegünstigenden Rechtsgeschäften vorhanden sind[764], stützen, ohne jedoch das Leistungsziel, also die Zweckrichtung der verschiedenen Rechtsverhältnisse, die sich wiederum aus den Leistungsinhalten ergeben, zu berücksichtigen. Das Leistungsziel wird bereits in den unterschiedlichen Primärleistungspflichten deutlich. Der Reiseveranstalter muss nach Maßgabe des Reisevertrags für die Erbringung der Reise i.S.d. § 651a BGB sorgen. Seine primäre Verpflichtung richtet sich darauf, sicherzustellen, dass alle seinerseits versprochenen Leistungskomponenten, also neben der Unterkunftsleistung auch weitere Leistungen, an den Reisenden erbracht werden. Diese Verpflichtung ist nicht allein auf einen Erfolg, der Durchführung der Reise, sondern auch auf einen Nutzen für den Reisenden gerichtet.[765] Der Hotelier dagegen schuldet zwar – wenn man sich allein auf die gästebezogenen Leistungen konzentrieren wollte[766] – die konkrete Erfüllungsvornahme. Diese ist aber, folgt man der herrschenden Meinung, zugleich Erfüllungshandlung im Verhältnis zum Reiseveranstalter.[767] Ihr wohnt gegenüber dem Reiseveranstalter keine weitere Zweckrichtung inne. Davon losgelöst sind wiederum die sekundärrechtlichen Ansprüche im jeweiligen Rechtsverhältnis zu berücksichtigen. Wird im Valutaverhältnis, dem Reisevertrag, der Zweck nicht erzielt oder erreicht, hat eben wegen der Zweckgerichtetheit dieses Ver-

---

Dritte darauf angewiesen sei, die Befriedigung der Bedürfnisse beim Versprechenden zu suchen und je besser der Dritte den Versprechenden zum Leistungsvollzug anzuhalten in der Lage sei, desto mehr sei ein eigenes Forderungsrecht des Dritten indiziert, siehe *Gernhuber*, HB Schuldrecht, Bd. 8, Das Schuldverhältnis, § 20 III 4, S. 486. Es handelt sich hierbei aber eben nur um ein Indiz, sodass weitere Wertungen vorzunehmen sind.

764 Die Erfüllungshandlung des Versprechenden gegenüber dem Dritten bewirkt neben der Erfüllung innerhalb des Valutaverhältnisses auch die Erfüllung innerhalb des Deckungsverhältnisses. Zu Vollzug und Erfüllungswirkung vgl. bspw. *Hadding* in: Soergel, BGB, 13. Aufl., Bd. 5/3, § 328 Rn. 38, 39.

765 Vgl. statt vieler *Tonner* in: MüKo, BGB, 6. Aufl., Vor § 651a Rn. 19, § 651c Rn. 7, jeweils m.w.N.

766 Eine solche Vorgehensweise ist m.E. bereits deshalb zweifelhaft, weil dadurch die Gesamtheit des Hoteleinkaufsvertrags bereits zur Disposition gestellt würde. Ohnehin beschränkt sich das Forderungsrecht des Reisenden nur auf den konkreten Anspruchsinhalt, der ihm aus dem Valutaverhältnis zuteil wird, siehe *Grüneberg* in Palandt, BGB, 73. Aufl., § 328 Rn. 5.

767 Siehe *Gernhuber*, HB Schuldrecht, Bd. 8, Das Schuldverhältnis, § 20 III 4, S. 486; statt vieler auch *Tonner* in: MüKo, BGB, 6. Aufl., Vor § 651a Rn. 19, § 651c Rn. 7, jeweils m.w.N.

trags der Reiseveranstalter für die mit seiner Leistungserbringung im Zusammenhang stehenden Mängel einzustehen und im Falle von Nicht- oder Schlechterfüllungen im Zweifel hierfür auch Ersatz zu leisten. Dies wird auf der Sekundärebene der Leistungsbeziehung zum Reisenden, deren Voraussetzungen in den Normen der §§ 651c ff. BGB beschrieben sind, geregelt. Die Schlecht- oder Nichterfüllung des Hoteliers im Verhältnis zum Reiseveranstalter folgt anderen Anspruchsgrundlagen.[768] Damit fehlt es nicht nur bei den Primärpflichten an einer Leistungs- oder Schuldidentität[769], sondern auch bei den Sekundärpflichten. Einer solchen Leistungsidentität bedürfte es jedoch wenigstens, wollte man den Hoteleinkaufsvertrag zur Grundlage der Weiterleitung eines Gebrauchs oder einer Benutzung machen.

Insofern bleibt festzustellen, dass der Reiseveranstalter keine Berechtigung zum Gebrauch des Hotels erlangt, weder in Bezug auf ein Hotelzimmer noch auf sonstige Hoteleinrichtungen oder -anlagen. Die Einräumung des Gebrauchs zugunsten des Reisenden bleibt allein dem Hotelier vorbehalten. Dies unterscheidet den Reiseveranstalter denn auch vom Hotelbetreiber.[770] Damit kann im Ergebnis auch aus der Art und Weise der Leistungsgewährung des Hoteliers an den Reiseveranstalter entnommen werden, dass der Hoteleinkaufsvertrag keine mietrechtlichen Elemente enthält. Es fehlt nicht zuletzt am wesensbestimmenden Merkmal der Gebrauchsüberlassung.

---

768 Diese sind im Verhältnis Hotelier-Reiseveranstalter meist vertraglich ausbedungen und sind in der Sache auch darauf gerichtet, den seitens des Reiseveranstalters gegenüber dem Reisenden zu ersetzenden Schaden an den Hotelier weiterzuleiten. Sie treten damit i.d.R. an die Stelle der gesetzlich vorgeschriebenen Regelungen, die sich wiederum nur auf einzelne Leistungsbestandteile beziehen würden. Dennoch ist zu berücksichtigen, dass dies eine gesondert zu betrachtende Anspruchsgrundlage darstellt, die nicht mit den §§ 651c ff. BGB identisch ist.

769 Aus der Interessensphäre der Parteien argumentierend *Raab*, Austauschverträge mit Drittbeteiligung, S. 89 f.; siehe auch *Gansfort*, Das Rechtsverhältnis zwischen Gelegenheits-Luftverkehrsunternehmen und Reiseveranstaltern beim Pauschalreiseflugvertrag und seine Auswirkung auf die Rechtsstellung des Reisenden, S. 156 ff.

770 Zu Hotelbetriebsverträgen, deren Ausgestaltung und rechtlicher Qualifikation siehe *Joachim*, Hotelbetreiberverträge als Pacht- und Managementverträge, NZM 2001, 162.

(c) Die einheitliche Entgeltvereinbarung

Die Entgeltabrede zwischen Reiseveranstalter und Hotelier könnte ein weiteres Indiz dafür sein, dass der Hoteleinkaufsvertrag als ein einheitlicher Vertrag anzusehen ist. Denn wie auch beim Beherbergungsvertrag wird durch die Verabredung eines Gesamtpreises zum Ausdruck gebracht, dass die Parteien eine als Einheit zu betrachtende Hotelleistung mit einem einheitlichen Gesamtpreis abgelten wollen. So erfolgt im Wesentlichen lediglich eine Differenzierung nach den unterschiedlichen Hotel- und Zimmerkategorien, der Art der Verpflegung und der jeweiligen Reisesaison.[771] Die Parteien nehmen keine Aufteilung dieses einheitlichen Entgeltes nach verschiedenen Leistungskomponenten vor, wie auch das Hotel dem Reiseveranstalter gegenüber die Kalkulationsgrundlagen seines Preisgefüges nicht offenlegt.[772]

(iii) Zusammenfassung und Ergebnis der Einschätzung zum Hoteleinkaufsvertrag

Legt man die objektiven Merkmale des Hoteleinkaufsvertrags, insbesondere die Art der darin vereinbarten Leistungen und deren Zusammenwirken, sowie den Inhalt der dem Reiseveranstalter gewährten Leistungsrechte unter Berücksichtigung der Interessenlage der Vertragsparteien zugrunde, spricht m.E. alles dafür, den Hoteleinkaufsvertrag, wie auch den Beherbergungsvertrag, als einen gemischten Vertrag im engeren Sinne in der Form eines Typenverschmelzungsvertrags zu verstehen. Insbesondere die mietfremden Leistungselemente, die einerseits im Bereich der gästebezogenen Leistungen vorhanden sind und sich, mit Ausnahme bestimmter Zusatzleistungen, nicht von der Unterbringungsleistung trennen lassen, ohne das Gefüge des Vertrags selbst in Frage zu stellen, und auch die andererseits im Bereich der veranstalterbezogenen Leistungen vorhandenen mietfremden Komponenten beeinflussen den Hoteleinkaufsvertrag dergestalt, dass sie als wesentlich anzusehen sind. Sie bestimmen das Wesen des Hoteleinkaufsvertrags als solchen. Eine separate Betrachtung einzelner Leis-

771 Siehe dazu oben Teil 2, Kap. E.II.4.b.bb.(4)(ii), 172.

772 Die anscheinend gegenteilige Annahme von *Breinersdorfer* ist nicht belegt, siehe *Breinersdorfer*, Einzelfragen zur gewerbesteuerlichen Hinzurechnung von Finanzierungsanteilen aus der Sicht der Steuerverwaltung, DB 2014, 1762 (1766).

tungsbestandteile würde nicht nur die Interessen des Reiseveranstalters, sondern auch die des Hoteliers außer Acht lassen. Ersterer bedarf aufgrund seiner nahezu uneingeschränkten Einstandspflicht für Reisemängel der Mitwirkung des Hoteliers. Letzterer will nicht nach Maßgabe mietrechtli cher Vorschriften für jene einstehen müssen. Die Vertragsbestandteile bilden daher ein untrennbares Ganzes, mit der Folge, dass darin enthaltene mietrechtliche Elemente als solche nicht mehr erkennbar sind, weshalb sich auch eine singuläre Betrachtung dieser verbietet.

Damit sind Aufwendungen im Zusammenhang mit dem Hoteleinkaufsvertrag nicht als Mietaufwendungen i.S.d. § 8 Nr. 1 lit. e GewStG zu behandeln.

5. Schlussfolgerung für die gewerbesteuerliche Einordnung von Hotelverträgen

Ein Reiseveranstalter bedarf zur Erbringung der seinen Kunden geschuldeten Leistungen der Mitwirkung Dritter, der sog. Leistungsträger, die ihm als Erfüllungsgehilfen dienen. Soweit er sich eines Hoteliers bedient, beschafft er sich einerseits den Zugang zu Hotelleistungen mittels diverser Beschaffungsverträge und nimmt, sofern er Reisen verkauft, die Leistungen eines Hoteliers auf der Grundlage von Hoteleinkaufsverträgen in Anspruch.

Nach der jeweiligen rechtlichen Einordnung der diesen Vorgängen zugrundeliegenden Verträgen, der Beschaffungsverträge zum einen und der Hoteleinkaufsverträge zum anderen, ist festzustellen, dass beide Vertragsarten nicht als Mietverträge eingestuft werden können. Sie entsprechen auch nicht in ihrem wesentlichen Kern einem Mietvertrag i.S.d. § 535 BGB. Der Beschaffungsvertrag in seinen verschiedenen Ausformungen beinhaltet bereits keine mietrechtlichen Elemente. Er stellt in seiner direkten Bezugsform einen Vorvertrag zum Beherbergungs- oder zum Hoteleinkaufsvertrag dar. Die indirekten Bezugsformen weisen Geschäftsbesorgungs- und/oder Vermittlungscharakter auf. Beim Hoteleinkaufsvertrag als erweiterter Form des Beherbergungsvertrags handelt es sich um einen gemischten Vertrag in Form eines Typenverschmelzungsvertrags, bei dem einzelne als Mietleistung zu qualifizierende Leistungsbestandteile nicht dergestalt separiert werden können, dass sie gesondert eine gewerbesteuerliche Hinzurechnung nach Maßgabe des § 8 Nr. 1 lit. e GewStG begründen. Vielmehr sind die in dem Vertrag unbestreitbar enthaltenen mietfremden Elemente so wesentlich, dass sie den Inhalt des Vertrags als solchen bestimmen und beeinflussen. Vorhandene mietrechtliche Komponenten aus der drittbegünstigenden Unterbringungsleistung treten insoweit nicht hervor.

Somit unterliegen die Aufwendungen eines Reiseveranstalters, die dieser im Zusammenhang mit der Beschaffung von Hotelleistungen zum einen und der Inanspruchnahme derselben zum anderen tätigt, nicht der gewerbesteuerlichen Hinzurechnung gemäß § 8 Nr. 1 lit. e GewStG.

F. Die Veranstaltungsimmobilie als Wirtschaftsgut des Anlagevermögens

Die gewerbesteuerliche Hinzurechnung nach § 8 Nr. 1 lit. e GewStG bezieht sich auf Mietaufwendungen für unbewegliche Wirtschaftsgüter des Anlagevermögens, die im Eigentum eines anderen stehen. Es muss daher geklärt werden, ob es sich bei den von den Veranstaltungsunternehmen getätigten Aufwendungen um solche handelt, die für eben solche Wirtschaftsgüter geleistet wurden. Die Frage ist zum einen für alle diejenigen Veranstaltungsunternehmen von Bedeutung, deren Aufwendungen für die Überlassung von Veranstaltungsimmobilien zweifelsfrei ihre Grundlage in Mietverhältnissen finden, betrifft also die bereits behandelten Konzert- und Messeveranstalter.[773] Aber auch für Reiseveranstaltungsunternehmen ist die Beleuchtung dieses Aspektes wichtig. Denn ungeachtet der hier vertretenen Ansicht, dass eine Hinzurechnung der seitens der Reiseveranstalter geleisteten Aufwendungen im Zusammenhang mit der Inanspruchnahme von Hotelleistungen bereits deshalb ausscheidet, weil die den Hotelleistungen zugrundeliegenden Verträge ihrem wesentlichen Inhalte nach keine Mietverträge darstellen, ist die Frage zu klären, ob deren Aufwendungen für ein „Wirtschaftsgut des Anlagevermögens" entrichtet wurden. Denn sie sehen sich hinsichtlich der vertraglichen Einordnung der Überlassungsverhältnisse einer gegenteiligen Rechtsauffassung seitens der Finanzverwaltung ausgesetzt, was auch insoweit die Beschäftigung mit dem Folgeproblem erfordert.

---

773 Siehe dazu oben, Teil 2, Kap. D.II.2, 116 ff.

I. Problembeschreibung

Es wurde bereits aufgezeigt, dass mit Einführung des § 8 Nr. 1 lit. e GewStG und der damit verbundenen Erweiterung der gewerbesteuerlichen Hinzurechnung auf die für die Benutzung unbeweglicher Wirtschaftsgüter geleisteten Miet- und Pachtzinsen, die Frage nach dem Verhältnis zwischen der Benutzung einerseits und dem Anlagevermögensbegriff andererseits an Bedeutung gewonnen hat.[774] Denn während der Begriff des Anlagevermögens eine gewisse Dauerhaftigkeit der Nutzung in sich trägt[775], beinhaltet das Merkmal „Benutzung" eine lediglich temporäre Komponente.[776] Aufgrund der tatbestandlichen Verknüpfung sind beide Elemente miteinander in Einklang zu bringen. Wie bisher[777] differenziert das Gesetz nicht zwischen kurz- und langfristigen Nutzungsüberlassungen.[778] Es stellt sich daher die Frage, ob und ggf. wie sich die Dauer, insbesondere die Kurzzeitigkeit einer Benutzung, auf das Merkmal des „Wirtschaftsgutes des Anlagevermögens" auswirkt oder ob es weitere Parameter gibt, anhand derer die Anlagevermögenseigenschaft einer Immobilie zu messen wäre.

II. Die einzelnen Positionen betreffend die Einordnung eines unbeweglichen Wirtschaftsguts als „Anlagevermögen"

Die Problematik der Konkretisierung der Anlagevermögenseigenschaft eines unbeweglichen Wirtschaftsguts wurde von verschiedenen Seiten aufgenommen und diskutiert, dies nicht zuletzt vor dem Hintergrund des Ur-

---

774 Siehe dazu oben, Teil 2, Kap. C.II.2, 106 ff.

775 Zum Begriff des Anlagevermögens siehe auch *Schubert/F. Huber* in: Förschle/Grottel/Schmidt/Schubert/Winkeljohann, Beck'scher Bilanzkommentar, 9. Aufl., § 247 HGB, Rn. 350 ff.

776 BFH, *Urteil* vom 30.3.1994, I R 123/93, BStBl II 1994, 810; R 53 I 3 GewStR 2007 zu § 8 Nr 7 a.F.

777 Siehe § 8 Nr. 7 GewStG a.F., letztmalig anzuwenden im Erhebungszeitraum 2007, siehe § 36 Abs. 5a GewStG.

778 Bereits in der vor dem Inkrafttreten des UntStRefG 2008 geltenden Fassung war eine solche Differenzierung nicht vorgesehen und war seitens des Gesetzgebers zum UntStRefG 2008 auch nicht beabsichtigt, siehe BT-Drs 16/4841, S. 80.

teils des Niedersächsischen Finanzgerichts vom 26.5.2011[779], das sich erstmals mit der Frage zu beschäftigen hatte, ob die kurzzeitige Benutzung von Veranstaltungsimmobilien eine Hinzurechnung der damit im Zusammenhang stehenden Mietzahlungen begründet. Dies gibt Anlass, sich den unterschiedlichen Meinungsbekundungen zuzuwenden und diese zu analysieren, um daraus ggf. Schlussfolgerungen ziehen zu können und abzugrenzen, unter welchen Voraussetzungen unbewegliche Wirtschaftsgüter als solche des Anlagevermögens i.S.d. § 8 Nr. 1 lit. e GewStG eingeordnet werden können.

1. Die Position der Finanzverwaltung

Aus Sicht der Finanzverwaltung ist dem Rechtsverständnis zum Anlagevermögen im Sinne der gewerbesteuerlichen Hinzurechnung zu folgen, wie dies zu § 8 Nr. 7 GewStG a.F. entwickelt und herausgearbeitet wurde. Das machen die Verweise auf die zu § 8 Nr. 7 GewStG a.F. ergangene Rechtsprechung[780] deutlich. Weder soll es auf den Zeitlauf eines Miet- oder Pachtvertrags ankommen noch soll insbesondere der Kurzzeitigkeit der Benutzung eine Bedeutung beigemessen werden.[781] Dem Kontext der im gleichlautenden Ländererlass[782] genannten Beispiele ist zu entnehmen, dass auch nicht zwischen den verschiedenen Tatbeständen des § 8 Nr. 1 lit. d und e GewStG, also der Hinzurechnung für die Benutzung beweglicher und unbeweglicher Wirtschaftsgüter unterschieden wird.[783] Die Finanzverwaltung sieht insofern keinen Bedarf, vom Normenverständnis des

779 Nds. FG, *Urteil* vom 26.5.2011, 10 K 290/10, EFG 2011, 2101; i.d.S. auch FG München, *Urteil* vom 8.6.2015, 7 K 3250/12, EFG 2015, 1835.

780 Siehe H 8.1. Abs. 4 GewStH 2009 mit Verweis auf BFH, *Urteil* vom 29.11.1972, I R 178/70, BStBl. II 1973, 148, BFHE 107, 468 und BFH, *Urteil* vom 30.3.1994, I R 123/93, BStBl. II 1994, 810, BFHE 174, 554; Gl. Ländererlass vom 2.7.2012, BStBl. I 2012, 654, Tz. 29b mit Verweis auf BFH, *Urteil* vom 29.11.1972, I R 178/70, BStBl. II 1973, 148, BFHE 107, 468.

781 H 8.1. Abs. 4 GewStH 2009. Vgl. zu diesem Aspekt bereits *Blümich*, Die neue Gewerbesteuer, DStZ 1937, 245 (250), der meint, dies sei im Gesetz selbst angelegt, weil die Vielgestaltigkeit der Beziehungen zwischen Gläubigern und Schuldnern es nicht ermögliche, genaue zeitliche Grenzen zu ziehen.

782 Gl. Ländererlass vom 2.7.2012, BStBl. I 2012, 654, Tz. 29b.

783 Dies auch bestätigend *Breinersdorfer*, Einzelfragen zur gewerbesteuerlichen Hinzurechnung von Finanzierungsanteilen aus Sicht der Steuerverwaltung, DB 2014, 1762 (1764).

§ 8 Nr. 7 GewStG abzurücken oder dieses jedenfalls mit Blick auf die Erweiterung der gewerbesteuerlichen Hinzurechnung zu hinterfragen. In der Diskussion um die Hinzurechnung von Hotelleistungen wird diese Position nochmals bekräftigt.[784] Vor allem *Breinersdorfer* als Vertreter der Finanzverwaltung meint, dass es ausgehend vom (fiktiven) Anlagevermögen auf eine fiktive Widmung des Mieters oder Pächters ankomme.[785] Was unter einer solchen fiktiven Widmung zu verstehen sei, erklärt *Breinersdorfer* in dem Sinne, dass keine betriebswirtschaftliche Beurteilung vorzunehmen sei, sondern es darauf ankomme, ob die Umsetzung des konkreten Geschäftsmodells auch durch den Einsatz von Anlagevermögen potenziell möglich ist. Aus Sicht der Finanzverwaltung erfolgt demnach die Einordnung eines unbeweglichen Wirtschaftsgutes als ein solches des Anlagevermögens unabhängig von einer zeitlichen Komponente. Zudem soll der konkrete Geschäftszweck berücksichtigt werden, wobei allerdings keine weiteren Differenzierungen vorgenommen werden.

2. Die Position der Rechtsprechung

Will man die Position der Rechtsprechung zu dem hier in Rede stehenden Problem herausarbeiten, ist festzustellen, dass sich zwar einzelne Gerichte bereits mit der Norm des § 8 Nr. 1 lit. e GewStG beschäftigt haben. Mit Ausnahme des Niedersächsischen Finanzgerichts[786] musste indessen keines der Gerichte der Frage nachgehen, wie sich die Dauer der Benutzung auf die Einordnung des unbeweglichen Wirtschaftsguts als Anlagevermö-

---

784 So die Verfügungen der Finanzverwaltung zu Fragen der Hinzurechnung von Hotelleistungen, siehe OFD Frankfurt, Rdvfg. vom 17.6.2013, G 1422A-55-St55 (n.v.); OFD NRW, Vfg. vom 25.9.2013, G 1422-2013/0023-St161, DB 2013, 2363; dies., Verw.anw. vom 4.11.2013, G 1422-2013/0023-St161, DB 2013, 2711.

785 So ausdrücklich *Breinersdorfer*, Stellungnahme der Sachverständigen zur nicht öffentlichen Anhörung des Ausschusses für Tourismus vom 21.5.2014, BT, Ausschuss für Tourismus, Ausschuss-Drs. 18-20-11, S. 12 (n.v.); ähnlich *Breinersdorfer*, Einzelfragen zur gewerbesteuerlichen Hinzurechnung von Finanzierungsanteilen aus Sicht der Steuerverwaltung, DB 2014, 1762 (1764).

786 Nds. FG, *Urteil* vom 26.5.2011, 6 K 290/10, EFG 2011, 2101; auch das FG München, *Urteil* vom 8.6.2015, 7 K 3250/12, EFG 2015, 1835 folgt dem, ohne weitere neue Aspekte zu berücksichtigen. Soweit in anderen Entscheidungen die Norm des § 8 Nr. 1 lit. e GewStG im Streit stand, bezog sich der dortige Streitgegenstand auf andere Fragen.

gen auswirkt. Es stand bei diesen Entscheidungen nicht in Zweifel, dass die zur Nutzung überlassenen Immobilien als unbewegliche Wirtschaftsgüter des Anlagevermögens zu behandeln sind.[787] Hat sich also bislang allein das Niedersächsische Finanzgericht in diesem Zusammenhang geäußert, lässt sich daher schwer prognostizieren, ob andere Finanzgerichte[788] und der Bundesfinanzhof der Entscheidung vom 26.5.2011 folgen. Dementsprechend kann auch nicht von einer Positionierung der Rechtsprechung zu dem fraglichen Problem gesprochen werden. Da das Urteil jedoch Anlass gab, diese Thematik aus Sicht der Literatur zu vertiefen[789], gilt es, die Argumente des Niedersächsischen Finanzgerichts darzustellen, bevor man sich den hierzu ergangenen Äußerungen und Kritiken zuwendet.

a. Das Urteil des Niedersächsischen Finanzgerichts vom 26.5.2011 zur Veranstaltungsimmobilie

Ein regional und überregional tätiger Konzertveranstalter mietete im betreffenden Erhebungszeitraum insgesamt 13 Objekte an, wobei ein Objekt 61mal, ein weiteres 42mal, ein anderes 39mal und wiederum ein anderes zwölfmal für Konzertveranstaltungen genutzt wurde. Die übrigen neun wurden ein- bis viermal angemietet. Der Mietzins betrug zwischen 100

---

787 So lagen den Entscheidungen des Nds. FG, *Urteil* vom 7.7.2011, 10 K 78/10, EFG 2011, 2100 (rk.), des FG Köln, *Urteil* vom 27.10.2010, 9 K 1022/10, EFG 2011, 561 und des FG Berlin-Brandenburg, *Urteil* vom 30.1.2013, 12 K 12197/10, DStRE 2013, 1302 (bestätigt durch BFH, *Urteil* vom 4.6.2014, I R 21/13, BFH/NV 2014, 1853, BFHE 246, 130) Fragen der gewerblichen Weiter- bzw. Zwischenvermietung von Immobilien zugrunde. Im Hinblick auf die Dauer der dort abgeschlossenen Mietverhältnisse waren längerfristige Laufzeiten vereinbart, sodass die Anlagevermögenseigenschaft der Immobilien nicht in Zweifel stand. Auch im Fall des Sächs. FG, *Urteil* vom 28.9.2011, 8 K 239/11, DStRE 2012, 1526, stand die Anlagevermögenseigenschaft des Pachtgrundstücks nicht in Frage.

788 Beim FG Münster ist unter dem Az. 9 K 1472/12 ein als Musterverfahren bezeichneter Rechtsstreit betreffend die Frage der Hinzurechnung von Hotelleistungen anhängig, wobei die Anlagevermögenseigenschaft in Streit steht, siehe Hinweis der OFD NRW, Verw.anw. vom 4.11.2013 G 1422/2013-0023St161, DB 2013, 2711. Ob jedoch tatsächlich die hier in Rede stehende Frage thematisiert wird, ist offen.

789 Siehe dazu oben, Teil 2, Kap. C.II.2.b.bb.(2), 109 ff.

und 75.000 Euro pro Tag. Die Anmietungsstruktur war in den zwei vorangegangenen Jahren ähnlich. Während das Finanzamt die Mietzinsen der gewerbesteuerlichen Hinzurechnung unterwarf, wandte der Konzertveranstalter ein, der Anwendungsbereich der gewerbesteuerlichen Hinzurechnung sei nicht eröffnet. Es komme nämlich für die Bejahung der Anlagevermögenseigenschaft darauf an, ob ein Erwerb des angemieteten Wirtschaftsguts unter wirtschaftlichen Gesichtspunkten in Betracht zu ziehen sei. Insoweit zog er den Vergleich mit der Miete eines Hotelzimmers, bei dem eine Zuführung zum eigenen Anlagevermögen auch nicht in Betracht käme. Diesem Ansatz trat das Niedersächsische Finanzgericht ausdrücklich entgegen. Es legte seiner Argumentation zunächst den Anlagevermögensbegriff[790] zugrunde und stellte dann unter Hinweis auf das Urteil des BFH vom 30.3.1994[791] klar, dass die Dauer der Anmietung allein kein maßgebliches Abgrenzungskriterium dafür sei, ob Anlagevermögen vorliege oder nicht. Es führte weiter aus, dass für einen Konzertveranstalter die Benutzung von Veranstaltungsimmobilien dauerhaft und zur unmittelbaren Verwirklichung des Unternehmenszwecks erforderlich sei, weshalb die Immobilien nicht nur zeitlich begrenzt und lediglich mittelbar der Verwirklichung des Unternehmenszwecks dienten, wie dies bei einer Anmietung von Hotelzimmern der Fall sei.[792] Zudem sei es nicht Aufgabe des Gerichts, festzustellen, ob und inwieweit eine Anschaffung gegenüber einer Anmietung wirtschaftlich sinnvoll sei. Stattdessen sei die Bedeutung des angemieteten Gegenstandes für die Verwirklichung des Unternehmenszwecks das entscheidende Abgrenzungskriterium.[793]

---

790 Siehe oben Teil 2, Kap. C.II.2.b, 107. Der Begriff des Anlagevermögens entspricht inhaltlich dem des Einkommen- und Bilanzsteuerrechts, siehe allgemein BFH, *Urteil* vom 29.11.1972, I R 178/70, BStBl. II 1973, 148, BFHE 107, 468 (471); statt vieler *Hofmeister* in: Blümich, GewStG, § 8, Rz. 215 (EL 123, Juni 2014) m.w.N.

791 BFH, *Urteil* vom 30.3.1994, I R 123/93, BStBl. II 1994, 810, BFHE 174, 554.

792 Es ist anzunehmen, dass das Nds. FG bei diesem Vergleich keinen Reiseveranstalter, sondern anscheinend einen Geschäftsbetrieb vor Augen hatte, der ein Hotelzimmer für Geschäftsreisen o.Ä. bucht.

793 Nds. FG, *Urteil* vom 26.5.2011, 6 K 290/10, EFG 2011, 2101 (2102). In ähnlicher Weise argumentierend FG München, *Urteil* vom 8.6.2015, 7 K 3250/12, EFG 2015, 1835.

b. Die Urteile des Finanzgerichts Köln vom 25.3.1993 und des BFH vom 30.3.1994 zur Konzertbestuhlung

Vor allem die Berufung des Niedersächsischen Finanzgerichts auf das Urteil des BFH vom 30.3.1994[794] macht es erforderlich, sich dieses genauer anzuschauen. Dieser Entscheidung ging in erster Instanz das Urteil des Finanzgerichts Köln vom 25.3.1993[795] voraus. Im konkreten Fall wandte sich wiederum ein Veranstaltungsunternehmen gegen die Hinzurechnung von Mietzinsen nach Maßgabe des § 8 Nr. 7 GewStG a.F., die auf Vorrichtungen und Zubehör (Bestuhlung und Beschallungsanlagen) entfielen, die diesem seitens der jeweiligen Vermieter, im konkreten Fall seitens verschiedener Kommunen, im Rahmen der Anmietung von Sälen und Stadien zur Verfügung gestellt wurden.[796] Wie bei Konzertveranstaltern üblich erfolgten die jeweiligen Anmietungen der Säle und Stadien nebst dem Inventar nur für kurze Zeiträume. Die Klägerin meinte, nur dauerhafte Nutzungsverhältnisse mit kontinuierlichen Mietzahlungen seien, gemessen am Zweck der Hinzurechnung[797] vom Anwendungsbereich des § 8 Nr. 7 GewStG a.F. erfasst. Diese Wertung fand in beiden Instanzen kein Gehör. Das Finanzgericht Köln[798] stellte die Eigenschaft der Vorrichtungen als solche des Anlagevermögens nicht in Frage und führte zur Dauer eines Mietverhältnisses aus, dass der Zweck der Hinzurechnung auch bei nur kurzfristigen Anmietungen erfüllt werde. Begründet wurde dies auch damit, dass gerade bei Kurzzeit-Mietverhältnissen der Kostenvorteil des Mieters gegenüber dem Eigentümer besonders groß sei[799], weshalb das

794 BFH, *Urteil* vom 30.3.1994, I R 123/93, BStBl. II 1994, 810, BFHE 174, 554.

795 FG Köln, *Urteil* vom 25.3.1993, 8 K 2752/92, EFG 1993, 732.

796 Die Entscheidung erging zu § 8 Nr. 7 GewStG a.F., der eine Hinzurechnung von Mietzinsen für die Benutzung der nicht in Grundbesitz bestehenden Wirtschaftsgüter des Anlagevermögens vorsah.

797 Siehe dazu die Begründung zum GewStG 1936, RStBl. 1937, 693 (696).

798 FG Köln, *Urteil* vom 25.3.1993, 8 K 2752/92, EFG 1993, 732.

799 Bei genauer Betrachtung stellt das FG Köln mit dieser Argumentation allerdings den Zweck der Hinzurechnung selbst in Frage. Sieht man nämlich den Zweck der Hinzurechnung darin, diejenigen Gewerbebetriebe, die mit gemieteten Wirtschaftsgütern arbeiten, gegenüber denjenigen gleichzustellen, die mit eigenen Wirtschaftsgütern ihren Gewerbebetrieb ausüben, bedarf es bei dieser Argumentation gerade keiner Gleichstellung im Wege der Objektivierung der Ertragskraft. Denn wenn aufgrund der Kostenvorteile das wirtschaftlich einzig sinnvolle Verhalten eines Gewerbebetriebs die Miete von Wirtschaftsgütern und nicht deren Anschaffung ist und alle Gewerbebetriebe Wirtschaftsgüter mieten, haben auch

Zeitmoment bei der Anwendbarkeit der Hinzurechnungsnorm zu Recht in der Rechtsprechung und der Literatur nicht problematisiert worden sei.[800]

Zwar verwarf der BFH in seiner Revisionsentscheidung das seitens des Finanzgerichts Köln aufgeworfene Kostenargument als entscheidungsunerheblich.[801] Er ergänzte im Übrigen dessen Argumentation. So wies der BFH darauf hin, dass der Zeitfaktor eines Mietverhältnisses sich in § 8 Nr. 7 GewStG a.F. gerade nicht niederschlage[802] und daher nur insoweit von Bedeutung sei, als die Hinzurechnung voraussetze, dass die Miet- und Pachtzinsen für die Benutzung von Wirtschaftsgütern gezahlt werden, die zum Anlagevermögen des Steuerpflichtigen und somit zu seinem, dem Betrieb auf Dauer gewidmetem Betriebskapital gehören.[803] Insoweit stellte er die Einordung der Vorrichtungen als Anlagevermögen nicht in Frage, sondern machte sie zum Ausgangspunkt seiner Argumentation und rekurrierte insoweit, wie auch das Finanzgericht Köln, auf das sog. Container-Urteil des BFH vom 29.11.1972.[804] Mit Blick auf die Kurzzeitigkeit des Mietverhältnisses verwies der BFH auf den Sinn und Zweck des § 8 Nr. 7 GewStG a.F. und die in der Gesetzesbegründung[805] hervorgehobene Gleichbehandlung zu denjenigen Gewerbetreibenden, die in ihrem Gewerbebetrieb mit Anlagevermögen arbeiten. Insoweit betonte er, dass diese angestrebte Gleichstellung verfehlt werden würde, wenn Miet- und Pachtzinsen für eine nur kurzzeitige Benutzung derartiger Wirtschaftsgüter von der Hinzurechnung ausgenommen würden. Daher sei entscheidend, dass die Wirtschaftsgüter (hier die Bestuhlungs- und Beschallungsanlagen)

---

alle Gewerbebetriebe die gleichen „Kostenvorteile" aus einer solchen Miete. Dies hieße aber auch, dass die Hinzurechnungsnorm eine überschießende Wirkung hätte, wenn alle Gewerbebetriebe aufgrund ihres wirtschaftlichen Verhaltens gleichermaßen betroffen wären. Der BFH weist dieses Argument als „unerheblich" zurück und geht der hier aufgeworfenen Frage nicht weiter nach, siehe BFH, *Urteil* vom 30.3.1994, I R 123/93, BStBl. II 1994, 810 ff., BFHE 174, 554 (557).

800 FG Köln, *Urteil* vom 25.3.1993, 8 K 2752/92, EFG 1993, 732 mit Verweis auf BFH, *Urteil* vom 29.11.1972, I R 178/70, BStBl. II 1973, 148, BFHE 107, 468, in dem das Zeitmoment keine argumentative Erwähnung findet.

801 BFH, *Urteil* vom 30.3.1994, I R 123/93, BStBl. II 1994, 810, BFHE 174, 554 (557); siehe dazu Anm. Fn. 799.

802 Im Gegensatz zur damaligen Regelung des § 8 Nr. 1 GewStG a.F., wonach eine nicht nur vorübergehende Verstärkung des Betriebskapitals erforderlich war.

803 BFH, *Urteil* vom 30.3.1994, I R 123/93, BStBl. II 1994, 810, BFHE 174, 554 (557).

804 BFH, *Urteil* vom 29.11.1972, I R 178/70, BStBl. II 1973, 148, BFHE 107, 468.

805 Siehe Begr. zum GewStG 1936, RStBl. 1937, 693 (696).

ständig für Konzertveranstaltungen benötigt werden und daher auch für den Gebrauch im Betrieb hätten vorgehalten werden müssen.[806] Die Zahlung eines laufenden Entgeltes sei unerheblich.[807] Folglich stünde einer Zuordnung der Wirtschaftsgüter zum Anlagevermögen nicht entgegen, dass diese Wirtschaftsgüter nur wenige Tage im Jahr tatsächlich benutzt würden.

c. Das Urteil des BFH vom 29.11.1972 zur Containermiete

Die vorgenannten Entscheidungen stellten auf das sog. Container-Urteil des BFH vom 29.11.1972[808] ab, soweit sie der Frage nachgingen, ob die Wirtschaftsgüter als Anlagevermögen im Sinne der gewerbesteuerlichen Hinzurechnung zu behandeln seien. Im Streitfall wandte sich die dortige Klägerin, die Container an Spediteure oder Hersteller vermietete, gegen die Hinzurechnung von Mietzahlungen, die sie dafür aufwendete, um diese Container ihrerseits anzumieten. Die Anmietung der Container zeichnete sich vor allem dadurch aus, dass Mietcontainer nach Bedarf zum Zwecke der Weitervermietung angemietet wurden. Die durchschnittliche Mietdauer eines einzelnen Containers betrug nur ca. einen Monat. Unter Berufung auf diese kurzzeitige Anmietung hatte die Vorinstanz, der Ansicht der Klägerin folgend, eine Zuordnung zum Anlagevermögen verneint.[809] Ähnlich einem Gewerbetreibenden, der Waren kauft und wieder verkauft, seien die Mietverhältnisse für die Container begründet und wieder aufgelöst worden. Insofern nahm das Finanzgericht an, dass dann, wenn die Klägerin eigene Container genutzt hätte, diese ebenso hätte kaufen und wieder verkaufen können, sodass die Container dem Betrieb nicht auf Dauer, sondern nur für einen vorübergehenden, einmaligen Zweck gedient hätten und damit dem Umlaufvermögen zuzuordnen gewesen wären.

---

806 Dass unterschiedliche Räumlichkeiten auch unterschiedliches technisches Equipment, vor allem bei der Beschallung, erfordern und daher auch gewisse Spezifizierungen nicht auszuschließen sind, vertiefte der BFH, ausgehend von der undifferenzierten Abgrenzung zwischen nicht in Grundbesitz bestehenden und anderen Wirtschaftsgütern, nicht.

807 BFH, *Urteil* vom 30.3.1994, I R 123/93, BStBl. II 1994, 810, BFHE 174, 554 (557).

808 BFH, *Urteil* vom 29.11.1972, I R 178/70, BStBl. II 1973, 148, BFHE 107, 468.

809 Entnommen den Ausführungen des BFH im *Urteil* vom 29.11.1972, I R 178/70, BStBl. II 1973, 148, BFHE 107, 468 (470).

Diesem Ansatz trat der BFH entgegen. Was unter Anlagevermögen zu verstehen sei, ist nach den Grundsätzen des Einkommensteuerrechts zu bestimmen. Mangels eigener Definition im GewStG sei insoweit auf das Bilanzsteuerrecht zurückzugreifen.[810] Ausgehend davon, dass der Begriff des Anlagevermögens im übertragenen Sinne zu verstehen sei und sich die fiktive Betrachtung der Anlagevermögenseigenschaft des überlassenen Wirtschaftsgutes soweit wie möglich an den betrieblichen Verhältnissen des Steuerpflichtigen orientieren müsse[811], verwarf das Gericht den seitens des Finanzgerichts gezogenen Vergleich zu einem Gewerbetreibenden, der Container erwerbe und wieder verkaufe. Die betrieblichen Verhältnisse, die ausgehend vom Charakter der Gewerbesteuer als Objektsteuer zu würdigen seien, dürften nicht auf der Grundlage einer Sachverhaltsfiktion beurteilt werden. Der insoweit vom Finanzgericht gezogene Vergleich finde in den tatsächlichen betrieblichen Verhältnissen des Steuerpflichtigen keine Stütze, da die Geschäftstätigkeit der Klägerin gerade darauf zielte, Container zu vermieten. Eine sinnvolle wirtschaftliche Betätigung könne nur dann ausgeübt werden, wenn das Eigentum an den Containern langfristig erworben und sichergestellt werde, dass die Container wieder an den Eigentümer zurückgelangen. Daher sei die Anlagevermögensqualität der Container zu bejahen.[812] Auf die Kurzzeitigkeit der jeweiligen Mietverhältnisse ging der BFH nicht ein. Die tatsächlichen Verhältnisse und insbesondere die Tätigkeit der Klägerin sowie die daran anknüpfende Wertung, dass die Container Anlagevermögenseigenschaft besitzen, gaben für den BFH keinen Anlass, dieser Frage weiter nachzugehen.

d. Zusammenfassung der Rechtsprechung

Die Urteile, auf die sich letztlich das Niedersächsische Finanzgericht zur Begründung seiner Ansicht, es handele sich bei den überlassenen Immobilien um Wirtschaftsgüter des Anlagevermögens, stützt, beruhen zusammengefasst im Wesentlichen auf drei Prämissen. Erstens soll für Zwecke der gewerbesteuerlichen Hinzurechnung der Begriff des Anlagevermögens

---

810 Bestätigend BFH, *Urteil* vom 5.6.2013, I R 37/12, BFH/NV 2013, 1628 (1630).

811 BFH, *Urteil* vom 29.11.1972, I R 178/70, BStBl II 1973, 148, BFHE 107, 468 (470).

812 BFH, *Urteil* vom 29.11.1972, I R 178/70, BStBl II 1973, 148, BFHE 107, 468 (470, 471).

maßgebend sein, wie er sich nach den Grundsätzen des Einkommensteuer- und Bilanzsteuerrechts bestimmt. Aufgrund einer lediglich fiktiven Betrachtung der Anlagevermögenseigenschaft muss sich zweitens die inhaltliche Bestimmung des Anlagevermögensbegriffs an den betrieblichen Verhältnissen des Steuerpflichtigen orientieren, wobei drittens diese fiktionale Anlagevermögensbetrachtung nicht weiter reichen dürfen soll, als es die Vorstellung eines die Miete ersetzenden Eigentums gebietet.

3. Eigene Ansätze unter Berücksichtigung der Positionen in der Literatur

In der Literatur wurde das im Ausgangspunkt der Darstellung genannte Urteil des Niedersächsischen Finanzgerichts zum Anlass genommen, fallübergreifend den Begriff des Wirtschaftsgutes des Anlagevermögens innerhalb der gewerbesteuerlichen Hinzurechnung zu diskutieren. Das Urteil selbst stieß sowohl hinsichtlich des Ergebnisses als auch seiner Begründung zum Teil auf deutliche Ablehnung[813], aber auch auf klare oder weniger klare Zustimmung.[814] Die Vielzahl von Bekundungen, die sich bemühen, den Begriff des Anlagevermögens in § 8 Nr. 1 lit. e GewStG zu fassen und ggf. einzuschränken, gilt es daher – geordnet nach den vorgetragenen Argumenten – zu analysieren und daraufhin zu prüfen, inwieweit diese zur Einordnung eines Wirtschaftsguts als Anlagevermögen tauglich sind.

---

813 Vgl. *Kohlhaas,* Hinzurechnung von Miet- und Pachtzinsen gem. § 8 Nr. 1e) GewStG bei kurzfristiger Anmietung, Anmerkung zum Urteil des Nds. FG v. 26.5.2011 – 10 K 290/10, FR 2011, 800 (804), *ders.* Das fiktive Anlagevermögen i.S. des § 8 Nr. 1 Buchst. e GewStG, DStR 2014, 296 (299); *Ritzer*, Hinzurechnung von Finanzierungsanteilen nach § 8 Nr. 1 GewStG, DStR 2013, 558 (563); *Boller/Franke*, Praxisprobleme bei der gewerbesteuerlichen Hinzurechnung von Miet- und Pachtzinsen, BB 2012, 2920 (2923).

814 Siehe *Güroff* in: Glanegger/Güroff, GewStG, 8. Aufl., § 8 Nr. 1d, Rn. 16; *Sarrazin* in: Lenski/Steinberg, GewStG, § 8 Nr. 1 Buchst. d, Rz. 17, 23 (Lfg. 106, März 2013); *Schnitter* in: Frotscher/Maas, GewStG, § 8, Rn. 102, 131 (116. Lfg. 1/2013); *Mohr* in: Bergemann/Wingler, GewStG, § 8, Rz. 289, 360; *Gerritzen/Matheis*, Zur gewerbesteuerlichen Behandlung von Messekosten, DStR 2013, 236 ff.; *Breinersdorfer*, Einzelfragen zu der gewerbesteuerlichen Hinzurechnung von Finanzierungsanteilen aus Sicht der Steuerverwaltung, DB 2014, 1762 (1764). Das Urteil in der Sache wohl auch bejahend, wenn auch das Thema nicht weiter problematisierend *Hofmeister* in: Blümich, GewStG, § 8, Rz. 215 (EL 123, Juni 2014).

a. Tauglichkeit der Übernahme des zu § 8 Nr. 7 GewStG a.F. entwickelten Prüfungsrahmens

Es wurde Kritik laut, ein Festhalten an dem zu § 8 Nr. 7 GewStG a.F. entwickelten Rechtsverständnis[815] würde die Dauer eines Mietverhältnisses nicht hinreichend würdigen[816] und wirtschaftliche unternehmerische Entscheidungen nicht gebührend berücksichtigen.[817] Insoweit fragt es sich, wogegen sich diese Kritik wendet. Sie könnte vom Ausgangspunkt her so verstanden werden, dass das Rechtsverständnis zum Begriff des Wirtschaftsguts des Anlagevermögens i.S.d. § 8 Nr. 1 GewStG generell neu überdacht werden müsste. Bei genauerem Blick auf die Begründungen kann dies auch so verstanden werden, dass im Grundsatz den Judikaten des BFH zu folgen ist, jedoch inhaltliche Anpassungen in Bezug zu unbeweglichen Wirtschaftsgütern erforderlich sind.[818]

aa. Der Ausgangspunkt der Betrachtung – die Eignung des einkommensteuerlichen Anlagevermögensbegriffs

Ausgehend vom Wortlaut des Gesetzes nutzt § 8 Nr. 1 lit. e GewStG wie auch § 8 Nr. 7 GewStG a.F. den Begriff des Anlagevermögens. Daher erscheint es zwingend, diesen auch weiterhin zum Ausgangspunkt der weiteren Betrachtungen zu machen. Dass sich der Begriff für Zwecke der gewerbesteuerlichen Hinzurechnung inhaltlich an dem des Einkommen- und Bilanzsteuerrechts anlehnt, wonach ein Wirtschaftsgut dann als Anlagevermögen qualifiziert wird, wenn es dauernd dem Geschäftsbetrieb zu die-

---

815 So ausdrücklich Nds. FG, *Urteil* vom 26.5.2011, 6 K 290/10, EFG 2011, 2101, unter Berufung auf die Gesetzesbegründung 16/4841, S. 80.

816 Vgl. *Boller/Franke*, Praxisprobleme bei der gewerbesteuerlichen Hinzurechnung von Miet- und Pachtzinsen, BB 2012, 2920 (2923); ebenso *Franke/Gageur*, Zweifelsfragen und Anmerkungen zu den gleich lautenden Ländererlassen zu § 8 Nr. 1 GewStG, BB 2008, 1704 (1705); so auch *Roser*, Gewerbesteuerliche Hinzurechnungen von Nutzungsentgelten nach § 8 Nr. 1d bis f GewStG, ifst-Schrift Nr. 497, S. 55.

817 Vgl. *Roser*, Gewerbesteuerliche Hinzurechnungen von Nutzungsentgelten nach § 8 Nr. 1d bis f GewStG, ifst-Schrift Nr. 497, S. 56.

818 So meint z.B. *Sarrazin*, dass sich, ausweislich des Urteils des Nds. FG vom 26.5.2011, 10 K 290/10, EFG 2011, 2101, die Auffassung der Rechtsprechung nicht gewandelt habe, siehe *Sarrazin* in: Lenski/Steinberg, GewStG, § 8 Nr. 1 Buchst. e, Rz. 17 (Lfg. 106, März 2013).

nen bestimmt ist[819], stellt im Rahmen der Kritik kein Vertreter der Literatur in Frage. Die Gewerbesteuer knüpft zwar an den Gewerbebetrieb als Besteuerungsgegenstand an. Dessen Bemessungsgrundlage ist aber der die objektivierte Leistungsfähigkeit widerspiegelnde Gewerbeertrag. Um diesen zu ermitteln, ist, ausgehend vom Gewinn des Gewerbetriebs, festzustellen, welche Wirtschaftsgüter dem diese objektivierte Leistungsfähigkeit beeinflussenden Sachkapital zuzuordnen sind, also zum fiktiven Anlagevermögen gehören. Was wiederum Anlagevermögen ist, lässt sich nur anhand des einkommen- und bilanzsteuerrechtlichen Verständnisses bestimmen, weshalb diesem auch zu folgen ist.[820]

bb. Der Maßstab der Betrachtung – Relevanz der betrieblichen Verhältnisse des Steuerpflichtigen

Bildet damit der Anlagevermögensbegriff den Ausgangspunkt der Betrachtung, ist zu fragen, nach welchen Maßstäben gemessen wird, ob ein Wirtschaftsgut dauernd dem Geschäftsbetrieb zu dienen bestimmt ist. Es bedarf also weiterer inhaltsbestimmender Merkmale und Anknüpfungspunkte. Diesem Vorgehen wird im Grundsatz der von Seiten der Rechtsprechung vorgegebene Maßstab, sich an den betrieblichen Verhältnissen

---

819 Siehe statt vieler BFH, *Urteil* vom 5.2.1987, IV R 105/84, BStBl. II 1987, 448, BFHE 149, 255 (260); so auch R 6.1. Abs. 1 Satz 1 EStR 2012.

820 Dieser Ansatz ist m.E. bereits gesetzeshistorisch begründet. Jedenfalls mit den Bestrebungen zur Vereinheitlichung der Gewerbesteuer durch das GewStRG vom 1.12.1930 (RGBl. I 1930, S. 537) wurde die Ermittlung des Gewerbeertrags, der eine der Bemessungsgrundlagen der Gewerbesteuer bildete, an den Gewinn des Gewerbebetriebs angeknüpft, der sich nach Maßgabe des EStG oder des KStG ermittelt (vgl. § 10 Abs. 1, 2 GewStRG; siehe auch Begr. zum GewStRG, RT-Drs. IV/1928/1929, Nr. 568 vom 29.12.1928, S. 112). Das EStG vom 10.8.1925 (RGBl. I 1925, S. 189), auf welches auch das KStG vom 10.8.1925 (RGBl. I 1925, S. 208) in § 3 Abs. 2 verwies, regelte in § 13 die Gewinnermittlung nach Maßgabe des Betriebsvermögensvergleichs. Betriebsvermögen im einkommensteuerlichen Sinne waren das stehende und umlaufende Betriebsvermögen, auch bezeichnet als Anlage- und Betriebskapital. Unbestrittenermaßen wurden diejenigen Gegenstände dem Anlagekapital zugeordnet, die dauernd im Betrieb gebraucht werden sollen, vgl. *Strutz*, EStG 1925, Bd. II, § 107, Anm. 5, S. 1339; ebenso RFH, *Urteil* vom 8.2.1928, VI A 374/27, StuW 1928 Nr. 162.

des Steuerpflichtigen zu orientieren, gerecht.[821] Aus dem Kontext des Urteils vom 29.11.1972 folgt, dass aber allein die tatsächlichen betrieblichen Verhältnisse zugrunde zu legen sind und auf Sachverhaltsfiktionen beruhende Alternativbetrachtungen nicht vorgenommen werden dürfen.[822] Diesem Ansatz stimmen prinzipiell auch die Vertreter der Literatur zu. Sie stellen auch bei der Prüfung des § 8 Nr. 1 lit. e GewStG auf den zu § 8 Nr. 7 GewStG a.F. formulierten Ansatz[823], auf die betrieblichen Verhältnisse des Steuerpflichtigen, ab.[824] Dem ist ohne Einschränkung zuzustimmen, denn nur anhand der betrieblichen Verhältnisse lässt sich die Frage klären, ob ein Wirtschaftsgut diesem Betrieb auf Dauer zu dienen bestimmt ist. Die Kritik am Festhalten an der zu § 8 Nr. 7 GewStG a.F. ergangenen Rechtsprechung fokussiert sich darauf, dass Unklarheit besteht, welche konkreten Bezugspunkte und Parameter innerhalb des Maßstabs der betrieblichen Verhältnisse begriffs- und inhaltsbestimmend seien und wie diese gewichtet werden sollen. Soweit sich der BFH bei § 8 Nr. 7 GewStG a.F. gegen die Einbeziehung der Dauer eines Mietverhältnisses aussprach, fragt sich, ob dieses Verständnis zu revidieren oder anzupassen ist.

cc. Die Grenzen der fiktiven Betrachtung – das die Miete ersetzende Eigentum

Der BFH hatte bei seiner Prüfung der Anlagevermögenseigenschaft eine Grenzbetrachtung vorgenommen und gemeint, gemessen an den betriebli-

---

821 BFH, *Urteil* vom 29.11.1972, I R 178/70, BStBl. II 1973, 148, BFHE 107, 468 (470, 471).

822 BFH, *Urteil* vom 29.11.1972, I R 178/70, BStBl. II 1973, 148, BFHE 107, 468 (470, 471).

823 BFH, Urteil vom 29.11.1972, I R 178/70, BStBl. II 1973, 148, BFHE 107, 468 (470).

824 So ausdrücklich *Sarrazin* in: Lenski/Steinberg, GewStG, § 8 Nr. 1 Buchst. d, Rz. 23; Buchst. e, Rz. 17 (jeweils Lfg. 106, März 2013); *Fuchs/Lieber* in: Deloitte, GewStG, § 8 Nr. 1e, Rdn. 11; ebenso *Kohlhaas*, Hinzurechnung von Miet- und Pachtzinsen gem. § 8 Nr. 1 e) GewStG bei kurzfristiger Anmietung?, FR 2011, 800 (803); *Boller/Franke*, Praxisprobleme bei der gewerbesteuerlichen Hinzurechnung von Miet- und Pachtzinsen, BB 2012, 2920 (2923); *Roser*, Gewerbesteuerliche Hinzurechnungen von Nutzungsentgelten nach § 8 Nr. 1d bis f GewStG, ifst-Schrift Nr. 497, S. 57; a.A. *Haupt*, Gewerbesteuerliche Hinzurechnung von Finanzierungsanteilen, SteuK 2012, 429 (433).

chen Verhältnissen des Steuerpflichtigen dürfe die fiktive Betrachtung des Anlagevermögens nicht weiter gehen, als es die Vorstellung eines das Miet- oder Pachtverhältnis ersetzende Eigentum gebietet.[825] Diese Erwägung beruht auf zwei Grundüberlegungen. Zum einen ist, wie der BFH richtig ausführt, eine unmittelbare Übertragung des Anlagevermögensbegriffs innerhalb der gewerbesteuerlichen Hinzurechnung aufgrund der dort vorzunehmenden lediglich fiktionalen Betrachtung nicht möglich. Der Mieter oder Pächter kann hinsichtlich des ihm zur Verfügung gestellten Wirtschaftsguts eben gerade kein Anlagevermögen erlangen[826], weshalb der Begriff nur im übertragenen Sinne zu verstehen ist.[827] An dieser Sichtweise hat sich auch mit der Einführung des § 8 Nr. 1 lit. e GewStG nichts geändert. Zum anderen soll Zweck der Hinzurechnung sein, eine Gleichbehandlung derjenigen, die Wirtschaftsgüter anmieten mit denjenigen, die Wirtschaftsgüter als Anlagevermögen erwerben, um mit eigenem Sachkapital zu wirtschaften, herbeizuführen. Auch an dieser Intention hat sich mit der Einführung des § 8 Nr. 1 lit. e GewStG nichts geändert. Insofern ist es auch gerechtfertigt, die seitens des BFH formulierte Grenzbetrachtung bei der Prüfung des Vorliegens von (fiktivem) Anlagevermögen heranzuziehen.

b. Die Konkretisierung des Prüfungsmaßstabs der betrieblichen Verhältnisse

Ist das zu § 8 Nr. 7 GewStG a.F. entwickelte Vorgehen der Rechtsprechung geeignet, einen Rahmen vorzugeben, um festzustellen, ob ein Wirtschaftsgut für Zwecke der gewerbesteuerlichen Hinzurechnung als Anlagevermögen qualifiziert werden kann, bedarf es einer inhaltlichen Konkretisierung dahingehend, welche Faktoren und Parameter innerhalb des Prüfungsmaßstabs der betrieblichen Verhältnisse zu berücksichtigen und wie diese zu gewichten sind, um den Bedürfnissen des § 8 Nr. 1 lit. e GewStG gerecht

825 BFH, *Urteil* vom 29.11.1972, I R 178/70, BStBl. II 1973, 148, BFHE 107, 468 (470).

826 Anders, wenn statt der Überlassung auf Zeit eine Anschaffung vorliegt. Dann scheidet eine Hinzurechnung aber bereits dem Grunde nach aus und zwar auch dann, wenn lediglich wirtschaftliches Eigentum erworben wird; einhellige Ansicht, vgl. statt vieler *Mohr* in: Bergemann/Wingler, GewStG, § 8, Rz. 222.

827 BFH, *Urteil* vom 29.11.1972, I R 178/70, BStBl. II 1973, 148, BFHE 107, 468 (470).

zu werden. Hierzu hat sich ein detailliertes Meinungsspektrum herausgebildet, welches verschiedene Argumente in den Vordergrund der Betrachtung rückt und im Rahmen der zu berücksichtigenden betrieblichen Verhältnisse unterschiedlich gewichtet. Diese Vielfalt ist nicht nur der im Gesetz angelegten fiktionalen Betrachtung der Anlagevermögenseigenschaft geschuldet, sondern findet ihre Ursache vor allem in der Offenheit und Interpretationsfähigkeit der rechtsprechungsseitigen Aussagen.

Betrachtet man allgemein den Anlagevermögensbegriff des Einkommen- und Bilanzsteuerrechts, soll sich die Zuordnung eines Wirtschaftsgutes zum Anlagevermögen maßgeblich an der Zweckbestimmung des Wirtschaftsgutes innerhalb des Betriebs orientieren. Diese hänge zwar vom Willen des Steuerpflichtigen ab, müsse sich aber an objektiven Merkmalen messen lassen.[828] Bezogen auf den einkommensteuerlichen Anlagevermögensbegriff nannte der BFH beispielhaft Merkmale. Neben der Art der Bilanzierung, welche den Willen der Zuordnung des Wirtschaftsguts offen kundgibt und im Rahmen der fiktionalen Betrachtung zwangsläufig außer Acht bleibt, wies er z.B. auch auf die Art des Wirtschaftsguts, die Art und Dauer der Verwendung im Betrieb und auch die Art des Betriebs selbst hin.[829] Orientierend an diesen Merkmalen soll nachfolgend, unter Einbeziehung der verschiedenen Literaturansichten, untersucht werden, inwieweit diese für eine Abgrenzung und Einordnung tauglich sind.

aa. Die Art des Betriebs – Das Geschäftszweckargument zur Zweckbestimmung des Wirtschaftsgutes?

Erster Anhaltspunkt dafür, welcher Zweck einem Wirtschaftsgut innerhalb des Betriebs zukommt, könnte der Geschäfts- oder Unternehmenszweck sein. Dieser bestimmt die Ausrichtung und die tatsächliche Tätigkeit des Betriebs und aus diesem lässt sich die Funktion des Unternehmens bestimmen. Die tatsächliche Betätigung kann ihre Grundlage in dem verfolgten

828 BFH, *Urteil* vom 25.10.2001, IV R 47, 48/00, BStBl. II 2002, 289, BFHE 197, 109 (112); *Urteil* vom 7.11.2000, III R 7/97, BStBl. II 2001, 200, BFHE 193, 219 (226); *Urteil* vom 5.2.1987, IV R 105/84, BStBl. II 1987, 448, BFHE 149, 255 (260).

829 BFH, *Urteil* vom 25.10.2001, IV R 47, 48/00, BStBl. II 2002, 289, BFHE 197, 109 (112); *Urteil* vom 5.2.1987, IV R 105/84, BStBl. II 1987, 448, BFHE 149, 255 (260).

Geschäftsmodell finden, welches die Erfordernisse des Gewerbebetriebs bestimmt. Die Literatur[830] verwendet in diesem Zusammenhang neben dem Unternehmenszweck auch Begrifflichkeiten wie Geschäftsmodell oder Geschäftszweck.[831,832] Auf den Unternehmenszweck rekurriert auch das Niedersächsische Finanzgericht. Es beruft sich explizit auf die „Bedeutung des angemieteten Gegenstandes für die Verwirklichung des Unternehmenszwecks" und bezeichnet dies als das maßgebliche Abgrenzungskriterium.

Soweit der Geschäftszweck in den Vordergrund der Betrachtung gerückt wird, sind unterschiedliche Begründungsansätze erkennbar, was die

---

830 *Boller/Franke*, Praxisprobleme bei der gewerbesteuerlichen Hinzurechnung von Miet- und Pachtzinsen, BB 2012, 2920 (2923); *Kohlhaas*, Erhöhen alle Miet- und Pachtzinsen den Gewerbeertrag?, FR 2009, 381 (385); *ders.*, Hinzurechnung von Miet- und Pachtzinsen gem. § 8 Nr. 1 e) GewStG bei kurzfristiger Anmietung?, FR 2011, 800 (803); ähnlich auch *Roser*, Gewerbesteuerliche Hinzurechnungen von Nutzungsentgelten nach § 8 Nr. 1d bis f GewStG, ifst-Schrift Nr. 497, S. 57; siehe aber auch *Sarrazin* in: Lenski/Steinberg, GewStG, § 8 Nr. 1 Buchst. e, Rz. 17 (Lfg. 106, März 2013); *Fuchs/Lieber* in: Deloitte, GewStG, § 8 Nr. 1e, Rdn. 11; *Schnitter* in: Frotscher/Maas, GewStG, § 8, Rn. 131 (116. Lfg. 1/2013).

831 *Sarrazin* spricht bspw. abwechselnd vom Geschäftszweck und vom Zweck des Unternehmens, siehe *Sarrazin* in: Lenski/Steinberg, GewStG, § 8 Nr. 1 Buchst. e, Rz. 17 (Lfg. 106, März 2013). Ausweislich der gewählten Beispiele meint er hier m.E. auch jeweils die tatsächliche Betätigung.

832 Diese Begriffe sollen für die Zwecke dieser Arbeit synonym und in dem Sinne verstanden werden, dass sie die tatsächliche Tätigkeit widerspiegeln bzw. beschreiben. Dabei wird nicht verkannt, dass die Begriffe durchaus unterschiedliche, wenn auch nicht feststehende Bedeutungen haben können. Der Unternehmensgegenstand bzw. Unternehmenszweck kennzeichnet i.d.R. die grundlegende Bestimmung des Gegenstandes der Unternehmenstätigkeit, wobei zwischen dem inneren (Verbands-)Zweck, d.h. der von den Mitgliedern beschriebenen Funktion, die das Unternehmen für seine Mitglieder erfüllen soll, und dem äußeren (Verbands-)Zweck, der die äußere, am Markt zu erfüllende Unternehmensfunktion beschreiben soll. Der Unternehmenszweck gibt damit an, welche Funktion das Unternehmen als Ganzes erfüllen soll. Hiervon wird aus betriebswirtschaftlicher Sicht der Betriebszweck unterschieden. Während der Unternehmenszweck den Geschäftszweig oder die Branche bezeichnet, innerhalb dessen oder derer sich der Unternehmer mit seinem Betrieb betätigt oder betätigen will und er deshalb in der Regel allgemeiner formuliert ist und verschiedene Tätigkeiten abdecken kann, auch wenn er konkret zum Ausdruck bringen soll, womit sich ein Unternehmen befasst, bezieht sich der Betriebszweck auf jene Betätigung, die die Erstellung und Verwertung von Gütern/Leistungen etc. zum Inhalt hat, vgl. zu den Begriffen allgemein *K.Schmidt*, Gesellschaftrecht, 4. Aufl., § 4 II, S. 64 ff.

Dauer des Mietverhältnisses zum einen und das Dienen des Wirtschaftsguts zum anderen betrifft.

(1) Irrelevanz der Dauer des Mietverhältnisses?

Auf der Grundlage des konkreten Geschäftszwecks und unter Anknüpfung an den Anlagevermögensbegriff und das ihm immanente Merkmal der Dauerhaftigkeit vertritt ein Teil der Literatur die Meinung, dem Begriff des Anlagevermögens hafte per se ein längerfristiges zeitliches Element an.[833] Daher müsse sich die Langfristentscheidung des Mieters im konkreten Nutzungsverhältnis widerspiegeln.[834] Insofern spreche, entgegen der Ansicht des BFH, der Begriff „Anlagevermögen“ für eine Einbeziehung der Dauer eines Mietverhältnisses in die Bewertung.[835] Auf der Grundlage des Geschäftszwecks ließen sich entsprechende Fallgruppen bilden, um die Zuordnung eines Wirtschaftsguts zu erleichtern.[836]

Diesem Ansatz stehen andere, der Tradition der bisherigen Rechtsprechung folgend, skeptisch gegenüber. Vor allem das Urteil des Niedersächsischen Finanzgerichts vom 26.5.2011 wird als Begründung dafür herangezogen, dass sich die Auffassung der Rechtsprechung zu kurzfristigen Anmietungen nicht gewandelt habe.[837] Sie wollen der Dauer eines Miet-

---

833 *Boller/Franke*, Praxisprobleme bei der gewerbesteuerlichen Hinzurechnung von Miet- und Pachtzinsen, BB 2012, 2920 (2923); *Kohlhaas*, Erhöhen alle Miet- und Pachtzinsen den Gewerbeertrag?, FR 2009, 381 (385); *ders.*, Hinzurechnung von Miet- und Pachtzinsen gem. § 8 Nr. 1 e) GewStG bei kurzfristiger Anmietung?, FR 2011, 800 (803); ähnlich auch *Roser*, Gewerbesteuerliche Hinzurechnungen von Nutzungsentgelten nach § 8 Nr. 1d bis f GewStG, ifst-Schrift Nr. 497, S. 57.

834 *Boller/Franke*, Praxisprobleme bei der gewerbesteuerlichen Hinzurechnung von Miet- und Pachtzinsen, BB 2012, 2920 (2923); *Kohlhaas*, Erhöhen alle Miet- und Pachtzinsen den Gewerbeertrag?, FR 2009, 381 (385); *ders.*, Hinzurechnung von Miet- und Pachtzinsen gem. § 8 Nr. 1 e) GewStG bei kurzfristiger Anmietung?, FR 2011, 800 (803); ähnlich auch *Roser*, Gewerbesteuerliche Hinzurechnungen von Nutzungsentgelten nach § 8 Nr. 1d bis f GewStG, ifst-Schrift Nr. 497, S. 57.

835 *Boller/Franke*, Praxisprobleme bei der gewerbesteuerlichen Hinzurechnung von Miet- und Pachtzinsen, BB 2012, 2920 (2923).

836 Vgl. *Boller/Franke*, Praxisprobleme bei der gewerbesteuerlichen Hinzurechnung von Miet- und Pachtzinsen, BB 2012, 2920 (2923); ebenso *Kohlhaas*, Hinzurechnung von Miet- und Pachtzinsen gem. § 8 Nr. 1 e) GewStG bei kurzfristiger Anmietung?, FR 2011, 800 (802, 803).

837 *Sarrazin* in: Lenski/Steinberg, GewStG, § 8 Nr. 1 Buchst. e, Rz. 17 (Lfg. 106, März 2013); dem folgend FG München, *Urteil* vom 8.6.2015, 7 K 3250/12, EFG

verhältnisses keine weitere Bedeutung zukommen lassen. Stattdessen sei es allein entscheidend, dass nach der Art und nach dem Geschäftsmodell des Betriebs das Wirtschaftsgut dauerhaft oder wiederholt für den Betrieb zum Gebrauch oder zur Nutzung verfügbar sein müsse.[838] Ob Wirtschaftsgüter kurzzeitig oder langfristig angemietet würden, mache keinen Unterschied, weshalb auch kurzfristige Mieten geeignet sind, die Anlagevermögenseigenschaft eines unbeweglichen Wirtschaftsguts zu begründen.[839,840] Allerdings sollen Einschränkungen zugelassen werden, soweit es Mietverhältnisse betrifft, die nicht regelmäßig oder nicht wiederkehrend geschlossen werden.[841]

Betrachtet man die beiden Positionen, trägt jede ihre Schwäche in sich. Die Ansicht, wonach der Dauer des Mietverhältnisses und insbesondere der Kurzzeitigkeit desselben Bedeutung beizumessen wäre, übersieht, dass sich das im Anlagevermögensbegriff verhaftete Merkmal der Dauerhaftigkeit nicht auf die tatsächliche Verweildauer eines Wirtschaftsguts im Geschäftsbetrieb des Steuerpflichtigen bezieht.[842] Das Merkmal des „auf

---

2015, 1835 (1838) zur Überlassung von Standflächen an eine als Aussteller fungierende Messedurchführungsgesellschaft (Rev. anh., Az. I R 57/15).

838 *Fuchs/Lieber* in: Deloitte, GewStG, § 8 Nr. 1e, Rdn. 11.

839 *Fuchs/Lieber* in: Deloitte, GewStG, § 8 Nr. 1e, Rdn. 11; *Schnitter* in: Frotscher/Maas, GewStG, § 8, Rn. 131 (116. Lfg. 1/2013). Aus diesem Ansatz zieht bspw. *Güroff* die Konsequenz, auch Aufwendungen des Messeausstellers für seinen Messestand der Hinzurechnung zu unterwerfen, vgl. *Güroff* in: Glanegger/Güroff, GewStG, 8. Aufl., § 8 Nr. 1d, Rn. 16, § 8 Nr 1e Rn. 1. Dass im Verhältnis Aussteller und Messeveranstalter an der Mietvertragsqualität gezweifelt werden könnte, problematisiert *Güroff* nicht. Siehe dazu ansatzweise *Gerritzen/Matheis*, Zur gewerbesteuerlichen Behandlung von Messekosten, DStR 2013, 236 ff. Zur Ausgestaltung sog. Messebeteiligungsverträge, also dem Vertrag zwischen Messeveranstalter und Aussteller, siehe *Funke/Müller*, Eventrecht, 3. Aufl., Rz. 334a ff., die, im Gegensatz zur *Gerritzen/Matheis* die Auffassung vertreten, es handele sich um einen dem Gewerbemietvertrag ähnlichen Vertragstypus. Zu demselben Ergebnis kommen auch *Kresse/Engelsberg*, Recht der Messewirtschaft, S. 135 ff.

840 *Roser*, Gewerbesteuerliche Hinzurechnungen von Nutzungsentgelten nach § 8 Nr. 1d bis f GewStG, ifst-Schrift Nr. 497, S. 59.

841 *Fuchs/Lieber* in: Deloitte, GewStG, § 8 Nr. 1e, Rdn. 11. Auch *Güroff* will bestimmte Mietverhältnisse aus Vereinfachungsgründen ausnehmen, ohne indessen zu klären, was die Grundlage dieser Vereinfachung sein soll, siehe *Güroff* in: Glanegger/Güroff, GewStG, 8. Aufl., § 8 Nr. 1d, Rn. 16, § 8 Nr. 1e, Rn. 1.

842 Siehe auch BFH, *Urteil* vom 5.2.1987, IV R 105/84, BStBl. II 1987, 448, BFHE 149, 255 (259) zum Anlagevermögensbegriff, wonach die Zeitkomponente, d.h. der Gesetzesausdruck „dauernd“, nicht als reiner Zeitbegriff im Sinne von „immer“ oder „für alle Zeiten“ verstanden werden darf; so auch *Schubert/F. Huber*

Dauer angelegten Verbleibs des Wirtschaftsguts im Betrieb" bezieht sich auf das Dienen desselben im Geschäftsbetrieb, welches wiederum von der tatsächlichen Verweildauer des Wirtschaftsguts im Betrieb unabhängig ist.[843] Daher kann eine Kurz- oder Langfristigkeit von Miet- oder Pachtverhältnissen allenfalls ein Indiz dafür sein, dass der Geschäftsbetrieb der Nutzung eines solchen Wirtschaftsguts bedarf, also auf dieses angewiesen ist.[844] Dieses Bedürfnis kann aber auch nur vorübergehender Natur sein, ohne dass dadurch die Anlagevermögenseigenschaft selbst in Frage gestellt wird. Aus diesem Grunde kann die Dauer des Mietverhältnisses allein gerade nichts zur Anlagevermögensqualität aussagen.

Der auf der bisherigen Rechtsprechung beruhende Ansatz, es komme einzig darauf an, dass ausgehend vom Geschäftszweck das konkrete Wirtschaftsgut zum dauerhaften Gebrauch benötigt wird oder zumindest für den Gebrauch im Betrieb hätte dauerhaft vorgehalten bzw. wiederkehrend beschafft werden müssen[845], erscheint ebenso nur wenig überzeugend. Zum einen wird aus dieser rein fiktiven Betrachtung darauf geschlossen, dass die auch nur tageweise Nutzung von Immobilien einer Hinzurechnung der Mietzinsen nicht entgegenstünde.[846] Insoweit wird das Zeitmo-

---

in: Förschle/Grottel/Schmidt/Schubert/Winkeljohann, Beck'scher Bilanzkommentar, 9. Aufl., § 247 HGB, Rn. 351; i.d.S. auch *Werndl* in: Kirchhof/Söhn/Mellinghoff, EStG, Bd. 6, § 6 Rdnr. B9 (213. Lfg., Oktober 2010).

843 BFH, *Urteil* vom 5.2.1987, IV R 105/84, BStBl. II 1987, 448, BFHE 149, 255 (259); *Urteil* vom 25.10.2002, IV R 47, 47/00, BStBl. II 2002, 258, BFHE 197, 109 (112); so auch *Schubert/F. Huber* in: Förschle/Grottel/Schmidt/Schubert/Winkeljohann, Beck'scher Bilanzkommentar, 9. Aufl., § 247 HGB, Rn. 351.

844 Vgl. auch *Morck* in: Koller/Kindler/Roth/Morck, HGB, 8. Aufl., § 247 Rn. 4; *Werndl* in: Kirchhoff/Söhn/Mellinghoff, EStG, Bd. 6, § 6 Rdnr. B14 (213. Lfg., Oktober 2010); ebenso *Roser*, Gewerbesteuerliche Hinzurechnungen von Nutzungsentgelten nach § 8 Nr. 1d bis f GewStG, ifst-Schrift Nr. 497, S. 57.

845 So *Fuchs/Lieber* in: Deloitte, GewStG, § 8 Nr. 1e, Rdn. 11; auf das „Benötigen" abstellend auch *Schnitter* in: Frotscher/Maas, GewStG, § 8, Rn. 131 (116. Lfg. 1/2013).

846 *Schnitter* in: Frotscher/Maas, GewStG, § 8, Rn. 131 (116. Lfg. 1/2013). Inhaltlich vollzieht *Schnitter* eine Kehrtwende. Noch in der vorhergehenden Kommentierung zu § 8 GewStG (106. Lfg. 3/2011) stellte er unter Rn. 102 darauf ab, dass kurzfristige Nutzungsüberlassungen aus der gewerbesteuerlichen Hinzurechnung ausscheiden. Nunmehr folgt er der zu § 8 Nr. 7 GewStG. a.F. ergangenen Rechtsprechung und der Ansicht der FinVerw.; vgl. BFH, *Urteil* vom 30.3.1994, I R 123/93, BStBl. II 1994, 810, BFHE 174, 554 (556); ebenso H 8.1. Abs. 4 GewStH 2009, die auch davon ausgehen, dass die Kurzfristigkeit eines Mietverhältnisses keine Relevanz für die Bestimmung des Anlagevermögens hat.

ment einer Nutzung nicht nur ausgeblendet, es wird auch der Indizwirkung einer nur kurzzeitigen Anmietung keine Bedeutung beigemessen. Zum anderen erklärt diese Ansicht nicht, auf welche Abgrenzungsparameter sie sich hinsichtlich der befürworteten Ausnahmen, nämlich nicht regelmäßig oder nicht wiederkehrend geschlossene Mietverhältnisse einzubeziehen[847], stützt.

Letztere Ansicht fokussiert sich damit im Kern auf eine reine Funktionalitätsbetrachtung bezüglich des konkreten Wirtschaftsguts innerhalb des spezifischen Gewerbetriebs.[848] Sie stellt in der Sache darauf ab, dass das Wirtschaftsgut dem Betrieb für längere Zeit zu dienen bestimmt sein muss.[849] Die Dauer des Mietverhältnisses nicht in die weitere Betrachtung einzubeziehen, kann indes nur dann überzeugen, wenn die betriebliche Funktion des Wirtschaftsguts sich in der Art seines Einsatzes im Geschäftsbetrieb und im Bedürfnis des Betriebs an einer längerfristig angelegten Nutzung des Wirtschaftsguts widerspiegelt.[850] Dieses Bedürfnis kann sich aber nicht nur aus der konkreten Tätigkeit, auf die der BFH abgestellt[851], ergeben, sondern hängt auch vom Wirtschaftsgut selbst ab. In diesem Sinne mag auch der Hinweis des Niedersächsischen Finanzgerichts verstanden werden, wenn die Dauer eines Mietverhältnisses *allein*, keine Bedeutung haben soll. Damit schließt das Gericht jedenfalls nicht aus, dass die Dauer gemeinsam mit anderen Komponenten eine entsprechende Berücksichtigung erfahren kann.

---

847 Siehe *Fuchs/Lieber* in: Deloitte, GewStG, § 8 Nr. 1e, Rdn. 11; *Güroff* in: Glanegger/Güroff, GewStG, 8. Aufl., § 8 Nr. 1d, Rn. 16, § 8 Nr. 1e, Rn. 1. Vor allem *Güroff*, der bestimmte Mietverhältnisse aus Vereinfachungsgründen ausnehmen will, macht nicht deutlich, was die Grundlage seiner „Vereinfachung" sein soll.

848 Zu dieser These und auf die Funktion des Wirtschaftsguts innerhalb des Betriebs als maßgeblichem Anknüpfungspunkt abstellend *Mohr* in: Bergemann/Wingler, GewStG, § 8, Rz. 360.

849 *Güroff* in: Glanegger/Güroff, GewStG, 8. Aufl., § 8 Nr. 1d, Rn. 16, § 8 Nr. 1e, Rn. 1, der allerdings nicht erklärt, wann die Bestimmung zum Dienen erfüllt ist.

850 I.d.S. allg. zum Anlagevermögen *Schubert/F. Huber* in: Förschle/Grottel/Schmidt/Schubert/Winkeljohann, Beck'scher Bilanzkommentar, 9. Aufl., § 247 HGB, Rn. 351.

851 Vgl. BFH, *Urteil* vom 29.11.1972, I R 178/70, BStBl. II 1973, 148, BFHE 107, 468 (470, 471).

(2) Die „Unmittelbarkeit des Dienens" als Abgrenzungsmerkmal?

Unter Zugrundelegung der Definition des Anlagevermögens in § 247 Abs. 2 HGB, wonach ein Gegenstand dem Geschäftsbetrieb auf Dauer zu dienen bestimmt sein muss, rückt der Geschäftszweck, der die Art des Betriebs widerspiegelt, als Determinante des Merkmals „Dienen" in den Vordergrund der Betrachtung. Anhand dieses Merkmals soll festgestellt werden, ob Wirtschaftsgüter als (fiktives) Anlagevermögen einzuordnen sind oder nicht.[852] Indessen wird das Merkmal „Dienen" im Verhältnis zum Geschäftszweck als sehr weitgehend empfunden. Aus diesem Grunde versucht *Sarrazin*, einer uferlosen Ausweitung der Fiktion des Anlagevermögens entgegentretend[853], eine Schärfung insoweit vorzunehmen, als mittels des Abgrenzungsmerkmals der „Unmittelbarkeit" die Betrachtung fokussiert werden soll.[854] Dient ein Wirtschaftsgut unmittelbar der Verwirklichung des Geschäftszwecks, soll Anlagevermögen vorliegen.[855] Ein lediglich mittelbares Dienen soll hingegen nicht ausreichen.[856]

Soweit diese einschränkende Sichtweise im Grundsatz Zustimmung findet, werden innerhalb dieser Ansicht Differenzen deutlich, nämlich insoweit, als Uneinigkeit darin besteht, wann Unmittelbarkeit und wann bloße Mittelbarkeit des Dienens vorliegen soll. Beispielsweise meint *Sarrazin*, allerdings ohne nähere Begründung, bei nur gelegentlichen Anmietungen von Räumlichkeiten, Sälen und dergleichen für Betriebsveranstaltungen sei eine bloße Mittelbarkeit anzunehmen.[857] Gehöre dagegen die Durch-

852 Vgl. *Sarrazin* in: Lenski/Steinberg, GewStG, § 8 Nr. 1 Buchst. e, Rz. 17 (Lfg. 106, März 2013). Diese Vorgehensweise entspricht im Kern der Funktionalitätsbetrachtung.

853 Diese Einschränkung befürwortet er zunächst ungeachtet dessen, ob es sich um bewegliche oder unbewegliche Wirtschaftsgüter handelt, siehe *Sarrazin* in: Lenski/Steinberg, GewStG, § 8 Nr. 1 Buchst. d, Rz. 17; Buchst. e, Rz. 17 (jeweils Lfg. 106, März 2013).

854 Dies befürwortend siehe auch *Kohlhaas*, Hinzurechnung von Miet- und Pachtzinsen gem. § 8 Nr. 1 e) GewStG bei kurzfristiger Anmietung?, FR 2011, 800 (803); *Roser*, Gewerbesteuerliche Hinzurechnungen von Nutzungsentgelten nach § 8 Nr. 1d bis f GewStG, ifst-Schrift Nr. 497, S. 58, der auf die Sicht des Mieters/Pächters und damit auf dessen betriebliche Verhältnisse abstellt.

855 So auch Nds. FG, *Urteil* vom 26.5.2011, 10 K 290/10, EFG 2011, 2101 (2102).

856 So *Sarrazin* in: Lenski/Steinberg, GewStG, § 8 Nr. 1 Buchst. d, Rz. 23; Buchst. e, Rz. 17 (jeweils Lfg. 106, März 2013).

857 Insoweit zieht *Sarrazin* den Vergleich mit einem für eine Geschäftsreise kurzfristig angemieteten Kfz; siehe *Sarrazin*: Lenski/Steinberg, GewStG, § 8 Nr. 1

führung der in den gemieteten Räumlichkeiten stattfindenden Veranstaltung zum Zweck des Unternehmens[858] oder ist die Tätigkeit des Mietenden auf die Vermietung der Wirtschaftsgüter ausgerichtet[859], verstärkten die Wirtschaftsgüter auch das Betriebskapital und die Anlagevermögensqualität wäre zu bejahen.[860] Ausgehend davon wäre dem Urteil des Niedersächsischen Finanzgerichts zuzustimmen, welches in Abgrenzung zu einer Hotelzimmermiete ebenso die unmittelbare Verwirklichung des Unternehmenszwecks herausstellt.[861]

Dem widerspricht *Kohlhaas*.[862] Er leitet für einen Konzertveranstalter genau das Gegenteil aus der Aussage und dem Abgrenzungsmerkmal der Unmittelbarkeit ab und meint, eine kurzzeitig angemietete Veranstaltungsimmobilie diene nicht der unmittelbaren Verwirklichung des Unternehmenszwecks. Denn dieser bestehe nicht in der wiederkehrenden Anmietung von unterschiedlichen Konzertsälen, sondern sei auf die Durchführung einer Vielzahl von Konzertveranstaltungen gerichtet. Hierfür würden

---

Buchst. d, Rz. 23; Buchst. e, Rz. 17 (jeweils Lfg. 106, März 2013); ähnlich das Nds. FG, *Urteil* vom 26.5.2011, 10 K 290/10, EFG 2011, 2101 (2102) für die Anmietung eines Hotelzimmers.

858 *Sarrazin* in: Lenski/Steinberg, GewStG, § 8 Nr. 1 Buchst. e, Rz. 17 (Lfg. 106, März 2013).

859 *Sarrazin* in: Lenski/Steinberg, GewStG, § 8 Nr. 1 Buchst. d, Rz. 23 (Lfg. 106, März 2013); so auch FG Köln, *Urteil* vom 27.10.2010, 9 K 1022/10, EFG 2011, 561; FG Berlin-Brandenburg, *Urteil* vom 30.1.2013, 12 K 12197/10, EFG 2013, 1062, bestätigt durch BFH, *Urteil* vom 4.6.2014, I R 21/13, BFH/NV 2014, 1853, BFHE 246, 130.

860 So auch *Roser*, der ausgehend von Geschäftszweck bei Anmietungen einer Immobilie durch einen Messeveranstalter die Hinzurechnung der Aufwendungen bejaht, vgl. *Roser*, Gewerbesteuerliche Hinzurechnungen von Nutzungsentgelten nach § 8 Nr. 1d bis f GewStG, ifst-Schrift Nr. 497, S. 58. In dieselbe Richtung argumentierend auch *Boller/Franke*, Praxisprobleme bei der gewerbesteuerlichen Hinzurechnung von Miet- und Pachtzinsen, BB 2012, 2920 (2923). Ebenso meint *Pieper* in: Lippross, Basiskommentar, GewStG, § 8, Rz. 95 (Lfg. 65, März 2011), dass eine kurzzeitige Anschaffung und der Verkauf einer Immobilie für einen Konzertveranstalter nicht in Betracht kommen dürfte und verneint damit die Anlagevermögensqualität.

861 Nds. FG, *Urteil* vom 26.5.2011, 6 K 290/10, EFG 2011, 2101 (2102). Allerdings macht das Nds. FG nicht deutlich, worin der Unterschied zur Hotelzimmernutzung besteht. Die Entscheidungsgründe scheinen jedenfalls nicht den Reiseveranstalter vor Augen zu haben, sondern ein Unternehmen, das ein Hotelzimmer aus anderen (sonstigen) betrieblichen Gründen nutzt.

862 *Kohlhaas*, Hinzurechnung von Miet- und Pachtzinsen gem. § 8 Nr. 1 e) GewStG bei kurzfristiger Anmietung?, FR 2011, 800 (803).

unterschiedliche Bühnen mit einem unterschiedlichen Zuschauerfassungsvermögen benötigt, und dies nicht dauerhaft, sondern bezogen auf die jeweilige Veranstaltung.[863]

Die Meinungsverschiedenheiten, die trotz des Kriteriums der „Unmittelbarkeit" des Dienens eines Wirtschaftsgutes auftreten, beruhen m.E auf zwei Gründen. Sie haben zum einen ihre Ursache im Begriff des „Dienens" selbst. Diesem ist bereits bei Fragen der einkommen- und bilanzsteuerlichen Abgrenzung des Anlage- vom Umlaufvermögen zu bescheiden, dass er allein wenig taugt, um entsprechende Grenzziehungen zu ermöglichen. „Dienen" meint „gewidmet sein".[864] Damit ist zunächst erst einmal nur klar, dass das Merkmal einen Bezugspunkt benötigt. Das ist im Falle der Bestimmung des Anlagevermögens der Betrieb. Welchen Zwecken das Wirtschaftsgut „dient", ergibt und bestimmt sich nach der Art des jeweiligen Betriebs.[865] Damit ist die Abgrenzung in der Sache jedoch keinen Schritt weiter gekommen. Soweit das Dienen alsdann mittels einer zusätzlichen Abgrenzungshilfe, dem Element der Unmittelbarkeit, konkretisiert werden soll, indem eine räumliche oder zeitliche Distanz zwischen Wirtschaftsgut und Unternehmenszweck beschrieben wird, vermag auch dies den Begriff des Dienens nicht zu schärfen, was gerade die gegensätzlichen Ansichten zum Konzertveranstalter[866] verdeutlichen. Dies wiederum hat seine Ursache darin, dass auch dem Begriff „unmittelbar" keine genaue Definition zukommt und auch er sich nur normativ erfassen lässt. Zwar mag in bestimmten Fällen eine Zuordnung des Wirtschaftsguts als Anlagevermögen ermöglicht werden. Die dem Merkmal „Dienen" als solche innewohnende Schwäche wird jedoch nicht beseitigt.

Zum anderen beruhen die gegensätzlichen Ansichten auf unterschiedlichen Verständnissen, wie der Geschäfts- oder Unternehmenszweck inhaltlich zu fassen ist. Vor allem der von *Sarrazin* herangezogene Vergleich mit der Anmietung einer Räumlichkeit und dergleichen für Betriebsveranstal-

---

863 *Kohlhaas*, Hinzurechnung von Miet- und Pachtzinsen gem. § 8 Nr. 1 e) GewStG bei kurzfristiger Anmietung?, FR 2011, 800 (803).

864 So bereits zum Anlagevermögensbegriff nach dem EStG 1925 *Strutz*, EStG 1925, Bd. I, § 12 Anm. 16 d), S. 691; siehe auch BFH, *Urteil* vom 26.11.1974, VIII R 61-62/73, BStBl. II 1975, 352, BFHE 114, 354 (357).

865 Vgl. dazu *Schubert/F. Huber* in: Förschle/Grottel/Schmidt/Schubert/Winkeljohann, Beck'scher Bilanzkommentar, 9. Aufl., § 247 HGB, Rn. 354.

866 Auch auf den Reiseveranstalter lässt sich *Kohlhaas*'Argumentation übertragen, denn auch dieser nutzt das jeweilige Hotel zur Ausführung seiner Reiseleistungen.

tungen[867] oder der Hinweis des Niedersächsischen Finanzgerichts auf die Anmietung eines Hotelzimmers[868] machen dies deutlich. Diese werden mit Blick auf den Unternehmenszweck als „gelegentliche" Anmietung bezeichnet. Die Verwendung des Begriffs „gelegentlich" erscheint an dieser Stelle bereits „schief". Die Anmietung einer Räumlichkeit für Zwecke einer Betriebsveranstaltung ist ebenso unternehmensunspezifisch wie die Buchung und Nutzung eines Hotelzimmers.[869] Bei den gewählten Beispielen ist daher der Begriff des Dienens bereits nicht erfüllt, da die insoweit zur Nutzung zur Verfügung gestellten Wirtschaftsgüter mit dem konkreten Unternehmenszweck nichts zu tun haben.[870] Des Weiteren steht bei der Betrachtung wohl auch eher der Gedanke der betrieblichen Veranlassung des Betriebsausgabenabzugs nach § 4 Abs. 4 EStG im Vordergrund, als durch die Verwendung des Wortes „gelegentlich" von einer wiederkehrenden Nutzung abgegrenzt werden soll.

Betrachtet man wiederum den Ansatz von *Kohlhaas*, der darauf abstellt, der Betrieb eines Konzertveranstalters sei darauf ausgerichtet, Konzerte zu veranstalten, wobei die Anmietung der jeweiligen Immobilien zwar eine Notwendigkeit, nicht aber den Zweck des Unternehmens darstellt[871], differenziert er m.E. nicht hinreichend zwischen den unterschiedlichen Betätigungsfeldern, welche die Veranstaltungsbranche bietet und die sich gerade

867 *Sarrazin*: Lenski/Steinberg, GewStG, § 8 Nr. 1 Buchst. e, Rz. 17 (Lfg. 106, März 2013).

868 Nds. FG, *Urteil* vom 26.5.2011, 10 K 290/10, EFG 2011, 2101 (2102).

869 Anders bei Reiseveranstaltern.

870 Unabhängig davon kann die Anmietung eines Wirtschaftsguts auch in Erfüllung des Geschäftszwecks erfolgen und damit dem Betrieb dienen, ohne dass die Anlagevermögenseigenschaft begründet wird. Es ist nicht erforderlich, dass jede Miete zwingend außerhalb des konkreten Unternehmenszwecks stehen muss, um eine Hinzurechnung zu vermeiden, wie die Beispiele *Sarrazins* suggerieren. Um allerdings von „gelegentlich" sprechen zu können, dürften einzelne Anmietungen nicht in solchen Abständen erfolgen, die auf einen (inneren oder äußeren) Zusammenhang der Nutzung schließen lassen. Als Gradmesser der Bestimmung eines solchen Zusammenhangs einzelner Anmietungen wären wohl als objektives Anzeichen die Art des Betriebs und damit der konkrete Geschäftszweck heranzuziehen, der über die Zweckbestimmung des Wirtschaftsgutes Auskunft geben kann. In diesem Sinne wird man wohl das Argument *Sarrazins* verstehen müssen, siehe *Sarrazin* in: Lenski/Steinberg, GewStG, § 8 Nr. 1 Buchst. e, Rz. 17 (Lfg. 106, März 2013).

871 *Kohlhaas*, Hinzurechnung von Miet- und Pachtzinsen gem. § 8 Nr. 1 e) GewStG bei kurzfristiger Anmietung?, FR 2011, 800 (803); *ders.*, Das fiktive Anlagevermögen i.S. des § 8 Nr. 1 Buchst. e GewStG, DStR 2014, 296 (301).

bei Konzertveranstaltern herausgebildet haben. So bestehen, wie oben aufgezeigt, verschiedene Möglichkeiten der Veranstaltungsorganisation und -durchführung.[872] Derartige Unterscheidungen hat allerdings auch das Niedersächsische Finanzgericht nicht vorgenommen, sondern sich darauf beschränkt, den Unternehmensgegenstand in der Weise zu beschreiben, dass regionale und überregionale Konzerte veranstaltet würden. Die unterschiedlichen Aufgaben und Funktionen eines Veranstalters sind m.E. jedoch in die Betrachtung einzubeziehen, denn nur unter Berücksichtigung dieser Aspekte kann auf die Art des Betriebs und damit auf die konkreten Bedürfnisse abgestellt werden, woraus sich wiederum Anhaltspunkte für die Funktion des konkreten Wirtschaftsguts innerhalb des Betriebs des Steuerpflichtigen ergeben. Deshalb kann m.E. die Anlagevermögenseigenschaft einer Immobilie, die ein Veranstalter mietet, weder von vornherein bejaht noch verneint werden. So mag es denn ebenso nicht auszuschließen sein, dass beispielsweise ein lokaler Veranstalter mit Blick auf seine Mietaufwendungen anders zu behandeln ist, als ein Tourneeveranstalter. Beide können ausgehend von ihrer konkreten Betätigung andere Bedürfnisse hinsichtlich ihrer Sach- und Betriebsmittel aufweisen.[873]

bb. Die Art und Dauer der Verwendung – das Perpetuierungsargument

Zwar erfordert der Anlagevermögensbegriff keine bestimmte Mindestverweildauer des Wirtschaftsguts im Betriebsvermögen.[874] In ihm ist aber durch das Merkmal der Dauerhaftigkeit ein gewisses Perpetuierungs- bzw.

---

872 Wie oben dargestellt, können Veranstalter verschiedene Funktionen bzgl. eines oder mehrerer Events haben, sich bspw. als Tournee- oder lokaler Veranstalter betätigen, siehe oben Teil 2, Kap. B.II.1., 55 f.

873 Siehe dazu weiter unten, Teil 2, Kap. F.II.3.b.bb.(3), 256 ff.

874 Statt vieler *Werndl* in: Kirchhoff/Söhn/Mellinghoff, EStG, Bd. 6, § 6 Rdnr. B12, B13 (213. Lfg., Oktober 2010); *Schubert/F. Huber* in: Förschle/Grottel/Schmidt/Schubert/Winkeljohann, Beck'scher Bilanzkommentar, 9. Aufl., § 247 HGB, Rn. 354; Vgl. *Güroff* in: Glanegger/Güroff, GewStG, 8. Aufl., § 8 Nr. 1d, Rn. 16, § 8 Nr. 1e, Rn. 1; *Fuchs/Lieber* in: Deloitte, GewStG, § 8 Nr. 1e, Rdn. 11; *Schnitter* in: Frotscher/Maas, GewStG, § 8, Rn. 131 (116. Lfg. 1/2013) sowie die Rechtsprechung des BFH zum fiktiven Anlagevermögen, vgl. BFH, *Urteil* vom 29.11.1972, I R 178/70, BStBl. II 1973, 148, BFHE 107, 468 (470); *Urteil* vom 30.3.1994, I R 123/93, BStBl. II 1994, 810, BFHE 174, 554 (556).

Verstetigungselement angelegt.[875] Um Anlagevermögen annehmen zu können, muss der betreffende Gegenstand so in die Betriebsabläufe des Steuerpflichtigen eingegliedert sein, dass er dem Betrieb entweder auf Dauer oder zur wiederholten betrieblichen Nutzung zur Verfügung steht.[876] Dieser Perpetuierungsgedanke ist daher – unter Berücksichtigung der betrieblichen Verhältnisse des Steuerpflichtigen – auch bei der fiktionalen Betrachtung des Anlagevermögens i.S.d. § 8 Nr. 1 lit. e GewStG zugrunde zu legen.

(1) Iterative Nutzungselemente als Indiz einer dauerhaften Verwendung?

Das Perpetuierungselement beinhaltet sowohl temporäre als auch iterative Komponenten. Beide Bestandteile stehen nebeneinander und sind jeweils für sich zu betrachten. Da im Fall einer Nutzungsüberlassung das Wirtschaftsgut dem Betrieb nur für eine begrenzte Zeit[877] (temporär) zur Verfügung steht oder gestellt wird und es damit an einer endgültigen (Eigentums-)Zuordnung zum Betrieb fehlt, ist ausgehend vom Bedürfnis des konkreten Betriebs darauf abzustellen, ob das Wirtschaftsgut entweder für seine Zwecke benötigt wird oder ständig für den Gebrauch hätte vorgehalten werden müssen.[878] Fehlt es an einer auf längere Dauer angelegten (tat-

---

875 Siehe BFH, *Urteil* vom 5.2.1987, IV R 105/84, BStBl. II 1987, 448, BFHE 149, 255 (259, 260) m.w.N. aus der Rechtsprechung und Literatur. In diesem Sinne ist auch der Ansatz von *Boller/Franke* zu verstehen, welche dann die Dauerhaftigkeit des Wirtschaftsguts in Beziehung zur Dauer des Mietverhältnisses setzen, siehe *Boller/Franke*, Praxisprobleme bei der gewerbesteuerlichen Hinzurechnung von Miet- und Pachtzinsen, BB 2012, 2920 (2923).

876 *Schubert/F. Huber* in: Förschle/Grottel/Schmidt/Schubert/Winkeljohann, Beck'scher Bilanzkommentar, 9. Aufl., § 247 HGB, Rn. 354; *Werndl* in: Kirchhoff/Söhn/Mellinghoff, EStG, Bd. 6, § 6 Rdnr. B13 (213. Lfg., Oktober 2010).

877 Die zeitliche Begrenzung wird nicht dadurch ausgeschlossen, dass Nutzungsverhältnisse sehr langfristig angelegt sein können. Die Befristung der Gebrauchsüberlassung ist maßgebliches Abgrenzungsmerkmal der Miete zum Kauf, wie bereits in § 535 Abs. 1 BGB durch den Terminus „Mietzeit" zum Ausdruck kommt.

878 So auch *Güroff* in: Glanegger/Güroff, GewStG, 8. Aufl., § 8 Nr. 1d, Rn. 16; § 8 Nr. 1e, Rn. 1; *Schnitter* in: Frotscher/Maas, GewStG, § 8, Rn. 102 (116. Lfg. 1/2013); *Fuchs/Lieber* in: Deloitte, GewStG, § 8 Nr. 1e, Rdn. 11; vgl. auch *Roser*, Gewerbesteuerliche Hinzurechnungen von Nutzungsentgelten nach § 8 Nr. 1d bis f GewStG, ifst-Schrift Nr. 497, S. 57; siehe auch BFH, *Urteil* vom 30.3.1994, I R 123/93, BStBl. II 1994, 810, BFHE 174, 554 (556).

sächlichen) Eingliederung des Wirtschaftsguts, wie dies beispielsweise bei nur kurzzeitigen Miet- oder Nutzungsverhältnissen der Fall ist, ließen sich ggf. durch Einbeziehung der iterativen Komponente über die Art der Verwendung des Wirtschaftsguts Rückschlüsse für dessen Zweckbestimmung ziehen.[879] Entsprechend scheint auch eine in der Literatur verbreitete Ansicht auf derartige iterative Nutzungselemente abstellen zu wollen.[880] In Abgrenzung dazu sollen lediglich gelegentliche Anmietungen außen vor bleiben und eine Anlagevermögenseigenschaft nicht begründen können.[881]

Durch die Einbeziehung iterativer Elemente könnte eine schwächer ausgeprägte temporäre Komponente ausgeglichen werden. Das spräche durchaus für eine entsprechende Berücksichtigung. So könnten aus einer fortlaufenden oder sich wiederholenden Verwendung Rückschlüsse auf eine dauerhafte oder auf Dauer angelegte Nutzung des Wirtschaftsguts gezogen werden und damit das Vorliegen der Anlagevermögenseigenschaft bestätigt werden. Greift man allerdings auf das iterative Element zur Bestätigung des Perpetuierungsansatzes zurück, stellen sich weitere Fragen.

---

879 Vgl. BFH, *Urteil* vom 25.10.2001, IV R 47, 48/00, BStBl. II 2002, 289, BFHE 197, 109 (112) m.w.N.

880 *Schnitter* in: Frotscher/Maas, GewStG, § 8, Rn. 102 (116. Lfg. 1/2013); *Fuchs/Lieber* in: Deloitte, GewStG, § 8 Nr. 1e, Rdn. 11; *Sarrazin* in: Lenski/Steinberg, GewStG, § 8 Nr. 1 Buchst. e, Rz. 17 (Lfg. 106, März 2013); *Boller/Franke*, Praxisprobleme bei der gewerbesteuerlichen Hinzurechnung von Miet- und Pachtzinsen, BB 2012, 2920 (2923); ebenso *Roser*, Gewerbesteuerliche Hinzurechnungen von Nutzungsentgelten nach § 8 Nr. 1d bis f GewStG, ifst-Schrift Nr. 497, S. 57. Selbst *Kohlhaas*, einer der vehementesten Kritiker des Nds. FG, schließt bei wiederholten Anmietungen die Möglichkeit nicht aus, dass ein Wirtschaftsgut dem Betrieb auf Dauer dienen könne, vgl. *Kohlhaas,* Das fiktive Anlagevermögen i.S. des § 8 Nr. 1 Buchst. e GewStG, DStR 2014, 296 (301); so auch zum Anlagevermögensbegriff im EStG *Werndl* in: Kirchhoff/Söhn/Mellinghoff, EStG, Bd. 6, § 6 Rdnr. B12, B13 (213. Lfg., Oktober 2010).

881 So ausdrücklich *Sarrazin* in: Lenski/Steinberg, GewStG, § 8 Nr. 1 Buchst. e Rz. 17 (Lfg. 106, März 2013); i.d.S. auch *Boller/Franke*, Praxisprobleme bei der gewerbesteuerlichen Hinzurechnung von Miet- und Pachtzinsen, BB 2012, 2920 (2923); *Roser*, Gewerbesteuerliche Hinzurechnungen von Nutzungsentgelten nach § 8 Nr. 1d bis f GewStG, ifst-Schrift Nr. 497, S. 60, der von „selten betrieblich genutzt“ spricht.

(2) Abgrenzungsfragen bei mehrfachen Anmietungen

Will man auf die iterative Komponente zurückgreifen, muss man untersuchen, wann aus einer nur gelegentlichen Anmietung eine wiederholte Anmietung wird. Das Wort „gelegentlich“ beschreibt eine Häufigkeit[882] und ist im hiesigen Kontext so zu verstehen, dass eine Anmietung nur „ab und zu“, also manchmal, erfolgt. Es geht also um die Quantität von Anmietungen innerhalb einer bestimmten Periode. Insoweit wäre zu klären, welchen Zeitraum es zu betrachten gilt und welche Anzahl von Anmietungen erreicht werden muss, um wiederholte Anmietungen und damit eine dauerhafte Verwendung annehmen zu können.[883]

(i) Periodenübergreifende Betrachtung

Das Niedersächsische Finanzgericht[884] hat auf der Grundlage der sachverhaltlichen Feststellungen, wonach kontinuierlich über mehrere Erhebungszeiträume hinweg im Wesentlichen dieselben Veranstaltungsimmobilien angemietet wurden, sich dafür entschieden, fiktives Anlagevermögen bezüglich der unbeweglichen Wirtschaftsgüter anzunehmen.[885] Hier ließe sich einwenden, dass eine über mehrere Zeiträume hinweg erfolgte Betrachtung gegen das Periodizitätsprinzip, welches in der als Jahressteuer konzipierten Gewerbesteuer niedergelegt ist, verstößt. Folgte man einem solchen auf einen Erhebungszeitraum beschränkten Ansatz, wären jedenfalls einzelne der Anmietungen wohl als nur „gelegentlich“, weil eben

---

882 „Gelegentlich“ ist daher nicht gleichzusetzen mit „kurzfristig“. Anders *Kohlhaas*, Das fiktive Anlagevermögen i.S. des § 8 Nr. 1 Buchst. e GewStG, DStR 2014, 296 (300), der jedoch iterative und temporäre Elemente verwechselt bzw. miteinander vermischt; vgl. *ders.*, Gewerbesteuerliche Hinzurechnung bei kurzfristiger/gelegentlicher Anmietung, StBW 2012, 308 (309).

883 Die Frage, wo die Grenze zu ziehen ist, wenn in dem Wiederholungselement ein Hinweis auf einen ständigen Bedarf innerhalb des Gewerbebetriebs gesehen wird, stellt sich auch *Roser*, Gewerbesteuerliche Hinzurechnungen von Nutzungsentgelten nach § 8 Nr. 1d bis f GewStG, ifst-Schrift Nr. 497, S. 57.

884 Nds. FG, *Urteil* vom 26.5.2011, 10 K 290/10, EFG 2011, 2101.

885 Das Gericht führt aus, dass bei der vorliegenden wiederholten Anmietung desselben Objektes für jeweils 40 - 60 Veranstaltungen im Jahr über Jahre hinweg die Möglichkeit einer Anschaffung als sinnvolle Alternative zur Anmietung durchaus naheliege, vgl. Nds. FG, *Urteil* vom 26.5.2011, 10 K 290/10, EFG 2011, 2101 (2102).

nicht häufig, einzustufen gewesen. Allgemein würde eine solche erhebungszeitraumbezogene Sichtweise dazu führen, auch mehrmalige, aber unregelmäßige Anmietungen im Jahr außer Acht zu lassen. Da allerdings die konkreten betrieblichen Verhältnisse des Steuerpflichtigen den Prüfungsmaßstab der Betrachtung der (fiktiven) Anlagevermögenseigenschaft bilden und diese betrieblichen Verhältnisse in Gänze zu beleuchten sind, wäre eine Herauslösung eines einzelnen Erhebungszeitraums wohl als willkürlich zu bezeichnen. Denn auch wenn in einem Erhebungszeitraum nur vereinzelte Anmietungen zu verzeichnen sind, können diese im anderen Erhebungszeitraum an Intensität und Bedeutung für den Gewerbebetrieb gewonnen haben. Eine zeitliche Gesamtbetrachtung kann ein genaueres Bild der betrieblichen Verhältnisse und der Bedürfnisse des Gewerbebetriebs mit Blick auf die benötigten Wirtschaftsgüter vermitteln, als der Rückgriff auf einen singulären Erhebungszeitraum. Daher wäre der periodenübergreifenden Sichtweise des Niedersächsischen Finanzgerichts[886] im Grundsatz zuzustimmen.

(ii) Indizielle Bedeutung der periodenübergreifenden Nutzung

Hinzu kommt, dass es um die Frage der Zweckbestimmung des Wirtschaftsguts im Betrieb und damit in erster Linie um ein subjektives Element geht, welches anhand objektiver Merkmale nachzuweisen ist.[887] So werden auch in anderen Fällen, in denen subjektive Tatbestandselemente anhand objektiver Merkmale nachgewiesen werden müssen, die Wertungen dieser objektiven Merkmale nicht auf einen Besteuerungszeitraum beschränkt, sondern mehrere Perioden betrachtet[888], wobei vergangene Abschnitte wichtige Anhaltspunkte bieten[889], da sie die Unveränderlichkeit der Verhältnisse in sich tragen. Eine solche periodenübergreifende Be-

886 Nds. FG, *Urteil* vom 26.5.2011, 10 K 290/10, EFG 2011, 2101.

887 BFH, *Urteil* vom 25.10.2001, IV R 47, 48/00, BStBl. II 2002, 289, BFHE 197, 109 (112).

888 Vgl. zur indiziellen Bedeutung des zeitlichen Zusammenhangs zur Bestimmung der Gewinnerzielungsabsicht beim gewerblichen Grundstückshandel BFH, *Beschluss* vom 10.12.2001, GrS 1/98, BStBl. II 2002, 291, BFHE 197, 240 (246) und bei sog. Liebhaberei BFH, *Beschluss* vom 25.6.1984, GrS 4/82, BStBl. II 1984, 751, BFHE 141, 405 (436).

889 Vgl. BFH, *Beschluss* vom 25.6.1984, GrS 4/82, BStBl. II 1984, 751, BFHE 141, 405 (436).

trachtung sollte aber nicht bedeuten, dass rückwirkend ohne weitere Anhaltspunkte andere Wertungen betreffend frühere Erhebungszeiträume zu treffen wären.[890]

Bedenken gegen die Entscheidung des Niedersächsischen Finanzgerichts ergeben sich aber aus folgenden Gründen. Sie bezieht undifferenziert alle 13 Veranstaltungsimmobilien in die Betrachtung ein. Zwar konnte für alle Veranstaltungsimmobilien festgestellt werden, dass diese mehrfach angemietet wurden. Allerdings war nur bei vier Objekten eine mehr als zwölfmalige Anmietung festzustellen. Nur bei dreien davon betrug die kumulierte Nutzung jeweils mehr als sechs Wochen im Jahr. Dagegen wurden neun der Objekte nur ein- bis viermal im Jahr gemietet.[891] Ob man aus diesen Tatsachen indessen bereits die Schlussfolgerung ziehen kann, aufgrund der Häufigkeit der Nutzung seien wenigstens drei Objekte be-

---

890 In der Sache ist dies vergleichbar mit der Beweisproblematik beim gewerblichen Grundstückhandel. Auch dort sind für die Zeiträume vor dem Erreichen der Drei-Objekt-Grenze besondere Tatsachenfeststellungen zu treffen (§ 88 Abs. 2 AO, § 76 Abs. 1 FGO). Denn die Zahl der veräußerten Objekte und der zeitliche Abstand der maßgeblichen Tätigkeiten haben für die Frage der Zuordnung von Grundstücksgeschäften zur privaten Vermögensverwaltung oder zum gewerblichen Bereich nur indizielle Bedeutung, vgl. BFH, *Beschluss* vom 3.7.1995, 1 GrS 1/93, BStBl. II 1995, 617, BFHE 178, 86 (92). Es sind nur solche Grundstücksgeschäfte als gewerblich zu beurteilen, die in einem solchen sachlichen und zeitlichen Zusammenhang zueinander stehen, dass der Schluss auf einen einheitlichen gewerblichen Betätigungswillen möglich ist. Um auf eine Gewerblichkeit insgesamt schließen zu können, muss der gewerbliche Betätigungswille auch beim ersten in die Gesamtwürdigung einzubeziehenden Veräußerungsvorgang vorliegen, vgl. BFH, *Urteil* vom 13.1.1993, X R 139/90, BFH/NV 1993, 474 (475). Daher können spätere Ereignisse lediglich eine bereits im Streitjahr vorhandene Absicht, sich gewerblich zu betätigen, bestätigen. Sie können auch bewirken, dass eine ursprüngliche Beurteilung sachlich unrichtig war. Das ersetzt aber nicht, dass Tatsachenermittlungen für vorhergehende Jahre anzustellen sind. Erst recht folgt aus späteren gegenteiligen Feststellungen keine Rückwirkung i.S.d. § 175 Abs. 1 S. 2 i.V.m. Abs. 1 S. 1 Nr. 2 AO, vgl. BFH, *Urteil* vom 6.7.1999, VIII R 17/97, BStBl. II 2000, 306, BFHE 189, 302 (306). Damit steht auch im Einklang, dass beim vergleichbaren Problem der Liebhaberei dem Steuerpflichtigen Anfangsverluste zugestanden werden, vgl. dazu bspw. BFH, *Urteil* vom 23.5.2007, X R 33/04, BStBl. II 2007, 874, BFHE 218, 163 (169) m.w.N.

891 Auf die Unterschiede der Mietobjekte und eine fehlende Vergleichbarkeit weist *Kohlhaas* ergänzend in seinen Fn. 46 und 47 hin, *Kohlhaas*, Das fiktive Anlagevermögen i.S. des § 8 Nr. 1 Buchst. e GewStG, DStR 2014, 296 (301).

züglich ihrer Nutzung als dauerhaft in den Betrieb eingegliedert anzusehen[892], oder ob nicht bereits die regelmäßigen ein- bis viermaligen Anmietungen im Jahr für eine solche Annahme genügen, zeigt, dass Abgrenzungen schwierig sind. Das Urteil knüpft exakt daran an und meint mit dem simplen Hinweis, praktikable Grenzziehungen seien unmöglich[893], keine weiteren Differenzierungen anstellen zu müssen. Es setzt sich insoweit über das Argument hinweg, es müsste der Mietvertragszweck berücksichtigt werden.[894] Daraus könnten sich aber weitere Anhaltspunkte, insbesondere für die Art der Verwendung ergeben.

(3) Die Art der Verwendung in Abhängigkeit von spezifischen Bedürfnissen?

(i) Einbeziehung kundenspezifischer Betrachtungen?

Ausgehend von *Kohlhaas'* Gedanken, den Zweck eines Mietvertrags bei der Wertung zu berücksichtigen[895], könnte man daran denken, eine zusätzliche Betrachtungsebene in die Wertung einzubeziehen. So kann nämlich die Art der Verwendung des Wirtschaftsguts von bestimmten Bedürfnissen und Interessen Dritter abhängen. Ist das der Fall, würde eine Anmietung oder Benutzung eines Wirtschaftsguts auf besonderen Erwägungen beruhen, die sich als kundenspezifische Bedürfnisse bezeichnen lassen.

---

892 I.d.S. wohl, wenn auch nicht nach der konkreten Immobilie differenzierend, *Schnitter* in: Frotscher/Maas, GewStG, § 8, Rn. 102 (116. Lfg. 1/2013); *Fuchs/Lieber* in: Deloitte, GewStG, § 8 Nr. 1e, Rdn. 11; *Sarrazin* in: Lenski/Steinberg, GewStG, § 8 Nr. 1 Buchst. e, Rz. 17 (Lfg. 106, März 2013); *Mohr* in: Bergemann/Wingler, GewStG, § 8, Rz. 360.

893 Nds. FG, *Urteil* vom 26.5.2011, 10 K 290/10, EFG 2011, 2101 (2102).

894 So bereits vor der Entscheidung *Kohlhaas,* Erhöhen alle Miet- und Pachtzinsen den Gewerbeertrag?, FR 2009, 381 (384).

895 *Kohlhaas,* Erhöhen alle Miet- und Pachtzinsen den Gewerbeertrag?, FR 2009, 381 (384, 385); *ders.*, Hinzurechnung von Miet- und Pachtzinsen gem. § 8 Nr. 1 e) GewStG bei kurzfristiger Anmietung?, FR 2011, 800 (804); *ders.*, Das fiktive Anlagevermögen i.S. des § 8 Nr. 1 Buchst. e GewStG, DStR 2014, 296 (297, 301). Im Ansatz so auch *Roser*, Gewerbesteuerliche Hinzurechnungen von Nutzungsentgelten nach § 8 Nr. 1d bis f GewStG, ifst-Schrift Nr. 497, S. 57; *Boller/Franke*, Praxisprobleme bei der gewerbesteuerlichen Hinzurechnung von Miet- und Pachtzinsen, BB 2012, 2920 (2923).

Die Berücksichtigung kundenspezifischer Erwägungen ist der Prüfung der Anlagevermögenseigenschaft als solcher nicht fremd, wie ein Blick in die ältere Rechtsprechung des BFH belegt. So hatte der BFH beispielsweise in seinen Entscheidungen vom 28.2.1961[896] und 8.10.1970[897] u.a. an die Ausformung einer konkreten Benutzungsbefugnis des Steuerpflichtigen in Bezug zu einem Wirtschaftsgut im Verhältnis zu seinem Kunden angeknüpft. In beiden Fällen ging es um die Frage, ob ein für eine Auftragsproduktion gesondert angefertigtes Modell bzw. eine Form[898] zum Anlage- oder zum Umlaufvermögen gehöre, wenn diese Form in einer Auftragsproduktion für einen spezifischen Kunden eingesetzt wird. In den konkreten Fällen unterschied der BFH danach, ob die Formen über die konkrete Auftragsproduktion hinaus einen wirtschaftlichen Wert für den Betrieb behielten, wenn der konkrete Auftrag beendet ist.[899] Einen solchen wirtschaftlichen Wert sah der BFH beispielsweise darin, dass die Formen dem Besteller einen Anreiz boten, weitere gleichartige Aufträge zu erteilen oder für die Durchführung anderer Aufträge benutzt werden konnten. Da in beiden Fällen die Formen im Betrieb des Werkunternehmers über den konkreten Auftrag hinaus tatsächlich benutzt wurden und auch eingesetzt werden durften, waren diese nicht als Betriebsmittel im laufenden Herstellungsprozess, also als Umlaufvermögen, sondern als Anlagevermögen einzustufen gewesen. Damit hat der BFH die Art der (weiteren) Verwendung ausgehend von den konkreten Einsatz- bzw. Nutzungsbedingungen zum Anknüpfungspunkt seiner Argumentation gemacht.

Bezogen auf die Feststellung der Anlagevermögenseigenschaft von Veranstaltungsimmobilien lässt sich darauf aufbauend zunächst konstatieren, dass ausgehend vom Geschäftszweck, nämlich Veranstaltungen bzw. Reisen zu organisieren und auszuführen, sich die damit im Zusammen-

---

896 BFH, *Urteil* vom 28.2.1961, I 195/60 U, BStBl. III 1961, 384, BFHE 73, 322.

897 BFH, *Urteil* vom 8.10.1970, IV R 125/69, BStBl. II 1971, 51, BFHE 100, 249.

898 Im Urteil vom 28.2.1961 (Fn. 896) ging es um gesondert angefertigte Stanzwerkzeuge. Im Urteil vom 8.10.1970 (Fn. 897) ging es um Sonderanfertigungen von Spritzgussformen.

899 Konkret wies der BFH im Urteil vom 8.10.1970 darauf hin, dass dann, wenn die Form nicht zur Ausführung eines einmaligen, verhältnismäßig kurzfristigen Auftrages verwendet wird und betriebswirtschaftlich gesehen diese nicht in dem konkreten Auftrag aufgeht, sondern dazu bestimmt war, in einem mehrjährigen Zeitraum der Durchführung laufender Aufträge, wenn auch für einen bestimmten Kunden zu dienen, Anlagevermögen anzunehmen sei, vgl. BFH, *Urteil* vom 8.10.1970, IV R 125/69, BStBl. II 1971, 51, BFHE 100, 249 (252).

hang stehende konkrete Anmietung bzw. Benutzung von Veranstaltungsimmobilien nicht zuletzt nach den Bedürfnissen und Interessen des jeweiligen Kunden richtet. Vor allem bei einem Konzertveranstalter lässt sich nicht ohne Weiteres von der Hand weisen, dass die Auswahl der konkreten Lokalität den Bedürfnissen des Darbietenden folgen wird. Welche konkreten Bedürfnisse das im Einzelnen sind, wird im spezifischen Veranstaltungs- oder Konzertaufführungsvertrag festgehalten.[900] Aber auch bei Reiseveranstaltern ist – in Anhängigkeit vom verfolgten Geschäftsmodell – eine solche kundenspezifische Auswahl nicht unbedingt ausgeschlossen. Lässt man solche kundenspezifischen Beweggründe in die Wertung einfließen, würde sich die Verwendung im Betrieb exakt mit dem Ablauf der vereinbarten Nutzungsdauer erschöpfen.[901] Dann liegt es m.E. nicht fern, von einer sich „verbrauchenden“ Benutzung zu sprechen. Dies spräche dann gegen eine Verstetigung bzw. Perpetuierung des Wirtschaftsguts innerhalb des Betriebs, sodass auch ein dauerhaftes Dienen des Wirtschaftsguts im Betrieb des Steuerpflichtigen per se ausscheiden würde.

(ii) Einbeziehung objektspezifischer Betrachtungen?

Der durch eine iterative Nutzung einer Immobilie indizierten Perpetuierung der Veranstaltungsimmobilie will *Kohlhaas,* soweit er die Berücksichtigung des Mietvertragszwecks in den Vordergrund stellt[902], allerdings nicht mittels einer kundenspezifischen Betrachtung, sondern in der Weise begegnen, dass er mietobjektspezifische Wertungen einführt. So stellt er heraus, dass sich der Zweck einer jeweiligen Anmietung einer Konzertim-

900 Siehe dazu *Michow/Ulbricht*, Veranstaltungsrecht, § 3 Rn. 170 ff.

901 Dieser Gedanke ließe sich auch RFH, *Urteil* vom 8.2.1928, VI A 374/27, StuW 1928, Nr. 162 entnehmen, wonach zum Gegenstand des Anlagekapitals diejenigen Gegenstände gerechnet werden, deren Nutzen sich nicht in einem Akte erschöpft, sondern die auch bei allmählicher Abnutzung dauernd im Betrieb gebraucht werden sollen.

902 *Kohlhaas,* Erhöhen alle Miet- und Pachtzinsen den Gewerbeertrag?, FR 2009, 381 (384, 385); *ders.*, Hinzurechnung von Miet- und Pachtzinsen gem. § 8 Nr. 1 e) GewStG bei kurzfristiger Anmietung?, FR 2011, 800 (803, 804); *ders.*, Das fiktive Anlagevermögen i.S. des § 8 Nr. 1 Buchst. e GewStG, DStR 2014, 296 (297, 301). Im Ansatz dem folgend *Roser*, Gewerbesteuerliche Hinzurechnungen von Nutzungsentgelten nach § 8 Nr. 1d bis f GewStG, ifst-Schrift Nr. 497, S. 57; *Boller/Franke*, Praxisprobleme bei der gewerbesteuerlichen Hinzurechnung von Miet- und Pachtzinsen, BB 2012, 2920 (2923).

mobilie daran orientiert, dass diese nur an Ort und Stelle nutzbar sei, unterschiedliche Größen, Fassungsvermögen und Ausstattungsmerkmale vorhanden seien und sie deshalb keine Anlagevermögenseigenschaft haben könnten, weil es ihnen im Gegensatz zu beweglichen Wirtschaftsgütern an einer generellen Einsetzbarkeit fehle.[903] Daher sei seines Erachtens danach zu unterscheiden, ob lediglich *eine* Immobilie ständig oder regelmäßig wiederholt oder *eine Vielzahl* von Immobilien vereinzelt angemietet werden.[904] Nur im ersten Fall könne eine Anlagevermögenseigenschaft begründet werden[905], anderenfalls handele es sich um gelegentliche Anmietungen.[906] In der Sache stellt *Kohlhaas* hier die Beschaffenheit eines Wirtschaftsguts heraus und setzt diese in Relation zu iterativen Elementen. Damit gesteht er allerdings auch zu, dass die Entscheidung des Niedersächsischen Finanzgerichts mit Blick auf die mehrfach wiederholt angemieteten Veranstaltungsimmobilien in der Sache nicht zwingend falsch sein muss.[907]

Indessen wäre auch eine solche, die Ansicht des Niedersächsischen Finanzgerichts letztlich stützende Betrachtung auch nicht hinreichend überzeugend. Vor allem die Anknüpfung an Beschaffenheitsmerkmale macht nämlich deutlich, dass es neben den Häufigkeitsanforderungen an eine

903 *Kohlhaas,* Erhöhen alle Miet- und Pachtzinsen den Gewerbeertrag?, FR 2009, 381 (385); *ders.*, Hinzurechnung von Miet- und Pachtzinsen gem. § 8 Nr. 1 e) GewStG bei kurzfristiger Anmietung?, FR 2011, 800 (803, 804); *ders.*, Das fiktive Anlagevermögen i.S. des § 8 Nr. 1 Buchst. e GewStG, DStR 2014, 296 (297, 301).

904 *Kohlhaas*, Hinzurechnung von Miet- und Pachtzinsen gem. § 8 Nr. 1 e) GewStG bei kurzfristiger Anmietung?, FR 2011, 800 (803, 804); *ders.* Das fiktive Anlagevermögen i.S. des § 8 Nr. 1 Buchst. e GewStG, DStR 2014, 296 (301); vgl. auch *Boller/Franke*, Praxisprobleme bei der gewerbesteuerlichen Hinzurechnung von Miet- und Pachtzinsen, BB 2012, 2920 (2923); ebenso *Haupt*, Gewerbesteuerliche Hinzurechnung von Finanzierungsanteilen, SteuK 2012, 429 (432).

905 *Kohlhaas*, Das fiktive Anlagevermögen i.S. des § 8 Nr. 1 Buchst. e GewStG, DStR 2014, 296 (301) und die dortigen Fn. 46, 47. Ebenso *Roser*, Gewerbesteuerliche Hinzurechnungen von Nutzungsentgelten nach § 8 Nr. 1d bis f GewStG, ifst-Schrift Nr. 497, S. 57, Fn. 192.

906 Anderer Ansicht *Sarrazin* in: Lenski/Steinberg, GewStG, § 8 Nr. 1 Buchst. e, Rz. 17 (Lfg. 106, März 2013), der auf den Unternehmenszweck und nicht auf den Mietvertragszweck rekurriert.

907 *Kohlhaas*, Das fiktive Anlagevermögen i.S. des § 8 Nr. 1 Buchst. e GewStG, DStR 2014, 296 (301) und die dortigen Fn. 46, 47. Dem zustimmend auch *Roser*, Gewerbesteuerliche Hinzurechnungen von Nutzungsentgelten nach § 8 Nr. 1d bis f GewStG, ifst-Schrift Nr. 497, S. 57, Fn. 192.

Anmietung weiterer, nachfolgend zu erörternder Parameter bei der Betrachtung der Anlagevermögenseigenschaft bedürfen wird, bevor aus mehrfachen Anmietungen von Wirtschaftsgütern taugliche Schlussfolgerungen mit Blick auf diese gezogen werden können.

cc. Die Art des Wirtschaftsguts – das Substitutionsargument

Bei der Frage der Zweckbestimmung eines Wirtschaftsguts soll auch dessen Art berücksichtigt werden. Was die Art des Wirtschaftsguts ist, bestimmt sich zunächst zwar nach dem Typus des Wirtschaftsguts, also danach, ob es sich um ein unbewegliches, bewegliches oder immaterielles Wirtschaftsgut handelt. Diese durch § 8 Nr. 1 lit. d bis f GewStG vorgegebene Grobuntergliederung allein genügt indes nicht. Es ist innerhalb der jeweiligen Typen die Zweckbestimmung des konkreten Wirtschaftsguts zu untersuchen. Ein Anhaltspunkt des Grundes seines Einsatzes im Geschäftsbetrieb und der Dienlichkeit innerhalb dessen, könnte sich aus seiner spezifischen Beschaffenheit ergeben.

(1) Die Beschaffenheit des Wirtschaftsguts als Abgrenzungsmerkmal der Substitution?

Naturgemäß ist der Einsatz eines Wirtschaftsguts im Geschäftsbetrieb des Steuerpflichtigen in seiner Art selbst begründet. Aufgrund seiner Eigenschaften und Merkmale hat sich der Steuerpflichtige für dessen (wie auch immer geartete) Benutzung entschieden. Weist das konkrete Wirtschaftsgut Eigenschaften oder Merkmale auf, die auch andere Wirtschaftsgüter haben und sind diese anderen Wirtschaftsgüter derselben Art des konkret eingesetzten Wirtschaftsguts zuzuordnen, ist der Steuerpflichtige nicht notwendigerweise an den Einsatz des konkreten Wirtschaftsguts gebunden. Er kann dieses durch ein mit denselben oder vergleichbaren Eigenschaften ausgestattetes Wirtschaftsgut ersetzen.

Damit geht es in der Sache um die Substitutionsfähigkeit von Wirtschaftsgütern, die für die Frage der Zweckbestimmung eines Wirtschaftsguts eine maßgebliche Rolle spielen wird. Insoweit gewinnt die Art des Wirtschaftsguts für die Frage der Einordnung desselben zum (fiktiven) Anlagevermögen an Bedeutung. Denn es geht um einen auf Dauer angelegten Einsatz des Wirtschaftsguts im Betrieb. Wie bereits ausgeführt, beinhaltet das insofern zu berücksichtigende Perpetuierungselement zwei Komponenten, eine temporäre und eine iterative Komponente.[908] Kann ein Wirtschaftsgut durch ein anderes, aber in seiner Beschaffenheit gleichartiges Wirtschaftsgut ersetzt werden und ist damit eine Austauschbarkeit gegeben, kann die temporäre Komponente in den Hintergrund treten. Es kommt dem Steuerpflichtigen nicht mehr auf den Einsatz des konkreten Wirtschaftsguts, sondern auf dessen Beschaffenheit an. Bei fehlender Substituierbarkeit des konkreten Wirtschaftsguts wird man dagegen, um dem Perpetuierungselement Rechnung tragen zu können, das iterative Element in den Vordergrund rücken müssen. Wenn also, wie bei § 8 Nr. 7 GewStG a.F., der Dauer des konkreten Nutzungsverhältnisses bei der Betrachtung der Zweckbestimmung des Wirtschaftsguts keine maßgebliche Rolle zuteil werden soll[909], wird es auf die Ersatzfähigkeit des konkreten Wirtschaftsguts ankommen. Die Substitutionsfähigkeit eines Wirtschaftsguts wird man an der Beschaffenheit desselben bemessen müssen, der damit eine maßgebliche Rolle bei der Betrachtung der Anlagevermögenseigenschaft zukommt.

Vorstehendes spiegelt sich in den zu § 8 Nr. 7 GewStG a.F. geäußerten Ansichten der Literatur wider. So sollte es genügen, wenn Wirtschaftsgüter dieser oder gleicher Art dem Betrieb des Nutzenden für längere Zeit dienten, ohne dass eine nur zeitlich befristete Überlassung des Wirtschaftsguts dessen Charakter als Anlagevermögen ausschlösse oder dessen dauerhafter Verbleib beim Mieter vorausgesetzt war.[910] Damit wurde aber nicht auf das konkrete, dem Steuerpflichtigen zur Nutzung überlassene Wirtschaftsgut abgestellt, sondern auf gleichartig beschaffene, also in der Sache vergleichbare Wirtschaftsgüter, was in der Sache auch richtig war.[911] In diesem Sinne hatte sich auch die Rechtsprechung zu dieser Norm geäußert. So meinte im Konzertbestuhlungsurteil der BFH, dass *derartige* Wirtschaftsgüter ständig für die Konzertveranstaltungen benötigt würden.[912] Ein wesentlicher Argumentationspunkt war für das Gericht in-

---

908 Siehe oben Teil 2, Kap. F.II.3.b.bb., 250.

909 Siehe oben Teil 2, Kap. F.II.3.b.aa.(1), 242.

910 So statt vieler *Sarrazin* in: Lenski/Steinberg, GewStG, § 8 Nr. 7, Anm. 17 (Lfg. 95, August 2008); *ders.* zu § 8 Nr. 1 Buchst. e, Rz. 17 (Lfg. 106, März 2013); *Güroff* in: Glanegger/Güroff, GewStG, 6. Aufl., § 8 Nr. 7, Anm 11.

911 Darauf zu Recht hinweisend *Kohlhaas*, Hinzurechnung von Miet- und Pachtzinsen gem. § 8 Nr. 1 e) GewStG bei kurzfristiger Anmietung?, FR 2011, 800 (803).

912 BFH, *Urteil* vom 30.3.1994, I R 123/93, BStBl. II 1994, 810, BFHE 174, 554 (556).

soweit die vielseitige Verwend- und Einsetzbarkeit der Wirtschaftsgüter und die Möglichkeit ihres Einsatzes an verschiedenen Orten.[913] Auf derselben Linie liegt das Containerurteil.[914] Auch dort waren die betreffenden Wirtschaftsgüter, die Container, vielseitig verwend- und einsetzbar. Insofern wurde das konkrete Wirtschaftsgut als eine Art Gattung verstanden. Reduziert man diese Aussagen auf ihren Kern, standen keine spezifisch individualisierten Beschaffenheitsmerkmale der Wirtschaftsgüter im Vordergrund der Betrachtung, sondern solche, an denen ihre generelle Vergleichbarkeit gemessen werden konnte.

In dieselbe Richtung gehen auch, nunmehr unter Zugrundelegung der im Gesetz angelegten Unterscheidung zwischen beweglichen, unbeweglichen und immateriellen Wirtschaftsgütern, Äußerungen zum Anlagevermögensbegriff des § 8 Nr. 1 lit. e GewStG.[915] Auch hier wird die Beschaffenheit der zur Nutzung überlassenen Wirtschaftsgüter als bedeutsames Indiz bei der Prüfung der Anlagevermögenseigenschaft hervorgehoben. So soll eine Hinzurechnung für die Nutzung solcher Wirtschaftsgüter in Betracht kommen, die derart beschaffen sind, dass sie dem Betrieb länger dienen könnten.[916]

Auch das Preußische OVG hatte, sich mit der Anlagevermögenseigenschaft im Rahmen der gewerbesteuerlichen Hinzurechnung sog. Filmmieten beschäftigend, an die Beschaffenheit des Wirtschaftsguts angeknüpft, um daraus im Ergebnis abzuleiten, dass es an einer Substituierbarkeit des

---

913 FG Köln, *Urteil* vom 25.3.1993, 8 K 2752/92, EFG 1993, 732; BFH, *Urteil* vom 30.3.1994, I R 123/93, BStBl. II 1994, 810, BFHE 174, 554 (555), der gesondert herausstellt, dass die Anlagen und Vorrichtungen nicht fest mit dem Grund und Boden verbunden und daher auch in anderen Gebäuden einsetzbar waren.

914 BFH, *Urteil* vom 29.11.1972, I R 178/70, BStBl. II 1973, 148, BFHE 107, 468 (470).

915 Vgl. *Sarrazin* in: Lenski/Steinberg, GewStG, § 8 Nr. 1 Buchst. e, Rz. 17 (Lfg. 106, März 2013); *Gerritzen/Matheis,* Zur gewerbesteuerlichen Behandlung von Messekosten, DStR 2013, 236 (238); sinngemäß *Haupt*, Gewerbesteuerliche Hinzurechnung von Finanzierungsanteilen, SteuK 2012, 429 (432); ebenso *Kohlhaas*, Hinzurechnung von Miet- und Pachtzinsen gem. § 8 Nr. 1 e) GewStG bei kurzfristiger Anmietung?, FR 2011, 800 (803).

916 *Sarrazin* in: Lenski/Steinberg, GewStG, § 8 Nr. 1 Buchst. e, Rz. 17 (Lfg. 106, März 2013). Vereinzelt wird anstelle des Terminus „Art“ der Begriff „Typus“ verwendet, siehe *Haupt*, Gewerbesteuerliche Hinzurechnung von Finanzierungsanteilen, SteuK 2012, 429 (432). Keine Aussagen hierzu machen dagegen *Güroff* in: Glanegger/Güroff, GewStG, 8. Aufl.; *Fuchs/Lieber* in: Deloitte, GewStG; *Hidien* in: Hidien/Pohl/Schnitter, Gewerbesteuer, 15. Aufl.

konkreten Wirtschaftsguts fehle.[917] Kinobetreiber hatten an Filmverleiher Zahlungen dafür zu leisten, dass sie Filme spielen und aufführen konnten. Derartige Lizenzgebühren[918] sollten deshalb nicht der Hinzurechnung unterliegen, weil sie nicht für Betriebsmittel[919] geleistet wurden. Zur Begründung berief sich das Preußische OVG zwar darauf, dass die einzelnen Filme das Betriebskapital nicht verstärkten, weil die Filme[920] immer nur für kurze Zeit benutzt wurden.[921] Bei Lichte betrachtet stehen diese Aussagen nicht im Widerspruch zur späteren Rechtsprechung des BFH, wonach der Dauer eines Nutzungsverhältnisses und insbesondere der Kurzfristigkeit keine Bedeutung beigemessen werden soll.[922] Sie fußen vielmehr darauf, dass es dem Film selbst an einer maßgeblichen Eigenschaft fehlte, um dem Betrieb dauerhaft dienen zu können. Der Film durfte nämlich bestimmungsgemäß nur innerhalb eines gewissen Zeitraums aufge-

---

917 PrOVG, *Ent.* vom 17.6.1930, VIII.G.St. 464/29, RuPrVBl. Bd. 52 (1931), S. 232; siehe auch *Ent.* vom 12.12.1939, V (VIII) G St 53 54/39, RVBl. Bd. 61 (1940), S. 49.

918 Das PrOVG setzte, dem RG folgend, Lizenzen für Rechteüberlassungen den Pachtzinsen gleich, siehe RG, *Urteil* vom 28.9.1928, III 523/27, RGZ 122, 70 (73); RG, *Urteil* vom 18.10.1932, VII 132/32, RGZ 137, 358 (359). Diese Ansicht stützte sich auf eine wirtschaftliche Betrachtungsweise, vgl. dazu PrOVG, *Ent.* vom 15.11.1929, VIII.G.St. 333/29, RuPrVBl. Bd. 51 (1930), S. 230 (231); *Ent.* vom 17.12.1935, VIII.G.St. 434/33, RuPrVBl. Bd. 57 (1936), S. 189. Auch der RFH folgte unter Berufung auf das PrOVG noch dieser Ansicht, vgl. RFH, *Urteil* vom 23.4.1940, I 117/39, RStBl. 1940, 724; Vorstehendes bejahend *Blümich/Boyens/Steinbring*, GewStG 1936, 4. Aufl., § 8, Anm. 36. Die Gleichstellung der Lizenzgebühren mit Miet- und Pachtzinsen lehnte der BFH erstmals in seinem *Urteil* vom 12.7.1960, I 96/59 S, BStBl. III 1960, 387, BFHE 71, 368 (374) ab und folgte auf der Basis der Entscheidung vom 23.7.1957, I 50/55 U, BStBl. III 1957, 306, BFHE 65, 189 (190) der bürgerlich-rechtlichen Interpretation der Miet- und Pachtzinsen.

919 Als Betriebsmittel wurden solche Gegenstände verstanden, die nicht nur vorübergehend, sondern für eine gewisse Dauer im Betrieb benutzt werden, vgl. PrOVG, *Ent.* vom 17.6.1930, VIII.G.St. 464/29, RuPrVBl. Bd. 52 (1931), S. 232.

920 Rechtlich richtig wird man wohl von einem mit dem konkreten Film verbundenen Aufführungsrecht sprechen müssen. Gemeint ist also die dem Filmvorführer gewährte nicht-exklusive Lizenz; siehe dazu auch *Mohr* in: Bergemann/Wingler, GewStG, § 8, Rz. 247. Zum Inhalt solcher Aufführungsrechte siehe *Schulze* in: Dreier/Schulze, UrhG, 4. Aufl., Vor § 31 Rn. 298; vgl. auch BFH, *Urteil* vom 25.2.1955, III 187/51 U, BStBl. III 1955, 96, BFHE 60, 243 (248, 249).

921 PrOVG, *Ent.* vom 17.6.1930, VIII.G.St. 464/29, RuPrVBl. Bd. 52 (1931), S. 232.

922 BFH, *Urteil* vom 29.11.1972, I R 178/70, BStBl. II 1973, 148, BFHE 107, 468 (470).

führt werden. Die fehlende Dauerhaftigkeit lag also in der Natur des dem Lichtspieltheater gewährten Vorführrechts selbst.[923] Der Film war damit ein Unikat. Es fehlte ihm an einer Austauschbarkeit, weshalb er nicht die Beschaffenheit aufweisen konnte, dem Betrieb auf Dauer zu dienen.[924] Das mit ihm verbundene Vorführ- oder Aufführungsrecht „verbrauchte" sich gewissermaßen, was zugleich die Brücke zur These der sich „verbrauchenden Benutzung" schlägt.[925]

Kann also anhand der Beschaffenheit ein Rechtssubjekt, also auch der Mieter, feststellen, ob die Sache für seinen Gebrauch tauglich ist und gibt die Beschaffenheit Auskunft darüber, in welcher Art und Weise und in welchem Umfang ein Mieter die Sache für seinen Betrieb nutzen bzw. nutzbar machen kann[926], dann liegt es auf der Hand, dass die Art des Wirtschaftsgutes und daran anknüpfend seine Beschaffenheit, eine nicht unerhebliche Rolle bei der Qualifikation und Zuordnung desselben zum Anlagevermögen spielt. Die Beschaffenheit als solche bezeichnet den tatsächli-

---

923 Zum Inhalt eines Filmverleihvertrags zwischen Filmhersteller und Verleiher einerseits sowie eines Filmbestellvertrags zwischen Verleiher und Kinobetreiber andererseits siehe *Schwarz/Reber* in: Loewenheim, HB des Urheberrechts, 2. Aufl., § 74, Rn. 215 ff.; *Schulze* in: Dreier/Schulze, UrhG, 4. Aufl., Vor § 31 Rn. 296 bis 298; siehe auch RFH, *Urteil* vom 25.2.1944, V 11/44, RStBl. 1944, 446 (446 f.); *Urteil* vom 6.7.1944, V 53/43, RStBl. 1944, 614.

924 Ähnliches kann auch den Aussagen des BFH zu den Fällen entnommen werden, in denen sich das Unternehmen den Wert des von ihm hergestellten Gegenstandes selbst einverleibte. So gehört nur das hergestellte und in den Markt zu verbringende Produkt zum Umlaufvermögen, vgl. BFH, *Urteil* vom 5.2.1987, IV R 105/84, BStBl. II 1987, 448, BFHE 149, 255 (260). Entscheidet sich jedoch der Unternehmer dafür, den hergestellten Gegenstand nicht zu veräußern, sondern in der Weise im Betrieb zu nutzen, dass er ihn bspw. vermietet, ändert er dessen Zweckrichtung. Er führt ihn seinem Betrieb auf Dauer zur Nutzung zu und kreiert damit Anlagevermögen, siehe BFH, *Urteil* vom 20.9.1995, X R 255/93, BStBl. II 1997, 320, BFHE 178, 434 (438, 439); *Urteil* vom 5.2.1987, IV R 105/84, BStBl. II 1987, 448, BFHE 149, 255 (260), das explizit auf die Container-Entscheidung Bezug nimmt; ebenso *Urteil* vom 25.2.1955, III 187/51 U, BStBl. III 1955, 96, BFHE 60, 243 (248, 249) zur Nutzung von Filmlizenzen und Vorführrechten.

925 Siehe dazu oben Teil, 2 Kap. F.II.3.b.bb.(3)(i), 256 f.

926 An die individuelle Brauchbarkeit anknüpfend siehe auch die zivilrechtliche Rechtsprechung zur vertretbaren Sache i.S.d. § 91 BGB, BGH, *Urteil* vom 29.9.1966, VII ZR 160/64, NJW 1966, 2307. Ist die Sache nur für die spezifische Person brauchbar, kann sie nicht gegen eine andere ausgetauscht werden oder ist sie nicht für andere Rechtssubjekte brauchbar, dann handelt sich nicht um eine vertretbare Sache, vgl. dazu auch OLG Colmar, *Urteil* vom 6.4.1909, III ZS, OLGE 20, 208; KG, *Urteil* vom 19.2.1903, VI U. 4895/02, DJZ 1903, 322.

chen Zustand der Sache und umfasst alle Eigenschaften, die der Sache anhaften.[927] Mit der Beschaffenheit werden also die tatsächlichen, rechtlichen und wirtschaftlichen Umstände einer Sache beschrieben.

(2) Beschaffenheitsmerkmale bei Veranstaltungsimmobilien

Wie aus den Entscheidungen zu § 8 Nr. 7 GewStG a.F. ersichtlich wird, standen dort vornehmlich die vielseitige Verwend- und Einsetzbarkeit der jeweils gemieteten Wirtschaftsgüter sowie deren örtliche Ungebundenheit[928] im Fokus der Begründung.[929] Vor allem letzteres Merkmal ist den nicht zum Grundbesitz gehörenden Wirtschaftsgütern[930] immanent. In ihrer Kombination begründeten diese Merkmale eine multiple Einsatz- und damit letztlich auch ihre Substitutionsfähigkeit. Sie konnten jederzeit durch andere, vergleichbare Wirtschaftsgüter ersetzt werden. Aus diesem Grunde spielte es auch keine Rolle, dass die jeweiligen Mietverhältnisse nur kurzzeitiger Natur waren, denn die betreffenden Steuerpflichtigen waren jederzeit in der Lage, Wirtschaftsgüter vergleichbarer Art anzumieten.

(i) Die Lage als Beschaffenheitsmerkmal

Dagegen zeichnen sich unbewegliche Wirtschaftsgüter bereits per definitionem durch ihre Immobilität aus. Die Beschaffenheit eines Grundstücks

---

927 Vgl. *Weidenkaff* in: Palandt, BGB, 73. Aufl., § 434 Rn. 10, wobei beim zivilrechtlichen Beschaffenheitsbegriff keine Beschränkung auf physische Merkmale gegeben ist.

928 Die Anlagen und Vorrichtungen waren ausweislich der Feststellungen der Vorinstanz nicht fest mit dem Grund und Boden verbunden und wären auch in anderen Gebäuden einsetzbar gewesen, siehe FG Köln, *Urteil* vom 25.3.1993, 8 K 2752/92, EFG 1993, 732.

929 Siehe BFH, *Urteil* vom 30.3.1994, I R 123/93, BStBl. II 1994, 810, BFHE 174, 554 (555). Vor allem die Konzertbestuhlung und Beschallungsanlagen waren ausweislich der Feststellungen der Vorinstanz nicht darauf beschränkt, nur für Konzerte genutzt zu werden. Sie hätten daher auch für jede andere Art von Veranstaltungen, seien es Kongresse, Hauptversammlungen oder gar Parteitage, genutzt werden können.

930 Zu den Unterschieden der Begriffe „Grundbesitz“ und „unbewegliche Wirtschaftsgüter“ siehe *Mohr* in: Bergemann/Wingler, GewStG, § 8, Rz. 353; *Renner* in: Bergemann/Wingler, GewStG, § 9, Rz. 8 ff.

bzw. eines Gebäudes bemisst sich in erster Linie nach seiner Lage. Das heißt zwangsläufig, dass es eine Immobilie *dieser Art* nicht geben kann und damit eine Substitution wegen der insoweit fehlenden Vergleichbarkeit der Beschaffenheit prinzipiell ausscheidet. Nun liegt dies in der Natur des Wirtschaftsguts selbst. Es versteht sich von selbst, dass daraus nicht zwingend die Schlussfolgerung gezogen werden kann, aufgrund der Bedeutung der Lage könnten Immobilien niemals Anlagenvermögenseigenschaft besitzen. Daher wird man auf das Kriterium „Lage" in den Fällen einer längerfristigen Eingliederung der Immobilie in den betrieblichen Ablauf des Gewerbebetriebs nicht abstellen können. Anders kann dies allerdings sein, wenn es an einer solchen auf Dauer angelegten Eingliederung fehlt und das Perpetuierungselement nicht gegeben oder nur schwach ausgeprägt ist, wie dies eben bei Veranstaltungsimmobilien der Fall ist. Insoweit kann die Lage als Beschaffenheitsmerkmal an Bedeutung gewinnen.

Betrachtet man beispielsweise die von einem Reiseveranstalter in Anspruch genommene Veranstaltungsimmobilie, also das Hotel, scheint es schwer vorstellbar, die Lage und Ortsverbundenheit als Beschaffenheitsmerkmal bei der Betrachtung auszublenden. Wie bereits aufgezeigt, zeichnet sich ein Hotel nicht allein dadurch aus, dass es abstrakt eine Unterkunftsmöglichkeit für einen Reisenden bietet. Dessen Belegenheit ist nicht nur gemeindebezogen ein gewichtiger Aspekt. Es ist offensichtlich, dass auch innerhalb einer Gemeinde erhebliche lagebezogene Unterschiede bestehen. Für den Reiseveranstalter ist die Lage von erheblicher Relevanz, nicht zuletzt deshalb, weil er sein Angebot nach seinen (potenziellen) Kunden ausrichtet.

Ebenso deutlich wird die Bedeutung der Lage, wenn man die von Konzert-, Event- oder Messeveranstaltern genutzten Grundstücke betrachtet. Selbst wenn sich hier, im Gegensatz zu Hotels, ein Multifunktionscharakter unterstellen ließe, finden Messen und Ausstellungen nahezu immer in denselben Baulichkeiten statt, weil diese oftmals spezifisch dafür errichtet wurden und entsprechende Infrastrukturanforderungen erfüllen. Die Konzert- oder Eventveranstalterbranche sieht sich ähnlichen Erfordernissen ausgesetzt. Die mit Blick auf Konzerte oder Events auszusuchende Veranstaltungsimmobilie wird man, je nach Art des Ereignisses, ebenso nach ihrer Belegenheit, der Größe, ihrem „Fassungsvermögen", also der Besucherkapazität, und dem den Vorstellungen des Künstlers oder Darbietenden gerecht werdenden Bedarf beurteilen.[931]

Wollte man also der Lage als Beschaffenheitsmerkmal eine weniger gewichtige Bedeutung beimessen, müssten, anknüpfend an die betrieblichen Verhältnisse des Steuerpflichtigen, andere Beschaffenheitsmerkmale von so gewichtiger Bedeutung sein, dass die Lage in den Hintergrund tritt. Wollte man diesen Ansatz verfolgen, würde das aber voraussetzen, dass am selben Ort unbewegliche Wirtschaftsgüter mit anderen, als gleichartig einzustufenden Eigenschaften zur Nutzung zur Verfügung stehen. Insofern müsste man weitere betriebsspezifische Parameter als Vergleichskriterien entwickeln. Dies könnten mit Blick auf den Reiseveranstalter die Ausstattungsmerkmale eines Hotels, dessen Kategorie sein. Jedoch fällt es schwer, hier unabhängig von der Ortsbezogenheit eine Substituierbarkeit des Wirtschaftsguts „Hotel" anzunehmen, da es in der Regel das mit spezifischen Ausstattungsmerkmalen beschriebene Hotel nur an dem konkreten Ort geben wird. Es scheint aus diesen Erwägungen heraus bereits weder praxistauglich noch lebensnah, andere Parameter als das Lagemerkmal als Vergleichskriterien heranziehen zu können.[932]

(ii) Rechtliche Verhältnisse als Beschaffenheitsmerkmal

Indessen erschöpfen sich die Beschaffenheitsmerkmale einer Veranstaltungsimmobilie nicht in diesen tatsächlichen Zuständen. Auch rechtliche Beziehungen und Verhältnisse stellen Eigenschaften einer Mietsache dar.[933] Insoweit kommt man nicht umhin, auch die rechtlichen Verhältnisse einer Veranstaltungsimmobilie zu betrachten. Diese dürften mindestens ebenso gewichtig sein wie die Lage, die Größe oder die Ausstattung der jeweiligen Veranstaltungsimmobilie.

Vor allem öffentlich-rechtliche Erfordernisse können hier von Bedeutung sein. So unterliegen Immobilien, wenn sie als Beherbergungsstätte

---

931 So, wenn auch darin erschöpfend, *Kohlhaas*, Hinzurechnung von Miet- und Pachtzinsen gem. § 8 Nr. 1 e) GewStG bei kurzfristiger Anmietung?, FR 2011, 800 (803); *ders.*, Das fiktive Anlagevermögen i.S. des § 8 Nr. 1 Buchst. e GewStG, DStR 2014, 296 (301).

932 Die Schwierigkeit der Grenzziehung betont auch das Nds. FG, *Urteil* vom 26.5.2011, 10 K 290/10, EFG 2011, 2101 (2102).

933 Vgl. statt vieler *Weidenkaff* in: Palandt, BGB, 73. Aufl., § 536 Rn. 18, 20 m.w.N.

i.S.d. jeweiligen Beherbergungsstättenverordnung[934] oder als Veranstaltungsstätte i.S.d. der jeweiligen Veranstaltungsstättenverordnung[935] einzustufen sind, neben allgemeinen bauordnungsrechtlichen Anforderungen weiteren besonderen bausicherheits-, brandschutz- und sonstigen sicherheitstechnischen Anforderungen.[936] Was unter einer Beherbergungsstätte oder einer Veranstaltungsstätte i.S.d. Bauordnungsrechts zu verstehen ist, bestimmen die jeweiligen Landesverordnungen.[937] So werden unter einer Beherbergungsstätte allgemein Gebäude oder Gebäudeteile verstanden, die ganz oder teilweise für die Beherbergung von Gästen bestimmt sind.[938] Eine Versammlungsstätte wiederum ist allgemein als eine bauliche Anlage oder Teil davon beschrieben, die für die gleichzeitige Anwesenheit vieler Menschen bei Veranstaltungen bestimmt ist.[939] In beiden Fällen werden im Einzelnen verschiedene bauliche Anlagen aufgezählt. Als Versammlungsstätten werden neben spezifiziert beschriebenen geschlossenen Versammlungsräumen, wie z.B. Bühnenhäuser, Mehrzweckhallen und Sportstadien, auch im Freien befindliche Anlagen erfasst.

Insoweit müssen sowohl Beherbergungs- wie auch Veranstaltungsstätten besondere Voraussetzungen erfüllen, die das öffentliche Recht zwingend vorschreibt. Während ein Reiseveranstalter wohl i.d.R. davon ausgehen können wird, dass das gebuchte Hotel den öffentlich-rechtlichen Anforderungen entspricht und er sich daher u.U. nur nach dem Merkmal der Lage und der Ausstattung bzw. der Kategorie orientieren muss, mag sich dies für Konzert- und Eventveranstalter wie auch für Aussteller je nach Situation anders darstellen. Denn abhängig vom Zweck der Veranstaltung, deren Eventcharakter oder den Performancebedürfnissen des auftretenden

934 BeVO sind auf der Grundlage der jeweiligen LBauO erlassene bauordnungsrechtliche Landesverordnungen, vgl. z.B. HmbBeVo vom 5.8.2003, HmbGVBl. 2003, S. 448; s.a. MBeVO der Fachkommission Bauaufsicht der BauMK i.d.F Dezember 2000, zuletzt geändert durch Beschluss vom Mai 2014.

935 VStättVO sind bauordnungsrechtliche Landesverordnungen. Auch sie ergehen wie die BeVO auf der Grundlage der jeweiligen LBauO, vgl. z.B. HmbVStättVO vom 5.8.2003, neu gefasst durch VO vom 1.3.2011, HmbGVBl. 2011, S. 91.

936 Hierzu gehören neben Sanitäreinrichtungen auch Rettungswege und Stellflächen für Polizei, Feuerwehr und Rettungsdienste.

937 Um nicht auf die Einzelheiten der jeweiligen LBeVO oder LVStättVO eingehen zu müssen, wird auf die MBeVO (i.d.F. der Fachkommission Bauaufsicht der BauMK vom Mai 2014) bzw. die MVStättVO (i.d.F. der Fachkommission Bauaufsicht der BauMK vom Juli 2014) zurückgegriffen.

938 § 2 Abs. 1 MBeVO. Ausgenommen die Beherbergung in Ferienwohnungen.

939 § 2 MVStättVO.

Künstlers kann eine besondere Lokalität benötigt werden. Dies können auch außerhalb der üblichen Multifunktionsgebäude Fabrikhallen und dergleichen sein. Jede zum Zwecke einer Veranstaltung genutzte Räumlichkeit bzw. Immobilie muss den öffentlich-rechtlichen Erfordernissen entsprechen. Es stehen insoweit also stets Fragen der formellen und materiellen Rechtmäßigkeit der Nutzung der konkreten Liegenschaft im Raume.[940] Es kann also auch aus diesen Erfordernissen heraus nicht ohne Weiteres auf andere, gleichartige Lokalitäten ausgewichen werden, wenn diese den öffentlich-rechtlichen Anforderungen nicht entsprechen. Daneben gilt es auch privatrechtliche Verhältnisse, wie den (immissionsschutzrechtlichen) Nachbarschutz[941], zu beachten. Die rechtlichen Beschaffenheitsmerkmale einer Veranstaltungsimmobilie sind nicht zuletzt deshalb für einen Veranstalter von Bedeutung, weil dieser neben einer privatrechtlichen Haftung[942] auch auf der Grundlage öffentlich-rechtlicher Vorschriften, gegebenenfalls auch als Störer i.S.d. Polizei- und Ordnungsrechts, neben dem Betreiber der Immobilie in Anspruch genommen werden kann.[943]

(iii) Konsequenzen für die Betrachtung der Beschaffenheitsmerkmale

Ausweislich des oben Dargestellten bilden Beschaffenheitsmerkmale und die daraus abzuleitende Substituierbarkeit eines Wirtschaftsguts ein wesentliches Beweisanzeichen, ob es sich bei dem konkret im Betrieb des

---

940 Insoweit gilt auch zu bedenken, dass eine fehlende ordnungsrechtliche Genehmigung oder eine behördliche Gebrauchsbeschränkung zur vertragsgemäßen Nutzung einen Sachmangel i.S.d. § 536 BGB darstellt, wenn sie auf der Beschaffenheit oder Lage des Mietobjekts beruht; st. Rspr., vgl. BGH, *Urteil* vom 24.10.2007, XII ZR 24/06, BeckRS 2007, 19678; *Urteil* vom 22.06.1988, VIII ZR 232/87, NJW 1988, 2664; *Urteil* vom 20.4.1977, VIII ZR 287/75, NJW 1977, 1285.

941 Vgl. § 906 BGB i.V.m. den Vorschriften des BImschG. Im Einzelnen dazu siehe *Funke/Müller*, Eventrecht, 3. Aufl., Rz. 1138 ff.

942 Zur Inanspruchnahme eines Reiseveranstalters für Sachmängel an Hoteleinrichtungen siehe bspw. OLG Celle, *Urteil* vom 9.12.2004, 11 U 170/03, NJW-RR 2005, 425 (426); vgl. auch *Sprau* in: Palandt, BGB, 73. Aufl., § 651c Rn. 3b m.w.N.

943 So jedenfalls der Veranstalter i.S.d. der VStättVO, vgl. § 38 MVStättVO. Vornehmlich richtet sich die Haftung allerdings gegen den Betreiber. Der Reiseveranstalter wird bei Mängeln nach Maßgabe des Reiserechts in Anspruch zu nehmen sein.

Steuerpflichtigen zum Einsatz kommenden Wirtschaftsguts um Anlagevermögen handelt oder nicht. Für Veranstaltungsimmobilien lässt sich festhalten, dass deren Beschaffenheit nicht nur durch die jeweilige Belegenheit, sondern vor allem durch ihre rechtlichen Verhältnisse gekennzeichnet ist. Wird diesen bereits durch ihre Belegenheit eine gewisse Singularität bescheinigt[944], welche durch die rechtliche Beschaffenheit noch verstärkt wird, erscheint es nahezu ausgeschlossen, bei Veranstaltungsimmobilien von Wirtschaftsgütern gleicher Art und von einer Substituierbarkeit zu sprechen.[945]

Indessen kann aus der fehlenden Substituierbarkeit nicht per se geschlussfolgert werden, dass die Annahme fiktiven Anlagevermögens ausgeschlossen ist. Vielmehr gewinnt das iterative Element der Nutzung, wie ausgeführt, an nicht zu unterschätzender Bedeutung. Denn wenn ein und dieselbe Immobilie über mehrere Erhebungszeiträume wiederholt gemietet oder sonst zur Nutzung überlassen wird, spricht das eher für als gegen deren dauerhafte Einordnung in den Geschäftsbetrieb des Steuerpflichtigen.

---

944 Wendet man sich dem Zivilrecht zu und knüpft mit Blick auf den Terminus „der gleichen Art" an den Begriff der vertretbaren Sache i.S.d. § 91 BGB an, die gemessen an objektiven Maßstäben dann vorliegt, wenn die konkrete Sache sich von anderen *der gleichen Art* nicht durch ausgeprägte Individualisierungsmerkmale abhebt und daher ohne Weiteres austauschbar ist (vgl. BGH, *Urteil* vom 29.9.1966, VII ZR 160/64, NJW 1966, 2307; so bereits auch und nicht nur auf Zahl, Maß und Gewicht, sondern zusätzlich auf Gattungsmerkmale abstellend *Adler*, AcP 109 (1912), 321 (332)), wird man ebenso zu der Schlussfolgerung gelangen, dass die Substitutionsfähigkeit als Kennzeichen der vertretbaren Sache bei Immobilien im Grundsatz nicht gegeben ist; vgl. dazu auch BGH, *Urteil* vom 2.12.1994, V ZR 193/93, NJW 1995, 587 (588), wo er im Zusammenhang mit der Frage des Schadensersatzes für verpasste Verkaufsgelegenheiten zur Nichtvertretbarkeit von Grundstücken ausführte, dass Immobilien, anders als Waren des Handelsverkehrs, dem Markt nicht in beliebiger Zahl zur Verfügung stehen und ein Markt naturgemäß vor allem örtlich geprägt ist. Ausnahmen mögen bei typisierten Angeboten gelten, wie sie sich bei vergleichbaren Kaufgelegenheiten (Baugrundstücke gleichen Zuschnitts in einem Erschließungsgebiet oder Appartements in Hotelanlagen oder Feriensiedlungen) ergeben.

945 Man könnte auch, um in den Termini der Rechtsprechung zu bleiben, von der fehlenden vielseitigen Einsatz- und Verwendungsfähigkeit sprechen.

dd. Zusammenfassung zum Prüfungsmaßstab der betrieblichen Verhältnisse

Die Bezugnahme auf die betrieblichen Verhältnisse als Prüfungsmaßstab dafür, ob das konkret im Geschäftsbetrieb des Steuerpflichtigen eingesetzte Wirtschaftsgut ein solches des Anlagevermögens wäre, wenn es sich denn im Eigentum des Steuerpflichtigen befände, bedarf aufgrund der Vagheit des Prüfungsrahmens, wie festgestellt, der Konkretisierung. Ausgehend vom Grundgedanken der Zweckbestimmung des Wirtschaftsguts kann diese Konkretisierung anhand der Art des Betriebs, der Art und Dauer der Verwendung des Wirtschaftsguts und anhand der Art des Wirtschaftsguts selbst erfolgen. Unterdessen ist festzustellen, dass eine lediglich singuläre Betrachtung des einzelnen Parameters nicht geeignet ist, taugliche Abgrenzungen vorzunehmen. Selbst wenn man festhalten kann, dass die Art des Wirtschaftsguts ein maßgeblicher Baustein für die Vervollkommnung des Bildes der betrieblichen Verhältnisse ist, bedarf es stets weiterer Bezugnahmen und Relationen, um dieses Bild zu schärfen.

Es ist daher gerade darauf zu achten, dass alle und nicht nur singuläre Aspekte betont und gewichtet werden. Da es um die Wertung von Indizien geht, aus denen Rückschlüsse für das Vorliegen eines Tatbestandsmerkmals gezogen werden, ist das Gesamtbild der betrieblichen Verhältnisse vollumfänglich zu beleuchten und zu werten. Verdeutlicht werden kann dies an dem von *Kohlhaas* bemühten Beispiel des Konzertveranstalters. *Kohlhaas* hält dem Niedersächsischen Finanzgericht im Ergebnis entgegen, es sei unrealistisch, unterschiedliche Veranstaltungsimmobilien an verschiedenen Orten als Anlagevermögen zu behandeln.[946] Diese Wertung ist dann überzeugend, wenn alle Komponenten gewichtet sind. Es kann indessen nicht von *dem* Konzertveranstalter ausgegangen werden. Es ist der konkrete Konzertveranstalter zu betrachten. Daher bedarf es einer differenzierten Betrachtung. Denn auch wenn einem Konzertveranstalter nur eine Veranstaltungsimmobilie am Ort zur Nutzung zur Verfügung steht und es damit an der Substitutionsfähigkeit der Immobile fehlt, spricht diese Tatsache für sich allein gesehen weder für noch gegen die Annahme fiktiven Anlagevermögens. Es ist neben der Dauer und Häufigkeit der An-

946 Vgl. *Kohlhaas*, Hinzurechnung von Miet- und Pachtzinsen gem. § 8 Nr. 1 e) GewStG bei kurzfristiger Anmietung?, FR 2011, 800 (803); von „unrealistisch" sprechen auch *Boller/ Franke*, Praxisprobleme bei der gewerbesteuerlichen Hinzurechnung von Miet- und Pachtzinsen, BB 2012, 2920 (2923).

mietungen die konkrete betriebliche Betätigung in die Wertung einzubeziehen, um das Gesamtbild zu vervollständigen.

Erschöpft sich beispielsweise die Tätigkeit eines Konzertveranstalters in der eines lokalen (Mit-)Veranstalters, der allein für die Organisation und Durchführung der Konzerte verschiedener Künstler vor Ort verantwortlich zeichnet und sich daher um die Anmietung geeigneter Lokalitäten zu kümmern hat und Mietverträge abschließt, wird dieser bereits mangels entsprechender Ausweichangebote – nahezu unvermeidlich – auf stets dieselben Veranstaltungsimmobilien innerhalb seines Wirkungsbereichs zurückgreifen.[947] Ausgehend von seinen betrieblichen Verhältnissen scheint viel für die Annahme fiktiven Anlagevermögens zu sprechen.[948] Auch soweit es sich um ein regelmäßiges Event mit wechselnden Künstlern handelt, das stets am selben Ort und bestenfalls zur selben Zeit im Jahr ausgetragen wird[949], wird man sich nach einer gewissen Dauer dem Perpetuierungsargument öffnen müssen, da aufgrund der sich stetig wiederholenden Anmietungen die Dauerhaftigkeit der Nutzung indiziert ist.[950] Anders könnte dies wiederum bei einer Anmietung von reinen Tourneeveranstaltern zu beurteilen sein. Hier scheint es bereits an der Regelmäßigkeit einer Nutzung zu fehlen, sodass eine Perpetuierung derselben verneint werden könnte.

Mit einer solchen Gesamtbetrachtung, die die Ebene der betrieblichen Verhältnisse hinterfragt und beleuchtet, um Beweisanzeichen für oder gegen das Vorliegen der Anlagevermögenseigenschaft des konkreten Wirtschaftsguts ausfindig zu machen, endet jedoch die Prüfung nicht.

---

947 Ausweislich der festgestellten Häufigkeiten der Einzelanmietungen im Falle des Nds. FG, *Urteil* vom 26.5.2011, 10 K 290/10, EFG 2011, 2101, steht zu vermuten, dass dies dort der Fall war.

948 So auch i.E. *Breinersdorfer*, Einzelfragen der gewerbesteuerlichen Hinzurechnung von Finanzierungsanteilen aus Sicht der Steuerverwaltung, DB 2014, 1762 (1764).

949 Z.B. Rock am Ring, Rock im Park, Wacken-Open-Air, ähnlich wohl auch bei Musicals.

950 In diesem Sinne wohl auch *Roser*, Gewerbesteuerliche Hinzurechnungen von Nutzungsentgelten nach § 8 Nr. 1d bis f GewStG, ifst-Schrift Nr. 497, S. 57; ebenso *Boller/Franke*, Praxisprobleme bei der gewerbesteuerlichen Hinzurechnung von Miet- und Pachtzinsen, BB 2012, 2920 (2922, 2923).

c. Grenzen der fiktiven Betrachtung

Der oben ausgeführten Vorgehensweise folgend ist nach Untersuchung der betrieblichen Verhältnisse eine Art Kontrollüberlegung anzustellen, um zu prüfen, ob die insoweit gefundenen Ergebnisse plausibel und im konkreten Fall auch tragfähig sind. Diese Kontrollüberlegungen sollen keine Grenzziehung innerhalb der einzelnen Parameter der betrieblichen Verhältnisse darstellen, also beispielsweise eine Abgrenzung zwischen mittelbarem und unmittelbarem Dienen oder gelegentlicher und regelmäßiger, auf Wiederholung angelegter, Anmietung bewirken. Vielmehr muss diese Betrachtung außerhalb des Wertungsrahmens der betrieblichen Verhältnisse geschehen, um zu verhindern, dass einzelne Parameter fehlinterpretiert oder gar nicht berücksichtigt werden. Der BFH hatte diese Kontrollüberlegung erstmals im Container-Urteil[951] in der Aussage zum Ausdruck gebracht, dass die Fiktion des Anlagevermögens nicht weiter reichen dürfe, als es die Vorstellung eines die Miete ersetzenden Eigentums gebietet.[952] Die Formulierung eröffnet, auch wenn sie auf eine Gleichstellung zwischen Miete und Eigentum hindeutet, Interpretationsspielräume.

Die Ausführungen des BFH bezogen sich inhaltlich auf den weiter unten noch nachzugehenden Surrogationsgedanken. Darüber hinaus stellt sich angesichts der Fiktion, aber auch in anderer Weise die Frage nach einer Grenzziehung, nämlich insoweit, ob nicht bereits aus der territorialen Anknüpfung der Gewerbesteuer eine gesetzessystematische Grenze der Betrachtung vorgezeichnet ist. Es ist daher zu klären, was sich hinter der Formulierung „eines die Miete ersetzenden Eigentums" verbirgt.

aa. Determinierung der Grenzen der fiktiven Betrachtung

(1) Das Territorialitätsprinzip als Grenze?

Grundsätzlich ist es für die Besteuerung nach Maßgabe des GewStG nicht relevant, ob die zur Ausübung des im Inland betriebenen Gewerbes genutzten Wirtschaftsgüter im Inland oder im Ausland belegen sind. In die

951 BFH, *Urteil* vom 29.11.1972, I R 178/70, BStBl. II 1973, 148, BFHE 107, 468 (470).

952 BFH, *Urteil* vom 29.11.1972, I R 178/70, BStBl. II 1973, 148, BFHE 107, 468 (470).

gewerbesteuerliche Hinzurechnung einzubeziehen sind auch die Aufwendungen, die für im Ausland belegene Wirtschaftsgüter zu leisten sind.[953,954] Indessen ließe sich, an den Vergleich zwischen Miete und Eigentum anknüpfend, der Gedanke aufwerfen, dass die Auslandsbelegenheit einer Sache dem Territorialitätsprinzip der Gewerbesteuer widerspricht. Löst man sich aus der Struktur der Hinzurechnungsnormen und betrachtet die Gewerbesteuer als solche, die gemäß § 2 Abs. 1 Satz 1 GewStG allein den inländischen Gewerbebetrieb einer Besteuerung unterwirft, macht dies die Inlandsanbindung deutlich. Insoweit scheint dies auf eine Inkongruenz zwischen der Auslandsbelegenheit des zur Nutzung überlassenen Wirtschaftsguts einerseits und der Inlandsanknüpfung der Steuer andererseits hinzudeuten. Das Territorialitätsprinzip könnte daher als Argument dafür dienen, die fiktive Betrachtung der Anlagevermögenseigenschaft nur auf solche Wirtschaftsgüter zu beschränken, die ihre Belegenheit im Inland haben.

Diesen Gedanken vertreten, soweit ersichtlich, *Jorczyk* und *Roser.* Ersterer wendet mit Blick auf Reiseveranstalter, die weltweit Hotelkapazitäten einkaufen, ein, dass eine konsequente Umsetzung der fiktiven Betrachtungsweise dazu führen muss, diejenigen Ertragsanteile, welche auf den Einsatz ausländischer Hotels im Rahmen der Erbringung von Reiseleistungen entfallen, aus dem Gewerbeertrag nach Maßgabe des § 9 Nr. 3 Satz 1 GewStG auszuscheiden, denn insoweit lägen Auslandsbetriebstätten vor.[955] *Roser* versucht, den Bogen branchenunabhängig weiter zu spannen.[956] Er sieht in der Nutzung gemieteter und eigener Wirtschaftsgüter einen Konflikt, dergestalt, dass einerseits Aufwendungen für im Ausland belegene Wirtschaftsgüter der Hinzurechnung zu unterwerfen wären, während andererseits der Einsatz eigenen Anlagevermögens im Ausland von

---

953 So auch im Fall des BFH, *Urteil* vom 29.11.1972, I R 178/70, BStBl. II 1973, 148, BFHE 107, 468; ebenso *Roser*, Gewerbesteuerliche Hinzurechnungen von Nutzungsentgelten nach § 8 Nr. 1d bis f GewStG, ifst-Schrift Nr. 497, S. 86, 87; vgl. dazu bereits *Mohr* in: Bergemann/Wingler, GewStG, § 8, Rz. 320.

954 Dies betrifft aber nur solche Aufwendungen, sofern diese die Ausgangsgröße für den Gewerbeertrag gemindert haben, was bei einer Zuordnung der Aufwendungen zu einer ausländischen Betriebstätte wiederum nicht der Fall ist.

955 So *Jorczyk*, Droht die gewerbesteuerliche Hinzurechnung beim Hoteleinkauf?, SRTour 10/2011, 6 (10).

956 Vgl. *Roser*, Gewerbesteuerliche Hinzurechnungen von Nutzungsentgelten nach § 8 Nr. 1d bis f GewStG, ifst-Schrift Nr. 497, S. 85 ff.

der deutschen Steuerhoheit nicht erfasst würde.[957] Die Annahme von im Ausland belegenem, fiktivem Anlagevermögen könne schon deshalb nicht richtig sein, weil eine Fiktion als steuererhöhendes Element der Besteuerung zugrunde gelegt werden würde.[958] Bei konsequenter Umsetzung des fiktiven Anlagevermögens müsste auch eine fiktive Betriebstätte begründet werden, wenn das betreffende Wirtschaftsgut in einem betrieblichen Nutzungszusammenhang stehe und in die unternehmerische Aktivität integriert würde.[959]

Erscheint die Bezugnahme auf das Territorialitätsprinzip der Gewerbesteuer auf den ersten Blick in seiner logischen Folge bestechend, sind die Überlegungen hierzu nicht zwingend folgerichtig. Das liegt zunächst darin begründet, dass die vorgenannten Ansichten den Begriff des Anlagevermögens dem Begriff der Betriebstätte gleichsetzen. Eine solche Gleichsetzung überzeugt bereits deshalb nicht, weil im Ausland belegene Wirtschaftsgüter, selbst wenn sie im (wirtschaftlichen) Eigentum des Steuerpflichtigen stünden, nicht zwangsläufig eine Betriebstätte begründen, und zwar weder nach Maßgabe des § 12 AO, noch nach Maßgabe eines DBA. Es bedürfte hierzu weiterer Faktoren.[960] Des Weiteren wird nicht hinreichend danach unterschieden, ob überhaupt konkrete wirtschaftliche Betäti-

957 Eine ertragsteuerliche Erfassung von Überschüssen oder Gewinnen von im Ausland belegenem Immobilienvermögen (Art. 6 OECD-MA 2014) oder im Ausland unterhaltenen Betriebstätten (Art. 7 OECD-MA 2014) kommt bei DBA, die dem OECD-MA folgen, nicht in Frage (vgl. Art. 23A OECD-MA 2014).

958 *Roser*, Gewerbesteuerliche Hinzurechnungen von Nutzungsentgelten nach § 8 Nr. 1d bis f GewStG, ifst-Schrift Nr. 497, S. 87.

959 *Roser* sieht insoweit einen Verstoß gegen das Folgerichtigkeitsgebot, *Roser*, Gewerbesteuerliche Hinzurechnungen von Nutzungsentgelten nach § 8 Nr. 1d bis f GewStG, ifst-Schrift Nr. 497, S. 88.

960 Vgl. dazu bereits BFH, *Urteil* vom 6.7.1978, IV R 24/73, BStBl. II 1979, 18, BFHE 126, 102 (106, 107). Daher wäre eine Betriebstätte eines Reiseveranstalters bspw. dann anzunehmen, wenn der im Inland ansässige Reiseveranstalter selbst das im Ausland belegene Hotel betriebe. Soweit der inländische Reiseveranstalter lediglich Eigentümer des mit einem Hotel bebauten Grundstücks wäre, welches dieser alsdann einem Dritten zum Betrieb überließe, würde diese Tätigkeit keine Betriebstätte im Ausland darstellen. Die Vermietung eines im Ausland gelegenen Grundstücks macht das Grundstück eben nicht zu einer Betriebstätte des im Inland ansässigen Vermieters, vgl. auch BFH, *Urteil* vom 25.5.2011, I R 95/10, BStBl. II 2014, 760, BFHE 234, 63 (71). Vielmehr erzielte er dann Einnahmen nach Maßgabe der Art. 6 oder Art. 7 OECD-MA 2014, die von der Besteuerung im Inland freigestellt würden (Art. 23A OECD-MA 2014) oder im abkommenslosen Zustand Einnahmen gemäß § 34d Nr. 7 EStG begründeten.

gungen im Zusammenhang mit im Ausland belegenem Vermögen stattfinden, die einen für § 9 Nr. 3 Satz 1 GewStG relevanten Besteuerungstatbestand verwirklichen.[961]

Aber auch wenn ein Unternehmen im Ausland eine Betriebstätte begründet hat, ergibt sich daraus nicht notwendigerweise, dass der gesamte, aus der ausländischen Betätigung herrührende Ertrag der Gewerbesteuer entzogen ist. Nach § 9 Nr. 3 GewStG ist nur derjenige Teil aus der Summe des Gewinns und der Hinzurechnungen zu kürzen ist, der auf die ausländische Betriebstätte entfällt.[962] In diesem Sinne hatte sich der BFH bereits zu einem inländischen Reiseveranstalter geäußert.[963] Im Streit stand zum einen, ob die Erbringung von Leistungen, wie die Unterbringung und Verpflegung am Zielort des Reisenden, also im Ausland, in den Gewerbeertrag einzubeziehen ist und zum anderen, welche Bestandteile aus diesem auszusondern sind, weil am Zielort Reiseleiter tätig waren, die eine feste Büroeinrichtung unterhielten, in den Hotels Kost und Logis bekamen und sich im Auftrag des Reiseveranstalters um die Reisenden kümmerten. Der BFH folgte der Annahme des FG darin, dass die Tätigkeit der Reiseleiter jeweils Betriebstätten begründeten und schied daher die insoweit darauf entfallenden Ertragsanteile aus dem Gewerbeertrag aus. Die im Übrigen erbrachten Leistungen, also die Unterbringung, Verpflegung, den Flug rechnete es dem inländischen Gewerbebetrieb zu, da diese nicht von den Reiseleitern vor Ort, sondern vom Reiseveranstalter im Inland selbst erbracht wurden.[964] Diesen Erwägungen ist mit Blick auf das oben angeführte Territorialitätsargument zuzustimmen. Die Erfassung der Erträgnisse steht nicht nur im Einklang mit der tatsächlichen Leistungsausführung

961 Vor allem *Rosers* Ausführungen verwundern, als er unter Bezugnahme auf BFH, *Urteil* vom 28.3.1985, IV R 80/82, BStBl. II 1985, 405, BFHE 143, 284 (285) an anderer Stelle selbst ausführt, dass auch bei ausländischen Betätigungen ohne Begründung einer Betriebstätte im Ausland die gesamte Tätigkeit der Gewerbesteuer unterfällt, ohne dass er nun deutlich macht, hiervon Abstand nehmen zu wollen, siehe *Roser* in: Lenski/Steinberg, GewStG, § 9 Nr. 3, Rz. 10 (Lfg. 105, November 2012); vgl. im hiesigen Sinne auch *Wingler* in: Bergemann/Wingler, GewStG, § 9, Rz. 172.

962 BFH, *Urteil* vom 21.4.1971, I R 200/67, BStBl. II 1971, 743, BFHE 102, 524 (530).

963 BFH, *Urteil* vom 28.3.1985, IV R 80/82, BStBl. II 1985, 405, BFHE 143, 284 (285)

964 BFH, *Urteil* vom 28.3.1985, IV R 80/82, BStBl. II 1985, 405, BFHE 143, 284 (286).

des Reiseveranstalters. Sie spiegelt auch das Selbstverständnis des Gewerbebetriebs wider, nämlich, dass der Reiseveranstalter verschiedene Reiseleistungen nach verschiedenen Bedarfen zusammenstellt, paketiert und zu einer Reise i.S.d. § 651a BGB bündelt.[965]

Im Ergebnis kann der Territorialitätsgrundsatz keine Grenze der fiktiven Anlagevermögensbetrachtung darstellen. Ihm ist daher keine Bedeutung i.d.S. beizumessen, dass im Ausland belegene Wirtschaftsgüter nicht der fiktiven Anlagevermögensbetrachtung unterfallen können.

(2) Der Surrogationsgedanke – die Miete als Ersatz der Eigentumsverschaffung?

Dass die Fiktion des Anlagevermögens nach Aussage des BFH nicht weiter reichen dürfe, als es die Vorstellung eines die Miete ersetzenden Eigentums gebietet[966], bringt eine Gleichstellung zwischen Miete und Eigentum zum Ausdruck. Insoweit könnte dies darauf hindeuten, dass die Miete bzw. Pacht eines Wirtschaftsguts für den Steuerpflichtigen gleichbedeutend mit einer Anschaffung desselben sein muss und die Miete damit als Ersatz für die Anschaffung dient.

Diesen Surrogationsgedanken verfolgen unter Bezugnahme auf das Container-Urteil mehrere Autoren.[967] Zur Erinnerung, der BFH stützte sich darauf, dass das Vermietungsgeschäft wirtschaftlich nur dann sinnvoll ausgeübt werden könne, wenn die Container langfristig erworben würden

---

965 Insoweit eröffnen sich hier auch Gestaltungs- und Verlagerungspotentiale, vor allem für integrierte Reiseveranstalter zur Umgehung der Gewerbesteuerpflicht im Allgemeinen und der Hinzurechnungsproblematik im Besonderen.

966 BFH, *Urteil* vom 29.11.1972, I R 178/70, BStBl. II 1973, 148, BFHE 107, 468 (470).

967 Siehe z.B. *Boller/Franke*, Praxisprobleme bei der gewerbesteuerlichen Hinzurechnung von Miet- und Pachtzinsen, BB 2012, 2920 (2923); *Kohlhaas,* Erhöhen alle Miet- und Pachtzinsen den Gewerbeertrag?, FR 2009, 381 (384); *ders.*, Hinzurechnung von Miet- und Pachtzinsen gem. § 8 Nr. 1 e) GewStG bei kurzfristiger Anmietung?, FR 2011, 800 (802); *ders.*, Das fiktive Anlagevermögen i.S. des § 8 Nr. 1 Buchst. e GewStG, DStR 2014, 296 (297, 301); *Ritzer*, Hinzurechnung von Finanzierungsanteilen nach § 8 Nr. 1 GewStG, DStR 2013, 558 (563); *Schraut/Sillich,* Entgelte für Taxi- oder Busflächen zu Werbezwecken im Rahmen der Gewerbesteuer hinzuzurechnen?, BB 2013, 217 (219); *Roser*, Gewerbesteuerliche Hinzurechnungen von Nutzungsentgelten nach § 8 Nr. 1d bis f GewStG, ifst-Schrift Nr. 497, S. 57.

und zugleich sichergestellt sei, dass sie wieder zum Eigentümer zurückgelangt. Dies weist deutlich auf eine Ersatzfunktion der eingegangenen Mietverhältnisse hin. Unterdessen ergab sich dies bereits unmittelbar aus den betrieblichen Verhältnissen, wie die Bezugnahme auf die tatsächliche Betätigung des Gewerbetreibenden zeigte. Es stand daher schon auf der Grundlage der betrieblichen Verhältnisse außer Zweifel, dass die Anmietungen anstelle eigener Anschaffungen erfolgten. Lassen sich nun aber, wie bei den betrieblichen Verhältnissen der Veranstaltungsunternehmen aufgezeigt[968], keine eindeutigen Beweisanzeichen entnehmen, ob die Miete eine Anschaffung ersetzen soll, bedarf es weiterer Überlegungen.

(i) Die Finanzierungsfunktion der Miete

Begreift man die Miete eines Wirtschaftsguts als eine Art Finanzierung einer auf lange Frist angelegten Anschaffung[969], dient sie also als Finanzierungsinstrument, käme darin der Surrogationsgedanke deutlich zum Ausdruck. Dass aus betriebswirtschaftlicher Sicht die Miete einen Finanzierungsanteil in sich trägt, ist unbestritten.[970] Dem folgt, wenn auch grob

968 Siehe Teil 2, Kap. F.II.3.b., 239 ff.

969 *Kohlhaas,* Erhöhen alle Miet- und Pachtzinsen den Gewerbeertrag?, FR 2009, 381 (384); *ders.*, Hinzurechnung von Miet- und Pachtzinsen gem. § 8 Nr. 1 e) GewStG bei kurzfristiger Anmietung?, FR 2011, 800 (802); *ders.*, Das fiktive Anlagevermögen i.S. des § 8 Nr. 1 Buchst. e GewStG, DStR 2014, 296 (297, 301); dem zustimmend *Franke/Gageur*, Zweifelsfragen und Anmerkungen zu den gleich lautenden Ländererlassen zu § 8 Nr. 1 GewStG, BB 2008, 1704 (1705); *Boller/Franke*, Praxisprobleme bei der gewerbesteuerlichen Hinzurechnung von Miet- und Pachtzinsen, BB 2012, 2920 (2923); *Gerritzen/Matheis*, Zur gewerbesteuerlichen Behandlung von Messekosten, DStR 2013, 236 (237); ebenso i.E. *Roser*, Gewerbesteuerliche Hinzurechnungen von Nutzungsentgelten nach § 8 Nr. 1d bis f GewStG, ifst-Schrift Nr. 497, S. 57.

970 So hatten zu § 8 Nr. 7 GewStG a.F., wenn auch die Eigenschaft des Wirtschaftsguts als Anlagevermögens voraussetzend, bereits *Klein* und *Lohmann* darauf hingewiesen, dass der rechtliche Charakter von Mietzinsen für Wirtschaftsgüter des Anlagenvermögens ein verrenteter Kaufpreis sei, siehe *Klein*, Hinzurechnung von Miet- und Pachtzinsen bei der Ermittlung des Gewerbeertrags, BB 1965, 118 (118, 119); *Lohmann,* Fremde Wirtschaftsgüter im Gewerbesteuerrecht, DB 1960, 677.

pauschalierend, der Gesetzgeber, wenn er den hinzurechnungsfähigen Mietanteil als „Finanzierungsanteil" bezeichnet.[971]

Aus diesem Hinweis leitet *Kohlhaas* ab, der hinzurechnungspflichtige Mietanteil sei als Substitut derjenigen Zinsen anzusehen, die ein Unternehmer im Falle des Erwerbs des Wirtschaftsguts verausgaben und nach Maßgabe des § 8 Nr. 1 lit. a GewStG hinzurechnen würde.[972] Daraus zieht er dann auch die Schlussfolgerung, dass die Miete eine Finanzierungsfunktion haben muss. Zwar trägt bei genauerem Blick ein solch unmittelbarer Vergleich der verschiedenen Kapitalausstattungen nicht.[973] So unterscheiden sich die inhaltlichen Anforderungen beider Hinzurechnungsregelungen bereits darin, dass § 8 Nr. 1 lit. a GewStG nicht nur Fremdfinanzierungskosten für Anschaffungen, sondern alle Entgelte für Schulden des Betriebs erfasst. Dennoch muss man sich in Erinnerung rufen, dass die gewerbesteuerliche Hinzurechnung eine Gleichstellung derjenigen Gewerbetreibenden bewirken will, die mittels Eigenkapital ihren Betrieb führen und nicht schlechter behandelt werden sollen, als diejenigen, die ihre Tätigkeit mittels fremden (Sach-)Kapitals ausüben.[974] Wie oben dargestellt[975], hat sich an der Rechtfertigung der Hinzurechnungen durch die Neufassung des § 8 Nr. 1 GewStG und der damit verbundenen Ausweitung der Regelungen auf weitere, zur Nutzung überlassene Wirtschaftsgüter selbst nichts geändert.[976] Wie zuvor § 8 Nr. 7 GewStG a.F. soll auch § 8

---

971 Vgl. die Gesetzesbegründung zum UntStRefG 2008, BT-Drs. 16/4841, S. 80, die damit im Ergebnis auf die Begründung zum GewStG 1936, RStBl. 1937, 693 (696) zurückgreift.

972 So explizit die fremdfinanzierte Anschaffung und die Miete gleichstellend *Kohlhaas,* Erhöhen alle Miet- und Pachtzinsen den Gewerbeertrag?, FR 2009, 381 (384).

973 Zu der Ungleichbehandlung aufgrund der verschiedenen Hinzurechnungsanteile, vgl. *Güroff* in: Glanegger/Güroff, GewStG, 8. Aufl., § 8 Nr. 1a, Rn. 2. Schon kritisch bzgl. der alten Rechtslage *Lohmann,* Fremde Wirtschaftsgüter im Gewerbesteuerrecht, DB 1960, 677 (679).

974 Dazu bereits Teil 1, Kap. B.I., 35.

975 Siehe dazu oben, Teil 1, Kap. B.I.2., 38.

976 Anderer Ansicht unter Berufung auf das objektive Nettoprinzip und daher die GewStG als solche in Frage stellend *Hey*, Körperschaftsteuer und Gewerbesteuer und objektives Nettoprinzip, DStR 2009, Beih. zu Nr. 34, 109 (116); siehe zu verfassungsrechtlichen Argumenten auch *Malzkorn/Rossa*, Kernvorschriften des Unternehmensteuerreformgesetzes 2008 auf dem Prüfstand, DB 2012, 1169 (1171); *Grünwald/Friz*, Verfassungsrechtliche Zweifel bei der gewerbesteuerlichen Hinzurechnung von Miet- und Pachtzinsen nach § 8 Nr. 1 Buchst. e GewStG bei gewerblichen Zwischenmietern, DStR 2012, 2106 (2109, 2110). All dies zurück-

Nr. 1 lit. e GewStG dazu beitragen, in gewissem Maße eine „Finanzierungsneutralität" unterschiedlicher betriebswirtschaftlicher Kapitalausstattungs- und Kapitalverwendungsmodelle bei Gewerbebetrieben herzustellen.[977] Dergestalt versucht *Breinersdorfer* seine Ansicht zur Hinzurechnung von Übernachtungsleistungen bei einem Reiseveranstalter zum einen[978] und der Zuordnung von Veranstaltungsimmobilien bei Konzertveranstaltern zum anderen[979] zu rechtfertigen. Er beruft sich hierbei auf die Herstellung einer Wettbewerbsgleichheit. Würde man eine Hinzurechnung ablehnen, könnte ein Reiseveranstalter, der lediglich ein Hotel anmiete, um seine Gäste unterzubringen, besser gestellt sein, als derjenige, der wegen einer konstanten am Urlaubsort vorhandenen Auslastung selbst ein Hotel errichte.[980] In ähnlicher Weise zieht er einen Vergleich zwischen einem Konzertveranstalter, der eine Veranstaltungsimmobilie auf zehn

---

weisend BFH, *Beschluss* vom 16.10.2012, I B 128/12, BStBl. II 2013, 30, BFHE 238, 452 (457, 458).

977 Das Gleichstellungsargument wird m.E. durch den Umstand verstärkt, dass § 8 Nr. 1 lit. a GewStG im Gegensatz zur früheren Regelung des § 8 Nr. 1 GewStG a.F. nicht mehr auf eine nicht nur vorübergehende Stärkung des Betriebskapitals abstellt, sondern wie bei § 8 Nr. 1 lit. e GewStG, entsprechend der Vorschrift des § 8 Nr. 7 GewStG a.F., der Dauer keine Bedeutung mehr beikommt, einhellige Ansicht, vgl. statt vieler *Güroff* in: Glanegger/Güroff, GewStG, 8. Aufl., § 8 Nr. 1a, Rn. 5a. Dem Zeitfaktor ist innerhalb des § 8 Nr. 1 lit. e GewStG eben nur im Rahmen des Merkmals „Anlagevermögen" Bedeutung beizumessen.

978 *Breinersdorfer*, Stellungnahme für die nicht öffentliche Anhörung vor dem Tourismusausschuss des Deutschen Bundestages zum Thema: Gewerbesteuerhinzurechnung für den Einkauf von Unterbringungsleistungen durch Reiseveranstalter, in: BT, Ausschuss für Tourismus, Ausschuss-Drs. 18-20-11 vom 15.5.2014, S. 8 ff. (n.v.).

979 *Breinersdorfer*, Stellungnahme für die nicht öffentliche Anhörung vor dem Tourismusausschuss des Deutschen Bundestages zum Thema: Gewerbesteuerhinzurechnung für den Einkauf von Unterbringungsleistungen durch Reiseveranstalter, in: BT, Ausschuss für Tourismus, Ausschuss-Drs. 18-20-11 vom 15.5.2014 S. 12 (n.v.); *ders.*, Zu Einzelfragen zur gewerbesteuerlichen Hinzurechnung von Finanzierungsanteilen aus Sicht der Steuerverwaltung, DB 2014, 1762 (1764).

980 *Breinersdorfer*, Stellungnahme für die nicht öffentliche Anhörung vor dem Tourismusausschuss des Deutschen Bundestages zum Thema: Gewerbesteuerhinzurechnung für den Einkauf von Unterbringungsleistungen durch Reiseveranstalter, in: BT, Ausschuss für Tourismus, Ausschuss-Drs. 18-20-11 vom 15.5.2014, S. 12 (n.v.).

Jahre pachtet und einem anderen, der lediglich kurzfristig Hallen in der näheren Umgebung anmietet.[981]

Hinter diesen Aussagen und dem Gleichstellungsargument allgemein steht der Gedanke, dass der Miete eine entsprechende Finanzierungsfunktion zugewiesen können werden muss. Fehlt es daran, wird man der Überlassung des Wirtschaftsguts keinen Sachkapitalcharakter zusprechen können. Es bleibt daher die Frage zu beantworten, wann der Miete eine solche Finanzierungsfunktion zukommt, die vor allem mit Blick auf kurzfristige oder nur vereinzelte, nicht regelmäßige Anmietungen bezweifelt werden kann.[982]

(a) Wirtschaftlich sinnvolles Alternativverhalten

Die Aussage des BFH im Container-Urteil, die Tätigkeit ließe sich wirtschaftlich sinnvoll nur ausüben, wenn das Eigentum an den Containern langfristig erworben werde[983], könnte als Antwort auf die Frage dienen, wann der Miete eine Finanzierungsfunktion zukommt.[984] Inhaltlich lässt sie sich in dem Sinne verstehen, dass die Anschaffung ein wirtschaftlich

---

981 *Breinersdorfer*, Zu Einzelfragen zur gewerbesteuerlichen Hinzurechnung von Finanzierungsanteilen aus Sicht der Steuerverwaltung, DB 2014, 1762 (1766).

982 *Franke/Gageur*, Zweifelsfragen und Anmerkungen zu den gleich lautenden Ländererlassen zu § 8 Nr. 1 GewStG, BB 2008, 1704 (1705).

983 Die Tätigkeit betraf die Vermietung der Container, vgl. BFH, *Urteil* vom 29.11.1972, I R 178/70, BStBl. II 1973, 148, BFHE 107, 468 (470).

984 Mal wird darauf abgestellt, dass die Miete unter wirtschaftlichen Gesichtspunkten die einzig sinnvolle Handlungsoption darstellen müsse, vgl. *Boller/Franke*, Praxisprobleme bei der gewerbesteuerlichen Hinzurechnung von Miet- und Pachtzinsen, BB 2012, 2920 (2923); *Kohlhaas*, Hinzurechnung von Miet- und Pachtzinsen gem. § 8 Nr. 1 e) GewStG bei kurzfristiger Anmietung?, FR 2011, 800 (804); so auch *Franke/Gageur*, Zweifelsfragen und Anmerkungen zu den gleich lautenden Ländererlassen zu § 8 Nr. 1 GewStG, BB 2008, 1704 (1705). Mal wird umgekehrt die Anschaffung als wirtschaftlich sinnvolle Alternative zur Miete betrachtet, vgl. *Gerritzen/Matheis*, Zur gewerbesteuerlichen Behandlung von Messekosten, DStR 2013, 236 (238); *Boller/Franke*, Praxisprobleme bei der gewerbesteuerlichen Hinzurechnung von Miet- und Pachtzinsen, BB 2012, 2920 (2923); *Pieper* in: Lippross, Basiskommentar, GewStG, § 8, Rz. 95 (Lfg. 65, März 2011), der eine Hinzurechnung dann ablehnt, wenn Kauf und kurzfristiger Verkauf des angemieteten unbeweglichen Wirtschaftsgutes für den Gewerbebetrieb realistische Alternativen darstellen. In der Sache ergeben sich aus den jeweiligen Perspektiven m.E. keine Unterschiede für die folgende Betrachtung.

sinnvolles Alternativverhalten zur Miete darstellen muss. Ist das nicht der Fall, wird man der Miete auch keine Finanzierungsfunktion beimessen können. Was wiederum „wirtschaftlich sinnvoll“ ist, lässt sich in verschiedener Weise interpretieren.

(b) Einbeziehung betriebswirtschaftlicher Erwägungen?

Um überhaupt darüber nachdenken zu können, ob eine Anschaffung als „wirtschaftlich sinnvolles Alternativverhalten“ zu einer Anmietung in Frage kommt, müsste der Steuerpflichtige in der Lage sein, zwischen verschiedenen Handlungsalternativen, nämlich der Anschaffung zum einen und der Anmietung zum anderen, wählen zu können.[985] Würde es für das betreffende Wirtschaftsgut beispielsweise keinen Markt geben, weil es entweder nicht zum Verkauf stünde oder aufgrund seiner Beschaffenheit bereits nicht marktfähig ist, würde sich für den Steuerpflichtigen die Möglichkeit eines „wirtschaftlich sinnvollen Alternativverhaltens“ gar nicht eröffnen.[986] Dann bliebe eine Anmietung die einzige Möglichkeit, das Wirtschaftsgut im Geschäftsbetrieb zu nutzen. Vor diesem Hintergrund wird mit Blick auf die Beschaffenheit von Wirtschaftsgütern auch vertreten, die Fiktion des Anlagevermögens sei auf fungible, austauschbare Wirtschaftsgüter zu beschränken.[987] Vor allem bei besonderen, speziell den Bedürfnissen des Steuerpflichtigen angepassten Wirtschaftsgütern fehle es an einer solchen Austauschbarkeit und damit Marktgängigkeit, was eine Hinzurechnung mangels Alternativverhaltens nicht rechtfertige.[988]

---

985 *Roser* spricht hier von einer „make-or-buy“-Entscheidung, *Roser*, Gewerbesteuerliche Hinzurechnungen von Nutzungsentgelten nach § 8 Nr. 1d bis f GewStG, ifst-Schrift Nr. 497, S. 57, 59.

986 In dem Sinne auch *Ritzer*, Hinzurechnung von Finanzierungsanteilen nach § 8 Nr. 1 GewStG, DStR 2013, 558 (563). Ebenso *Gerritzen/Matheis*, Zur gewerbesteuerlichen Behandlung von Messekosten, DStR 2013, 236 (238), die in Bezug zu Ausstellern für den Fall der Überlassung von Messe- und Hallenflächen ausführen, dass eine Wahl zwischen Eigenerwerb oder Miete nicht bestehe, sondern man an das vor Ort herrschende Angebot gebunden sei.

987 So wohl *Roser*, Gewerbesteuerliche Hinzurechnungen von Nutzungsentgelten nach § 8 Nr. 1d bis f GewStG, ifst-Schrift Nr. 497, S. 58.

988 Vgl. *Roser*, Gewerbesteuerliche Hinzurechnungen von Nutzungsentgelten nach § 8 Nr. 1d bis f GewStG, ifst-Schrift Nr. 497, S. 57, 58. Er nimmt insoweit Bezug auf das Spezialleasing und meint, aus der diesbezüglich vorgegebenen Vermögenszuordnung Ansatzpunkte für die gewerbesteuerliche Hinzurechnung entneh-

Man könnte auch unter kostentechnischer Betrachtung die Frage nach einem „wirtschaftlich sinnvollen Alternativverhalten" stellen. Würde beispielsweise eine Immobilie nur veranstaltungsbezogen genutzt, müsste sie jeweils angeschafft und alsdann wieder veräußert werden.[989] Aus den damit verbundenen Transaktionskosten ließe sich bereits ein Hinweis auf die wirtschaftliche Unsinnigkeit eines solchen Unterfangens ableiten, weshalb man nahezu zwangsläufig zu dem Schluss gelangen müsste, unter „wirtschaftlichen Gesichtspunkten" die Anmietung als die einzig sinnvolle Handlungsoption zu betrachten.[990]

(c) Tauglichkeit der betriebswirtschaftlichen Erwägungen als Abgrenzung

Betrachtet man die einzelnen Erwägungen, stehen dahinter in erster Linie preisliche Argumente. Es geht immer um die Frage, ob sich eine Anschaffung unter kalkulatorischen Gesichtspunkten lohnt.[991] Möglicherweise aus

---

men zu können. Dass beim Spezialleasing das Wirtschaftsgut stets dem Leasingnehmer zugerechnet wird, ist unbestritten. Daraus können m.E. jedoch keine Erkenntnisse für das hier in Rede stehende Problem gewonnen werden. Zudem richtet sich die Zurechnung geleaster Immobilien nach konkreten Parametern, über die anhand des jeweiligen Vertrags im Einzelfall zu befinden ist, vgl. für das Immobilienleasing BMF, Schreiben vom 23.12.1991, IV B 2-S 2170-115/91, BStBl. I 1992, 13 Tz. 5 ff.

989 Aus diesem Grunde wird des Öfteren der Vergleich zum Umlaufvermögen gezogen; siehe bspw. zur Konzerthallenmiete *Kohlhaas*, Hinzurechnung von Miet- und Pachtzinsen gem. § 8 Nr. 1 e) GewStG bei kurzfristiger Anmietung?, FR 2011, 800 (804), *ders.*, Das fiktive Anlagevermögen i.S. des § 8 Nr. 1 Buchst. e GewStG, DStR 2014, 296 (301); ebenso *Ritzer*, Hinzurechnung von Finanzierungsanteilen nach § 8 Nr. 1 GewStG, DStR 2013, 558 (563) und für die Nutzung von Hotels vgl. *Jorczyk*, Droht die gewerbesteuerliche Hinzurechnung beim Hoteleinkauf?, SRTour 10/2011, 6 (9); *ders.*, Hoteleinkauf bei Reiseveranstaltern: Neuer Ländererlass beharrt auf Hinzurechnung!, SRTour 8/2012, 14 (16).

990 Vgl. *Ritzer*, Hinzurechnung von Finanzierungsanteilen nach § 8 Nr. 1 GewStG, DStR 2013, 558 (563).

991 Auch die Überlegung *Rosers*, die fiktionale Betrachtung auf solche Wirtschaftsgüter zu begrenzen, die i.S.d. Substitutionsgedankens (siehe dazu oben, Teil 2, Kap. F.II.3.b.cc., 260) austauschbar sind, beruht im Kern auf betriebswirtschaftlichen Erwägungen. Denn selbst wenn der Steuerpflichtige vor dem Hintergrund besonderer Beschaffenheitsmerkmale des Wirtschaftsguts für sich keine Handlungsalternative in dem Sinne sieht, das Wirtschaftsgut selbst herzustellen, ist dies in erster Linie eine Kostenfrage; siehe zu diesem Ansatz *Roser*, Gewerbesteuerliche Hinzurechnungen von Nutzungsentgelten nach § 8 Nr. 1d bis f

diesem Grunde hält dem *Breinersdorfer* entgegen, es sei keine betriebswirtschaftliche Beurteilung vorzunehmen, sondern darauf zu schauen, ob die Umsetzung des Geschäftsmodells durch den Einsatz von Anlagevermögen „potenziell möglich" ist.[992] Unterdessen trägt diese Aussage einen Widerspruch in sich. Es drängt sich die Frage auf, wie ein Geschäftsmodell losgelöst von betriebswirtschaftlichen Erwägungen beurteilt werden soll. Da der Gewerbebetrieb zu untersuchen ist, müssen die ihn tangierenden Umstände, auch wenn diese betriebswirtschaftlicher Art sind, Eingang in die Überlegungen finden.

Für die Berücksichtigung der vorgenannten Argumente könnte sprechen, dass sie auf Umstände hindeuten, die außerhalb eines Einflussnahmebereichs des Steuerpflichtigen liegen. So lässt sich das Vorhandensein eines Marktes für ein bestimmtes Wirtschaftsgut i.d.R. nicht oder nur insoweit steuern, als erhebliche Geld- oder Sachmittel aufgewendet werden. Hiergegen ließe sich unter Heranziehung der Norm des § 8 Nr. 1 lit. f GewStG wiederum argumentieren, dass auch im Rahmen der zeitlich befristeten Überlassung eines Rechts Umstände vorhanden sind, die der Einflusssphäre des Steuerpflichtigen entzogen sind, aber dennoch die gewerbesteuerliche Hinzurechnung nicht ausschließen. Denn insoweit sind dem Grunde nach auch solche Rechte erfasst, die aufgrund ihres absoluten, um ihrer Ausschließkeit willen bestehenden Schutzes und Herrschaftscharakters und dem sich daraus ergebenden Schutzbereich als solche nicht marktfähig sind.[993] Die Frage der Möglichkeit der Erschaffung eines gleichartigen Rechts stellt sich dann mit Blick auf die Stellung des absolut

---

GewStG, ifst-Schrift Nr. 497, S. 58, 59, der mit dieser Begründung auch die befristete Überlassung von Rechten i.S.d. § 8 Nr. 1 lit. f. GewStG ausnehmen will.

992 *Breinersdorfer*, Stellungnahme der Sachverständigen zur nicht öffentlichen Anhörung des Ausschusses für Tourismus vom 21.5.2014, BT, Ausschuss für Tourismus, Ausschuss-Drs. 18-20-11, S. 12 (n.v.); ähnlich *ders.*, Einzelfragen zur gewerbesteuerlichen Hinzurechnung von Finanzierungsanteilen aus Sicht der Steuerverwaltung, DB 2014, 1762 (1764).

993 Solche Herrschaftsrechte, die subjektiv-persönlicher oder subjektiv-dinglicher Natur sein können, werden durch dingliche Ansprüche gesichert und geschützt. Letztere verwirklichen damit das Schutzrecht, vgl. dazu *Medicus/Petersen*, Bürgerliches Recht, 24. Aufl., § 19 I, S. 221. Damit liegt es nahe, dass nur über einen solchen Anspruch disponiert werden kann. Siehe zum Begriff des dinglichen Rechts und des Verhältnisses zum dinglichen Anspruch auch *Heck*, Grundriß des Sachenrechts, § 32, S. 125. Die Diskussion darüber, ob § 8 Nr. 1 lit. f GewStG insofern in der Sache viel zu weit greift, kann hier nicht weiter vertieft und muss an anderer Stelle geführt werden.

wirkenden Schutzrechts nicht.[994] Indessen lässt sich dieser Vergleich mit Blick auf die Norm des § 8 Nr. 1 lit. e GewStG nicht ziehen, weil die fehlende Marktfähigkeit des absoluten Schutzrechts in seiner spezifischen Natur begründet ist. Der in § 8 Nr. 1 lit. f GewStG insoweit niedergelegte Gedanke kann m.E. nicht verallgemeinert werden.

Gegen die Berücksichtigung solcher Erwägungen könnte wiederum sprechen, dass das Vorhandensein eines Marktes von mehreren Faktoren abhängen kann. Auch wenn sich mit Blick auf Veranstaltungsimmobilien, vor dem Hintergrund ihrer besonderen Beschaffenheitsmerkmale[995], nicht leugnen lassen wird, dass deren Anschaffung für den konkreten Veranstalter u.U. schwierig sein kann[996], vor allem dann, wenn es an der Verkaufsbereitschaft des Eigentümers fehlt[997,998], können derartige Feststellungen im Einzelfall sehr schwierig sein. Selbst wenn sich das Problem nicht allein auf eine Kostenfrage reduziert, wird man nicht zuletzt aus diesem Grunde derartigen Überlegungen entgegenhalten können, dass nicht messbar ist und nicht abgeschätzt werden kann, wann für einen Steuerpflichtigen anstelle der Miete (noch) eine Anschaffung in Frage kommt.[999] In diesem Sinne hat sich auch der BFH geäußert und den Umstand, ob oder dass

994 Dem Steuerpflichtigen eröffnet sich neben der Erlangung einer aus dem absoluten Recht abgeleiteten Rechtsposition keine weitere „wirtschaftlich sinnvolle" Handlungsalternative. Er wird, will er das Schutzrecht benutzen, sich ein aus diesem abgeleitetes Recht gewähren lassen müssen, vgl. bspw. § 14 Abs. 1 MarkenG, § 15 Abs. 1 i.V.m. § 11 UrhG.

995 Vgl. dazu Teil 2, Kap. F.II.3.b.cc.(2), 265 ff.

996 Dass es sich bei Grundstücken um nicht vertretbare Sachen handelt und dass Immobilien, anders als Waren des Handelsverkehrs, dem Markt nicht in beliebiger Zahl zur Verfügung stehen und ein Markt naturgemäß vor allem örtlich geprägt ist, erkennt auch die zivilrechtliche Rechtsprechung an. An diesen Umstand werden auch entsprechende Sanktionen geknüpft, vgl. BGH, *Urteil* vom 2.12.1994, V ZR 193/93, NJW 1995, 587 (588). Ausnahmen will sie bei typisierten Angeboten, wie sie sich bei vergleichbaren Kaufgelegenheiten (Baugrundstücke gleichen Zuschnitts in einem Erschließungsgebiet oder Appartements in Hotelanlagen oder Feriensiedlungen) ergeben, sehen.

997 Siehe dazu *Gerritzen/Matheis*, Zur gewerbesteuerlichen Behandlung von Messekosten, DStR 2013, 236 (238).

998 Ebenso wird man ähnliche Schwierigkeiten annehmen müssen, soweit es um die Frage geht, ob das Wirtschaftsgut selbst hergestellt werden kann; zur „make-or-buy"-Entscheidung vgl. *Roser*, Gewerbesteuerliche Hinzurechnungen von Nutzungsentgelten nach § 8 Nr. 1d bis f GewStG, ifst-Schrift Nr. 497, S. 58.

999 I.d.S. *Breinersdorfer*, Einzelfragen der gewerbesteuerlichen Hinzurechnung von Finanzierungsanteilen aus Sicht der Finanzverwaltung, DB 2014, 1762 (1764).

eine kurzzeitige Anmietung besonders kostengünstig sei, als unerheblich eingestuft.[1000] Das Niedersächsische Finanzgericht hat sich dieser Einschätzung angeschlossen.[1001]

Der Steuerpflichtige müsste folglich, will er derartige Argumente berücksichtigt wissen, im Rahmen der ihm innerhalb des Besteuerungsverfahrens obliegenden Mitwirkungspflichten konkret darlegen, anhand welcher unternehmensbezogenen Umstände für ihn ein sinnvolles wirtschaftliches Verhalten nicht (mehr) gegeben ist.[1002]

(ii) Produktions- und produktbedingte Anmietungen als Abgrenzung?

Unter Berücksichtigung der Unternehmenskonzeption ließe sich, anknüpfend an den Gedanken einer sich „verbrauchenden Nutzung“, aber möglicherweise neben den vorgenannten, eher unspezifischen Abgrenzungsparametern eines wirtschaftlichen Alternativverhaltens folgende Überlegungen fruchtbringend verwenden:

Geht man davon aus, dass mittels der gewerbesteuerlichen Hinzurechnung die objektivierte Ertragskraft des Gewerbebetriebs ermittelt werden soll und soll die Miete für Zwecke der Ermittlung dieser objektivierten Ertragskraft für den Gewerbetreibenden eine Finanzierungsfunktion haben, dann muss sich diese Finanzierungsfunktion im Gewerbebetrieb selbst wi-

1000 BFH, *Urteil* vom 30.3.1994, I R 123/93, BStBl. II 1994, 810, BFHE 174, 554 (557).

1001 Nds. FG, *Urteil* vom 26.5.2011 10 K 290/10, EFG 2011, 2101 (2102).

1002 Der Steuerpflichtige wird aufgrund seiner größeren Sachnähe i.d.R bessere Kenntnis von den konkreten, ihn betreffenden Umständen haben. Er wird daher auch selbst zur Sachaufklärung beitragen müssen, will er der Gefahr einer simplifizierenden Rechtsanwendung seitens der Finanzverwaltung begegnen. Auch in einem Finanzrechtsstreit wird er, wenn er über besondere Kenntnisse von Tatsachen verfügt, die seine Sphäre betreffen, sich nicht darauf zurückziehen können, der Finanzverwaltung vorzuhalten, sie habe ihre Sachaufklärungspflicht verletzt. Die Mitwirkungsverpflichtung mutiert insofern zu einer faktischen Darlegungspflicht. Zur Reichweite der Mitwirkungspflichten *Söhn* in: Hübschmann/Hepp/Spitaler, AO, FGO, § 90 AO, Rz. 44 ff., 72 ff. (Lfg. 220, November 2012). Siehe zu den verfahrensrechtlichen Aspekten der Mitwirkungspflicht Teil 3, Kap. C.II.1.a.cc., 321, Kap. C.II.2.b., 327. *Roser* verneint – m.E. vorschnell – jegliche Mitwirkungspflicht, *Roser*, Gewerbesteuerliche Hinzurechnungen von Nutzungsentgelten nach § 8 Nr. 1d bis f GewStG, ifst-Schrift Nr. 497, S. 67.

derspiegeln. Das ist der Fall, wenn die Nutzung des Wirtschaftsguts für die Produktion des am Markt anzubietenden Produktes erforderlich ist.

So ist bei einem Betrieb des produzierenden Gewerbes, beispielsweise einem Automobilhersteller, das von diesem gemietete Betriebsgrundstück, auf dem sich die Produktions- und andere Betriebsvorrichtungen befinden, zweifelsfrei dem Produktionsprozess für das am Markt angebotene Produkt, das KFZ, zuzuordnen. In die objektivierte Bemessungsgrundlage des Automobilherstellers fließen der Gewinn aus der Marktbetätigung, also aus dem Verkauf des KFZ, und der Finanzierungsanteil aus der Nutzung der Wirtschaftsgüter für die Produktion des KFZ ein. Betrachtet man nun ein Veranstaltungsunternehmen, wird auch dort zweifelsfrei das gemietete Grundstück, in dem die Herstellung des am Markt angebotenen Produktes erfolgt, also das Bürogebäude in dem der Veranstalter seine Tätigkeit ausübt, mit seinem Finanzierungsanteil in den Gewerbeertrag einfließen. Da nun das Produkt eine Dienstleistung ist, nämlich die Planung, Organisation und Durchführung einer Veranstaltung[1003], in der sich wiederum die Nutzung eines (anderen) Grundstücks, nämlich der Veranstaltungsimmobilie, abbildet, wird auch diese andere Grundstücksnutzung im Gewerbeertrag erfasst; allerdings nicht als hinzuzurechnende Miete aufgrund der Finanzierungsfunktion dieses Grundstücks, sondern als Bestandteil des Gewinns, der sich aus dem Preis der Veräußerung der Dienstleistung am Markt und den im Betrieb getätigten Aufwendungen einschließlich derjenigen für die Inanspruchnahme der Veranstaltungsimmobilie ergibt. Der Vergleich der beiden Fälle macht plastisch, dass das vom Gewerbebetrieb konkret erschaffene Produkt sich im Gewerbeertrag nur über den Gewinn des Gewerbebetriebs widerspiegelt.

Die Schwierigkeit bei Veranstaltungsunternehmen liegt nun allerdings darin begründet, dass die Nutzung einer Veranstaltungsimmobilie eine Doppelfunktion haben kann. Sie kann sowohl produkt- als auch produktionsbezogener Natur sein. Ausgehend von dem soeben dargestellten Grundsatz ist eine zusätzliche Erfassung jener partiellen Grundstücksnutzung (der Nutzung der Veranstaltungsimmobilie) durch das Veranstaltungsunternehmen in dessen Gewerbeertrag, nämlich über den Finanzierungsanteil der Miete, aber nur dann zu rechtfertigen, wenn diese Grundstücksnutzung über den reinen Produktcharakter hinausgehend eine Bedeutung für den Gewerbebetrieb hat. Das kann der Fall sein, wenn die pro-

1003 Dazu gehört auch das Produkt „Reise“ des Reiseveranstalters.

duktionsbezogene Komponente dieser Grundstücksnutzung größer ist als die produktbezogene Komponente. Dies soll an Beispielen aus der Konzert- und Reiseveranstalterbranche verdeutlicht werden:

Plant ein Konzertveranstalter eine Deutschlandtournee mit einem an ihn vertraglich gebundenen Künstler und sollen zehn Auftritte dieses Künstlers K in zehn verschiedenen Städten erfolgen, benötigt der Veranstalter für jeden dieser Auftritte in diesen konkreten Städten entsprechende Veranstaltungsimmobilien. Er wird mit den Vermietern entsprechende Mietverträge für das jeweilige Konzert schließen. Am Markt wird das spezifische Produkt „Konzert Künstler K" angeboten und zwar gegenüber dem Künstler selbst als auch gegenüber den Besuchern, und zwar zehnmal. Mit dem Ende eines jeden Konzerts hat sich das Produkt am Markt verbraucht und damit auch die Anmietung der jeweiligen Veranstaltungsimmobilie. Nutzt nun jener, den Künstler betreuende Tourneeveranstalter für die Anmietungen vor Ort jeweils einen lokalen Veranstalter, also insgesamt zehn, die ihrerseits die Anmietung vornehmen, steht in Frage, worin deren Produkt besteht und wo sich die Anmietung innerhalb ihres jeweiligen „Herstellungsprozesses" in Bezug auf die konkrete Veranstaltung abbildet. Hat beispielsweise die Veranstaltungsimmobilie die Bedeutung, dass der lokale Veranstalter „künstlerunabhängig" stets auf diese zurückgreift, wenn er für einen Tourneeveranstalter tätig wird, dann ist die Anmietung derselben wohl eher dem Produktionsprozess „Veranstaltung" als dem Produkt „Konzert Künstler K" zuzuordnen. Steht indessen das Produkt, also das spezifische Konzert, im Vordergrund, wird man eine Finanzierungsfunktion der Miete ablehnen müssen.

Bei einem Reiseveranstalter könnte man meinen, hier stehe das „produktionsbezogene" Element der Nutzung im Vordergrund. Darauf scheint auch *Breinersdorfer* abzustellen, wenn er Reiseveranstalter mit Hotels im Eigenbetrieb mit denjenigen Reiseveranstaltern vergleicht, die Hotelleistungen einkaufen.[1004] Es stellt sich bei diesem Vergleich die Frage nach dessen Tauglichkeit. Betrachtet man nämlich die am Markt agierenden Touristikkonzerne, werden eigene Hotels im In- und Ausland stets von anderen Steuersubjekten als dem Reiseveranstalter betrieben. Letzterer, der

---

1004 *Breinersdorfer*, Stellungnahme für die nicht öffentliche Anhörung vor dem Tourismusausschuss des Deutschen Bundestages zum Thema: Gewerbesteuerhinzurechnung für den Einkauf von Unterbringungsleistungen durch Reiseveranstalter, in: BT, Ausschuss für Tourismus, Ausschuss-Drs. 18-20-11 vom 15.5.2014, S. 12 (n.v.).

konzernintern Hotelleistungen bezieht, sieht sich daher dennoch dem Problem der partiellen Hinzurechnung der bezogenen Leistungen ausgesetzt. Der insoweit gezogene Vergleich hat ein fiktives Geschäftsmodell vor Augen, das an der Lebenswirklichkeit vorbeigeht. Dem „produktionsbezogenen" Argument ist aber nicht nur aus tatsächlichem, sondern vor allem aus rechtlichem Grunde zu widersprechen. Folgt man nämlich der Trennung zwischen den Beschaffungsvorgängen, mittels derer der Reiseveranstalter die Möglichkeit erlangt, auf Hotelleistungen zugunsten des Reisenden zurückzugreifen, zum einen und den Buchungsvorgängen zum anderen[1005], sind konsequenterweise die Beschaffungen auszublenden. Es ist dann nur auf die Inanspruchnahme der Hotelleistungen selbst abzustellen. Der Reiseveranstalter nutzt erst – soweit man dem Gedanken überhaupt zu folgen bereit ist –[1006] mit der konkreten Buchung das Wirtschaftsgut. In diesem Moment wird das Produkt, die Reise, hergestellt. Folglich erschöpft sich der Gebrauch des Wirtschaftsguts innerhalb des Betriebs des Reiseveranstalters in dem konkreten, individualisierten Produkt.

Wenn also nur oder überwiegend eine „produktbezogene" Nutzung erfolgt, kommt hierin wieder der Gedanke einer sich „verbrauchenden Nutzung" zum Tragen, wie dies sowohl der BFH[1007] als auch schon das PrOVG[1008] zum Ausdruck gebracht haben.[1009]

Auf dieser Grundlage lässt sich m.E. ermessen, ob ein wirtschaftlich sinnvoller Grund vorliegt, eine Immobilie längerfristig zu halten. Findet sich die Anmietung nur oder größtenteils im Produkt des Veranstaltungs-

---

1005 Das erkennt auch *Breinersdorfer* an, der zugesteht, dass der Beschaffungsvertrag mit Ausnahme der Preisvereinbarung nicht bindend ist, vgl. Stellungnahme für die nicht öffentliche Anhörung vor dem Tourismusausschuss des Deutschen Bundestages zum Thema: Gewerbesteuerhinzurechnung für den Einkauf von Unterbringungsleistungen durch Reiseveranstalter, in: BT, Ausschuss für Tourismus, Ausschuss-Drs. 18-20-11 vom 15.5.2014, S. 9 (n.v.).

1006 Siehe zur gegenteiligen Ansicht Teil 2, Kap. E.II.4.c.bb.(2)(ii)(b), 219 ff.

1007 Siehe BFH, *Urteil* vom 8.10.1970, IV R 125/69, BStBl. II 1971, 51, BFHE 100, 249; BFH, *Urteil* vom 28.2.1961, I 195/60 U, BStBl. III 1961, 384, BFHE 73, 322.

1008 PrOVG, *Ent.* vom 17.6.1930, VIII.G.St. 464/29, RuPrVBl. Bd. 52 (1931), S. 232; siehe auch *Ent.* vom 12.12.1939, V (VIII) G St 53 54/39, RVBl. Bd. 61 (1940), S. 49.

1009 In diesem Sinne lässt sich auch *Klein* verstehen, der ebenso die sich erschöpfende Nutzung betont, vgl. *Klein*, Gewerbesteuerliche Hinzurechnung von Hotelleistungen bei Reiseveranstaltern, DStR 2014, 1321 (1324).

unternehmens wieder, würde eine Anschaffung dessen Konzeption konterkarieren. Die Miete ist dann die wirtschaftlich einzig sinnvolle Handlungsoption.[1010] Denn dann bedarf der Gewerbebetrieb von seiner Ausrichtung her keiner längerfristigen Immobiliennutzung.[1011] Insoweit schließt sich auch der Kreis zum Perpetuierungselement. Nur dann, wenn eine Anmietung „produktionsbedingt“ erfolgt, wird sie auch öfter erfolgen. Wollte man dies, so wie das Niedersächsische Finanzgericht und die Finanzverwaltung, anders sehen, würde die Annahme, der Unternehmer würde mit Blick auf Veranstaltungsimmobilien eine oder mehrere Anschaffungen tätigen können, in dessen Unternehmenskonzept eingreifen.[1012]

bb. Zusammenfassung zur Grenzbetrachtung

Dass diese auf der Basis betriebswirtschaftlicher Erwägungen anzustellenden Kontrollüberlegungen in die Grenzbetrachtung des die Miete ersetzenden Eigentums einzubeziehen sind, ergibt sich nicht zuletzt daraus, dass

---

1010 So *Roser*, Gewerbesteuerliche Hinzurechnungen von Nutzungsentgelten nach § 8 Nr. 1d bis f GewStG, ifst-Schrift Nr. 497, S. 59, der mit Blick auf verschiedene Veranstaltungsunternehmen meint, die „Fiktionsbetrachtung [stoße] wegen wirtschaftlich unsinniger Ergebnisse an ihre Grenzen“; i.d.S. auch *Ritzer*, Hinzurechnung von Finanzierungsanteilen nach § 8 Nr. 1 GewStG, DStR 2013, 558 (563); *Schraut/Sillich*, Entgelte für Taxi- oder Busflächen zu Werbezwecken im Rahmen der Gewerbesteuer hinzuzurechnen?, BB 2013, 217 (219); *Boller/Franke*, Praxisprobleme bei der gewerbesteuerlichen Hinzurechnung von Miet- und Pachtzinsen, BB 2012, 2920 (2923).

1011 Auch bei der gewerblichen Zwischenvermietung wurde die konkrete Ausrichtung betrachtet, vgl. dazu Nds. FG, *Urteil* vom 7.7.2011, 10 K 78/10 (rk.), EFG 2011, 2100; FG Köln, *Urteil* vom 27.10.2010, 9 K 1022/10, EFG 2011, 561; FG Berlin-Brandenburg, *Urteil* vom 30.1.2013, 12 K 12197/10, EFG 2013, 1062; bestätigt durch BFH, *Urteil* vom 4.6.2014, I R 21/13, BFH/NV 2014, 1853, BFHE 246, 130; FG Münster, *Urteil* vom 22.8.2012, 10 K 4664/10 G, EFG 2012, 2231, bestätigt durch BFH, *Urteil* vom 4.6.2014, I R 70/12, BFH/NV 2014, 1850, BFHE 246, 67.

1012 In diesem Zusammenhang sollte auch zu denken geben, dass wechselnde Anschaffungen und Veräußerung von Grundstücken die Annahme einer anderen gewerblichen Betätigung, die eines gewerblichen Grundstückshandels, eröffnen. Denn die sich aus dem Überschreiten der sog. Drei-Objekt-Grenze ergebende Indizwirkung für die Annahme der Gewinnerzielungsabsicht könnte nicht durch besondere Umstände, wie bspw. eine andere Unternehmenskonzeption, widerlegt werden, vgl. dazu statt vieler *Wacker* in: Schmidt, EStG, 33. Aufl., § 15 Rz. 48 m.w.N.

der Gewerbebetrieb als Steuerobjekt insgesamt zu begreifen ist und daher nicht losgelöst von externen Einflüssen und seiner eigentlichen Konzeption beurteilt werden kann, ohne ihn als solchen in Frage zu stellen. Letztlich geht es um den Gewerbebetrieb als Steuerobjekt, dessen objektivierte Leistungsfähigkeit bestimmt werden soll. Daher muss aus dem Blickwinkel der Finanzierungsfunktion des Rechtsverhältnisses der Miete, bezogen auf das Wirtschaftsgut, auch hinterfragt werden, ob für den Fall, dass bestimmte externe oder interne Einflüsse und Bedingungen wirken, der Gewerbebetrieb sich in seiner Natur und Ausrichtung ändert, sollte der Steuerpflichtige sich für die Handlungsalternative der Anschaffung anstelle der Miete entscheiden.

III. Zusammenfassung zum fiktiven Anlagevermögen

Die Anknüpfung des § 8 Nr. 1 lit. e GewStG an den Begriff des Anlagevermögens erfordert es, zu bestimmen, ob das im Unternehmen genutzte unbewegliche Wirtschaftsgut diesem Begriff zugeordnet werden kann. Hierbei wird man das Spannungsverhältnis, welchem ein Veranstaltungsunternehmen in Bezug auf die ihm zur Nutzung überlassene Veranstaltungsimmobilie deshalb ausgesetzt sein wird, weil die konkrete Benutzung derselben in der Regel nur von kurzer Dauer ist, nach der derzeitigen Gesetzeslage nur unter Berücksichtigung des konkreten Falles auflösen können. Der Versuch, eine allgemeingültige Lösung zu finden, ist aufgrund der Vielgestaltigkeit der Sachverhalte und der Weite des Tatbestands des § 8 Nr. 1 lit. e GewStG zum Scheitern verurteilt.

Indes kann für die konkrete Prüfung, ob es sich bei einer Veranstaltungsimmobile um ein Wirtschaftsgut des Anlagevermögens i.S.d. Norm handelt, auf ein Schema zurückgegriffen werden, welches die Rechtsprechung bereits frühzeitig in Bezug auf nicht in Grundbesitz bestehende Wirtschaftsgüter, nämlich zu § 8 Nr. 7 GewStG a.F., entwickelt hatte. Da dieses innerhalb der entwickelten Prüfungsmaßstäbe jedoch weitreichende Interpretationen zulässt, welche für die Einordnung von unbeweglichen Wirtschaftsgütern nur bedingt geeignet sind, bedarf es hierbei einiger Anpassungen.

Den Ausgangspunkt der nach dem Gesetz vorgegebenen fiktiven Betrachtung der Anlagevermögenseigenschaft des unbeweglichen Wirtschaftsguts bildet der einkommen- bzw. bilanzsteuerrechtliche Begriff des Anlagevermögens. Danach kommt es auf die Zweckbestimmung des jeweiligen Wirtschaftsguts an, die ihm vom Steuerpflichtigen zugedacht wird. Es fehlt jedoch ein nicht unbedeutender Hinweis bezüglich der vom Steuerpflichtigen beabsichtigten, und damit subjektivierten, Bestimmung in Bezug auf das Wirtschaftsgut, nämlich dessen Aufnahme in der Bilanz des Gewerbebetriebs, weil der Steuerpflichtige nicht (wirtschaftlicher) Eigentümer jenes Wirtschaftsguts ist. Deshalb kann nur eine fiktionale Betrachtung vorgenommen werden und es muss anhand objektiver Komponenten eruiert werden, welchem Zweck das Wirtschaftsgut innerhalb des Gewerbebetriebs tatsächlich dient. Es ist folglich auf der Grundlage der konkreten betrieblichen Verhältnisse des Steuerpflichtigen als Prüfungsmaßstab für die Anlagevermögenseigenschaft zu untersuchen, welche tatsächliche, nicht lediglich mögliche oder potenzielle, Funktion das konkrete Wirtschaftsgut innerhalb der konkreten geschäftlichen Betätigung übernimmt bzw. übernehmen soll. Der Unternehmenszweck des Steuerpflichtigen spielt hierbei eine nicht unbedeutende Rolle. Insoweit sind für die verschiedenen Arten von Veranstaltungsunternehmen unterschiedliche Lösungen möglich. Es kommt aber auch innerhalb der jeweiligen Branche auf die tatsächliche und nicht nur auf eine gedachte oder mögliche, und damit lediglich fiktionale, Betätigung des Unternehmens des Steuerpflichtigen an.

Unter Zugrundelegung der konkreten Funktion wird man die Permanenz einer Benutzung nicht fordern können. Jedoch bedarf es einer Eingliederung des Wirtschaftsguts in die Unternehmensabläufe. Dabei ist nicht jede Benutzung einer Veranstaltungsimmobilie einzubeziehen. Es ist aber dennoch eine Perpetuierung vonnöten, die man beispielsweise nicht annehmen können wird, wenn sich der aus der Benutzung der Immobilie fließende Vorteil für den Gewerbebetrieb unmittelbar in der Benutzung selbst erschöpft. Daher wird man eine positive Bestätigung dieses Merkmals nur auf der Grundlage einer längeren Beobachtungsperiode erlangen, weshalb erhebungszeitraumübergreifende Betrachtungen anzustellen sind. Nur so kann eingeschätzt werden, welche Bedürfnisse das Veranstaltungsunternehmen in Bezug zur konkreten Veranstaltungsimmobilie hat. Folglich ist anhand temporärer und iterativer Nutzungskomponenten nach Anhaltspunkten oder Anzeichen dafür zu suchen, die für eine Perpetuierung der Nutzung des Wirtschaftsguts innerhalb des Unternehmens sprechen. Diese Nutzungselemente verhalten sich nicht alternativ, sondern kumulativ zueinander. Eine Perpetuierung muss deshalb nicht bereits zweifelhaft sein, wenn eines der Elemente weniger ausgeprägt ist; vielmehr kann ein Mehr des einen das Weniger des anderen Elements ausgleichen.

Bei der Betrachtung des Perpetuierungselements wird ebenso ins Gewicht fallen, ob sich die Nutzung auf ein und dasselbe Wirtschaftsgut konzentriert oder ob verschiedene Wirtschaftsgüter innerhalb des Unternehmens zum Einsatz kommen. Wurde beispielsweise dieselbe Veranstaltungsimmobilie mehrfach zu gleichartigen Zwecken (z.B. reguläre Messeveranstaltungen) oder mehrfach zu verschiedenen Zwecken (z.B. unterschiedliche Konzerte am selben Ort) im Unternehmen genutzt, kann das für eine solche Eingliederung sprechen.

Im Zusammenhang mit dem Perpetuierungselement ist ebenso die Tatsache zu berücksichtigen, ob es dem Steuerpflichtigen auf die Benutzung des konkreten Wirtschaftsguts ankommt, er also dessen spezifische Eigenschaften in den Vordergrund seiner Betrachtung rückt, oder es ihm nur darauf ankommt, ein Wirtschaftsgut gleicher oder ähnlicher Art zu benutzen, also die Substitutionsfähigkeit des Wirtschaftsguts an Bedeutung gewinnt. Nun wird bei unbeweglichen Wirtschaftsgütern in der Regel eine Substitution wegen deren Ortsverbundenheit ausscheiden. Wollte man folglich die Relevanz dieses Faktums im Rahmen der Beurteilung des Vorliegens von Anlagevermögen verneinen und stattdessen das Substitutionsargument in den Vordergrund rücken, bedarf es in Bezug auf unbewegliche Wirtschaftsgüter weitere Parameter, anhand derer eine Austauschbarkeit der konkret benutzten Veranstaltungsimmobilie bejaht werden könnte. Es wären dann die konkreten tatsächlichen und rechtlichen Verhältnisse der Immobilie zu berücksichtigen. Man wird bei Veranstaltungsunternehmen unter Zugrundelegung des konkreten Geschäftsmodells bzw. der Art ihrer Betätigung danach unterscheiden müssen, ob deren Anmietung kundenspezifischen Interessen folgt oder ob objektspezifische Parameter für die Benutzung ausschlaggebend sind. Je nach Unternehmensausrichtung und den übrigen Umständen kann dies dann für oder gegen das Vorliegen von Anlagevermögen sprechen. Stehen bei Ausstellern oder Konzertveranstaltern eher kundenspezifische Bedürfnisse im Vordergrund der Anmietung der konkreten Veranstaltungsimmobilie, liegt die Annahme nicht fern, dass Anlagevermögen vorliegt; anders kann dies sein, wenn die Auswahl allein objektbezogen ausfällt. Reiseveranstalter dagegen werden aufgrund ihrer auf ein Massengeschäft bezogenen Ausrichtung generell eher ihr Augenmerk auf objektspezifische Merkmale, wie Lage und Ausstattung des Hotels, richten. Bei ihnen ist die konkrete Immobilie von Bedeutung. Das Substitutionselement wird daher eher in den Hintergrund rücken.

Diese verschiedenen, innerhalb des Prüfungsmaßstabs der betrieblichen Verhältnisse des Steuerpflichtigen, zu berücksichtigenden Elemente sind jeweils Indizien und Anzeichen eines Für und Wider, weshalb sie nicht singulär, sondern nur innerhalb einer Gesamtwertung betrachtet werden dürfen.

Abschließend ist das gefundene Ergebnis zur Kategorisierung des Wirtschaftsguts daraufhin zu überprüfen, dass es den Vorstellungen eines die Miete ersetzenden Eigentums nicht widerspricht. Anderenfalls besteht die Gefahr, dass die Anwendung der Norm des § 8 Nr. 1 lit. e GewStG über ihr Ziel hinausschießt, weil es im konkreten Fall einer Korrektur des verobjektivierten Gewerbeertrags nicht bedarf. Das Territorialitätsprinzip, welches der Gewerbesteuer innewohnt, kann hierbei nicht als Parameter einer solchen Grenzziehung dienen. Insbesondere führt allein die Tatsache, dass der Steuerpflichtige außerhalb des territorialen Geltungsbereichs der Gewerbesteuer liegende Wirtschaftsgüter für Zwecke seines Unternehmens nutzt, nicht dazu, dass diese keine Anlagevermögensfunktion, wie sie § 8 Nr. 1 lit. e GewStG erfordert, übernehmen können. Insoweit muss zwischen im Ausland belegenen Betriebstätten einerseits und einem im Ausland befindlichen, innerhalb des inländischen Gewerbebetriebs benutzten Wirtschaftsgut andererseits, unterschieden werden.

Der Maßstab der Grenzziehung der fiktionalen Betrachtung ergibt sich aus dem Zweck der Hinzurechnung von Aufwendungen. Vor dem Hintergrund einer Gleichbehandlung von Gewerbebetrieben mit Blick auf deren Kapitalausstattung bedarf die Anmietung eines Wirtschaftsguts notwendigerweise einer Finanzierungsfunktion. Diese kann nur angenommen werden, wenn die Miete eine Anschaffung ersetzt oder ersetzen kann. Insoweit muss der Anmietung ein Surrogationselement zugrundeliegen. Im Rahmen dieser Feststellung sind auch betriebswirtschaftliche Erwägungen des Steuerpflichtigen einzubeziehen, da der Gewerbebetrieb nicht losgelöst von seiner konkreten Ausrichtung und Konzeption betrachtet werden darf.

Bei Veranstaltungsunternehmen ist eine Finanzierungsfunktion der erfolgten Anmietung nicht bereits deshalb ausgeschlossen, weil die Anmietungen beispielsweise nur kurzzeitig andauern und Wiederholungen nur in größeren Zeitabständen erfolgen. Erschließt sich nicht bereits aus anderen Gründen, dass das Wirtschaftsgut als Anlagevermögen eingeordnet werden kann, wenn es sich denn im Eigentum des Steuerpflichtigen befände, ist zu hinterfragen, auf welcher Ebene sich die Nutzung des Wirtschaftsguts bei der Ermittlung des Gewerbeertrags widerspiegelt. Bildet sich die Nutzung der Veranstaltungsimmobilie in dem Gewinn ab, den das Unternehmen aus der Vermarktung seiner Produkte erzielt, scheidet eine Hinzurechnung aus. In diesem Fall kann davon ausgegangen werden, dass das benutzte Wirtschaftsgut als Verbrauchsgut in dem neu zu schaffenden Produkt aufgeht. Steht die Nutzung der Veranstaltungsimmobilie dagegen im Zusammenhang mit der Herstellung einer Vielzahl von Produkten, stellt sie wohl eher ein Gebrauchsgut innerhalb des Betriebs dar.

Für Konzert- und Messeveranstalter bedeutet das, dass, sofern eine Anmietung überwiegend unabhängig vom Charakter der jeweiligen Veranstaltung, des Konzerts, der Messe oder Ausstellung, erfolgt, weil das Unternehmen mit Blick auf seine konkrete Ausrichtung mehr oder weniger ständig auf die Veranstaltungsimmobilie zugreift, man eine Finanzierungsfunktion der Miete und damit Anlagevermögenseigenschaft des konkreten Wirtschaftsguts bejahen kann. Bei einem Reiseveranstalter muss dagegen im Blick behalten werden, dass es nicht auf das Vorhalten eines Hotelkontingents o.Ä. ankommt. Der Beschaffungsvorgang zur Inanspruchnahme von Hotelleistungen hat – soweit man überhaupt dem Gedanken einer Benutzung eines Wirtschaftsguts mit Blick auf in Anspruch genommene Hotelleistungen zu folgen bereit ist – nichts mit der konkreten Inanspruchnahme, die sich frühestens mit der Buchung materialisiert, zu tun hat. Allenfalls auf der Grundlage einer konkreten Buchung könnte man eine Benutzung eines Wirtschaftsguts annehmen. Indessen verwirklicht und erschöpft sich darin dann auch die Benutzung des Hotels. Eine Finanzierungsfunktion ist insoweit nicht ersichtlich, weshalb der Gedanke an das Vorliegen von Anlagevermögenseigenschaft insoweit zurückzuweisen ist.

Zusammenfassend lässt sich konstatieren, dass nach der Konzeption des § 8 Nr. 1 lit. e GewStG grundsätzlich auch nur kurzzeitig dem Gewerbebetrieb zur Benutzung überlassene unbewegliche Wirtschaftsgüter als solche des Anlagevermögens eingeordnet werden können. Die Bejahung dieses Tatbestandsmerkmals erfordert indes eine dezidierte Auseinandersetzung mit den konkreten betrieblichen Verhältnissen des betreffenden Steuerpflichtigen, wobei sich jegliche Vereinfachung und schematische Lösungsweisen verbieten. Es sind vor allem auch periodenübergreifende Betrachtungen vorzunehmen, um feststellen zu können, dass ausgehend von den tatsächlichen Begebenheiten die Anmietung des konkreten Wirtschaftsguts dessen Anschaffung ersetzen kann. Hierbei darf nicht leichtfertig darauf abgestellt werden, dass eine potenzielle Nutzung möglich sei. Maßgebend ist die konkrete Benutzung im Betrieb.

Teil 3 Verfahrensrechtliche Fragestellungen im Zusammenhang mit der gewerbesteuerlichen Hinzurechnung nach § 8 Nr. 1 lit. e GewStG

A. Einleitung

Neben den in Teil 2 erörterten materiell-rechtlichen Problemstellungen stellen sich, wie bei jedem Gewerbetreibenden, auch bei Veranstaltungsunternehmen verfahrensrechtliche Fragen in Bezug auf die Behandlung ihrer Aufwendungen im Zusammenhang mit der gewerbesteuerlichen Hinzurechnung.

Insbesondere die Diskussion um die von Reiseveranstaltern geschlossenen Hotelverträge als auch diejenige zur Einordnung der benutzten Wirtschaftsgüter als solche des Anlagevermögens zeigen, dass hier Tatsachenfragen in den Vordergrund treten, die für die materiell-rechtliche Beurteilung nicht unerheblich sind. Denn nur wenn sich das Vorliegen von Tatbestandsmerkmalen anhand der Tatsachenlage bestätigt, wird der Steueranspruch des Fiskus verwirklicht.[1013] Daher erlangen die in Teil 2 erörterten tatsächlichen Umstände Relevanz für das Besteuerungsverfahren[1014] bzw. einem nachfolgende Rechtsmittelverfahren, nämlich insoweit, als sich die Frage stellt, ob der Steuerpflichtige oder die Finanzbehörde als Beteiligte[1015] das Risiko der Nichterweislichkeit der steuererheblichen Tatsachen zu tragen hat. Zudem können sich Probleme ergeben, wenn möglichweise nicht feststeht, in welcher Höhe Hinzurechnungen vorzunehmen sind.

1013 Siehe § 38 Abs. 1 AO.

1014 Konkret gemeint ist hier die Durchführung der Besteuerung bis zur Festsetzung der Steuer.

1015 Wer Beteiligte des Besteuerungsverfahrens sind, richtet sich nach § 78 AO. Dazu gehören Steuerpflichtige i.S.d. § 33 Abs. 1 AO, nicht hingegen Dritte und zwar auch dann nicht, wenn sie zur Auskunftserteilung verpflichtet sind, vgl. § 93 Abs. 1 Satz 3 AO (siehe dazu *Schuster* in: Hübschmann/Hepp/Spitaler, AO, FGO, § 93 AO, Rz. 80 (Lfg. 176, März 2003); *Rätke* in: Klein, AO, 12. Aufl., § 93 Rn. 1). Die Finanzbehörde als Trägerin des Verwaltungsverfahrens ist niemals Beteiligte i.S.d. § 78 AO (vgl. *Rätke* in: Klein, AO, 12. Aufl., § 78 Rn. 1). Im Finanzgerichtsverfahren ist sie hingegen als Beklagte Verfahrensbeteiligte i.S.d. § 57 Nr. 2 FGO.

Denn selbst wenn feststeht, dass bestimmte empfangene Leistungen dem Grunde nach unter die Regelungen der gewerbesteuerlichen Hinzurechnung fallen, ist das Problem zu lösen, wie eine ggf. dafür erbrachte einheitliche Gegenleistung aufgeteilt werden soll, wenn sich ein Aufteilungsmaßstab nicht oder nur unter Schwierigkeiten feststellen lässt.

Blickt man in die Verlautbarungen von Finanzverwaltung[1016] und Literatur[1017], fokussiert sich die verfahrensrechtliche Diskussion im Wesentlichen auf den letztgenannten Punkt, nämlich die Aufteilung von Aufwendungen. In jüngerer Zeit hat sich der Streit in dieser Hinsicht vor allem an der Behandlung sog. gemischter Verträge und hier vornehmlich am Beispiel der von Reiseveranstaltern in Anspruch genommenen Hotelleistungen entzündet.[1018] Diese Bekundungen sollen daher zum Anlass genommen werden, sich den verfahrensrechtlichen Fragestellungen zu nähern. Es werden zunächst die einzelnen hierzu vorgetragenen Ansichten vorgestellt, um davon ausgehend den weiteren Erörterungsbedarf und den Gang der hier erforderlichen Untersuchung darzustellen.

1016 Zu den Verlautbarungen der Finanzverwaltung siehe OFD NRW, Verw.anw. vom 4.11.2013, G 1422-2013/0023-St161, DB 2013, 2711; dies., Vfg. vom 25.9.2013, G1422-2013/0023-St161, DB 2013, 2363; OFD Frankfurt, Rdvfg. vom 17.6.2013, G1422-A-55-St55 (n.v.), alle zur Hinzurechnung von Hotelleistungen; vgl. auch OFD NRW, Vfg. vom 3.2.2014, G 1422-2014/0008, DB 2014, 393 zur Hinzurechnung von Lagerentgelten i.S. der § 467 ff. HGB.

1017 Zu den Positionen in der Literatur betreffend Hotelleistungen siehe *Klein*, Gewerbesteuerliche Hinzurechnung von Hotelleistungen bei Reiseveranstaltern, DStR 2014, 1321 (1322); *Jorczyk*, Gewerbesteuerliche Hinzurechnung: Die Finanzverwaltung bleibt dabei!, SRTour 12/2013, 5 (8 f.). Weitergehend *Roser*, der sich auf gemischte Verträge im Allgemeinen bezieht, *Roser*, Gewerbesteuerliche Hinzurechnungen von Nutzungsentgelten nach § 8 Nr. 1d bis f GewStG, ifst-Schrift Nr. 497, S. 67, 68; ebenso weitergehend *Breinersdorfer*, Einzelfragen zur gewerbesteuerlichen Hinzurechnung von Finanzierungsanteilen aus der Sicht der Steuerverwaltung, DB 2014, 1762 (1766); *Saller*, Gewerbesteuerpflicht bei der Anmietung von Fahrzeugkranen mit Bedienungspersonal, DStR 2013, 1158 (1161) zu Krangestellungsverträgen.

1018 OFD NRW, Verw.anw. vom 4.11.2013, G 1422-2013/0023-St161, DB 2013, 2711; dies., Vfg. vom 25.9.2013, G1422-2013/0023-St161, DB 2013, 2363; OFD Frankfurt, Rdvfg. vom 17.6.2013, G1422-A-55-St55 (n.v.); so auch BMF, Schreiben vom 22.5.2013, IV C 2-G 1422/07/10005:8, BeckVerw 280458 als Klarstellung des Gl. Ländererlasses vom 2.7.2012, BStBl. I 2012, 654 Tz. 29b.

B. Die verschiedenen Ansichten und Gang der Darstellung

I. Die Position der Finanzverwaltung

Die Finanzverwaltung vertritt die Ansicht, dass bei einer Trennung von Leistungen oder Leistungsbestandteilen eine Aufteilung des dafür im Gegenzug vereinbarten Entgelts im Wege der Schätzung vorzunehmen sei.[1019] Mit konkreter Bezugnahme auf die seitens der Reiseveranstalter bezogenen Hotelleistungen geht sie von solchen trennbaren Leistungen aus, die sie als Mietbestandteile wertet, weshalb zum einen Entgelte dem Grunde nach der Hinzurechnung zu unterwerfen und zum anderen einheitliche Entgelte aufzuteilen seien.[1020] Fehlt ein Einzelausweis der hinzurechnungsfähigen Leistungen, vornehmlich der Übernachtung und der dazugehörigen Nebenleistungen, soll dem im Wege der Schätzung begegnet werden. Zur Stützung ihrer Ansicht beruft sie sich auf das Sächsische Finanzgericht[1021] und den BFH.

Breinersdorfer als Vertreter der Finanzverwaltung will als Maßstab für eine solche Schätzung auf Kalkulationsgrundlagen der Hoteliers zurückgreifen. Er geht insofern davon aus, dass diese dem Reiseveranstalter offengelegt werden.[1022] Falls eine Offenlegung durch den Hotelier nicht erfolge, würde sich zwar die Aufteilung schwieriger gestalten. Dies bezeichnet er jedoch als ein Problem des Gesetzesvollzugs, dem mittels in Betriebsprüfungen gewonnener realitätsnaher Erfahrungswerte abgeholfen werden könnte.[1023]

1019 Gl. Ländererlass vom 2.7.2012, BStBl. I 2012, 654, Tz. 6, 29b.

1020 OFD Frankfurt, Rdvfg. vom 17.6.2013, G 1422A-55-St55 (n.v.); OFD NRW, Vfg. vom 25.9.2013, G 1422-2013/0023-St161, DB 2013, 2363; dies., Verw.anw. vom 4.11.2013, G 1422-2013/0023-St161, DB 2013, 2711; ebenso BMF, Schreiben vom 22.5.2013, IV C 2 - G 1422/07/10005:8, BeckVerw 280458; so grds. auch Gl. Ländererlass vom 2.7.2012, BStBl. I 2012, 654 Tz. 6.

1021 Sächs. FG, *Urteil* vom 28.9.2011, 8 K 239/11, DStRE 2012, 1526.

1022 *Breinersdorfer*, Einzelfragen zu der gewerbesteuerlichen Hinzurechnung von Finanzierungsanteilen, DB 2014, 1762 (1766).

1023 *Breinersdorfer*, Einzelfragen zu der gewerbesteuerlichen Hinzurechnung von Finanzierungsanteilen, DB 2014, 1762 (1766).

II. Die Positionen in der Literatur

1. Die Ansicht Rosers zur Aufteilung von Aufwendungen

Ordnet man die Argumente *Rosers*, die er vornehmlich im Zusammenhang mit der Behandlung gemischter Verträge vorträgt, ist festzustellen, dass er einer Aufteilung von Aufwendungen dem Grunde nach widerspricht und auch der Aufteilung der Höhe nach im Wesentlichen eine Absage erteilt.[1024] Er vertritt den Standpunkt, die Finanzverwaltung trage in beiden Fällen die objektive Beweislast, und stützt sich hierbei auf die Wirkung der Hinzurechnung als Betriebsausgabenabzugsverbot.[1025] Hierzu beruft er sich u.a. auch auf das Normenbegünstigungsprinzip.[1026] Da unstreitig Betriebsausgaben vorlägen und die Hinzurechnung steuerbegründend bzw. steuererhöhend wirke, obliege es der Steuerverwaltung, sich hinsichtlich der Aufteilung am Charakter des Vertrages und am Willen der Vertragsparteien zu orientieren. Geschehe das nicht, sei eine Aufteilung willkürlich und unzulässig.[1027] Nur soweit eine Unklarheit im Verantwortungsbereich des Steuerpflichtigen liege, sei eine Aufteilung zulässig, was nicht der Fall sei, wenn es an Dokumentations- oder Aufzeichnungspflichten fehle.[1028]

1024 *Roser*, Gewerbesteuerliche Hinzurechnungen von Nutzungsentgelten nach § 8 Nr. 1d bis f GewStG, ifst-Schrift Nr. 497, S. 67.

1025 Genauer wäre „partielles oder teilweises" Betriebsausgabenabzugsverbot; *Roser*, Gewerbesteuerliche Hinzurechnung von Nutzungsentgelten nach § 8 Nr. 1d bis f GewStG, ifst-Schrift Nr. 497, S. 67, 68.

1026 Nach dem Normenbegünstigungsprinzip soll derjenige, der sich auf eine für ihn günstige Rechtsfolge beruft, die insoweit erforderlichen Tatsachen vortragen und trägt, kann er diese nicht beweisen, die Feststellungslast, siehe *Roser* in: Beermann/Gosch, AO, FGO, § 88 AO, Rz. 31 (107. Erg.-Lfg., Januar 2014).

1027 *Roser*, Gewerbesteuerliche Hinzurechnungen von Nutzungsentgelten nach § 8 Nr. 1d bis f GewStG, ifst-Schrift Nr. 497, S. 68.

1028 Sofern sich *Rosers* in diesem Zushg. geübte Kritik an der Entscheidung des Sächs. FG, *Urteil* vom 28.9.2011, 8 K 239/11, DStRE 2012, 1526 gegen das Ob der Schätzung richten sollte, würde diese ins Leere gehen. Unabhängig von der Schätzung des Finanzamts können die Finanzgerichte Schätzungen in vollem Umfang nachprüfen und durch eine eigene Schätzung ersetzen, § 96 Abs. 1 Satz 1 Hs. 2 FGO i.V.m. § 162 AO; siehe *Seer* in: Tipke/Kruse, AO, FGO, § 96 FGO, Rn. 58 (Lfg. 127, Oktober 2011); *Wied* in: Blümich, EStG, § 4, Rz. 89 (EL 120, August 2013); BFH, *Urteil* vom 6.2.1991, II R 87/88, BStBl. II 1991, 459; BFH, *Urteil* vom 17.10.2001, I R 103/00, BStBl. II 2004, 171, BFHE 197, 68 (75). Richtet sich die Kritik allerdings gegen die Art und Weise der Schätzung, erschließt sich tatsächlich nicht, nach welchen Kriterien die Schätzung erfolgte.

Es bedürfe daher seitens des Steuerpflichtigen auch keiner vertraglichen Vorsorge mit Blick auf einen Aufteilungsmaßstab.[1029] Im Zusammenhang mit der Aufteilung von Entgelten meint er, dass das Fehlen eines „Teilentgelts" für eine Zusammenfassung der Leistungsbestandteile und damit gegen eine Schätzung der Finanzverwaltung spreche. Zudem unterläge eine Schätzung zur Aufteilung erheblichen Einschränkungen. So müsse diese wirtschaftlich vernünftig sein und sich auf ihre Schlüssigkeit hin überprüfen lassen können. Er verortet damit die Feststellungslast des Wie der Entgeltaufteilung auf verschiedene Leistungsbestandteile beim Finanzamt.[1030] Könne dieses keine Nachweise vorlegen, wie eine Aufteilung vorzunehmen ist, sei diese unzulässig.[1031]

2. Die Ansichten von Klein und Jorczyk

Jorczyk, der schon vor der Überarbeitung des Gleichlautenden Ländererlasses vom 2.7.2012 auf die beschriebenen Problematiken im Zusammenhang mit Reiseveranstaltern hinwies[1032], merkt in verfahrensrechtlicher Hinsicht an, dass eine Aufteilung der Aufwendungen aus Hotelleistungen[1033] unmöglich sei. Es fehle an hinreichend nachvollziehbaren Aufteilungsgrundsätzen, denn weder gäbe es Mietspiegel für Hotelzimmer noch könnten die im Wohnraummietrecht vorhandenen Mietspiegel angewendet werden.[1034]

In dieselbe Richtung führt *Klein* aus.[1035] Er weist, bei unterstellter Richtigkeit der Annahme der Finanzverwaltung, dass Hotelleistungen sich

---

1029 *Roser*, Gewerbesteuerliche Hinzurechnungen von Nutzungsentgelten nach § 8 Nr. 1d bis f GewStG, ifst-Schrift Nr. 497, S. 67.

1030 *Roser*, Gewerbesteuerliche Hinzurechnungen von Nutzungsentgelten nach § 8 Nr. 1d bis f GewStG, ifst-Schrift Nr. 497, S. 68.

1031 *Roser*, Gewerbesteuerliche Hinzurechnungen von Nutzungsentgelten nach § 8 Nr. 1d bis f GewStG, ifst-Schrift Nr. 497, S. 67, 68.

1032 *Jorczyk*, Droht die gewerbesteuerliche Hinzurechnungsbesteuerung beim Hoteleinkauf? SRTour 10/2011, 6.

1033 *Jorczyk* spricht insoweit auch des Öfteren von Reisevorleistungen, siehe *Jorczyk*, Droht die gewerbesteuerliche Hinzurechnung beim Hoteleinkauf?, SRTour 10/2011, 6.

1034 *Jorczyk*, Gewerbesteuerliche Hinzurechnung: Die Finanzverwaltung bleibt dabei!, SRTour 12/2013, 5 (8 f.).

1035 *Klein*, Gewerbesteuerliche Hinzurechnung von Hotelleistungen bei Reiseveranstaltern, DStR 2014, 1321.

in voneinander trennbare Leistungsbestandteile aufteilen ließen, darauf hin, dass die betroffenen Reiseveranstalter vor allem praktischen Schwierigkeiten begegneten, wenn der Hotelier nicht zur Offenlegung der Einzelkalkulation bereit sei.[1036] Er kritisiert, dass steuerliche Erfordernisse als zusätzlicher Faktor in Vertragsverhandlungen und Vertragsgestaltungen einflössen. Dies habe nicht nur eine weitere Bürokratisierung des Wirtschaftslebens zur Folge[1037], sondern könne auch dem Gestaltungsmissbrauch Vorschub leisten.[1038] Zudem bestehe angesichts fehlender Richtsatzsammlungen und dergleichen die Gefahr, dass es zu willkürlichen Schätzungen komme.[1039] Aus diesen Gründen empfehlen *Jorczyk* und *Klein* auch, Schätzungen mittels Rechtsbehelfen zu hinterfragen.[1040]

III. Analyse der Aussagen und Ableitung des weiteren Vorgehens

1. Analyse der Aussagen

Soweit sich die Finanzverwaltung zur Aufteilung von Aufwendungen im Allgemeinen[1041] oder mit Blick auf bestimmte Verträge im Besonderen äußert[1042] und ausführt, der einer Hinzurechnung zu unterwerfende Anteil

---

1036 *Klein*, Gewerbesteuerliche Hinzurechnung von Hotelleistungen bei Reiseveranstaltern, DStR 2014, 1321 (1322).

1037 Hier verweist er auf die zum 1.1.2011 eingeführte umsatzsteuerliche Aufteilungspflicht betreffend die Verpflegungsleistungen, siehe § 12 Abs. 2 Nr. 11 Satz 2 UStG, vgl. *Klein*, Gewerbesteuerliche Hinzurechnung von Hotelleistungen bei Reiseveranstaltern, DStR 2014, 1321 (1321). Siehe auch die Kritiken und Anmerkungen zu § 12 Abs. 2 Nr. 11 UStG in Teil 2, Kap. E.II.4.c.bb.(1)(ii)(c), 207, Fn. 706, 707.

1038 *Klein*, Gewerbesteuerliche Hinzurechnung von Hotelleistungen bei Reiseveranstaltern, DStR 2014, 1321 (1321).

1039 *Klein*, Gewerbesteuerliche Hinzurechnung von Hotelleistungen bei Reiseveranstaltern, DStR 2014, 1321 (1322).

1040 *Jorczyk*, Gewerbesteuerliche Hinzurechnung: Die Finanzverwaltung bleibt dabei!, SRTour 12/2013, 5 (8 f.); *Klein*, Gewerbesteuerliche Hinzurechnung von Hotelleistungen bei Reiseveranstaltern, DStR 2014, 1321 (1322).

1041 Gl. Ländererlass vom 2.7.2012, BStBl. I 2012, 654 Tz. 6.

1042 Zu Hotelleistungen siehe OFD Frankfurt, Rdvfg. vom 17.6.2013, G 1422A-55-St55 (n.v.); OFD NRW, Vfg. vom 25.9.2013, G 1422-2013/0023-St161, DB 2013, 2363; dies., Verw.anw. vom 4.11.2013, G 1422-2013/0023-St161, DB 2013, 2711; ebenso BMF, Schreiben vom 22.5.2013, IV C 2 - G 1422/07/10005:8, BeckVerw 280458; zu Lagerverträgen siehe auch OFD NRW, sei durch Schätzung zu ermitteln, unterstellt sie im Grunde die Zulässigkeit einer Schätzung. Sie geht nicht der Frage nach, woran sich die Zulässigkeit bemisst. Die Berufung auf die Entscheidung des Sächsischen Finanzgerichts vom 28.9.2011 geht hierbei ins Leere. Dieses hat sich zur Frage der Eröffnung des Anwendungsbereichs der Schätzung nämlich nicht geäußert, sondern sich allein mit dem Maß der Schätzung beschäftigt.[1043,1044] Aber auch zu Schätzungsmaßstäben führen weder die Finanzverwaltung noch das Sächsische Finanzgericht weitere Details aus. Die konkreten Überlegungen von *Breinersdorfer* zur Aufteilung des Entgeltes für Hotelleistungen, nämlich der Rückgriff auf offenzulegende Kalkulationsgrundlagen der Hoteliers, könnten zwar einen Anhaltspunkt bieten. Auf welcher Grundlage sich allerdings eine Offenbarungspflicht des Hoteliers ergeben sollte, bleibt offen, wie auch eine Kundgabe der Erkenntnisquelle nicht erfolgt, dass Hoteliers den Reiseveranstaltern ihre Kalkulationsgrundlagen offenlegen würden.[1045] Der Ansatz, Betriebsprüfungserkenntnisse einer Schätzung zugrunde zu legen, vermag ebenso nicht ohne Weiteres zu überzeugen, da nicht erläutert wird, wie diese erlangt werden sollen.

Zudem gilt es, die Äußerungen der Literatur genauer in Bezug auf deren Präzision hin zu untersuchen. So ist zum einen die Richtigkeit der von *Roser* begebenen Begründung[1046], warum die Beweislast für die Hinzurechnung beim Finanzamt liegen soll, zu hinterfragen. Denn es bleibt offen, ob seine Überlegungen darauf beruhen, dass Betriebsausgaben i.S.d. § 4 Abs. 4 EStG grundsätzlich abzugsfähig sind und Abzugsverbote hierzu

---

Vfg. vom 3.2.2014, G 1422-2014/0008, DB 2014, 393; OFD Magdeburg, Vfg. vom 7.5.2012, G1422-67-St212, DStR 2012, 1032.

1043 Sächs. FG, *Urteil* vom 28.9.2011, 8 K 239/11, DStRE 2012, 1526.

1044 Ebenso geht der Hinweis auf den BFH ins Leere. Es handelt sich bei dem angegebenen Az. IV R 55/11 um das noch nicht abgeschlossene Revisionsverfahren zum Urteil des Sächs. FG. Dieses harrt auf der Grundlage des Aussetzungsbeschlusses vom 1.8.2012 (BFH/NV 2012, 1826) wegen des gemäß Art. 100 Abs. 1 GG i.V.m. § 13 Nr. 11 BVerfGG vor dem BVerfG anhängigen Normenkontrollverfahrens (Az. 1 BvL 8/12, vgl. Vorlagebeschluss des FG Hamburg vom 29.2.2012, 1 K 138/10, DStRE 2012, 478) der Entscheidung.

1045 Den in der Praxis verwendeten Verträgen ist dies nicht zu entnehmen, was auch verständlich ist, da es sich um betriebswirtschaftliche Interna der Hoteliers handelt.

1046 *Roser* spricht insoweit von der Versagung des Betriebsausgabenabzugs, vgl. *Roser*, Gewerbesteuerliche Hinzurechnungen von Nutzungsentgelten nach § 8 Nr. 1d bis f GewStG, ifst-Schrift Nr. 497, S. 67.

eine Ausnahme darstellen.[1047] Es steht zu prüfen, ob allein aus der Tatsache, dass die gewerbesteuerlichen Hinzurechnungen wie Betriebsausgabenabzugsverbote wirken, Schlussfolgerungen für die Bestimmung von Feststellungslasten gezogen werden können. Zum anderen erscheinen inhaltliche Klarstellungen vonnöten, um zu vermeiden, dass verschiedene Ebenen ineinander verschwimmen. Soweit nämlich *Roser* allgemein von „Aufteilung" spricht und hier die Zulässigkeit von Schätzungen ins Feld führt[1048], wird nicht immer hinreichend deutlich, ob er sich auf der Ebene der Hinzurechnung dem Grunde nach oder auf der Ebene der Entgeltaufteilung, also der Hinzurechnung der Höhe nach, bewegt. Man wird zwischen den Bereichen sowie zwischen der Schätzung und der Feststellungslast unterscheiden müssen. Es können sich zwar bei Letzteren Überschneidungen ergeben[1049]; dennoch sind Schätzungsbefugnisse und Beweislastfragen getrennt voneinander zu betrachten.

Klein, der genauso wie *Breinersdorfer*, nicht der Frage nachgeht, woraus sich eine Pflicht oder Bereitschaft des Hoteliers zur Offenlegung der Kalkulationsgrundlagen ergeben könnte[1050], lässt den Umstand ungeklärt, wie mit der Tatsache umzugehen ist, falls eine Offenlegung nicht erfolgt.[1051] Es steht zu bezweifeln, dass sich die Finanzverwaltung für den Fall, dass der Hoteleinkaufsvertrag sich in seine Einzelbestandteile aufteilen ließe, mit dem Verweis begnügen würde, derartige Informationen seien „uneinbringlich". Grundsätzlich hat nämlich der Steuerpflichtige für diejenigen Umstände, die in seinem Machtbereich eingetreten sind, entsprechende Vorsorge für deren Nachweisbarkeit zu tragen.[1052] Soweit die

---

1047 Vgl. dazu *Meurer* in: Lademann, EStG, § 4 Anm. 658 (Nachtrag 181, Mai 2011).

1048 Siehe *Roser*, Gewerbesteuerliche Hinzurechnungen von Nutzungsentgelten nach § 8 Nr. 1d bis f GewStG, ifst-Schrift Nr. 497, S. 68 f.

1049 So treten innerhalb der Grenzen eines zu bestimmenden Schätzungsrahmens auch Fragen des Beweismaßes auf, siehe *Buciek* in: Beermann/Gosch, AO, FGO, § 162 AO, Rz. 106 (83. Erg.-Lfg., Juli 2010).

1050 *Klein*, Gewerbesteuerliche Hinzurechnung von Hotelleistungen bei Reiseveranstaltern, DStR 2014, 1321 (1321).

1051 *Klein*, Gewerbesteuerliche Hinzurechnung von Hotelleistungen bei Reiseveranstaltern, DStR 2014, 1321 (1322).

1052 So zu den Abzugsverboten in § 4 Abs. 5 EStG *Frotscher* in: Frotscher, EStG, § 4, Rz. 665 (146. Lfg. 9/2008); vgl. hierzu bspw. BFH, *Urteil* vom 7.9.2011, I R 12/11, BStBl. II 2012, 194, BFHE 235, 225 (228). Für eine Offenbarung gegenüber der Finanzverwaltung und damit wohl für die Erfüllung einer bestehenden Mitwirkungspflicht betreffend die Aufdeckung von Aufwendungen spre-

Nichtexistenz von allgemeinen Schätzungsmaßstäben oder Richtsätzen gerügt wird, wird nicht angesprochen, ob und inwieweit die Finanzverwaltung von der Möglichkeit Gebrauch machen kann, derartige Maßstäbe selbst zu (be)schaffen.

2. Ableitung des weiteren Vorgehens

In der Sache gilt es, verschiedenen Ebenen zu betrachten. Es geht zum einen um die Frage des Ob der Hinzurechnung, also deren Feststellung dem Grunde nach. Hier wird man, soweit Fragen der Feststellungslast betroffen sind, zu klären haben, wie diese zu ermitteln ist. In diesem Zusammenhang wird man sich mit der von *Roser* in den Raum gestellten These auseinandersetzen müssen, dass es sich bei den Hinzurechnungen um steuerbegründende bzw. -erhöhende Merkmale handelt und untersuchen müssen, welche Konsequenzen aus diesem Umstand für die Frage der Sachverhaltsaufklärung zu ziehen sind. In diesem Zusammenhang wird auch zu klären sein, inwiefern der Hinweis, bei einer Aufteilung gemischter Verträge sei die Feststellungslast dem Finanzamt zuzuordnen[1053], in seiner Allgemeinheit trägt. Aufzuklären sein wird auch, ob tatsächlich darauf verzichtet werden kann, vertragliche Vorkehrungen betreffend eine Aufteilung der Leistungen vorzunehmen.

Zum anderen geht es um den Bereich des Umfangs der Hinzurechnung, also um eine Aufteilung von Aufwendungen. Hier treten Fragen der Schätzungsbefugnis und des Schätzungsmaßstabs in den Vordergrund. Man wird sich neben den Fragen zu Mitwirkungspflichten des Steuerpflichtigen und dem von *Roser* angeführten Argument der fehlenden Dokumentations- und Aufzeichnungspflichten[1054] auch dem Problem annehmen müssen, inwieweit auf der Grundlage des § 88a AO die Finanzverwaltung in der Lage ist, eigenständig Vergleichswerte zu sammeln und innerhalb von Besteuerungsverfahren zu verwenden.

---

chen sich aus *Schraut/Sillich*, Entgelte für Taxi- oder Busflächen zu Werbezwecken im Rahmen der Gewerbesteuer hinzuzurechnen?, BB 2013, 217 (218).

1053 *Roser*, Gewerbesteuerliche Hinzurechnungen von Nutzungsentgelten nach § 8 Nr. 1d bis f GewStG, ifst-Schrift Nr. 497, S. 67, 68.

1054 *Roser*, Gewerbesteuerliche Hinzurechnungen von Nutzungsentgelten nach § 8 Nr. 1d bis f GewStG, ifst-Schrift Nr. 497, S. 67.

C. Schätzungsbefugnisse und Feststellungslasten bei der Hinzurechnung von Aufwendungen der Veranstaltungsunternehmen

Bevor man sich einer Betrachtung der verschiedenen Ebenen innerhalb der gewerbesteuerlichen Hinzurechnung zuwendet, soll zunächst allgemein dargestellt werden, unter welchen Umständen Fragen zur Schätzung auftreten können und was unter dem Begriff der Feststellungslast zu verstehen ist. Es gilt auch das Verhältnis der Begriffe zueinander zu erörtern. Um herauszufinden, wer im Zusammenhang mit der gewerbesteuerlichen Hinzurechnung Träger der Feststellunglast ist, bedarf es einer Analyse des Charakters der Hinzurechnungen als solche. Nach diesen allgemeinen Ausführungen sollen alsdann die Hinzurechnung dem Grunde und der Höhe nach mit Blick auf Veranstaltungsunternehmen beleuchtet werden.

I. Das Mittel der Schätzung und die Feststellungslast innerhalb der Gewerbesteuer

1. Das Verhältnis von Schätzung und Feststellungslast

a. Die Schätzung als Mittel der Sachverhaltsaufklärung

Das Instrument der Schätzung ist im Bereich der Sachverhaltsaufklärung zu verorten. Diese obliegt der Finanzverwaltung auf der Grundlage der nach Maßgabe des § 88 Abs. 1 AO bestehenden Amtsermittlungspflicht.[1055] Der einer Besteuerung zugrundeliegende Sachverhalt ist vollumfänglich von Seiten des Finanzamts aufzuklären. Daher hat mit Blick auf die gewerbesteuerliche Hinzurechnung die Finanzverwaltung alle Tatsachen, welche eine Hinzurechnung begründen können, zu ergründen. Dies beträfe also vor allem die vertraglichen Grundlagen, aufgrund derer die Aufwendungen geleistet wurden und die Höhe der einzelnen Aufwendungen.[1056]

1055 Zum Inhalt und der Reichweite des Untersuchungsgrundsatzes, *Roser* in: Beermann/Gosch, AO, FGO, § 88 AO, Rz. 8-14 (107. Erg.-Lfg., Januar 2014).

1056 In rechtstatsächlicher Hinsicht wird der Umstand, dass Aufwendungen vorliegen, meist unstreitig sein. Diese finden sich in der steuerlichen Gewinnermittlung des Steuerpflichtigen als Betriebsausgaben wieder.

Die Amtsermittlungspflicht wird begleitet von den Mitwirkungspflichten des Steuerpflichtigen. Deren Umfang kann nicht generell bestimmt werden, sondern hängt vom konkreten Einzelfall und seinen Besonderheiten ab.[1057] Kommt der Steuerpflichtige seinen Mitwirkungspflichten nicht nach[1058], endet damit die Amtsermittlungspflicht nicht.[1059] Allein aufgrund einer fehlenden oder unmöglichen Mitwirkung eines Steuerpflichtigen kann die Finanzverwaltung nicht das Vorhandensein von Tatsachen unterstellen. Vielmehr muss die Finanzverwaltung alle Beweismittel ausschöpfen und sich ggf. die erforderlichen Sachverhaltsinformationen über Dritte beschaffen.[1060] Soweit sie Auskünfte von Dritten einholt, ist zu beachten, dass Auskunftsverpflichtete nach § 93 Abs. 1 Satz 3 AO nur diejenigen Personen sein können, die dem Geltungsbereich der Abgabenordnung unterfallen.[1061] Gegebenenfalls muss sich die Finanzverwaltung auf

---

1057 *Roser* in: Beermann/Gosch, AO, FGO, § 90 AO, Rz. 41 (109. Erg.-Lfg., Juni 2014).

1058 Dies kann auch Fragen der Beweisvorsorge- und Beweisbeschaffungspflicht betreffen. Diese können so weit gehen, dass der Steuerpflichtige vertraglich dafür sorgen muss, von seinem ausländischen Geschäftspartner die erforderlichen Informationen einholen zu können, siehe BFH, *Urteil* vom 11.7.2013, IV R 27/09, BStBl. II 2013, 989, BFHE 242, 1 (13); *Urteil* vom 13.3.1985, I R 7/81, BStBl. II 1986, 318, BFHE 145, 502 (505). Die Nichterfüllung bestehender Mitwirkungspflichten kann sich auf das Maß der Schätzung auswirken wie auch auf die objektive Beweislast im Falle eines Non-liquet, siehe dazu *Seer* in: Tipke/Kruse, AO, FGO, § 162 AO, Rn. 7 f. (Lfg. 122, Januar 2010); *Buciek* in: Beermann/Gosch, AO, FGO, § 162 AO, Rz. 106 (83. Erg.-Lfg., Juli 2010).

1059 Etwas anderes gilt für die Amtsermittlung des Finanzgerichts. Verletzen die Beteiligten ihre Mitwirkungspflichten, ist das FG nicht gehalten, weitere Ermittlungen anzustellen, vgl. BFH, *Urteil* vom 13.3.1985, I R 7/81, BStBl. II 1985, 318, BFHE 145, 502 (504). Allerdings wird man hier auch nach dem Grund und dem Umfang der Mitwirkungsobliegenheit fragen müssen, siehe dazu im Einzelnen *Seer* in: Tipke/Kruse, AO, FGO, § 96 FGO, Rn. 89 ff. (Lfg. 127, Oktober 2011).

1060 Das gilt auch, wenn der Steuerpflichtige nicht in der Lage ist, weitere Aufklärungen herbeizuführen oder seine Mitwirkung bei der Aufklärung des Steuerfalles verweigert, siehe auch *Roser* in: Beermann/Gosch, AO, FGO, § 93 AO, Rz. 19 (93. Erg.-Lfg., Dezember 2011); *Seer* in: Tipke/Kruse, AO, FGO, § 93 AO, Rn. 19 (Lfg. 132, Mai 2013).

1061 Einhellige Ansicht, siehe statt vieler *Seer* in: Tipke/Kruse, AO, FGO, § 93 AO, Rn. 10 (Lfg. 132, Mai 2013).

dem Wege der Amtshilfe nach Maßgabe der jeweiligen Abkommen und Vorschriften[1062] die erforderlichen Informationen beschaffen.

Erst wenn die Finanzverwaltung insofern an ihre praktischen Grenzen stößt und Tatsachen nicht aufgeklärt werden können, eröffnet sich der Anwendungsbereich der Schätzung gemäß § 162 Abs. 1 Satz 1 AO. Die Norm statuiert kein Wahlrecht, sondern verpflichtet zu einem solchen Vorgehen. Sind also die Voraussetzungen der Schätzung erfüllt, kommt eine Beweislastentscheidung, das sog. Non-liquet, nicht in Frage.[1063] Mithin ergänzt die Schätzungsbefugnis die Ermittlungsverpflichtung des Finanzamts.[1064]

b. Die Feststellungslast bei Sachaufklärungshindernissen

Der Begriff der Feststellungslast knüpft ausweislich des Vorstehenden an den Umstand an, dass eine beweisbedürftige Tatsache trotz der Inanspruchnahme aller Mittel der Sachaufklärung nicht aufgeklärt werden kann. Es stellt sich dann die Frage, wer das Risiko der Nichterweislichkeit dieser konkreten Tatsache zu tragen hat.[1065] Die Feststellungslast soll dieses Problem lösen und folgt dem Grundsatz, dass jeder Beteiligte das Risiko der Nichterweislichkeit derjenigen Tatsachen zu tragen hat, die für ihn von Vorteil sind.[1066]

1062 Für den Informationsaustausch innerhalb der EU siehe Richtlinie 2011/16/EU vom 15.2.2011 über die Zusammenarbeit der Verwaltungsbehörden im Bereich der Besteuerung und zur Aufhebung der Richtlinie 77/799/EWG, ABl. L 64 vom 11.3.2011, S. 1 sowie EU-Amtshilfegesetz vom 26.6.2013, BGBl. I 2013, S. 1809. Der Informationsaustausch mit Drittstaaten richtet sich nach dem jeweiligen bilateralen Abkommen oder dem anzuwendenden DBA.

1063 *Seer* in: Tipke/Kruse, AO, FGO, § 162 AO, Rn. 2 (Lfg. 136, Mai 2014); siehe auch BFH, *Urteil* vom 25.8.2009, I R 88, 89/07, BFH/NV 2009, 2047, BFHE 226, 296 (303, 304).

1064 Siehe *Buciek* in: Beermann/Gosch, AO, FGO, § 162 AO, Rz. 2, 10 (83. Erg.-Lfg., Juli 2010).

1065 *Stapperfend* in Gräber: FGO, 7. Aufl., § 96 Rn. 51.

1066 *Stapperfend* in Gräber: FGO, 7. Aufl., § 96 Rn. 51.

2. Träger der Feststellungslast im Besteuerungsverfahren

Fragt man nach dem Träger der Feststellungslast, ist im Besteuerungsverfahren unumstritten, dass das Vorliegen steuerbegründender bzw. steuererhöhender Tatbestandsmerkmale der Steuergläubiger nachzuweisen hat, während umgekehrt die Obliegenheit des Nachweises steuermindernder bzw. steuerbefreiender Tatsachen in der Verantwortungssphäre des Steuerpflichtigen zu finden ist.[1067] Damit richtet sich die Zuordnung der Feststellungslast nach der Bestimmung des Charakters der Besteuerungsmerkmale. Es bedarf folglich einer Charakterisierung der die Hinzurechnung begründenden Tatbestandsmerkmale.

a. Die Bestimmung der Feststellungslast bei den Hinzurechnungen

Welche Besteuerungsmerkmale steuerbegründender bzw. -erhöhender oder steuermindernder bzw. -befreiender Art sind, ergibt sich nicht aus allgemeinen verfahrensrechtlichen Erwägungen, sondern aus dem konkreten materiellen Rechtssatz.[1068] Unter Umständen lässt sich eine Würdigung nur unter Berücksichtigung der Zweckbestimmung der Rechtsnorm vornehmen. Um also feststellen zu können, welchen Charakter die jeweiligen Tatsachen im Lichte der Feststellungslastgrundsätze haben[1069], ist auch die Einbindung des jeweiligen Rechtssatzes in die Systematik des Steuergesetzes zu beachten.[1070] Dabei kann allein aus dem Umstand, dass Regelun-

---

1067 Siehe zu Vorstehendem allg. *Söhn* in: Hübschmann/Hepp/Spitaler, AO, FGO, § 88 AO, Rz. 363, 364 (Lfg. 206, März 2010).

1068 Vgl. dazu allg. *Söhn* in: Hübschmann/Hepp/Spitaler, AO, FGO, § 88 AO, Rz. 360 (Lfg. 206, März 2010).

1069 *Söhn* in: Hübschmann/Hepp/Spitaler, AO, FGO, § 88 AO, Rz. 365 (Lfg. 206, März 2010).

1070 So stellen sich bspw. die Abzugsverbote nach § 4 Abs. 5 EStG als Ausnahme vom Grundprinzip der Abzugsfähigkeit dar. Nach ihrer Konzeption sind sie indessen als ein einschränkendes Merkmal des § 4 Abs. 4 EStG zu verstehen. Der Grund hierin liegt in den dort formulierten Abzugsverboten, wonach Missbräuche verhindert werden sollen, weil z.B. betrieblich veranlasste Ausgaben die Grenze der privaten Lebensführung berühren, es sich also nicht um zwangsläufige Erwerbsaufwendungen handelt, oder weil Abzüge im Zushg. mit gesetzeswidrigem Verhalten ausgenommen werden sollen, vgl. im Einzelnen zu den Hintergründen *Wied* in: Blümich, EStG, § 4, Rz. 702 (EL 120, August 2013); *Meurer* in: Lademann, § 4 EStG, Anm. 657 f. (Nachtrag 181, Mai 2011). Daher gen in einem Verhältnis von Grundsatz zu Ausnahme und Rückausnahme[1071] stehen, nicht ohne Weiteres geschlussfolgert werden, dass die Feststellungslast stets beim Steuergläubiger liegt.[1072] Um also den Charakter der eine gewerbesteuerliche Hinzurechnung begründenden Tatbestandsmerkmale bestimmen zu können, bedarf es zunächst eines Blickes in die Konzeption der Gewerbeertragsermittlung als solcher.

aa. Das System der Gewerbeertragsermittlung

Die Besteuerungsgrundlage der Gewerbesteuer ist der Gewerbeertrag, der innerhalb des Erhebungszeitraumes bezogen worden ist.[1073] Dieser wird unter Rückgriff auf die Gewinnermittlung[1074] nach den Vorschriften des

---

kann allein aus dem Eingreifen des § 4 Abs. 5 EStG nicht geschlussfolgert werden, die Finanzverwaltung hätte die Feststellungslast der das jeweilige Abzugsverbot begründenden Tatsachen zu tragen.

1071 Zur Relevanz des Verhältnisses von Grundsatz-Ausnahme-Rückausnahme siehe bspw. *Söhn* in: Hübschmann/Hepp/Spitaler, AO, FGO, § 88 AO, Rz. 365 (Lfg. 206, März 2010).

1072 Eine schematische Zugrundelegung von Regel-Ausnahme-Verhältnissen griffe auch zu kurz. Es würden bspw. rechtsformabhängige Verschiedenheiten bei der Gewinnermittlung unberücksichtigt bleiben. So verfügen Steuersubjekte, die außerhalb des Anwendungsbereichs des § 8 Abs. 2 KStG stehen, neben ihrer betrieblichen Sphäre auch über eine außerbetriebliche Sphäre. Dies schließt natürliche Personen ein. Es stellt sich hier daher stets das Problem, die betriebliche Veranlassung der Ausgaben darlegen zu müssen, während KSt-Subjekte nach § 1 Abs. 1 Nr. 1-3 KStG wegen ihrer ausschließlich betrieblichen Sphäre stets Betriebsausgaben haben. Infolgedessen müssen Personen, die unterschiedliche steuerliche Sphären in sich vereinen können, hinsichtlich des gewünschten Betriebsausgabenabzugs neben den Nachweisen für den Umfang des gewünschten Abzugs zunächst Nachweise für das Ob, also die betriebliche Veranlassung vorbringen. Die insoweit vorhandenen Unterschiede werden erst im Rahmen obliegender Mitwirkungspflichten im Besteuerungsverfahren relativiert, soweit sich Anhaltspunkte für außerbilanzielle Ergebniskorrekturen, bspw. nach Maßgabe des § 8 Abs. 3 Satz 2 KStG, ergeben. Vgl. zu den Differenzierungen auch *Heger*, Körperschaft- und Gewerbesteuer und objektives Nettoprinzip, DStR 2009, Beih. zu Nr. 34, 117 (120).

1073 § 6 i.V.m. § 10 Abs. 1 GewStG.

1074 Die Gewinnermittlung für Zwecke der Gewerbesteuer erfolgt auf selbständiger Basis, ohne dass Feststellungen auf Ebene der Einkommen- bzw. Körperschaftsteuer Bindungswirkung hätten. Vgl. zur verfahrensrechtlichen Eigenständigkeit der Gewinnermittlung z.B. *Selder* in: Glanegger/Güroff, GewStG, 8. Aufl., § 7,

EStG oder KStG, ergänzt um die Hinzurechnungen und die Kürzungen, ermittelt. Die in § 7 Abs. 1 Satz 1 GewStG niedergelegte Gewerbeertragsermittlung ist also in einem mehrstufigen System angelegt. Die Hinzurechnungen sind integraler Bestandteil der Besteuerungsgrundlage. Erst durch diese wird sichergestellt, dass die Gewerbesteuer den ihr zugeschriebenen Charakter einer verobjektivierten Ertragsteuer erlangt.[1075] Die Frage ist, welche Schlussfolgerungen sich bezogen auf die Feststellungslast aus dieser Konzeption ergeben.

bb. Getrennte Betrachtung der Ebenen der Gewerbeertragsermittlung

Sieht die Ermittlung der Besteuerungsgrundlage ein mehrstufiges System vor, sind auch auf jeder Ermittlungsebene gesonderte Entscheidungen über Tatsachen- und Rechtsfragen zu treffen, soweit nicht eine Ebene an das Ergebnis der anderen unmittelbar anknüpft. Daher können sich unabhängig voneinander auf jeder Ebene Aspekte der Sachverhaltsaufklärung und damit verbundener Schätzungsbefugnisse sowie Fragen zu Feststellungslasten ergeben, die als solche auch gesondert zu beantworten sind. Deshalb muss zwingend unterschieden werden, auf welcher Ebene welche Feststellungen zu treffen sind und wer im Falle der Nichterweislichkeit von Tatsachen die Feststellungslast zu tragen hat.

Rn. 1; *Drüen* in: Blümich, GewStG, § 7, Rz. 37, 45, 47 (EL 123, Juni 2014); *Roser* in: Lenski/Steinberg, GewStG, § 7, Anm. 7 (Lfg. 104, Juli 2012).

1075 Die Gesetzesbegründungen sprechen jeweils vom Realsteuercharakter, der sich erst mittels der Hinzurechnungs- und Kürzungsvorschriften ergibt, vgl. Begründung zum Einführungsgesetz zu den Realsteuergesetzen vom 1. Dezember 1936, RStBl. 689 (695); siehe auch die Begründung zu dem Entwurf eines Gewerbesteuerrahmengesetzes, RT-Drs. IV/1928 Nr. 568 vom 29.12.1928, S. 109 (112, 129). Die Verobjektivierung der Ertragsteuer zuletzt bestätigend BFH, *Urteil* vom 4.6.2014, I R 70/12, BFH/NV 2014, 1850, BFHE 246, 67 (71); *Urteil* vom 4.6.2014, I R 21/13, BFH/NV 2014, 1853, BFHE 246, 130 (132); siehe auch BVerfG, *Beschluss* vom 25.10.1977, 1 BvR 15/75, BVerfGE 46, 224 (237); *Beschluss* vom 13.5.1969, 1 BvR 25/65, BVerfGE 26, 1 (9).

(1) Die Ebene der Gewinnermittlung

Wendet man den Blick auf die Ebene der Gewinnermittlung, die nach Maßgabe des EStG bzw. des KStG erfolgen soll, ist hier der Ansatz von Betriebsausgaben dem Grunde und der Höhe nach zu behandeln. Da auf dieser Stufe keine Unterschiede zu den allgemeinen Darlegungspflichten für den Ansatz von Betriebsausgaben bestehen[1076], soll hier nur kurz darauf eingegangen werden.

Ausgehend vom sog. Normenbegünstigungsprinzip hat allein der Steuerpflichtige Sorge dafür zu tragen, dass diejenigen Umstände, die einen Betriebsausgabenabzug zu seinen Gunsten begründen, vorgetragen und nötigenfalls bewiesen werden können. Dabei wird sich der Steuerpflichtige nicht in der Behauptung oder Feststellung erschöpfen können, anzugeben, seine Aufwendungen erfüllten die Erfordernisse des § 4 Abs. 4 EStG und seien betrieblich veranlasst. Er wird vielmehr auch den Rechtsgrund derselben und ggf. die damit im Zusammenhang stehenden vertraglichen Grundlagen zu offenbaren haben, um der Finanzverwaltung im Rahmen ihrer Amtsermittlungspflicht die Möglichkeit einräumen zu können, die konkrete betriebliche Veranlassung zu prüfen. Erst wenn er die ihm insoweit obliegenden Mitwirkungspflichten vollumfänglich erfüllt hat, wird sich seine Offenbarungspflicht gegenüber dem Finanzamt erschöpfen.[1077] Der Finanzverwaltung stehen hier Schätzungsbefugnisse zu, wenn Sachaufklärungen nicht möglich oder unverhältnismäßig sind. Soweit es um das Ob und Wie des Betriebsausgabenabzugs geht, trägt der Steuerpflichtige also die Feststellungslast dafür, dass steuerermäßigende Tatsachen nicht erweislich sein sollten.

1076 Es werden die Gewinnermittlungsgrundsätze des EStG für Zwecke der Gewerbesteuer übernommen. Die Begriffe Gewerbebetrieb i.S.d. § 15 Abs. 1 Nr. 1 EStG und des GewStG stimmen, wie sich bereits aus § 2 Abs. 1 Satz 2 GewStG ergibt, inhaltlich überein, siehe dazu BFH, *Urteil* vom 21.2.1980, I R 95/76, BStBl. II 1980, 465, BFHE 130, 403 (407); vgl. auch *Selder* in: Glanegger/Güroff, GewStG, 8. Aufl., § 7, Rn. 4; *Drüen* in: Blümich, GewStG, § 7, Rz. 46 (EL 123, Juni 2014).

1077 Siehe unten Teil 3, Kap. C.II.2.b, 327 ff.

(2) Die Ebene der Hinzurechnungen

(i) Hinzurechnungen als Abzugsverbote

Auf der nächsten Ebene der Gewerbeertragsermittlung, den Hinzurechnungen nach § 8 GewStG, könnte man meinen, diesen Tatbeständen komme bereits deshalb ein steuerbegründender bzw. -erhöhender Charakter zu, weil sie in der Sache ein Abzugsverbot beinhalten und sich damit als Ausnahme vom Betriebsausgabenabzug gemäß § 7 Abs. 1 Satz 1 GewStG i.V.m. § 4 Abs. 4 EStG darstellen. *Rosers* Berufung auf das „Normenbegünstigungsprinzip“ und die darauf gründende Aussage, die Feststellungslast für die Bejahung einer Hinzurechnung liege beim Finanzamt[1078], können den Schluss zulassen, dass er von der Vorstellung geleitet wird, dass Betriebsausgaben, so sie denn unzweifelhaft vorliegen, dem objektiven Nettoprinzip folgend im Rahmen der einkommensteuerlichen Gewinnermittlung stets abzugsfähig sind. Wenn hierzu aber die Hinzurechnungen eine Ausnahme darstellten, müsste deren Vorliegen seitens der Finanzverwaltung dargelegt werden.[1079] Diese Ansicht kann sich jedenfalls auf eine Äußerung des Bundesverfassungsgerichts stützen. Dieses führte in seinem Beschluss vom 13.5.1969[1080] aus, dass die Bezeichnung „Hinzurechnung“ irreführend sei, weil die Vorschrift lediglich Abzüge rückgängig mache, die bei der Ermittlung des Gewinns nach einkommen- bzw. körperschaftsteuerlichen Regelungen statthafterweise abgesetzt wurden. Zur Begründung stützt sich das Gericht auf den Wortlaut des § 8 GewStG, der davon spricht, dass „Beträge wieder hinzugerechnet [werden], soweit sie bei der Ermittlung des Gewinns abgesetzt worden sind“.[1081] Auf diesen Beschluss nimmt auch der BFH in seinem Urteil vom 4.6.2014[1082] Bezug. Dort ging er der Frage der Verfassungsmäßigkeit der gewerbesteuerlichen Hinzurechnungen nach und führt aus, dass es sich bei den Hinzurechnungen in der Sache um Betriebsausgabenabzugsbeschränkungen handelt. Dies spräche dafür, die Hinzurechnungen als Ausnahme vom in § 4 Abs. 4 EStG be-

---

1078 *Roser*, Gewerbesteuerliche Hinzurechnungen von Nutzungsentgelten nach § 8 Nr. 1d bis f GewStG, ifst-Schrift Nr. 497, S. 67, 68.

1079 *Roser*, Gewerbesteuerliche Hinzurechnungen von Nutzungsentgelten nach § 8 Nr. 1d bis f GewStG, ifst-Schrift Nr. 497, S. 67, 68.

1080 BVerfG, *Beschluss* vom 13.5.1969, 1 BvR 25/65, BVerfGE 26, 1 (9).

1081 BVerfG, *Beschluss* vom 13.5.1969, 1 BvR 25/65, BVerfGE 26, 1 (9).

1082 BFH, *Urteil* vom 4.6.2014, I R 21/13, BFH/NV 2014, 1853, BFHE 246, 130 (132).

schriebenen Betriebsausgabenabzug zu verstehen und daraus ihre steuerbegründende Natur abzuleiten.

Unterdessen erscheint eine solche Schlussfolgerung verfrüht. Auch wenn der BFH unter Berufung auf das Bundesverfassungsgericht, das den Begriff „Abzugsverbot nutzte, von „Betriebsausgabenbeschränkung" spricht, vermag das nicht darüber hinwegzutäuschen, dass dieses Verständnis auf die Wirkung der Norm innerhalb des Gefüges der Gewerbeertragsermittlung abzielt.[1083] Gesetzessystematisch sind die Hinzurechnungen nicht als Abzugsverbot konzipiert, sondern einer der Bestandteile der in § 7 Abs. 1 Satz 1 GewStG beschriebenen Gewerbeertragsermittlung. § 8 GewStG darf insoweit nicht isoliert betrachtet, sondern muss im Kontext der gesamten Ermittlungsvorschrift gesehen werden.[1084]

Danach stellt sich die Hinzurechnung im Gefüge der Ermittlung der Besteuerungsgrundlage zunächst als Rechengröße dar. Sie knüpft an einen erfolgten Betriebsausgabenabzug an. Auf diese Systematik verweist der BFH an anderer Stelle[1085], wenn er die strukturelle Notwendigkeit der Hinzurechnung im Gefüge der Gewerbesteuer betont und diese als grundlegenden Bestandteil der Gewerbesteuer in ihrer derzeitigen Struktur ansieht. Insoweit ist zwischen Systematik und Wirkung der Norm zu unterscheiden. Dass es sich bei den Hinzurechnungen zudem nicht um Abzugsverbote handelt, und sich der Gesetzgeber bewusst gegen eine derartige Ausgestaltung entschied, bestätigt auch ein Vergleich mit den Hinzurech-

1083 Einhellige Ansicht; siehe dazu BFH, *Urteil* vom 7.7.2004, XI R 65/03, BStBl. II 2005, 102; *Urteil* vom 4.6.2014, I R 21/13, BFH/NV 2014, 1853, BFHE 246, 130 (132). Siehe auch statt vieler *Güroff* in: Glanegger/Güroff, GewStG, 8. Aufl., § 8 Rn. 3; *Köster* in: Lenski/Steinberg, GewStG, § 8 Nr. 1 Buchst. a, Rz. 1 (Lfg. 106, März 2013); *Roser*, Gewerbesteuerliche Hinzurechnungen von Nutzungsentgelten nach § 8 Nr. 1d bis f GewStG, ifst-Schrift Nr. 497, S. 68. Zur Kritik der gesetzestechnischen Erfassung der Gewerbesteuer siehe *Zitzelsberger*, Die Grundlagen der Gewerbesteuer, S. 241.

1084 In diesem Sinne auch *Hidien* in: Hidien/Pohl/Schnitter, Gewerbesteuer, 15. Aufl., Kap. 6, Ziff. 6.1.4.1, S. 495 - 496. Anders *Roser*, Gewerbesteuerliche Hinzurechnungen von Nutzungsentgelten nach § 8 Nr. 1d bis f GewStG, ifst-Schrift Nr. 497, S. 68, der ohne weitere Begründung eine singuläre Betrachtung vornimmt.

1085 Vgl. das taggleich ergangene *Urteil* vom 4.6.2014, I R 70/12, BFH/NV 2014, 1850, BFHE 246, 67 (71).

nungsvorschriften früherer deutscher Gewerbesteuergesetze.[1086] So spricht beispielsweise die preußische Gewerbesteuerverordnung vom 15.3.1927[1087] von einem „zusetzen" bestimmter Positionen zu dem nach dem Reichseinkommensteuergesetz festgestellten Gewerbeertrag.[1088] Das bayerische Gewerbesteuergesetz vom 26.7.1926[1089] sah hingegen vor, dass von dem nach den Grundsätzen des Reichseinkommensteuergesetzes oder Körperschaftsteuergesetzes zu ermittelnden gewerblichen Reinertrag bestimmte Positionen „nicht abzugsfähig" sind.[1090] Während dieses also ein echtes Abzugsverbot statuierte[1091], „setzte" die preußische Gewerbesteuerverordnung, anknüpfend an einen bereits festgestellten Gewerbeertrag, weitere Positionen „hinzu". In dieser Weise haben auch die Vorgängervorschriften zum heutigen GewStG den Gewerbeertrag ermittelt.[1092,1093] Spätestens seit der Vereinheitlichung der Gewerbesteuer im Jahre 1936[1094] folgt das GewStG in systematischer Hinsicht dem Weg der preußischen Gewerbesteuerverordnung, sodass die §§ 8, 9 GewStG im Rahmen der durch § 7 Abs. 1 Satz 1 GewStG angeordneten Ermittlung des Gewerbeertrags reine Rechenoperationen vorgeben.[1095] In diesem Sinne merkte auch *Zitzelsberger* an, dass die Hinzurechnung als eine Korrektur des Ertrags vor dem Hintergrund der objektivierten Leistungsfähigkeit anzusehen sei.[1096]

1086 Diese mit Blick auf diverse Hinzurechnungsregelungen der Landesgewerbesteuergesetze zusammengefasst darstellend *Hensel* in: Becker/Hensel, Gewerbesteuer und Finanzausgleich, S. 94 ff.

1087 PrGBl. 1927, S. 21.

1088 Siehe § 5 Abs. 2 PrGewStVO.

1089 BayGVOBl. 1926, S. 388.

1090 Siehe § 10 Abs. 2 BayGewStG i.d.F. des BayGVOBl. 1926, S. 388.

1091 So auch bspw. das Sächs. GewStG vom 30.7.1926, GBl. 1926, S. 173.

1092 Vgl. § 10 GewStRG 1928, RGBl. I 1930, S. 537; § 7 GewStG 1936, RGBl. I 1936, S. 979 sowie § 7 GewStG 1957, BGBl. I 1957, S. 754.

1093 So schon *Blümich*, Die neue Gewerbesteuer, DStZ 1937, 245 (249).

1094 GewStG vom 1.12.1936, RGBl. I 1936, S. 979.

1095 I.d.S. sind m.E. auch die Ausführungen zur Ermittlung des Gewerbeertrags in der Begründung zum GewStG 1936 zu verstehen, vgl. RStBl. 1937, 693 (695). Die Neuerungen zum vorherigen Recht bereits hervorhebend *Blümich*, Die neue Gewerbesteuer, DStZ 1937, 245 (249, 250). Zu diesem Verständnis der Systematik der Hinzurechnungs- und Kürzungsvorschriften siehe auch BFH, *Urteil* vom 21.4.1971, I R 200/67, BStBl. II 1971, 743, BFHE 102, 524 (528 ff.). Anders, weil Systematik und Wirkung verwechselnd BVerfG, *Beschluss* vom 13.5.1969, 1 BvR 25/65, BVerfGE 26, 1 (9).

1096 *Zitzelsberger*, Die Grundlagen der Gewerbesteuer, S. 241.

(ii) Die Hinzurechnung als steuererhöhende Norm

Die Hinzurechnungen nach § 8 GewStG sind zwar wesentlicher Bestandteil innerhalb der Gewerbeertragsermittlung und können damit bezogen auf die Ermittlung der Bemessungsgrundlage für die Gewerbesteuer, den Gewerbeertrag, nicht losgelöst betrachtet werden. Deshalb kann auch aus der Systematik der Gewerbeertragsermittlung selbst kein Rückschluss auf den Charakter der Hinzurechnungsnormen gezogen werden. Dieser ergibt sich aber, wenn man einen Blick in die Struktur des Rechtssatzes des § 8 GewStG selbst wirft. Insoweit stellt er sich einerseits als ein erläuternder Rechtssatz dar[1097], nämlich insoweit als er klärt, wie der in § 7 Abs. 1 Satz 1 GewStG verwendete Begriff der „Hinzurechnung" zu verstehen ist. Er ist zugleich ein vollständiger Rechtssatz, als er einen eigenen Tatbestand und eine eigene Rechtsfolge enthält.[1098] Es ändert sich nichts dadurch, dass die Norm des § 8 GewStG auf einem anderen Rechtssatz aufbaut und sich dessen Merkmale zu eigen macht und als eigenen Tatbestand definiert.

Die Rechtsfolge der „Hinzurechnung zum Gewinn" ist davon abhängig, dass es sich um Betriebsausgaben handelt, die vom Gewinn abgesetzt wurden. Die Norm erschöpft sich nicht in der Anknüpfung an einen auf der Stufe der Gewinnermittlung berücksichtigten Betriebsausgabenabzug und ordnet nicht dessen bloße (partielle) Negation an. Sie enthält vielmehr weitere Tatbestandsvoraussetzungen, deren zusätzliche Erfüllung ebenso zwingend erforderlich ist. Nur wenn der Gesamttatbestand des jeweiligen Rechtsatzes des § 8 GewStG erfüllt ist, vermag dies die Rechtsfolge „Hinzurechnung zum Gewinn" auszulösen. In Bezug auf § 8 Nr. 1 lit. e GewStG muss also der Betrag, der von Gewinn abgesetzt wurde, sich zum einen als Miet- bzw. Pachtzins einordnen lassen. Zum anderen muss dieser Betrag für die Benutzung eines Wirtschaftsguts des Anlagevermögens aufgewendet worden sein. Nur bei Bejahung dieser Tatbestandsmerkmale kann auch die in § 8 Nr. 1 Hs. 1 GewStG angeordnete Rechtsfolge eingreifen. Betrachtet man diese und deren Reflex im Gewerbeertrag, ist die steuererhöhende Wirkung augenfällig. Deshalb, und nicht wegen der Systematik der Gewerbeertragsermittlung und der sich daraus ergebenden Wirkun-

1097 Zum Begriff und Wesen des unvollständigen, erläuternden Rechtssatzes siehe *Larenz*, Die Methodenlehre der Rechtswissenschaft, 6. Aufl., S. 258 f.

1098 Vgl. dazu *Larenz*, Die Methodenlehre der Rechtswissenschaft, 6. Aufl., S. 250 ff.

gen von Ausnahme und Rückausnahme, ist den Tatbestandsmerkmalen des § 8 GewStG ein steuererhöhender Charakter beizumessen.

(3) Zwischenergebnis zur Charakterisierung der Hinzurechnungsnormen

Den Hinzurechnungsnormen ist im Ergebnis ein steuererhöhender Charakter zu bescheinigen. Dies ergibt sich nicht aus dem Umstand ihrer Wirkung als Betriebsausgabenabzugsverbote. Jene tut in diesem Zusammenhang nichts zur Sache. Der Charakter der Hinzurechnungsvorschriften als steuererhöhende Regelungen ergibt sich aus der Struktur und der im Rechtssatz des § 8 GewStG angeordneten Rechtsfolge selbst, da die Erfüllung der in der Norm enthaltenen Tatbestandsmerkmale eine Rechtsfolge eintreten lassen, die sich wiederum unmittelbar in einer Erhöhung des Gewerbeertrags widerspiegelt. Aufgrund des Umstandes, dass die Hinzurechnungsnormen neben dem auf der Ebene der Gewinnermittlung zu berücksichtigenden Betriebsausgabenabzug als weitere Voraussetzung die Erfüllung zusätzlicher Tatbestandsmerkmale haben, erlangen sie die Qualität eines eigenständigen, mit Rechtsfolgeanordnung versehenen, und damit vollständigen Rechtssatzes; dessen Tatbestandsmerkmalen ist ein steuererhöhender Charakter zu bescheiden.

b. Ergebnis zur Tragung der Feststellungslast bei der gewerbesteuerlichen Hinzurechnung

Unter Berücksichtigung des Vorstehenden ist zusammenzufassen, dass auf jeder Ebene der Gewerbeertragsermittlung Feststellungen darüber zu treffen sind, welche der Merkmale steuererhöhenden oder steuermindernden Charakter haben. Während auf der Ebene der Gewinnermittlung betreffend den Betriebsausgabenabzug der Steuerpflichtige die Feststellungslast trägt, bleibt für die Ebene der Hinzurechnungen festzuhalten, dass die Finanzverwaltung die Feststellungslast für das Vorliegen der die Hinzurechnung begründenden Tatsachen zur Erfüllung der Tatbestandsmerkmale zu tragen hat. Damit ist der Ansicht *Rosers* im Ergebnis zuzustimmen. Die Feststellungslast ist aber nicht deshalb beim Finanzamt zu verorten, weil sich die Hinzurechnungen als Ausnahme vom Betriebsausgabenabzug darstellen.[1099] Vielmehr bilden die einzelnen Hinzurechnungsnomen eigenständige und vor allem vollständige Rechtssätze mit eigenen Tatbestandsmerkmalen, deren Erfüllung zu einer die steuerliche Bemessungsgrundlage erhöhenden Rechtsfolge, der Hinzurechnung, führt.

II. Die Hinzurechnung der Aufwendungen von Veranstaltungsunternehmen

Sind die Fragen des Verhältnisses von Schätzungsbefugnis und Feststellungslasten einerseits und des Trägers der Feststellungslast in Bezug auf die gewerbesteuerliche Hinzurechnung andererseits in ihrer Allgemeinheit geklärt, soll sich nun den Veranstaltungsunternehmen zugewendet werden.

Wie bereits angedeutet, sind, soweit die gewerbesteuerliche Hinzurechnung von Aufwendungen betroffen ist, mehrere Ebenen zu betrachten, auf denen sich jeweils Fragen verfahrensrechtlicher Art stellen können. Dies betrifft zum einen die Prüfung der Hinzurechnung dem Grunde nach und zum anderen die Fragen, in welchem Umfang Aufwendungen der Hinzurechnung unterliegen. Hier ist zu klären, inwieweit die Finanzverwaltung jeweils Feststellungslasten unterliegt und von Schätzungsbefugnissen Gebrauch machen kann.

1. Die Hinzurechnung dem Grunde nach

Hat ein Veranstaltungsunternehmen im Rahmen der gewerbesteuerlichen Gewinnermittlung nach Maßgabe des § 7 Abs. 1 Satz 1 GewStG i.V.m § 4 ff. EStG Betriebsausgaben gewinnmindernd angesetzt und sind diese sowohl hinsichtlich des Grundes als auch der Höhe nach unstreitig, knüpft an diese Feststellung die Hinzurechnung nach Maßgabe des § 8 Nr. 1 GewStG an. Mit dem gewinnmindernden Betriebsausgabenabzug nach Maßgabe des § 4 Abs. 4 EStG ist das erste Tatbestandsmerkmal für die Frage einer Hinzurechnung dem Grunde nach erfüllt.

1099 Zur Untauglichkeit des Ansatzes, ein „Regel-Ausnahme-Rückausnahmeverhältnis" zugrunde zu legen, siehe auch *Söhn* in: Hübschmann/Hepp/Spitaler, AO, FGO, § 88 AO, Rz. 365 (Lfg. 206, März 2010).

a. Die Einordnung der Tatbestandsmerkmale – Abgrenzungen von Tatsachen und Rechtsfragen

aa. Aufwendungen als Miet- und Pachtzinsen

Steht der Betriebsausgabenabzug fest, schließt sich die Prüfung an, welcher Art die Betriebsausgabe rechtlich zuzuordnen ist. Für die Hinzurechnungen nach § 8 Nr. 1 lit. d und e GewStG ist Voraussetzung, dass es sich insoweit um Miet- und Pachtzinsen handelt. Diese Frage der rechtlichen Einordnung ist eine Rechtsfrage. Die Entscheidungsfindung beruht auf denjenigen Tatsachen, auf die sich der Betriebsausgabenabzug nach Maßgabe des § 7 Abs. 1 Satz 1 GewStG i.V.m. § 4 Abs. 4 EStG gründet. Unter Zugrundelegung dieser Tatsachen sollte es der Finanzverwaltung möglich sein, eine rechtliche Einordnung der Aufwendungen vorzunehmen. Es stellen sich folglich in Bezug auf die rechtliche Einordnung der Aufwendungen als Miet- und Pachtzinsen[1100] keine Fragen nach Schätzungsbefugnissen oder Feststellungslasten. Mit anderen Worten, sobald und soweit das Veranstaltungsunternehmen bestimmte Arten von Betriebsausgaben gewinnmindernd angesetzt hat, wird es sich damit auseinandersetzen müssen, dass die Finanzverwaltung seiner rechtlichen Einordnung betreffend diese Ausgaben u.U. nicht folgt.[1101] Die Problematik der Reiseveranstalter macht das in Bezug zu ihren Aufwendungen für Hotelleistungen sehr deutlich.[1102]

1100 Das Gleiche gilt, soweit die Aufwendungen als Entgelte i.S.d. § 8 Nr. 1 lit. a. GewStG oder als Aufwendungen i.S.d. § 8 Nr. 1 lit. f GewStG eingestuft werden sollen. Zur Unterscheidung der Begriffsinhalte siehe BFH, *Beschluss* vom 31.1.2012, I R 105/10, BFH/NV 2012, 996.

1101 Hier ist zu bedenken, dass bei einem Rechtsstreit um die Richtigkeit einer rechtlichen Wertung von Tatsachen es dem FG als Tatsacheninstanz obliegt, die Auslegung und Würdigung von Verträgen oder Vereinbarungen vorzunehmen. Soweit eine solche den gesetzlichen Auslegungsregeln (vgl. §§ 133, 157 BGB) entspricht und nicht gegen allgemeine Denkgesetze und Erfahrungssätze verstößt, ist diese Wertung gem. § 118 Abs. 2 FGO auch für die Revisionsinstanz bindend; siehe BFH, *Urteil* vom 5.6.2013, I R 37/12, BFH/NV 2013, 1628 (1630). Also selbst in dem Fall, dass das durch eine Auslegung gefundene Ergebnis nicht zwingend, sondern nur möglich ist, ist die Rechtssache insoweit nicht revisibel, st. Rspr., vgl. BFH, *Urteil* vom 30.11.2005, I R 110/04, BStBl. 2007, 251, BFHE 212, 83 (88); *Beschluss* vom 29.11.2002, VIII B 127/02, BFH/NV 2003, 746 (747).

1102 Siehe Teil 2, Kap. E.I.1., 125.

bb. Die Benutzung eines Wirtschaftsgutes und die Zweckrichtung der Aufwendungen

Ebenso muss über das Merkmal der Benutzung von Wirtschaftsgütern zum einen und den Zusammenhang mit den insofern angesetzten Betriebsausgaben zum anderen befunden werden. In beiden Fällen handelt es um Tatsachenfragen. Das Finanzamt muss bei Zweifeln über deren Erfüllung vortragen, welche Anhaltspunkte sich entweder aus den offenbarten rechtlichen Grundlagen für den Betriebsausgabenabzug oder aus sonstigen nachprüfbaren Umständen ergeben, die einerseits für das Vorliegen eines Wirtschaftsguts und andererseits für dessen Verbindung mit der konkreten Ausgabe sprechen.

Es ist notwendigerweise eine Feststellung darüber zu treffen, dass ein Wirtschaftsgut vorliegt, auf welches sich die Aufwendungen beziehen müssen. Das machen verschiedene Urteile des BFH deutlich, in denen er eine Aufteilung von geleisteten Miet- und Pachtzinsen im Wege der Subtraktion ablehnte.[1103] Konkret wollte die Finanzverwaltung in den streitigen Fällen einen Teil der auf eine Immobilie bezogenen Pachtzinsen für ein immaterielles Wirtschaftsgut aufgewendet sehen. Dieser Teil der anzusetzenden Pachtzinsen wäre nach Maßgabe des § 8 Nr. 7 GewStG a.F. der Hinzurechnung zu unterwerfen gewesen, weil nur solche, sich auf in Grundbesitz bestehende Wirtschaftsgüter bezogene Pachtzinsen außerhalb einer Hinzurechnung standen.[1104] Indessen war weder aus den betreffenden Vereinbarungen noch anhand sonstiger Umstände erkennbar, ob neben dem konkret gepachteten (in Grundbesitz bestehendem) Wirtschaftsgut ein weiteres (nicht in Grundbesitz bestehendes) Wirtschaftsgut tatsächlich existent war. Damit fehlte es an einer maßgeblichen Voraussetzung für eine Hinzurechnung selbst, nämlich am Tatbestandsmerkmal des Wirt-

---

1103 Vgl. BFH, *Urteil* vom 30.03.1976, VIII R 169/72, BStBl. II 1976, 463, BFHE 118, 470 (471); *Urteil* vom 22.3.1972, I R 179/70, BStBl. II 1972, 632, BFHE 105, 490 (494, 495); *Urteil* vom 5.10.1971, VIII R 19/68, BStBl. II 1972, 62, BFHE 103, 437 (439, 440); *Urteil* vom 14.10.1970, I R 94/70, BStBl. II 1971, 28, BFHE 100, 407; *Urteil* vom 29.4.1970, IV R 20/67, BStBl. II 1970, 726, BFHE 99, 485 (488, 489).

1104 Nach der ursprünglichen, in sich noch schlüssigen Konzeption der Gewerbesteuer 1936 war der Grundbesitz als Besteuerungsobjekt gesondert von der Grundsteuer als weiterer Realsteuer erfasst. Deshalb sollte dieser aus der gewerbesteuerlichen Betrachtung ausgenommen werden, siehe Begr. zum GewStG 1936, RStBl. 1937, 693 (696).

schaftsguts also solchem. Die Nichterweislichkeit seiner Existenz ging zu Lasten der Finanzverwaltung.[1105]

Hinsichtlich des Zusammenhangs zwischen der konkreten Betriebsausgabe und dem benutzten Wirtschaftsgut stellt sich ebenso die Frage nach der Feststellungslast. Liegt diese grundsätzlich beim Finanzamt, fällt hier ins Gewicht, dass der Steuerpflichtige bereits im Rahmen der Gewinnermittlung die betriebliche Veranlassung seiner Aufwendungen nachweisen muss. Folglich stellt sich schon außerhalb der Hinzurechnungsebene die Frage, welchem Zweck die konkrete Betriebsausgabe dient. Zwar müssen Miet- und Pachtzinsen zweckgerichtet für die Benutzung des Wirtschaftsguts geleistet werden, sich also auf das konkrete Wirtschaftsgut beziehen.[1106] Es genügt allerdings, wenn der Steuerpflichtige innerhalb eines als Miet- oder Pachtvertrag kategorisierten Verhältnisses Verpflichtungen übernimmt, die über das Maß des gesetzlichen Pflichtenkatalogs hinausgehen.[1107] Auch solche Leistungen sind als Miet- bzw. Pachtzinsen zu behandeln.[1108] Deshalb wird man davon ausgehen können, dass die Anforderungen an eine dem Finanzamt obliegende Darlegung eines Zusammenhangs zwischen unstreitig vorliegenden Betriebsausgaben und unstreitig zur Nutzung überlassenen Wirtschaftsgütern geringer sein werden, als es bei der Frage, ob ein zur Nutzung überlassenes Wirtschaftsgut als solches vorliegt, der Fall ist. Will der Steuerpflichtige einen solchen Zusammenhang bestreiten, wird er Tatsachen darlegen müssen, warum es an einem Zusammenhang zwischen der Ausgabe einerseits und der Benutzung des Wirtschaftsguts andererseits fehlt.[1109]

1105 Damit konnte im Ergebnis auch wegen der Nichterfüllung des Tatbestandes dem Grunde nach eine Aufteilung des Pachtzinses nicht erfolgen, vgl. dazu die Entscheidungsnachweise in Fn. 1103.

1106 So in Bezug zu Miet- und Pachtzinsen *Güroff* in: Glanegger/Güroff, GewStG, 8. Aufl., § 8 Nr. 1d, Rn. 23; *Mohr* in: Bergemann/Wingler, GewStG, § 8, Rz. 278, 350; ebenso *Klein*, Gewerbesteuerliche Hinzurechnung von Hotelleistungen bei Reiseveranstaltern, DStR 2014, 1321 (1324).

1107 Gl. Ländererlass vom 2.7.2008, BStBl. I 2012, 654, Tz. 29; zum gesetzlichen Lastenverteilungssystem siehe auch *Güroff* in: Glanegger/Güroff, GewStG, 8. Aufl., § 8 Nr. 1d, Rn. 20.

1108 Zu einzelnen Positionen siehe *Schöneborn*, Gewerbesteuerliche Hinzurechnung von Zinsen, Mieten und Pachten, NWB 2012, 2250 (2255 f.).

1109 Hier wird man ebenso berücksichtigen müssen, dass je nach Art des überlassenen Wirtschaftsguts Differenzierungen in Bezug auf den Zusammenhang möglich sind. Während Miet- und Pachtzinsen sich auf das Wirtschaftsgut beziehen müssen, quasi eine gewisse Zweckrichtung in sich tragen, soll bei Rechteüber-

Stehen Aufwendungen im Zusammenhang mit der Benutzung mehrerer Wirtschaftsgüter und steht im Streit, für welches Wirtschaftsgut welcher Betrag geleistet worden sein soll, wird man insoweit eine Hinzurechnung dem Grunde nach nicht verneinen können. Vielmehr wird hier die nächste Ebene der Hinzurechnung berührt. Es geht dann um die Frage der Aufteilung der Aufwendungen, also um die Hinzurechnung der Höhe nach.

cc. Einordnung des Wirtschaftsgutes als Anlagevermögen

Als letzter zu klärender Punkt muss die Eigenschaft des Wirtschaftsguts als ein solches des Anlagevermögens entschieden werden. Auch bei dieser Entscheidung ist im Ergebnis eine Rechtsfrage zu beantworten, die sich wiederum auf konkrete Tatsachen stützt, die in die Bewertung einzubeziehen sind. Die Umfänglichkeit der insoweit zu berücksichtigenden betrieblichen Verhältnisse, der erforderlichen Abwägungen und Gewichtungen wurde an anderer Stelle ausgeführt.[1110] Hat insoweit der Steuerpflichtige seine ihm obliegenden Mitwirkungspflichten erfüllt und insbesondere alle Auskünfte zu seiner konkreten Betätigung, zum Zweck des Einsatzes des spezifischen Wirtschaftsguts im Unternehmen etc. ausgeführt und die Finanzverwaltung in Kenntnis gesetzt, bleibt die Frage zu beantworten, wer das Risiko zu schultern hat, dass darüber hinausgehende bestimmte Tatsachen nicht erweislich sind. Aufgrund des Umstandes, dass es sich auch insoweit um ein steuererhöhendes Merkmal handelt, liegt die Feststellungslast für die das Anlagevermögen begründenden Tatsachen beim Finanzamt. Können demnach trotz der Inanspruchnahme aller Mittel der Sachverhaltsaufklärung keine hinreichenden Anhaltspunkte dafür ermittelt werden, dass die im Rahmen der geschäftlichen Betätigung zur Durchführung einer Veranstaltung konkret benutzte Veranstaltungsimmobilie nicht innerhalb des „Produktionsprozesses" der Veranstaltung, sondern eben nur „produktbezogen" genutzt wird[1111], im Grunde es sich also um eine „sich

---

lassungen ein lediglich modaler Zusammenhang genügen. So kommt es nach der Ansicht des BFH allein auf die Art und Weise der konkreten Aufwendung an, um einen Zusammenhang herzustellen, vgl. BFH, *Beschluss* vom 31.1.2012, I R 105/10, BFH/NV 2012, 996 zur sog. Glücksspielkonzession. I.d.S auch *Güroff* in: Glanegger/Güroff, GewStG, 8. Aufl., § 8 Nr. 1f, Rn. 12.

1110 Vgl. zu diesen auf der Ebene der betrieblichen Verhältnisse zu ermittelnden Tatsachen Teil 2, Kap. F.II.3.b, 239 ff.

1111 Siehe dazu Teil 2, Kap. F.II.3.c.aa.(2)(ii), 286.

verbrauchende Benutzung“ handelt, wird dieser Umstand zu Lasten der Finanzverwaltung gehen.

b. Die Schlussfolgerungen für Veranstaltungsunternehmen

Fasst man das Vorstehende zusammen, ergibt sich für die Ebene des Grundes der Hinzurechnung für die einzelnen Veranstaltungsunternehmen daraus Folgendes:

aa. Die Aufwendungen der Konzert- und Messeveranstalter

Bei Konzert- und Messeveranstaltern wird, mit Ausnahme der Anlagevermögenseigenschaft des konkreten Wirtschaftsguts, die Erfüllung der Hinzurechnungstatbestandsmerkmale in der Regel unstreitig sein. Die Sachverhalte hinsichtlich der Anmietung von Immobilien, Gebäuden und dergleichen zum Zwecke der Durchführung ihrer jeweiligen Veranstaltung werden insoweit kaum Streit zulassen. Weder wird die Frage des Mietzinses noch die der Benutzung eines Wirtschaftsguts an sich in Zweifel stehen.

Steht, wie auch das Urteil des Niedersächsischen Finanzgerichts vom 26.5.2011[1112] zeigte, einzig die Anlagevermögenseigenschaft der genutzten Veranstaltungsimmobilie im Streit und kann hier mangels objektiver Anhaltspunkte nicht festgestellt werden, dass die Anmietung des konkreten Objekts an die Stelle eines Erwerbes desselben treten würde, hätte die Finanzverwaltung insoweit die Feststellungslast zu tragen. Mangels Bejahung der Anlagevermögenseigenschaft scheidet dann eine Hinzurechnung der Aufwendungen bereits dem Grunde nach aus. Kann die Anlagevermögenseigenschaft allerdings nachgewiesen werden und/oder wurden neben der Veranstaltungsimmobilie weitere Wirtschaftsgüter zur Nutzung überlassen, wird auch die Zweckrichtung der geltend gemachten Aufwendung nur in seltenen Fällen Probleme aufwerfen. Hier könnten allenfalls dann Schwierigkeiten auftreten, wenn die geleistete Zahlung sich nicht auf einzelne Wirtschaftsgüter, sondern eine Gesamtheit derer bezieht, beispielsweise auf Bestuhlungen, Beschallungsanlagen, bestimmte Verwertungs-

---

1112 Nds. FG, *Urteil* vom 26.5.2011, 10 K 290/10, EFG 2011, 2101.

rechte und dergleichen. Es muss dann lediglich die Frage beantwortet werden, ob die einzelnen Vertragsgegenstände voneinander getrennt behandelt werden können, ob also voneinander trennbare Hauptleistungen des Überlassenden vorliegen. Hierbei handelt es sich um eine auf der Grundlage bestimmter Tatsachen zu beantwortende Rechtsfrage. Die sich daran anschließende Zuordnung bzw. Aufteilung eines einheitlich vereinbarten Entgelts ist ein Problem des Umfangs der Hinzurechnung, welches alsdann auf jener Stufe zu lösen ist.[1113]

bb. Die Aufwendungen der Reiseveranstalter

Wird bei Konzert- und Messeveranstaltern i.d.R. nur die Eigenschaft einer Veranstaltungsimmobilie als Anlagevermögen im Streit stehen, ist der Streit um den Grund der Hinzurechnung bei Reiseveranstaltern umfassenderer Natur.

Wie oben ausgeführt,[1114] bestehen grundsätzliche Zweifel daran, dass Aufwendungen aus einem Hoteleinkaufsvertrag mit der Überlassung eines oder mehrerer Wirtschaftsgüter im Zusammenhang stehen, weshalb auch deren Einordnung als Miet- bzw. Pachtzinsen streitig ist. Auch wenn die Frage nach der rechtlichen Einordnung der Zahlungen eine reine Rechtsfrage ist, trägt die Finanzverwaltung für die diesem Tatbestandsmerkmal insoweit zugrunde liegenden Tatsachen die Feststellungslast. Sie muss belegen, dass die Aufwendungen sich auf eine Gebrauchsüberlassung, also die Benutzung eines Wirtschaftsguts beziehen. Da insoweit zweifelhaft ist, dass Hoteleinkaufsverträge auf die Benutzung eines Wirtschaftsguts, des Hotels und seiner Anlagen sowie der damit verbundenen beweglichen Wirtschaftsgüter etc. gerichtet sind, können diese Zweifel nicht zu Lasten des Reiseveranstalters gehen. Hinzu kommt, dass unklar ist, welche Wirtschaftsgüter konkret zum Gebrauch überlassen sein sollen. Soweit die Finanzverwaltung aus diesem Umstand die Schlussfolgerung zieht, der hinzurechnungsfähige Anteil sei durch Schätzung zu ermitteln,[1115] wird verkannt, dass hier eben die Hinzurechnung dem Grunde nach in Frage steht.

1113 Siehe dazu unten, Teil 3, Kap. C.II.2., 326 ff.

1114 Siehe dazu Teil 2, Kap. E.II.4.c, 174 ff.

1115 OFD Frankfurt, Rdvfg. vom 17.6.2013, G 1422A-55-St55 (n.v.); OFD NRW, Vfg. vom 25.9.2013, G 1422-2013/0023-St161, DB 2013, 2363; dies., Verw.anw. vom 4.11.2013, G 1422-2013/0023-St161, DB 2013, 2711; ebenso

Es geht gerade nicht um eine Aufteilung von Aufwendungen im Wege der Schätzung, sondern um die Frage der Aufteilbarkeit der seitens des Hoteliers versprochenen Leistungen. Kann die Finanzverwaltung keine Tatsachen vortragen, welche für eine Trennung der einzelnen Leistungen sprechen und kann damit in Bezug zu einzelnen Leistungen nicht die Erfüllung der Hinzurechnungsmerkmale belegt werden, trägt sie die Feststellungslast.[1116]

In diesem Sinne sieht auch die Rechtsprechung die Finanzverwaltung in der Pflicht darzulegen, auf welche objektiven Umstände und Anhaltspunkte sie sich stützt, die dafür sprechen, dass Aufwendungen als im Zusammenhang mit der Benutzung eines Wirtschaftsguts stehend anzusehen sind. Es soll gerade nicht möglich sein, konkrete Ausgaben mittels einer Subtraktion für Zwecke der gewerbesteuerlichen Hinzurechnung aufzuteilen, wenn das Objekt, auf welches sich ein Teil der Aufwendungen nach den Vorstellungen der Finanzverwaltung beziehen soll, gar nicht existent ist oder dessen Existenz jedenfalls zweifelhaft ist.[1117]

Nicht zuletzt wird man in diesem Zusammenhang auch berücksichtigen müssen, dass der Reiseveranstalter alle ihm obliegenden Mitwirkungspflichten, die ihn auf der ersten Stufe der Gewerbeertragsermittlung treffen, erfüllt hat, wenn er die Hotelverträge, die die rechtliche Grundlage seiner Zahlungen darstellen, vorgelegt hat. Mehr als das wird er nicht tun können, weshalb man ihm insofern auch nicht das Risiko der Nichterweislichkeit der betreffenden Tatsache wird aufbürden können.[1118] Führen danach die ermittelten Tatsachen zu keinem eindeutigen Ergebnis und lässt

---

BMF, Schreiben vom 22.5.2013, IV C 2-G 1422/07/10005:8, BeckVerw 280458.

1116 In diesem Kontext wird man auch *Roser* verstehen müssen, wenn er in Bezug zur Trennbarkeit von Leistungen innerhalb einer Vertragsbeziehung meint, die Feststellungslast trage die Finanzverwaltung, siehe *Roser*, Gewerbesteuerliche Hinzurechnungen von Nutzungsentgelten nach § 8 Nr. 1d bis f GewStG, ifst-Schrift Nr. 497, S. 67.

1117 Vgl. BFH, *Urteil* vom 30.03.1976, VIII R 169/72, BStBl. II 1976, 463, BFHE 118, 470 (471); *Urteil* vom 22.3.1972, I R 179/70, BStBl. II 1972, 632, BFHE 105, 490 (494, 495); *Urteil* vom 5.10.1971, VIII R 19/68, BStBl. II 1972, 62, BFHE 103, 437 (439, 440); *Urteil* vom 14.10.1970, I R 94/70, BStBl. II 1971, 28, BFHE 100, 407; *Urteil* vom 29.4.1970, IV R 20/67, BStBl. II 1970, 726, BFHE 99, 485 (488, 489).

1118 Vgl. BFH, *Urteil* vom 18.12.1984, VIII R 195/82, BStBl. II 1986, 226, BFHE 142, 558 (562); *Urteil* vom 26.4.1983, VIII R 38/82, BStBl. II 1984, 618, BFHE 138, 323 (326).

sich aus den Vereinbarungen oder sonstigen Umständen nicht entnehmen, dass die Zahlungen der Reiseveranstalter eine (teilweise) Leistung für die Benutzung eines Wirtschaftsguts darstellen, geht dies zu Lasten der Finanzverwaltung.

In gleicher Weise wie bei den Konzert- und Messeveranstaltern wird man, selbst wenn man davon ausgehen kann, dass eine wirtschaftsgutbezogene Aufwendung vorliegt, des Weiteren auch zur Begründung einer Anlagevermögenseigenschaft fordern müssen, dass die Finanzverwaltung anhand konkreter Umstände belegt, woraus sich eine auf Dauer angelegte Benutzung des konkreten Wirtschaftsguts ergeben soll. Der schlichte Hinweis darauf, es sei dem Geschäftsmodell eines Reiseveranstalters immanent, Hotels zu buchen, um sie den Reisenden im Rahmen der nach § 651a BGB zu erbringenden Reiseleistung zur Verfügung zu stellen, wird hierfür nicht genügen. Vielmehr wird sie sich mit den konkreten betrieblichen Verhältnissen auseinanderzusetzen haben, um dem Umstand zu begegnen, dass sich die in Anspruch genommenen Hotelleistungen mit der einzelnen Buchung des Reisenden in der Sache verbraucht.[1119]

c. Zwischenergebnis

Aufgrund des Umstandes, dass die eine Hinzurechnung begründenden Tatbestände steuererhöhenden Charakter haben, trägt die Finanzverwaltung die Feststellungslast dafür, dass diejenigen Tatsachen, die für eine Erfüllung der Tatbestandsmerkmale sprechen, vorliegen. Sie hat diese Tatsachen darzulegen und notfalls zu beweisen.

Bei Konzert- und Messeveranstaltern wird vor allem die Frage der Anlagevermögenseigenschaft der benutzten Veranstaltungsimmobilie im Streit stehen, sodass die Finanzverwaltung insoweit alle Tatsachen darzulegen hat, die zu der Annahme führen, es handele sich um ein Wirtschaftsgut des Anlagevermögens. Insoweit verbleibende Zweifel, die sich aus den konkreten betrieblichen Verhältnissen ergeben, gehen zu ihren Lasten.

Bei Reiseveranstaltern steht bei Lichte betrachtet die Hinzurechnung der Aufwendungen dem Grunde nach bereits in Gänze in Frage, weil alle die Hinzurechnung nach § 8 Nr. 1 lit. e GewStG begründenden Tatbestandsmerkmale zweifelhaft sind. Hat ein Reiseveranstalter alle ihm im

1119 Siehe dazu Teil 2, Kap. F.II.3.b.bb.(3)(i), 256 und Kap. F.II.3.c.aa.(2)(ii), 286.

Zusammenhang mit der Geltendmachung des Betriebsausgabenabzugs obliegenden Mitwirkungspflichten erfüllt, hat er insbesondere Angaben zur Grundlage seiner Zahlungen an den Hotelier gemacht und damit die betriebliche Veranlassung seiner Aufwendungen nachgewiesen, obliegt es allein der Finanzverwaltung, weitere Tatsachen zu ergründen und vorzutragen, die für die Erfüllung des Hinzurechnungstatbestandes des § 8 Nr. 1 lit. e GewStG sprechen. Ist die Finanzverwaltung hierzu nicht in der Lage, geht dies zu ihren Lasten. Eine Hinzurechnung scheidet dem Grunde nach aus. Fragen zur Aufteilung der Aufwendungen und ihrer Verteilung auf verschiedene Leistungsbestandteile stellen sich dann nicht mehr.

2. Der Umfang der Hinzurechnung

Um sich dem Umfang der Hinzurechnung von Aufwendungen bei Veranstaltungsunternehmen zuwenden zu können, ist zu unterstellen, dass alle Punkte, die eine Hinzurechnung der Aufwendungen dem Grunde nach betreffen, zugunsten der Finanzverwaltung aufgeklärt wurden.

Die Aufteilung von Aufwendungen wird vornehmlich bei Verträgen bzw. Vertragswerken zu klären sein, die mehrere Leistungen oder Leistungsbestandteile enthalten und die unter gewerbesteuerlichen Aspekten jeweils für sich betrachtet werden können.[1120] Wurde für die innerhalb eines solchen Vertrags vereinbarte Mehrzahl von Leistungen ein einheitliches Entgelt vereinbart, ist fraglich, nach welchen Parametern dieses aufzuteilen ist. Das Aufteilungsproblem wird folglich nur dann virulent, wenn dem Grunde nach alle die Hinzurechnung gemäß § 8 Nr. 1 GewStG begründenden Tatbestandsmerkmale erfüllt sind.

Nun kann man mit Blick auf diesen Aspekt *Roser* abermals so verstehen, dass auf der Grundlage des sog. Normenbegünstigungsprinzips und der sich daraus ergebenden Feststellungslast auch insoweit die Nachweispflicht für das Vorhandensein eines Aufteilungsmaßstabs beim Finanzamt zu sehen sei.[1121] Schließlich spricht er davon, dass bei Hinzurechnungen

1120 Die Finanzverwaltung spricht hier von gemischten Verträgen, vgl. Gl. Ländererlass vom 2.7.2012, BStBl. I 2012, 654, Tz. 6. Aufteilungsfragen stellen sich aber auch bei einheitlichen Vertragswerken. Zur Terminologie im Einzelnen siehe Teil 2, Kap. C.I.3.a., 73 ff.

1121 *Roser*, Gewerbesteuerliche Hinzurechnungen von Nutzungsentgelten nach § 8 Nr. 1d bis f GewStG, ifst-Schrift Nr. 497, S. 67, 68.

der Höhe nach die Finanzverwaltung die Feststellungslast trage.[1122] Fraglich ist, ob diese Aussage, so sie denn so gemeint ist, in ihrer Allgemeinheit trägt oder ob ebenso Differenzierungen vorzunehmen sind.

a. Bestimmung des Aufteilungsmaßstabes als Tatsachenfrage

Die Bestimmung des Aufteilungsmaßstabs ist in der Sache eine Tatsachenfrage. Sie betrifft damit den Bereich der der Finanzverwaltung obliegenden Sachaufklärung. Diese muss folglich alle geeigneten Maßnahmen ergreifen, um die für eine Aufteilung relevanten Tatsachen zu ermitteln. Schlagen diese fehl, stellt sich die Frage der Feststellungslast.

b. Mitwirkungspflichten des Steuerpflichtigen und Auskunftspflichten Dritter

Wie bereits ausgeführt,[1123] wird die Amtsermittlungspflicht von Mitwirkungspflichten des Steuerpflichtigen einerseits und subsidiären Auskunftspflichten Dritter andererseits begleitet. Diese Aspekte werden bei den literaturseitigen Betrachtungen ausgeblendet.[1124]

Der Umfang von Mitwirkungspflichten lässt sich nicht generell bestimmen, sondern hängt vom konkreten Einzelfall und seinen Besonderheiten ab.[1125] Grundsätzlich hat der Steuerpflichtige für diejenigen Umstände, die in seinem Machtbereich eingetreten sind, entsprechende Vorsorge für deren Nachweisbarkeit zu tragen.[1126] Insoweit wird man auf der Ebene des

---

1122 *Roser*, Gewerbesteuerliche Hinzurechnungen von Nutzungsentgelten nach § 8 Nr. 1d bis f GewStG, ifst-Schrift Nr. 497, S. 67.

1123 Siehe dazu oben Teil 3, Kap. C.I.1.a, 305.

1124 *Roser*, Gewerbesteuerliche Hinzurechnungen von Nutzungsentgelten nach § 8 Nr. 1d bis f GewStG, ifst-Schrift Nr. 497, S. 68; *Klein*, Gewerbesteuerliche Hinzurechnung von Hotelleistungen bei Reiseveranstaltern, DStR 2014, 1321 (1322); *Jorczyk*, Gewerbesteuerliche Hinzurechnung: Die Finanzverwaltung bleibt dabei!, SRTour 12/2013, 5 (8 f.).

1125 *Roser* in: Beermann/Gosch, AO, FGO, § 90 AO, Rz. 41 (109. Erg.-Lfg., Juni 2014).

1126 So zu den Abzugsverboten in § 4 Abs. 5 EStG *Frotscher* in: Frotscher, EStG, Kommentar zum Einkommensteuergesetz, § 4 Rz. 665 (146. Lfg. 9/2008); vgl. hierzu bspw. BFH, *Urteil* vom 7.9.2011, I R 12/11, BStBl. II 2012, 194, BFHE 235, 225 (228). Für eine Offenbarung gegenüber der Finanzverwaltung und da-

Umfangs der Hinzurechnungen berücksichtigen müssen, dass die Konzeption des § 8 Nr. 1 GewStG selbst schon eine Aufteilung der Aufwendungen nach der Art des im Gewerbebetrieb benutzten Wirtschaftsguts vorsieht.[1127] Bereits deshalb ließe sich begründen, dem Steuerpflichtigen eine Mitwirkungsverpflichtung dahingehend zu überantworten, aufzuklären, in welcher Höhe die von ihm angesetzten Betriebsausgaben, welche auf die Benutzung eines oder mehrerer Wirtschaftsgüter entfallen, anzusetzen sind.

aa. Die Mitwirkungspflichten der Konzert- und Messeveranstalter

Bei Konzert- und Messeveranstaltern wird sich i.d.R. die Frage stellen, auf welche Wirtschaftsgüter welcher Anteil der geleisteten Vergütung entfällt. Neben der konkreten Veranstaltungsimmobilie können als Wirtschaftsgüter vor allem bewegliche Wirtschaftsgüter, wie Bestuhlung, Beschallungsanlagen, sonstiges technisches Equipment etc., aber auch Verwertungsrechte in Betracht kommen. Nicht ausgeschlossen ist weiterhin, dass Dienstleistungen in Anspruch genommen werden, die ebenso vom Entgelt erfasst sind. In der Regel werden die konkreten Positionen in den jeweiligen Verträgen gesondert ausgewiesen. Da die Veranstalter bereits im Rahmen der Gewinnermittlung nach Maßgabe des § 7 Abs. 1 Satz 1 GewStG i.V.m. § 4 ff. EStG Nachweis- und Mitwirkungspflichten betreffend den Betriebsausgabenabzug unterliegen und gehalten sind, die vertraglichen Grundlagen der geltend gemachten Aufwendungen vorzulegen, wird sich eine Aufteilung insoweit als unproblematisch erweisen. Nur im Falle des Abschlusses von Pauschalvereinbarungen, die indessen eher selten sind, dürften sich die Fragen der Aufteilung stellen. Kann der Veranstalter zur

---

mit wohl für die Erfüllung einer bestehenden Mitwirkungspflicht betreffend die Aufdeckung von Aufwendungen sprechen sich aus *Schraut/Sillich*, Entgelte für Taxi- oder Busflächen zu Werbezwecken im Rahmen der Gewerbesteuer hinzuzurechnen?, BB 2013, 217 (218).

1127 Auch wenn das Regelungskonzept des § 8 Nr. 1 GewStG im Gegensatz zu § 8 Nr. 7 GewStG a.F. nicht mehr den Zweck der Vermeidung einer doppelten Erfassung desselben Wirtschaftsguts im Rahmen verschiedener Steuerarten vor Augen hat (siehe dazu BFH, *Urteil* vom 22.3.1972, I R 179/70, BStBl. II 1972, 632, BFHE 105, 490 (494), ist es vor dem Hintergrund unterschiedlicher (pauschaler) Finanzierungsanteile auf eine wirtschaftsgutbezogene Abgrenzung von Aufwendungen angelegt.

Bestimmung des Aufteilungsmaßstabs selbst nichts beisteuern, ist der Anwendungsbereich der Schätzung eröffnet.

bb. Die Mitwirkungspflichten der Reiseveranstalter

Bei Reiseveranstaltern steht stets ein einheitliches, für die Hotelleistungen insgesamt vereinbartes und insofern auch einheitlich geschuldetes Entgelt im Raume. Über dessen Aufteilung ist, die Trennbarkeit der Hotelleistungen vorausgesetzt, zu entscheiden. *Klein*, der in diesem Zusammenhang auf die praktischen Probleme verweist, die sich ergeben, wenn ein Hotelier nicht zur Offenlegung der Einzelkalkulation bereit ist, lässt im Unklaren, wie alsdann mit einer solchen Tatsache umzugehen wäre.[1128] Es liegt nicht fern, hier über eine Mitwirkungsverpflichtung nachzudenken. Diesen Ansatz hat möglichweise auch *Breinersdorfer* im Blick, wenn er indirekt davon auszugehen scheint, der Reiseveranstalter kenne für die einzelnen Leistungen im Regelfall die entsprechenden Kosten.[1129,1130] Dass sich die Finanzverwaltung aber für den Fall, dass der Hoteleinkaufsvertrag sich in seine Einzelbestandteile aufteilen ließe, mit dem Verweis auf eine „Uneinbringlichkeit" der Kalkulationsgrundlagen für die Hotelleistungen begnügen wird, steht zu bezweifeln. Soweit daher *Klein* kritisiert, steuerliche Erfordernisse trügen als weiterer Faktor bei Vertragsverhandlungen und -gestaltungen zur Bürokratisierung des Wirtschaftslebens bei[1131], verkennt er, dass dem Steuerpflichtigen bereits über die Norm des § 90 AO entsprechende Obliegenheiten oktroyiert wurden, die er bei Vertragsabschlüssen

---

1128 *Klein*, Gewerbesteuerliche Hinzurechnung von Hotelleistungen bei Reiseveranstaltern, DStR 2014, 1321 (1322).

1129 Siehe *Breinersdorfer*, Einzelfragen zu der gewerbesteuerlichen Hinzurechnung von Finanzierungsanteilen, DB 2014, 1762 (1766).

1130 Dabei lässt *Breinersdorfers* offen, woraus er seine Erkenntnis ableitet, ein Hotelier ordne seinen Leistungsbeschreibungen entsprechende Kosten zu und lege diese gegenüber dem Reiseveranstalter offen. Diese nicht explizit ausgesprochene Annahme erscheint nicht zuletzt deshalb wenig praxisorientiert, weil es auch in anderen Branchen nicht üblich ist, interne Kalkulationen dem Vertragspartner zu offenbaren. Den in der Praxis verwendeten Hoteleinkaufsverträgen lässt sich eine preisliche Aufteilung jedenfalls nicht entnehmen. Sie weisen nur einen Gesamtpreis aus, der sich nach der angebotenen Kategorie, der Zimmerbelegung und den „Verpflegungspaketen" unterscheidet.

1131 *Klein*, Gewerbesteuerliche Hinzurechnung von Hotelleistungen bei Reiseveranstaltern, DStR 2014, 1321 (1323).

stets im Blick haben muss. Eine andere Frage ist, ob und mit welchem konkreten Inhalt diese Verpflichtungen bestehen.

Bei Reiseveranstaltern ist der Gedanke, dass diese im Rahmen des Besteuerungsverfahrens gewissen – mitunter auch erhöhten – Mitwirkungspflichten unterworfen sind, schon deshalb naheliegend, weil sie neben reinen Inlandsbeziehungen vornehmlich auch Auslandsbeziehungen unterhalten[1132], weshalb die Sachaufklärungsmöglichkeiten der Finanzverwaltung im wörtlichen Sinne an ihre Grenzen stoßen. Aus diesem Grunde ließe sich auch an Beweisvorsorgepflichten[1133] einerseits und besondere Aufzeichnungspflichten andererseits denken. Auf diesem Weg könnte sich die Finanzverwaltung in Kenntnis der Kalkulationsgrundlagen der Hoteliers setzen. So soll vor allem die Beweisbeschaffungspflicht i.S.d § 90 Abs. 2 Satz 1 AO verhindern, dass nur deshalb keine Sachverhaltsermittlung erfolgen kann, weil sich die dem Fiskus vorzulegenden Beweise im Ausland befinden.[1134] Das geht einher mit der in § 90 Abs. 2 Satz 2 AO beschriebenen Aufklärungsvorsorgeverpflichtung. Zudem ist dem Steuerpflichtigen der Verweis auf eine fehlende Sachverhaltsaufklärung dann abgeschnitten, wenn er nach Lage des Falles die Möglichkeit gehabt hätte, sich entsprechende Informationen zu besorgen. Besteht die Möglichkeit, derartige Informationszugänge vertraglich zu vereinbaren, soll auch dieses genügen.[1135]

Ob indessen diese erweiterten Mitwirkungspflichten nach § 90 Abs. 2 Satz 1, 2 und Satz 4 AO zum Inhalt haben, dem Steuerpflichtigen aufzuerlegen, sich die Geschäfts- und Kalkulationsgrundlagen eines Dritten zu beschaffen bzw. dafür Vorsorge in den entsprechenden Verträgen zu tref-

---

1132 So unterhalten nicht nur die Touristikkonzerne ihrem Geschäftsmodell als integrierte Reiseveranstalter folgend Geschäftsbeziehungen zu im Ausland ansässigen Hoteliers, sondern auch mittelständische und kleine Veranstalter, sobald sie eine Hotelbuchung im Ausland vornehmen.

1133 Vgl. gemäß § 90 Abs. 2 Satz 1 - 2, Abs. 3 AO. Zur Beweisvorsorge siehe BFH, *Urteil* vom 11.7.2013, IV R 27/09, BStBl. II 2013, 989, BFHE 242, 1 (13); *Urteil* vom 13.3.1985, I R 7/81, BStBl. II 1986, 318, BFHE 145, 502 (505). Soweit *Roser* daher solche Vorsorgepflichten nicht begründet sieht, dürfte dies m.E. nur zutreffen, soweit die Ebene des Grundes der Hinzurechnungen betroffen ist, vgl. *Roser*, Gewerbesteuerliche Hinzurechnungen von Nutzungsentgelten nach § 8 Nr. 1d bis f GewStG, ifst-Schrift Nr. 497, S. 67.

1134 *Söhn* in: Hübschmann/Hepp/Spitaler, AO, FGO, § 90 AO, Rz. 170 (Lfg. 220, November 2012).

1135 *Söhn* in: Hübschmann/Hepp/Spitaler, AO, FGO, § 90 AO, Rz. 178 (Lfg. 220, November 2012); *Rätke* in: Klein, AO, 12. Aufl., § 90 Rn. 28.

fen, steht ernstlich zu bezweifeln. So beschränkt sich die Mitwirkungspflicht im Rahmen des Besteuerungsverfahrens auf die eigene Sphäre.[1136] Bei den Kalkulationsgrundlagen handelt es sich um Informationen, die in erster Linie ausschließlich einen am Besteuerungsverfahren nicht beteiligten Dritten betreffen. Auf diese könnte der Reiseveranstalter allenfalls dann zugreifen, wenn er sich vertraglich einen entsprechenden Anspruch auf Erteilung der Informationen hat einräumen lassen oder auf andere Weise einen Anspruch auf Erteilung hat.

Die Nichtaufnahme einer solchen Klausel in den Hoteleinkaufsvertrag wird man dem Reiseveranstalter nur dann als Verletzung seiner Beweisverschaffungs- und Beweisvorsorgepflicht vorwerfen können, wenn es für die Vertragsparteien einen Anlass gibt, eine solche Vereinbarung zu treffen.[1137] Eine derartige Vorsorge ist bei fremden Dritten nicht gebräuchlich[1138] und allenfalls dann angezeigt, wenn unübliche Gestaltungen in Frage stünden.[1139] Davon kann bei dem Einkauf von Hotelleistungen nicht die Rede sein. Nicht zuletzt ist in diesem Zusammenhang zu berücksichtigen, dass schon der Hotelier selbst keinen besonderen Pflichten unterliegt, seine Leistungen gesondert nach den einzelnen Bestandteilen aufzuzeichnen oder zu dokumentieren. Deshalb besteht für den Reiseveranstalter auch kein Grund, dafür Sorge zu tragen, dass er in den Genuss derartiger Informationen gelangt. Man wird ihm folglich nicht vorhalten können, seine Beweisvorsorgepflichten verletzt zu haben.

Davon zu trennen wären zwar die Fälle, in denen der Reiseveranstalter mit dem Hotelbetrieb, dessen Hotelunterkünfte er für seine Gäste bucht, in einer Rechtsbeziehungen steht, nach der beide Unternehmen die Qualität einer nahestehenden Person haben. Dies wird im Wesentlichen sog. integrierte Reiseveranstalter[1140], also Touristikkonzerne betreffen. Es liegt der Gedanke nicht fern, dem Reiseveranstalter aufzuerlegen, sich innerhalb

---

1136 *Rätke* in: Klein, AO, 12. Aufl., § 90 Rn. 28.

1137 Eine solche Veranlassung wird man kaum darin sehen können, dass die Finanzverwaltung ab der Veröffentlichung des Gl. Ländererlasses vom 2.7.2012, BStBl. I 2012, 654, Tz. 29b der Ansicht war, Hotelleistungen unterlägen hinsichtlich eines Mietanteils der Hinzurechnung.

1138 BFH, *Beschluss* vom 10.5.2001, I S 3/01, BFH/NV 2001, 957, BFHE 194, 360 (366).

1139 Vgl. dazu die Bsp. von *Söhn* in: Hübschmann/Hepp/Spitaler, AO, FGO, § 90 AO, Rz. 152 (Lfg. 220, November 2012), die alle im Kern Steuerverlagerungen bzw. Steuervermeidungen betreffen.

1140 Siehe dazu oben Teil 2, Kap. E. II.2.b., 141.

des Konzerns die ertsprechenden Informationen zu beschaffen. Jedoch fehlt es insoweit an einer Ermächtigungsgrundlage. Weder §§ 200 Abs. 1 noch § 90, § 93 Abs. 1 Satz 1 - 2 AO geben der Finanzverwaltung hier entsprechende Instrumente in die Hand. So ist beispielsweise eine in einem Konzernverbund stehende inländische Tochtergesellschaft nicht verpflichtet, sich zusichern zu lassen, Einsicht in die Kalkulationsgrundlagen ihrer im Ausland ansässigen Muttergesellschaft zu erlangen.[1141] Ein solcher Anspruch wird erst recht nicht gegenüber Schwestergesellschaften bestehen. Auch insofern werden diese Steuersubjekte im Verhältnis zueinander wie Dritte zu behandeln sein.[1142] Allenfalls wäre in derartigen Konzernbeziehungen der Anwendungsbereich des § 90 Abs. 3 Satz 1 i.V.m. § 1 Abs. 2 AStG[1143] eröffnet, mit der Folge, dass der inländische Reiseveranstalter erweiterten Aufzeichnungs- und Dokumentationspflichten im Rahmen sog. Verrechnungspreise unterliegt. Es bedarf an dieser Stelle keiner weiteren Untersuchung, welchen Inhalt diese Dokumentations- und Aufzeichnungspflichten haben. Dass der Hotelier solchen Aufzeichnungspflichten nicht unterliegt, wurde soeben erwähnt. Aber selbst wenn dem Reiseveranstalter derartige Pflichten auferlegt wären, innerhalb der Beziehungen zum ausländischen Hotelier genauere Angaben darüber zu machen, wie sich kalkulatorisch dessen Leistungen zusammensetzen, hätte eine Verletzung dieser spezifischen Mitwirkungspflicht nicht zur Folge, dass nunmehr der Reiseveranstalter die Beweislast dafür trägt, wie eine Aufteilung der Hotelleistungen vorzunehmen sei. Die Nichteinhaltung von Dokumentations- und Aufzeichnungspflichten bewirkt keine Umkehr der Beweislast, sondern lediglich eine Verringerung des Beweismaßes.[1144] Der Reiseveranstalter sieht sich den aus § 162 Abs. 3, 4 AO ergebenden Rechtsfolgen ausgesetzt, die indessen nichts mit dem Aufteilungsmaßstab von Aufwendungen im Rahmen der gewerbesteuerlichen Hinzurechnung zu tun haben.

1141 BFH, *Beschluss* vom 10.5.2001, I S 3/01, BFH/NV 2001, 957, BFHE 194, 360 (365).

1142 So in der Sache BFH, *Beschluss* vom 10.5.2001, I S 3/01, BFH/NV 2001, 957, BFHE 194, 360 (366).

1143 Auch für Zwischengesellschaften nach § 7 AStG könnte dies in Frage kommen. Zum Verhältnis der §§ 1 und 7 AStG zueinander siehe *Kaminski* in: Strunk/Kaminski/Köhler, AStG/DBA, § 1 AStG, Rz. 31 (27. Erg.-Lfg., Oktober 2011).

1144 Einhellige Ansicht, vgl. *Rätke* in Klein, AO, § 90 Rn. 67; *Söhn* in: Hübschmann/Hepp/Spitaler, AO, FGO, § 90 AO, Rz. 215 (Lfg. 220, November 2012); vgl. auch BMF, Schreiben vom 12.4.2005, IV B 4 - S 1341 - 1/05, BStBl. I 2005, 570, Tz. 4.2 und 4.4.

cc. Auskunftsverpflichtungen Dritter und Steuergeheimnis

Kommt ein Steuerpflichtiger seinen Mitwirkungspflichten nicht nach,[1145] kann er selbst nichts weiter zur Aufklärung beitragen oder umfasst eine bestehende Mitwirkungspflicht nicht die von der Finanzverwaltung erwünschten Informationen, endet dadurch die Amtsermittlungspflicht nicht.[1146] Zur Ausschöpfung aller Beweismittel gehört, dass erforderliche Sachverhaltsinformationen über Dritte beschafft werden.[1147] Wenn dies bei grenzüberschreitenden Geschäftsbeziehungen daran scheitert, dass der Auskunftsverpflichtete nicht im Inland ansässig ist und damit nicht vom Anwendungsbereich des § 93 Abs. 1 Satz 3 AO erfasst ist,[1148] muss der Weg der Amtshilfe[1149] beschritten werden.[1150]

Soweit die Finanzverwaltung im Rahmen des Besteuerungsverfahrens vom Vertragspartner der Veranstaltungsunternehmen, beispielsweise einem Hotelier, Erkenntnisse über dessen Kalkulationsgrundlagen erlangt,

---

1145 Die Verweigerung der Mitwirkung kann Auswirkungen bei der Schätzung und der Frage nach der objektiven Beweislast im Falle eines Non-liquet haben, siehe dazu *Seer* in: Tipke/Kruse, AO, FGO, § 162 AO, Rn. 7 f. (Lfg. 122, Januar 2010); *Buciek* in: Beermann/Gosch, AO, FGO, § 162 AO, Rz. 106 (83. Erg.-Lfg., Juli 2010).

1146 Etwas anderes hat der BFH für die Amtsermittlung des Finanzgerichts entschieden. Verletzen die Beteiligten ihre Mitwirkungspflichten, sei das FG nicht gehalten, weitere Ermittlungen anzustellen, vgl. BFH, *Urteil* vom 13.3.1985, I R 7/81, BStBl. II 1985, 318, BFHE 145, 502 (504). Allerdings ist stets nach dem Grund und dem Umfang der Mitwirkungsobliegenheit zu fragen, siehe dazu im Einzelnen *Seer* in: Tipke/Kruse, AO, FGO, § 96 FGO, Rn. 89 ff. (Lfg. 127, Oktober 2011).

1147 Das gilt auch, wenn der Steuerpflichtige nicht in der Lage ist, weitere Aufklärungen herbeizuführen oder seine Mitwirkung bei der Aufklärung des Steuerfalles verweigert, siehe auch *Roser* in: Beermann/Gosch, AO, FGO, § 93 AO, Rz. 19 (93. Erg.-Lfg., Dezember 2011); *Seer* in: Tipke/Kruse, AO, FGO, § 93 AO, Rn. 19 (Lfg. 132, Mai 2013).

1148 Einhellige Ansicht, siehe statt vieler *Seer* in: Tipke/Kruse, AO, FGO, § 93 AO, Rn. 10 (Lfg. 132, Mai 2013).

1149 Für den Informationsaustausch innerhalb der EU siehe Richtlinie 2011/16/EU vom 15.2.2011 über die Zusammenarbeit der Verwaltungsbehörden im Bereich der Besteuerung und zur Aufhebung der Richtlinie 77/799/EWG, ABl. L 64 vom 11.3.2011, S. 1 sowie EU-Amtshilfegesetz vom 26.6.2013, BGBl. I 2013, S. 1809. Der Informationsaustausch mit Drittstaaten richtet sich nach dem jeweiligen bilateralen Abkommen oder dem anzuwendenden DBA.

1150 Das würde m.E. auch auf die Fälle zutreffen, in denen der Reiseveranstalter kein besonderes Näheverhältnis i.S.d. § 1 AStG zu Hoteliers unterhält.

wäre im konkreten Fall zu prüfen, ob und inwieweit sie diese Informationen in das Besteuerungsverfahren des betreffenden Veranstaltungsunternehmens, also beispielsweise des Reiseveranstalters, einführen kann. Jene Tatsachen sind als steuerliche Verhältnisse durch das Steuergeheimnis nach Maßgabe des § 30 Abs. 1 AO geschützt.[1151] Der nicht am Besteuerungsverfahren des Veranstalters beteiligte Dritte ist „ein anderer" i.S.d. § 30 Abs. 2 Nr. 1 AO[1152], dessen Verhältnisse nur nach Maßgabe des § 30 Abs. 4 AO offenbart werden dürfen. Hat dieser seine Zustimmung zur Offenbarung seiner steuerlichen Verhältnisse nicht erteilt[1153], dürfte die Finanzverwaltung diese konkreten Informationen nur unter den übrigen Voraussetzungen des § 30 Abs. 4 AO offenbaren und verwerten. Dies könnte auf der Grundlage des § 30 Abs. 4 Nr. 1 AO geschehen, soweit jene Daten der Durchführung des konkreten Besteuerungsverfahrens des Veranstalters dienen.[1154] Das Besteuerungsverfahren ist ein Verwaltungsverfahren i.S.d. § 30 Abs. 2 Nr. 1 lit. a AO. Indessen muss das Merkmal des Dienens erfüllt sein. Dieses ist nicht dahingehend zu verstehen, dass die erlangten Informationen für die Einleitung oder Fortführung eines Steuerverfahrens nützlich sein können. Vielmehr muss ein unmittelbarer funktionaler Zusammenhang zwischen der Offenbarung einerseits und der Verfahrensdurchführung andererseits bestehen.[1155] Die Informationen müssen demnach eine Prüfung der in einem solchen Verfahren relevanten Tatbestandsmerkmale ermöglichen, erleichtern oder auf eine festere Grundlage stellen können.[1156] Ob dieses Erfordernis vorliegt, kann nur im Einzelfall entschieden werden und hängt damit von den konkreten Umständen ab. Fehlt es an einem solchen unmittelbaren funktionalen Zusammenhang, wären eine Offenbarung und auch deren Verwertung, so sie denn erfolgen, nicht

---

1151 Zum Begriff der geschützten Verhältnisse siehe bspw. *Alber* in: Hübschmann/Hepp/Spitaler, AO, FGO, § 30 AO, Rz. 34, 35 (Lfg. 175, Oktober 2002), wonach alle geschäftlichen und wirtschaftlichen Beziehungen erfasst sind.

1152 Vgl. statt vieler *Alber* in: Hübschmann/Hepp/Spitaler, AO, FGO, § 30 AO, Rz. 39 (Lfg. 175, Oktober 2002); *Rüsken* in: Klein, AO, 12. Aufl., § 30 Rn. 44; *Tormöhlen* in: Beermann/Gosch, AO, FGO, § 30, Rz. 47 (103. Erg.-Lfg., Juli 2013).

1153 Siehe § 30 Abs. 4 Nr. 3 AO.

1154 Zur Offenbarung von Daten im Besteuerungsverfahren siehe auch *Drüen* in: Tipke/Kruse, AO, FGO, § 30 AO, Rn. 66 (Lfg. 128, Januar 2012).

1155 Vgl. BFH, *Beschluss* vom 16.1.2013, III S 38/11, BFH/NV 2013, 701; *Beschluss* vom 7.7.2008, II B 9/07, BFH/NV 2008, 1811; *Urteil* vom 10.2.1987, VII R 77/84, BStBl. II 1987, 545, BFHE 149, 387.

1156 BFH, *Beschluss* vom 29.8.2012, X S 5/12, BFH/NV 2013, 2.

nur unzulässig, sondern auch strafbar gemäß § 355 Abs. 1 Nr. 1 lit. a StGB i.V.m. § 30 Abs. 2 AO.

Ob und inwieweit sich die Finanzverwaltung auf den Rechtfertigungsgrund der Offenbarung nach § 30 Abs. 4 Nr. 2 AO i.V.m. § 88a AO, also eine ausdrückliche gesetzliche Ermächtigung stützen kann, muss an dieser Stelle nicht entschieden werden, weil insoweit nur Informationen für Zwecke künftiger Verfahren gesammelt und verwendet und daher nicht in unmittelbar laufenden Steuerverfahren berücksichtigt werden dürfen. Hinzu kommt, dass derartige Daten, wollte man auf sie zurückgreifen, bereits vorhanden sein müssen. Sie dürfen nicht unter Bezugnahme auf § 93 ff. AO erhoben werden.[1157]

c. Die Schätzung zur Bestimmung des Aufteilungsmaßstabs

Sind alle Mittel der Sachverhaltsaufklärung fruchtlos geblieben, muss sich die Finanzverwaltung auf letzter Stufe des Mittels der Schätzung bedienen[1158]; dies steht nicht in ihrem Belieben. Sie ist zur Schätzung der Besteuerungsgrundlagen gemäß § 162 Abs. 1 Satz 1 AO verpflichtet.

aa. Schätzungsmethoden bei Konzert- und Messeveranstaltern

Es wurde bereits ausgeführt, dass sich die Aufwendungen der Konzert- und Messeveranstalter in der Regel auf Wirtschaftsgüter, nämlich auf die für die Veranstaltung konkret benutzte Immobilie zum einen und ggf. bewegliche Wirtschaftsgüter, wie technisches und sonstiges Equipment, zum anderen beziehen. Insofern weisen die entsprechenden Verträge üblicherweise auch gesonderte Positionen und Entgelte für die jeweiligen in Anspruch genommenen Leistungen aus, soweit sich der Veranstalter diese Wirtschaftsgüter und Leistungen nicht bereits selbst beschafft hat. Daher

---

1157 *Söhn* in: Hübschmann/Hepp/Spitaler, AO, FGO, § 88a AO, Rz. 26 (Lfg. 143, November 1994); *Rätke* in: Klein, AO, 12. Aufl., § 88a Rn. 5

1158 Siehe zur Eröffnung der Schätzungsbefugnis BFH, *Urteil* vom 2.2.1982, VIII R 65/80, BStBl. II 1982, 409, BFHE 135, 158 (162); *Urteil* vom 18.12.1984, VIII R 195/82, BStBl. II 1986, 226, BFHE 142, 558 (562); i.d.S. auch *Buciek* in: Beermann/Gosch, AO, FGO, § 162 AO, Rz. 2, 10, 32 (83. Erg.-Lfg., Juli 2010); ähnlich *Seer* in: Tipke/Kruse, AO, FGO, § 162 AO, Rn. 13, 29 (Lfg. 136, Mai 2014).

wird sich unter praktischen Aspekten die Frage einer Aufteilung der Entgelte im Wege der Schätzung im Grundsatz nicht stellen.

Nur für den Ausnahmefall, dass eine Pauschalvereinbarung getroffen wurde, könnte sich das Problem der mangelnden Sachverhaltsaufklärung und damit der Notwendigkeit einer Schätzung stellen. Zum Teil wird empfohlen, auf das Verhältnis der Teilwerte der einzelnen Wirtschaftsgüter zurückzugreifen.[1159] Soweit diese ins Verhältnis zueinander gesetzt werden, ließe sich daraus ein Entgeltanteil bezogen auf das Pauschalentgelt ermitteln. Ein Schätzungsmaßstab ließe sich aber auch ohne größere Schwierigkeiten und vermutlich wesentlich genauer anhand von Vergleichspreisen ermitteln. Insbesondere für Ausrüstungs- und Ausstattungsmaterialien, wie sie üblicherweise im Konzert- oder Eventveranstaltungssegment, aber auch für Messen und Ausstellungen genutzt werden, lassen sich Mietpreise für vergleichbare bewegliche Wirtschaftsgüter ausfindig machen. Hat man diese Mietpreise für diese mitbenutzten Wirtschaftsgüter bestimmt, können jene nicht nur nach Maßgabe des § 8 Nr. 1 lit. d GewStG in Ansatz gebracht werden. Vom vereinbarten Pauschalpreis können diese schlicht subtrahiert werden. Auf diese Weise erlangt man einen Vergleichs- oder Näherungswert für den Mietpreis der benutzten Veranstaltungsimmobilie und kann damit die Grundlage der Hinzurechnung der Aufwendungen nach § 8 Nr. 1 lit. e GewStG abbilden.

Die Finanzverwaltung ist in der Methode ihrer Schätzung im Wesentlichen frei. Sie ist auch nicht an eine bestimmte Schätzungsmethode gebunden. Sie hat diese lediglich offenzulegen. Dem Steuerpflichtigen ist Gelegenheit zur Stellungnahme zu geben. Will er sich gegen eine Schätzung wehren, muss er in der Lage sein, substantiiert gegen diese vorzugehen. Aber auch wenn er plausible Vergleichs- oder Marktdaten liefert, hat das nicht zwingend zur Folge, dass seine Schätzung an die Stelle derjenigen der Finanzverwaltung tritt.[1160] Denn Schätzungen beinhalten immer Un-

---

1159 *Güroff* in: Glanegger/Güroff, GewStG, 8. Aufl., § 8 Nr. 1d, Rn. 24; *Hofmeister* in: Blümich, GewStG, § 8, Rz. 220 (EL 123, Juni 2014).

1160 Auch das Finanzgericht muss die Schätzungsgrundlagen vollständig überprüfen und bewerten können. Hält es die Schätzung des Finanzamts für rechtswidrig, muss es aufgrund seiner eigenen Schätzungsbefugnis gem. § 96 Abs. 1 Satz 1 Hs. 2 FGO selbst eine Schätzung vornehmen; vgl. zur Prüfungspflicht des Finanzgerichts auch *Rüsken* in: Klein, AO, 12. Aufl., § 162, Rn. 58a, 58b; ebenso BFH, *Urteil* vom 17.10.2001, I R 103/00, BStBl. II 2004, 171, BFHE 197, 68 (77).

schärfen und Bandbreiten und können deshalb nie punktgenau sein.[1161] Zwar muss, da es sich bei der Hinzurechnung um eine steuererhöhende Komponente handelt, eine Schätzung am unteren oder oberen Rand der jeweiligen Bandbreite vorgenommen werden, je nachdem was für den Steuerpflichtigen günstiger ist.[1162] Dennoch sind gewisse Unsicherheiten hinzunehmen.[1163] Da bereits die Norm des § 8 Nr. 1 GewStG eine Vorgabe zur Aufteilung von Aufwendungen nach der Art des in Anspruch genommenen Betriebskapitals macht, empfiehlt sich für Konzert- oder Messeveranstalter, wie auch jeden anderen Steuerpflichtigen, vertragliche oder anderweitige Vorkehrungen zu treffen, wollen sie den einer Schätzung immanenten Unsicherheiten zuvorkommen, die anderenfalls zu ihren Lasten gehen können.[1164]

bb. Schätzungsmethoden bei Reiseveranstaltern

Bei den Reiseveranstaltern stellt sich die Ermittlung des Aufteilungsmaßstabs ungleich schwieriger dar als bei anderen Veranstaltungsunternehmen. Das ist darin begründet, dass ein vom Hotelier zur Verfügung gestelltes Vertragspaket zu beurteilen ist, für welches ein Gesamtpreis geleistet wird. Der von *Breinersdorfer* befürwortete Ansatz, auf Kostenkalkulationen des Hoteliers zurückzugreifen,[1165] geht, wie ausgeführt, ins Leere. Sein Hinweis auf die in Außenprüfungen zu sammelnden Erfahrungswerte[1166] lässt offen, wie ohne vorhandene Erfahrungswerte überhaupt eine

---

1161 BFH, *Urteil* vom 26.4.1983, VIII R 38/82, BStBl. II 1984, 618, BFHE 138, 323 (326).

1162 BFH, *Urteil* vom 17.10.2001, I R 103/00, BStBl. II 2004, 171, BFHE 197, 68 (80).

1163 *Rüsken* in: Klein, AO, 12. Aufl., § 162, Rn. 58b.

1164 Soweit *Roser* derartige Vorkehrungen ablehnt, ist dem nur insoweit zuzustimmen, als es um die Frage der Trennung der hinzurechnungsfähigen Leistungsbestandteile geht, vgl. *Roser*, Gewerbesteuerliche Hinzurechnungen von Nutzungsentgelten nach § 8 Nr. 1d bis f GewStG, ifst-Schrift Nr. 497, S. 67; so wie hier bereits *Mohr* in: Bergemann/Wingler, GewStG, § 8, Rz. 237.

1165 *Breinersdorfer*, Einzelfragen zu der gewerbesteuerlichen Hinzurechnung von Finanzierungsanteilen, DB 2014, 1762 (1766).

1166 *Breinersdorfer*, Einzelfragen zu der gewerbesteuerlichen Hinzurechnung von Finanzierungsanteilen, DB 2014, 1762 (1766).

Schätzung vorgenommen werden soll. *Jorczyk*[1167] und *Klein*[1168], die die Bestimmung eines Schätzungsrahmens für unmöglich halten, weisen darauf hin, dass es an hinreichenden Schätzungsgrundlagen fehle, da weder weltweit einheitliche Aufteilungsmaßstäbe vorhanden seien, noch auf Richtsatzsammlungen oder Mietspiegel, wie er für Wohnräume existiere, zurückgegriffen werden könne.[1169] Mit diesen Argumenten gilt es sich auseinanderzusetzen. In der Sache sind zwei Elemente zu klären, zum einen, ob der als Mietaufwand zu betrachtende Anteil überhaupt ermittelt werden kann und zum anderen, welches die Konsequenzen sind, wenn eine Schätzung zwar möglich ist, sich daraus aber erhebliche Unschärfen ergeben.[1170]

Unter praktischen Gesichtspunkten könnte man, wie bei den Konzert- und Messeveranstaltern, an eine retrograde Ermittlung des auf die Unterbringungsleistung entfallenden Entgeltbestandteils denken.[1171] So ließen sich beispielsweise auf der Grundlage von Angeboten der Reiseveranstalter verschiedene Hotel- oder Unterkunftskategorien, diese geordnet nach verschiedenen Regionen, einander gegenüberstellen. Diese könnten anhand ihrer Ausstattungsmerkmale miteinander verglichen werden. Eine Differenzierung nach Regionen würde sich schon deshalb anbieten, weil die Preisunterschiede bei gleicher Kategorie und Ausstattung erheblich sein können. So ist bei bereits oberflächlicher Analyse leicht festzustellen, dass innerhalb der EU und auch der Eurozone[1172] erhebliche Preisgefälle

---

1167 *Jorczyk*, Gewerbesteuerliche Hinzurechnung: Die Finanzverwaltung bleibt dabei!, SRTour 12/2013, 5 (8).

1168 *Klein*, Gewerbesteuerliche Hinzurechnung von Hotelleistungen bei Reiseveranstaltern, DStR 2014, 1321 (1323).

1169 *Klein*, Gewerbesteuerliche Hinzurechnung von Hotelleistungen bei Reiseveranstaltern, DStR 2014, 1321 (1323); *Jorczyk*, Gewerbesteuerliche Hinzurechnung: Die Finanzverwaltung bleibt dabei!, SRTour 12/2013, 5 (8). *Jorczyk* weist zurecht auch darauf hin, dass ein Mietspiegel nur für inländische Wohnraummieten gelte.

1170 Jeder Schätzung sind Unschärfen immanent, vgl. z.B. BFH, *Urteil* vom 26.4.1983, VIII R 38/82, BStBl. II 1984, 618, BFHE 138, 323 (326).

1171 *Jorczyk* gibt an, dass dies eine derzeit praktizierte und auch präferierte Methode der Finanzverwaltung sei, ohne weitere Details zu offenbaren, siehe *Jorczyk*, Gewerbesteuerliche Hinzurechnung: Die Finanzverwaltung bleibt dabei!, SR-Tour 12/2013, 5 (8).

1172 Die Eurozone im engeren Sinn umfasst diejenigen Mitgliedstaaten der Europäischen Union, die den Euro als Währung eingeführt haben. Dies sind derzeit Belgien, Deutschland, Estland, Finnland, Frankreich, Griechenland, Irland, Italibestehen. Diese Unterschiede betreffen allerdings nicht nur das Ausland. Auch im Inland sind gravierende Unterschiede vorhanden. So hat ein Vier-Sterne-Hotel in einer eher strukturschwachen Region Deutschlands andere Preise, als in einer tourismusstarken Region. Als weiteren Parameter könnte man die Verpflegungskosten, die jedenfalls nach deutschen umsatzsteuerlichen Gesichtspunkten ohnehin gesondert auszuweisen wären[1173], extrahieren. Auf der Grundlage der Preisunterschiede für die jeweiligen Kategorien ließen sich so durch Subtraktion bestimmte Leistungen herausrechnen und Rückschlüsse auf die eigentliche Unterbringungsleistung ziehen.[1174]

Jorczyk wendet sich gegen eine solche retrograde Ermittlung. Er sieht darin ein willkürliches und damit unzulässiges Vorgehen, was sich darin verdeutliche, dass die Finanzverwaltung in ihren unterschiedlichen Verlautbarungen nach und nach immer weitere nicht mietnahe Aufwendungen identifiziert habe[1175] und ein methodisch nachvollziehbarer Schätzungsansatz nicht existiere.[1176] Diese durchaus berechtigte Kritik richtet sich jedoch nicht gegen die Ermittlungsmethode als solche, sondern zeigt die Schwäche der Finanzverwaltung hinsichtlich der rechtlichen Bewertung der Hotelleistungen auf. Mit der Zulässigkeit einer retrograden Ermittlung der Bemessungsgrundlage hat das nichts zu tun. In methodischer Hinsicht ist festzustellen, dass die retrograde Wertermittlung als solche anerkannt

---

en, Lettland, Litauen, Luxemburg, Malta, die Niederlande, Österreich, Portugal, die Slowakei, Slowenien, Spanien und Zypern. Litauen trat am 1.1.2015 dem gemeinsamen Währungsgebiet bei. Die Einführung des Euro als gemeinsame Währung in den verschiedenen EU-Mitgliedsstaaten erfolgte in mehreren Stufen, siehe im Einzelnen und zu den Rechtsgrundlagen *Deutsche Bundesbank*, Die Europäische Wirtschafts- und Währungsunion, Frankfurt am Main, April 2008.

1173 § 12 Abs. 2 Nr. 11 Satz 2 UStG.

1174 Das setzt aber wie ausgeführt voraus, dass eine Hinzurechnung dem Grunde nach seitens der Finanzverwaltung nachgewiesen wurde und insbesondere belegt ist, dass sich die Aufwendungen, wenigstens anteilig auf ein Wirtschaftsgut des Anlagevermögens beziehen.

1175 Siehe dazu Teil 2, Kap. E.I.1.b., 127 ff.; im Einzelnen OFD Frankfurt, Rdvfg. vom 17.6.2013, G 1422A-55-St55 (n.v.); OFD NRW, Vfg. vom 25.9.2013, G 1422-2013/0023-St161, DB 2013, 2363; dies., Verw.anw. vom 4.11.2013, G 1422-2013/0023-St161, DB 2013, 2711.

1176 *Jorczyk*, Gewerbesteuerliche Hinzurechnung: Die Finanzverwaltung bleibt dabei!, SRTour 12/2013, 5 (8).

ist.[1177] Sie wird beispielsweise zur Bestimmung der Anschaffungskosten genutzt, wenn es nicht möglich ist, diese additiv zu bestimmen.[1178] Mittels dieser indirekten Methode wird durch Subtraktion eines Gewinnaufschlags eine Rückrechnung vom Verkaufspreis der Waren vorgenommen. Auch im Gaststättengewerbe finden retrograde Gewinnermittlungen Anwendung[1179], sodass rein methodisch auch diese für die Aufteilung der Aufwendungen des Reiseveranstalters Anwendung finden könnte.

Eine andere Frage ist indessen, ob die Datenbasis, die für eine derartige Ermittlung erforderlich ist, hinreichend konkret ist, um daraus Schlussfolgerungen für die Aufteilung der Aufwendungen ziehen zu können.

(1) Betriebsvergleiche zur Schaffung einer Datenbasis

(i) Der innere Betriebsvergleich

Anhaltspunkte für eine retrograde Ermittlung des Aufteilungsmaßstabs könnten aus einem inneren Betriebsvergleich[1180] gewonnen werden. Bei diesem stützt man sich auf bekannte Vergleichswerte innerhalb desselben Unternehmens. Diese Vergleichswerte stammen in der Regel aus Vorjahren. Indessen dürfte ein solcher innerer Betriebsvergleich bereits daran scheitern, dass es keine relevanten Vergleichswerte gibt. Hier ist zu berücksichtigen, dass weder der Reiseveranstalter noch der Hotelier besondere Aufzeichnungen darüber führen mussten und müssen, wie sich die einzelnen Bestandteile der Hotelleistungen zusammensetzen und wie diese

---

1177 Siehe BFH, *Urteil* vom 17.10.2001, I R 103/00, BStBl. II 2004, 171, BFHE 197, 68 (81).

1178 Siehe H 6.8. EStH 2012; BFH, *Urteil* vom 27.10.1983, IV R 143/80, BStBl. II. 1984, 35, BFHE 139, 282 (285); vgl. auch *Schubert/Gadek* in: Förschle/Grottel/Schmidt/Schubert/Winkeljohann, Beck'scher Bilanzkommentar, 9. Aufl., § 255 Rn. 208, 211.

1179 Vgl. dazu unter Heranziehung von Richtsatzsammlungen BFH, *Urteil* vom 2.2.1982, VIII R 65/80, BStBl. II 1982, 409, BFHE 135, 158; *Urteil* vom 18.12.1984, VIII R 195/82, BStBl. II 1986, 226, BFHE 142, 558.

1180 Z.B. durch Vorjahres- oder Zeitreihenvergleiche. Eine Sonderform ist die sog. Nachkalkulation, bei der aus vorhandenen Daten des Betriebs auf andere für die Besteuerung maßgebliche Daten geschlossen wird, siehe *Buciek* in: Beermann/Gosch, AO, FGO, § 162 AO, Rz. 130 (83. Erg.-Lfg., Juli 2010) m.w.N.; ebenso zum Anwendungsbereich und den einzelnen Methoden der Nachkalkulation *Seer* in: Tipke/Kruse, AO, FGO, § 162 AO, Rn. 58 ff. (Lfg. 136, Mai 2014).

kalkuliert werden. Eine gesetzliche Verpflichtung hierfür ist weder aus § 140 ff. AO noch aus sonstigen anderen Gesetzen oder den Grundsätzen ordnungsgemäßer Buchführung[1181] abzuleiten.[1182] Ermangelt es entsprechender Aufzeichnungs- und Dokumentationspflichten, scheitert ein innerer Betriebsvergleich, denn das Ziel, vorhandende, aber fehlerhafte Aufzeichnungen des Steuerpflichtigen zu widerlegen, kann schon gar nicht erreicht werden.[1183]

(ii) Der äußere Betriebsvergleich

Die Schätzung könnte auf der Grundlage eines äußeren Betriebsvergleichs erfolgen.[1184] Hierbei werden die in einem bestimmten Bereich oder einer bestimmten Branche verwirklichten Besteuerungsgrundlagen anhand von Erkenntnissen geschätzt, die sich auf die Verhältnisse vergleichbarer anderer Betriebe beziehen.[1185] Für die Frage der Aufteilung von Aufwendungen für Hotelleistungen existieren, soweit ersichtlich, derartige Vergleichszahlen derzeit nicht, was zugleich die Frage nach dem Ob des Rückgriffs auf den äußeren Betriebsvergleichs beantwortet.

(iii) Zwischenergebnis

Steht weder auf der Basis eines internen noch eines externen Betriebsvergleichs eine verlässliche Datenbasis zur Verfügung und kann deshalb kein Aufteilungsmaßstab für einen etwaig anzunehmenden Mietaufwand be-

---

1181 Zum Inhalt der Grundsätze ordnungsgemäßer Buchführung siehe *Ballwieser* in: MüKo, HGB, 3. Aufl., § 243 Rn. 4 ff.

1182 Siehe zum Problem fehlender Aufzeichnungspflichten bei Schätzungen BFH, *Urteil* vom 17.10.2001, I R 103/00, BStBl. II 2004, 171, BFHE 197, 68 (77, 78).

1183 BFH, *Urteil* vom 26.4.1983, VIII R 38/82, BStBl. II 1983, 618, BFHE 138, 323 (327).

1184 Siehe zum Begriff und zum Inhalt *Buciek* in: Beermann/Gosch, AO, FGO, § 162 AO, Rz. 136 ff. (83. Erg.-Lfg., Juli 2010); *Seer* in: Tipke/Kruse, AO, FGO, § 162 AO, Rn. 55 (Lfg. 136, Mai 2014), vertiefend *Kraus*, Die Richtsätze zur Ermittlung des steuerpflichtigen Gewinns der Gewerbetreibenden, S. 113 ff.

1185 Zur Herangehensweise und den Vergleichsparametern für die Erstellung von Gewinnermittlungsrichtsätzen siehe *Kraus*, Die Richtsätze zur Ermittlung des steuerpflichtigen Gewinns der Gewerbetreibenden, S. 113 ff.

stimmt werden, ist der Ansicht von *Klein* und *Jorczyk* zuzustimmen, dass eine Schätzung nach derzeitigem Stand ausgeschlossen ist.

(2) Datenbanken als Vergleichsbasis für Schätzungen

(i) Zulässigkeit des Aufbaus von Datenbanken

Die Finanzverwaltung könnte für Zwecke der zukünftigen Besteuerung eine eigene Vergleichsbasis durch die Sammlung entsprechender Daten erstellen, um auf diese Weise einen Schätzungsrahmen für die Aufteilung von Entgelten zu bestimmen. Hinsichtlich des Aufbaus einer solchen Datensammlung und der Verwendung der gewonnenen Informationen kann sich die Finanzverwaltung auf § 88a Satz 1 AO berufen, der insoweit Ermächtigungsgrundlage und Ausnahmevorschrift für die Wahrung des Steuergeheimnisses nach § 30 Abs. 1 AO ist. Die nach § 88a Satz 1 AO mögliche Datensammlung umfasst alle von § 30 Abs. 1 geschützten Verhältnisse eines anderen, also personenbezogene, individualisierte Informationen. Insoweit ist die Befugnis zum Aufbau von Datenbanken und der Verwendung von – auch nicht anonymisierten[1186] – Daten im Besteuerungsverfahren nicht nur allgemein anerkannt; deren Nutzung wird sogar als von Verfassungs wegen gebotenes Mittel zur Sicherstellung einer gleichmäßigen Besteuerung angesehen.[1187,1188] Daher könnte man *Brei-*

1186 Eine Anonymisierungsverpflichtung in Bezug auf die erhobenen Daten sieht § 88a AO ausdrücklich nicht vor. Vielmehr können personenbezogene und damit nach § 30 Abs. 1 AO geschützte Daten in anderen Besteuerungsverfahren gem. § 30 Abs. 4 Nr. 1 AO verwendet werden, vgl. *Schmitz* in: Schwarz, AO, FGO, § 88a AO, Rz. 5 (154. Lfg., 6/2013); *Rätke* in: Klein, AO, 12. Aufl., § 88a Rn. 5. Zur Offenbarung von Daten im Besteuerungsverfahren siehe auch *Drüen* in: Tipke/Kruse, AO, FGO, § 30 AO, Rn. 66 (Lfg. 128, Januar 2012).

1187 Zum Gebot der gleichmäßigen Besteuerung siehe § 85 AO; vgl. auch BFH, *Urteil* vom 27.10.1993, I R 25/92, BStBl. II 1994, 210, BFHE 172, 488 (490); *Urteil* vom 17.10.2001, I R 103/00, BStBl. II 2004, 171, BFHE 197, 68 (76, 77).

1188 Der BFH verneint das Erfordernis einer besonderen Ermächtigungsgrundlage, wenn anonymisierte (Vertrags-)Daten innerhalb der Finanzverwaltung, also zwischen verschiedenen Finanzbehörden, ausgetauscht werden, siehe BFH, *Urteil* vom 27.10.1993, I R 25/92, BStBl. II 1994, 210, BFHE 172, 488 (492); ebenso *Urteil* vom 23.7.1986, I R 306/82, BStBl. II 1987, 92, BFHE 148, 1 (4) unter Berufung auf Art. 20 Abs. 2 GG. Eine Weiterleitung von Informationen innerhalb der Verwaltung berühre keine subjektiven Rechte des Steuerpflichtigen.

nersdorfer so verstehen, dass er den Aufbau einer Datenbank befürwortet, wenn er anführt, die in Außenprüfungen gesammelten Erfahrungswerte müssten aufgearbeitet werden, um gerichtsfeste Schätzungen vornehmen zu können.[1189]

Allerdings ermächtigt § 88a Satz 1 AO nicht dazu, Datenmaterial zu erheben. Die zu sammelnden Informationen müssen bereits vorhanden sein.[1190] Insoweit könnte sich vorliegend das Problem stellen, dass die von Seiten der Finanzverwaltung wunschgemäß heranzuziehenden Daten möglicherweise schon deshalb nicht in einer Datensammlung erfasst werden können, weil es an entsprechenden Verpflichtungen der Steuerpflichtigen selbst fehlt, derartige Informationen aufzubereiten oder zu erfassen, damit sie der Finanzverwaltung im Rahmen der jeweiligen Besteuerungsverfahren zur Kenntnis gelangen können. Existieren folglich solche Daten nicht, greift § 88a AO ins Leere.

(ii) Die Eignung von Datenbanken als Grundlage eines externen Betriebsvergleichs

Unterstellt man, dass entsprechendes Datenmaterial vorhanden ist und wäre deshalb der Aufbau einer Datenbank und die Nutzung und Verwertung derartiger Datensätze in künftigen Besteuerungsverfahren und als Grundlage einer Schätzung seitens der Finanzverwaltung grundsätzlich zulässig[1191], würde sich die Frage stellen, welchen Voraussetzungen die Datenerfassung für die im Einzelfall anzuwendende Datenbank unterliegt. Soweit ersichtlich, äußern sich hierzu weder Rechtsprechung noch Literatur.

Zudem sei das innerdienstliche Zusammenwirken der Finanzbehörden der gerichtlichen Kontrolle weitgehend entzogen, anderenfalls würde unmittelbar in die Tätigkeit der Verwaltung eingegriffen und damit das Gewaltenteilungsprinzip verletzt werden. Vgl. BFH, *Urteil* vom 27.10.1993, I R 25/92, BStBl. II 1994, 210, BFHE 172, 488 (491) zur Verwendung von Lizenzvergleichswerten und Richtsatzsammlungen. Die Frage, wie sich anonymisierte Daten indessen auf ihre Richtigkeit überprüfen lassen, stellt der BFH nicht.

1189 *Breinersdorfer*, Einzelfragen zu der gewerbesteuerlichen Hinzurechnung von Finanzierungsanteilen, DB 2014, 1762 (1766).

1190 So die h.A., vgl. *Schmitz* in: Schwarz, AO, FGO, § 88a AO, Rz. 5 (154. Lfg., 6/2013); *Rätke* in: Klein, AO, 12. Aufl., § 88a Rn. 5, jeweils m.w.N.

1191 Siehe dazu BFH, *Urteil* vom 17.10.2001, I R 103/00, BStBl. II 2004, 171, BFHE 197, 68 (77); *Beschluss* vom 24.9.1976, III B 12/76, BStBl. II 1977, 196, BFHE 120, 270 (272, 273) zur Erstellung von Mietspiegeln nach dem BewG.

Der BFH beschränkt sich auf die Prämisse, dass bestimmte Mindestanforderungen erfüllt sein müssen.[1192] Man wird jedoch in methodischer Hinsicht davon ausgehen müssen, dass bei einer Reihe vergleichbarer Steuerpflichtiger auch inhaltlich gleichartige Daten erfasst und zusammengeführt werden müssten, um eine Vergleichbarkeit dem Grunde nach herzustellen. Daher wird es erforderlich sein, vorab gewisse Parameter zu definieren, anhand derer vorhandene Daten gesammelt werden sollen.[1193]

Auf die konkreten Anforderungen an die Qualität der Datenerhebung muss jedoch erst eingegangen werden, wenn die Eignung einer solchen Datensammlung für Zwecke der zukünftigen Besteuerung dem Grunde nach gegeben ist. Konkret dürfte sich in Bezug auf Reiseveranstalter das Problem stellen, dass die gewonnenen Daten für einen Vergleich der Reiseveranstalter möglicherweise nicht taugen. Die Reiseveranstalterbranche weist keine Homogenität auf, wie sich bereits ausweislich der verschiedenen Geschäftsmodelle im allgemeinen und ihrer unterschiedlichen Subbranchen im Besonderen ergibt. Solche, einer Vergleichbarkeit nicht zugänglichen Verhältnisse können sich des Weiteren aus der Spezialisierung und der besonderen Ausrichtung des Reiseveranstalters ergeben und sich auch in besonderen Verträgen widerspiegeln.[1194] Daher wäre eine Datensammlung als solche bereits mit erheblichen Unsicherheitsfaktoren behaftet. Das insoweit dem äußeren Betriebsvergleich im Allgemeinen anhaftende, starke Unsicherheitsmoment[1195], welches dessen Tauglichkeit als

---

1192 BFH, *Urteil* vom 17.10.2001, I R 103/00, BStBl. II 2004, 171, BFHE 197, 68 (77).

1193 Soweit sich die Finanzverwaltung auf entsprechende Datensammlungen und Vergleichbarkeiten beruft, wird sie die Art und Weise der Zusammenstellung der Daten und der aus diesen gewonnenen Ableitungen darlegen müssen. Der Steuerpflichtige wird im Rahmen eines finanzgerichtlichen Verfahrens Gelegenheit haben müssen, sich hierzu inhaltlich zu äußern. Ebenso ist das FG im Rahmen der der ihm obliegenden Sachaufklärungspflicht gehalten, dies zu hinterfragen, vgl. BFH, *Urteil* vom 17.10.2001, I R 103/00, BStBl. II 2004, 171, BFHE 197, 68 (77); zum rechtlichen Gehör bzgl. der einer Schätzung herangezogenen Vergleichsdaten bereits RFH, *Urteil* vom 25.8.1937, VI A 392, 37, RStBl. 1937, 1109 (1110).

1194 Bereits die unterschiedlichen Bezugsformen, z.B. über Bettenbanken oder Agenturverträge, können unterschiedliche Preise zur Folge haben, da hier auch auf gewisse Kurzfristigkeiten reagiert werden kann.

1195 BFH, *Urteil* vom 26.4.1983, VIII R 38/82, BStBl. II 1984, 618, BFHE 138, 323 (327); siehe auch *Kraus*, Die Richtsätze zur Ermittlung des steuerpflichtigen Gewinns der Gewerbetreibenden, S. 114 f.

Vergleichsbasis bereits beeinträchtigt, wird durch diese Tatsachen weiter verstärkt.[1196]

Selbst wenn es auf der Grundlage des § 88a Satz 1 AO gelingen sollte, vorhandene Daten der Hoteliers in entsprechenden Sammlungen abzubilden, um auf diesem Wege entsprechende Datensätze zusammenführen und Vergleichswerte zu erstellen, verbleiben Zweifel an der Vergleichstauglichkeit der geschaffenen Datenbasis. Ein Blick in den Kriterienkatalog des Hotelverbandes oder vergleichbarer Institutionen zeigt, dass der Umfang der Hotelleistungen und der Ausstattungsmerkmale genauso vielfältig ist, wie die Palette der Geschäftsmodelle der Reiseveranstalter. Den Standard innerhalb einer Kategorie gibt es gerade nicht. Ebenso wenig gibt es den „einen Mietpreis“, den ein Hotel stets bestimmen würde, da dieser von externen Faktoren, nämlich der Lage, der Auslastung, der Saison, usw. abhängen kann. In Frage steht zudem, wie saisonale oder veranstaltungsbedingte Preisschwankungen innerhalb ein und desselben Hotels in einem Wert erfasst werden sollten.[1197] Selbst wenn also mittels einer Erfassung von Vergleichsdaten im Wege einer Subtraktion bestimmte Leistungen ausgeschieden werden könnten, wären die Unsicherheiten, dass die so ermittelte Differenz den tatsächlichen „Mietaufwand“ wiedergibt, sehr groß.[1198]

Nach der Eignung solcher Datensammlungen fragend muss man sich an dieser Stelle auch die Rechtsprechung zur Zulässigkeit der Schätzung im Allgemeinen in Erinnerung rufen. Soweit eine Schätzung zulässig ist, geht die Rechtsprechung grundsätzlich davon aus, dass Unschärfen, die jeder Schätzung anhaften, im Allgemeinen zu vernachlässigen sind.[1199] Vorbe-

1196 Siehe zur grundsätzlichen Problematik des externen Betriebsvergleichs und zum Erfordernis einer Individualisierung der solchermaßen gewonnenen Schätzungsergebnisse bereits RFH, *Urteil* vom 30.4.1935, VI A 1131/33, RStBl. 1935, 854 (855); ebenso RFH, *Urteil* vom 25.8.1937, VI A 392, 37, RStBl. 1937, 1109 (1110). Zur Individualisierung des Schätzungsergebnisses siehe auch BFH, *Urteil* vom 18.12.1984, VIII R 195/82, BStBl. II 1986, 226, BFHE 142, 558 (563, 564).

1197 Hier wären kurzzeitige Preissteigerungen, die z.B. bei Messen oder anderen regionalen Ereignissen auftreten, zu nennen.

1198 BFH, *Urteil* vom 17.10.2001, I R 103/00, BStBl. II 2004, 171, BFHE 197, 68 (81) zur Bandbreitenermittlung bei Verrechnungspreisen.

1199 So BFH, *Urteil* vom 18.12.1984, VIII R 195/82, BStBl. II 1986, 226, BFHE 142, 558 (562) für einen externen Betriebsvergleich; ebenso *Urteil* vom 26.4.1983, VIII R 38/82, BStBl. II 1984, 618, BFHE 138, 323 (326) für den Fall eines internen Betriebsvergleichs.

haltlich einer anderen Beweisrisikoverteilung muss sich die Bestimmung des Schätzwertes an dem für den Steuerpflichtigen günstigen Ober- oder Unterwert orientieren.[1200] Hat der Steuerpflichtige für die Schätzung Anlass gegeben und trägt er folglich nach den allgemeinen Beweislastregeln das Risiko der Nichterweislichkeit der betreffenden Tatsache, muss er eine Schätzung zu seinen Ungunsten hinnehmen.[1201]

Dieser Grundsatz ist jedoch für den Fall einzuschränken, dass die Notwendigkeit der Aufklärung steuererheblicher Tatsachen im Wege einer Schätzung außerhalb des Zurechnungskreises des Steuerpflichtigen steht. Hat dieser insbesondere deshalb keinen Anlass für eine Schätzung gegeben, weil er über Besteuerungsgrundlagen formell ordnungsgemäße Aufzeichnungen geführt hat, deren sachliche Richtigkeit damit zu vermuten ist[1202], können die sich nun aus der Schätzung ergebenden Unsicherheiten nicht zu seinen Lasten gehen. Vielmehr müssen Schätzungen, die sich innerhalb des Unschärfebereichs befinden, als solche unterbleiben.[1203]

Dies wird man m.E. auch auf den Fall ausdehnen müssen, dass überhaupt keine gesetzlichen Aufzeichnungs- oder Dokumentationspflichten existieren. Denn hier stellt sich erst recht die Frage, warum sich die aus einer Schätzung ergebenden Unsicherheiten und Unschärfen zu Lasten des Steuerpflichtigen gehen sollen, wenn dieser alle ihm obliegenden gesetzlichen Pflichten erfüllt hat. Es ist bei der Betrachtung der Aufwendungen des Reiseveranstalters bezüglich der Inanspruchnahme von Hotelleistungen dem Umstand, dass er keinen besonderen Aufzeichnungsverpflichtungen darüber unterliegt, wie sich die einzelnen Teile der bezogenen Leistungen zusammensetzen und wie diese seitens des Hoteliers kalkuliert werden, erhebliche Bedeutung beizumessen.[1204] Es wurde ebenso ausgeführt, dass auch ein Hotelier derartigen Aufzeichnungs- und Dokumentationspflichten nicht unterliegt. Einzig die nach Maßgabe des § 12 Abs. 2

1200 BFH, *Urteil* vom 17.10.2001, I R 103/00, BStBl. II 2004, 171, BFHE 197, 68 (80).

1201 Vgl. BFH, *Urteil* vom 18.12.1984, VIII R 195/82, BStBl. II 1986, 226, BFHE 142, 558 (562); *Urteil* vom 26.4.1983, VIII R 38/82, BStBl. II 1984, 618, BFHE 138, 323 (326).

1202 Vgl. § 158 AO.

1203 Siehe BFH, *Urteil* vom 26.4.1983, VIII R 38/82, BStBl. II 1983, 618, BFHE 138, 323 (326, 327).

1204 Zur Untersagung einer Schätzung bei fehlenden Aufzeichnungspflichten instruktiv BFH, *Urteil* vom 17.10.2001, I R 103/00, BStBl. II 2004, 171, BFHE 197, 68 (77, 78).

Nr. 11 UStG gesondert aufzuzeichnenden Verpflegungsleistungen ließen sich insoweit erfassen. Diese sollten indessen kaum ausreichen, um daraus Rückschlüsse für weitere Leistungen, welche die Finanzverwaltung nicht als zum Mietverhältnis gehörig ansehen und deshalb ausgesondert wissen will[1205], zu ziehen.

Ist also eine sichere Feststellung darüber, auf welche Leistungsbestandteile welche Kosten entfallen, nicht möglich, und eröffnet sich innerhalb eines Schätzungsrahmens eine Bandbreite, innerhalb derer das Schätzungsergebnis liegen kann, kann sich daraus keine Reduktion des Beweismaßes zu Lasten des Reiseveranstalters ergeben.[1206] Die Ermittlung eines Aufteilungsmaßstabes ist mangels entsprechender Verpflichtungen gerade nicht seine Sache. Die Finanzverwaltung wird des Weiteren nicht auf wie auch immer gewonnene Mittelwerte innerhalb einer Schätzungsbandbreite zurückgreifen können, denn dafür ermangelt es einer Rechtsgrundlage.[1207] Daher wird auch in künftigen Besteuerungsverfahren eine Schätzung aller Wahrscheinlichkeit nach wegen der fehlenden Vergleichbarkeit der Daten ausscheiden.

(3) Zwischenergebnis

Fasst man Vorstehendes zusammen, bleibt festzuhalten, dass mangels hinreichender Vergleichsdaten ein Aufteilungsmaßstab für die Aufwendungen der Reiseveranstalter für Hotelleistungen nicht bestimmt werden kann. Ob und inwieweit es der Finanzverwaltung auf der Grundlage des § 88a AO für die Zukunft gelingt, eine Datenbasis betreffend die Aufteilung der Aufwendungen für Hotelleistungen als Grundlage eines externen Betriebs-

---

1205 Zu den aufzuteilenden Leistungen siehe OFD NRW, Verw.anw. vom 4.11.2013, G 1422-2013/0023-St161, DB 2013, 2711; dies., Vfg. vom 25.9.2013, G 1422-2013/0023-St161, DB 2013, 2363; OFD Frankfurt, Rdvfg. vom 17.6.2013, G 1422-A-55-St55 (n.v.).

1206 So auch BFH, *Urteil* vom 17.10.2001, I R 103/00, BStBl. II 2004, 171, BFHE 197, 68 (77, 78). Im Ergebnis ebenso *Roser*, Gewerbesteuerliche Hinzurechnungen von Nutzungsentgelten nach § 8 Nr. 1d bis f GewStG, ifst-Schrift Nr. 497, S. 68; *Jorczyk*, Gewerbesteuerliche Hinzurechnung: Die Finanzverwaltung bleibt dabei!, SRTour 12/2013, 5 (8).

1207 BFH, *Urteil* vom 17.10.2001, I R 103/00, BStBl. II 2004, 171, BFHE 197, 68 (80).

vergleichs herzustellen, bleibt abzuwarten. Es sei die Prognose gewagt, dass dies mangels tauglicher Vergleichsparameter nicht gelingen wird.

Selbst wenn dies trotz der erheblichen Unsicherheiten mit Blick auf die Zusammenstellung des Datenmaterials möglich sein sollte, stellt sich die Frage, ob insoweit von einer geeigneten Grundlage für eine Schätzung gesprochen werden kann. Denn eine Schätzung hat zum Ziel, sich an der größtmöglichen Wahrscheinlichkeit des Vorliegens einer Besteuerungsgrundlage zu orientieren. Wenn aber die konkreten Verhältnisse des Steuerpflichtigen, die stets zu berücksichtigen sind[1208], im Schätzungsergebnis nicht abgebildet werden können, ist eine Schätzung unzulässig. Insoweit trifft die Äußerung *Jorczyks*[1209], der die Willkürlichkeit solcher Schätzungen betont, in der Sache zu.

Angesichts der besonderen Verhältnisse bei Reiseveranstaltern und deren fehlender Vergleichbarkeit zu- und untereinander muss daher mangels einer geeigneten Schätzungsbasis eine Schätzung unterbleiben und es ist stattdessen eine Beweislastentscheidung zu treffen.

cc. Die Feststellungslast bei Bestimmung des Aufteilungsmaßstabs

Es wurde oben festgestellt, dass bei den Konzert- und Messeveranstaltern, sollte sich nicht schon aus den vertraglichen Grundlagen oder weiteren Umständen ein Aufteilungsmaßstab ergeben, dieser sich jedenfalls anhand vorhandener Vergleichswerte für am Markt gehandelte bzw. ebenso vermietete Wirtschaftsgüter ermitteln lassen wird. Insoweit kann im Wege einer retrograden Ermittlung unter Zugrundelegung der Marktmieten für mitvermietete, im Entgelt nicht gesondert ausgewiesene bewegliche Wirtschaftsgüter der für die Veranstaltungsimmobilie anzusetzende Mietpreis geschätzt werden. Es kann daher der Schluss gezogen werden, dass sich die Frage, wer die Feststellungslast dafür trägt, dass ein Aufteilungsmaßstab für die in Anspruch genommenen Leistungen nicht bestimmt werden

---

1208 Siehe zum Erfordernis einer Individualisierung der auf der Basis eines externen Betriebsvergleichs gewonnenen Schätzungsergebnisse bereits RFH, *Urteil* vom 30.4.1935, VI A 1131/33, RStBl. 1935, 854 (855); zur Individualisierung des Schätzungsergebnisses auch BFH, *Urteil* vom 18.12.1984, VIII R 195/82, BStBl. II 1986, 226, BFHE 142, 558 (563, 564).

1209 *Jorczyk*, Gewerbesteuerliche Hinzurechnung: Die Finanzverwaltung bleibt dabei!, SRTour 12/2013, 5 (8).

kann, mit großer Wahrscheinlichkeit allein für Reiseveranstalter stellen wird.[1210]

Hat der Reiseveranstalter indes alle ihm im Besteuerungsverfahren obliegenden Pflichten, insbesondere die nach Maßgabe des HGB und der AO bestehenden Aufzeichnungs- und Dokumentationspflichtenerfüllt und folglich keine Veranlassung dafür gegeben, dass der Aufteilungsmaßstab bezüglich der ihm erwachsenen Aufwendungen für die Inanspruchnahme der Hotelleistungen nicht aufgeklärt werden kann, obliegt es der Finanzverwaltung, den Umfang der einer Hinzurechnung unterliegenden Aufwendungen anhand geeigneter Parameter darzulegen. Ist sie mangels objektiver Anhaltspunkte, selbst unter Zuhilfenahme gesammelter Daten von Dritten, nicht in der Lage, einen plausiblen Aufteilungsmaßstab zu bestimmen, zu dem sich der Steuerpflichtige substantiiert äußern kann,[1211] trägt sie das Risiko der Nichterweislichkeit der Aufteilung der Aufwendungen und damit die Feststellungslast.

d. Zwischenergebnis zum Umfang der Hinzurechnung

Soweit der Umfang der Hinzurechnung in Frage steht, soll derjenige Anteil der Betriebsausgaben im Gewerbeertrag abgebildet werden, der für eine Leistung aufgewendet wurde, die dem Grunde nach eine Hinzurechnung nach § 8 Nr. 1 GewStG begründet.[1212] Es ist daher zu prüfen, anhand welcher Maßstäbe oder Parameter ein einheitliches, vom Steuerpflichtigen für verschiedene, von ihm in Anspruch genommene Leistungen, gezahltes Gesamtentgelt aufzuteilen ist. Die Bestimmung des Aufteilungsmaßstabs ist eine Tatsachenfrage. Deshalb muss die Finanzverwaltung alle Möglich-

---

1210 Dies enthebt die Finanzverwaltung jedoch nicht, der Beantwortung der Frage der rechtlichen Einordnung des jeweiligen Hoteleinkaufsvertrags nachzugehen. Diese ist zuvorderst zu klären, siehe dazu oben Teil 2, Kap. E.II.3.c., 152 ff.

1211 Will sich der Steuerpflichtige gegen eine Schätzung wehren, muss er in die Lage versetzt werden, substantiiert gegen die Schätzung vorzugehen. Auch das Finanzgericht muss die Schätzungsgrundlagen vollständig überprüfen und bewerten können. Hält es die Schätzung des Finanzamts für rechtswidrig, muss es aufgrund seiner eigenen Schätzungsbefugnis, § 96 Abs. 1 Satz 1 Hs. 2 FGO, eine eigene Schätzung vornehmen. Vgl. zur Prüfungspflicht des Finanzgerichts auch *Rüsken* in: Klein, AO, 12. Aufl., § 162, Rn. 58a, 58b; BFH, *Urteil* vom 17.10.2001, I R 103/00, BStBl. II 2004, 171, BFHE 197, 68 (77).

1212 Vgl. auch Gl. Ländererlass vom 2.7.2012, BStBl. I 2012, 654, Tz. 6.

keiten einer Sachverhaltsaufklärung ausschöpfen. Sie kann sich hierzu der Mitwirkung der Steuerpflichtigen selbst und der Auskünfte Dritter bedienen. Als letztes Mittel steht ihr die Schätzung offen. Sollte sich auch insoweit kein tauglicher Maßstab bestimmen lassen, muss eine Aufteilung und damit im Ergebnis eine Hinzurechnung unterbleiben.

Bei Konzert- und Messeveranstaltern sollte sich das Problem einer Aufteilung von für die Nutzung von Veranstaltungsimmobilien erbrachten Gegenleistungen i.d.R. nicht stellen. Entweder ordnen die Parteien in den Vereinbarungen den verschiedentlich genutzten Wirtschaftsgütern entsprechende Entgelte zu. Dies wird auch die sicherste Methode sein, um etwaigen Schätzungsunsicherheiten zu begegnen. Oder es können auf der Grundlage von am Markt vorhandenen Vergleichswerten die auf die neben der Veranstaltungsimmobilie jeweils genutzten weiteren (beweglichen oder immateriellen) Wirtschaftsgüter entfallenden Anteile des insgesamt geleisteten Entgelts bestimmt werden. Diesbezügliche Schätzungen der Finanzverwaltung müssen in jedem Fall plausibel und überprüfbar sowie willkürfrei sein.

Im Gegensatz dazu wird bei Reiseveranstaltern – die Teilbarkeit der empfangenen Leistungen prinzipiell vorausgesetzt – eine Schätzung des für Hotelleistungen gezahlten Gesamtentgelts in der Regel scheitern. Da es in den jeweiligen Hotelverträgen an Anhaltspunkten fehlen wird, um einen Maßstab zur Aufteilung der Gegenleistung zu bestimmen, muss ein solcher ermittelt werden. Hierzu bedürfte es entsprechender Vergleichsdaten. Sie fehlen jedoch schlechterdings, weshalb weder mittels eines internen noch eines externen Betriebsvergleichs Schätzungen vorgenommen werden können. Mangels valider Schätzungsgrundlagen würde damit gegenwärtig eine Hinzurechnung der Aufwendungen der Reiseveranstalter für die bezogenen Hotelleistungen der Höhe nach ausscheiden.

Die Finanzverwaltung ist zwar gemäß § 88a Satz 1 AO befugt, Daten und Informationen von Steuerpflichtigen, konkret also auch von Reiseveranstaltern und Hoteliers, zu sammeln. Sie könnte auf diese Weise eine Datenbasis zu Vergleichszwecken und zur Spezifizierung eines Aufteilungsmaßstabs schaffen, die in künftigen Besteuerungsverfahren verwendet werden könnten. Hier ist zu berücksichtigen, dass weder Reiseveranstalter noch Hoteliers Aufzeichnungs- und Dokumentationspflichten unterliegen, die es ermöglichen würden, Informationen zu erheben, wie sich die einzelnen Komponenten einer Hotelleistung preislich oder kalkulatorisch zusammensetzen. § 88 AO ermächtigt die Finanzverwaltung nicht, Daten zu erheben, die noch nicht existieren, weshalb es insoweit der Finanzverwaltung verwehrt bleibt, eine Datensammlung zu errichten.

Sollten unabhängig davon Daten erhoben werden, steht gleichwohl deren Geeignetheit in Zweifel, aus diesen einen Schätzungsmaßstab ableiten zu können. Voraussetzung für die Bildung eines Schätzungsmaßstabs ist die Vergleichbarkeit der Daten, anderenfalls kann der Zweck der Schätzung, die aller Wahrscheinlichkeit nach richtige Besteuerungsgrundlage abzubilden, nicht erreicht werden. Sowohl die Vielgestaltigkeit der Geschäftsmodelle in der Reisebranche als auch die unterschiedlichen Preisbildungsmodelle innerhalb der Hotelbranche sprechen gegen eine Vergleichbarkeit. Die Schätzung eines hinzuzurechnenden Entgeltanteils für die Inanspruchnahme von Hotelleistungen auf der Basis nicht vergleichsfähiger Daten wäre willkürlich und folglich unzulässig. Die sich infolge der Unmöglichkeit einer Schätzung ergebende Nichterweislichkeit eines Aufteilungsmaßstabs geht zu Lasten der Finanzverwaltung. Kann folglich der Umfang der Hinzurechnung von Aufwendungen nicht bestimmt werden, muss insoweit auch eine Hinzurechnung in Gänze unterbleiben.

D. Zusammenfassung der verfahrensrechtlichen Aspekte bei der Hinzurechnung von Aufwendungen der Veranstaltungsunternehmen

Veranstaltungsunternehmen, die bei der Ermittlung des Gewinns gemäß § 7 Abs. 1 Satz 1 GewStG i.V.m. § 4 Abs. 1, 4 EStG Betriebsausgaben in Abzug bringen, welche mit der Benutzung von nicht in ihrem (wirtschaftlichen) Eigentum stehenden Veranstaltungsimmobilien im Zusammenhang stehen oder stehen können, sehen sich mit dem Umstand konfrontiert, dass eine Erhöhung des Gewerbeertrags gemäß § 8 Nr. 1 lit. e GewStG in Betracht kommt. In verfahrensrechtlicher Hinsicht können hierbei Fragen zu Schätzungsbefugnissen und Schätzungsmaßstäben der Besteuerungsgrundlage (z.B. bei einheitlich vereinbarten Entgelten) sowie danach auftreten, wer Träger der Feststellungslast bei der Nichterweislichkeit bestimmter Tatsachen ist. Insoweit müssen zunächst verschiedene Ebenen abgeschichtet und alsdann getrennt voneinander betrachtet werden.

Die Gewerbeertragsermittlung selbst erfolgt in mehreren Schritten, nämlich der Gewinnermittlung zum einen und der Hinzurechnungen und Kürzungen zum anderen. In systematischer Hinsicht stellen die Gewerbeertragskorrekturen gemäß §§ 8, 9 GewStG zunächst bloße Rechengrößen zur Ermittlung der Besteuerungsgrundlage dar. Die Hinzurechnungen beinhalten jedoch, wie die Struktur des einzelnen Rechtssatzes zeigt, auf eine Steuererhöhung gerichtete Tatbestandsmerkmale. Bei Zweifeln darüber, ob bestimmte, eine Hinzurechnung begründende Tatsachen vorliegen, hat die Finanzverwaltung das Risiko ihrer Nichterweislichkeit, mithin die Feststellungslast, zu tragen.

Dabei ist zu berücksichtigen, dass sie bereits seitens des Steuerpflichtigen über steuerrelevante Tatsachen insofern in Kenntnis gesetzt wurde, als dieser im Zusammenhang mit dem Betriebsausgabenabzug Angaben dazu machen musste, auf welcher Grundlage er bestimmte Aufwendungen gewinnmindernd in Abzug bringen will. Er hat in diesem Zusammenhang bereits Auskünfte zu den rechtlichen Grundlagen erteilt und auch Verträge vorgelegt, anhand derer die Finanzverwaltung prüfen kann, ob es sich bei den Aufwendungen um Miet- oder Pachtzinsen handelt. Die rechtliche Einordnung der Aufwendungen ist eine lediglich rechtliche Wertung. Sie ist einer vollständigen gerichtlichen Überprüfung ebenso zugänglich, wie die Frage, ob und inwieweit verschiedene Leistungen, die vom Steuerpflichtigen bezogen wurden, aufgeteilt und rechtlich getrennt voneinander behandelt werden können.

Die Aufwendungen müssen zudem für die Benutzung eines (unbeweglichen) Wirtschaftsguts geleistet worden sein. Ist zweifelhaft oder steht generell im Streit, ob ein Wirtschaftsgut tatsächlich vorliegt, muss auch hier die Finanzverwaltung alle diese die Annahme bestätigenden Tatsachen vortragen. Eine Hinzurechnung der Aufwendungen oder Teile davon scheidet deshalb dann bereits aus, wenn die Finanzverwaltung keine Anhaltspunkte oder Umstände darlegen kann, die für die Inanspruchnahme eines Wirtschaftsguts im Zusammenhang mit den getätigten Aufwendungen sprechen.

Während bei Konzert- und Messeveranstaltern der Schwerpunkt der Betrachtung darauf liegen wird, ob es sich bei der benutzten Veranstaltungsimmobilie um ein Wirtschaftsgut des Anlagevermögens handelt, ist bei Reiseveranstaltern die Hinzurechnung ihrer Aufwendungen aus einem Hoteleinkaufsvertrag in Gänze strittig. Denn bei Letzterem sind insoweit alle § 8 Nr. 1 lit. e GewStG begründenden Tatbestandsmerkmale, einschließlich des Vorliegens von Miet- und Pachtzinsen, zweifelhaft. In beiden Fällen werden verbleibende Zweifel daran, ob die die Rechtsfolge des § 8 Nr. 1 lit. e GewStG begründenden Tatbestandsmerkmale erfüllt sind, zu Lasten der Finanzverwaltung gehen.

Erst und nur dann, wenn das Vorliegen der steuererhöhenden Tatbestandsmerkmale bejaht werden kann, ist der Frage nach dem Umfang der

Hinzurechnung, und damit nach dem Maßstab einer Aufteilung eines einheitlich für verschiedene in Anspruch genommene Leistungen gezahlten Gesamtentgeltes, nachzugehen. Die Finanzverwaltung muss insoweit eine Schätzung vornehmen, wenn keine Feststellungen über das Maß einer Aufteilung getroffen werden können. Bei Konzertveranstaltern werden derartige Aufteilungsfragen sich üblicherweise nicht stellen. Sofern mehrere Wirtschaftsgüter zur Nutzung gegen ein pauschal gezahltes Entgelt überlassen wurden, können in der Praxis entweder dem konkreten Überlassungsvertrag über die Veranstaltungsimmobilie oder anderen Umständen Anhaltspunkte zur Bestimmung eines Aufteilungsmaßstabs entnommen werden. Sind Marktdaten, wie z.B. Mietpreise, für derartige Wirtschaftsgüter nicht vorhanden, bietet sich an, eine Aufteilung anhand der Teilwerte der benutzten Wirtschaftsgüter vorzunehmen. Bei Reiseveranstaltern wird indessen eine Aufteilung des für die in Anspruch genommenen Hotelleistungen gezahlten Entgelts scheitern. Da es an entsprechendem Datenmaterial fehlt, werden sich auf der Basis interner oder externer Betriebsvergleiche keine Aufteilungsmaßstäbe ermitteln lassen. Soweit dem Grunde nach Mitwirkungs- und Auskunftspflichten gemäß §§ 90, 93 AO bestehen, sind diesen inhaltliche Grenzen gesetzt. Mangels spezifischer Aufzeichnungspflichten ist der Reiseveranstalter keiner weiteren Mitwirkung unterworfen. Erst recht wird man ihm nicht vorwerfen können, er habe sich Unterlagen, Belege oder gar Kalkulationsgrundlagen seines Vertragspartners, des Hoteliers, nicht beschafft. Ein solcher Vorwurf ginge ins Leere. Er würde sich auf etwas richten, was nicht beschafft werden könnte, denn auch Hoteliers sind nicht gehalten, spezifische Aufzeichnungen zu führen oder Dokumentationen zu erstellen, aus denen sich ableiten ließe, wie die einzelnen Hotelleistungen preislich abgebildet werden könnten. Mangels der Verfügbarkeit solcher Informationen darf die Finanzverwaltung auch nicht auf Grundlage des § 88a AO Dritte zur Begebung derartiger Daten, die steuerliche Relevanz erlangen können, anhalten.

Eine Hinzurechnung von Aufwendungen zum Gewerbeertrag scheidet somit aus, wenn die Finanzverwaltung entweder die Tatsachen, die eine Hinzurechnung dem Grunde nach begründen, nicht darlegen kann oder, sollte sie einen solchen Nachweis führen, nicht in der Lage ist, einen plausiblen Maßstab zur Aufteilung eines einheitlichen Entgelts darzulegen.

Teil 4 Zusammenfassung und Schlussbetrachtung

A. Zusammenfassung der Ergebnisse der Untersuchung

Die Kernthesen der vorstehenden Untersuchung lassen sich wie folgt zusammenfassen:

- Die gewerbesteuerlichen Hinzurechnungen sind integraler Bestandteil der von der subjektiven Leistungsfähigkeit des den Gewerbebetrieb unterhaltenden Steuerpflichtigen losgelösten Bemessungsgrundlage. Sie sollen eine (annähernde) Gleichbehandlung verschiedener Arten von Kapitalausstattungen in den Gewerbebetrieben herstellen und bilden nach der derzeitigen Konzeption der Gewerbesteuer die Kernelemente einer als verobjektivierte Ertragsteuer ausgestaltete Finanzierungsmaßnahme deutscher Gemeinden.
- Aufwendungen, welche Veranstaltungsunternehmen für die Inanspruchnahme der ihnen von dritter Seite zur Verfügung gestellten Veranstaltungsimmobilien leisten, sind dann als Miet- oder Pachtzinsen i.S.d. § 8 Nr. 1 lit. e GewStG einzuordnen, wenn diese auf einem Rechtsverhältnis beruhen, welches in seinem wesentlichen Kern einem Miet- bzw. Pachtverhältnis im bürgerlich-rechtlichen Sinne entspricht. Ein solches Rechtsverhältnis muss nicht zwangsläufig ein Miet- oder Pachtvertrag i.S.d. §§ 535, 581 BGB sein. Es genügt, wenn dessen wesentliche Bestandteile vorliegen.
- Maßgebliches Merkmal eines Miet- oder Pachtvertrags ist die Überlassung eines Gegenstandes zum Gebrauch. Ob das der Fall ist, entscheidet sich allein anhand bürgerlich-rechtlicher Beurteilungsmaßstäbe. Die im Steuerrecht grundsätzlich vorherrschende wirtschaftliche Betrachtungsweise ist insoweit nicht zu berücksichtigen.
- Findet eine Gebrauchsüberlassung ihre rechtliche Grundlage in einem Vertrag, der mehrere Leistungen einer Partei beinhaltet, für die der Steuerpflichtige ein Entgelt als Gegenleistung aufwendet, ist zunächst zu unterscheiden, ob das Vertragsgebilde ein zusammengesetzter Vertrag oder ein einheitliches Vertragswerk darstellt. Auch hierfür sind ausschließlich bürgerlich-rechtliche Wertungen maßgebend.
- Bei einem lediglich zusammengesetzten Vertrag wird man in der Regel von einer Trennung der einzelnen darin enthalten Leistungen ausgehen

und diese danach untersuchen können, ob und welche der einzelnen Leistungen die Kernelemente eines Mietvertrags enthalten.

- Bei einem einheitlichen Vertragswerk ist eine Trennung der verschiedenen Leistungspflichten nur ausnahmsweise möglich. Allein die Tatsache, dass eine Vertragspartei verschiedenartige Leistungsbestandteile zu erbringen sich verpflichtet hat, deutet nicht auf deren mögliche Abtrennbarkeit hin. Es ist zu untersuchen, welchen Charakter die einzelnen Leistungspflichten im Gefüge des gesamten Vertrages haben. Auf eine wie auch immer geartete Prägung des Gesamtvertrags durch eine einzelne Leistung kommt es nicht an. Es sind Haupt- und Nebenleistungen sowie die eine Hauptleistung stützenden Nebenpflichten zu identifizieren und zu prüfen, wie diese sich gegenüber der Entgeltverpflichtung des Steuerpflichtigen verhalten.
- Lässt sich nach ausschließlich bürgerlich-rechtlichen Wertungsmaßstäben und anhand des Willens der Vertragsparteien, der Entgeltabrede und der synallagmatischen Verknüpfung der Leistungen feststellen, dass dem Gesamtvertrag eine Verbundenheit innewohnt oder vorherrschend ist, scheidet eine Trennung der einzelnen Leistungen aus.
- Enthält ein solcher einheitlicher Vertrag mietfremde Leistungskomponenten und handelt es sich hierbei nicht um lediglich untergeordnete Nebenabreden, sondern um wesentliche Elemente innerhalb des Gesamtvertrags, steht dies einer Qualifizierung des Vertrags als ein in seinem wesentlichen Kern einem Mietvertrag entsprechenden Vertrag entgegen.
- Um eine Bewertung der Aufwendungen als Miet- und Pachtzinsen vornehmen zu können, bedarf es folglich der genauen Kenntnis der sie begründenden Tatsachen und Umstände sowie Vertragswerke und Parteiabreden.
- Veranstaltungsunternehmen, wie Konzert- oder Messeveranstalter und dergleichen, stehen sowohl mit privatrechtlich organisierten Betreibern als auch mit der öffentlichen Hand in Rechtsbeziehungen betreffend die Gebrauchsüberlassung von Veranstaltungsimmobilien.
- Die mit privatrechtlich organisierten Betreibern einer Veranstaltungsimmobilie begründeten Rechtsverhältnisse sind meist darauf gerichtet, dem Konzert- oder Messeveranstalter die Veranstaltungsimmobilie (oder Teile davon) für die Zeit der Veranstaltungsdauer und zum Zwecke der Durchführung der Veranstaltung zur Benutzung zu überlassen. In der Regel wird ein Mietvertrag i.S.d. § 535 BGB abgeschlossen. Das

zu zahlende Entgelt ist als Miete i.S.d. § 535 Abs. 2 BGB einzuordnen und damit auch Mietzins i.S.d. § 8 Nr. 1 lit. e GewStG.

- Sind innerhalb dieser Rechtsbeziehung weitere Leistungspflichten neben der Gebrauchsüberlassung der Veranstaltungsimmobile vereinbart, wie z.B. die Überlassung von Ausrüstungs- und Ausstattungsmaterialien oder die Erbringung bestimmter Dienstleistungen (Wachschutz, Ordnungskräfte, Sanitäreinrichtungen etc.), lassen sich diese zumeist abtrennen und sind getrennt von der Gebrauchsüberlassung der Veranstaltungsimmobilie zu bewerten.
- Bei öffentlich-rechtlich organisierten Betreibern von Veranstaltungsimmobilien muss zunächst festgestellt werden, ob die Veranstaltungsimmobilie als öffentliche Einrichtung im verwaltungsrechtlichen Sinne anzusehen ist. Ist das der Fall, muss bestimmt werden, ob der öffentlich-rechtliche subjektive Anspruch auf Zugang zu dieser Einrichtung auf der Grundlage eines öffentlich-rechtlichen Sonderrechtsverhältnis oder privatrechtlicher Grundlage verwirklicht wird. Bedient sich die öffentliche Hand als Betreiber der Veranstaltungsimmobilie eines privatrechtlichen Vertrags, ist das insoweit geleistete Entgelt als Mietzins einzuordnen.
- Reiseveranstalter stehen in Erfüllung ihrer gegenüber dem Reisenden bestehenden Verpflichtung zur Organisation, Planung und Durchführung der Reise in Rechtsbeziehungen zu Hoteliers. Diese Rechtsbeziehungen (Hotelverträge) sind danach zu unterscheiden, ob sie die Beschaffung von Hotelleistungen (Beschaffungsverträge) zum Inhalt haben oder die Inanspruchnahme von Hotelleistungen (Hoteleinkaufsverträge) betreffen.
- Beschaffungsverträge können unterschiedliche Formen und Ausgestaltungen haben. Sie lassen sich in Direktbezugsverträge und indirekte Bezugsverträge unterteilen. Erstere werden mit den Hoteliers abgeschlossen und sind rechtlich als Optionsverträge einzuordnen. Sie entsprechen in ihrem Kern keinem Mietvertrag i.S.d. § 535 BGB. Indirekte Bezugsverträge werden mit Dienstleistern abgeschlossen, die ihrerseits dafür sorgen, dass Hoteliers Leistungen an den Reiseveranstalter erbringen. Diese Verträge haben Vermittlungs- oder Geschäftsbesorgungscharakter. Die mit Bezugsverträgen im Zusammenhang stehenden Aufwendungen der Reiseveranstalter sind nicht als Mieten i.S.d. § 8 Nr. 1 lit. e GewStG einzuordnen.
- Hoteleinkaufsverträge sind einheitliche Vertragswerke. Sie beinhalten eine Vielzahl von Leistungen, die sowohl gäste- als veranstalterbezo-

gene Elemente beinhalten. Gästebezogene Leistungen sind solche, die auf die originäre Inanspruchnahme durch den Reisenden selbst ausgerichtet sind, wie z.B. die Unterbringung des Gastes und weitere, damit im Zusammenhang stehende Leistungen wie die Verpflegung und die Zurverfügungstellung der Hotelinfrastruktur. Zu den veranstalterbezogenen Leistungen gehören u.a. Qualitätssicherungs- und Qualitätsmanagementabreden, Marketing- und Lizenzleistungen sowie die Behandlung und Abwicklung von Gästereklamationen und diesbezüglichen Ersatzansprüchen.

- Die über die bloße Unterbringung hinausgehenden gästebezogenen, meist mit Dienstleistungscharakter versehenen, Leistungen sind mietfremde Elemente. Sie sind aufeinander abgestimmt und eng mit der Unterbringungsleistung dergestalt verknüpft, dass sie keine eigene Zweckrichtung neben der Unterbringung des Gastes verfolgen, sondern der Gesamtversorgung des Gastes dienen. Die gästebezogenen Leistungen stellen bei einer Gesamtschau dieser Leistungskomponenten ein einheitliches Ganzes dar. Eine Aufspaltung der gästebezogenen Leistungen in ihre einzelnen Bestandteile verbietet sich.
- Es handelt sich bei diesen mietfremden Leistungen nicht um bloße Nebenabreden. Sie sind wesentliche Leistungselemente innerhalb des Hoteleinkaufsvertrags und ihre Wirkung innerhalb des Gesamtvertragsgefüges schließt eine Charakterisierung des Hoteleinkaufsvertrags als Miet- oder mietähnlichen Vertrag aus.
- Die im Hoteleinkaufsvertrag enthaltenen veranstalterbezogenen Leistungen des Hoteliers sind als mietfremde Elemente zu qualifizieren. Vor dem Hintergrund der Interessen von Reiseveranstalter und Hotelier, der zwischen ihnen getroffenen einheitlichen Entgeltvereinbarung und der synallagmatischen Verknüpfung der Leistungskomponenten kommt auch insoweit eine Einstufung des Hoteleinkaufsvertrags als Miet- oder mietähnlicher Vertrag nicht in Betracht. Aufwendungen des Reiseveranstalters für die Inanspruchnahme von Hotelleistungen zugunsten seiner Kunden stellen damit keine Mietzinsen i.S.d. § 8 Nr. 1 lit. e GewStG dar.
- Veranstaltungsimmobilien (oder Teile davon) sind unbewegliche Wirtschaftsgüter i.S.d. § 8 Nr. 1 lit. e GewStG. Soweit Veranstaltungsunternehmen derartige Wirtschaftsgüter nutzen, muss die Frage beantwortet werden, ob diese Wirtschaftsgüter als solche des Anlagevermögens zu qualifizieren sind. Die Einstufung selbst beruht auf einer lediglich fiktiven Betrachtung.

- Die fiktive Betrachtung der Anlagevermögensqualität von nicht im Eigentum des Steuerpflichtigen stehenden, im Gewerbebetrieb genutzten Wirtschaftsgütern findet ihren Ausgangspunkt im Anlagevermögensbegriff des Einkommen- und Bilanzsteuerrechts. Anhand der betrieblichen Verhältnisse des Steuerpflichtigen ist zu untersuchen, ob Indizien für oder gegen das Vorliegen von Anlagevermögen sprechen.
- Im Rahmen einer erhebungszeitraumübergreifenden Gesamtschau sind die konkreten Verhältnisse des Steuerpflichtigen und die Zweckbestimmung der benutzten Veranstaltungsimmobilie zu analysieren. Hierbei sind der Geschäftszweck des Unternehmens, die Art und Weise der Verwendung sowie der Einsatz nach kunden- und objektspezifischen Bedürfnissen zu berücksichtigen. Ein nicht unbedeutendes Indiz bei der Betrachtung der betrieblichen Verhältnisse bilden die Beschaffenheitsmerkmale der Veranstaltungsimmobilie.
- Ausgehend von der Zielsetzung der Hinzurechnung, eine (annähernde) Gleichbehandlung der Gewerbebetreibenden in Bezug auf die Kapitalausstattung der von ihnen unterhaltenen Gewerbebetriebe zu erreichen, darf die fiktive Betrachtung der Anlagevermögenseigenschaft nicht weiter gehen, als es die Vorstellung eines das Miet- oder Pachtverhältnis ersetzenden Eigentums gebietet. Es sind daher Kontrollbetrachtungen anzustellen.
- Das der Gewerbesteuer innewohnende Territorialitätsprinzip bietet für Zwecke der Kontrollbetrachtungen keine Abgrenzungshilfe. Werden im Ausland belegene Veranstaltungsimmobilien innerhalb eines inländischen Gewerbebetriebs genutzt, schließt das die Annahme von Anlagevermögen nicht aus. Die Anmietung einer Immobilie kann nicht mit einer im Ausland unterhaltenen Betriebstätte verglichen werden.
- Soweit der Anmietung einer Veranstaltungsimmobilie eine Finanzierungsfunktion zugunsten des Veranstaltungsunternehmens zugewiesen werden kann, die Anmietung also an die Stelle eines Eigentumserwerbs tritt, ist die Anlagevermögenseigenschaft zu bejahen.
- Ob der Anmietung eine Finanzierungsfunktion zukommt, kann nur auf der Grundlage des konkreten Falles beurteilt werden. Eine schematische Herangehensweise verbietet sich nicht zuletzt vor dem Hintergrund der fiktiven Betrachtung, die auf die konkreten Verhältnisse des Steuerpflichtigen und seines Gewerbebetriebs abstellt.
- Eine Finanzierungsfunktion wohnt der Anmietung der Veranstaltungsimmobile nicht inne, wenn sich ihr Einsatz lediglich oder überwiegend in dem vom Gewerbebetrieb hergestellten Produkt, der Veranstaltung,

widerspiegelt. Insoweit erschöpft und verbraucht sich der aus der Benutzung des unbeweglichen Wirtschaftsguts gezogene Vorteil im konkreten Markterfolg des Unternehmens, in seinem Produkt. Konzentriert sich der Einsatz der Veranstaltungsimmobilie im Gewerbebetrieb ganz oder überwiegend auf den Produktionsbereich, fungiert diese gleichsam als eines von mehreren Produktionsmitteln, ist der erlangte Benutzungsvorteil länger anhaltender Natur. Im ersten Fall wird regelmäßig die Anlagevermögenseigenschaft der Veranstaltungsimmobilie zu verneinen, im zweiten Fall zu bejahen sein.

- In verfahrensrechtlicher Hinsicht stellen sich für Veranstaltungsunternehmen – wie für jeden Gewerbetreibenden – Fragen zu Sachaufklärungs- und Mitwirkungspflichten, zu Schätzungsbefugnissen und, im Falle der Nichterweislichkeit von steuerlich erheblichen Tatsachen, zu Feststellungslasten.
- Die Aufklärung des gewerbesteuerlich relevanten Sachverhalts obliegt der Finanzbehörde. Ihre Sachaufklärungspflicht wird von umfassenden Mitwirkungsverpflichtungen des Steuerpflichtigen begleitet. Deren Umfang kann nicht generell bestimmt werden. Er hängt vom konkreten Einzelfall und seinen Besonderheiten ab. Ihre Grenze findet die Mitwirkungspflicht in der Zumutbarkeit.
- Bei Verletzung der Mitwirkungspflichten endet die Sachaufklärungspflicht der Finanzbehörde nicht. Sie muss weitere Maßnahmen ergreifen, ggf. Dritte zur Auskunft anhalten und bei grenzüberschreitenden Sachverhalten den Informationsaustausch mit ausländischen Stellen suchen.
- Letztes Mittel der Sachaufklärung ist die Schätzung. Sie bezieht sich sowohl auf steuerbelastende wie auch steuermindernde Umstände. Die Schätzung ist nur zulässig, soweit es um die Ermittlung der Besteuerungsgrundlagen, also um quantitative Größen, geht. Sie ist unzulässig, wenn Streit über das Ob der Besteuerungsgrundlage besteht und wenn Rechtsfragen betroffen sind.
- Eine Schätzung soll zu einem möglichst zutreffenden Besteuerungsergebnis führen. Es sind nur diejenigen Besteuerungsgrundlagen anzusetzen, die die größtmögliche Wahrscheinlichkeit der Richtigkeit in sich tragen. Unschärfen einer Schätzung gehen dann zu Lasten des Steuerpflichtigen, wenn dieser bestehende Mitwirkungspflichten verletzt hat.
- Ist eine Schätzung nicht zulässig, ist nach Maßgabe der Regeln der Feststellungslast zu entscheiden. Das heißt, die Nichterweislichkeit steuerbegründender oder -erhöhender Tatsachen geht zu Lasten der Fi-

nanzbehörde, die der steuerbefreienden oder -mindernden zu Lasten des Steuerpflichtigen.

- Im Besteuerungsverfahren zur Gewerbesteuer sind bei Ermittlung des Gewerbeertrags und der diesen begründenden Tatsachen verschiedene Ebenen, die der Gewinnermittlung zum einen und die der Hinzurechnung zum anderen zu betrachten. Bei Letzterer ist zwischen der Hinzurechnung dem Grunde nach und der Höhe nach zu differenzieren. Auf jeder dieser Stufen können sich Fragen zum Umfang der Sachverhaltsaufklärung, der Mitwirkung sowie der Feststellungslast stellen. Hierbei ist auch zwischen Tatsachen- und Rechtsfragen zu unterscheiden.
- Auf der Ebene der Gewinnermittlung, die einkommen- bzw. körperschaftsteuerlichen Regelungen folgt, hat der Steuerpflichtige im Zweifel jene Tatsachen vorzutragen und notfalls auch zu beweisen, die einen Betriebsausgabenabzug begründen. Er hat in diesem Zusammenhang wegen der ihm obliegenden Mitwirkungspflichten alle ihn betreffenden Tatsachen zu rechtlichten und betrieblichen Begebenheiten zu offenbaren, vor allem Unterlagen und Vertragswerke vorzulegen, auf deren Grundlage er seinen Betriebsausgabenabzug stützt.
- Die Rechtsfolge der gewerbesteuerlichen Hinzurechnung zielt auf eine Erhöhung des Gewerbeertrags ab. Daher hat die Finanzverwaltung die konkreten, die Hinzurechnung begründenden Tatsachen darzulegen und nötigenfalls zu beweisen. Dies befreit den Steuerpflichtigen jedoch nicht von seinen Mitwirkungspflichten betreffend die Aufklärung jener tatbestandsbegründenden Tatsachen.
- Die Qualifizierung der Aufwendungen als Miet- oder Pachtzinsen i.S.d. § 8 Nr. 1 lit. e GewStG ist eine Rechtsfrage, die auf der Wertung derjenigen Tatsachen beruht, welche der Steuerpflichtige im Rahmen der Geltendmachung seines Betriebsausgabenabzugs vorträgt. Die Frage, ob die Aufwendungen für die Benutzung eines Wirtschaftsguts geleistet werden, setzt das Vorhandensein eines Wirtschaftsguts des fiktiven Anlagevermögens voraus. Hierfür muss das Finanzamt unter Einbeziehung der Mitwirkungspflichten des Steuerpflichtigen die notwendigen Feststellungen treffen. Hierbei auftretenden Ermittlungsdefiziten kann nicht mittels einer Schätzung begegnet werden. Ihr Anwendungsbereich ist nicht eröffnet. Liegt dagegen ein Wirtschaftsgut vor und kann dieses als Anlagevermögen qualifiziert werden, obliegt es dem Steuerpflichtigen, im Rahmen seiner Mitwirkungspflicht darzulegen, dass ein Zusammenhang zwischen geleisteten Aufwendungen und dem Wirtschaftsgut nicht besteht.

- Entfallen die seitens eines Steuerpflichtigen geleisteten Aufwendungen auf verschiedene Wirtschaftsgüter und/oder auf andere Leistungen als die Ingebrauchnahme eines Wirtschaftsguts, muss der konkret auf § 8 Nr. 1 lit. e GewStG entfallende Hinzurechnungsbetrag bestimmt werden. Die Bestimmung des Umfangs der Hinzurechnung ist eine Tatsachenfrage.
- Kann der Aufteilungsmaßstab bei einem für eine Mehrheit von Leistungen vereinbarten einheitlichen Entgelt nicht anhand vorhandener Informationen oder erlangter Auskünfte bestimmt werden, muss die Finanzverwaltung diesen im Schätzungswege ermitteln. Als Schätzungsmaßstab kann bei Inanspruchnahme mehrerer Wirtschaftsgüter auf deren Teilwert oder den für vergleichbare Wirtschaftsgüter am Markt üblicherweise gezahlten Mietzins zurückgegriffen werden. Ebenso verhält es sich, wenn und soweit neben der Benutzung eines Wirtschaftsguts anderweitige Leistungen in Anspruch genommen werden, die einzeln betrachtet und bewertet werden können. Mittels Subtraktion der Vergleichswerte lässt sich der Hinzurechnungsbetrag nach § 8 Nr. 1 lit. e GewStG ermitteln. In jedem Fall muss der Aufteilungsmaßstab plausibel und nachprüfbar sein.
- Will sich der Steuerpflichtige gegen eine derartige Schätzung wehren, muss er andere plausible Maßstäbe vortragen, um dem Risiko einer für ihn ggf. nachteiligen schätzungsweisen Aufteilung zu entgehen. Mit Blick auf die Bestimmung des Aufteilungsmaßstabs empfiehlt sich, bei Benutzung mehrerer Wirtschaftsgüter oder der Inanspruchnahme anderer abtrennbarer Leistungen vertragliche Vorkehrungen zu treffen.
- Bei Konzert- und Messeveranstaltern konzentriert sich der Streit um die Hinzurechnung von Aufwendungen regelmäßig darauf, ob die konkrete Veranstaltungsimmobilie als Wirtschaftsgut des Anlagevermögens einzuordnen ist. Eine pauschale Beantwortung verbietet sich hier. Die Qualifizierung der Veranstaltungsimmobilie als Wirtschaftsgut des Anlagevermögens hängt von den konkreten betrieblichen Verhältnissen und davon ab, ob ein „produkt- oder produktionsbezogener" Einsatz derselben vorliegt. Hierzu muss die Finanzverwaltung unter Berücksichtigung der Mitwirkungspflichten des Steuerpflichtigen die entsprechenden Feststellungen treffen. Gelingt ihr dies nicht, hat sie das Risiko der Nichterweislichkeit der hinzurechnungsbegründenden Tatsachen zu tragen. Eine Hinzurechnung nach § 8 Nr. 1 lit. e GewStG scheidet dann aus.

- Können tatbestandsbegründende Feststellungen getroffenen werden und nutzen Konzert- oder Messeveranstalter neben der bloßen Veranstaltungsimmobilie noch weitere Leistungen, wofür sie ein einheitliches Entgelt zahlen, ist der Umfang der nach § 8 Nr. 1 lit. e GewStG hinzuzurechnenden Aufwendungen auf der Basis von Vergleichsdaten retrograd im Schätzungswege zu bestimmen. Vergleichsdaten können früheren Vertragsverhältnissen des Veranstaltungsunternehmens selbst oder aus allgemein zugänglichen Quellen wie z.B. am Markt zu erlangenden Informationen, entnommen werden.
- Bei Reiseveranstaltern scheitert die Hinzurechnung von Aufwendungen für die Inanspruchnahme von Hotelleistungen bereits dem Grunde nach daran, dass diese nicht als Mietzinsen eingeordnet werden können. Ebensowenig stellt die Inanspruchnahme von Hotelleistungen die Benutzung eines Wirtschaftsguts des Anlagevermögens dar. Sollte im Ausnahmefall die Finanzverwaltung anderweitige Feststellungen treffen, stellt sich die Frage der Aufteilung der insgesamt für die Inanspruchnahme von Hotelleistungen geleisteten Aufwendungen dennoch nicht. Es kann kein Aufteilungs- und Schätzungsmaßstab bestimmt werden, weil es an einer Vergleichsdatenbasis fehlt. Weder die Reiseveranstalter noch die Hoteliers unterliegen besonderen Aufzeichnungs- und Dokumentationspflichten, aus denen sich ermitteln ließe, welche Entgeltanteile auf welche Hotelleistungen entfallen. Mangels Datenerhebungskompetenz ist die Finanzverwaltung gehindert, interne Datenbanken aufzubauen, auf deren Grundlage sie einen Aufteilungsmaßstab für Zwecke künftiger Besteuerungsverfahren ableiten könnte.

B. Schlussbetrachtung

Die durch das Unternehmensteuerreformgesetz 2008 eingeführte Norm des § 8 Nr. 1 lit. e GewStG stellt unter Beweis, dass ihre Anwendung mit erheblichen Schwierigkeiten verbunden ist. Wie die Anwendung der Norm in Bezug zu Veranstaltungsunternehmen zeigt, ist die konkrete Umsetzung des gesetzgeberischen Gedankens, verschiedene Fremdsachkapitalausstattungen gleich zu behandeln, wesentlich komplexer. Die Schwierigkeiten sind nicht nur darauf zurückzuführen, dass in tatsächlicher Hinsicht umfassende Sachverhaltsermittlungen anzustellen sind. Vor allem die an dieser Stelle gegebene Verquickung des Steuerrechts mit anderen Rechtsgebieten, wie z.B. dem Zivilrecht, anhand derer Vorfragen zu klären sind, verdeutlicht die Herausforderungen, denen sich der Rechtsanwender stellen muss, will er eine simplifizierende und undifferenzierte Rechtsanwendung vermeiden. Es bedarf folglich der genauen Analyse der Rechtsbeziehungen des Steuerpflichtigen und seiner Vertragswerke sowie der umfassenden Betrachtung seines Tätigkeitsbereichs und Geschäftsfeldes. Nur auf dieser Grundlage lässt sich eine umfassende Würdigung derjenigen Aufwendungen vornehmen, die der gewerbesteuerlichen Hinzurechnung unterworfen werden sollen. Dies ermöglicht damit auf einfachgesetzlicher Ebene den zum Teil vergröbernden Interpretationstendenzen der Finanzverwaltung zu begegnen, wie auch verhindert wird, dass vorschnell die Erfüllung des Hinzurechnungstatbestands verneint wird.

Die in Bezug zur gewerbesteuerlichen Hinzurechnung oftmals bemühten verfassungsrechtlichen Argumente sind dagegen eher stumpfer Natur. Diesbezüglich bleibt zu konstatieren, dass nach der willkürfreien Entscheidung des Gesetzgebers, die bei Lichte betrachtet einer nahezu 90-jährigen Tradition folgt, die Gewerbesteuer als verobjektivierte Ertragsteuer ausgestaltet ist, deren grundlegende Elemente eben gerade die Hinzurechnungen und Kürzungen sind. Zwar können erstere, je nach verfolgtem Geschäftsmodell des Gewerbebetriebs, Substanzsteuereffekte auslösen. Das allein stellt jedoch die Verfassungsmäßigkeit der Gewerbesteuer als solche nicht in Frage. Es sollte insofern auch nicht außer Acht gelassen werden, dass die Gewerbesteuer seit jeher einen unbestreitbar wichtigen Beitrag zur Sicherung der Finanzausstattung deutscher Kommunen leistet. Dies wird aller Voraussicht nach auf absehbare Zeit auch so bleiben, wahrt die Gewerbesteuer doch zugleich die finanzielle Fähigkeit zur Aufgabennehmung jener Gebietskörperschaften. Trotz aller im Detail mitunter berechtigten Kritiken an der Ausgestaltung der Gewerbesteuer darf daher ein verfassungsrechtlicher Blickwinkel nicht auf der Ebene einer an Art. 3 GG zu messenden Leistungsfähigkeitsdiskussion verharren. Es müssen vielmehr finanzverfassungsrechtliche Aspekte in Bezug genommen werden. Sollen die Verobjektivierungselemente innerhalb der Gewerbesteuer beseitigt werden, ist die Frage der Gemeindefinanzierung zu lösen. Hierfür bedarf eines umfassenden politischen Reformwillens, der nicht nur die Kommunen, sondern alle Gliederungen unseres Staatswesens fordert.

Literaturverzeichnis

Adler, Karl, Kaufbegriff und Werklieferungsvertrag im Handelsrechts, AcP, 109. Band (1912), Seite 321-346.

Bamberger, Heinz Georg/ *Roth*, Herbert (Hrsg.), Beck'scher Online-Kommentar BGB, Edition 33., Stand 1.11.2014, München 2014.

Bartl, Harald, Der Hotelreservierungsvertrag, transpR 1982, Seite 57-63.

Bastian, Harald, Die touristischen Kernprozesse eines Reiseveranstalters, in: Bastian, Harald/ Born, Karl (Hrsg.), Der integrierte Touristikkonzern, München Wien 2004, Seite 33-68.

- Herausforderungen im Post Merger Management, in: *Bastian*, Harald/ *Born*, Karl (Hrsg.), Der integrierte Touristikkonzern, München Wien 2004, Seite 1-16.

Bastuck, Burkhard, Rechtliche Strukturen von Konzerthäusern, NJW 2010, Seite 709-714.

Becker, Enno/ *Hensel*, Albert, Gewerbesteuer und Finanzausgleich, Leitsätze der Spitzenverbände der Wirtschaft, Berlin 1927.

Becker, Johannes/ *Fuest*, Clemens, Steuerpolitische Perspektiven der Unternehmensteuerreform 2008, Vierteljahreshefte zur Wirtschaftsforschung 76 (2007), Seite 39-48.

Beermann, Albert/ *Gosch*, Dietmar, Abgabenordnung Finanzgerichtsordnung mit Nebengesetzen/EuGH-Verfahrensrecht Kommentar (Loseblatt, 113. Aktualisierung, 7/2014), Bonn, Berlin 2014.

Beiser, Reinhold, Pauschalpreise und subjektive Äquivalenz in der Umsatzsteuer, DStZ 2010, Seite 568-572.

Bergemann, Achim/ *Wingler*, Jörg (Hrsg.), Kommentar Gewerbesteuer GewStG, Wiesbaden 2012.

Bestgen, Reinhard, Die gewerbesteuerlichen Hinzurechnungs- und Kürzungsvorschriften wegen betrieblicher Nutzungen fremder Wirtschaftsgüter (§§ 8 Z. 7; 9, Z. 4; 12 Z. Abs. 2 Z. 2, Abs. 3 Z. 3 GewStG), StuW 1981, Seite 23-33, 106-116, 261-273, 346-350.

Bestgen, Reinhard, Die gewerbesteuerlichen Hinzurechnungs- und Kürzungsvorschriften wegen betrieblicher Nutzung fremder Wirtschaftsgüter, Dissertation, Mainz 1978.

Blümich, Walter/ *Boyens*, Walter/ *Steinbring*, Werner, Gewerbesteuergesetz vom 1. Dezember 1936 nebst Durchführungsverordnung, 4. Auflage, Berlin, Frankfurt a.M. 1951.

Boller, Tino/ *Franke*, Verona, Praxisprobleme bei der gewerbesteuerlichen Hinzurechnung von Miet- und Pachtzinsen, BB 2012, Seite 2920-2926.

Böttcher, Volker, Preis- und Mengenpolitik im integrierten Touristikkonzern in: *Bastian*, Harald/ *Born*, Karl (Hrsg.), Der integrierte Touristikkonzern, München Wien 2004, Seite 127-138.

Breinersdorfer, Stefan, Einzelfragen zur gewerbesteuerlichen Hinzurechnung von Finanzierungsanteilen aus Sicht der Steuerverwaltung, DB 2014, Seite 1762-1769.

- Stellungnahme für die nicht öffentliche Anhörung vor dem Tourismusausschuss des Deutschen Bundestages zum Thema: Gewerbesteuerhinzurechnung für den Einkauf von Unterbringungsleistungen durch Reiseveranstalter, Mainz 2015, in: BT, Ausschuss für Tourismus, Ausschussdrucksache 18-20-11 vom 15.5.2014 (n.v.).

- Die neue Hinzurechnung von Finanzierungsanteilen, Präsentation zum ifst-Kolloquium, Problemfeld Gewerbesteuerliche Hinzurechnung, ifst und Bundesfinanzakademie vom 26.11.2014 (verfügbar unter http://www.ifst.de/images/stories/pdf/Praesentation%20Homepage%2026.11.2014.pdf, abgerufen am 8.3.2015).

Bundesvereinigung der kommunalen Spitzenverbände, Schreiben Mai 2010, Anlage 3 des Zwischenberichts der 4. Arbeitsgruppe Kommunalsteuern an die Gemeindefinanzkommission vom 1.7.2010, 2010/0477346.

Bunjes, Johann, Umsatzsteuergesetz, 13. Auflage, München 2014.

Buss, Lothar, Der internationale Hoteleinkauf, in: *Bastian*, Harald/ *Born*, Karl (Hrsg.), Der integrierte Touristikkonzern, München Wien 2004, Seite 277-282.

Bydlinski, Franz, Juristische Methodenlehre und Rechtsbegriff, Wien New York 1982.

Cech, Tanja/ *Püschel*, Benjamin, Die gewerbesteuerliche Hinzurechnung von Aufwendungen im Zusammenhang mit Messen und Ausstellungen, Ubg 2015, 645-652.

Deloitte & Touche GmbH Wirtschaftsprüfungsgesellschaft (Hrsg.), Gewerbesteuergesetz Kommentar, Herne 2009.

Donderer, Klaus, Stellungnahme Steuerausschuss des BDI, Protokoll der Sitzung am 5.11.2013 vom 13.1.2014 (n.v.).

Dreier, Thomas/ *Schulze, Gernot,* Urheberrechtsgesetz, Kommentar, 4. Auflage, München 2013.

DRV Deutscher Reiseverband, Schreiben vom 7.9.2012 an das BMF betreffend die Fragen der gewerbesteuerlichen Hinzurechnung von Finanzanteilen, Anmerkungen zu den Änderungen im Gl. Ländererlass vom 2.7.2012, BStBl. I 2012, 654 zu Tz. 29b (n.v.).

- Reisevorleistungen Hoteleinkauf, Mitgliederrundschreiben vom 8.8.2013 (verfügbar unter http://www.drv.de/fachthemen/steuern.html, abgerufen am 8.3.2015).

- Gewerbesteuer-Hinzurechnung: Zur Tat schreiten! DRV-Politikthemen, Ausgabe 1-2015/Frühjahr, Seite 4-5 (verfügbar unter http://www.drv.de/fileadmin/user_upload/Politikthemen/15-02-23_DRV-PT_1_2015.pdf, abgerufen am 8.3.2015).

- Fakten und Zahlen 2014 zum deutschen Reisemarkt, Seite 17 (verfügbar unter http://www.drv.de/fileadmin/user_upload/Fachbereiche/Statistik_und_Marktforschung/Fakten_und_Zahlen/15-03-03_Fakten_und_Zahlen_2014.pdf, abgerufen am 8.3.2015).

- FAQs - Dynamisch produzierende Veranstalter, Mitteilung vom 12.9.2012, (verfügbar unter http://www.drv.de/fileadmin/user_upload/Fachbereiche/Dynamisch_produzierende_Veranstalter/12-09-12_FAQ_X-VA.pdf, abgerufen am 8.3.2015).

Dudde, Kristina/ *Zielinski*, Sigrid, Abgrenzungsprobleme bei der ermäßigten Umsatzbesteuerung von Beherbergungsleistungen, BB 2010, Seite 603-606.

Eisolt, Dirk/ *Götte*, Sebastian, Die neue Hinzurechnungsbesteuerung, Reduzierung der Hinzurechnungsbesteuerung von Miet- und Pachtzinsen für unbewegliche Wirtschaftsgüter, NWB 2008, Seite 1755-1764, Fach 5, Seite 1659-1668.

Englisch, Joachim, Verfassungsrechtliche Grundlagen und Grenzen des objektiven Nettoprinzips, DStR 2009, Beih. zu Nr. 34, Seite 92-100.

Erichsen, Hans-Uwe/ *Ehlers*, Dirk, Allgemeines Verwaltungsrecht, 14. Auflage, Berlin New York 2010.

Esser, Josef/ *Schmidt*, Eike, Schuldrecht Band I Allgemeiner Teil, 8. Auflage, Heidelberg 1995.

Fikentscher, Wolfgang, Schuldrecht, 9. Auflage, Berlin 1997.

Förschle, Gerhart/ *Grottel*, Bernd/ *Schmidt*, Stefan/ *Schubert*, Wolfgang J. (Hrsg.), Beck'scher Bilanzkommentar, 9. Auflage, München 2014.

Franke, Verona/ *Gageur*, Patrick, Zweifelsfragen und Anmerkungen zu den gleich lautenden Ländererlassen zu § 8 Nr. 1 GewStG, BB 2008, Seite 1704–1710.

Frotscher, Gerrit/ *Geurts*, Matthias (Hrsg.), EStG Kommentar (Loseblatt, 186. Aktualisierung, 3/2015), Freiburg 2015.

Frotscher, Gerrit/ *Maas*, Ernst (Hrsg.), Kommentar zum Körperschaft-, Gewerbe- und Umwandlungssteuergesetz (Loseblatt, 126. Aktualisierung, 11/2014), Freiburg 2014.

Führich, Ernst, Handbuch des Reisevertrags-,Reiseversicherungs- und Individualreiserechts, 7. Auflage, München 2015.

- Dynamic Packaging und virtuelle Reiseveranstalter, Entwicklung und Anwendung des Reisevertragsrechts auf die neue Internet-basierte Pauschalreise, RRa 2006, Seite 50-57.

Funke, Elmar/ *Müller*, Günter, Handbuch zum Eventrecht, 3. Auflage, Köln 2009.

Gansfort, Guy, Das Rechtsverhältnis zwischen Gelegenheits-Luftverkehrsunternehmen und Reiseveranstalter beim Pauschalflugreisevertrag und seine Auswirkung auf die Rechtsstellung des Reisenden, Dissertation, Köln 1991.

Geberth, Georg, Die Hinzurechnungen bei der Gewerbesteuer - steuerunsystematisch und verzichtbar - Anmerkungen zum Kommunalmodell zur „Reform" der Gewerbesteuer, DStR 2011, Seite 151-155.

Gernhuber, Joachim, Handbuch des Schuldrechts in Einzeldarstellungen, Band 8, Das Schuldverhältnis, Tübingen 1989.

Gerritzen, Gerhard/ *Matheis*, Philipp, Zur gewerbesteuerlichen Hinzurechnung von Messekosten, DStR 2013, Seite 236-239.

Gitter, Wolfgang, Handbuch des Schuldrechts in Einzeldarstellungen, Band 7, Gebrauchsüberlassungsverträge, Tübingen 1988.

Glanegger, Peter/ *Güroff*, Georg, Gewerbesteuergesetz, München 1988.

Glanegger, Peter/ *Güroff*, Georg/ *Selder*, Johannes/ *Peuker*, Monika, Gewerbesteuergesetz, 5. Auflage, München 2002.

- Gewerbesteuergesetz, 6. Auflage, München 2006.

Gosch, Dietmar, Einige aktuelle und zugleich grundsätzliche Bemerkungen zur Gewerbesteuer, DStZ 1998, Seite 327-334.

Gräber, Fritz (Begr.), Finanzgerichtsordnung mit Nebengesetzen, 7. Auflage, München 2010.

Gröschler, *Peter*, Die notwendige Unterscheidung von Leistungspflichten und Nebenpflichten nach neuem Schuldrecht, in: *Dauner-Lieb*, Barbara/ *Hommelhoff*, Peter/ *Jacobs*, Mathias/ *Kaiser*, Dagmar/ *Weber*, Christoph (Hrsg.), Festschrift für Horst Konzen zum siebzigsten Geburtstag, Seite 109-130.

Grünwald, Konrad/ *Friz*, Fabian, Verfassungsrechtliche Zweifel bei der gewerbesteuerlichen Hinzurechnung von Miet- und Pachtzinsen nach § 8 Nr. 1 Buchst. e GewStG bei gewerblichen Zwischenmietern, DStR 2012, Seite 2106-2111.

Güllemann, Dirk, Veranstaltungsmanagement, Event- und Messerecht, 6. Auflage, München 2013.

Güroff, Georg/ *Selder*, Johannes/ *Wagner*, Ludwig, Gewerbesteuergesetz, 7. Auflage, München 2009.

- Gewerbesteuergesetz, 8. Auflage, München 2014.

Hamsch, Johannes/ *Karrenbrock*, Lukas, Gewerbesteuerliche Hinzurechnungen von Finanzierungsaufwendungen (erneut) auf dem verfassungsrechtlichen Prüfstand, Ubg 2012, Seite 624-630

Hartmann, Rainer, Bestandsschutz für die Gewerbesteuer, Kritische Gedanken aus Anlass des BVerfG-Beschlusses vom 15.1.2008 und der Unternehmenssteuerreform 2008, BB 2008, Seite 2490-2496.

Haupt, Heiko, Gewerbesteuerliche Hinzurechnung von Finanzierungsanteilen – aktuelle Entwicklung und Streitfragen im Lichte des Ländererlasses vom 2.7.2012, SteuK 2012, Seite 429-433.

Haußmann, Fritz, Gewerbesteuer und Finanzausgleich, StuW 1926, Seite 1170-1212.

Heck, Philipp, Grundriß des Sachenrechts, 2. Neudruck, Tübingen 1930.

Heger, Karin, Körperschaft- und Gewerbesteuer und objektives Nettoprinzip, DStR 2009, Beih. zu Nr. 34, Seite 117-122.

Heuermann, Bernd/ *Brandis*, Peter (Hrsg.), Blümich, EStG, KStG, GewStG, Kommentar (Loseblatt, 125. Aktualisierung, Oktober 2014), München 2015.

Hey, Johanna, Verletzung fundamentaler Prinzipien durch die Gegenfinanzierungsmaßnahmen des Unternehmensteuerreformgesetzes 2008, BB 2007, Seite 1303-1309.

- Körperschaftsteuer und Gewerbesteuer und objektives Nettoprinzip, DStR 2009, Beihefter 34, Seite 109-117.

- Zur Geltung des Gebots der Folgerichtigkeit im Unternehmensteuerrecht Zugleich Besprechung der Entscheidung des BVerfG zum Verbot von Jubiläumsrückstellungen vom 12.5.2009, DStR 2009, Seite 2561-2568.

Hidien, Jürgen W./ *Pohl*, Carsten/ *Schnitter*, Georg, Gewerbesteuer, 15. Auflage, Achim, 2014.

Hotelstars Union, Deutsche Hotelklassifizierung, Klassifizierungskatalog 2010-2014, (verfügbar unter http://www.hotelstars.eu/fileadmin/download/kriterien/Kriterien_2010-2014.pdf, abgerufen am 8.3.2015).

Hübner, Rudolf, Die Hinzurechnung von Miet- und Pachtzinsen für Grundbesitz gem. § 8 Nr. 1 lit. e GewStG und Art. 3 Abs. 1 GG, FR 2015, 341-350.

Hübschmann, Walter/ *Hepp*, Ernst/ *Spitaler*, Armin (Begr.), Kommentar zu Abgabenordnung und zur Finanzgerichtsordnung (Loseblatt, 230. Aktualisierung, November 2014), Köln 1951/2014.

Hummel, Lars, Allgemeines Gesetz und Einzelfallgerechtigkeit im kanonischen und im staatlichen Recht, Stuttgart 2015.

Ihlau, Günther, Was leistet ein integrierter Tourismuskonzern für die Sicherheit seiner Gäste?, in: *Bastian*, Harald/ *Born*, Karl (Hrsg.), Der integrierte Tourismuskonzern, München 2004, Seite 381-393.

Jachmann, Monika, Besteuerung von Unternehmen als Gleichheitsproblem, DStJG 23 (2000), Seite 9-44.

Jauernig, Othmar (Hrsg.), Bürgerliches Gesetzbuch, 15. Auflage, München 2014.

Joachim, Willi E., Hotelbetreiberverträge als Pacht- und Managementverträge Aktuelle Regelungsbeispiele und Entwicklungstendenzen, NZM 2001, Seite 162-167.

Jonas, Bernd, Reformnotwendigkeit der Gewerbesteuer, in: *Kessler*, Wolfgang/ *Förster*, Guido/ *Watrin*, Christoph, Festschrift für Norbert Herzig zum 65. Geburtstag, Seite 335-348.

Jorczyk, Volker, Droht die gewerbesteuerliche Hinzurechnung beim Hoteleinkauf?, SRTour 10/2011, Seite 6-11.

- Gewerbesteuerliche Hinzurechnung: Die Finanzverwaltung bleibt dabei, SRTour 12/2013, Seite 5-10.

- Hoteleinkauf bei Reiseveranstaltern: Neuer Ländererlass beharrt auf Hinzurechnung!, SRTour 8/2012, Seite 14-17.

Kirchhof, Paul/ *Söhn*, Hartmut/ *Mellinghoff*, Rudolf (Hrsg.), Einkommensteuergesetz Kommentar, Band 6 (Loseblatt, 255. Aktualisierung, Februar 2015), Tübingen 2015.

Klein, Dennis, Gewerbesteuerliche Hinzurechnung von Hotelleistungen bei Reiseveranstaltern, DStR 2014, Seite 1321-1324.

Klein, Franz/ *Orlopp*, Gerd (Begr.), Abgabenordnung einschließlich Steuerstrafrecht, 12. Auflage, München 2014.

Klein, Friedrich, Hinzurechnung von Miet- und Pachtzinsen bei der Ermittlung des Gewerbeertrags, BB 1965, Seite 118-122.

Klesse, Hans-Jürgen, Auslegungslücke im Gesetz, Steuerstreit in der Tourismusbranche, Wirtschaftswoche, online-Ausgabe, verfügbar unter http://www.wiwo.de/unter nehmen/dienstleister/auslegungsluecke-im-gesetz-steuer-streit-in-der-tourismus-bra nche/10831634.html (abgerufen am 8.3.2015).

Klotz, Werner, Zur Reform der Gewerbesteuer, in: Festschrift für Hans Flick zum 70. Geburtstag, Köln 1997, Seite 15-24.

Kohlhaas, Karl-Friedrich, Erhöhen alle Miet- und Pachtzinsen den Gewerbeertrag? Zur Bedeutung der Kurzfristigkeit bei Miet- und Pachtverträgen, FR 2009, Seite 381-386.

- Hinzurechnung von Miet- und Pachtzinsen gem. § 8 Nr. 1 e) GewStG bei kurzfristiger Anmietung? Anmerkungen zum Urteil des Nds. FG v. 26.5.2011 – 10 K 290/10, FR 2011, Seite 800-805.

- Gewerbesteuerliche Hinzurechnung bei kurzfristiger/ gelegentlicher Anmietung, StBW 2012, Seite 308-309.

- Das fiktive Anlagevermögen des § 8 Nr. 1 Buchst. e GewStG, DStR 2014, Seite 296-302.

Koller, Ingo/ *Kindler*, Peter/ *Roth*, Wulf-Henning/ *Morck*, Winfried, Handelsgesetzbuch Kommentar, HGB, 8. Auflage, München 2015.

Kraus, Reiner, Die Richtsätze zur Ermittlung des steuerpflichtigen Gewinns der Gewerbetreibenden, Dissertation, Berlin 1981.

Kresse, Hermann/ *Engelsberg*, Kai, Recht der Messewirtschaft, Baden-Baden 2006.

Lademann, EStG Kommentar (Loseblatt, Aktualisierung März 2014), Stuttgart 2014.

Larenz, Karl, Allgemeiner Teil des deutschen Bürgerlichen Rechts, 5. Auflage, München 1987.

- Die Methodenlehre der Rechtswissenschaft, 6. Auflage, Berlin 1991.

- Lehrbuch des Allgemeinen Schuldrechts, Band I, Allgemeiner Teil, 14. Auflage, München 1987.

Lenski, Edgar/ *Steinberg*, Wilhelm (Begr.), Gewerbesteuergesetz Kommentar (Loseblatt, 111. Aktualisierung), Köln 2013.

Lippross, Otto-Gerd (Hrsg.), Basiskommentar, Band IV, GewStG (Loseblatt, Aktualisierung 3/2011) Köln 2011.

Loewenheim, Ulrich, Handbuch des Urheberrechts, 2. Auflage, München 2010.

Lohmann, Siegmund, Fremde Wirtschaftsgüter im Gewerbesteuerrecht, DB 1960, Seite 677-680.

Ludwig, Ingo, Der Anspruch auf Benutzung gemeindlicher öffentlicher Einrichtungen, Dissertation, Frankfurt am Main 2000.

Malzkorn, Christoph/ *Rossa*, Michael, Kernvorschriften des Unternehmensteuerreformgesetzes 2008 auf dem Prüfstand - Hinzurechnung von Mieten, Pachten und Leasingraten sowie das Abzugsverbot der GewSt verfassungswidrig? DB 2012, Seite 1169-1172.

Malaviya, Nina, Verteilungsentscheidungen und Verteilungsverfahren, Zur staatlichen Güterverteilung in Konkurrenzsituationen, Dissertation, Tübingen 2009.

Maurer, Hartmut, Allgemeines Verwaltungsrecht, 18. Auflage, München 2011.

Meyer-Scharenberg, Dirk E./ *Popp*, Michael/ *Woring*, Siegbert, Gewerbesteuerkommentar, 2. Aufl., Herne 1996.

Michow, Jens/ *Ulbricht*, Johannes, Veranstaltungsrecht, Recht der Konzert- und Unterhaltungsveranstaltungen, München 2013.

Mittelstein, Max, Die Miete nach dem Rechte des Deutschen Reiches, 4. Auflage, Berlin 1932.

Möbus, Susanne/ *Krüger,* Jaska, Anmerkung zum Beschluss des BFH vom 16.10.2012, I B 128/12, Keine Zweifel an der Verfassungsmäßigkeit der Gewerbesteuer, BB 2013, Seite 164-168.

Mohr, Daniel, Praxisprobleme bei der gewerbesteuerlichen Hinzurechnung, DStR 2013, Seite 1580-1583.

Motive zu dem Entwurfe eines Bürgerlichen Gesetzbuches für das Deutsche Reich, Amtliche Ausgabe, Band II , Berlin, Leipzig 1888.

Neugebauer, Claudia/ *Schneider*, Kerstin, Kommunalmodell bei der GewSt: keine gute Idee - Aufkommens- und Belastungseffekte bei einer Ausweitung der Hinzurechnungstatbestände und einer Kürzung des Hinzurechnungsfreibetrages -, FR 2012, Seite 1144-1152.

Neufang, Bernd/ *Beißwenger*, Armin/ *Treiber*, Andreas, Beherbergungsumsätze - ernüchternde Folgen der Anwendung des reduzierten Steuersatzes seit 1.1.2010, BB 2010, Seite 740-744.

Palandt, Otto, Bürgerliches Gesetzbuch, 73. Auflage, München 2014.

Petrak, Lars/ *Karrenbrock*, Lukas, Gewerbesteuerliche Hinzurechnung von Finanzierungsanteilen: Verfassungsrechtliche Zweifel durch das FG Köln im AdV-Verfahren, DStR 2012, Seite 2046-2049.

Raab, Thomas, Austauschverträge mit Drittbeteiligung, Tübingen 1999.

Ramrath, Ulrich, Vertragsbeendigung bei mangelhaften Restaurantleistungen, AcP 189 (1989), Seite 559-578.

Rau, Günter/ *Dürrwächter*, Erich/ *Flick*, Hans/ *Geist*, Reinhold (Begr.), Kommentar zum Umsatzsteuergesetz (Loseblatt, 160. Aktualisierung, Oktober 2014), Köln 2014.

Ritzer, Claus, Hinzurechnung von Finanzierungsanteilen nach § 8 Nr. 1 GewStG, DStR 2013, Seite 558-565.

Rödder, Thomas, Unternehmensteuerreform 2008, DStR 2007, Beihefter zu Heft Nr. 40, Seite 2-19.

Rogl, Dirk, Steuerärger – Veranstaltern droht ein Millionenschaden, fvw, online-Ausgabe vom 19.7.2010 (verfügbar unter http://www.fvw.de/steueraerger-veranstaltern -droht-ein-millionenschaden/393/76907/12246, *abgerufen am 8.3.2015)*

- Der Fiskus spielt verrückt!, fvw Blog vom 19.7.2010, verfügbar unter http://blog.fvw .de/index.cfm/2010/7/19/Der-Fiskus-spielt-verrueckt, abgerufen am 8.3.2015).

Rogl, Dirk/ *Hildebrandt*, Klaus, Auf Beutezug, fvw vom 14.11.2013, Seite 16-21.

Roser, Frank, Gewerbesteuerliche Hinzurechnungen von Nutzungsentgelten nach § 8 Nr. 1d bis f GewStG – Konzeptionelle Grundprobleme und Lösungsüberlegungen –, ifst-Schrift Nr. 497 (2014).

- Kritische Bestandsaufnahme zur Gewerbesteuer, DStJG 35 (2012), Seite 187-217.

Sachs, Michael (Hrsg.) Grundgesetz Kommentar, 7. Auflage, München 2014.

Säcker, Franz Jürgen/ *Rixecker*, Roland/ *Oetker*, Hartmut (Hrsg.), Münchner Kommentar zum Bürgerlichen Gesetzbuch, 6. Auflage, München, 2012.

Saller, Rudolf, Gewerbesteuerpflicht bei der Anmietung von Fahrzeugkranen mit Bedienungspersonal - Hinzurechnung nach § 8 Nr. 1 Buchst. d GewStG, DStR 2013, Seite 1158-1161.

Schaller, Ariane Elisabeth, Arbeitnehmerüberlassung: Begriff, Voraussetzung und besondere Rechtsprobleme, DStR 1996, Seite 469-473.

Schmidt, Karsten, Gesellschaftsrecht, 4. Auflage, Köln u.a. 2002.

Schmidt, Karsten (Hrsg.), Münchner Kommentar zum Handelsgesetzbuch, 3. Auflage, München 2013.

Schmidt, Ludwig (Begr.), Einkommensteuergesetz, 33. Auflage, München 2014.

Schneider, Stefan, Verfassungsrechtliche Grundlagen und Grenzen des objektiven Nettoprinzips, DStR 2009, Beih. zu Nr. 34, Seite 87-91.

Schöneborn, Thomas, Gewerbesteuerliche Hinzurechnung von Zinsen, Mieten und Pachten, NWB 2012, Seite 2250-2258.

- Gewerbesteuerliche Hinzurechnung für die befristete Überlassung von Rechten, NWB 2012, Seite 2952-2961.

Schraut, Bernhard/ *Sillich*, Barbara, Entgelte für Taxi- oder Busflächen zu Werbezwecken im Rahmen der Gewerbesteuer hinzuzurechnen? Kritische Anmerkungen zu den „Gleich lautenden Erlassen der obersten Finanzbehörden der Länder“ vom 2.7.2012, BB 2013, Seite 217-220.

Schulz, Daniela, E-Commerce im Tourismus, Die rechtliche Einordnung von Reiseportalen in das Haftungssystem des deutschen Reiserechts, Rostocker Schriften zum Wirtschaftsrecht, Band 13, Hamburg 2010.

- Die Haftung von Reiseportalen – Vertragstypologie und Pflichtenkreis, RRa 2010, Seite 164-172

Schwarz, Bernhard (Hrsg.), AO Kommentar zur Abgabenordnung (Loseblatt, 162. Aktualisierung, 1/2015), Freiburg 2015.

Siebert, Wolfgang (Hrsg.)/ *Benicke*, Christoph, Soergel, Bürgerliches Gesetzbuch mit Einführungsgesetz und Nebengesetzen, 13. Auflage, Band 10, Stuttgart 2012.

Siebert, Wolfgang (Hrsg.)/ *Eckert*, Hans-Werner, Soergel, Bürgerliches Gesetzbuch mit Einführungsgesetz und Nebengesetzen, 13. Auflage, Band 8, Stuttgart 2007.

Siebert, Wolfgang (Hrsg.)/ *Pfeiffer*, Thomas, Soergel, Bürgerliches Gesetzbuch mit Einführungsgesetz und Nebengesetzen, 13. Auflage, Band 5/3, Stuttgart 2010.

Stadie, Holger, Umsatzsteuergesetz Kommentar, 2. Auflage, Köln 2012.

Staudinger, Ansgar, Internetbuchung von Reisen und Flügen, RRa 2007, Seite 98-112.

Staudinger, Julius v., Kommentar zum Bürgerlichen Gesetzbuch mit Einführungsgesetz und Nebengesetzen, Berlin 2001–2014.

Stelkens, Paul/ *Bonk*, Heinz Joachim/ *Sachs*, Michael (Hrsg.), Verwaltungsverfahrensgesetz, 8. Auflage, München 2014.

Strunk, Günther/ *Kaminski*, Bert/ *Köhler*, Stefan (Hrsg.), Außensteuergesetz Doppelbesteuerungsabkommen (Loseblatt, 40. Aktualisierung, Oktober 2014), Bonn, Berlin 2014.

Strutz, Georg, Kommentar zum Einkommensteuergesetz vom 10. August 1925 nebst den Ausführungsbestimmungen, Erster Band, Berlin 1927.

- Kommentar zum Einkommensteuergesetz vom 10. August 1925 nebst den Ausführungsbestimmungen, Zweiter Band, Berlin 1929.

Teichmann, Arndt/ *Beck*, Markus, Der sog. Paketanbieter im Reisevertragsrecht in: Deutsche Gesellschaft für Reiserecht e.V. (Hrsg.), DGfR Jahrbuch 1998, Baden-Baden 1999, Seite 47-61.

Tipke, Klaus, Die Steuerrechtsordnung, Band I, Wissenschaftsorganisatorische, systematische und grundrechtlich-rechtsstaatliche Grundlagen, 2. Auflage, Köln 2000.

- Die Steuerrechtsordnung, Band II, Steuerrechtfertigungstheorie, Anwendung auf alle Steuerarten, sachgerechtes Steuersystem, 2. Auflage, Köln 2003.

Tipke, Klaus/ *Lang*, Joachim, Steuerrecht, 21. Auflage, Köln 2013.

Tonner, Klaus, Der Reisevertrag, Kommentar zu den §§ 651a-651m BGB, 5. Auflage, Neuwied 2007.

Tonner, Patrick, Ermäßigter Umsatzsteuersatz bei Beherbergungsleistungen, DB 2010, Seite 585-587.

TUI AG, Politik-Agenda, Informationen der TUI Group für Politik und Gesellschaft, Ausgabe Juli/August 2014, Seite 4-5, verfügbar unter http://tuigroup.com/sites/default/files/tui-politik-agenda-ausgabe2-2014-08.pdf, (abgerufen am 8.3.2015).

TUI Deutschland GmbH, TUI Quality Support - Individuelle Hotelberatung für Ihren Erfolg (verfügbar unter http://www.tui-quality-support.de/de/nc/service/download/file/getviewclickeddownload/tui-quality-support-individuelle-hotelanalysen-fuer-ihren-erfolg.html, abgerufen am 8.3.2015).

- Pressemitteilung vom 26.10.2013 (verfügbar unter http://unternehmen.tui.com/de/newsroom/pressemeldungen/2013/Oktober/08_neu_konzepthotel, abgerufen am 8.3.2015).

Wagner, Wilfried (Hrsg.), Sölch/Ringleb, Umsatzsteuergesetz (Loseblatt, 73. Aktualisierung, September 2014), München 2014

Westermann, Harm Peter/ *Grunewald*, Barbara/ *Maier-Reimer*, Georg (Hrsg.), Erman, Bürgerliches Gesetzbuch, Band, 13. Auflage, Köln 2011.

Wolff, Hans-J./ *Bachof*, Otto/ *Stober*, Rolf, Verwaltungsrecht Band 3, 5. Auflage, München 2004.

Woring, Siegbert, Hinzurechnung nach § 8 Nr. 7 GewStG bei kurzfristigen Mietverhältnissen, DStZ 1993, Seite 591-593.

Zeising, Jörg, Grundlagen des Pauschal- und Individual-Reiserechts (ebook), 2. Edition, 2012.

Zitzelsberger, Heribert, Die Grundlagen der Gewerbesteuer: eine steuergeschichtliche, rechtsvergleichende, steuersystematische und verfassungsrechtliche Untersuchung, Köln 1990.

Zöller, Richard (Begr.), Zivilprozessordnung, 30. Auflage, Köln 2014.

Zygojannis, Michael E., Akteure der Messewirtschaft, in: *Delfmann*, Werner/ *Köhler*, Richard/ *Müller-Hagedorn*, Lothar (Hrsg.), Kölner Kompendium der Messewirtschaft, Das Management von Messegesellschaften, Köln 2005, Seite 29-54.

Entscheidungsregister

Entscheidungen des Gerichtshofs der Europäischen Gemeinschaften

EuGH, Urteil vom 12.11.1992, C-163/91, UR 1993, 118.

EuGH, Urteil vom 22.10.1998, C-308/96, C-94/97, DStRE 1998, 843.

EuGH, Urteil vom 25.2.1999, C-349/96, DStRE 1999, 271.

EuGH, Urteil vom 13.10.2005, C-200/04, IStR 2005, 781.

EuGH, Urteil vom 14.7.2007, C-434/05, BFH/NV, Beilage 2007, 389.

EuGH, Urteil vom 9.12.2010, C-31/10, DStR 2010, 2576.

EuGH, Urteil vom 26.9.2013, C-189/11, DStR 2013, 2106.

Entscheidungen des Bundesverfassungsgerichts

BVerfG, Beschluss vom 2.5.1961, 1 BvR 203/53, BVerfGE 12, 319.

BVerfG, Beschluß vom 13.5.1969, 1 BvR 25/65, BVerfGE 26, 1.

BVerfG, Beschluss vom 9.5.1972, 1 BvR 518/62 und 308/64, BVerfGE 33, 125.

BVerfG, Urteil vom 27.12.1991, 2 BvR 72/90, BStBl. II 1992, 212.

BVerfG, Beschluss vom 21.6.2006, 2 BvL 2/99, BVerfGE 116, 164.

BVerfG, Beschluss vom 15.1.2008, 1 BvL 2/04, BVerfGE 120, 1.

BVerfG, Beschluss vom 12.5.2009, 2 BvL 1/00, BFH/NV 2009, 1382.

Entscheidungen des Bundesfinanzhofs

BFH, Urteil vom 25.2.1955, III 187/51 U, BStBl. III 1955, 96, BFHE 60, 243.

BFH, Urteil vom 23.7.1957, I 50/55 U, BStBl. III 1957, 306, BFHE 65, 189.

BFH, Urteil vom 12.7.1960, I 96/59 S, BStBl. III 1960, 387, BFHE 71, 368.

BFH, Urteil vom 28.2.1961, I 195/60 U, BStBl. III 1961, 384, BFHE 73, 322.

BFH, Urteil vom 30.11.1965, I 70/60 S, BStBl. III 1966, 51.

BFH, Urteil vom 14.11.1968, V 191/65, BStBl. II 1969, 120, BFHE 94, 168.

BFH, Urteil vom 5.3.1969, I R 11/67, BStBl. II 1969, 417, BFHE 95, 325.

BFH, Urteil vom 23.4.1969, I R 159/66, BStBl. II 1969, 439.

BFH, Urteil vom 29.4.1970, IV R 20/67, BStBl. II 1970, 726, BFHE 99, 485.

BFH, Urteil vom 8.10.1970, IV R 125/69, BStBl. II 1971, 51, BFHE 100, 249.

BFH, Urteil vom 14.10.1970, I R 94/70, BStBl. II 1971, 28, BFHE 100, 407.

BFH, Urteil vom 21.4.1971, I R 200/67, BStBl. II 1971, 743, BFHE 102, 524.

BFH, Urteil vom 5.10.1971, VIII R 19/68, BStBl. II 1972, 62, BFHE 103, 437.

BFH, Urteil vom 13.1.1972, V R 47/71, BStBl. II 1972, 774.

BFH, Urteil vom 22.3.1972, I R 179/70, BStBl. II 1972, 632, BFHE 105, 490.
BFH, Urteil vom 29.11.1972, I R 178/70, BStBl. II 1973, 148, BFHE 107, 468.
BFH, Urteil vom 14.2.1973, I R 85/71, BStBl. II 1973, 412, BFHE 108, 370.
BFH, Urteil vom 26.11.1974, VIII R 61-62/73, BStBl. II 1975, 352, BFHE 114, 354.
BFH, Urteil vom 27.11.1975, IV R 192/71, BStBl. II 1976, 220, BFHE 117, 474.
BFH, Urteil vom 30.03.1976, VIII R 169/72, BStBl. II 1976, 463, BFHE 118, 470.
BFH, Beschluss vom 24.9.1976, III B 12/76, BStBl. II 1977, 196, BFHE 120, 270.
BFH, Urteil vom 31.3.1977, V R 44/73, BStBl. II 1977, 684.
BFH, Urteil vom 6.7.1978, IV R 24/73, BStBl. II 1979, 18, BFHE 126, 102.
BFH, Urteil vom 21.2.1980, I R 95/76, BStBl. II 1980, 465, BFHE 130, 403.
BFH, Urteil vom 2.2.1982, VIII R 65/80, BStBl. II 1982, 409, BFHE 135, 158.
BFH, Urteil vom 26.4.1983, VIII R 38/82, BStBl. II 1984, 618, BFHE 138, 323.
BFH, Urteil vom 15.6.1983, I R 113/79, BStBl. II 1984, 17, BFHE 139, 286.
BFH, Urteil vom 27.10.1983, IV R 143/80, BStBl. II. 1984, 35, BFHE 139, 282.
BFH, Urteil vom 9.11.1983, I R 188/79, BStBl. II 1984, 149, BFHE 139, 408.
BFH, Beschluss vom 25.6.1984, GrS 4/82, BStBl. II 1984, 751, BFHE 141, 405.
BFH, Urteil vom 18.12.1984, VIII R 195/82, BStBl. II 1986, 226, BFHE 142, 558.
BFH, Urteil vom 13.3.1985, I R 7/81, BStBl. II 1986, 318, BFHE 145, 502.
BFH, Urteil vom 28.3.1985, IV R 80/82, BStBl. II 1985, 405, BFHE 143, 284.
BFH, Urteil vom 31.7.1985, VIII R 261/81, BStBl. II 1986, 304, BFHE 145, 135.
BFH, Urteil vom 23.7.1986, I R 306/82, BStBl. II 1987, 92, BFHE 148, 1.
BFH, Urteil vom 5.2.1987, IV R 105/84, BStBl. II 1987, 448, BFHE 149, 255.
BFH, Urteil vom 10.2.1987, VII R 77/84, BStBl. II 1987, 545, BFHE 149, 387.
BFH, Urteil vom 13.10.1992, IX R 17/88, BFH/NV 1993, 227.
BFH, Urteil vom 13.1.1993, X R 139/90, BFH/NV 1993, 474.
BFH, Beschluss vom 21.1.1993, V B 95/92, BFH/NV 1994, 346.
BFH, Urteil vom 27.10.1993, I R 25/92, BStBl. II 1994, 210, BFHE 172, 488.
BFH, Urteil vom 30.3.1994, I R 123/93, BStBl. II 1994, 810 ff. BFHE 174, 554.
BFH, Beschluss vom 3.7.1995, 1 GrS 1/93, BStBl. II 1995, 617, BFHE 178, 86.
BFH, Urteil vom 20.9.1995, X R 255/93, BStBl. II 1997, 320, BFHE 178, 434.
BFH, Urteil vom 13.11.1996, I R 134/94, BFH/NV 1997, 438.
BFH, Urteil vom 11.12.1997, IV R 92/96, BFH/NV 1998, 1222.
BFH, Urteil vom 6.7.1999, VIII R 17/97, BStBl. II 2000, 306, BFHE 189, 302.
BFH, Urteil vom 7.10.1999, V R 79/98, BStBl. II 2004, 308, BFHE 190, 235.
BFH, Urteil vom 7.11.2000, III R 7/97, BStBl. II 2001, 200, BFHE 193, 219.
BFH, Beschluss vom 10.5.2001, I S 3/01, BFH/NV 2001, 957, BFHE 194, 360.
BFH, Urteil vom 31.5.2001, V R 97/98, BStBl. II 2001, 658, BFHE 194, 555.
BFH, Urteil vom 17.10.2001, I R 103/00, BStBl. II 2004, 171, BFHE 197, 68.
BFH, Urteil vom 25.10.2001, IV R 47, 48/00, BStBl. II 2002, 289, BFHE 197, 109.

BFH, Beschluss vom 10.12.2001, GrS 1/98, BStBl. II 2002, 291, BFHE 197, 240.
BFH, Beschluss vom 29.11.2002, VIII B 127/02, BFH/NV 2003, 746.
BFH, Urteil vom 18.9.2003, X R 2/00, BStBl. II 2004, 17, BFHE 203, 263.
BFH, Urteil vom 7.7.2004, XI R 65/03, BStBl. II 2005, 102.
BFH, Urteil vom 7.7.2005, XI R 65/03, BStBl. II 2005, 102; BFE 207, 340.
BFH, Urteil vom 30.11.2005, I R 110/04, BStBl. II 2007, 251, BFHE 212, 83.
BFH, Urteil vom 27.9.2006, IV R 50/98, BFH/NV 2007, 239.
BFH, Urteil vom 7.3.2007, I R 60/06, BStBl. II 2007, 654, BFHE 217, 100.
BFH, Urteil vom 23.5.2007, X R 33/04, BStBl. II 2007, 874, BFHE 218, 163.
BFH, Beschluss vom 23.1.2008, I B 136/07, BFH/NV 2008, 1197.
BFH, Urteil vom 24.1.2008, V R 12/05, BStBl. II 2009, 60, BFHE 221, 310.
BFH, Beschluss vom 7.7.2008, II B 9/07, BFH/NV 2008, 1811.
BFH, Urteil vom 16.12.2008, I R 82/07, BFH/NV 2009, 1143.
BFH, Urteil vom 15.1.2009, V R 9/06, BStBl. II 2010, 433, BFHE 224, 166.
BFH, Urteil vom 25.8.2009, I R 88, 89/07, BFH/NV 2009, 2047, BFHE 226, 296.
BFH, Urteil vom 10.12.2009, XI R 39/08, BStBl. II 2010, 312.
BFH, Urteil vom 30.6.2010, XI R 22/08, BStBl. II 2010, 1084, BFHE 231,
BFH, Urteil vom 25.5.2011, I R 95/10, BStBl. II 2014, 760, BFHE 234, 63.
BFH, Urteil vom 7.9.2011, I R 12/11, BStBl. II 2012, 194, BFHE 235, 225.
BFH, Urteil vom 19.10.2011, XI R 18/09, BFH/NV 2012, 887, BFHE 236, 222.
BFH, Urteil vom 16.11.2011, I R 65/10, BFH/NV 2012, 924.
BFH, Beschluss vom 31.1.2012, I R 105/10, BFH/NV 2012, 996.
BFH, Beschluss vom 1.8.2012, IV R 55/11, BFH/NV 2012, 1826.
BFH, Beschluss vom 29.8.2012, X S 5/12, BFH/NV 2013, 2.
BFH, Beschluss vom 16.10.2012, I B 128/12, BStBl. II 2013, 30, BFHE 238, 452.
BFH, Urteil vom 8.11.2012, V R 15/12, BStBl. II 2013, 455, BFHE 239, 505.
BFH, Beschluss vom 16.1.2013, III S 38/11, BFH/NV 2013, 701.
BFH, Urteil vom 24.4.2013, XI R 3/11, BStBl. II 2014, 86, BFHE 242, 410.
BFH, Urteil vom 5.6.2013, I R 37/12, BFH/NV 2013, 1628.
BFH, Urteil vom 11.7.2013, IV R 27/09, BStBl. II 2013, 989, BFHE 242, 1.
BFH, Urteil vom 21.11.2013, V R 33/11, BFH/NV 2014, 800.
BFH, Beschluss vom 16.1.2013, III S 38/11, BFH/NV 2013, 701.
BFH, Urteil 16.1.2014, I R 21/12, BStBl. II 2014, 531, BFHE 244, 347.
BFH, Urteil vom 20.3.2014, V R 25/11, BFH/NV 2014, 1173, BFHE 245, 286.
BFH, Urteil vom 4.6.2014, I R 21/13, BFH/NV 2014, 1853, BFHE 246, 130.
BFH, Urteil vom 4.6.2014, I R 70/12, BFH/NV 2014, 1850, BFHE 246, 67.

Entscheidungen des Reichsfinanzhofs

RFH, Urteil vom 8.2.1928, VI A 374/27, StuW 1928, Nr. 162.

RFH, Urteil vom 30.4.1935, VI A 1131/33, RStBl. 1935, 854.

RFH, Urteil vom 25.8.1937, VI A 392, 37, RStBl. 1937, 1109.

RFH, Urteil vom 23.4.1940, I 117/39, RStBl. 1940, 724.

RFH, Urteil vom 17.7.1940, VI 629/39, RStBl. 1940, 914.

Entscheidungen der Finanzgerichte

FG Berlin-Brandenburg, Urteil vom 30.1.2013, 12 K 12197/10, DStRE 2013, 1302.

FG Baden-Württemberg, Urteil vom 5.5.2014, 6 K 3420/11, juris.

FG Hamburg, Beschluss vom 29.2.2012, 1 K 138/10, DStRE 2012, 478, EFG 2012, 960.

FG Köln, Urteil vom 25.3.1993, 8 K 2752/92, EFG 1993, 732.

FG Köln, Urteil vom 27.10.2010, 9 K 1022/10, EFG 2011, 561.

FG Köln, Beschluss vom 4.7.2012, 13 V 1292/12, DStRE 2012, 1142.

FG München, Urteil vom 25.11.1994, 10 V 43/94, Lexinform 0126742.

FG München, Urteil vom 8.6.2015, 7 K 3250/12, EFG 2015, 1835.

FG Münster, Urteil vom 23.1.1989, IX 774/84, EFG 1989, 474.

FG Münster, Urteil vom 22.08.2012, 10 K 4664/10 G, EFG 2012, 2231.

Niedersächsisches FG, Vorlagebeschluss vom 21.4.2004, 3 K 317/91, FR 2004, 907.

Niedersächsisches FG, Urteil vom 26.5.2011, 10 K 290/10, EFG 2011, 2101.

Niedersächsisches FG, Urteil vom 28.1.2014, 5 K 273/13; BeckRS 2014, 95362.

Sächsisches FG, Urteil vom 28.9.2011, 8 K 239/11, DStRE 2012, 1526.

Schleswig-Holsteinisches FG, Urteil vom 29.9.1987, II 157/83 (III), EFG 1988, 83.

Entscheidungen des Bundesgerichtshofs

BGH, Urteil vom 1.4.1963, VIII ZR 257/61, NJW 1963, 1449.

BGH, Urteil vom 29.9.1966, VII ZR 160/64, NJW 1966, 2307.

BGH, Urteil vom 29.4.1970, I ZR 30/68, NJW 1970, 2060.

BGH, Urteil vom 24.11.1976, VIIII ZR 21/75, NJW 1977, 385.

BGH, Urteil vom 20.4.1977, VIII ZR 287/75, NJW 1977, 1285.

BGH, Urteil vom 17.1.1985, VII ZR 63/84, NJW 1985, 1457.

BGH, Urteil vom 16.3.1988, VIII ZR 12/87, NJW 1988, 1781.

BGH, Urteil vom 22.6.1988, VIII ZR 232/87, NJW 1988, 2664.

BGH, Urteil vom 2.12.1994, V ZR 193/93, NJW 1995, 587.

BGH, Urteil vom 17.7.2002, XII ZR 86/01, NJW 2002, 3322.

BGH, Urteil vom 24.10.2007, XII ZR 24/06, BeckRS 2007, 19678.

BGH, Urteil vom 30.9.2010, Xa ZR 130/08, NJW 2011, 599.

Entscheidungen des Reichsgerichts

RG, Urteil vom 18.10.1907, 101/07 III, JW 1907, 705 Nr. 8.

RG, Urteil vom 28.9.1928, III 523/27, RGZ 122, 70.
RG, Urteil vom 18.10.1932, VII 132/32, RGZ 137, 358.
RG, Urteil vom 30.3.1942, V 120/41, RGZ 169, 84.

Entscheidungen der Oberlandesgerichte

Brandenburgisches OLG, Urteil vom 27.8.2013, 6 U 84/12, MDR 2013, 1456.
KG, Urteil vom 19.2.1903, VI U. 4895/02, DJZ 1903, 322.
OLG Braunschweig, Urteil vom 31.7.1975, 2 U 29/74, NJW 1976, 570.
OLG Celle, Urteil vom 15.7.2004, 11 U 202/03, NJW-RR 2004, 1698.
OLG Celle, Urteil vom 9.12.2004, 11 U 170/03, NJW-RR 2005, 425.
OLG Colmar, Urteil vom 6.4.1909, III ZS, OLGE 20, 208.
OLG Düsseldorf, Urteil vom 2.5.1991, 10 U 191/90, NJW-RR 1991, 1143.
OLG Düsseldorf, Urteil vom 21.2.12008, 10 U 142/07, NJW-RR 2008, 1526.
OLG Düsseldorf, Urteil vom 10.03.2011, I 10 U 72/10, 10 U 72/10, ZMR 2011, 717.
OLG Frankfurt, Urteil vom 23.4.1986, 17 U 155/84, NJW-RR 1986, 911.
OLG Frankfurt vom 18.8.2005, 2-01 S 52/04, NJW-RR 2006, 54.
OLG Hamm, Urteil vom 4.12.1989, 32 U 223/88, NJW-RR 1990, 315.
OLG Karlsruhe, Urteil vom 14.1.1999, 19 U 257/97, OLG Report 1999, 180.
OLG Köln, Urteil vom 26.11.1997, 11 U 96/97, NZM 1998, 514.
OLG Köln, Urteil vom 18.10.1991, 19 U 79/91, NJW-RR 1992, 443.
OLG München, Urteil vom 7.11.1996, 29 U 3175/96, NJWE-WettbR, 1997, 201.
OLG Naumburg, Urteil vom 27.4.1999, 13 U 47/98, ZMR 2000, 290.

Entscheidungen der Landgerichte

LG Kleve, Urteil vom 21.1.2000, 6 S 305/99, RRa 2000, 99.
LG Arnsberg, Urteil vom 27.2.2007, 5 S 115/06, NJW-RR 2007, 930.
LG Oldenburg, Urteil vom 29. 4. 2010, 12 A 879/09, NJOZ 2010, 1596.

Entscheidungen der Amtsgerichte

AG Baden-Baden, Urteil vom 31.8.1993, 6 C 19/93, RRa 1994, 12.
AG Baden-Baden, Urteil vom 22.3.1996, 6 C 166/95, RRa, 1996, 175.
AG Bernkastel-Kues, Urteil vom 9.9.1992, 4 C 211/89, IPrax 1994, 141.
AG Burgwedel, Urteil vom 10.4.1986, 22 C 669/85, NJW 1986, 2647.
AG Frankfurt, Urteil vom 18.9.2003, 31 C 2383/01, juris.
AG Garmisch-Partenkirchen, Urteil vom 23.10.1968, 3 C 127/68, NJW 1969, 608.
AG Hamburg, Urteil vom 10.7.1973, 20a C 275/73, NJW 1973, 2253.
AG Hannover, Urteil vom 28.11.1981, 28 C 525/80, NJW 1991, 1219.
AG Herne-Werne, Urteil vom 27.3.1998, 3 C 5/98, NJW 1998, 3651.

AG Kleve, Urteil vom 14.8.1998, 29 C 581/97, NJW-RR 1998, 1148.

AG Kleve, Urteil vom 11.2.2000, 35 C 140/99, RRa 2000, 169.

AG München, Urteil vom 7.9.2011, 111 C 31658/08, BeckRS 2012, 23143.

Entscheidungen des Bundesverwaltungsgerichts

BVerwG, Urteil vom 18.7.1969, VII C 56.68, BVerwGE 32, 333.

BVerwG, Beschluss vom 21.7.1989, 7 B 184/88, NJW 1990, 134.

BVerwG, Beschluss vom 29.5.1990, 7 B 30/90, NVwZ 1991, 59.

BVerwG, Urteil vom 19.2.2015, 9 C 10.14, NVwZ 2015, 1467.

Entscheidungen des Preußischen Oberverwaltungsgerichts

PrOVG, Entscheidung vom 15.11.1929, VIII.G.St. 333/29, RuPrVBl. Bd. 51 (1930), 230.

PrOVG, Entscheidung vom 17.6.1930, VIII.G.St. 464/29, RuPrVBl. Bd. 52 (1931), 232.

PrOVG, Entscheidung vom 17.12.1935, VIII.G.St. 434/33, RuPrVBl. Bd. 57 (1935), 189.

PrOVG, Entscheidung vom 12.12.1939, V (VIII) G St 53 54/39, RVBl. Bd. 61 (1940), 49.

Entscheidungen der Oberverwaltungsgerichte

Thüringer OVG, Beschluss vom 16.9.2008, 2 EO 490/08, LKV 2009, 139.

Entscheidungen der Verwaltungsgerichte

VG Arnsberg, Urteil vom 20.8.2007, 14 K 274/07, BeckRS 2007, 26221.

VG München, Urteil vom 30.1.2014, 10 K 13.3380, BeckRS 2014, 50285.

VG Regensburg, Urteil vom 15.7.2009, RO 1 K 08.1035, BeckRS 2009, 44729.

Verzeichnis der Verwaltungsanweisungen der Finanzverwaltung

Steuerrichtlinien und Erlasse

Gewerbesteuer-Richtlinien 2009, Allgemeine Verwaltungsvorschrift zur Anwendung des Gewerbesteuerrechts vom 28.4.2010, BStBl. I Sondernummer 1, Seite 2.

Umsatzsteuer-Anwendungserlass vom 1.10.2010, BStBl. I 2010, 846 i.d.F. des BMF-Schreibens vom 27.2.2015, IV D 2 – S 7200/07/10003, DStR 2015, Seite 521.

Einkommensteuer-Richtlinien 2012, Allgemeine Verwaltungsvorschrift zur Anwendung des Einkommensteuerrechts vom 16. 12. 2005, BStBl. I Sondernummer 1 i.d.F der EStÄR 2012 vom 25.3.2013, BStBl. I 2013, Seite 276.

Schreiben des Bundesministeriums der Finanzen

BMF, Schreiben vom 7.4.1998, IV C 3 - S 7419 - 9/98, Schreiben betr. umsatzsteuerliche Behandlung von Reiseleistungen (§ 25 UStG), BStBl. I 1998, Seite 380.

BMF, Schreiben vom 12.4.2005, IV B 4 - S 1341 - 1/05, Schreiben betr. Grundsätze für die Prüfung der Einkunftsabgrenzung zwischen nahestehenden Personen mit grenzüberschreitenden Geschäftsbeziehungen in Bezug auf Ermittlungs- und Mitwirkungspflichten, Berichtigungen sowie auf Verständigungs- und EU-Schiedsverfahren (Verwaltungsgrundsätze-Verfahren), BStBl. I 2005, 570.

BMF, Schreiben vom 5.3.2010, BStBl. I 2010, 259, IV D 2–S 7210/07/10003, Schreiben betr. Umsatzsteuer/Lohnsteuer; Anwendung des ermäßigten Umsatzsteuersatzes für Beherbergungsleistungen (§ 12 Abs. 2 Nr. 11 UStG) ab dem 1. Januar 2010; Folgen für die Umsatz- und Lohnbesteuerung; BStBl. I 2010, Seite 259.

BMF, Schreiben vom 4.5.2010, IV D 2 – S 7100/08/10011:009, betr. Nebenleistungen zu Übernachtungsumsätzen; Konsequenzen aus dem BFH-Urteil vom 15. Januar 2009 V R 9/06, BStBl. II 2010, 433, BStBl. I 2010, Seite 490 (Nichtanwendungserlass).

BMF, Schreiben vom 22.5.2013, IV C 2-G 1422/07/10005:8, Schreiben betr. Auslegungsfragen zur Hinzurechnung nach § 8 Nr. 1 Buchst. e GewStG bei Reiseveranstaltern, BeckVerw 280458

BMF, Schreiben vom 9.12.2014 zur Änderung des Umsatzsteuer-Anwendungserlassens, BStBl. I 2014, Seite 1620.

Schreiben der Landesfinanzverwaltungen

Gleich Lautender Erlass der Obersten Finanzbehörden der Länder betreffend Anwendungsfragen zur Hinzurechnung von Finanzierungsanteilen nach § 8 Nr. 1 GewStG in der Fassung des Unternehmensteuerreformgesetzes 2008 vom 14. August 2007 vom 4.7.2008, BStBl. I 2008, Seite 730.

Gleich Lautender Erlass der Obersten Finanzbehörden der Länder betreffend Anwendungsfragen zur Hinzurechnung von Finanzierungsanteilen nach § 8 Nr. 1 GewStG in der Fassung des Unternehmensteuerreformgesetzes 2008 vom 14. August 2007 vom 2.7.2012, BStBl. I 2012, Seite 654.

OFD Frankfurt, Rundverfügung vom 17.6.2013, G1422-A-55-St55 , betr. Hinzurechnung von Hotelleistung bei Reiseveranstaltern nach § 8 Nr. 1 Buchst. e GewStG (n.v.).

OFD Magdeburg, Verfügung vom 7.5.2012, G1422-67-St212, betr. keine Hinzurechnung von Lagergebühren für unbewegliche Wirtschaftsgüter nach § 8 Nr. 1 Buchstabe e GewStG, DStR 2012, Seite 1032.

OFD Nordrhein-Westfalen, Verfügung vom 3.2.2014, G1422-2014/0008, betr. keine Hinzurechnung von Lagerentgelten i. S. der §§ 467 ff. HGB für unbewegliche Wirtschaftsgüter nach § 8 Nr. 1 Buchst. e GewStG, DB 2014, Seite 393

OFD Nordrhein-Westfalen, Verfügung vom 25.9.2013, G1422-2013/0023-St161, betr. Hinzurechnung von Hotelleistung bei Reiseveranstaltern nach § 8 Nr. 1 Buchst. e GewStG, DB 2013, Seite 2363.

OFD Nordrhein-Westfalen, Verwaltungsanweisung vom 4.11.2013, G1422-2013/0023-St161, betr. Hinzurechnung von Hotelleistung bei Reiseveranstaltern nach § 8 Nr. 1 Buchst. e GewStG, DB 2013, Seite 2711.

OFD Rheinland, Verfügung vom 22.1.2008, S 7419-1000-St 435, betr. Seminare, Fachtagungen und mehrtägige Studienreisen eines ggf. als gemeinnützig anerkannten Trägers der Weiterbildung, UR 2008, 282.

Register